SEGREDOS
em
OFTALMOLOGIA

V228s Vander, James F.

Segredos em oftalmologia: respostas necessárias ao dia-a-dia, em rounds, na clínica, em exames orais e escritos / James F. Vander e Janice A. Gault; trad. Juliana Fonseca Serpa Steck e André Ricardo Meinicke – Porto Alegre : Artmed Editora, 2001.

1. Medicina – Oftalmologia. I. Gault, Janice A. II. Título.

CDU 617.7

Catalogação na publicação: Mônica Ballejo Canto – CRB 10/1023

ISBN 85-7307-703-4

James F. Vander, MD
Associate Surgeon, Retina Service
Wills Eye Hospital
Jefferson Medical College of Thomas Jefferson University
Philadelphia, Pennsylvania

Janice A. Gault, MD
Instructor, Cataract and Primary Eye Care Service
Wills Eye Hospital
Philadelphia, Pennsylvania

SEGREDOS em OFTALMOLOGIA

RESPOSTAS NECESSÁRIAS AO DIA-A-DIA EM ROUNDS, NA CLÍNICA, EM EXAMES ORAIS E ESCRITOS

Tradução:
Juliana Fonseca Serpa Steck
Médica especialista em Oftalmologia pelo Conselho Brasileiro de Oftalmologia (CBO) e pela Universidade Estadual de Campinas (UNICAMP).

André Ricardo Meinicke
Médico especialista em Oftalmologia pelo Conselho Brasileiro de Oftalmologia (CBO) e pela Universidade Estadual de Campinas (UNICAMP).
Doutor em Ciências pela Universidade Federal do Rio de Janeiro.

Consultoria, supervisão e revisão técnica desta edição:
Guilherme Fonseca Serpa
Médico especialista em Oftalmologia pelo Conselho Brasileiro de Oftalmologia (CBO) e pela Universidade Estadual de Campinas (UNICAMP).

ARTMED EDITORA

2001

Obra originalmente publicada sob o título
Ophthalmology secrets

ISBN 1-56053-165-7

Capa:
Joaquim da Fonseca

Preparação do original:
Márcia da Silveira Santos

Leitura final:
Sandro Valdez Andretta

Supervisão editorial:
Letícia Bispo de Lima

Editoração eletrônica:
Formato Artes Gráficas Ltda.

ARTMED® EDITORA LTDA.
Av. Jerônimo de Ornelas, 670 – Fone (51) 3330-3444 Fax (51) 3330-2378
900040-340 Porto Alegre, RS, Brasil

SÃO PAULO
Rua Francisco Leitão, 146 – Pinheiros
Fone (11) 3083-6160
05414-020 São Paulo, SP

IMPRESSO NO BRASIL
PRINTED IN BRAZIL

Colaboradores

Elizabeth L. Affel, M.S., RDMS
Department of Visual Physiology and Ultrasound, Wills Eye Hospital, Philadelphia, Pennsylvania

Robert S. Bailey, Jr., M.D.
Instructor, Department of Ophthalmology, Jefferson Medical College of Thomas Jefferson University: Associate Surgeon, Wills Eye Hospital, Philadelphia, Pennsylvania

Vincent F. Baldassano, M.D.
Clinical Assistant Professor, Department of Ophthalmology, Temple University, Philadelphia, Pennsylvania

Caroline R. Baumal, M.D., FRCSC
Assistant Professor, Department of Ophthalmology, Tuffs University School of Medicine and Vitreoretinal Service, New England Eye Center, Boston, Massachusetts

Edward H. Bedrossian, Jr., M.D., FACS
Associate Clinical Professor, Department of Ophthalmology, Jefferson Medical College of Thomas Jefferson University; Chief, Oculoplastic and Reconstructive Surgery Division, Temple University Hospital; Associate Surgeon, Oculoplastic Surgery Department; Founding Director, Fascia Lata Bank, Wills Eye Hospital, Philadelphia, Pennsylvania

William E. Benson, M.D.
Professor, Department of Ophthalmology, Jefferson Medical College of Thomas Jefferson University; Attending Surgeon and Director of the Retina Service, Wills Eye Hospital, Philadelphia, Pennsylvania

Jurij R. Bilyk, M.D.
Instructor, Oculoplastics and Orbital Surgery, Wills Eye Hospital, Philadelphia, Pennsylvania

Jeffrey P. Blice, M.D.
Department of Ophthalmology, National Naval Medical Center, Bethesda, Maryland

Michael J. Borne, M.D.
Assistant Clinical Professor, Department of Ophthalmology, University of Mississippi School of Medicine, Jackson, Mississippi

Steven E. Brooks, M.D.
Assistant Professor Departments of Ophthalmology and Pediatrics, Director of Pediatric Ophthalmology and Adults Strabismus, Medical College of Georgia, Augusta, Georgia

David G. Buerger, M.D.
Clinical Instructor, Department of Ophthalmology, University of Pittsburg Medical Center, Eye & Ear Institute of Pittsburgh, Pittsburgh, Pennsylvania

Elisabeth J. Cohen, M.D.
Professor, Department of Ophthalmology, Jefferson Medical College of Thomas Jefferson University; Co-Director, Cornea Service, Wills Eye Hospital, Philadelphia, Pennsylvania

Marc S. Cohen, M.D., FACS
Associate Surgeon, Department of Oculoplastic Surgery, Wills Eye Hospital, Philadelphia, Pennsylvania

Patrick De Potter, M.D.
Professor, Department of Ophthalmology, Cliniques Universitaires St-Luc, Université Catholique de Louvain, Brussels, Belgium

Vinay N. Desai, M.D.
New England Eye Center, Tufts University School of Medicine, Boston, Massachusetts

René Dinh, M.D., FRCS(C)
Cornea Fellow, Jefferson Medical College of Thomas Jefferson University: Cornea Service, Wills Eye Hospital, Philadelphia, Pennsylvania

Jay S. Duker, M.D.
Associate Professor, Department of Ophthalmology, Tufts University School of Medicine; Director, Retina Service, New England Eye Center, Boston, Massachusetts

Ralph C. Eagle Jr., M.D.
Professor, Departments of Ophthalmology and Pathology, Jefferson Medical Center College of Thomas Jefferson University; Director, Department of Pathology, Wills Eye Hospital, Philadelphia, Pennsylvania

David S. Friedman, M.D., M.P.H.
Assistant Professor, Department of Ophthalmology, Jonhs Hopkins University School of Medicine and Wilmer Eye Institute, Baltimore, Maryland

Janice A. Gault, M.D.
Instructor, Cataract and Primary Eye Care Service, Wills Eye Hospital, Philadelphia, Pennsylvania

Kenneth B. Gum, M.D.
Section Chief, Department of Ophthalmology, Munson Medical Center, Transverse City, Michigan

Sadeer B. Hannush, M.D.
Assistant Professor, Department of Ophthalmology, Jefferson Medical College of Thomas Jefferson University; Associate Surgeon, Cornea Service, Wills Eye Hospital, Philadelphia, Pennsylvania

Philip G. Hykin, FRCS, FRCOphth
Consultant Ophthalmic Surgeon, Medical Retina Service, Moorfields Eye Hospital, London, United Kingdom

Anup K. Khatana, M.D.
Assistant Clinical Professor, Department of Ophthalmology, University of Missouri-Kansas City School of Medicine; Director, Glaucoma Service, Eye Foundation of Kansas City, Kansas City, Missouri

Terry Kim, M.D.
Assistant Professor, Department of Ophthalmology, Cornea and External Disease Division, Duke University School of Medicine, Durham, North Carolina

Peter R. Laibson, M.D.
Professor, Department of Ophthalmology, Jefferson Medical College of Thomas Jefferson University; Director Cornea Service, Wills Eye Hospital, Philadelphia, Pennsylvania

Stephen Y. Lee, M.D.
Instructor, Cornea Service, Wills Eye Hospital, Jefferson Medical College of Thomas Jefferson University, Philadelphia, Pennsylvania

Martha Motuz Leen, M.D.
Clinical Assistant Professor, Department of Ophthalmology, University of Washington School of Medicine, Seattle, Washington; Harrison Memorial Hospital, Bremerton, Washington

Joseph I. Maguire, M.D., FACS
Associate Professor, Department of Ophthalmology, Jefferson Medical College of Thomas Jefferson University; Assistant Surgeon, Wills Eye Hospital, Philadelphia, Pennsylvania

Marlon Maus, M.D., FACS
Assistant Professor, Department of Ophthalmology, Jefferson Medical College of Thomas Jefferson University; Associate Surgeon, Department of Oculoplastic Surgery, Wills Eye Hospital, Philadelphia, Pennsylvania

J. Arch McNamara, M.D.
Associate Surgeon, Retina Service, Wills Eye Hospital; Assistant Professor, Department of Ophthalmology, Jefferson Medical College of Thomas Jefferson University; Philadelphia, Pennsylvania

Marlene R. Moster, M.D.
Associate Professor, Department of Ophthalmology, Jefferson Medical College of Thomas Jefferson University; Attending Surgeon, Glaucoma Service, Wills Eye Hospital, Philadelphia, Pennsylvania

Leonard B. Nelson, M.D.
Associate Professor, Departments of Ophthalmology and Pediatrics, Jefferson Medical College of Thomas Jefferson University; Co-Director, Pediatric Ophthalmology, Wills Eye Hospital, Philadelphia, Pennsylvania

Scott E. Olitsky, M.D.
Assistant Professor, Department of Ophthalmology, State University of New York at Buffalo and Children's Hospital of Buffalo, Buffalo, New York

Robert B. Penne, M.D.
Assistant Professor, Department of Ophthalmology, Jefferson Medical College of Thomas Jefferson University; Active Staff, Lankenau Hospital, Wills Eye Hospital, West Jersey Health System, Philadelphia, Pennsylvania

Julian D. Perry, M.D.
Assistant in Ophthalmology, Wilmer Eye Institute, Johns Hopkins University Hospitals, Baltimore, Maryland

Irving M. Raber, M.D.
Clinical Associate Professor of Ophthalmology, Department of Surgery, Allegheny University of the Health Sciences; Clinical Assistant Professor of Surgery, Jefferson Medical College of

Thomas Jefferson University; Associate Surgeon, Cornea Service, Wills Eye Hospital, Philadelphia, Pennsylvania

Christopher J. Rapuano, M.D.
Associate Professor, Department of Ophthalmology, Jefferson Medical College of Thomas Jefferson University; Co-Director, Refractive Surgery Unit, Wills Eye Hospital, Philadelphia, Pennsylvania

Robert D. Reinecke, M.D.
Professor, Department of Ophthalmology, Jefferson Medical College of Thomas Jefferson University; Attending Surgeon, Wills Eye Hospital, Philadelphia, Pennsylvania

Carolyn S. Repke, M.D.
Instructor, Cataract and Primary Eye Care Service, Wills Eye Hospital, Philadelphia, Pennsylvania

Lorena Riveroll, M.D.
Assistant Professor, Department of Ophthalmology, Cornea Service, Hospital Associatión para Evitar la Ceguera en Mexico, Mexico City, Mexico

Richard C. Rodman, M.D.
Assistant Clinical Professor, Department of Surgery (Ophthalmology), Brown University School of Medicine and Rhode Island Hospital, Providence, Rhode Island

Peter Savino, M.D.
Chief, Neuro-Ophthalmology Service, Wills Eye Hospital, Philadelphia, Pennsylvania

Barry Schanzer, M.D.
Assistant Attending Physician, John F. Kennedy Medical Center, Edison, New Jersey

Bruce M. Schnall, M.D.
Assistant Surgeon, Department of Ophthalmology, Wills Eye Hospital, Philadelphia, Pennsylvania

Carol L. Shields, M.D.
Associate Professor, Department of Ophthalmology, Jefferson Medical College of Thomas Jefferson University; Associate Surgeon, Ocular-Oncology Service, Wills Eye Hospital; Consultant, Children's Hospital of Philadelphia, Philadelphia, Pennsylvania

Jerry A. Shields, M.D.
Professor of Ophthalmology, Jefferson Medical College of Thomas Jefferson University; Director, Ocular-Oncology Service, Wills Eye Hospital; Consultant, Children's Hospital of Philadelphia, Philadelphia, Pennsylvania

George L. Spaeth, M.D.
Professor, Department of Ophthalmology, Jefferson Medical College of Thomas Jefferson University; Director and Attending Surgeon, William and Anna Goldberg Service, Wills Eye Hospital, Philadelphia, Pennsylvania

Nancy G. Swartz, M.D.
Clinical Associate, University of Pennsylvania School of Medicine; Instructor, Neuro-Ophthalmology Service, Wills Eye Hospital; Instructor, Jefferson Medical College of Thomas Jefferson University, Philadelphia, Pennsylvania

Janine G. Tabas, M.D.
Instructor, Cataract and Primary Eye Care Service, Wills Eye Hospital, Philadelphia, Pennsylvania

William Tasman, M.D.
Professor and Chairman, Department of Ophthalmology, Jefferson Medical College of Thomas Jefferson University; Ophthalmologist-in-Chief, Wills Eye Hospital, Philadelphia, Pennsylvania

Anette K. Terebuh, M.D.
Instructor, William and Anna Goldberg Glaucoma Service and Research Laboratories, Wills Eye Hospital, Jefferson Medical College of Thomas Jefferson University, Philadelphia, Pennsylvania

Richard Tipperman, M.D.
Assistant Professor, Cataract and Primary Eye Care Service, Wills Eye Hospital, Philadelphia, Pennsylvania

Sydney Tyson, M.D., M.P.H.
Associate Surgeon, Cataract and Primary Eye Care Service, Wills Eye Hospital, Philadelphia, Pennsylvania

James F. Vander, M.D.
Associate Surgeon, Retina Service, Wills Eye Hospital, Jefferson Medical College of Thomas Jefferson University, Philadelphia, Pennsylvania

Tamara Vrabec, M.D.
Retina Service, Wills Eye Hospital; Clinical Assistant Professor, Center for Preservation of Vision, Allegheny University of the Health Sciences; Adjunct Assistant Professor, Department of Ophthalmology, Temple University School of Medicine; Instructor, Department of

Ophthalmology, Jefferson Medical College of Thomas Jefferson University, Philadelphia, Pennsylvania

Richard P. Wilson, M.D.
Assistant Professor, Department of Ophthalmology, Jefferson Medical College of Thomas Jefferson University; Attending Surgeon, Glaucoma Service, Wills Eye Hospital, Philadelphia, Pennsylvania

Vernon K. W. Wong, M.D.
Assistant Clinical Professor, Division of Ophthalmology, Department of Surgery, University of Hawaii School of Medicine, Honolulu, Hawaii

ENCARTE DE FIGURAS

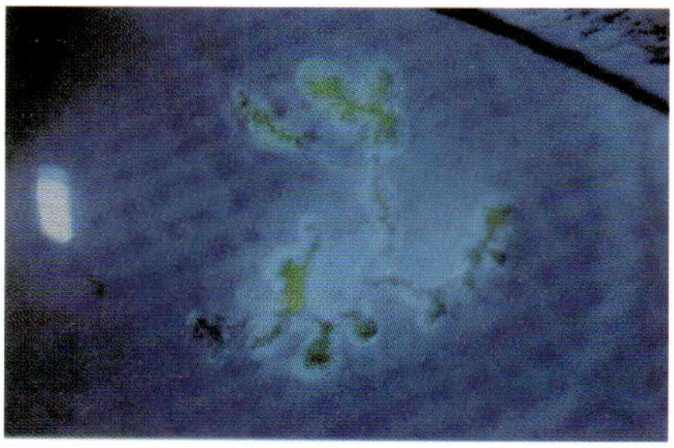

FIGURA 1. Herpes simples. (Ver p. 74.)

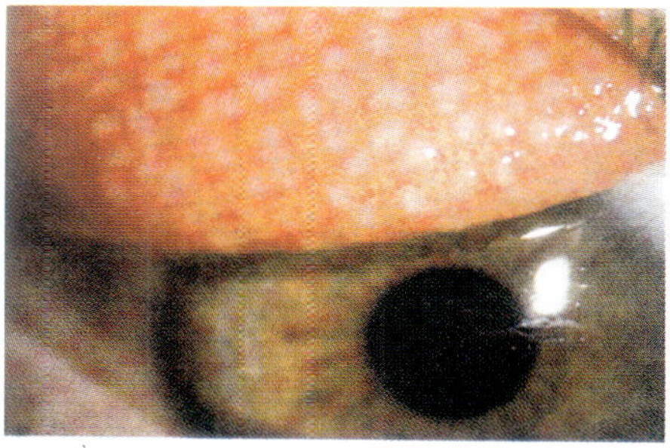

FIGURA 2. Conjuntivite papilar gigante. (Ver p. 77.)

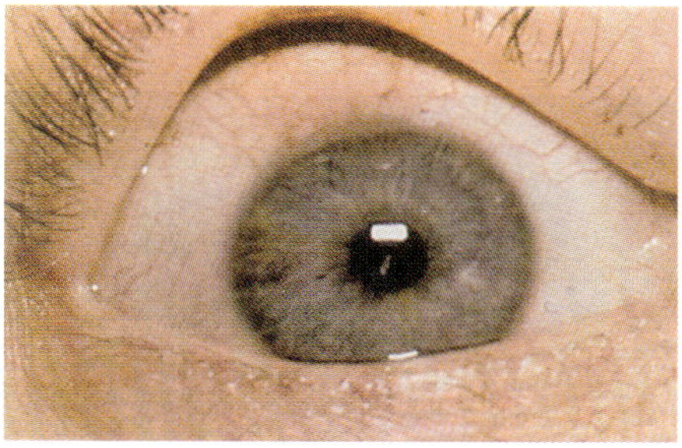

FIGURA 3. Ceratoconjuntivite límbica superior. (Ver p. 83.)

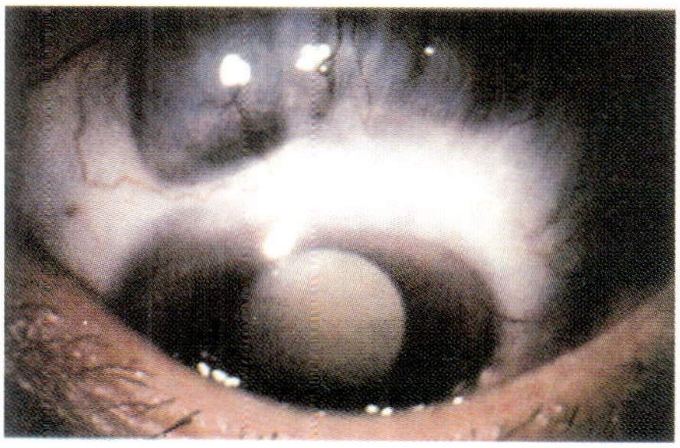

FIGURA 4. Escleromalácia perfurante. (Ver p. 85.)

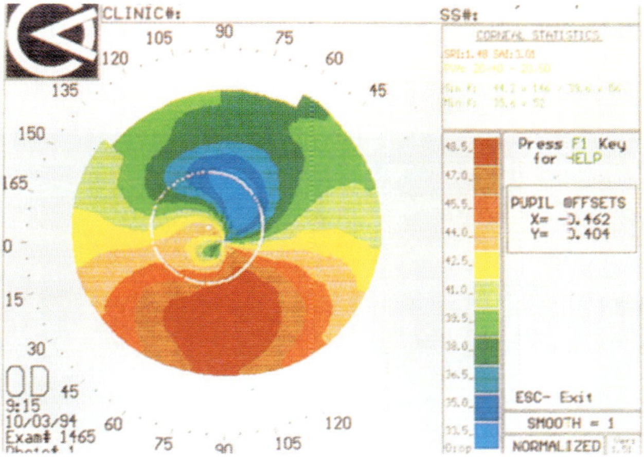

FIGURA 5. Mapa demonstrando curvatura inferior assimétrica. (Ver p. 128.)

FIGURA 6. Anel de Fleischer. (Ver p. 130.)

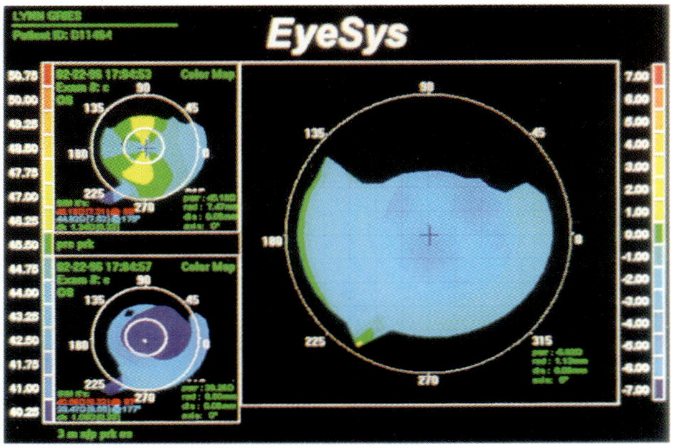

FIGURA 7. Topografia corneana. (Ver p. 135.)

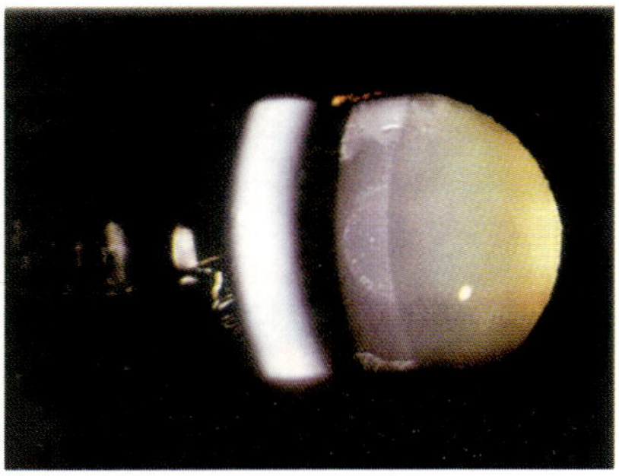

FIGURA 8. Pseudo-exfoliação com depósitos em padrão "olho-de-boi". (Ver p. 167.)

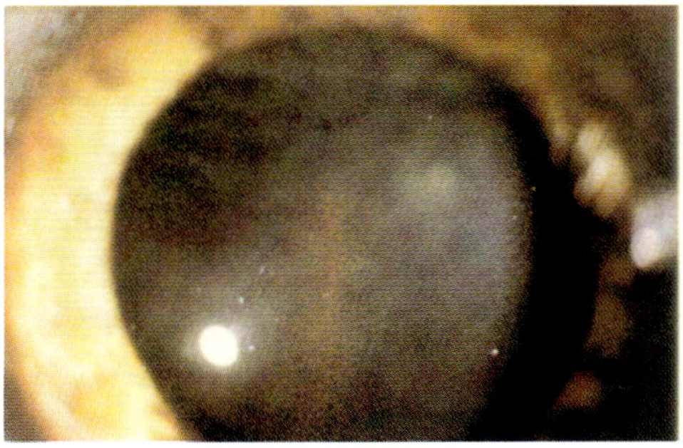

FIGURA 9. Fuso de Krukenberg. (Ver p. 169.)

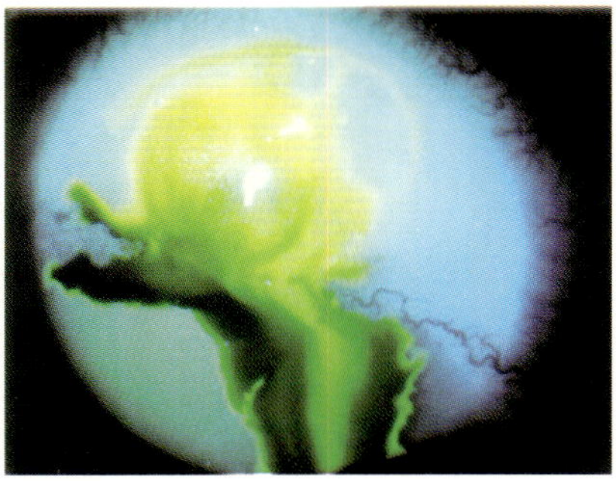

FIGURA 10. Buraco no topo de uma bolha. (Ver p. 185.)

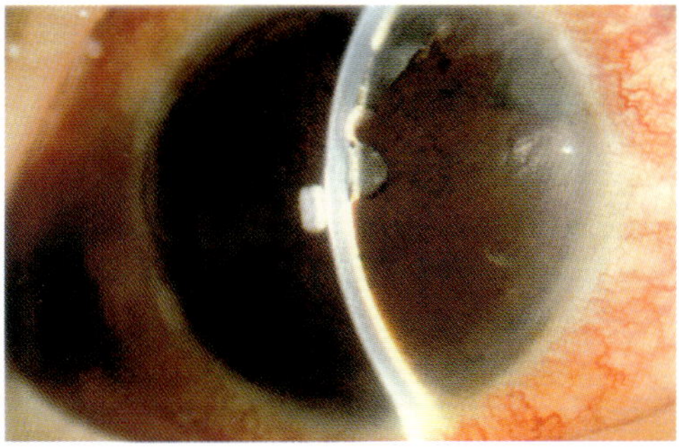

FIGURA 11. Câmara anterior rasa. (Ver p. 188.)

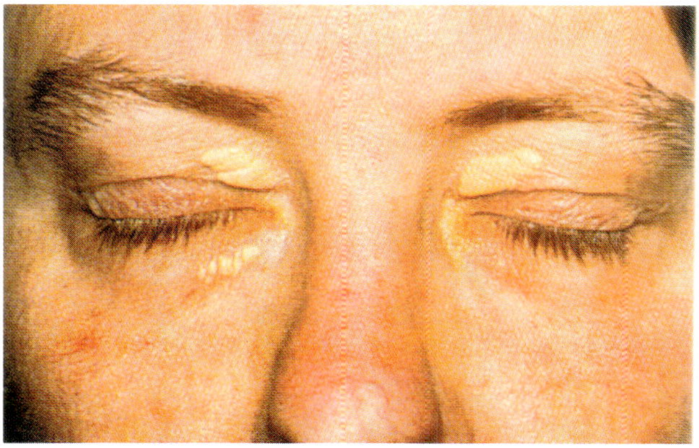

FIGURA 12. Xantelasma. (Ver p. 297.)

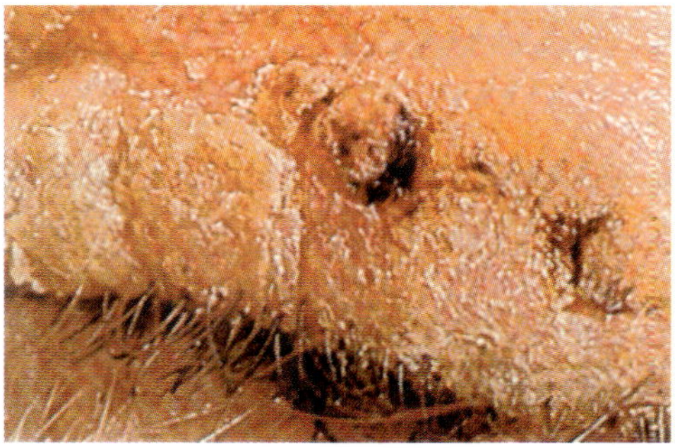

FIGURA 13. Carcinoma de células escamosas. (Ver p. 300.)

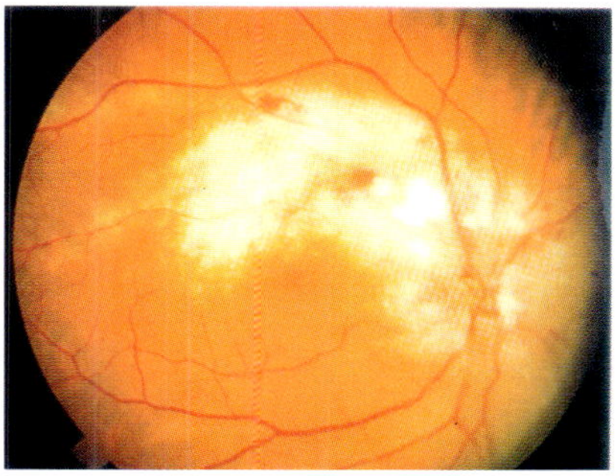

FIGURA 14. Retinite por CMV. (Ver p. 315.)

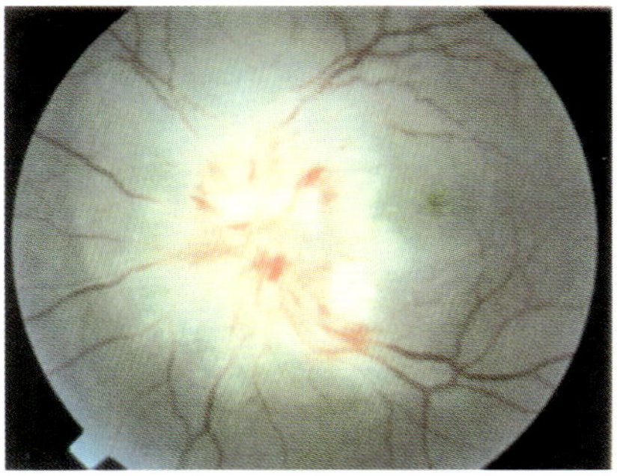

FIGURA 15. Papiledema na AIDS. (Ver p. 319.)

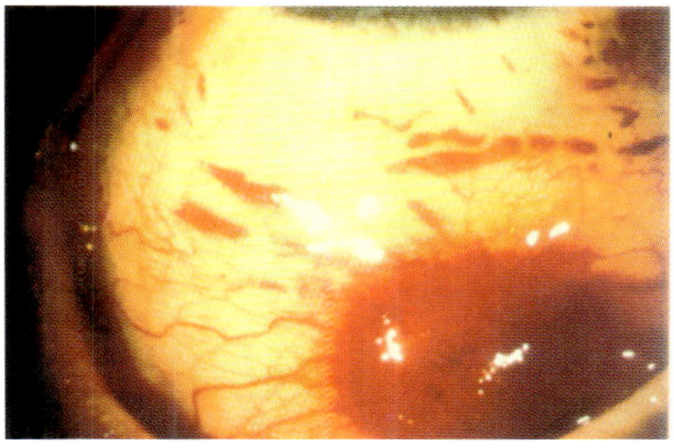

FIGURA 16. Sarcoma de Kaposi. (Ver p. 320.)

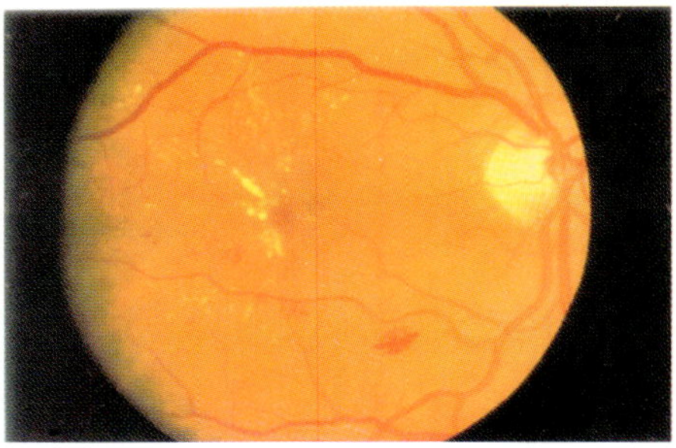

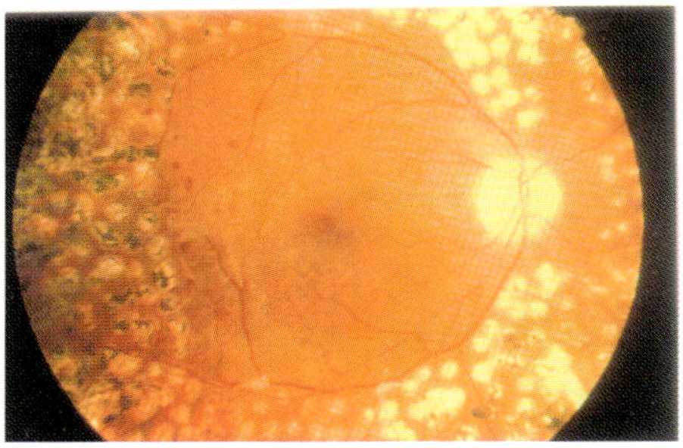

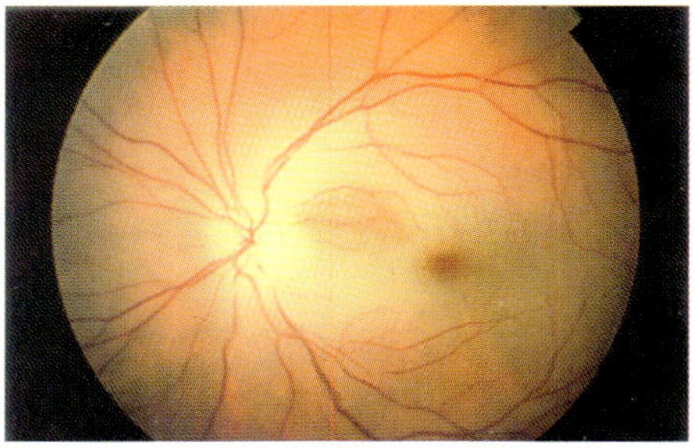

FIGURA 17. (Acima, à esquerda). RD *background.* (Ver p. 349.)

FIGURA 18. (Acima, à direita). Panfoto. (Ver p. 352.)

FIGURA 19. (À esquerda). Obstrução da artéria central da retina. (Ver p. 357.)

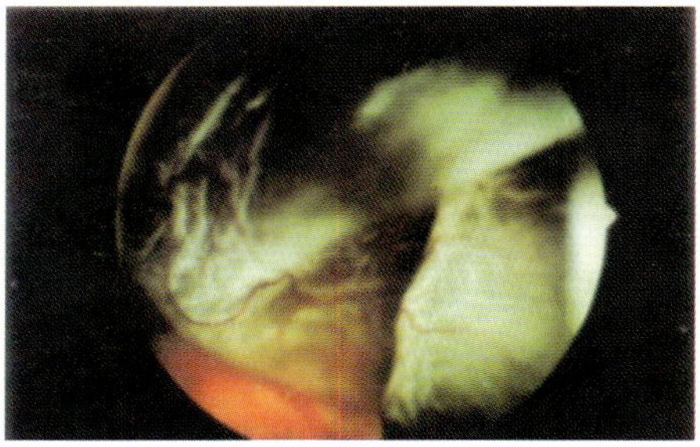

FIGURA 20. Descolamento de retina regmatogênico. (Ver p. 364.)

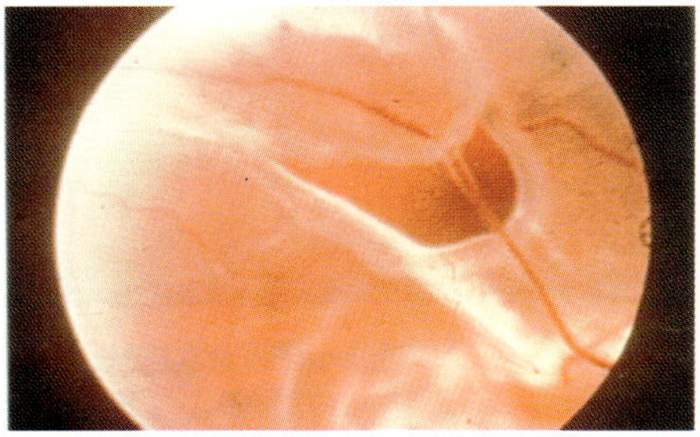

FIGURA 21. Buraco em ferradura. (Ver p. 366.)

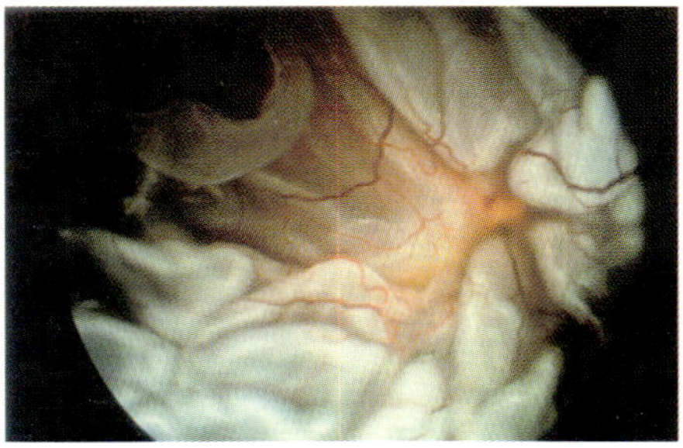

FIGURA 22. PVR grave. (Ver p. 369.)

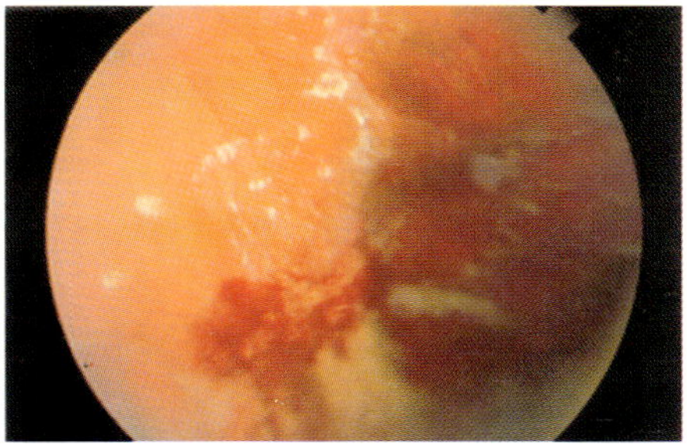

FIGURA 23. DR tracional proliferativo. (Ver p. 369.)

Prefácio

Muitas das informações deste livro podem ser encontradas em outras publicações sobre oftalmologia, ou seja, os conteúdos são similares a muitos outros já impressos. Por que, então, escrever outro livro? O valor desta obra está na maneira única de apresentação do material, seguindo a tradição da Série Segredos, estabelecida em muitas outras especialidades médicas. O formato pergunta-resposta reflete o processo pelo qual muitos aspectos da educação médica são avaliados na prática. Esperamos poder ajudar o leitor com informações úteis sobre a oftalmologia, apresentada aqui por meio de uma linguagem acessível. Agradecemos os esforços de nossos talentosos colaboradores que compartilharam seu saber e sua experiência para completar esta obra. Agradecimentos especiais são feitos a Mary Rafferty e Kathy Martin por sua ajuda indispensável. Foi um prazer escrever este livro, e esperamos que ele seja apreciado e valorizado por médicos e estudantes.

James F. Vander, M.D.
Janice A. Gault, M.D.

NOTA AO LEITOR: Embora as informações deste livro tenham sido cuidadosamente revistas para exatidão de doses e indicações, os autores, os editores e os tradutores não podem aceitar qualquer responsabilidade legal por quaisquer erros ou por omissões cometidos. Os autores e os editores não fazem nenhuma garantia, explícita ou implícita, com respeito ao material aqui contido. Antes de prescrever uma droga, o leitor deve reportar-se às informações correntes do fabricante para indicações aceitas, recomendações de dosagens e outras informações pertinentes ao uso seguro e efetivo do produto descrito. Isso é especialmente importante quando as drogas são administradas em conjunto ou concomitantes com outras formas de terapia.

Sumário

I. GERAL

1. Anatomia Clínica do Olho 19
Kenneth B. Gum, M.D.
2. Anatomia da Órbita e da Pálpebra 25
Edward H. Bedrossian, Jr., M.D.
3. Óptica e Refração 29
Janice A. Gault, M.D.
4. Visão de Cores 44
William E. Benson, M.D.
5. O Eletrorretinograma, o Eletroculograma e a Adaptação ao Escuro 52
Caroline R. Baumal, M.D., e Elizabeth L. Affel, M.S.
6. Ultra-Sonografia Oftalmológica 60
Caroline R. Baumal, M.D., FRCSC
7. Campos Visuais 69
David S. Friedman, M.D., M.P.H.

II. CÓRNEA E DOENÇAS EXTERNAS

8. O Olho Vermelho 73
Janice A. Gault, M.D.
9. Infecções Corneanas 88
Terry Kim, M.D., Richard C. Rodman, M.D., e Elisabeth J. Cohen, M.D.
10. *Ophthalmia Neonatorum* 101
Janine G. Tabas, M.D.
11. Antibióticos e Esteróides Tópicos 104
Stephen Y. Lee, M.D.
12. Olho Seco 113
Peter R. Laibson, M.D.
13. Distrofias Corneanas 119
Sadeer B. Hannush, M.D., e Lorena Riveroll, M.D.
14. Ceratocone 126
Irving Raber, M.D.
15. Cirurgia Refrativa 134
Richard C. Rodman, M.D., Terry Kim, M.D., René Dinh, M.D., e Christopher J. Rapuano, M.D.

III. GLAUCOMA

16. Glaucoma 145
George L. Spaeth, M.D.
17. Glaucoma de Ângulo Fechado 152
Anup K. Khatana, M.D., e George L. Spaeth, M.D.
18. Glaucoma de Ângulo Aberto Secundário 167
Janice A. Gault, M.D.
19. O Tratamento Médico do Glaucoma 173
Richard P. Wilson, M.D.
20. Trabeculectomia Cirúrgica 180
Marlene R. Moster, M.D.
21. Glaucoma Traumático e Hifema 190
Annette K. Terebuh, M.D., e Martha Motuz Leen, M.D.

IV. CATARATAS

22. Cataratas 203
Richard Tipperman, M.D.
23. Técnicas de Cirurgia de Catarata 205
Sydney Tyson, M.D., M.P.H.
24. Complicações da Cirurgia de Catarata 212
Robert S. Bailey, Jr., M.D.

V. DESVIOS OCULARES

25. Ambliopia 217
Steven E. Brooks, M.D.
26. Esodesvios 223
Scott E. Olitsky, M.D., e Leonard B. Nelson, M.D.
27. Desvios Oculares 230
Janice A. Gault, M.D.
28. Cirurgia de Estrabismo 239
Bruce M. Schnall, M.D.
29. Nistagmo 242
Robert D. Reinecke, M.D.

VI. NEUROFTALMOLOGIA

30. A Pupila 248
Barry Schanzer, M.D., e Peter Savino, M.D.
31. Diplopia 254
Julian D. Perry, M.D.
32. Neurite Óptica 260
Barry Schanzer, M.D., e Peter Savino, M.D.

33. Neuropatias Ópticas e Distúrbios Neurológicos 263
Janice A. Gault, M.D.

VII. OFTALMOPLÁSTICA

34. Lacrimejamento e Sistema Lacrimal 270
Nancy G. Swartz, M.D., e Marc S Cohen, M.D.
35. Imagem da Órbita 274
Patrick De Potter, M.D.
36. Proptose 277
David G. Buerger, M.D.
37. Oftalmopatia da Tireóide 282
Robert B. Penne, M.D.
38. Inflamações da Órbita 287
Marlon Maus, M.D., F.A.C.S.
39. Ptose 291
Carolyn S. Repke, M.D.
40. Tumores de Pálpebras 296
Janice A. Gault, M.D.

VIII. UVEÍTES

41. Uveíte Granulomatosa 302
Caroline R. Baumal, M.D., F.R.C.S.C.
42. Síndromes Mascaradas 309
Vinay N. Desai, M.D., e Jay S. Duker, M.D.
43. Manifestações Oculares da AIDS 314
Tamara R. Vrabec, M.D., e Vincent F. Baldassano, M.D.

IX. RETINA

44. Retinopatias Tóxicas 322
Philip G. Hykin, FRCS, FRCOphth
45. Doença de Coats 327
William Tasman, M.D.
46. Trauma do Pólo Posterior 331
Jeffrey P. Blice M.D.
47. Degeneração Senil da Mácula 337
Joseph J. Maguire, M.D., F.A.C.S.
48. Retinopatia da Prematuridade 343
J. Arch McNamara, M.D.
49. Retinopatia Diabética 349
James F. Vander, M.D.

50. Obstrução Arterial da Retina 355
Jay S. Ducker, M.D.
51. Doença Oclusiva Venosa da Retina 360
Vernon K. W. Wong, M.D.
52. Descolamento de Retina 364
Michael J. Borne, M.D.
53. Retinoblastoma 370
Carol L. Shields, M.D.
54. Lesões Pigmentadas do Fundo do Olho 375
Jerry A. Schields, M.D.

X. NEOPLASIAS

55. Neoplasias Oculares 381
Ralph C. Eagle, Jr., M.D.
56. Tumores Orbitários 391
Jurij R. Bilyk, M.D.

ÍNDICE 401

I. Geral

1. ANATOMIA CLÍNICA DO OLHO

Kenneth B. Gum, M.D.

1. **Denomine os sete ossos que compõem a órbita óssea e descreva o local mais provável de ser lesado em uma fratura *blowout* de órbita.**

Os sete ossos são o frontal, o zigomático, o maxilar, o esfenóide, o etmóide, o palatino e o lacrimal. Uma fratura *blowout* verdadeira afeta mais comumente o assoalho orbitário posterior e medialmente ao nervo infra-orbital. O osso etmóide da parede medial é freqüentemente quebrado.

2. **Que nervos e vasos passam através da fissura orbitária superior? Que nervo motor do olho se situa fora do anel de Zinn, não sendo afetado por injeção retrobulbar de anestésico?**

A fissura orbitária superior transmite o terceiro, o quarto e o sexto nervos cranianos, bem como a primeira divisão do quinto nervo craniano, que é dividida em ramos frontal e lacrimal. A veia oftálmica superior e os nervos simpáticos também passam através da fissura. O quarto nervo craniano que inerva o músculo oblíquo superior situa-se fora do anel de Zinn. Essa posição gera intorção residual do olho, vista, às vezes, durante anestesia retrobulbar.

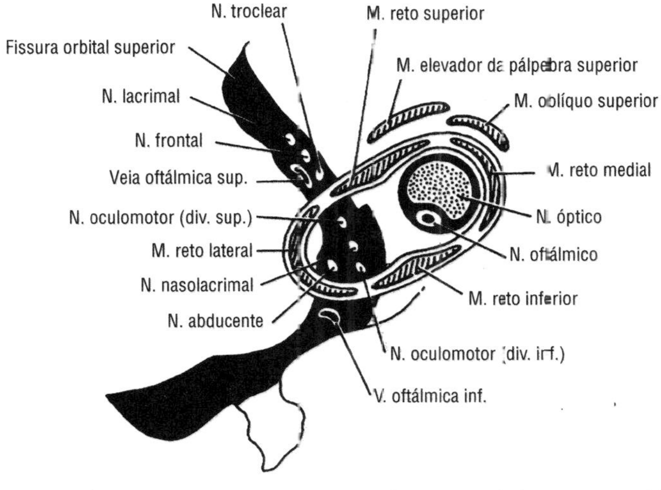

Relações entre fissura orbital superior, fissura orbital inferior, anel de Zinn e forame óptico e seus conteúdos. (De McCord, Tannenbaum e Nunery: Oculoplastic Surgery, 3rd ed. Philadelphia, Lippincott-Raven, 1995, com permissão.)

3. Uma criança de três anos é enviada para avaliação de exotropia secundária após cirurgia com duplo retrocesso de retos mediais para correção de esotropia. A revisão do plano cirúrgico mostra que cada músculo foi recuado 4,5 mm para um desvio de 30 dioptrias prismáticas. Infelizmente, a criança teve um retardo de desenvolvimento moderado e apresenta-se com uma exotropia de 25 dioptrias prismáticas. Você decide avançar o músculo reto medial retrocedido de cada olho para seu local original de inserção. Onde é este local em relação ao limbo? Identifique o local de inserção de cada músculo em relação ao limbo.

Recoloque cada músculo reto medial a 5,5 mm do limbo. A inserção do reto inferior é a 6,5 mm do limbo; a do reto lateral, a 6,9 mm; e a do reto superior a 7,7 mm. As diferentes distâncias das inserções dos músculos retos do limbo originam a espiral de Tillaux. Um dado importante em crianças com retardo de desenvolvimento é postergar a cirurgia, tratando qualquer ambliopia nesse intervalo. A cirurgia precoce freqüentemente leva à hipercorreção.

4. Você começou um procedimento para correção de ptose. Uma incisão no sulco palpebral foi feita e o septo orbitário foi isolado e aberto horizontalmente. Quais são os pontos de referência importantes que deveriam aparecer? Descreva suas relações com outras estruturas importantes.

A gordura orbitária situa-se atrás do septo orbitário diretamente na porção muscular do elevador (ver figura). Um coxim separado da gordura medial com freqüência hernia através do septo em idade avançada.

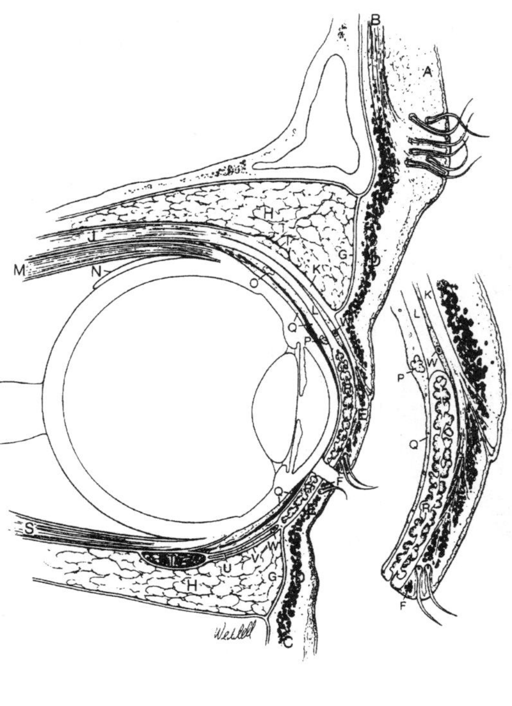

Corte esquemático da pálpebra e órbita anterior. *A*, pele; *B*, músculo frontal; *C*, músculo orbicular (porção orbitária); *D*, músculo orbicular (porção pré-septal); *E*, músculo orbicular (porção pré-tarsal); *F*, músculo orbicular (músculo de Riolan); *G*, septo orbitário; *H*, gordura orbitária; *I*, ligamento transverso superior ("check"); *J*, músculo elevador; *K*, aponeurose do elevador; *L*, músculo de Müller; *M*, músculo reto superior; *N*, tendão do oblíquo superior; *O*, glândula de Krause; *P*, glândula de Wolfring; *Q*, conjuntiva; *R*, tarso; *S*, músculo reto inferior; *T*, músculo oblíquo inferior; *U*, músculo tarsal inferior; *V*, fáscia capsulopalpebral; *W*, arcada arterial periférica. (De Beard C: Ptosis, 3rd ed. St. Louis, Mosby, 1981, com permissão.)

5. Para que glândulas os linfáticos da órbita drenam?

Não há vasos ou nódulos linfáticos dentro da órbita. Os linfáticos da conjuntiva e das pálpebras drenam medialmente para as glândulas submandibulares e lateralmente para os nódulos pré-auriculares superficiais.

6. O que é o septo orbitário?

O septo é uma fina camada de tecido conectivo que define o limite anterior da órbita. Na pálpebra superior, ele se estende do periósteo da rima orbital superior para inserir-se na aponeurose do elevador, levemente acima da borda tarsal superior (ver figura, página anterior). O septo da pálpebra inferior se estende do periósteo da rima orbitária inferior para inserir-se diretamente na borda tarsal inferior.

7. Um paciente de 70 anos apresenta lesões de herpes zoster na distribuição do nervo trigêmeo. As lesões clássicas no lado e na ponta do nariz aumentam a preocupação de envolvimento ocular. Por quê?

Este sinal, chamado sinal de Hutchinson, resulta do envolvimento do nervo infratroclear. O nervo infratroclear é o ramo terminal do nervo nasociliar, que origina os nervos ciliares longos (usualmente dois) que suprem o olho.

8. Onde a esclera é mais fina? Onde ocorrem, com maior freqüência, roturas oculares após um trauma contuso ocular?

A esclera é mais fina logo atrás da inserção dos músculos retos (0,3 mm). A rotura escleral normalmente ocorre em oposição ao local de impacto e em arco paralelo ao limbo na inserção dos músculos ou no equador. O local mais comum de rotura é próximo ao limbo súpero-nasal.

9. Descreva o limbo cirúrgico e a linha de Schwalbe.

O limbo cirúrgico pode ser diferenciado em uma zona anterior azulada que se estende do término da camada de Bowman até a linha de Schwalbe, que é o término da membrana de Descemet. A zona clara posterior engloba a malha trabecular e estende-se da linha de Schwalbe até o esporão escleral.

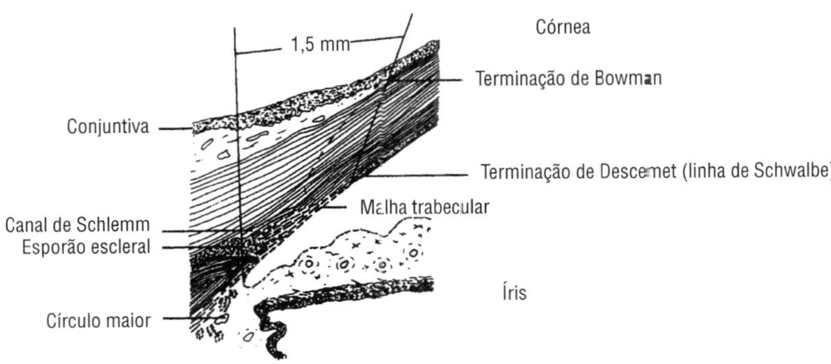

Ângulo da câmara anterior e do limbo, conceito descritivo de limbo. As linhas cheias representam o limbo visto por patologistas; as linhas pontilhadas representam o limbo visto por anatomistas. (De American Academy of Ophthalmology: Basic and Clinical Science Course, Section 2. San Francisco, American Academy of Ophthalmology, 1993-1994 com permissão.)

10. Você está se preparando para uma trabeculoplastia com *laser* de argônio. Descreva a aparência gonioscópica do ângulo da câmara anterior.

O corpo ciliar é uma concavidade visível anterior à raiz da íris. O esporão escleral aparece como uma linha branca anterior ao corpo ciliar. Acima deles, há a malha trabecular e o canal de Schlemm. O tratamento é aplicado na malha trabecular.

11. Após um procedimento filtrante, seu paciente desenvolve uma efusão coroidal. Explique a distribuição desse acúmulo de fluidos baseado na adesão uveal à esclera.

O trato uveal é aderido à esclera no esporão escleral, no nervo óptico e nos locais de saída das veias vorticosas. O fluido descola a coróide da esclera adjacente, mas as conexões permanecem.

12. Descreva a estrutura da membrana de Bruch. Denomine duas condições em que os defeitos dessa estrutura se desenvolvem espontaneamente.

A membrana de Bruch é constituída por cinco camadas: internamente, a membrana basal do epitélio pigmentar, a zona de colágeno interna, a camada central de fibras elásticas e a zona de colágeno externa; externamente, a membrana basal da coriocapilar. Pseudoxantoma elástico e miopia podem causar um defeito espontâneo nessa membrana, deixando o paciente propenso a desenvolver neovascularização coroidal.

13. Menor potência de *laser* é necessária para fotocoagulação em fundos muito pigmentados. O que determina essa pigmentação?

A pigmentação do fundo vista com oftalmoscópio é determinada pelo número de melanossomos da coróide. A área macular mais escura é resultado de células epiteliais mais altas que contêm mais e maiores melanossomos que a periferia.

14. O que é a barreira hemato-retiniana?

A barreira hemato-retiniana interna é formada pelo endotélio vascular retiniano que é não-fenestrado e contém *tight junctions*. A barreira hemato-retiniana externa é o epitélio pigmentar da retina. A membrana de Bruch é permeável a moléculas pequenas.

15. Que camada da retina é denominada de fibras de Henle na região macular?

A camada plexiforme externa, que é constituída de conexões de corpos sinápticos fotorreceptores e por células horizontais e bipolares, torna-se mais espessa e mais oblíqua na sua orientação quando se desvia da fóvea. Na fóvea, essa camada torna-se quase paralela à superfície retiniana e explica o padrão radiado ou em forma de estrela dos exsudatos nos espaços extracelulares em condições patológicas causadas por comprometimento vascular.

16. Quais são os três remanescentes clinicamente reconhecidos da vasculatura hialóide fetal?

Ponto de Mittendorf, papila de Bergmeister e alças vasculares (95% arteriais).

17. Um paciente se apresenta com oclusão da artéria central da retina e visão 20/20. Como você explica esse achado?

Quinze por cento da população têm uma artéria ciliorretiniana que supre a mácula. Trinta por cento dos olhos têm uma artéria ciliorretiniana suprindo alguma porção da retina. Elas são perfundidas pelos vasos coroidianos, que são nutridos pela artéria oftálmica.

18. Onde ocorre oclusão de ramo de veia retiniana? Que quadrante da retina é mais comumente afetado?

Oclusões de ramos de veias retinianas ocorrem em cruzamentos artério-venosos, mais comumente onde a veia é posterior à artéria. O quadrante súpero-temporal é com mais freqüência afetado pelo maior número de cruzamentos artério-venosos.

19. Discuta a organização das fibras que decussam ou não no quiasma óptico.

Fibras ínfero-nasais extramaculares decussam no quiasma anterior e fazem uma saliência no nervo óptico contralateral (joelho de Willebrand). Fibras súpero-nasais extramaculares decussam diretamente para o trato óptico oposto. As fibras maculares estão localizadas no centro do nervo óptico. As fibras maculares temporais não decussam no quiasma, mas as fibras maculares nasais decussam posteriormente. Contudo, no albinismo, muitas fibras temporais também decussam.

20. Uma paciente se apresenta com queixa de lacrimejamento e irritação ocular. Enquanto enxuga o excesso de lágrimas, ela explica que já foi vista por sete médicos diferentes e que nenhum resolveu seu problema. O exame mostra ceratopatia puntacta inferior moderada, com menisco lacrimal e teste de Schirmer normais. Deve-se salientar que ela foi submetida a blefaroplastia há seis meses. Qual é o diagnóstico?

Você pergunta se a irritação é pior no período matinal ou vespertino. Ela responde enfaticamente que é muito mais intensa pela manhã. Você pede a ela que feche os olhos suavemente e observa dois milímetros de lagoftalmo em cada olho.

Esta é uma causa freqüente de lacrimejamento em olhos normais.

21. Durante cirurgia orbitária, a glândula lacrimal de um paciente é removida. Apesar disso, não há evidência de deficiência lacrimal. Por quê?

A produção basal de lágrima é feita pelas glândulas acessórias de Krause e de Wolfring. As glândulas de Krause estão localizadas no fórnix superior, enquanto as glândulas de Wolfring estão acima da borda tarsal superior. Elas são citologicamente idênticas à glândula lacrimal principal.

22. Descreva anatomicamente a mácula e a fóvea.

A mácula é definida como a área da retina posterior que contém pigmento xantofílico e duas ou mais camadas de células ganglionares. Seu centro é aproximadamente 4 mm temporal e 0,8 mm inferior ao centro do disco óptico.

A fóvea é uma depressão central da superfície retiniana interna e tem aproximadamente 1,5 mm de diâmetro.

23. Angiografia fluoresceínica mostra tipicamente perfusão da coróide e qualquer artéria ciliorretiniana antes da visualização de corante na circulação retiniana. Por quê?

A fluoresceína penetra na coróide via artérias ciliares posteriores curtas, que são ramos da artéria oftálmica. A artéria central da retina, também um ramo da artéria oftálmica, fornece um caminho mais tortuoso para o corante passar, resultando no aparecimento desse um a dois segundos após na circulação retiniana.

24. Baseado na diferenciação retiniana, explique o porquê de a acuidade visual em crianças até os seis meses de idade não atingir o nível de um adulto.

A diferenciação da mácula não é completa até seis meses após o parto. Os núcleos das células ganglionares, inicialmente, são encontrados sobre a fovéola e aos poucos são deslocados perifericamente, deixando essa área desprovida de elementos neurais acessórios e de vasos sangüíneos, enquanto a organização neural se desenvolve em níveis de adulto até os seis meses de idade. Esse atraso no desenvolvimento macular é um fator na inabilidade do recém-nascido de fixar, e a melhora na acuidade visual é paralela ao desenvolvimento macular.

25. Um neonato se apresenta com uma opacidade em sua córnea esquerda. Quais são os diagnósticos diferenciais?

A opacidade em córnea de neonato cai em uma das seguintes categorias: esclerocórnea, trauma, úlcera, alteração metabólica, anomalia de Peter, distrofia endotelial e dermóide.

26. Descreva a inervação do cristalino.

O cristalino é anatomicamente único porque perde a inervação e a vascularização. Ele depende, para nutrição, do aquoso e do vítreo.

27. Descreva a inervação da córnea.

Os nervos ciliares posteriores longos se ramificam da divisão oftálmica do nervo trigêmeo e penetram na córnea. Na periferia, 70 a 80 ramos penetram na córnea nos planos conjuntival, episcleral e escleral. Eles perdem sua bainha de mielina a 1-2 mm do limbo. A rede posterior à camada de Bowman envia ramos anteriormente no epitélio.

28. Quais são as três camadas do filme lacrimal? Onde elas se originam?

1. A *camada mucosa* cobre as células corneanas superficiais epiteliais e cria uma camada hidrofílica. A mucina é secretada principalmente pelas células caliciformes (*globet*) conjuntivais, mas também pela glândula lacrimal.

2. A *camada aquosa* é secretada pelas glândulas de Krause e de Wolfring (secreção basal) e pela glândula lacrimal (secreção reflexa). A camada aquosa contém eletrólitos, imunoglobulinas e outros solutos, incluindo glicose, tampões e aminoácidos.

3. A *camada lipídica* é secretada primariamente pelas glândulas de Meibomio e mantém uma barreira hidrofóbica que previne o transbordamento de lágrimas, retarda a evaporação e lubrifica a interface pálpebra/olho.

29. Quais são as diferenças na estrutura da artéria central da retina e das arteríolas retinianas?

A artéria central da retina contém uma lâmina elástica interna fenestrada e uma camada externa de células de músculo liso circundada por membrana basal. As arteríolas da retina não contêm lâmina elástica interna e perdem suas células musculares lisas perto de sua entrada na retina. Portanto, a vasculatura da retina não tem auto-regulação.

30. Onde a mácula está representada no córtex visual?

A função macular é representada na porção mais posterior da extremidade do lobo occipital. Contudo, há uma larga distribuição de fibras maculares pela fissura calcarina.

BIBLIOGRAFIA

1. American Academy of Ophthalmology: Basic and Clinical Science Course, Section 2. San Francisco, American Academy of Ophthalmology, 1993-1994.
2. Gass JDM: Stereoscopic Atlas of Macular Diseases, 4th ed. St. Louis, Mosby, 1997.
3. Fine BS, Yanoff M: Ocular Histology, 2nd ed. Hagerstown, MD, Harper & Row, 1979.
4. Jaffe NS: Cataract Surgery and its Complications. 5th ed. St. Louis, Mosby, 1990.
5. Justice J, Lehman RP: Cilioretinal arteries: A study based on review of stereofundus photographs and fluorescein angiographic findings. Arch Ophthalmol 94:1355-1358, 1976.
6. Miller NR: Walsh and Hoyt's Clinical Neuro-Ophthalmology, vol. 1, 4th ed. Baltimore, Willians & Wilkins, 1982.
7. Stewart WB: Surgery of the Eyelid, Orbit, and Lacrimal System. Ophthalmology Monographs, vol 1. San Francisco, American Academy of Ophthalmology, 1993.
8. Weinberg DV, Egan KM, Seddon JM: The asymmetric distribution of arteriousvenous crossing in the normal retina. Ophthalmology 100:31-36, 1993.

2. ANATOMIA DA ÓRBITA E DA PÁLPEBRA

Edward H. Bedrossian, Jr., M.D.

ÓRBITA

1. Denomine os ossos da órbita.

1. Parede medial: esfenóide, etmóide, lacrimal, maxilar
2. Parede lateral: zigomático, asa maior do esfenóide
3. Teto: frontal, asa menor do esfenóide
4. Assoalho: maxilar, zigomático, palatino

2. Quais são os locais frágeis da rima orbitária?

1. Sutura frontozigomática
2. Sutura zigomaticomaxilar
3. Sutura frontomaxilar

3. Descreva a localização mais comum da fratura *blowout*.

A localização póstero-medial do assoalho orbitário.

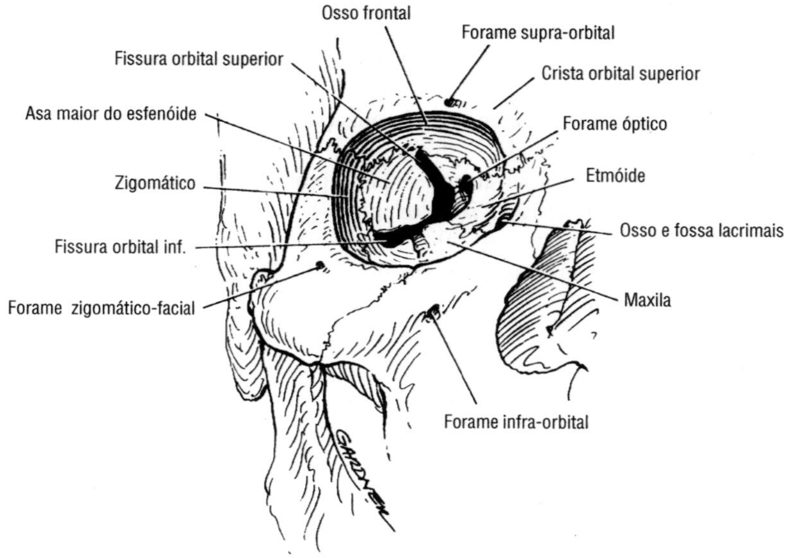

Vista frontal da órbita. (De McCord, Tannenbaum, and Nunery: Oculoplastic Surgery, 3rd ed. Philadelphia, Lippincot-Raven, 1995, com permissão.)

4. **Qual é o osso mais fraco da órbita?**
   A lâmina papirácea, porção do osso etmóide.

5. **Denomine as divisões do V nervo craniano que passam através do seio cavernoso.**
   1. Divisão oftálmica (V1)
   2. Divisão maxilar (V2)

6. **O que é o anel de Zinn?**
   É o círculo definido pelos músculos reto superior, reto inferior, reto lateral e reto medial (ver figura da página 19).

7. **Que nervos passam através da fissura orbitária superior, porém fora do anel de Zinn?**
   Os nervos frontal, lacrimal e troclear.

PÁLPEBRA

8. **Liste os fatores responsáveis pelo entrópio involucional.**
   1. Flacidez da pálpebra inferior
   2. Separação do músculo pré-septal óculo-orbicular do músculo pré-tarsal óculo-orbicular
   3. Deiscência/desinserção dos retratores da pálpebra inferior
   4. Atrofia da gordura orbitária

9. Descreva a inervação sensitiva das pálpebras superior e inferior.

1. O nervo oftálmico (V1) promove sensibilidade na pálpebra superior
2. O nervo maxilar (V2) promove sensibilidade na pálpebra inferior

10. Quais são os pontos de referência na localização da artéria temporal superficial durante biópsias da artéria temporal?

A artéria temporal superficial situa-se no plano profundo em relação à pele e ao tecido subcutâneo, mas superficial em relação à fáscia temporal.

11. Que estruturas você atravessaria numa blefaroplastia transversa 3 mm acima da margem da pálpebra superior?

1. Pele
2. Músculo orbicular pré-tarsal
3. Tarso
4. Conjuntiva palpebral

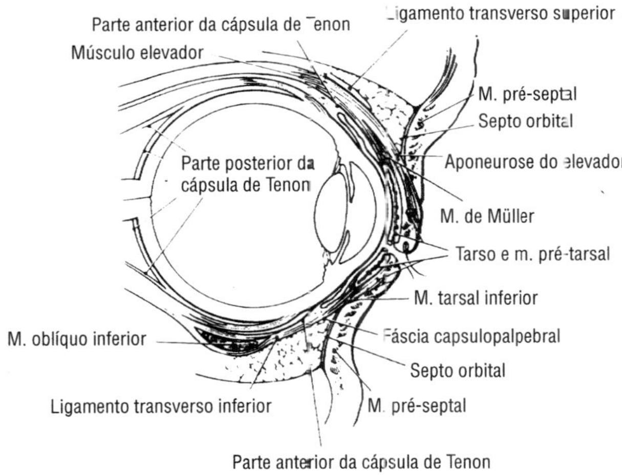

Vista sagital das estruturas da pálpebra e da órbita. (De McCord, Tannenbaum, and Nunery: Oculoplastic Surgery, 3rd ed. Philadelphia, Lippincot-Raven, 1995, com permissão.)

12. O que é entendido pelo termo *retratores da pálpebra inferior*?

Os retratores da pálpebra inferior consistem da fáscia capsulopalpebral e do músculo tarsal inferior. A fáscia capsulopalpebral da pálpebra inferior é análoga ao complexo elevador da pálpebra superior. O músculo tarsal inferior é análogo ao músculo de Müller da pálpebra superior.

13. Que estruturas seriam cortadas numa laceração de espessura total de pálpebra inferior 2 mm inferior ao tarso inferior? (Ver figura anterior.)

1. Pele
2. Músculo óculo-orbicular pré-tarsal

3. Tendão conjunto (fusão do septo orbitário e dos retratores da pálpebra inferior)
4. Conjuntiva palpebral

14. Que estruturas seriam cortadas numa laceração de espessura total de pálpebra inferior 6 mm abaixo do tarso inferior? (Ver figura da página anterior.)
1. Pele
2. Músculo óculo-orbicular pré-septal
3. Septo orbitário
4. Gordura
5. Retratores da pálpebra inferior (fáscia capsulopalpebral e músculo tarsal inferior)
6. Conjuntiva

15. Discuta a inserção óssea do ligamento suspensório superior de Whitnall.
Medialmente ele se insere no periósteo da tróclea. Lateralmente a maior inserção é no periósteo na sutura frontozigomática. Ele também apresenta inserção menor no tubérculo orbital lateral.

16. Que estruturas separam o coxim gorduroso medial do coxim central (também denominado pré-aponeurótico) na pálpebra superior?
O tendão oblíquo superior.

17. Lester Jones dividiu o músculo óculo-orbicular em três porções. Denomine-as.
1. Porção orbital
2. Porção pré-septal
3. Porção pré-tarsal

18. Que porções do músculo óculo-orbicular são importantes no mecanismo de bomba lacrimal?
As porções pré-tarsal e pré-septal.

BIBLIOGRAFIA

1. Anderson R, Dixon R: The role of Whitnall's ligament in ptosis surgery. Arch Ophthalmol 97:705-707, 1979.
2. Dutton J: Atlas of Clinical and Surgical Orbital Anatomy. Philadelphia, W.B. Saunders, 1994.
3. Gioia V, Linberg J., McCormick S: The anatomy of the lateral canthal tendon. Arch Ophthalmol 105:529-532, 1987.
4. Hawes M, Dortzbach R: The microscopic anatomy of the lower eyelid retractors. Arch Ophthalmol 100:1313-1318, 1982.
5. Jones LT: The Anatomy of the Lower Eyelid. Am. J. Ophthalmol, 49:29-36, 1960.
6. Lemke B, Della Rocca R: Surgery of the Eyelids and Orbit: An anatomical Approach. Norwalk, CT, Appleton & Lange, 1990, pp. 173-182, 190-192.
7. Lemke B., Stasior O, Rosen P: The surgical relations of the levator palpebrae superioris muscle. Ophthal Plast Reconstr Surg 4:25-30, 1988.
8. Lockwood CB: The anatomy of the muscles, ligaments and fascia of the orbit, including an account of the capsule of tenon, the check ligaments of the recti, and of the suspensory ligament of the eye. J Anat Physiol 20:1-26, 1986.

9. Meyer D, Linberg J, McCormick S: Anatomy of the orbital septum and associated eyelid connective tissues: Implications for ptosis surgery. Ophthal Plast Reconstr Surg 7:104-113, 1991.
10. Sullivan J, Beard C: Anatomy of the eyelids, orbit and lacrimal system. In Stewart W (ed): Surgery of the Eyelids, Orbit and Lacrimal System. American Academy of Ophthalmology Monograph n. 8, 1993, pp. 84-96.
11. Whitnall SE: The levator palpebrae superioris muscle: the attachments and relations of its aponeurosis. Ophthalmoscope 12:258-263, 1914.
12. Whitnall SE: The Anatomy of the Human Orbit and Accessory Organs. London, Oxford Medical Publishers, 1985, pp. 122, 131-135, 136-140.

3. ÓPTICA E REFRAÇÃO

Janice A. Gault, M.D.

1. O que é o ponto focal primário (f)?

É o ponto no eixo visual no qual um objeto deve ser colocado para raios paralelos emergirem do cristalino. Dessa forma, a imagem está no infinito.

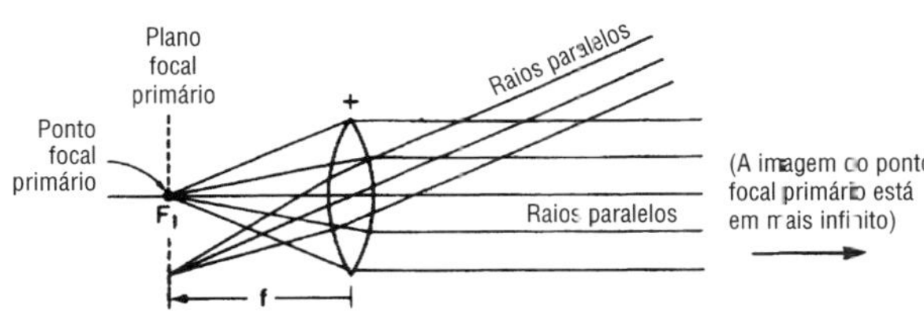

O ponto focal primário tem imagem no infinito. (De American Academy of Ophthalmology: Basic and Clinical Science Course. Section 3. Optics, Refraction, and Contact Lenses. San Francisco. American Academy of Ophthalmology. 1992, com permissão.)

2. O que é o ponto focal secundário (f′)?

É o ponto no eixo visual no qual raios paralelos são trazidos ao foco. É igual a 1/poder da lente em dioptrias (D). O objeto está agora no infinito.

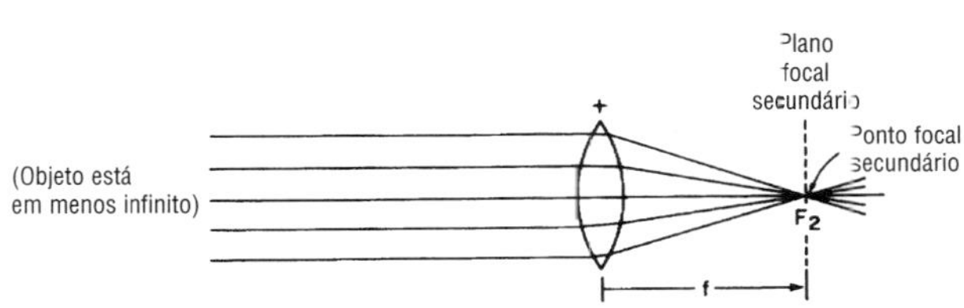

O ponto focal secundário tem um objeto no infinito. (De American Academy of Ophthalmology: Basic and Clinical Science Course. Section 3. Optics, Refraction, and Contact Lenses. San Francisco. American Academy of Ophthalmology, 1992, com permissão.)

3. **Onde está o ponto focal secundário para um olho míope? E para um olho hipermétrope? E para um olho emétrope?**

O ponto focal secundário para um olho míope é anterior à retina no vítreo. O objeto deve ser movido para a frente do infinito para permitir que os raios de luz foquem na retina. Um olho hipermétrope tem seu ponto focal secundário posterior à retina. Um olho emétrope foca raios de luz do infinito na retina.

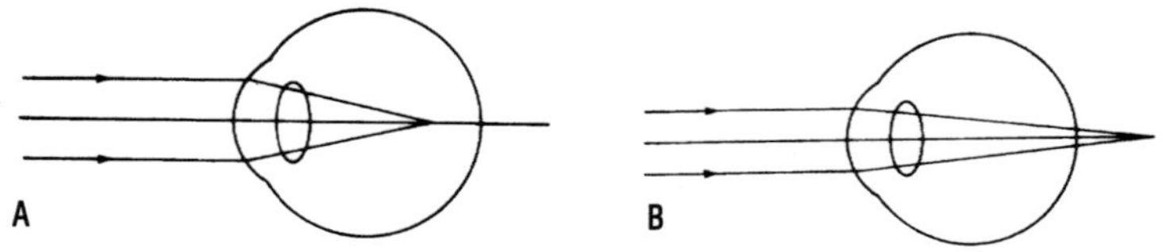

A, Na miopia, o foco está no vítreo. *B*, Na hipermetropia, o foco está atrás da retina. (De American Academy of Ophthalmology: Basic and Clinical Science Course. Section 3. Optics, Refraction, and Contact Lenses. San Francisco, American Academy of Ophthalmology, 1992, com permissão.)

4. **O que é o "ponto remoto" do olho?**

O termo "ponto remoto" só é usado para o sistema óptico do olho. É o ponto no qual um objeto deve ser colocado no eixo visual, para que os raios de luz sejam focalizados na retina quando o olho não está em acomodação.

5. **Onde está o "ponto remoto" para um olho míope? E para um olho hipermétrope? E para um olho emétrope?**

O "ponto remoto" para um olho míope está entre a córnea e o infinito. Um olho hipermétrope tem seu "ponto remoto" além do infinito ou atrás do olho. Um olho emétrope tem raios de luz focados na retina quando o objeto está no infinito.

6. **Como você determina a lente que vai corrigir um erro refrativo do olho?**

Uma lente com seu ponto focal coincidente com o "ponto remoto" do olho permite aos raios de luz do infinito serem focados na retina. A imagem no "ponto remoto" do olho torna-se o objeto para esse.

7. **O que é o "ponto próximo" do olho?**

É o ponto no qual um objeto é focado na retina quando o olho está totalmente acomodado. Movendo o objeto para mais próximo, ele ficará borrado.

8. **A miopia pode ser causada por duas maneiras. Quais são elas?**

A miopia refrativa é causada ou por excesso de poder refrativo de uma córnea muito curva ou por alto poder do cristalino. Já a miopia axial é devida a um globo ocular alongado. Cada milímetro de alongamento gera três dioptrias de miopia.

9. **O poder de uma lente corretora é alterado mudando-se de lentes de contato para lentes de óculos ou vice-versa. Por quê?**

Movendo-se uma lente negativa para mais próximo do olho, aumenta-se seu poder refrativo. Dessa forma, os míopes têm uma prescrição menor nas suas lentes de contato do que nos óculos.

Pacientes próximos à presbiopia podem necessitar de óculos de leitura quando usarem lentes de contato, mas podem ler sem lentes bifocais em seus óculos (ver Questão 45). Movendo-se uma lente positiva para mais próximo do olho, diminui-se seu poder refrativo. Dessa forma, hipermétropes têm uma prescrição maior nas suas lentes de contato do que nos óculos. Esses pacientes devem adiar bifocais por um tempo. O mesmo princípio se aplica a pacientes que escorregam os óculos para baixo no nariz e conseguem ler mais facilmente. Eles estão, com isso, adicionando poder positivo. Esse princípio funciona para hipermétropes e míopes.

10. O que é amplitude de acomodação?

É o número total de dioptrias que um olho pode acomodar.

11. O que é extensão de acomodação?

É a extensão na qual se obtém visão nítida somente com a acomodação. Para um olho emétrope com 10 dioptrias de amplitude de acomodação, a extensão é do infinito até 10 cm.

12. O que é "ponto próximo" de 4 D hipermetrópico com amplitude de acomodação de 8?

O ponto remoto está 25 cm atrás da córnea. O paciente deve usar 4 D de acomodação para superar a hipermetropia e, assim, focar a imagem do infinito na retina. Dessa forma, ele tem 4 D para acomodar para o "ponto próximo", que é 25 cm anterior à córnea. Contudo, quando usar uma lente de 4.00, ele tem toda a capacidade de acomodação disponível. Seu ponto próximo agora é 12,5 cm.

13. O que é "ponto próximo" de 4 D miópica com amplitude de acomodação de 8?

O ponto próximo está 25 cm à frente do olho. O paciente pode acomodar 8 D além desse ponto. O "ponto próximo" é 12 D, que está 8,3 cm à frente da córnea.

14. Quando um raio de luz passa de um meio com menor índice refrativo (n) para um meio com maior índice refrativo (n'), ele inclina-se *em direção a* ou *para longe* da normal?

Ele se inclina em direção à normal.

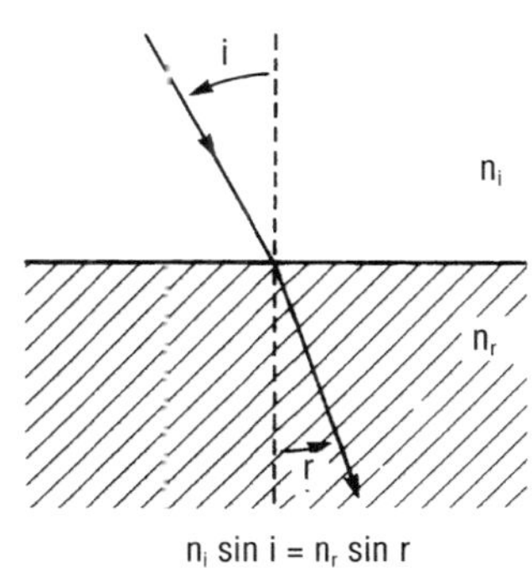

Quando um raio de luz passa de um meio com menor índice refrativo (n_i) para um com maior índice refrativo (n_r), ele se encaminha para baixo e em direção à normal da superfície. A lei de Snell determina a quantidade de inclinação. i = ângulo de incidência, r = ângulo de refração. (De American Academy of Ophthalmology: Basic and Clinical Science Course. Section 3, Optics, Refraction, and Contact Lenses. San Francisco. American Academy of Ophthalmology, 1992, com permissão.)

15. O que é ângulo crítico?

É o ângulo de incidência no qual o ângulo de refração é 90° da normal. O ângulo crítico ocorre somente quando o raio de luz passa de um meio mais denso para um menos denso.

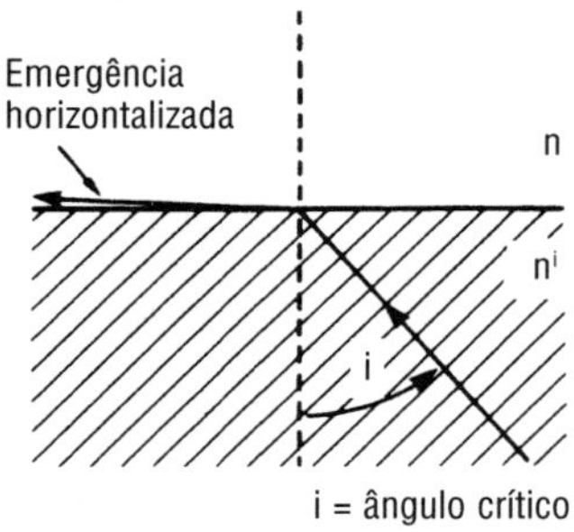

i = ângulo crítico

Ângulo crítico. (De American Academy of Ophthalmology: Basic and Clinical Science Course. Section 3, Optics, Refraction, and Contact Lenses. San Francisco. American Academy of Ophthalmology, 1992, com permissão.)

16. O que ocorre se o ângulo crítico é excedido?

Reflexão interna total. O ângulo de incidência se iguala ao ângulo de reflexão.

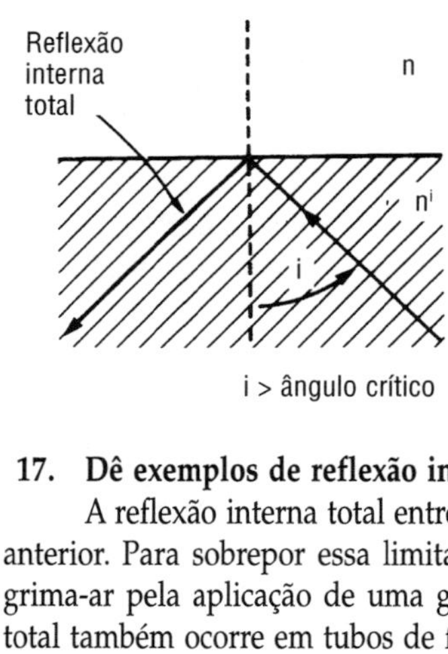

i > ângulo crítico

A reflexão interna total ocorre quando o ângulo crítico é excedido. (De American Academy of Ophthalmology: Basic and Clinical Science Course. Section 3, Optics, Refraction, and Contact Lenses. San Francisco. American Academy of Ophthalmology, 1992, com permissão.)

17. Dê exemplos de reflexão interna total.

A reflexão interna total entre a interface lágrima-ar impede a visualização direta da câmara anterior. Para sobrepor essa limitação, o ângulo crítico deve ser aumentado para a interface lágrima-ar pela aplicação de uma goniolente de plástico ou vidro à superfície. A reflexão interna total também ocorre em tubos de fibra óptica e em oftalmoscópio indireto.

18. Qual é a fórmula para vergência?

$$U + P = V$$

Onde U é a vergência da luz que entra pela lente, P é o poder da lente (a quantidade de vergência adicionada à luz pela lente) e V é a vergência da luz deixando a lente. Todos são expressos em dioptrias. Por convenção, os raios de luz viajam da esquerda para a direita. Sinal positivo indica algo à direita da lente, e sinal negativo indica pontos à esquerda da lente.

19. Qual é a vergência de raios de luz paralelos?

Zero. Os raios de luz paralelos não convergem (o que poderia ser positivo) nem divergem (o que poderia ser negativo). Os raios de luz de um objeto no infinito ou indo para uma imagem no infinito têm vergência zero.

20. Como uma dioptria se relaciona ao metro?

Uma dioptria é igual à distância em metros.

21. Qual é o ponto de imagem se um objeto se situa 25 cm para a esquerda de uma lente + 5.00?

Tudo deve ser expresso em dioptrias: 25 cm é 4 D (1/0,25 m). Porque a imagem está à esquerda da lente,

$$U = -4\ D$$
$$P = +5\ D$$
$$-4 + 5 = 1$$

A vergência do objeto é + 1. Convertido para centímetros, o objeto situa-se um metro à direita da lente (1/1 D = 1 m = 100 cm).

22. Desenhe o olho esquemático com poder (P), ponto nodal (pn), plano principal, pontos focais primário (f) e secundário (f′), índices refrativos (n, n′) e respectivas distâncias classificadas.

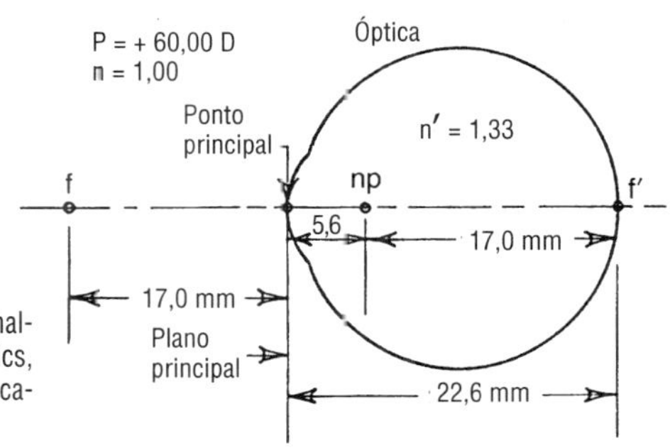

Olho esquemático reduzido.(De American Academy of Ophthalmology: Basic and Clinical Science Course. Section 3, Optics, Refraction, and Contact Lenses. San Francisco, American Academy of Ophthalmology, 1992, com permissão.)

23. Como é calculado o poder de um prisma?

O poder de um prisma é calculado em dioptrias prismáticas (Δ) e é igual ao deslocamento em centímetros de um raio de luz passando através de um prisma medido a 100 cm do mesmo. A luz é sempre desviada em direção à base do prisma. Portanto, um prisma de 15 Δ desloca luz do infinito até 15 cm em direção à sua base a 100 cm.

Uma dioptria prismática é o deslocamento da luz passando através de um prisma a 100 cm. (De American Academy of Ophthalmology: Basic and Science Course. Section 3, Optics, Refraction, and Contact Lenses. San Francisco, American Academy of Ophthalmology, 1992, com permissão.)

24. O que é a regra de Prentice?

$$\Delta = hD$$

O poder prismático de uma lente (Δ), em qualquer ponto da mesma, é igual à distância desse ponto do eixo óptico em centímetros (h) multiplicada pelo poder da lente em dioptrias (D). Isso sugere que a lente não tem efeito prismático no seu centro óptico; um raio de luz passará pelo seu centro sem desviar-se.

25. Como a regra de Prentice é usada na prática?

Em um paciente com anisometropia, a posição de leitura pode causar hiperdesvio de um olho devido ao efeito prismático.

26. Como o efeito prismático pode ser diminuído?

1. Lentes de contato movem-se com os olhos, permitindo ao paciente ver através do seu centro óptico, evitando o efeito prismático.
2. Abaixando-se o centro óptico, diminui-se o (h) da regra de Prentice.
3. A remoção do prisma inferiormente da lente mais negativa ajuda a neutralizar o efeito prismático.

27. Como a regra de Prentice afeta a medida do desvio de estrabismo em um paciente usando óculos?

As lentes positivas diminuem o desvio medido, enquanto lentes negativas o aumentam. O desvio real é alterado em aproximadamente 2,5 D %, onde D é o poder dos óculos. As lentes positivas têm a base do prisma periférico, enquanto as negativas têm a base do prisma central.

28. Lentes bifocais podem causar problemas significativos induzidos por efeitos prismáticos. Qual é a diferença entre o salto e o deslocamento de imagem?

Salto de imagem é produzido pela introdução abrupta de poder prismático no topo do segmento bifocal. O objeto que o paciente vê no campo inferior salta abruptamente para cima quando os olhos se abaixam para vê-lo. Se o centro óptico do segmento está no topo do mesmo, não há salto de imagem. O salto de imagem é pior em bifocais *ultex*, porque o centro óptico está longe para distância. Uma bifocal *flap-top* é melhor, porque o centro óptico está próximo para distância.

Deslocamento de imagem é o efeito prismático induzido pela adição de bifocal e lentes de distância na posição de leitura. Para muitos pacientes, o deslocamento de imagem causa maior incômodo do que o salto de imagem. Uma lente *flap-top* é essencialmente uma lente de base superior, enquanto uma lente *ultex* é uma lente de base inferior. Uma lente miópica para longe tem poder prismático de base superior na posição de leitura; portanto, o deslocamento da imagem é pior com lente *flap-top*. O efeito prismático é aditivo. Do mesmo modo, uma correção hipermetrópica é uma lente de base inferior na posição de leitura; portanto, uma lente *ultex* torna o deslocamento de imagem um problema.

29. Para a leitura um hipermétrope deve usar lentes *flap-top* ou *ultex*?

Uma lente positiva vai ter deslocamento de imagem significante com uma lente *flap-top*. Já o deslocamento de imagem é diminuído com lentes *ultex*. Embora o salto de imagem esteja presente, é o menos incômodo dentre os dois.

30. Para a leitura um míope deve usar lentes *flap-top* ou *ultex*?

Uma lente *ultex* tem deslocamento de imagem significante com uma lente negativa. Uma lente *flap-top* diminui o deslocamento e o salto de imagem.

31. O que é círculo de menor confusão?

Pacientes com astigmatismo têm duas linhas focais formadas pela convergência dos raios. A primeira é mais próxima da córnea, criada por meridianos mais potentes. A segunda é mais posterior, criada por meridianos menos potentes. O círculo de menor confusão é o corte circular da conóide de Sturm, dioptricamente no meio do caminho entre as duas linhas focais. A meta em uma correção refrativa é escolher uma lente que coloque o círculo de menor confusão na retina.

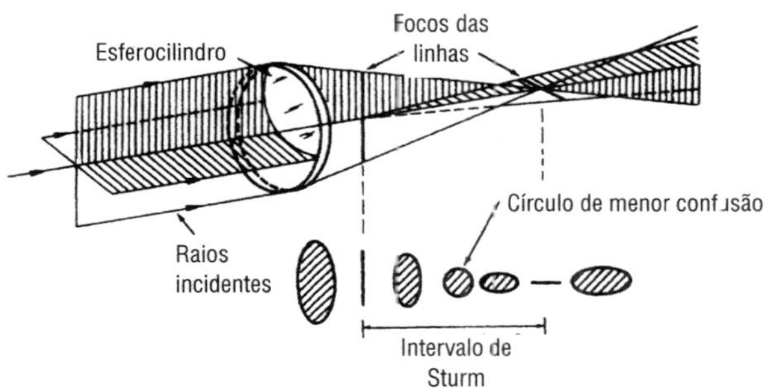

Círculo de menor confusão. (De American Academy of Ophthalmology: Basic and Clinical Science Course. Section 3, Optics, Refraction, and Contact Lenses. San Francisco, American Academy of Ophthalmology, 1992, com permissão.)

32. O que é o equivalente esférico de –3.00 – 2.00 X 125?

Pegue a metade do cilindro e some ao esférico. O equivalente esférico é –2.00 esférico.

33. Troque as refrações com cilindro positivo para a forma de cilindro negativo: – 5.00 + 3.00 X 90.

Primeiro, adicione o esférico ao cilindro. Então, mude o sinal do cilindro e adicione 90° ao eixo. Logo, a forma negativa do cilindro é –2.00 –3.00 X 180.

34. Após cirurgia de catarata, o paciente tem a seguinte refração: + 1.00 + 3.00 X 100. O paciente tem um astigmatismo a favor ou contra a regra?

O astigmatismo a favor da regra é corrigido com cilindro positivo a 90° (± 15-20°). Já o astigmatismo contra a regra é corrigido com cilindro positivo a 180° (±15-20°). Portanto, o paciente tem astigmatismo a favor da regra.

35. Como você deve proceder com esse paciente?

Cheque as suturas restantes. Cortando a sutura de 11:00 relaxará a incisão e diminuirá o astigmatismo.

36. O que fazer com um paciente com refração pós-operatória de +2.00 –2.00 X 90? Onde você deve cortar a sutura?

Trocando a refração para a forma de cilindro positivo, você verá que o paciente é plano + 200 X 180 e tem astigmatismo contra a regra. Você não pode cortar nenhuma sutura para relaxar o astigmatismo. A única opção é fazer uma incisão relaxante na córnea, mas o paciente pode aceitar a correção em óculos principalmente se for próxima à correção pré-operatória. Cheque também a ceratometria pré-operatória. O paciente pode ter astigmatismo contra a regra neste período.

37. Lentes espessas apresentam aberrações. Liste-as.

1. *Aberração esférica.* Os raios na periferia das lentes são mais refratados do que os do centro; portanto, causam miopia noturna. Pupilas grandes, à noite, causam mais aberração esférica do que pupilas pequenas, durante o dia.

2. *Coma.* Um "borrão" em formato de "cometa" é visto quando o objeto e a imagem estão fora do eixo óptico. Coma é similar a aberração esférica, mas ocorre com raios não-axiais.

3. *Astigmatismo de incidência oblíqua.* Quando a lente esférica é inclinada, ganha um pequeno efeito astigmático que causa curvatura do campo (isto é, imagens esféricas produzem imagens curvas de objetos planos). Esse efeito é útil ao olho porque a retina tem uma curvatura semelhante.

4. *Aberração cromática.* Cada comprimento de onda tem seu próprio índice refrativo; os comprimentos de onda menores inclinam-se mais.

5. *Distorção.* Quanto maior o poder esférico, mais significante é o aumento ou a diminuição da periferia em relação ao resto da imagem. Uma lente positiva alta produz distorção em alfineteira; uma lente negativa alta produz distorção em barril.

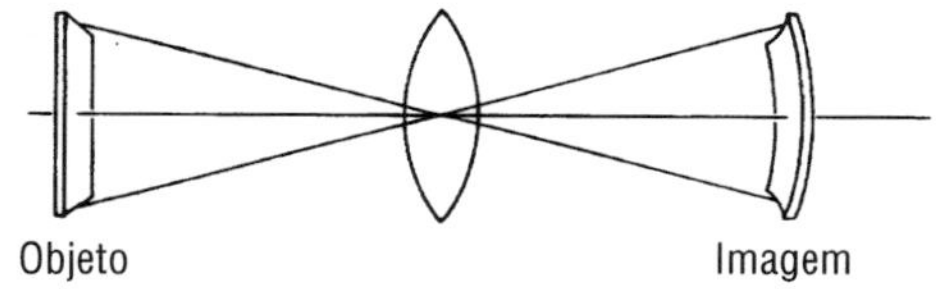

A aberração causada por astigmatismo de incidência oblíqua é útil ao olho porque a curvatura induzida no campo é quase idêntica à curvatura retiniana.

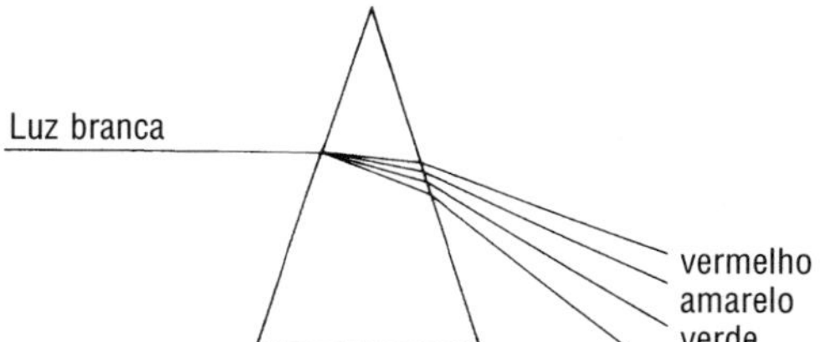

Devido ao fato de cada comprimento de onda ter seu próprio índice refrativo, a luz passando através de um prisma mostrará o espectro de luz visível. (De American Academy of Ophthalmology: Basic and Clinical Science Course. Section 3. Optics, Refraction, and Contact Lenses. San Francisco, American Academy of Ophthalmology, 1992, com permissão.)

38. Raios de luz vermelhos ou verdes são mais refratados por lente positiva?

Os raios de luz verdes mais curtos são mais inclinados do que os vermelhos mais longos. Esta diferença causa aberração cromática e é a base para o teste verde-vermelho. Os raios verdes são focados 0,50 D mais próximos à lente do que os raios vermelhos. Quando um paciente míope corrigido tem sua visão embaçada para prevenir acomodação, as letras vermelhas são mais claras do que as verdes. Adicione progressivamente lentes negativas em aumentos de 0,25 até que o verde e o vermelho sejam iguais em nitidez. Isso previnirá a hipercorreção na miopia.

39. Um paciente míope inclina seus óculos para ver à distância. O que isso significa?

O paciente está usando o princípio do astigmatismo de incidência oblíqua para aumentar o poder dos seus óculos. Ele precisa de uma refração. Inclinando-se uma lente negativa, induz-se um cilindro negativo com eixo no eixo da inclinação. Inclinando-se uma lente positiva, induz-se o cilindro positivo com eixo no eixo da inclinação. Uma pequena quantidade de esférico de mesmo sinal é induzida.

40. Que medidas são necessárias para o cálculo da lente intra-ocular?

O comprimento axial em milímetros e a leitura ceratométrica em dioptrias. Também a refração pós-operatória desejada. A fórmula SRK é utilizada usualmente. Para emetropia, a fórmula é P = A – 2,5 (comprimento axial) – 0.9 (K_{avg}), onde P é o poder do implante, A é a constante do implante determinada pelo fabricante, e K_{avg} é a média ceratométrica. A constante A também pode ser individualizada pela análise prévia do caso. Para cada dioptria de ametropia desejada, adicione 1,25 a 1,50 D. Por exemplo, se a fórmula SRK revela um cálculo de –18,0 D para ametropia, coloque uma lente de +19,50 D para – 1,00 D.

41. Como um erro axial que está incorreto em 0,1 mm afeta o cálculo da lente intra-ocular?

Para cada erro de 0,1 mm, é gerada no cálculo uma diferença de 0,25 D. Cheque novamente o *scan-A* se o comprimento axial é menor que 22 mm ou maior que 25 mm ou se há uma diferença maior que 0,3 mm entre os dois olhos.

42. Como um erro na medida ceratométrica afeta o cálculo da lente intra-ocular?

Para cada erro de 0,25 D, o cálculo gera um erro de 0,25 D. Cheque novamente as leituras ceratométricas se a média de poder corneano é menor que 40 D ou maior que 47 D. Cheque também se há diferença de mais de 1 D na média ceratométrica entre os dois olhos.

43. Qual é a fórmula para magnificação transversa?

Também conhecida como magnificação linear ou lateral, a magnificação transversa é igual a I/0 = v/u, onde *I* é o tamanho da imagem, *0* é o tamanho do objeto, *v* é a distância da lente para a imagem, e *u* a distância da lente para o objeto. Todos são medidos em milímetros.

44. Qual é a fórmula para magnificação axial?

É o quadrado da magnificação transversa. A magnificação ao longo do eixo visual causa distorção em imagens em três dimensões.

45. Qual é o efeito da magnificação axial na necessidade acomodativa para uma determinada distância de leitura?

Os hipermétropes têm que acomodar mais com óculos do que com lentes de contato, e míopes têm que acomodar menos com óculos do que com lentes de contato. Esse efeito pode ser clinicamente significativo nos primeiros anos da presbiopia. O efeito é maior com altos erros refrativos. Por exemplo, um míope de –5.00 pode ler sem bifocais, mas necessita de óculos de leitura com lentes de contato. Ao contrário, um hipermétrope pode ser capaz de ler sem óculos com lentes de contato, mas pode necessitar de bifocais.

46. O que é magnificação angular?

É a magnificação de uma lente de aumento simples, como ver algo com o olho ou uma lente simples. A magnificação é D/4, onde D é o poder da lente usada.

47. O que é a magnificação de um oftalmoscópio direto?

O examinador usa a óptica do olho do paciente como uma lente de aumento simples. Estimando que o poder do olho é +60 D, o aumento é 15 X. Portanto, a retina aparece 15 vezes maior do que ela realmente é.

48. Um telescópio astronômico produz uma imagem vertical ou invertida?

Uma imagem invertida, que tem pouca utilidade na óptica oftalmológica.

49. Um telescópio de Galileu produz uma imagem vertical ou invertida?

Uma imagem vertical, que é muito usada na óptica oftalmológica. Um olho afácico corrigido com óculos ou lentes de contato é um exemplo. A ocular é o olho afácico estimado em –12,50 D, e a objetiva é a lente corretora.

50. Qual é a fórmula de aumento para um telescópio?

$$\text{Aumento} = \text{D ocular} / \text{D objetiva}$$

Essa fórmula se aplica tanto para o telescópio, astronômico como para o de Galileu. Para um olho afácico com correção por óculos de +10,00 D, o aumento é 1,25 ou 25%. Para lentes de contato, isto se traduz em +11,75 D, considerando a distância vértice de 10 mm. O aumento agora é de 1,06 ou 6%. Portanto, aniseiconia com lentes de contato é melhor tolerada do que com óculos se o paciente necessita de correção menor no outro olho.

51. Quando utilizando o oftalmoscópio direto, qual paciente produz uma imagem maior da retina: o hipermétrope ou o míope?

O míope funciona como um telescópio de Galileu e promove aumento maior. A ocular (lentes dos óculos) é uma lente negativa, e a objetiva (as lentes do próprio paciente) é uma lente positiva. O hipermétrope age como um telescópio reverso de Galileu e, em comparação, provoca diminuição. Nessa situação, a ocular é uma lente positiva, e a objetiva uma lente negativa.

52. O que você precisa para determinar o melhor auxílio óptico para o paciente?

A melhor refração, a acuidade visual, o campo visual, e as necessidades práticas do paciente.

53. Quais são as vantagens e desvantagens de se usarem adições altas em bifocais para auxílios para visão subnormal?

As vantagens incluem um campo visual maior. As desvantagens incluem curta distância para leitura e alto custo.

54. Quais são as vantagens e desvantagens de se usar uma lente de visão simples de alto poder como auxílio para visão subnormal?

As lentes de visão simples de alto poder vêm nas formas monocular e binocular. Também têm distância curta para leitura, mas grande campo visual.

55. Como você calcula o poder de uma lente positiva necessária para a leitura de jornais sem acomodação?

O recíproco da melhor acuidade visual corrigida é igual ao poder positivo da lente necessária. Por exemplo, se um paciente pode ler 20/60, uma lente +3,00 D será necessária. O recíproco do poder dióptrico dá a distância de leitura (isto é, 33 cm).

56. Que ajustes são necessários quando uma lente binocular de visão simples de alto poder é usada?

São necessários os prismas de base interna para aumentar a tendência natural de convergência. Contudo, os pacientes desenvolvem exotropia para perto quando olham através de lentes positivas altas.

57. Quais são as vantagens e desvantagens de lentes de aumento manuais para visão subnormal?

As lentes de aumento manuais têm distância variável olho-lente e são portáteis. Têm alto índice de aceitabilidade, mas um campo de visão pequeno quando mantido longe do olho. Além disso, são de difícil manipulação para pacientes com tremores ou artrite. Uma lente de aumento com suporte é mais útil para esse tipo de paciente.

58. Quais são as vantagens e desvantagens do uso de lupas como auxílio para visão subnormal?

As lupas são basicamente telescópios pré-focados. Permitem uma visão útil de longo alcance e mantêm as mãos livres. No entanto, têm um campo de visão pequeno, uma profundidade de campo limitada, e são caras.

59. Os auxílios mencionados são para aumento e para perto. O que há de disponível como auxílio para visão de longe?

O único auxílio para visão de longe é o telescópio. Os telescópios são mono ou binoculares, podendo ser manuais ou montados em óculos. Também têm foco ajustável. Infelizmente eles têm campo visual restrito (aproximadamente 8°). Por isso, o objeto pode ser difícil de ser achado.

60. Os espelhos convexos adicionam vergência positiva ou negativa?

Os espelhos convexos adicionam vergência negativa como lentes negativas. Espelhos côncavos adicionam vergência positiva como lentes positivas. Espelhos planos não adicionam vergência.

61. O que é o poder de reflexão de um espelho em dioptrias?

D = 2/r, onde *r* é o raio de curvatura. O comprimento focal é metade do raio.

62. Que instrumento utiliza o poder de reflexão da córnea para determinar sua leitura?

O ceratômetro usa o poder de reflexão da córnea para determinar a curvatura corneana. A fórmula é D = (n – 1)/r, onde *D* é o poder de reflexão da córnea e *n* o índice refrativo padrão da córnea (1,3375).

63. Quanto da córnea é medido com o ceratômetro?

Apenas os 3 mm centrais. Uma opacidade ou um defeito periférico corneano podem não ser detectados usando o ceratômetro ao invés da topografia corneana.

64. Por que o ceratômetro usa duplicação de suas imagens?

Para evitar os problemas de movimentos oculares na determinação de medidas confiáveis. A duplicação é feita com prismas.

65. O que é a lente de relógio de Geneva?

É um auxílio para determinar a curva base da superfície posterior dos óculos. É freqüentemente usada para detectar lentes de óculos com cilindros positivos em pacientes acostumados a lentes com cilindro positivo. É especificamente calibrada para o índice refrativo do vidro *crown*. Uma lente de relógio especial é disponível para lentes plásticas.

66. Você mede o poder dos óculos em um ceratômetro com as faces viradas para você ou contra você?

A distância é medida com a face anterior virada contra você (poder do vértice posterior). A adição é medida com a face anterior virada para você (poder do vértice anterior). Deve-se medir a diferença entre os segmentos superior e inferior, especialmente se o paciente tem uma prescrição hipermétrope alta.

67. Se você obtém movimentos "a favor" com o retinoscópio, o ponto remoto do paciente está à frente, além ou no aparelho?

Ele estará além do aparelho. A meta é neutralizar o reflexo de luz com o ponto remoto do paciente no aparelho. A luz na pupila do paciente enche, de uma vez, todo o espaço. As lentes positivas têm que ser adicionadas à prescrição para mover o ponto remoto até neutralizá-lo. Os movimentos "contra" significam que o ponto remoto está à frente do aparelho; lentes negativas precisam ser adicionadas para mover o ponto remoto até neutralizá-lo.

68. O que o paquímetro mede?

Mede a espessura corneana ou a profundidade da câmara anterior.

69. A lente de Hruby gera uma imagem vertical ou invertida?

A lente de Hruby é –55 D e gera uma imagem vertical. A lente de Goldman é –64 D e também gera uma imagem vertical. A lente de Volk +90 D gera uma imagem invertida.

70. Por que o oftalmoscópio indireto gera um campo de visão do maior que o direto?

A lente condensadora usada com o oftalmoscópio indireto captura os raios periféricos para gerar um campo de visão de 25° ou mais, dependendo do poder da lente usada. O oftalmoscópio direto não usa lente condensadora, gerando um campo de visão de 7°.

71. Quais são os comprimentos de onda do espectro de luz visível?

A extensão vai de 400 nm para a luz violeta até 700 nm para a luz vermelha. Qualquer coisa menor que 400 nm é considerado ultra-violeta, e qualquer coisa maior que 700 nm é o espectro infravermelho.

72. Coberturas anti-reflexo em lentes de óculos são baseadas em que princípio?

No princípio da interferência. As coberturas anti-reflexo usam interferência destrutiva. A crista de uma onda cancela o vale da outra.

73. Qual é o diâmetro mais efetivo do "pinhole"?

Um "pinhole" de 1,2 mm de diâmetro neutraliza mais de 3 D de erro refrativo. Um "pinhole" de 2 mm neutraliza só 1 D. Um afácico pode precisar de +10 D de adição ao "pinhole" para obter acuidade visual útil.

74. Quando é indicada a refração cicloplegiada?

1. Em pacientes menores de 15 anos, especialmente se têm estrabismo. Meça o desvio antes da cicloplegia.
2. Hipermétropes abaixo dos 35 anos, especialmente se têm queixa de astenopia.
3. Pacientes com astenopia sugestiva de problemas acomodativos.

Nota: Cheque a amplitude acomodativa e a adição para leitura antes de cicloplegiar.

75. Que agentes cicloplégicos têm maior e menor duração?

Atropina dura de uma a duas semanas. Deve-se ter atenção para o efeito tóxico em crianças e em idosos. Tropicamida (Mydriacyl) dura de quatro a oito horas e não é forte o bastante para cicloplegia em crianças. Uma ou duas dioptrias de hipermetropia podem sobrar. Cicloplégico dura de oito a 24 horas; homatropina, um a três dias; escopolamina, cinco a sete dias.

76. Quais são os sinais e os sintomas de uma intoxicação sistêmica por agentes cicloplégicos? Como eles são tratados?

Boca seca, febre, rubor, taquicardia, náusea e delírio. O tratamento inclui neutralização com fisostigmina.

77. Quando é importante medir a distância vértice na prescrição de óculos?

Quando um paciente tem uma prescrição de ± 5 D.

78. Qual é o limiar para prescrição de óculos em crianças com astigmatismo?

Quando a acuidade visual não está se desenvolvendo bem, como em ambliopias e em estrabismo. Dê a correção total. As crianças toleram correção total melhor do que os adultos. Freqüentemente, ambliopia e estrabismo ocorrem com pelo menos 1,5 D de astigmatismo. Anisometropia que se apresenta com 1 D ou mais de assimetria hipermétrope também requer correção total.

79. O que pode causar diplopia monocular?

- Irregularidade corneana ou cristaliniana;
- Lente de contato descentrada;
- Colocação inapropriada de adição para perto;
- Adaptação sensorial transitória após cirurgia de estrabismo;
- Distorção por lesões retinianas (raro).

80. Que condições podem dar leituras falso-positivas com o PAM?

Os escotomas maculares em pacientes com ambliopia ou doença retiniana, como degeneração senil de mácula. O edema macular agudo também pode elevar a leitura, mas essa elevação pode desaparecer com o edema crônico. Uma superfície corneana irregular pode falsamente melhorar* a acuidade potencial; contudo, usar lentes de contato pode ajudar.

81. O que você deve verificar quando o paciente queixa-se de que seus óculos novos não estão tão bons quanto os anteriores?

1. Pergunte especificamente qual a queixa: Distância de leitura? Problemas para perto? Astenopia? Diplopia? Dor atrás dos ouvidos ou no nariz por causa de óculos apertados?

2. Coloque os óculos novos e os antigos no lensômetro e compare-os. Tenha certeza de que os óculos antigos não têm nenhum prisma. Avalie o paciente para estrabismos não-detectados com cover teste.

3. Faça a refração novamente, possivelmente com agentes cicloplégicos, se as queixas assim indicarem.

4. Avalie os centros ópticos em comparação aos pupilares.

5. Verifique se os segmentos para leitura estão em posição adequada – nível da pálpebra inferior.

6. Tenha certeza de que os óculos novos se adaptam bem ao paciente.

7. Verifique se os óculos antigos foram feitos com cilindro positivo, usando o relógio da lente de Geneva.

8. Verifique se a curva-base foi alterada com o relógio da lente de Geneva.

9. Avalie o paciente para olho seco.

10. Se o paciente tem uma prescrição alta, verifique a distância vértice. Freqüentemente é mais fácil refratar esses pacientes sobre seus próprios óculos antigos e manter a mesma distância vértice.

11. Verifique a inclinação pantoscópica. Normalmente a inclinação é 10-15° para quando o paciente ler e seus olhos ficarem perpendiculares à lente. Se não há inclinação, especialmente em relação aos óculos antigos, o paciente pode notar.

12. Com óculos no pós-operatório, avalie diplopia no olhar para baixo devido à anisometropia.

13. Talvez a adição esteja muito forte ou muito fraca. Avalie o paciente usando lentes de prova e tabelas de leitura.

14. Às vezes, se o diâmetro das lentes é muito maior nas novas armações, o paciente notará distorção na periferia das mesmas. Sugira então armações menores.

15. Caso você não queira passar por esse processo novamente, além desses passos, tente testar a nova prescrição em armações de prova e peça para o paciente fazer um teste.

82. Se após refração repetida o paciente desenvolve subitamente mais hipermetropia do que você achou anteriormente, o que você procura?

Deve-se procurar uma causa de hipermetropia adquirida, como um tumor retrobulbar, retinopatia serosa central, deslocamento posterior do cristalino ou aplanamento da córnea por lentes de contato.

83. Qual é o procedimento caso o paciente tenha mais miopia do que havia sido previamente diagnosticado?

Verifique a refração cicloplegiada para ter certeza. Miopia adquirida pode ser causada por diabete melito, sulfonamidas, esclerose nuclear, pilocarpina, ceratocone, faixa escleral para descolamento de retina, deslocamento anterior do cristalino.

* N. de T. Ou seja, piorar.

84. O que pode ser a causa do astigmatismo adquirido?

As lesões de pálpebra, tais como hemangiomas, calázios e ptose, podem causar astigmatismo adquirido. Um pterígio ou ceratocone pode revelar um astigmatismo não detectado previamente. E, é claro, cicatrizes de cirurgia de catarata podem mudar um astigmatismo adquirido.

85. Se o astigmatismo mudou e o paciente tem dificuldade em tolerar as novas lentes, quais são as opções?

Se o astigmatismo é oblíquo, tente rodar o eixo em direção a 90 ou ao eixo antigo. O grau do astigmatismo pode ser reduzido, mas mantenha o grau esférico constante. Às vezes, uma mudança gradual na prescrição pode permitir ao paciente se adaptar melhor. Por exemplo, se a prescrição do paciente é –3.00 +2.00 X 110, uma possibilidade é –2.50 +1.00 X 90. O equivalente esférico de –2,00 D foi mantido.

86. O que significa *laser*?

É amplificação da luz por emissão estimulada de radiação.

87. Para aumentar a curvatura em uma adaptação de lente de contato, você aumentaria o diâmetro da lente ou o raio de curvatura?

Aumentando o diâmetro ou diminuindo o raio de curvatura, você aumenta a curvatura da lente. Essa informação é importante para lentes que são adaptadas muito apertadas.

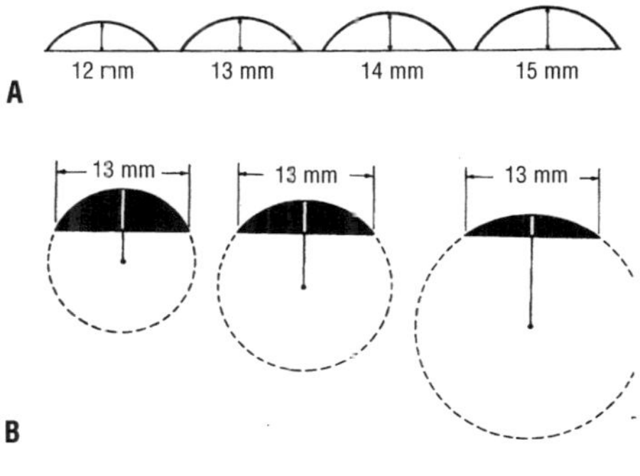

A, Quando o raio de curvatura é mantido constante e o diâmetro é aumentado, a curvatura da lente aumenta. *B*, De modo inverso, o aumento do raio de curvatura enquanto o mesmo diâmetro da lente é mantido permite uma adaptação mais plana. (De American Academy of Ophthalmology: Basic and Clinical Science Course. Section 3, Optics, Refraction, and Contact Lenses. San Francisco, American Academy of Ophthalmology. 1992, com permissão.)

88. Quantos segundos de arco o "E" de Snellen da linha 20/20 tem?

Cinco segundos. A tabela de Snellen mede a acuidade mínima isolada.

89. Quando a cruz de Jackson é usada para definir o eixo do astigmatismo, o cabo das lentes está paralelo ao eixo ou a 45° dele?

Estará paralelo. Para definir o grau do astigmatismo, o cabo está a 45° do eixo. Defina o eixo antes do grau.

90. Uma paciente de 25 anos se apresenta com uma refração manifesta de +0.50 AO e com queixas de astenopia. O que fazer?

Verifique a amplitude de acomodação da paciente e procure uma exoforia para perto para avaliar insuficiência de convergência. Faça uma refração cicloplegiada para avaliar hipocorreções. No exame, a amplitude de acomodação é 3 D AO. Pelo fato de este valor ser baixo para um jovem, suspeite de hipocorreção da hipermetropia. De fato, a refração cicloplegiada é + 2.50 AO. A paciente tem espasmo acomodativo. Tente dar metade da refração cicloplegiada. Às vezes, atropina é necessária para que se saia do espasmo.

91. Que instrumento é útil para medir a amplitude de acomodação?
A régua de Prince.

92. Defina hipermetropia absoluta, facultativa, manifesta e latente.
Um homem de 35 anos tem visão não-corrigida de 20/40. Com óculos de + 0.50, ele tem 20/20. Ele manterá 20/20 com + 1.50 de refração manifesta. Com cicloplegia ele tem uma refração de + 4.00.

Hipermetropia total – encontrada com cicloplegia: + 4.00
Hipermetropia manifesta – encontrada sem cicloplegia; lentes mais positivas vão borrar: + 1.50
Hipermetropia latente – hipermetropia total menos manifesta: + 2.50
Hipermetropia absoluta – a correção mínima que o paciente precisa para longe: + 0.50
Hipermetropia facultativa – manifesta "menos hipermetropia" absoluta; compensada pela acomodação: + 1.00

BIBLIOGRAFIA

1. American Academy of Ophthalmology: Basic and Clinical Science Course. San Francisco, American Academy of Ophthalmology, 1992.
2. Milder B, Rubin ML: The Fine Art of Prescribing Glasses without Making a Spectacle of Yourself, 2nd ed. Gainesville, FL, Triad Publishing, 1991.
3. Rubin ML: Optics for Clinicians, 2nd ed. Gainesville, FL, Triad Publishing, 1974.

4. VISÃO DE CORES

William E. Benson, M.D.

1. O que são fótons?
Os átomos são formados de núcleo (composto de prótons e nêutrons) e elétrons, que giram em torno do núcleo em órbitas de diâmetro mais ou menos fixo. Um elétron pode mover-se para uma órbita mais alta se receber energia de uma fonte externa (por exemplo, calor). Contudo, ele permanece na órbita mais alta por apenas um centésimo de milésimo de segundo. Quando ele retorna para sua órbita inferior, libera seu excesso de energia emitindo um "pacote" de energia chamado um quantum ou um fóton.

2. Descreva as propriedades físicas dos fótons.
No vácuo, todos os fótons se movem na velocidade da luz. Conforme eles viajam, vibram, causando efeitos mensuráveis elétricos e magnéticos (propriedades de onda). Além disso, um

elétron cai para alcançar seu nível orbitário original. Quanto maior sua freqüência de vibração e menor seu comprimento de onda (λ), que é a distância em linha reta que um fóton, percorre durante uma vibração completa. A freqüência e o comprimento de onda são relacionados pela fórmula f = c/λ, onde f = freqüência de vibração, λ = comprimento de onda, e c = velocidade da luz. Portanto, f e λ são inversamente proporcionais (isto é, à medida que a freqüência aumenta, o comprimento de luz diminui). Por exemplo, os raios gama têm uma freqüência alta e comprimento de onda pequeno, e ondas de rádio têm baixa freqüência e comprimento de onda longo.

3. O que é o espectro eletromagnético?

A luz, os raios X, os raios gama e as ondas de rádio são formas de energia eletromagnética. Quando fótons são classificados de acordo com seu comprimento de onda, o resultado é o espectro eletromagnético. Os fótons com os maiores comprimentos de onda são as ondas de rádio e de televisão; os com os menores são os raios gama. Os fótons visíveis estão perto do meio do espectro.

4. Por que podemos "ver" a luz, mas nenhum outro tipo de energia eletromagnética?

Os bastonetes e os cones (fotorreceptores da retina) contêm pigmentos que preferencialmente absorvem fótons com comprimento de onda entre 400 e 700 nm (um nanômetro é um bilionésimo de um metro) e convertem sua energia em impulso neuronal que é levado ao cérebro. Os comprimentos de onda maiores que 700 nm e os menores que 400 nm tendem a passar pela retina sem serem absorvidos.

5. O que é o espectro de luz?

Os fótons podem ser classificados não somente pelo seu comprimento de onda, mas também pela sensação que eles causam quando atingem a retina. Fótons com os menores comprimentos de onda visíveis são percebidos como azul e verde; aqueles com comprimento de onda maior são percebidos como amarelo, laranja e vermelho.

6. Como um prisma quebra luz branca nas cores do arco-íris?

Os fótons viajam à velocidade da luz no vácuo, mas se entram em um meio mais denso, como vidro, seu comprimento de onda e sua velocidade diminuem. A freqüência de vibração, por outro lado, permanece a mesma. Quanto mais curto o comprimento de onda, maior a diminuição da velocidade. Por exemplo, imagine dois fótons viajando através do vácuo, um de comprimento de onda de 650 nm e o outro de 450 nm. Enquanto eles permanecem no vácuo, mantêm a mesma velocidade. Quando eles alcançam perpendicularmente o vidro, o fóton de 450 nm tem sua velocidade mais diminuída que o fóton de 650 nm. Se eles entram no vidro obliquamente, sua trilha é desviada em proporção à diminuição de sua velocidade. Em outras palavras, quanto mais curto o comprimento de onda, maior a inclinação. O azul é mais inclinado e é desviado do vermelho.

7. Como os bastonetes se diferem dos cones?

Ambos, cones e bastonetes, são fotorreceptores, que são definidos como as células retinianas que iniciam o processo de visão. Os bastonetes funcionam melhor quando o olho está adaptado ao escuro (isto é, para visão noturna). Eles não podem distinguir uma cor da outra. Os cones, de outro modo, funcionam quando a retina está adaptada à luz (isto é, para visão diurna).

8. O que são pigmentos visuais?

Existem quatro pigmentos visuais: rodopsina, que está presente nos bastonetes, e os três pigmentos dos cones. Todos os pigmentos visuais são feitos de 11-cis retinol (aldeído de vitamina A) e uma proteína chamada opsonina. Quando um fóton é absorvido, o 11-cis retinol é convertido para a forma trans e é liberado da opsonina, iniciando um impulso elétrico nos fotorreceptores, que viaja através do cérebro. O olho, então, ressintetiza a rodopsina.

9. Descreva os três pigmentos dos cones.

Nossa habilidade em distinguir as diferentes cores depende do fato de que há três diferentes tipos de pigmentos nos cones. Todos os pigmentos visuais usam retinol, mas cada um tem uma opsonina diferente. A função das diferentes opsoninas é rearranjar as nuvens de elétrons de retinol, mudando sua habilidade para capturar fótons de diferentes comprimentos de onda. Os cones que captam vermelho contêm eritrolabe, que preferencialmente absorve fótons de comprimentos de onda maiores. Esses cones são melhor estimulados por fótons de 570 nm, mas também absorvem os comprimentos de onda próximos. Os cones que captam azul contêm cianolabe, que absorve melhor os comprimentos de onda menores. Sua sensibilidade maior é em 440 nm. Cones que captam verde contêm clorolabe, que é mais sensível para comprimentos de onda intermediários. Sua sensibilidade máxima é em 540 nm.

10. Como a sensação de luz chega ao cérebro?

Os sinais elétricos iniciados na absorção dos fótons pelos fotorreceptores são transmitidos para as células bipolares e, então, para as ganglionares. As células horizontais e as amácrinas modificam essa mensagem. Por exemplo, se um cone é fortemente estimulado, ele manda respostas inibitórias por meio de uma célula horizontal para os cones vizinhos, reduzindo assim o "barulho" e lapidando a mensagem que o cérebro recebe. As células bipolares mandam mensagens inibitórias semelhantes por células amácrinas. Os axônios das células ganglionares formam o nervo óptico, o qual carrega informação para o cérebro. O cérebro, por sua vez, é o "centro da cor" que adiciona as informações de diferentes canais de cores e determina qual delas veremos. Em geral, a cor que veremos depende do número relativo de fótons de diferentes comprimentos de onda que atingem o cérebro.

11. Quais são os três atributos necessários para descrever uma cor?

Para descrever qualquer cor, devemos especificar três atributos: matiz, saturação e brilho.

12. O que é matiz?

Matiz é sinônimo de cor e é o atributo da percepção da cor denotado por azul, vermelho, roxo, e assim por diante. A matiz depende muito de qual o olho e o cérebro percebem ser o comprimento de onda predominante presente na luz que entra. Em termos mais simples, isso significa que, se a luz de vários comprimentos de onda atinge o olho e se há mais luz de 540 nm do que outros comprimentos de onda, nós veremos verde.

13. O que é saturação?

A saturação corresponde à pureza ou à riqueza da cor. Quando toda a luz vista pelo olho tem o mesmo comprimento de onda, dizemos que a cor é completamente saturada. As cores vivas são saturadas. Se adicionamos branco a cores saturadas, a matiz não muda, mas a cor fica pálida. Por exemplo, rosa é um vermelho pouco saturado.

14. O que é brilho?

O brilho (luminância) se refere à quantidade de luz vinda de um objeto (o número de fótons que atingem o olho). Se colocamos um filtro em um projetor, ou gradualmente (com um reostato) diminuímos sua intensidade, o brilho diminui.

15. O que são cores complementares?

Quando quantidades iguais de pigmento são adicionadas, o resultado é branco. Azul-verde e vermelho são complementos, assim como verde e magenta. (Estamos falando de luz colorida, não de pinturas.)

16. O que é a roda de cores?

A roda de cores é feita de todas as matizes arranjadas em um círculo, de forma que cada matiz se situa entre as matizes mais próximas e as matizes complementares se situam uma em oposição à outra. Usando a roda de cores, podemos determinar a cor que resultará quando duas luzes diferentes são misturadas. Quando cores não-complementares são misturadas, a cor resultante situa-se entre as duas cores originais. A cor exata vista depende da quantidade de cada cor usada. Por exemplo, quantidades iguais de vermelho e de verde resultam em amarelo, enquanto uma grande quantidade de vermelho e uma pequena quantidade de verde resultam em laranja.

17. Como um olho é diferente de um ouvido?

Diferente do ouvido, que pode distinguir vários instrumentos musicais tocando de uma só vez, nosso olho e nosso cérebro não podem determinar a composição da cor que vemos. Por exemplo, se apresentamos ao olho uma luz composta só de fótons de 589 nm, o olho vê amarelo. Contudo, se misturamos luzes vermelhas e verdes em proporção própria, o olho também vê amarelo e não consegue diferenciar esta daquela. Do mesmo modo, quando duas cores complementares são misturadas, nós vemos branco e não podemos distinguir esse branco do branco visto quando todos os comprimentos de onda estão presentes. Mais adiante, se adicionarmos luz branca ao nosso amarelo original de 589 nm, o olho ainda vê amarelo. Do mesmo modo, uma luz composta somente de fótons de 490 nm é vista como azul-verde e não pode ser distinguida de uma mistura de azul e verde.

18. O que são cores primárias?

Quando falamos de luzes coloridas, as matizes primárias (também chamadas aditivos primários) são o vermelho, o verde e o azul. Qualquer cor, incluindo o branco, pode ser produzida sobrepondo luzes vermelhas, verdes e azuis numa tela em proporções adequadas. A tela refletida pode ser observada como uma composição de um número infinito de projetores minúsculos. O olho, bombardeado por todos esses fótons, "soma" sua contribuição relativa. A cor que vemos é determinada pela quantidade de cada comprimento de onda que alcança o olho. A televisão em cores mostra essa habilidade do olho de somar minúsculos pontos de luz adjacentes. Se alguém olha para uma televisão à distância de 20 cm, verá minúsculos pontos de apenas três cores: vermelho, verde e azul. Se há deslocamento para trás, todo o espectro de cores é visto, e o olho não pode distinguir mais os pontos minúsculos. Ele sintetiza (soma) as cores adjacentes (isto é, minúsculos pontos vermelhos e azuis = roxo, vermelhos e verdes = amarelo, vermelhos, verdes e azuis = branco, e assim por diante).

19. Onde é a determinação final da formação das cores?

O centro de matiz, localizado no córtex, sintetiza as informações que esse recebe de dois centros intermediários, o centro R-G e o centro B-Y. A informação enviada para o centro de matiz pelo centro R-G depende da estimulação relativa dos cones R (vermelhos) e G (verdes). Por exemplo, quando a luz de 540 nm atinge a retina, estimula os cones R e G. Contudo, devido aos cones G serem mais estimulados do que os R, a mensagem recebida pelo centro de matiz é predominantemente "verde". De outro modo, se a luz de 590 nm atinge a retina, os cones R são mais estimulados do que os G, e veremos amarelo. Quando a luz de 630 nm atinge a retina, os cones G não são estimulados, e veremos vermelho. Os cones B (azuis) mandam informações para o centro B-Y. A informação Y (amarelo) não vem de cones Y, porque não há cones Y. As informações dos cones R e G têm o efeito do amarelo no centro B-Y.

20. Por que o marrom, que é uma cor definida, não está na roda das cores?

Porque o marrom é um amarelo ou laranja de baixa luminância.

21. Descreva o fenômeno de Bezold-Brucke.

À proporção que o brilho aumenta, mais matizes parecem mudar. Em baixas intensidades, azul-verde, verde e amarelo-verde aparecem mais esverdeados do que são em intensidades maiores, quando parecem azul. Em baixas intensidades, o vermelho e o laranja aparecem mais vermelhos e, em alta intensidade, amarelos. As exceções são o azul de 478 nm, o verde de 503 nm e o amarelo de 578 nm. Esses são comprimentos de onda de matiz invariável.

22. O que é o efeito de Abney?

Quando o branco é adicionado a qualquer matiz (tornando-a pálida), essa parece mudar suavemente sua cor. Todas as cores, exceto o amarelo de 570 nm, que parece mais amarelo, sofrerão esse efeito.

23. O que são curvas de luminosidade relativa?

As curvas de luminosidade relativa ilustram a sensibilidade do olho a diferentes comprimentos de onda de luz. Elas são construídas pedindo a um observador para aumentar o brilho de luzes de vários comprimentos de onda até que eles se igualem em brilho a uma luz amarela cujo brilho é fixo. Quando o olho está adaptado à luz, o amarelo, o amarelo-verde e o laranja parecem mais brilhantes do que o vermelho, o verde e o azul. O pico de sensibilidade dos cones é para luz de 555 nm. Uma curva de luminosidade relativa também pode ser construída para bastonetes em olho adaptado ao escuro, mesmo que o observador não possa nomear os comprimentos de onda usados. O pico de sensibilidade para bastonetes é para luz de 505 nm (azul).

24. Defina a inibição lateral.

Como mencionado acima, quando cones de um tipo (por exemplo, cones R) são estimulados, eles podem mandar uma mensagem inibitória pelas células horizontais e amácrinas para cones adjacentes de um mesmo tipo (isto é, outros cones R). Portanto, quando um círculo roxo é circundado por um fundo vermelho, os cones R na área roxa são inibidos, fazendo o roxo (uma combinação de vermelho e azul) parecer mais roxo do que é na realidade. Se o roxo é circundado por azul, ele parece mais vermelho.

25. O que são pós-imagens?

Se alguém olha fixamente uma imagem por 20 segundos, ela começa a desbotar. Portanto, se alguém olha fixamente para um fundo branco, o complemento de sua cor original aparece (pós-imagem). Esses dois fenômenos dependem do fato de que, mesmo quando os cones não estão sendo estimulados, eles mandam alguns sinais para o cérebro. Por exemplo, quando a luz vermelha é projetada na retina, o olho vê vermelho, pois os cones R são mais estimulados do que os verdes ou os azuis. A contribuição dos cones verdes e azuis para o centro da matiz é muito superada pelos vermelhos. Após alguns segundos, a cor vermelha desbota (torna-se pálida), porque os cones vermelhos, sendo mais fortemente estimulados, não podem regenerar seu pigmento rápido o bastante para continuar mandando um grande número de sinais (fadiga). Agora, a contribuição dos cones verdes e azuis para o centro da matiz aumenta em relação aos vermelhos, e o cérebro "vê" um vermelho pálido ou pouco saturado. É como se tivesse adicionado luz verde-azul ao vermelho. (Lembre-se de que o verde-azul é complemento do vermelho e, quando misturado, resulta em branco.) Quando a luz vermelha é desligada, a freqüência de mensagens espontâneas enviadas para o cérebro pelos cones vermelhos fatigados é muito menor do que a enviada pelos cones verdes e azuis; então, o cérebro vê verde-azul, o complemento do vermelho.

26. Por que as flores brancas são brancas?

A cor de um objeto, o qual não seja branco ou preto, depende do número relativo de fótons de cada comprimento de onda que ele absorve ou reflete. Nossa luz ambiente, derivada do sol, contém, aproximadamente igual, um número de fótons que fazem parte do espectro de luz. A pintura branca reflete igualmente todos os fótons; portanto, flores brancas parecem brancas.

27. Por que o carvão é preto?

O carvão absorve a maior parte da luz que incide sobre ele. Por isso, muito poucos fótons são refletidos para o olho; os fotorreceptores não são estimulados e nenhuma cor é vista.

28. Por que as flores azuis são azuis?

Os pigmentos das flores azuis absorvem melhor os fótons vermelhos e amarelos, depois os verdes; em menor quantidade, os azuis; por isso, os fótons azuis são mais refletidos do que os outros, e o olho vê azul. Uma folha verde é verde porque a clorofila absorve mais o vermelho e o azul, e reflete o verde.

29. Por que, misturando luzes vermelhas e verde-azuis, resulta branco, mas, misturando tintas vermelhas e verdes, resulta marrom?

As tintas a óleo são feitas pela mistura (suspensão) de minúsculos grupos de pigmentos em um meio opaco (o ligante). Os pigmentos absorvem e refletem alguns comprimentos de onda melhor do que outros. O comprimento de onda que é refletido predominantemente é a cor da tinta. Quando duas luzes são misturadas, nós chamamos de mistura "aditiva". Mas, quando duas tintas são misturadas, cada pigmento subtrai uma parte da luz que o outro poderia refletir. A mistura resultante é mais escura do que qualquer cor original. A tinta vermelha, misturada com tinta verde, resulta em marrom porque luz suficiente é subtraída e o olho vê um amarelo de pequena luminância.

30. Por que misturar tintas ainda gera cores de resultados imprevisíveis?

Um artista ou decorador nunca sabe o exato espectro de absorção de cada original. Dois verdes podem parecer ser a mesma cor, mas, se seus pigmentos não são iguais, não geram a mesma cor quando misturados ao mesmo amarelo.

31. Por que as cores parecem diferentes sob luz fluorescente e sob luz incandescente?

As luzes de tungstênio (incandescente) emitem relativamente mais fótons de comprimentos de onda maiores (vermelhos) do que menores (azuis), enquanto luzes fluorescentes emitem relativamente mais luzes nos comprimentos de onda azuis e verdes. Um comprador que escolher material para cortinas em uma loja com iluminação fluorescente pode ser surpreendido por achar que o material está diferente em casa. O mesmo acontece com um vestido roxo, o qual parece mais vermelho sob luz incandescente do que sob luz fluorescente.

32. Por que o céu é azul?

O sol emite luz de todo o espectro de cores. Se um astronauta, no espaço, olha para o sol, ele parece branco. Se ele olha além do sol, o espaço de fora parece preto, pois os fótons que não vêm direto a ele passam através do espaço e não são refletidos para ele. Na terra, a atmosfera, que contém ozônio, areia, gotas de água e muitas outras substâncias e moléculas refletivas, está interposta entre sol e os nossos olhos. A atmosfera dispersa luz azul mais do que vermelha, amarela e verde. Por isso, se durante o dia nós olharmos além do sol, veremos os fótons azuis que estão sendo inclinados para nós, e o céu parece ser azul.

33. Por que o pôr-do-sol é vermelho?

Ao anoitecer, para nos alcançar, a luz do sol tem que passar por muito mais atmosfera do que na luz do dia. Por isso, mais fótons verdes e azuis são desviados da atmosfera. Os fótons vermelhos e amarelos têm melhor penetração. Se alguns deles são eventualmente desviados para nós por nuvens ou por areia, nós vemos um céu vermelho. Similarmente, o sol parece vermelho.

34. Defina tricrômato.

Os tricrômatos são 92% da população que tem visão "normal" de cores. Eles têm os três tipos diferentes de cones, de concentração normal do pigmento de cone e de conexão retiniana normal.

35. O que é dicromatismo congênito?

Nos dicrômatos, os cones são normais, mas um dos três contém os pigmentos errados. Por exemplo, em deuteranopes, os cones verdes são normais, mas contêm eritrolabe (pigmento vermelho) ao invés de clorolabe (pigmento verde). Em protanopes, os cones vermelhos são normais, mas contêm clorolabe ao invés de eritrolabe. A tritanopia é um defeito dos cones azuis.

36. Por que os deuteranopes têm dificuldade de distinguir o vermelho do verde?

Na deuteranopia, ambos os cones, verdes e vermelhos, contêm os mesmos pigmentos. Quando luz vermelha atinge a retina, os cones verdes e vermelhos são igualmente estimulados e mandam um número igual de mensagens para o centro verde-vermelho. Similarmente, há um aumento da entrada de vermelho no centro azul-amarelo, onde a entrada vermelha se iguala à verde. Em outras palavras, o centro de matiz "acha" que quantidades iguais de luz verde e vermelha estão atingindo a retina. Quando a luz verde ou verde-azul atinge a retina, os cones verde e vermelho são novamente estimulados. Uma análise acurada do mecanismo de anormalidade na visão de cores poderia requerer um computador, mas parece ser aparente que, se ambas as luzes, verde e vermelha, estimulam igualmente os cones verdes e vermelhos, a informação que o centro de matiz recebe do centro verde-vermelho não é útil, e o deuteranope pode ter dificuldade em distinguir o verde do vermelho. De forma similar, protanopes também têm dificuldade de ver vermelho e verde.

37. O que é tricromatismo anômalo?

No tricromatismo anômalo, dois dos três pigmentos dos cones são normais, mas o terceiro funciona suboptimamente. Dependendo de qual pigmento é anormal, as pessoas afetadas são chamadas *protanoanômalas, deuteranoanômalas* ou *tritanoanômalas*. O tricrômato anômalo pode distinguir entre cores saturadas, mas tem dificuldade em distinguir cores de baixa saturação (pastéis) ou baixa luminância (cores escuras), ou ambas. A deuteranoanomalia é presente em aproximadamente 5% da população; deuteranopia, protanopia e protanoanomalia em 1% cada; tritanopia ou tritanoanomalia em apenas 0,002%.

38. Como é herdada a anomalia para visão de cores?

Todas as anomalias verde-vermelho são herdadas num padrão recessivo ligado ao X. Isso significa que quase exclusivamente homens manifestam essa anomalia. As mulheres são portadoras. Em outras palavras, as mulheres têm visão de cores normal, mas aproximadamente 50% dos seus filhos têm a anomalia. Ambos, homens e mulheres, podem ter anomalias tritan, as quais são herdadas como traços autossômicos dominantes.

39. O que é a regra de Kollner?

Como uma regra geral, os erros gerados por pessoas que têm doenças do nervo óptico tendem a assemelhar-se com aqueles gerados por protans e deuterans, enquanto aqueles gerados por pessoas com defeitos na retina assemelham-se aos gerados por tritans.

BIBLIOGRAFIA

1. Boynton RM: Color, hue and wavelength. In Carterette EC, Friedman MP: Handbook of Perception, vol. V, New York, Academic Press, 1975, pp. 301-350.
2. Gerritsen F: Theory and Practice of Color. New York, Van Nostrand, 1974.
3. Krill AE: Hereditary retinal and choroidal diseases. In Krill AE (ed): Evaluation of Color Vision. Hagerstown, MD, Harper & Row, 1972, pp. 309-340.
4. Linksz A: Reflections, old and new, concerning acquired defects of color vision. Surv Ophthalmol 17:229, 1973.
5. Rubin ML, Walls GL: Fundamentals of Visual Science. Springfield, IL, Charles C Thomas, 1969.
6. Smith VC: Color vision of normal observers. In Potts AM: The Assessment of Visual Function. St. Louis, C.V. Mosby, 1972, pp. 105-135.

5. O ELETRORRETINOGRAMA, O ELETROCULOGRAMA E A ADAPTAÇÃO AO ESCURO

Caroline R. Baumal, M.D., e *Elizabeth L. Affel,* M.S.

1. **O que é eletrorretinograma?**

O eletrorretinograma (ERG) é uma gravação das descargas elétricas da retina estimulada por um *flash* de luz. Essa resposta ocorre como resultado do movimento transretiniano de íons induzido por estímulo luminoso.

2. **Como é feito um eletrorretinograma?**

A luz é distribuída uniformemente através da retina. Isso é chamado de estimulação Ganzfeld ou de campo-completo e é tipicamente realizado com um perímetro. A descarga elétrica induzida pela estimulação luminosa é gravada diretamente do olho com um eletrodo em uma lente de contato corneana. O sinal é então amplificado e exibido em um osciloscópio ou diretamente escrito em um gráfico x-y. A estandardização internacional da técnica para o ERG de campo-completo foi estabelecida para permitir comparação entre centros clínicos.

3. **Quais são os três componentes maiores do ERG?**

O ERG é caracterizado por uma onda inicial negativa, a *onda a,* originada das células fotorreceptoras (ver figura), a qual é seguida por uma onda positiva, a *onda b,* gerada pelas células de Müller e pelas células bipolares na retina externa. Os *potenciais oscilatórios* são pequenas ondas que podem ser sobrepostas na onda *b.* Esses potenciais oscilatórios são gerados por uma série de tipos de células das camadas médias da retina.

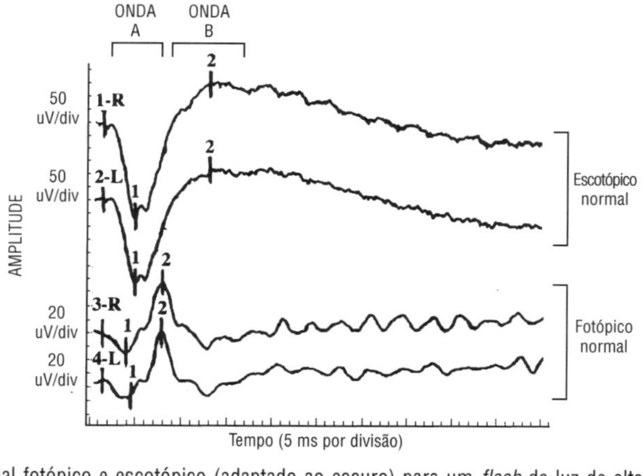

Respostas do ERG normal fotópico e escotópico (adaptado ao escuro) para um *flash* de luz de alta intensidade (0 db) demonstrando as ondas **a** e **b**. Os potenciais oscilatórios estão presentes na curva ascendente da onda **b**. O tempo absoluto é medido do início do estímulo ao pico da onda **a** (*1*) ou **b** (*2*). A amplitude da onda **a** é medida da linha de base ao vale da onda **a**, e a amplitude da onda **b** é medida do vale da onda **a** ao pico da onda **b**.

4. Descreva as ondas adicionais que podem ser encontradas no ERG.

Sob certas condições de gravação, as ondas adicionais podem ser notadas. A *onda c* segue a onda *b* e é reflexo da atividade elétrica no epitélio pigmentar da retina; é gravada no olho adaptado ao escuro. O *potencial receptor inicial* é uma onda esporádica rápida que ocorre imediatamente após um estímulo luminoso, e esta resposta se origina da dessaturação dos fotopigmentos nos segmentos externos dos fotorreceptores.

5. Que parâmetros são medidos durante a avaliação do ERG?

Dois parâmetros maiores, a *amplitude* e o *tempo absoluto*, são usados para avaliar a resposta do ERG (ver figura na Questão 3). A amplitude é medida em microvolts (mV). A amplitude da onda *a* é medida da linha de base ao vale da onda *a*, e a amplitude da onda *b* é medida do vale da onda *a* até o pico da onda *b*. O tempo absoluto é medido em milissegundos (ms) e é definido como o tempo do início do estímulo até o pico da resposta.

6. Como a amplitude do ERG é afetada nas doenças retinianas?

O ERG de campo-completo evocado pela luz é uma resposta maciça que reflete de toda a retina. A amplitude do ERG é proporcional à área de retina funcionante estimulada e é anormal somente quando grandes áreas de retina têm a função prejudicada.

7. Descreva diferentes condições de estímulo e a resposta associada dos fotorreceptores.

Certos estímulos luminosos permitem o isolamento das respostas de cones e de bastonetes, e cada fotorreceptor pode ser estudado separadamente. Após adaptação suficiente ao escuro (conhecida como condição escotópica), as respostas dos bastonetes são otimizadas. Sob adaptação à luz ou à condição fotópica, os bastonetes estão suficientemente deprimidos; portanto, a resposta é primariamente de cones.

Estado de Adaptação	*Estímulo Luminoso*	*Resposta dos Fotorreceptores*
Escotópico	Branco fraco (24 db)	Bastonetes
Escotópico	Azul fraco (10 db)	Bastonetes
Escotópico	Branco brilhante (0 db)	Resposta mista: máxima de cones e bastonetes
Escotópico	Vermelho (0 db)	Resposta mista: precoce cones, tardia bastonetes
Escotópico	Branco brilhante (0 db)	Potenciais oscilatórios de cones
Fotópico	Branco brilhante (0 db)	Cones
Fotópico	Estrobo branco a 30 Hertz	Cones apenas (ver figura na página seguinte)

db = decibéis

8. Quais são as cinco respostas avaliadas durante um eletrorretinograma de campo-completo?

1. Resposta de bastonetes (adaptado ao escuro)
2. Resposta máxima combinada de cones e bastonetes (adaptado ao escuro) (ver tabela na Questão 7)
3. Potenciais oscilatórios
4. Resposta de cones ao *flash* simples (adaptado à luz)
5. Resposta de cones à oscilação de 30 hertz (ver tabela na Questão 7)

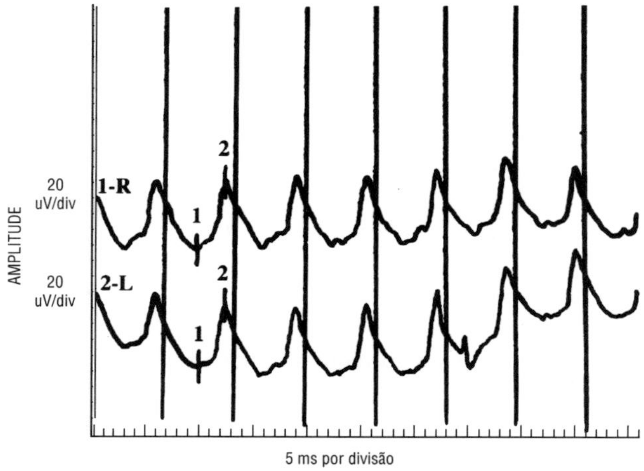

Resposta normal de cones ao estímulo oscilante de 30 hertz.

9. Como o ERG é afetado na degeneração macular senil?

Toda a retina é estimulada por um *flash* de luz no Ganzfeld; portanto, o ERG de campo-completo não é afetado nem na amplitude nem no tempo absoluto se pequenas áreas da retina forem afetadas. Em olhos com pequenas lesões localizadas de retina, como aqueles com degeneração macular senil, o ERG de campo-completo é normal.

10. O que o ERG demonstra nas doenças das células ganglionares da retina?

As células ganglionares não participam da geração do ERG de campo-completo. Portanto, doenças que afetam as células ganglionares, tais como o glaucoma, não alteram o ERG de campo-completo. Em ocasiões, a onda *b* pode estar reduzida em atrofia óptica ou em oclusão da artéria central da retina. Isso é postulado como sendo resultado de degeneração transináptica da camada de células ganglionares para as bipolares.

11. Descreva a aplicação clínica dos potenciais oscilatórios.

Uma redução na amplitude dos potenciais oscilatórios é relacionada com um risco aumentado de desenvolvimento de retinopatia proliferativa severa em pacientes diabéticos.

12. Descreva as situações clínicas em que o ERG é utilizado.

- Para diagnóstico de degeneração generalizada da retina
- Para avaliar membros da família para uma degeneração retiniana hereditária
- Para avaliar diminuição de visão e nistagmo presentes ao nascimento
- Para avaliar função retiniana em presença de meio ocular opaco ou oclusão vascular
- Para avaliar perda funcional de visão

13. Liste as degenerações retinianas nas quais o ERG pode ser útil para ajudar no diagnóstico.

Retinite pigmentar e degenerações retinianas hereditárias relacionadas

Retinite pigmentar sem pigmento

Retinite puntacta albescente
Amaurose congênita de Leber
Coroidemia
Atrofia girata da retina e de coróide
Síndrome de Goldman-Favre
Cegueira noturna estacionária congênita
Retinosquise juvenil ligada ao X
Acromatopsia
Distrofia de cones
Doenças que mimetizam retinite pigmentar

14. Quais são as características clínicas da retinite pigmentar?

A retinite pigmentar é uma doença retiniana hereditária caracterizada por disfunção progressiva dos fotorreceptores e de outras camadas de células da retina. A herança pode ser autossômica dominante, autossômica recessiva ou ligada ao X. Ambos os bastonetes e, em menor extensão, os cones são anormais na retinite pigmentar inicial. As características clínicas incluem:

Diminuição da visão noturna (nictalopia)
História familiar positiva ou negativa de retinite pigmentar
Perda de campo visual
ERG anormal
Alterações oculares, tais como palidez do nervo óptico, atenuação de vasos retinianos, pigmentação do epitélio pigmentar retiniano em espículas-ósseas, maculopatia em celofane, edema macular cistóide, células pigmentares no vítreo e catarata subcapsular posterior.

15. Descreva o ERG na retinite pigmentar.

No início da retinite pigmentar, o ERG mostra uma redução de amplitude (usualmente da onda *b*) e um tempo absoluto fotópico prolongado quando comparado ao ERG normal (ver figura). Com o passar do tempo, o ERG torna-se extinto sem resposta detectável de cones e de bastonetes à luz branca brilhante.

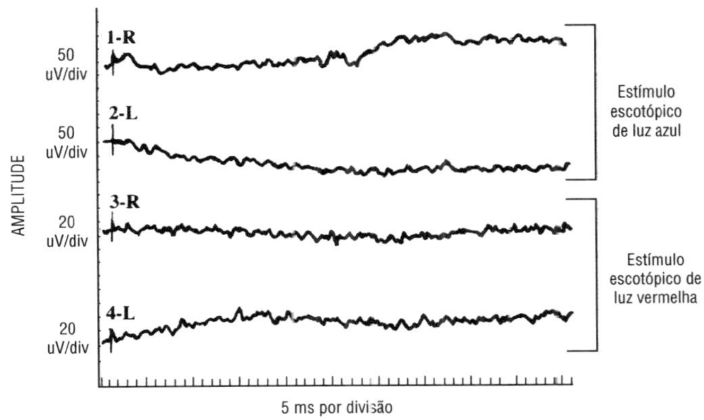

O ERG na retinite pigmentar mostra uma resposta extinta para estímulos escotópicos de luz azul e vermelha.

16. O que o ERG demonstra em mulheres portadoras de retinite pigmentar ligada ao X?

As mulheres portadoras podem ter um exame de retina normal ou demonstrar achados tais como um reflexo macular cintilante incomum ou grumos de pigmento na periferia, na falta de queixas subjetivas. Anormalidades no ERG são notadas na maioria das mulheres portadoras, até mesmo naquelas sem alterações no fundo de olho. Essas anormalidades são tempo absoluto prolongado fotópico da onda *b* e/ou redução na amplitude da onda *b* escotópica no olho adaptado ao escuro.

17. O que o ERG revela na síndrome da rubéola congênita?

O exame da retina na síndrome da rubéola congênita pode revelar alterações pigmentares difusas que podem ser confundidas com retinite pigmentar. Contudo, o ERG é normal na síndrome da rubéola congênita. Os sinais adicionais relacionados com essa síndrome incluem catarata e surdez congênita.

18. Descreva o ERG na retinosquise ligada ao X.

Os achados clínicos na retinosquise ligada ao X podem incluir cavidades de retinosquise periférica em 50% dos casos e alterações císticas da fóvea em quase todos os casos. O ERG revela amplitudes reduzidas fotópica e escotópica da onda *b*, refletindo a alteração retiniana difusa que resulta da retinosquise periférica de camadas internas.

19. O que o ERG demonstra numa distrofia progressiva de cones?

O ERG demonstra uma marcante redução da resposta para oscilação fotópica e uma resposta escotópica normal dos bastonetes. O ERG pode estabelecer o diagnóstico antes do início dos sintomas. Essa alteração parece afetar inicialmente os cones periféricos com progressão gradual para envolver os cones centrais. Quando os cones centrais estão intactos, a acuidade visual e a visão de cores são boas; contudo, a acuidade visual final é em média 20/200.

20. Por que o ERG é útil em pacientes com visão de cores reduzida congênita?

Três doenças caracterizadas por nistagmo e diminuição da visão de cores podem ter um exame de retina normal e ser distinguidas pelo ERG. São elas: acromatopsia (também conhecida como monocromatismo de bastonetes), amaurose congênita de Leber e cegueira noturna estacionária congênita.

A *acromatopsia* é uma ausência total ou quase total de cones, herdada como autossômica recessiva. Os sintomas podem incluir fotofobia e visão alterada de cores. O ERG revela ausência de função dos cones e de função normal dos bastonetes. A *amaurose congênita de Leber* é uma forma congênita de retinite pigmentar, herdada como autossômica recessiva. A retina pode ser normal na infância, mas mostra alterações progressivas durante a vida. O ERG é extinto ou marcadamente reduzido em amplitude, e a visão é profundamente reduzida. Na *cegueira noturna estacionária congênita*, o ERG indica fotorreceptores normais, como evidenciado por onda *a* normal, mas uma anormalidade na região de células bipolares, como demonstrado por ausência de onda *b*.

21. O que o ERG demonstra em uma oclusão de veia central da retina?

A oclusão de veia central da retina pode ser diferenciada em isquêmica e não-isquêmica, com a primeira tendo um pior prognóstico visual e um risco substancial de desenvolvimento de glaucoma neovascular. Quando grandes áreas de não-perfusão capilar estão presentes, a onda *b* do ERG será afetada. Isso ocorre porque o plexo capilar que está isquêmico irriga as camadas da retina média. Na forma isquêmica da oclusão da veia central da retina, o ERG pode demonstrar uma amplitude reduzida de onda *b*, uma redução na proporção de onda *b:a* e/ou um tempo absoluto prolongado de onda *b*.

22. Como o ERG pode medir a função retiniana na presença de meios opacos?

O ERG de campo-completo pode ser usado para avaliar a função retiniana quando a retina não pode ser visualizada por causa de catarata ou por opacidade corneana ou vítrea. Um ERG normal oferece uma informação da função retiniana total, mas não indica se a visão central é normal, pois a degeneração senil da mácula ou a atrofia óptica não afetam tipicamente a amplitude do ERG. A catarata e a opacidade da córnea agem como difusores de luz e, na situação um ERG "supernormal" pode ocorrer. A opacidade vítrea diminui a quantidade de estímulo luminoso para a retina; logo, um ERG de "*flash*-brilhante" pode ser necessário para gerar luz para avaliar a função total da retina.

23. Quais são as variações de um ERG padrão?

O *eletrorretinograma focal (FERG)* é induzido por luz ou *flash* focal dirigido, e a resposta é gerada dos cones dos fotorreceptores centrais e da retina externa. O FERG pode ser usado para avaliar ou acompanhar a progressão de doenças maculares focais, como degeneração macular inicial, ou para demonstrar função normal de cones centrais em um indivíduo com visão reduzida.

O *eletrorretinograma padrão (PERG)* mede a resposta elétrica para um padrão de estímulo alternado que tem uma luminância retiniana total constante. Ele difere do ERG de campo-completo e focal pela sua resposta ser localizada nas células ganglionares. Isso foi demonstrado após o PERG ser extinto em seqüência à transecção do nervo óptico, enquanto o de campo-completo não foi alterado. O PERG pode ser usado para diagnosticar ou monitorizar doenças como glaucoma, hipertensão ocular, neurite óptica, atrofia óptica e ambliopia. Embora as células ganglionares pareçam gerar o PERG, a função normal das células retinianas distais às células ganglionares é necessária para um PERG normal. Portanto, as respostas anormais do PERG podem ocorrer com degenerações retinianas que afetem as células fotorreceptoras.

24. Liste as alterações que podem gerar um ERG extinto.

Retinite pigmentar e doenças relacionadas
Oclusão da artéria oftálmica
Neurorretinite difusa subaguda unilateral
Metalose
Descolamento total da retina
Drogas – fenotiazinas, cloroquina
Retinopatia associada a câncer

25. Liste as alterações que podem gerar uma amplitude normal de onda *a* e uma amplitude reduzida de onda *b*.

Cegueira noturna central estacionária
Retinosquise juvenil ligada ao X

Oclusão de veia ou artéria central da retina
Distrofia miotônica
Doença de Oguchi
Intoxicação por quinino
Degeneração transináptica da camada de células ganglionares para as bipolares (por exemplo, secundária à atrofia óptica ou à oclusão da artéria central da retina)

26. Liste as alterações caracterizadas por um ERG fotópico alterado e por um escotópico normal.

Acromatopsia (também conhecida como monocromatismo de bastonetes)
Distrofia de cones

27. O que é um eletroculograma?

O *eletroculograma,* também conhecido como *EOG,* é uma medida indireta do potencial de repouso do olho (ver figura). Esse potencial existe por uma diferença de voltagem entre a retina interna e a externa. O EOG é medido colocando-se eletrodos perto dos cantos medial e lateral de cada olho e pedindo para o paciente mover os olhos para a frente e para trás em uma distância específica.

A medida clínica do EOG demonstra o fato de que a amplitude da resposta muda quando as condições de luminância variam. Após a adaptação ao escuro, a resposta diminui progressivamente, alcançando um vale em 8 a 12 minutos. Com a adaptação à luz, há um aumento progressivo na amplitude, alcançando um pico em 6 a 9 minutos. A maior amplitude do ERG alcançada na luz (pico de luz) é dividida pela menor amplitude no escuro (fase escura), e essa proporção calculada é conhecida como *relação de Arden*. Os indivíduos normais têm um valor de 1,80 ou maior, enquanto uma relação de menos de 1,65 é anormal.

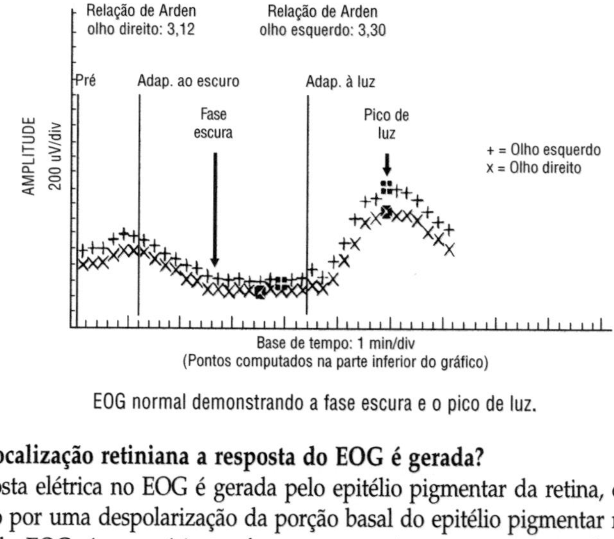

EOG normal demonstrando a fase escura e o pico de luz.

28. Em que localização retiniana a resposta do EOG é gerada?

Essa resposta elétrica no EOG é gerada pelo epitélio pigmentar da retina, com o pico de luz sendo produzido por uma despolarização da porção basal do epitélio pigmentar retiniano. Para gerar o potencial do EOG, é necessário ter fotorreceptores intactos em contato físico com o epitélio pigmentar da retina. Tal qual o ERG de campo-completo, o EOG reflete a atividade de toda a retina.

29. Quais são os usos clínicos do EOG?

A normalidade do EOG é dependente do número total de fotorreceptores funcionantes. O EOG é freqüentemente anormal quando o ERG é anormal. Um paciente com ERG extinto por retinite pigmentar vai mostrar pequeno ou nenhum pico de luz no EOG, e isso é similarmente notado em qualquer alteração com degeneração generalizada das células fotorreceptoras.

Contudo, um ERG anormal com EOG normal pode ser visto em algumas situações. Em cegueira noturna estacionária congênita e retinosquise ligada ao X, pode haver uma anormalidade na transmissão neural na região das células bipolares, e o EOG pode ser normal devido aos bastonetes com função normal. O pico de luz do EOG é quase completamente dependente da função dos bastonetes; portanto, é normal em disfunções dos cones.

30. Em que patologias o EOG é alterado e o ERG é normal?

Um EOG alterado com ERG normal é a marca da doença de Best herdada de forma dominante (também conhecida como distrofia viteliforme da mácula). Todos os pacientes com doença de Best têm um EOG alterado com uma relação de Arden menor do que 1,35. Há uma larga extensão de expressividade na doença de Best, tal qual um indivíduo que tem o gene apresentar fundo de olho sem alteração, mas ter EOG alterado. O EOG ajuda a avaliar os membros da família com risco e também indivíduos com achados atípicos da doença de Best.

31. Quais são as características da adaptação ao escuro?

A adaptometria ao escuro mede o limiar absoluto da sensibilidade de cones e de bastonetes e é testada em um instrumento conhecido como adaptômetro de Goldmann-Weekers. Inicialmente, o indivíduo é adaptado a um fundo de luz brilhante, que é então é apagado. No escuro, o paciente é apresentado a uma série de luzes fracas. O limiar em que a luz é percebida é traçado através do tempo. A curva normal de adaptação ao escuro é bifásica, com a primeira curva representando o limiar dos cones, sendo alcançada em 5 a 10 minutos, e a segunda curva representando o limiar dos bastonetes, sendo alcançada após 30 minutos. A ruptura bastonetes-cones é um ponto definido entre essas duas curvas. A adaptometria ao escuro é útil para avaliar alterações retinianas como cegueira noturna e algumas condições com disfunção de cones.

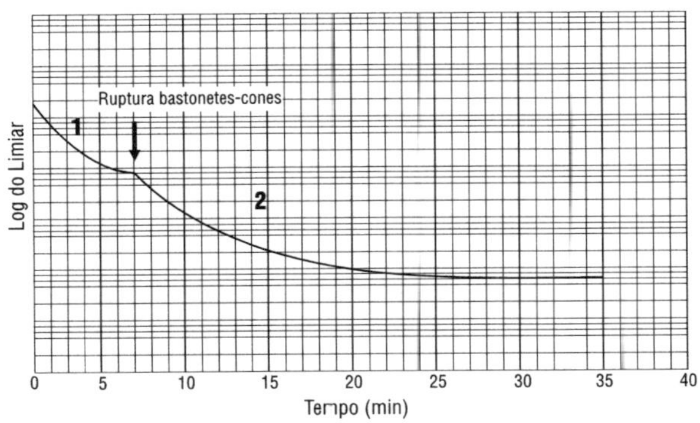

Curva normal de adaptação ao escuro demonstra a ruptura bastonetes-cones em sete minutos, separando o limiar dos cones (1) e o limiar dos bastonetes (2).

BIBLIOGRAFIA

1. Berson EL: Retinitis pigmentosa and allied diseases: Applications of electroretinographic testing. Int Ophthalmol 4:7-22, 1981.
2. Bresnick GH, Palta M: Predicting progression to severe proliferative diabetic retinopathy. Arch Ophthalmol 105:810-814, 1987.
3. Breton ME, Montzka DP, Brucker AJ, Quinn GE: Electroretinogram interpretation in central retinal vein occlusion. Ophthalmology 98:1837-1844, 1991.
4. Carr RE: Electroretinography. In Tasman W, Jaeger EA (eds): Duane's Clinical Ophthalmology, vol 2. Philadelphia, J.B. Lippincott, 1990.
5. Carr RE, Siegel IM: Electrodiagnostic Testing of the Visual System: A Clinical Guide. Philadelphia, F.A. Davis, 1990.
6. Deutman AF: Electro-oculography in families with vitelliform dystrophy of the fovea: Detection of the carrier state. Arch Ophthalmol 81:305-316, 1969.
7. Fish GE, Birch DG: The focal electroretinogram in the clinical assessment of macular disease. Ophthalmology 96:109-114, 1989.
8. Fishman GA, Sokol S: Electrophysiologic Testing in Disorders of the Retina, Optic Nerve, and Visual Pathways. American Academy of Ophthalmology, 1990.
9. Francois J, de Rouch A, Fernandez-Sasso D: Electro-oculography in vitelliform degeneration of the macula. Arch Ophthalmol 77:726-733, 1967.
10. Gass JDM: A clinicopathologic study of a peculiar foveomacular dystrophy. Trans Am Ophthalmol Soc 72: 139, 1974.
11. Marmor MF, Arden GB, Nilsson SEG, Zrenner E (International Standardization Committee): Standard for Clinical electroretinography. Arch Ophthalmol 107:816-819, 1989.

6. ULTRA-SONOGRAFIA OFTALMOLÓGICA

Caroline R. Baumal, M.D., FRCSC

1. Quais são as indicações para a ultra-sonografia oftalmológica?

- Avaliação dos segmentos anterior e posterior do olho com meios oculares opacos
- Avaliação da dimensão de tumores oculares, bem como das características dos seus tecidos, como cálcio no retinoblastoma e osteoma de coróide
- Avaliação de doenças orbitárias
- Detecção e localização de corpos estranhos intra-oculares
- Medidas de distâncias dentro do olho e da órbita (também conhecido como biometria)

2. Que freqüência é usada para a ultra-sonografia oftalmológica padrão?

Ultra-som é uma onda acústica que consiste de oscilação de partículas em um meio. Por definição, as ondas de ultra-som têm uma freqüência maior que 20 kHz. Em ultra-sonografia oftalmológica padrão, as freqüências estão na média de 8-10 MHz. Essa alta freqüência produz comprimentos de onda curtos, os quais permitem a resolução precisa de estruturas oculares pequenas. Em contraste, o ultra-som abdominal usa tipicamente as freqüências na média de 1-5

MHz, o que produz comprimentos de onda longos que permitem penetração profunda nos tecidos. A resolução das estruturas é diminuída, embora a resolução seja menos crítica porque as estruturas no abdômen são muito maiores do que as do olho.

3. Quais são os princípios da ultra-sonografia?

O ultra-som é baseado em princípios físicos de diferença de impedância tecido-acústica e de tecnologia pulso-eco. Como a onda acústica é propagada através dos tecidos, parte da onda pode ser refletida em direção à fonte de emissão de ondas (isto é, o probe). Essa onda refletida é referida como um eco. Os ecos são gerados nas interfaces adjacentes dos tecidos que têm diferentes impedâncias acústicas. Quanto maior a diferença na impedância acústica, mais forte será o eco. Por exemplo, a reflexão forte ocorre na interface entre tecido retiniano e vítreo, que é essencialmente água. Quando interfaces de tecidos adjacentes têm relativamente pequenas diferenças na impedância acústica (por exemplo, gel vítreo e hemorragia vítrea moderada ou grumos de células sangüíneas brancas intra-vítreas), uma pequena reflexão é vista. A tecnologia pulso-eco usa transdutores sintéticos de cristal para promover pulsos de onda ultra-sônicos e para recuperar ecos para processamento eletrônico.

4. Como o ultra-som oftalmológico clínico é mostrado?

Os ecos refletidos são recebidos, amplificados, processados eletronicamente e mostrados em formato visual como *scan*-A e/ou *scan*-B.

5. O que é ultra-sonografia *scan*-A?

A ultra-sonografia *scan*-A, ou modo A, é mostrada unidimensional, amplitude-tempo. A linha de base horizontal representa a distância e depende do tempo requerido para o feixe de som alcançar uma determinada superfície e para o seu eco retornar ao probe. Na dimensão vertical, a altura da espica mostrada indica a amplitude ou a força do eco. O *scan*-A pode ser acompanhado por uma imagem simultânea de *scan*-B com uma linha de vetor para demonstrar a posição da informação *scan*-A.

6. O que é ultra-sonografia *scan*-B?

Uma ultra-sonografia scan-B, ou modo B, produz uma imagem bidimensional, em corte do globo e da órbita. A imagem é mostrada em variadas sombras de cinza, e a sombra depende da força do eco. Os ecos mais fortes aparecem brancos, e reflexões mais fracas são vistas como cinza. Os exemplos de ecos fortes incluem tecido retiniano, esclera e calcificação. Já os ecos mais fracos são notados em grumos de células vítreas. As imagens do *scan*-B podem ser mais facilmente interpretadas do que as imagens do *scan*-A, pois a avaliação microscópica e de cortes das anomalias oculares é freqüentemente similar à imagem do *scan*-B.

7. Que informações clínicas são geradas pelos *scan*-A e *scan*-B?

O *scan*-A é usado predominantemente para caracterização de tecido, enquanto o *scan*-B é usado para obter informações da arquitetura. As informações obtidas pelos *scan*-A e *scan*-B se sobrepõem, e ambos os *scans* podem ser necessários para a interpretação do ultra-som. Os resultados do ultra-som são mais úteis quando combinados com exames clínicos e radiográficos. O *scan*-A é útil também na determinação do cálculo das lentes intra-oculares para cirurgia de catarata (ver Questão 10).

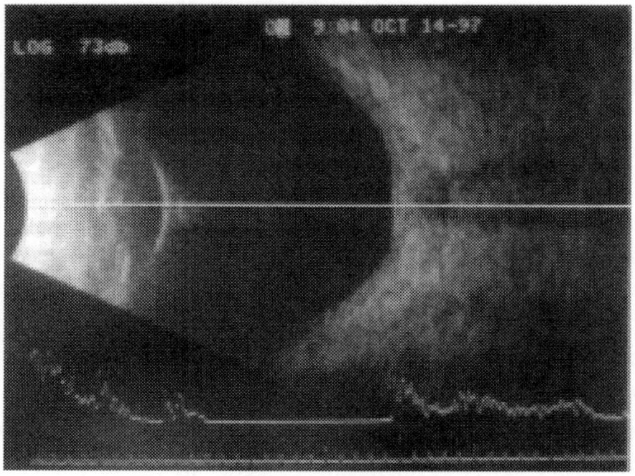

Scan-A (abaixo) e *scan*-B (acima) do globo normal. A vista de um corte ântero-posterior é mostrada no *scan*-B. A cápsula do cristalino é vista à esquerda da imagem, e o nervo óptico é visto à direita. Uma linha de vetor através do *scan*-B demonstra a posição da informação do scan-A.

8. Que características das lesões são avaliadas durante o exame de ultra-som?

1. A *topografia* (localização, configuração e extensão) da lesão é avaliada mais freqüentemente pelo *scan*-B bidimensional.

2. As *características quantitativas* incluem a refletividade, a estrutura interna e a atenuação sonora da lesão.

- A *refletividade* da lesão é avaliada observando a altura da espica no *scan*-A e o brilho notado no *scan*-B. A refletividade interna refere-se à amplitude dos ecos dentro da lesão e correlaciona-se com sua arquitetura histológica.
- A *estrutura interna* refere-se ao grau de variação na arquitetura histológica de uma massa. A estrutura regular interna indica uma arquitetura homogênea e é notada por mínima ou nenhuma variação na altura das espicas no *scan*-A e uma aparência uniforme dos ecos no *scan*-B. Em contraste, uma estrutura irregular interna é observada em lesões com arquitetura heterogênea, sendo caracterizada por variações na estrutura do eco.
- A *atenuação sonora* ocorre quando a onda acústica é absorvida, refletida ou dispersa por um tecido e é notada por uma diminuição na força dos ecos dentro da ou posterior à lesão. É indicada por uma diminuição na altura da espica no *scan*-A ou por diminuição do brilho dos ecos no *scan*-B. A atenuação sonora pode produzir a diminuição da força do sinal e um vazio posterior à lesão, o qual é referido como sombreamento. Osso, cálcio e corpos estranhos produzem atenuação sonora (ver figura na página seguinte).

3. As *características dinâmicas* da ou de dentro da lesão podem ser detectadas no *scan*-B.

- O *pós-movimento* é determinado por observação do movimento do eco das lesões depois de cessar os movimentos oculares. O movimento rápido de uma hemorragia vítrea é distinguido do lento e do ondulado da retina em um descolamento agudo regmatogênico.
- A *vascularização* é indicada por movimento espontâneo dos ecos dentro das lesões e representa fluxo sangüíneo dentro dos vasos.

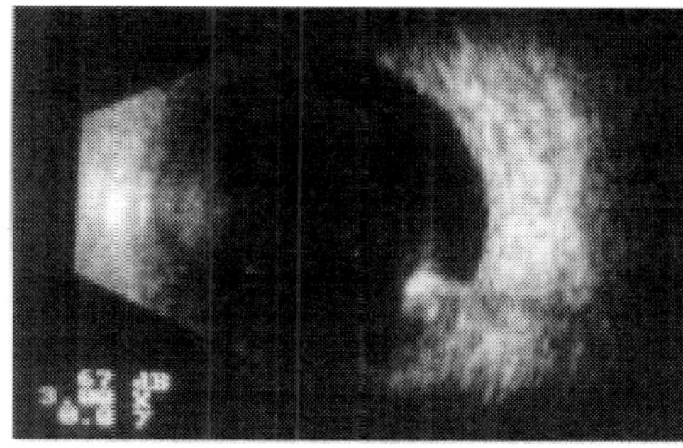

Imagem em *scan*-B de um corpo estranho localizado na superfície da retina. Um eco brilhante é produzido pelo corpo estranho com sombreamento das estruturas posteriores.

9. Como o ultra-som ocular é realizado?

Uma técnica de exame padrão é usada para ultra-sonografia *scan*-A e *scan*-B. Uma técnica de imersão avalia o segmento anterior. A imersão é realizada colocando-se uma concha escleral entre as pálpebras, enchendo a concha com solução de metilcelulose, e colocando o probe na solução. O método de contato, no qual o probe é colocado diretamente no globo, é usado para avaliar o segmento posterior. Para o exame, cada quadrante do globo é escaneado sistematicamente. As posições do probe de ultra-som são escolhidas para evitar a passagem do raio de exame ou os ecos de retorno através do sistema de indução de artefatos pelo cristalino. A informação do ultra-som é freqüentemente gravada com uma fotografia polaróide de imagens "congeladas" que são escolhidas durante o exame, embora essa técnica não capture a informação dinâmica obtida durante o exame de ultra-som.

10. Como o ultra-som é utilizado na avaliação pré-operatória de catarata?

O ultra-som *scan*-A é usado para medir o comprimento axial do olho, que é necessário na fórmula para calcular o poder da lente intra-ocular. O *scan*-B é útil se os meios oculares são opacos para avaliar doenças retinianas que podem afetar o resultado visual após cirurgia de catarata.

11. Como o ultra-som é usado para avaliar tumores intra-oculares?

O ultra-som pode ser usado para fazer o diagnóstico, para planejar o tratamento e avaliar a resposta dos tumores à terapia. Especificamente a forma do tumor, as dimensões (tais como a espessura e o diâmetro da base) e as características do tecido são avaliadas, assim como a presença de extensão extra-ocular.

12. Quais são as características clínicas do melanoma de coróide ao ultra-som?

- Formato de cogumelo ou de colarinho-botão
- Refletividade interna de baixa a média
- Estrutura interna regular
- Fluxo sangüíneo interno (vascularização)

13. Descreva o padrão em *scan*-A do melanoma de coróide.

O eco inicial da superfície do tumor no *scan*-A é uma espica de alta amplitude secundária a um eco forte da interface vitreorretiniana sobre o tumor. Quando o feixe acústico passa dentro do tecido tumoral, há um rápido declínio da amplitude do eco, que é notado como uma diminuição da altura da espica no *scan*-A (conhecida como refletividade interna baixa a média). Essa é uma conseqüência da homogeneidade do tecido dentro do tumor e é revelado na avaliação microscópica como pequenas células homogêneas agrupadas.

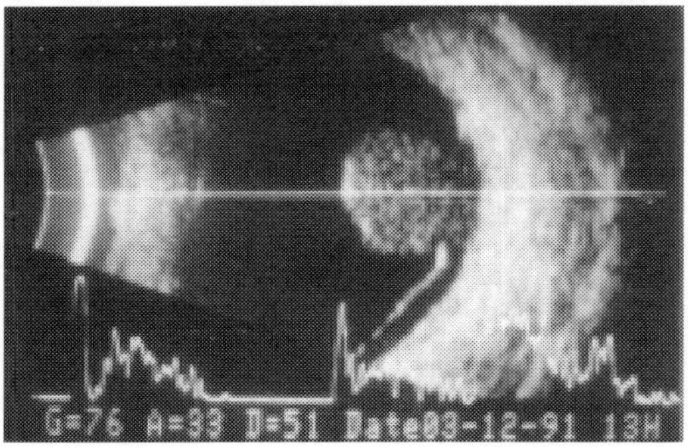

Scan-A e *scan*-B de melanoma de coróide. O *scan*-B mostra uma massa em forma de cogumelo com uma estrutura interna regular. Um descolamento seroso da retina se estende da margem do tumor. O *scan*-A revela um eco forte inicial do tecido retiniano que circunda o tumor seguido por um declínio rápido na amplitude do eco no *scan*-A (baixa refletividade interna) dentro deste. A alta refletividade é notada novamente na esclera e na gordura orbitária.

14. O que é escavação de coróide?

No *scan*-B, a escavação de coróide se refere a uma aparência escura no tecido da mesma, que normalmente tem alta refletividade e resulta de invasão tumoral da coróide. Esse fenômeno é descrito em melanomas de coróide, bem como em outras doenças dessa.

15. Descreva os padrões de ultra-som no diagnóstico diferencial de melanoma de coróide.

O ultra-som é freqüentemente usado na avaliação de melanomas, hemangiomas, carcinoma metastático, nevus de coróide, hemorragia de coróide e lesão disciforme. Deve ser combinado com informações clínicas porque há mais tipos de tumores do que os padrões de diferenciação do ultra-som.

Lesão	*Localização*	*Forma*	*Refletividade Interna*	*Estrutura Interna*	*Vascularização*
Melanoma	Coróide e/ou corpo ciliar	Cúpula ou cogumelo	Baixa a média	Regular	Sim
Hemangioma de coróide	Coróide, pólo posterior	Cúpula	Alta	Regular	Não
Carcinoma metastático	Coróide, pólo posterior	Difuso, irregular	Média a alta	Irregular	Não
Nevus de coróide	Coróide	Cúpula ou plano	Alta	Regular	Não
Hemorragia de coróide	Coróide	Cúpula	Variável	Variável	Não
Lesão disciforme	Mácula	Cúpula, irregular	Alta	Variável	Não

16. Descreva as características do hemangioma de coróide ao ultra-som.

Dentro de um hemangioma de coróide, as células agrupadas e as camadas de tecidos têm marcadas diferenças na impedância acústica (heterogeneidade acústica), o que cria grandes ecos de amplitude a cada interface. O *scan*-A revela refletividade interna alta dentro do tumor, e as lesões aparecem em branco sólido no *scan*-B.

17. Descreva as características do descolamento de retina ao ultra-som.

O *scan*-B pode ser usado para localizar o descolamento de retina e determinar sua configuração. A retina descolada produz uma dobra brilhante, contínua no *scan*-B. Quando o descolamento é total ou extenso, a retina se insere no nervo óptico e na ora serrata. O *scan*-A revela uma espica de altura 100% quando o feixe de som é diretamente perpendicular à retina descolada. Em um descolamento regmatogênico agudo, há movimento da retina com a movimentação voluntária dos olhos; contudo, esse é menos móvel que um descolamento de vítreo.

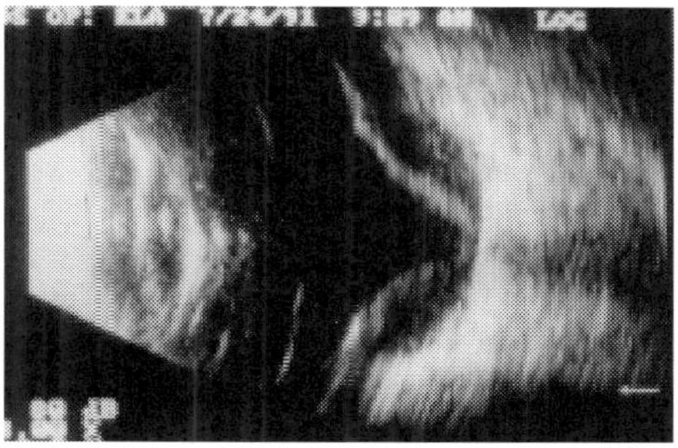

Scan-B de um descolamento total de retina. Uma visão ântero-posterior revela a aparência característica em forma de V com inserção no nervo óptico. Uma catarata também está presente.

18. Que características indicam um descolamento crônico de retina?

Um descolamento crônico de retina mostra calcificações, cistos intra-retinianos ou fragmentos de colesterol no espaço sub-retiniano.

19. Descreva as características ao ultra-som que diferenciam descolamento de retina, descolamento de vítreo posterior e descolamento de coróide.

Características ao Ultra-Som	*Descolamento de Retina*	*Descolamento de Vítreo Posterior*	*Descolamento de Coróide*
Topográfica (*scan*-B)	Superfície lisa ou com pregas Funil aberto ou fechado com inserção no nervo óptico Inserção na *ora serrata* Com ou sem cistos intra-retinianos	Superfície lisa Funil aberto com ou sem inserção no disco ou no fundo Inserção na *ora serrata* ou corpo ciliar	Superfície lisa, em cúpula ou plana Sem inserção no disco Inserção na *ora serrata* ou corpo ciliar
Quantitativa (*scan*-A)	Espica 100% alta	Altura da espica variável < 100%	Espica 100% alta, espessa, duplo pico
Mobilidade ao movimento ocular	Moderada a nenhuma	Marcada a moderada	Leve a nenhuma

20. Como o ultra-som é usado para avaliar pacientes com retinopatia diabética proliferativa e com hemorragia vítrea?

O ultra-som pode avaliar a presença de descolamento tracional da retina envolvendo a fóvea quando a visualização é obscurecida por hemorragia vítrea. Esse achado é geralmente um indicador de cirurgia intra-ocular em diabéticos.

21. Descreva os achados ao ultra-som na hialose asteróide.

Na hialose asteróide, os fragmentos de cálcio no vítreo produzem ecos brilhantes no *scan*-B, os quais se movem com o vítreo. Uma área de gel vítreo claro é tipicamente presente entre o limite posterior das opacidades e a face posterior da hialóide. No *scan*-A, os fragmentos de cálcio produzem espicas de refletividade média a alta.

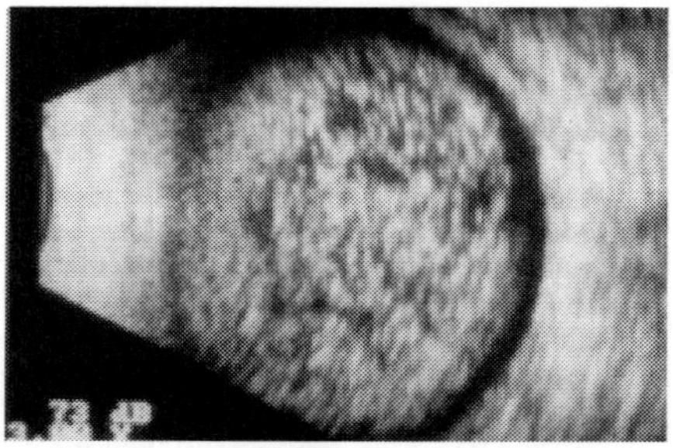

Imagem no *scan*-B de ecos brilhantes no vítreo na hialose asteróide.

22. Qual a aparência da calcificação no ultra-som?

A calcificação intra-ocular cria uma grande interface acústica, resultando em um pico de alta amplitude no *scan*-A, bem como em ecos brancos no *scan*-B. Atrás da área de calcificação, há um sombreamento parcial ou completo da esclera e da gordura orbitária.

23. Que condições oculares podem demonstrar calcificação no ultra-som?

- Tumores (retinoblastoma, osteoma de coróide, meningioma da bainha do nervo óptico, hemangioma de coróide, melanoma de coróide)
- Granuloma de toxocara
- Descolamento crônico de retina
- Drusa da cabeça do nervo óptico
- Lesão retiniana disciforme
- Doença vascular oclusiva do nervo óptico
- *Phthisis bulbi*
- Catarata intumescente

24. Quando o ultra-som é usado para avaliar trauma ocular?

O ultra-som pode ser usado para avaliar a posição do cristalino ou do estado da retina se a visualização é impedida por uma córnea opaca, hifema ou hemorragia vítrea resultante do trauma. Pode também diagnosticar um local de rotura posterior no globo e avaliar um corpo estranho intra-ocular.

O globo deve ser avaliado na lâmpada de fenda antes do ultra-som para se saber se a integridade do olho está desfeita ou se o mesmo é indicado. As radiografias e as tomografias computadorizadas para corpos estranhos devem ser feitas preferencialmente antes do ultra-som. É necessário evitar pressão indevida no globo durante o ultra-som e usar solução de metilcelulose estéril para evitar o risco de infecção.

25. Quais são os achados ao ultra-som nos corpos estranhos intra-oculares?

O ultra-som pode diagnosticar e localizar um corpo estranho intra-ocular (ver figura na Questão 8), embora esse exame sozinho não seja suficiente para excluir o corpo estranho. É particularmente útil na identificação de um corpo estranho intra-ocular não-metálico, o qual pode não ser visível na radiografia. Embora a tomografia computadorizada seja geralmente usada para localização, ela pode não ser capaz de dar a exata posição de um corpo estranho situado próximo à parede ocular.

Os corpos estranhos têm alta refletividade quando o feixe do probe do ultra-som é perpendicular a uma superfície refletiva do corpo estranho. No *scan*-B, um corpo estranho metálico produz um eco brilhante que persiste quando o ganho da saída do ultra-som é diminuído. Os corpos estranhos pequenos esféricos podem demonstrar anel, o qual é uma fileira de reflexões que se estendem posteriormente ao corpo estranho e que é produzida por reflexões dos pulsos acústicos dentro do corpo estranho. O sombreamento está geralmente presente atrás de um corpo estranho por causa da quase completa reflexão do feixe do probe de exame.

26. Liste as estruturas e desordens que podem ser avaliadas pelo ultra-som de órbita.

A órbita, os músculos extra-oculares e o nervo óptico podem ser reavaliados para tumores, lesões vasculares, processos inflamatórios e infecciosos, para efeitos de trauma e para a presença de corpos estranhos intra-orbitários.

27. Quais são os achados ao ultra-som na orbitopatia tireoideana?

O ultra-som de órbita é útil para avaliar exoftalmo relacionado com um número de doenças. Na orbitopatia tireoideana, o espessamento dos músculos extra-oculares tem uma aparência característica que é notada no *scan*-B como um espessamento no ventre do músculo, o qual poupa a inserção tendinosa. A refletividade interna do músculo espessado é de média a alta e é conseqüência de interfaces de tecido criadas dentro das lamelas musculares por edema e inflamação. O ultra-som pode mostrar leves alterações nos músculos extra-oculares antes da detecção de doença tireoideana no exame clínico.

Outros achados podem incluir o alargamento da glândula lacrimal, o espessamento dos tecidos periorbitários, o alargamento da veia oftálmica superior e o espessamento da bainha do nervo óptico se o mesmo é comprimido. O espessamento do tendão muscular e o líquido no espaço episcleral raramente são notados na oftalmopatia tireoideana aguda.

28. Quais são as características da *phthisis bulbi*?

Phthisis bulbi pode resultar de uma série de doenças crônicas e pode ser caracterizada por encolhimento irregular intenso do olho. No exame de ultra-som, o globo está geralmente tão encolhido que suas estruturas normais não podem ser identificadas, não sendo possível excluir a presença de pequeno tumor intra-ocular. Há calcificação extensa das túnicas oculares posteriores, o espaço sub-retiniano pode estar preenchido com opacidades densas, e há freqüentemente um descolamento total da retina em funil.

29. O que é biomicroscopia ultra-sônica?

Biomicroscopia ultra-sônica (UBM) é um novo método de *scan*-B que usa altas freqüências, na média de 50-100 MHz. A profundidade da penetração é na faixa de 5-7 mm. Essa técnica produz imagens de alta resolução das estruturas do segmento anterior e tem sido útil para caracterizar os mecanismos de glaucoma secundário.

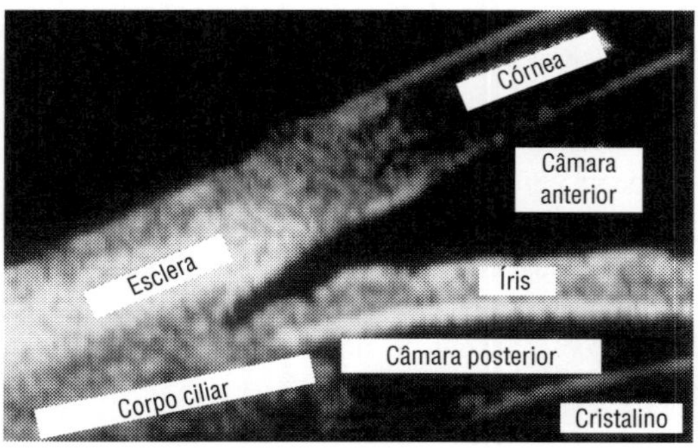

Imagem de biomicroscopia ultra-sônica das estruturas do ângulo do segmento anterior.

BIBLIOGRAFIA

1. Byrne SF, Green RL: Ultrasound of the Eye and Orbit. St. Louis, Mosby, 1992.
2. Coleman DJ: Reliability of ocular and orbital diagnosis with B-scan ultrasound. II: Orbital diagnosis. Am J Ophthalmol 74:708, 1972.
3. Dallow RL, Hart LJ: Ultrasound diagnosis of the eye and orbit. In Albert DM, Jakobiec FA (eds): Principles and Practice of Ophthalmology: Clinical Practice. Philadelphia, W.B. Saunders, 1994, pp 3543-3554.
4. Fischer YL: Diagnostic ophthalmic ultrasonography. In Tasman W, Jaeger EA (eds): Duane's Clinical Ophthalmology, vol 2. Philadelphia, J.B. Lippincott, 1990.
5. Ossoinig KC: Quantitative echography: The basis of tissue differentiation. J Clin Ultrasound 2:33, 1974.
6. Pavlin CJ, Harasiewicz K, Sherar MD, et al: Clinical use of ultrasound biomicroscopy. Ophthalmology 98:287, 1991.

7. CAMPOS VISUAIS

David S. Friedman, M.D., M.P.H.

1. O que é hemianopsia?

Hemianopsia é uma alteração visual ou uma cegueira em metade do campo visual de um ou de ambos os olhos.

2. Defina os termos *homônimo* e *congruente* em relação aos defeitos de campo visual.

Homônimo: É pertinente às metades verticais correspondentes do campo visual de ambos os olhos. Em outra linguagem, o termo é usado para os defeitos que ocorrem após as alterações neurológicas que causam perda de uma porção do campo visual correspondente por ambos os olhos.

Congruente: Defeitos iguais de campo visual, indicando uma lesão mais posterior.

3. O que é lesão cecocentral?

Uma lesão envolvendo a mancha cega e a região macular (no círculo de 25°). Quatro causas primárias são citadas: atrofia óptica dominante, atrofia óptica de Leber, neuropatia óptica tóxica/ nutricional e buraco congênito do nervo óptico com descolamento seroso da retina. A neurite óptica também pode ser uma causa de lesão cecocentral.

4. O que significa lesão "torta-no-céu"?

Uma lesão "torta-no-céu" é uma hemianopsia homônima envolvendo o quadrante superior. O termo indica uma lesão nas radiações ópticas através do lobo temporal, mas defeitos similares podem ser vistos também em lesões do lobo occipital.

5. Defina escotoma.

É uma área de perda ou de depressão visual circundada por uma área de menor depressão ou visão normal.

6. O que significa teste de limiar-total?

O teste de limiar-total se refere ao teste de campo visual estático em que o limiar exato do olho é medido a cada ponto testado. Essa técnica difere do teste de supralimiar, pois, nesse, o indivíduo vê ou não vê um objeto apresentado de intensidade fixa. É uma técnica de acerto/erro de teste. As estratégias de supralimiar são usadas em programas de triagem e podem não detectar defeitos precoces.

7. Onde está localizada a mancha cega fisiológica?

No campo visual temporal. A fóvea é o centro do campo visual. A mancha cega está localizada 15° temporal e logo abaixo do plano horizontal. É marcada por um triângulo no campo visual de Humphrey.

8. Como você sabe se o campo visual que está olhando é do olho esquerdo ou do direito?

Segure o campo visual na sua frente e observe onde a mancha cega está localizada. O olho direito tem a mancha cega (e, portanto, o campo visual temporal) à direita, e o olho esquerdo tem a mancha cega à esquerda. Se a perda visual é tão grande que você não vê a mancha cega, há no topo da impressão informações de qual olho foi testado.

9. O que é o campo visual de Goldmann?

Além de inventar o método mais acurado de medir a pressão intra-ocular e de uma lente para ver o ângulo de filtração (que ainda está em uso atualmente), Hans Goldmann normatizou as condições sob as quais os campos visuais são feitos. A iluminação de fundo e a intensidade do estímulo luminoso são feitas com uniformidade para os testes poderem ser comparados. O objeto de teste é trazido para dentro do campo visual a partir da periferia. Devido ao movimento do objeto, essa técnica é conhecida como perimetria cinética. Os campos visuais de Goldmann são menos sensíveis para mudanças súbitas no campo do que os testes estáticos (como as máquinas de Humphrey e Octopus) e, por isso, são menos usados hoje em dia. Esse procedimento também requer pessoal especializado para administrá-lo.

10. Quais são as causas de escotoma em anel?

Embora tanto o glaucoma grave como a retinite pigmentar possam causar escotoma em anel, esse defeito é também associado à perda funcional da visão (por histeria ou por dissimulação). Outras causas incluem deficiência de vitamina A e doenças da retina que alterem seletivamente a periferia (como retinite ou coroidite). Histeria ou dissimulação podem ser testadas de várias formas. Por exemplo, um campo visual de Goldmann pode ser usado para documentar espiralização (uma isóptera de maior luminância sobrepõe-se à de menor luminância).

11. Quais são os achados mais comuns em campo visual de glaucoma?

Glaucoma é uma doença causada por perda de células ganglionares retinianas com achados característicos no nervo óptico. Os defeitos clássicos são determinados pela anatomia das células ganglionares retinianas à medida que elas percorrem o nervo óptico. Os axônios circundam a fóvea em um arco. Com o dano nos feixes nervosos, o defeito clássico apresenta-se em forma de arco no campo nasal. Tal defeito obedece à linha média horizontal (em contraste com os defeitos neurológicos, os quais obedecem à linha média vertical). Além dos defeitos arqueados, a depressão generalizada do campo visual é um dos achados precoces do glaucoma. O exame do nervo óptico é útil para o diagnóstico em casos menos evidentes.

12. Quando o campo visual de um indivíduo com glaucoma progride?

A resposta permanece controversa. Primeiro, não estabeleça o diagnóstico de glaucoma em um campo. Se há dano ao nervo óptico claro e um defeito correspondente no campo visual, podemos fazer o diagnóstico, mas o campo visual de base deve ser repetido pela tendência geral dos indivíduos de melhorar as respostas após repetirem o teste várias vezes. Pessoas com glaucoma tendem a ter campos visuais mais variáveis do que pessoas normais; portanto, um campo separado mostrando piora deve ser confirmado com repetição do exame. Um estudo concluiu que, para se ter certeza da progressão, deve-se ter um acompanhamento de, no mínimo, cinco anos com campos visuais. As pesquisas atuais estão tentando melhorar nossa habilidade de determinar qual paciente está progredindo.

13. Quais são as principais causas de hemianopsia bitemporal?

As lesões do quiasma causam hemianopsia bitemporal porque danificam as fibras nervosas nasais que decussam. As massas nessa área incluem tumores de pituitária, meningiomas, aneurismas, craniofaringeomas, gliomas e outros tumores menos comuns. Além disso, o quiasma pode ser lesado por trauma (que tipicamente causa uma hemianopsia bitemporal completa), por doenças desmielinizantes, por doenças inflamatórias (como sarcoidose) e, raramente, por isquemia.

Resumo dos Defeitos Visuais Não-Glaucomatosos

Lesão	*Campo Visual*
Nervo óptico	Escotomas centrais ou cecocentrais, ou defeitos altitudinais
Quiasma óptico	Anterior: juncional* Corpo e posterior: hemianopsia bitemporal
Trato óptico	Hemianopsia homônima incongruente com ou sem escotoma central
Radiação óptica	Cápsula interna: hemianopsia homônima congruente Lobo temporal: quadrantopsia superior Lobo parietal: quadrantopsia inferior
Lobo occipital	Posterior: hemianopsia homônima congruente Anterior: defeito monocular contralateral temporal

* Hemianopsia unilateral associada ao defeito de campo temporal superior contralateral.

14. O que ajuda a diferenciar as várias lesões?

1. Defeitos monoculares devem ser pré-quiasmais, com uma exceção: o campo visual temporal distante é visto somente por um olho. Isso significa que um infarto occipital anterior pode causar um defeito temporal monocular.

2. Lesões posteriores ao quiasma não cruzam o meridiano vertical por mais de 15°.

3. É típico pessoas com defeitos pós-quiasmáticos terem acuidade visual normal, pupilas normais e exame de fundo de olho normal. A maior exceção a essa última regra é o achado de papiledema em pacientes que apresentam lesões com efeito de massa.

15. O que o futuro trará para os testes de campo visual?

Os três importantes avanços em testes de campo visual são algoritmos mais rápidos que diminuam o tempo do teste, perimetria automática com comprimentos de onda curtos (PACOC) e perimetria de dupla-freqüência. Os novos algoritmos usam repostas prévias dos pacientes para ajudar a escolher o limiar de teste e para o teste durar menos tempo. O tempo de teste é de aproximadamente cinco minutos por olho, em oposição aos 15 minutos com os algoritmos antigos. A PACOC pode detectar defeitos de campo visual mais rapidamente do que a perimetria tradicional branco-no-branco. A PACOC usa um teste de estratégia estática com limiar padrão com um objeto de teste azul e fundo amarelo. Os resultados mostram que os defeitos de campo visual podem ser detectados muitos anos antes com a PACOC do que com os testes estáticos padrão. Finalmente, a perimetria de dupla freqüência está nos estágios iniciais de desenvolvimento, mas será uma triagem muito útil no futuro.

BIBLIOGRAFIA

1. Anderson DA: Automated Static Perimetry. St. Louis, Mosby, 1992.
2. Dorland's Illustrated Medical Dictionary, 28th ed. Philadelphia, W.B. Saunders, 1994.
3. Johnson CA, Brandt JD, Khong AM, Adams AJ: Short-wavelength automated perimetry in low-, medium-, and high-risk ocular hypertensive eyes. Arch Ophthalmol 113:70-76, 1995.
4. Johnson CA, Samuels SJ: Screening for glaucomatous visual field loss with frequency-doubling perimetry. Invest Ophthalmol Vis Sci 38:413-425, 1997.
5. Katz J, Tielsch JM, Quigley HA, Sommer A: Automated perimetry detects field loss before manual Goldmann perimetry. Ophthalmolgy 102:21-26, 1995.
6. Miller NR: Walsh and Hoyt's Clinical Neuro-Ophthalmology, vol 1. Baltimore, Williams & Wilkins, 1982.
7. Smith SD, Katz J, Quigley HA: Analysis of progressive changes in automated visual fields in glaucoma. Invest Ophthalmol Vis Sci 37:1419-1428, 1996.

II. Córnea e Doenças Externas

8. O OLHO VERMELHO

Janice A. Gault, M.D.

1. **Denomine as causas principais de olho vermelho.**
   - Conjuntivite
   - Esclerite
   - Uveíte anterior
   - Episclerite
   - Doenças corneanas e trauma
   - Glaucoma agudo

2. **Uma mulher de 40 anos queixa-se de lacrimejamento e de prurido ocular com edema de pálpebras. Como você deve proceder?**

No diagnóstico diferencial de olho vermelho, a história é sempre útil. Fazendo algumas perguntas, você descobre que ela estava cortando grama; logo após, sua febre do feno piorou e seus olhos ficaram hiperemiados. O exame revela pálpebras edemaciadas e hiperemiadas, quemose, papilas conjuntivais e filamentos de muco no fundo de saco. Não há nódulo pré-auricular palpável. O tratamento apropriado inclui medicação sistêmica como lovatadina (Claritin) ou difenidramina (Benadryl), um inibidor tópico de mastócitos e/ou um anti-histamínico.

Um paciente que tenha alergia por uma medicação usada perto ou dentro do olho vai se apresentar com o mesmo quadro. Alérgenos típicos incluem aminoglicosídeos, medicações com sulfa, atropina, epinefrina, apraclonidina, trifluorotimidina (Viroptic), pilocarpina e qualquer medicação oftálmica com preservativos. Cessar o contato com agentes, bem como usar compressas frias, lágrimas artificiais sem preservativos e medicação antialérgica tópica, é apropriado. Oriente o paciente a não coçar os olhos, pois essa atitude vai piorar o quadro. Se a reação da pálpebra é intensa, um creme esteróide oftálmico pode ser prescrito. Alguns pacientes têm uma reação tão intensa que apresentam ectrópio das pálpebras inferiores.

Se o paciente nota que seu filho veio da escola com os olhos "rosados", o exame pode revelar folículos conjuntivais tarsais, bem como nódulos pré-auriculares. Em casos mais graves, o paciente pode apresentar membranas ou pseudomembranas. Freqüentemente o quadro começa em um olho e atinge o outro. A conjuntivite viral pode preceder ou ocorrer junto ou após uma infecção de vias aéreas superiores. Essa condição é contagiosa, e o paciente deve ser orientado a não deixar qualquer objeto contaminado ao alcance de outras pessoas. Lavar as mãos freqüentemente é crucial. A sala de exames deve ser limpa para evitar uma epidemia entre os pacientes, assim como entre os auxiliares. Os pacientes não devem voltar a trabalhar enquanto os olhos estiverem lacrimejando, período que dura, em média, duas semanas. O quadro geralmente piora na primeira semana, melhorando com duas a três semanas. O tratamento é essencialmente de suporte com lágrimas artificiais e compressas geladas. Só em casos específicos deve ser usado esteróide. Exemplos incluem infiltrados subepiteliais que diminuam a visão, as membranas e as pseudomembranas. Os esteróides geralmente ajudam nos primeiros dias, mas prolongam o tempo da doença.

3. Um homem de 25 anos nota que seus olhos estão lacrimejando e estão com secreção nas últimas oito horas. Você nota secreção purulenta abundante, nódulo pré-auricular e bastante quemose. Qual é o próximo passo?

Essa condição é uma emergência. O diagnóstico mais provável é conjuntivite gonocócica. São imperativos uma coloração de Gram e uma coleta de material conjuntival para cultura e antibiograma. As culturas devem ser feitas em ágar-sangue, ágar-chocolate a 37° C e 10% de CO_2, e meio de Thayer-Martin.

4. O que você estará procurando na coloração de Gram?

Diplococos intracelulares Gram-negativos.

5. Como o paciente deve ser tratado?

1. Ceftriaxone, 1 mg IM, dose única. Contudo, se existe envolvimento corneano ou se você não consegue visualizar a córnea por quemose ou por edema de pálpebras, o paciente deve ser internado e tratado com ceftriaxone, 1 mg IV a cada 12-24 horas. *Neisseria gonorrhoeae* pode perfurar rapidamente uma córnea intacta.
2. Bacitracima tópica ou eritromicina pomada quatro vezes ao dia ou ciprofloxacina colírio a cada duas horas.
3. Irrigação do olho com soro fisiológico quatro vezes ao dia até melhora da secreção.
4. Tetraciclina ou doxiciclina por duas a três semanas para infecção por *Chlamydia*, a qual geralmente, ocorre junto. Use, pelo risco de manchar os dentes, eritromicina se a paciente estiver grávida ou amamentando.
5. Encaminhe o paciente e o parceiro sexual para pesquisa de outras doenças sexualmente transmissíveis.

6. Um paciente de 35 anos queixa-se de dor em seu olho esquerdo há alguns dias; apresenta lacrimejamento e visão borrada. Ele acha que já teve os mesmos sintomas antes. Admite que está estressado no trabalho e que teve um resfriado recente. O que você espera encontrar?

Herpes simples. Com coloração de fluoresceína no olho, você pode ver uma úlcera dendrítica com bulbos terminais, localizada centralmente, ocasionando diminuição da visão. O paciente pode ter algumas células de câmara anterior e flare. Ele necessita de um antiviral tópico como trifluorotimidina (Viroptic), e de um colírio cicloplégico se a fotofobia e a reação de câmara anterior são significativas.

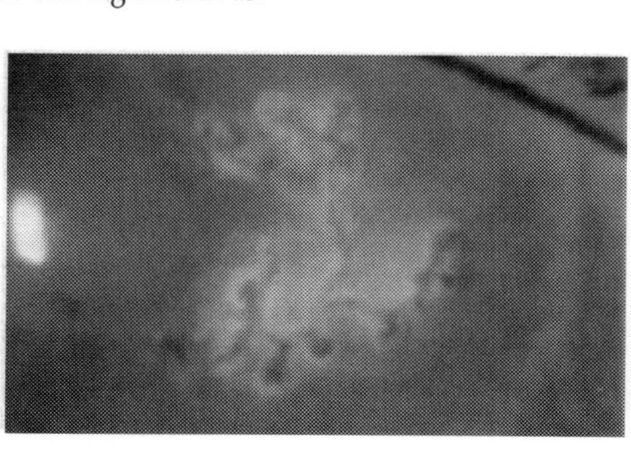

Uma ceratite dendrítica típica de herpes simples com ulceração epitelial, bordas elevadas e bulbos terminais. (De Tasman W, Jaeger EA: Wills Eye Hospital Atlas of Clinical Ophthalmology, Philadelphia, Lippincott-Raven, 1995, com permissão.) (Ver Figura 1 do encarte.)

7. Uma mulher de 80 anos queixa-se de olhos vermelhos, que constantemente lacrimejam e queimam. Ela também tem sensação de corpo estranho e percebe que sua visão não está tão clara quanto antes. A visão varia com o piscar. Ela notou essa condição há alguns anos. O que você poderia achar?

No exame, você pode achar um filme lacrimal pobre e cheio de debris, um menisco lacrimal pequeno, uma ceratite puntacta superficial inferior ou por toda a córnea, e, dependendo do caso, filamentos de muco aderentes à córnea. Um menisco normal tem 1 mm de altura e forma convexa. Um teste de Shirmer pode quantificar seu lacrimejamento. Rosa bengala cora a córnea e conjuntiva (ver figura, no topo da página seguinte). Tenha certeza de que ele pode fechar os olhos completamente, porque lagoftalmo pode causar sintomas similares. Essa condição pode ser atribuída a uma deformidade nas pálpebras por cicatriz, tumor ou paralisia de Bell. O paciente pode ter dificuldade em fechar os olhos após uma cirurgia de ptose. O tratamento para olho seco é baseado no aumento do filme lacrimal com lubrificantes, como lágrimas artificiais ou pomadas, bem como com a manutenção das lágrimas mais tempo no olho por meio de *plugs* de ponto lacrimal se a instilação freqüente não é suficiente. Os filamentos de muco podem ser debridados e acetilcisteína pode ajudar a prevenir recorrência.

8. O que pode causar a síndrome do olho seco?

Causas dessa síndrome incluem doenças vasculares do colágeno (artrite reumatóide e síndrome de Sjögren são comuns), cicatriz conjuntival, deficiência de vitamina A, infiltração das glândulas lacrimais por sarcoidose ou tumor e medicações como contraceptivo oral, anti-histamínicos, beta-bloqueadores e fenotiazinas. A síndrome do olho seco também pode ser idiopática e ocorrer em qualquer faixa etária, mas é mais comum em mulheres e pessoas mais velhas. O encaminhamento para um clínico geral é necessário se a história e os sintomas sugerem doença vascular do colágeno.

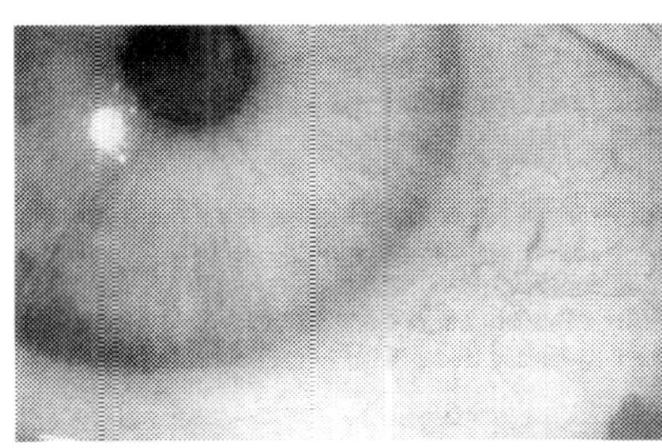

Rosa bengala cora células epiteliais desvitalizadas e muco na síndrome do olho seco. (De Tasman W, Jaeger EA: Wills Eye Hospital Atlas of Clinical Ophthalmology, Philadelphia, Lippincott-Raven, 1995, com permissão.)

9. O que mais pode causar ceratite puntacta superficial?

Blefarites, traumas por coçar o olho, exposição, toxicidade por drogas tópicas, queimadura por ultra-violeta (solda elétrica, cegueira por neve), corpo estranho em tarso superior, lesão química moderada, triquíase, síndrome da frouxidão palpebral, entrópio e ectrópio podem causar CPS. O tratamento consiste de lubrificação e eliminação da causa.

10. Um homem de 80 anos tem pálpebras com crostas e olhos vermelhos; queixa-se de "areia nos olhos". Qual é o seu diagnóstico?

De fato, um quadro comum. A blefarite se manifesta em bordas palpebrais com crostas, hiperemiadas, espessadas, com vasos sangüíneos proeminentes. As glândulas sebáceas nas margens palpebrais causam meibomite. Os pacientes freqüentemente queixam-se de olhos vermelhos e lacrimejantes. As pálpebras podem estar bastante edemaciadas. Além disso, os pacientes freqüentemente têm dificuldade em abrir os olhos pela manhã devido à quantidade de crostas. CPS é comum.

Essa condição crônica requer tratamento indefinido. Compressas mornas quatro vezes ao dia por 10 minutos, limpeza das margens palpebrais com cotonetes e *shampoo* infantil duas vezes ao dia e lágrimas artificiais, quando necessário, ajudarão a controlá-la. Serão necessárias uma ou duas semanas de tratamento para alguma melhora. Uma vez que a situação esteja melhor controlada, o regime pode ser reduzido para uma vez ao dia ou quando necessário. Contudo, quando a situação piora, o regime tem de ser aumentado. Em casos graves, uma combinação tópica de corticosteróides/antibiótico pode ser útil nos primeiros dias, mas esclareça o paciente do risco de uso prolongado de esteróides (por exemplo, catarata, glaucoma, risco aumentado de infecção).

Os pacientes também podem ter triquíase ou cílios com orientação de crescimento alterada que raspam a córnea e a conjuntiva. Se essa condição é encontrada, os cílios podem ser epilados. Se eles se tornam um problema recorrente, a eletrólise ou a crioterapia podem dar uma solução mais definitiva.

11. **Um homem de 45 anos com olhos vermelhos, lacrimejantes, queixa-se de sensação de corpo estranho, que vem ocorrendo há algum tempo. Você notou que ele tem um nariz bulboso e telangiectasias em ambas as bochechas. Qual é o seu diagnóstico? Como você o trata?**

Acne rosácea é uma doença dos olhos e da pele. Pústulas, pápulas, telangiectasias e eritema se desenvolvem no nariz, nas bochechas e no queixo. Esses sintomas ocorrem em estágios tardios da doença. Telangiectasias da margem palpebral e calázios são comuns, assim como blefarite e meibomite. Olhos secos, CPS, flictenulose e hipersensibilidade estafilocócica podem ocorrer. Em casos graves, a córnea pode desenvolver neovascularização e até perfurar.

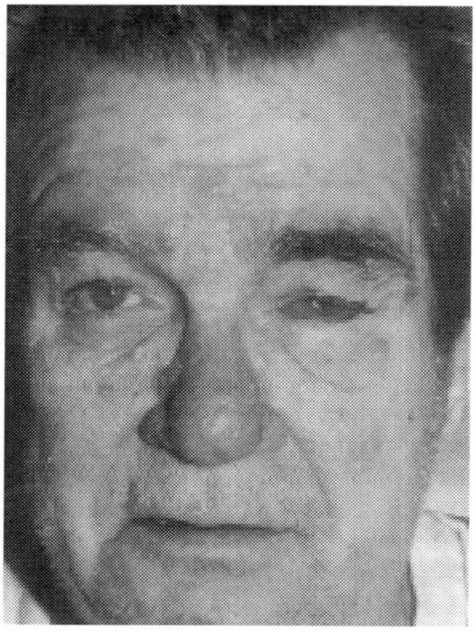

Blefarite vista em um paciente com acne rosácea. Note as telangiectasias do nariz e das bochechas. (De Tasman W, Jaeger EA: Wills Eye Hospital Atlas of Clinical Ophthalmology, Philadelphia, Lippincott-Raven, 1995, com permissão.)

O tratamento para blefarite e para meibomite com compressa morna e limpeza palpebral com cotonetes pode ser tudo que é necessário. Se o paciente não responde, tetraciclina ou doxiciclina por algumas semanas pode aliviar os sintomas. Contudo, alguns pacientes requerem indefinidamente uma baixa dose. Eritromicina deve ser substituída em mulheres grávidas ou amamentando e em crianças. Uma baixa dose da combinação antibiótico/esteróide pode ser útil se a CPS ou a hipersensibilidade estafilocócica são um problema; exotoxinas estafilocócicas podem ser a causa. Contudo, os pacientes também podem desenvolver úlceras corneanas infectadas; portanto, raspados para cultura e esfregaço podem ser necessários antes do uso de esteróides.

12. Uma usuária de lentes de contato de 18 anos chega tampando o olho direito. Ela conta que seus olhos estavam vermelhos e irritados há dois dias, e acha que o quadro se agravou embora ela tenha deixado de usar as lentes de contato. O que você pensa a respeito?

Quando um usuário de lentes de contato queixa-se de olhos vermelhos e irritados, os quais não melhoram após algumas horas, uma úlcera de córnea deve ser pensada no diagnóstico diferencial. Após anestesia corneana com proparacaína, o paciente sente algum alívio e pode tolerar o exame. Você nota um infiltrado corneano com defeito epitelial e células e um flare na câmara anterior. Veja o capítulo sobre infecção corneana para orientação sobre conduta e tratamento necessários.

13. O que mais há no diagnóstico diferencial de olho vermelho em usuários de lente de contato?

1. Reações de hipersensibilidade aos preservativos das soluções. O paciente pode desenvolver uma alergia ou pode não estar removendo toda a solução enzimática antes de colocar a lente de contato no olho.

2. Conjuntivite papilar gigante. O paciente tem papilas conjuntivais grandes à eversão da pálpebra superior. Ele pode ter que descontinuar o uso das lentes por algumas semanas; nesse caso, troque por lentes descartáveis e/ou use medicações tópicas como antiinflamatórios não-esteróides, inibidores de mastócitos ou anti-histamínicos. Aumentar o uso de enzimas e descontinuar o uso noturno também ajuda no tratamento.

3. Depósitos nas lentes de contato. Lentes velhas devem ser trocadas.

4. Síndrome da lente apertada. As lentes encolhem com a idade. No exame, o paciente pode ter quemose significante ao redor da lente, e a lente não se move com o piscar. Em casos graves, um hipópio estéril pode se desenvolver.

5. Abrasão corneana.

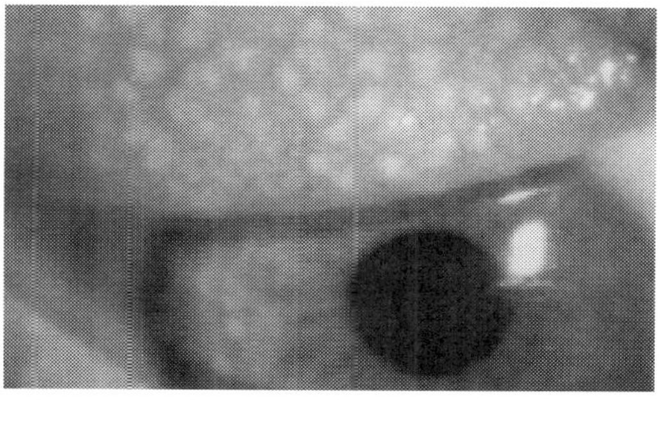

Um caso típico de conjuntivite papilar gigante em um usuário de lentes de contato. (De Tasman W, Jaeger EA: Wills Eye Hospital Atlas of Clinical Ophthalmology, Philadelphia, Lippincott-Raven, 1995, com permissão.) (Ver Figura 2 do encarte.)

14. Uma jovem mãe entra com sua criança no consultório. Seu olho esquerdo está lacrimejando profusamente, e ela tem dificuldade em abri-lo Ela conta que estava trocando as fraldas quando arranhou o olho com a unha. Que tratamento você recomenda?

Na lâmpada de fenda, você vê uma abrasão corneana central bem grande, sem sinal de infiltrados. A pálpebra superior é evertida e nenhum corpo estranho é achado. A abrasão corneana cicatrizará bem rápido, mesmo sem tratamento; as metas são conforto e prevenção de infecção. Alguns pacientes preferem um curativo oclusivo, mas eles não devem ser usados em usuários de lentes de contato ou em caso de trauma com unha ou vegetais (por exemplo, unhas sujas ou galhos de árvores). Esses ferimentos têm maior chance de contaminação e precisam ser avaliados para a presença de úlcera de córnea. Logo, ocluir pode aumentar o risco de infecção. Um colírio cicloplégico, como ciclopentolato a 2%, pode aliviar o desconforto do espasmo ciliar. Um antibiótico como eritromicina ou trimetropim/polimixina quatro vezes ao dia é uma escolha razoável. Se a infecção é considerada "suja", tobramicina é uma cobertura melhor para *Pseudomonas* sp. Um antiinflamatório tópico diminui a dor, e algumas evidências sugerem que pode produzir cicatrização.

Se a abrasão é grande, central, ou em usuários de lente de contato, o paciente deve retornar no dia seguinte para ter certeza de que nenhuma infecção está se desenvolvendo e de que a lesão está cicatrizando. Um usuário de lente de contato pode retornar o uso após o defeito ter cicatrizado e o olho estar normal por três a quatro dias. Tenha certeza de que as lentes não têm rasgões ou depósitos significantes, os quais podem ter contribuído para a abrasão.

15. A mesma mulher retorna três meses depois queixando-se de ter acordado com dor intensa, hiperemia e lacrimejamento no olho esquerdo. Ela tem os mesmos sintomas do episódio original. Ela nega ter coçado ou machucado o olho. O que deve ter ocorrido?

Os pacientes que têm abrasão corneana por objeto afiado, como uma unha ou borda de papel, podem desenvolver erosão corneana recorrente. A erosão recorrente também pode ser vista em pacientes com distrofia corneana, como Meesmann, *map-dot-finger*, Reis-Buckler, *lattice*, macular ou granular. Tipicamente, os pacientes acordam com dor intensa e lacrimejamento, ou os sintomas se desenvolvem após coçarem os olhos. No exame, uma abrasão pode ser vista na área previamente traumatizada, ou o epitélio pode ter cicatrizado, mas permanecido irregular. Algumas vezes, nenhuma alteração é vista, e o diagnóstico é feito pela história do paciente. Procure atentamente sinais de distrofia, principalmente no outro olho.

O tratamento consiste de antibióticos, cicloplégico e oclusão por 24 horas quando o defeito está presente. Após a cicatrização, a lubrificação é essencial. Se o olho está seco e a pálpebra começa a roçar o epitélio anormal, o ciclo recomeçará. As lágrimas artificiais durante o dia e as pomadas durante a noite vão ajudar. Alguns recomendam uma solução hipertônica de cloreto de sódio a 5%, que teoricamente retira água da córnea e promove adesão epitelial à membrana basal. Se o epitélio corneano está solto e dobrado sobre si mesmo, esse tratamento permite a cicatrização. Se esse tratamento não previne novas lesões, uma lente de contato terapêutica usada por alguns meses pode ajudar. Alguns pacientes necessitam de agulhamento no estroma anterior, o que causa pequenas cicatrizes que previnem erosões posteriores. Outros têm apontado o *excimer laser* como tratamento promissor.

16. Um mecânico de automóveis queixa-se de olhos hiperemiados e dolorosos. Ele estava fixando um cilindro no momento de início da dor. Quais são as suas preocupações?

Muito provavelmente ele tem um corpo estranho na córnea ou na conjuntiva. É im-portante saber o que ele estava fazendo na hora do trauma. Ele diz que estava martelando um metal sem óculos de segurança. Então essa constatação aumenta a preocupação de que ele tenha perfuração no globo. Um pedaço de metal que se solta pode viajar numa velocidade muito grande.

No exame, ele tem 20/20 de visão em ambos os olhos. Você não acha nenhum corpo estranho na córnea ou na conjuntiva. Você everte a pálpebra superior e não acha nada. A pressão intra-ocular é 2 mmHg. O outro olho tem pressão de 15 mmHg. Uma lesão conjuntival com hemorragia subconjuntival torna impossível determinar se laceração escleral está presente.

17. O que você faz agora?

Primeiro, coloque uma concha sobre o olho para prevenir outros traumas. É melhor examinar e tratar no centro cirúrgico. A pupila deve ser dilatada para tentar ver o corpo estranho com oftalmoscópio indireto. O paciente deve ser deixado em jejum. Uma tomografia computadorizada de órbita deve ser feita para determinar se há corpo estranho no olho ou na órbita. Sempre avalie o paciente para ter certeza de que nenhum outro ferimento ocorreu.

18. Como você procede se, ao invés de uma provável perfuração ocular, você encontra um corpo estranho superficial às quatro horas na córnea?

Documente a acuidade visual. Algumas vezes um infiltrado pode ser encontrado ao redor do corpo estranho, especialmente se tem mais de 24 horas. Usualmente, o infiltrado é estéril. Aplique um anestésico tópico (proparacaína) e remova o corpo estranho com uma agulha de calibre 25 ou com um removedor de corpo estranho na lâmpada de fenda. Um anel metálico pode estar formado, dependendo de quanto tempo o metal está presente. Freqüentemente ele pode ser removido com os mesmos instrumentos. Algumas vezes, é aconselhável deixar um pouco do anel metálico se ele é muito profundo ou está localizado no eixo visual. O anel eventualmente migrará para a superfície corneana, onde é mais fácil removê-lo. Dilate a pupila e certifique-se de que o vítreo e a retina estão normais. A história de martelar faz o exame dilatado imperativo.

O tratamento consiste de cicloplégico, colírio ou pomada antibiótica, e oclusão opcional. Os defeitos grandes ou no eixo visual precisam ser seguidos para se ter certeza de que não infectarão. Um antibiótico, como eritromicina ou trimetropim/polimixina, é apropriado para os próximos três a quatro dias.

19. Um salva-vidas conta que seus olhos estão hiperemiados há um longo período. Ele tem um tecido fibrovascular em forma de asa nasalmente em ambos os olhos que se estende para a córnea. Ele deve se preocupar?

A lesão é um pterígio. Uma lesão similar chamada pinguécula envolve a conjuntiva, mas não a córnea. Ambas são usualmente bilaterais. Elas resultam de um dano por exposição crônica à luz ultravioleta ou por irritação crônica por vento e areia. Elas podem estar associadas à *dellen*, uma área de afilamento corneano secundária ao ressecamento, porque áreas adjacentes às áreas elevadas não recebem lubrificação adequada. É necessário descartar neoplasia intra-epitelial conjuntival, que é unilateral, geralmente elevada, e não tem configuração de asa.

Aconselhe o salva-vidas a usar óculos de sol com bloqueador ultravioleta e lágrimas artificiais freqüentemente, em especial nos dias ensolarados e com vento. A remoção cirúrgica do pterígio é indicada se interfere com o uso de lentes de contato, causa irritação significante ou envolve o eixo visual. Pela possibilidade de recorrência mais agressiva, uma cirurgia é postergada, se possível.

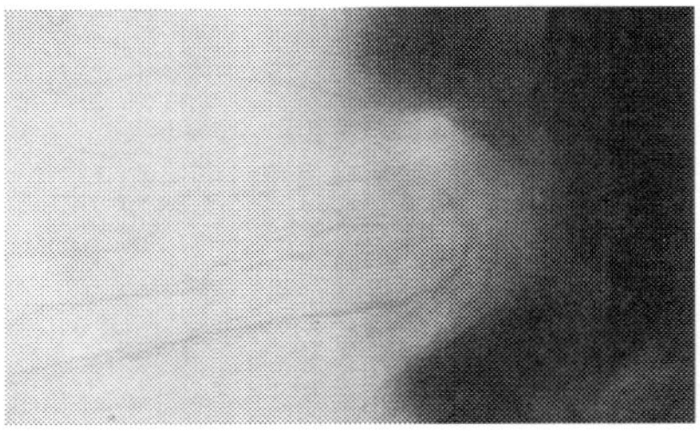

Um pterígio inicial. Pode ser observado que ele não está no eixo visual nem está inflamado. (De Tasman W, Jaeger EA: Wills Eye Hospital Atlas of Clinical Ophthalmology, Philadelphia, Lippincott-Raven, 1995, com permissão.)

20. Uma vítima de abuso doméstico teve detergente jogado em seu rosto. O que você deve fazer?

Antes mesmo de avaliar a visão, verifique o pH e, então, comece irrigação copiosa com solução salina ou Ringer lactato por, pelo menos, 30 minutos. Um blefarostato e uma anestesia tópica vão ajudar. Tenha certeza de que irrigou os fórnices. Pare a irrigação quando um pH de 7,0 é alcançado. Se não for alcançado, verifique se há substâncias que possam neutralizar o produto químico.

21. Qual é o seu prognóstico?

Os ácidos têm melhores resultados do que os álcalis. Os ácidos precipitam proteínas, as quais limitam a sua penetração. Os álcalis (cimento, reboco) penetram mais profundamente no tecido. Uma queimadura moderada pode ter somente ceratite superficial ou lesão de parte ou de todo o epitélio. Não é encontrada isquemia perilímbica. O paciente necessita de cicloplégico, de pomada antibiótica e de oclusão. Verifique a pressão intra-ocular, a qual pode estar elevada por lesão da malha trabecular.

Uma queimadura, de moderada a grave, tem branqueamento perilimbar com edema ou opacidade corneana com visão prejudicada da câmara anterior. Uma reação de câmara anterior significante pode ser vista. A pressão intra-ocular pode estar elevada e a retina pode estar necrosada no ponto em que o álcali penetrou na esclera. O paciente pode necessitar de internação para monitorizar a pressão intra-ocular e o estado da córnea. Antibiótico tópico, cicloplégico e oclusão são usados. Os esteróides podem ser usados se a reação da câmara anterior ou a inflamação corneana são intensas. Contudo, não podem ser usados por mais de sete dias para não promoverem *melting* corneano. Os inibidores de colagenase podem ajudar em caso de *melting*. Os pacientes requerem acompanhamento por longo período.

22. Um menino apresenta descarga purulenta há alguns dias. Sua mãe acha que ele necessita de antibióticos. Você concorda?

Sim. Descarga purulenta significa infecção bacteriana em oposição à descarga aquosa da conjuntivite viral. Os pacientes usualmente têm reação papilar e não apresentam nódulo pré-auricular. Coleta de material para Gram e cultura com antibiograma devem ser feitas se a conjuntivite é grave.

23. Quais são os organismos usuais? Como você os trata?

Staphylococcus aureus, Streptococcus pneumoniae e *Haemophilus influenzae* são comuns; *H. influenzae* é especialmente comum em crianças. Os antibióticos tópicos, como trimetropim/polimixina, ciprofloxacina ou eritromicina, quatro vezes ao dia, por cinco a sete dias, são apropriados. *H. influenzae* deve ser tratado com clavulanato de amoxicilina oral pela possibilidade de envolvimento sistêmico, como otite média, pneumonia e meningite.

24. Uma mulher de 27 anos se queixa de olhos hiperemiados, irritados, com descarga aquosa nas últimas seis semanas. Conjuntivite folicular e em nódulo pré-auricular palpável estão presentes. Qual o diagnóstico diferencial?

Conjuntivite que dure mais de quatro semanas é considerada crônica. O diferencial para conjuntivite crônica inclui conjuntivite de inclusão por *Chlamydia*, toxicidade ocular, conjuntivite oculoglandular de Parinaud, tracoma, molusco contagioso e dacriocistite crônica.

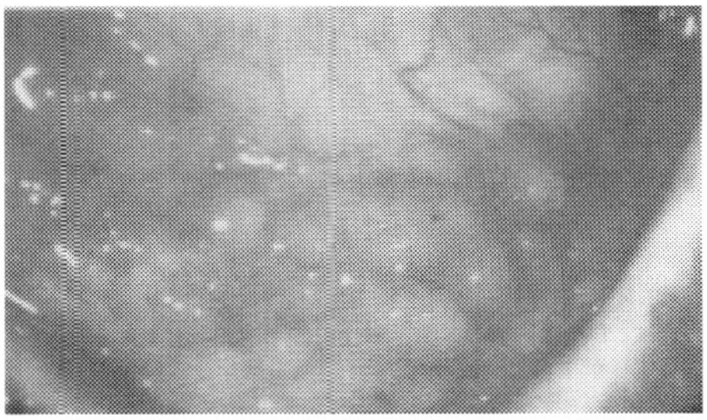

Conjuntivite folicular crônica. (De Tasman W, Jaeger EA Wills Eye Hospital Atlas of Clinical Ophthalmology, Philadelphia, Lippincott-Raven, 1995, com permissão.)

25. Como você procede?

A história da paciente é importante. Na anamnese, ela refere descarga vaginal recente. A infecção por *Chlamydia* se torna altamente suspeita. Esses pacientes também têm infiltrados brancos subepteliais periféricos e *pannus* corneano superior. Descarga mucosa e fibrosa também é comum. Obtenha um teste de imunofluorescência para *Chlamydia* e/ou uma cultura para *Chlamydia* conjuntival. A coloração de Giemsa mostrará corpos de inclusão intracitoplasmáticos basofílicos em células epteliais, bem como leucócitos polimorfonucleares. Tetraciclina, doxiciclina, ou eritromicina devem ser usadas via oral por três semanas pelo paciente e pelo seu parceiro sexual. Pomadas tópicas oculares de eritromicina, tetraciclina ou sulfacetamida devem ser usadas ao mesmo tempo. O aconselhamento e a avaliação para outras doenças sexualmente transmissíveis devem ser feitos.

26. Como você diagnostica as demais causas de conjuntivite crônica?

1. *Conjuntivite tóxica* é comum com muitos colírios (ver Questão 2 para agentes irritantes). Trate com lágrimas artificiais sem preservativos.

2. *Conjuntivite oculoglandular de Parinaud* se apresenta com descarga mucopurulenta e com sensação de corpo estranho. Os nódulos granulomatosos na conjuntiva palpebral e os linfonodos edemaciados são necessários para o diagnóstico. Febre e *rash* podem ocorrer. A etiologia inclui doença da "arranhadura do gato" (mais comum), tularemia (contato com coelhos e carrapatos), tuberculose e sífilis.

3. *Tracoma* ocorre em países subdesenvolvidos com baixas condições de higiene. É também causado por infecção por *Chlamydia*. Os pacientes desenvolvem folículos tarsais superiores e *pannus* corneano intenso, o qual, se não tratado, leva a olho seco, triquíase e cicatrizes. Os pacientes, então, podem se tornar funcionalmente cegos. O diagnóstico e o tratamento são os mesmos para conjuntivite de inclusão por *Chlamydia*.

4. *Molusco contagioso* desenvolve uma conjuntivite folicular crônica por uma reação a produtos tóxicos. Na pálpebra ou na margem palpebral, múltiplos nódulos umbilicados em forma de cúpula estão presentes. Essas lesões precisam ser removidas por excisão, incisão e curetagem, ou criocirurgia para resolver a conjuntivite.

5. *Dacriocistite* é uma inflamação do saco lacrimal. Pacientes usualmente se apresentam com edema, dor e eritema sobre o canto interno da pálpebra inferior. Eles podem também ter febre. Às vezes, o olho vermelho pode ser o único sinal. A pressão sobre o saco lacrimal pode liberar uma secreção. O tratamento é antibiótico sistêmico, compressas mornas com massagem sobre o canto interno e antibióticos tópicos. Acompanhe o paciente de perto, pois pode ocorrer celulite.

27. Uma mulher de 40 anos apresenta-se com os olhos vermelhos brilhantes que ela notou ao acordar. No exame, ela tem hemorragia subconjuntival. Que perguntas são importantes?

Você precisa saber se é o primeiro episódio. Ela tem história de machucar-se facilmente ou dificuldade de coagulação? Ela está tomando alguma medicação que possa aumentar o tempo de sangramento, como dicumarínicos ou aspirina? Ela coçou ou traumatizou os olhos? Ela fez algum esforço excessivo ou levantamento de peso? Ela tem espirrado ou vomitado – qualquer coisa que cause uma manobra de Valsalva?

28. Ela responde "não" às perguntas anteriores e diz que é o primeiro episódio. Ela deve se preocupar?

Não. Assegure a ela que os sintomas vão desaparecer em duas semanas. Lágrimas artificiais aumentarão o conforto. Oriente para retornar se tiver novo episódio.

29. Pensando um pouco, ela se lembra de que teve duas outras hemorragias no olho esquerdo e que suas menstruações têm estado mais fortes ultimamente. O que fazer agora?

Neste ponto, encaminhe-a para um clínico geral e solicite um hemograma completo com diferencial, medida de pressão arterial, tempo de protrombina, tempo parcial de tromboplastina e tempo de sangramento.

30. Uma mulher de 60 anos de idade queixa-se de que seu olho está vermelho e está ardendo há algumas semanas. Ela também tem lacrimejamento o fotofobia. No exame, você nota injeção conjuntival moderada e um menisco lacrimal menor. Você deve pensar em alguma coisa mais?

Eleve a pálpebra superior. Ceratoconjuntivite límbica superior é um espessamento e uma inflamação da conjuntiva bulbar superior. Algumas vezes, um *micropannus* corneano superior papilas em pálpebras superiores e filamentos corneanos podem ocorrer. Cinqüenta por cento das pacientes têm doença tireoideana associada. As lágrimas artificiais e pomadas são tudo que se precisa para doença moderada. Uma solução de nitrato de prata (*não* cautério) deve ser aplicada nas conjuntivas tarsal e bulbar superiores; raspagem mecânica, crioterapia, cautério, ressecção ou retrocesso cirúrgico da conjuntiva bulbar superior podem ser necessários para doenças mais graves.

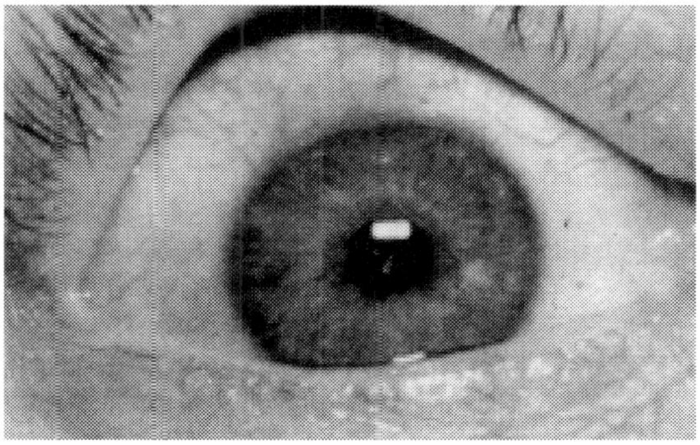

Elevação da pálpebra superior revela ceratoconjuntivite límbica superior. (De American Academy of Ophthalmology: Basic and Clinical Science Course, Section 8, com permissão.) (Ver Figura 3 do encarte.)

31. Uma mulher de 22 anos apresenta-se com hiperemia moderada no quadrante temporal do olho esquerdo há uma semana. Ela não nota desconforto. No exame, ela tem visão normal. Vasos grandes episclerais abaixo da conjuntiva estão engurgitados nessa área. Eles podem ser movidos facilmente com um cotonete, e nenhum incômodo está presente. A esclera parece não estar envolvida. Qual é o diagnóstico?

Você deve distinguir entre esclerite e episclerite. Uma gota de fenilefrina a 2,5% torna brancos os vasos episclerais, mas deixa os vasos injetados da esclera intocados. Procure por qualquer secreção, folículos ou papilas conjuntivais para descartar conjuntivite.

Episclerite é usualmente idiopática. Pode ser difusa ou setorial, uni ou bilateral. Algumas vezes, um nódulo pode ser visto. Raramente é associada a doenças vasculares do colágeno, a gota, a herpes zoster, a sífilis, ou a doença de Lyme. Usualmente lágrimas artificiais e/ou vasoconstritores/anti-histamínicos tópicos, tais como nafazolina/feniramina, serão suficientes. Se o paciente não responde ao tratamento, um colírio de esteróide pode ajudá-lo. Raramente, antiinflamatórios não-esteróides orais são necessários. Avise o paciente de que a episclerite pode recidivar.

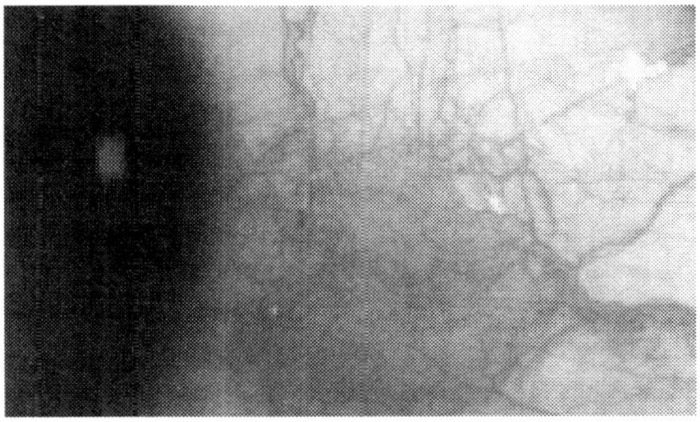

Um nódulo elevado, móvel e sensível com injeção epitelial é típico de episclerite nodular. (De Tasman W, Jaeger EA: Wills Eye Hospital Atlas of Clinical Ophthalmology, Philadelphia, Lippincott-Raven, 1995, com permissão.)

32. A mesma paciente retorna dois meses depois. Seu olho esquerdo ainda está vermelho, mas agora é difuso. Ela nega artrite, *rash*, doenças venéreas, exposição a carrapato ou qualquer outro problema médico. Ela está usando colírio vasoconstritor/anti-histamínico

desde a última consulta. Ela começou usando quatro vezes ao dia e, então, aumentou a freqüência porque seu olho continuava vermelho se não o usasse. Ela agora usa o colírio a cada uma ou duas horas. Isso faz diferença?

Aconselhe a paciente a não usar um vasoconstritor por mais de duas semanas ou quatro vezes ao dia. Esse é como um vasoconstritor nasal, que pode produzir dependência, e os pacientes ficam congestionados se não o usarem. Ela deve parar com o uso do colírio imediatamente. Seu olho esquerdo ficará vermelho por um longo tempo até que a dependência se resolva.

33. **Uma senhora de 65 anos com artrite reumatóide nota que seu olho esquerdo está vermelho e doloroso há algumas semanas. A dor é intensa e irradia para a fronte e para o queixo e a acorda à noite. Ela piorou lentamente. Sua visão está diminuindo. Ela acha que já teve um quadro semelhante antes. No exame, os vasos da conjuntiva, da episclera e da esclera estão injetados na região temporal. Os vasos esclerais não se movem, e a área está bastante sensível. Um nódulo escleral está presente. A esclera parece azulada nesta área, adjacente a uma ceratite periférica com reação de câmara anterior moderada. A pressão intra-ocular é de 24 mmHg no olho afetado e 16 mmHg no não-afetado. O que ela deve ter?**

Esclerite nodular anterior. Os vasos inflamados estão bem mais profundos do que os vistos na episclerite e na conjuntivite. Além disso, a córnea e a câmara anterior estão envolvidas. Dor profunda e constante são típicas da esclerite.

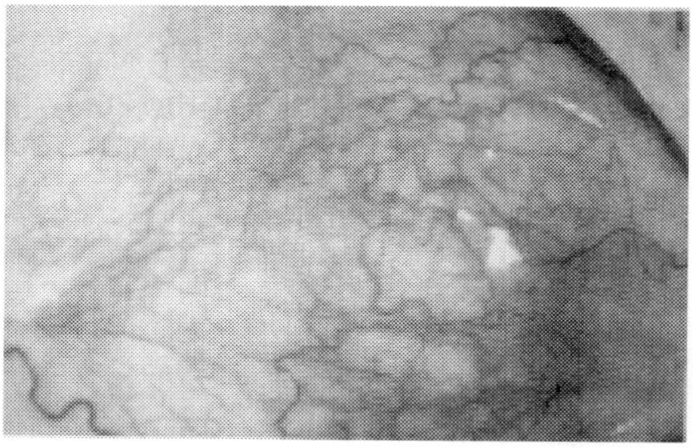

A esclerite nodular é dolorosa, com um nódulo imóvel associado a edema da episclera e de esclera. (De Tasman W, Jaeger EA: Wills Eye Hospital Atlas of Clinical Ophthalmology, Philadelphia, Lippincott-Raven, 1995, com permissão.)

34. **Como a esclerite pode se apresentar?**

1. Esclerite difusa anterior.

2. Esclerite necrotizante anterior com inflamação. A dor é intensa, e a coróide é visível através da esclera transparente. O índice de mortalidade é alto devido a doenças sistêmicas.

3. Esclerite necrotizante anterior sem inflamação (escleromalácia perfurante [ver figura da página seguinte]). Esses pacientes quase não têm sintomas, e muitos têm artrite reumatóide.

4. Esclerite posterior. Pode simular uma massa amelanótica de coróide, descolamento exsudativo de retina, hemorragia retiniana, dobras de coróide ou descolamento de coróide. Restrição de movimentos extra-oculares, proptose, dor e sensibilidade também podem ocorrer. Raramente é associada com doenças sistêmicas.

35. **Qual a porcentagem de pacientes com esclerite que têm doenças sistêmicas? Quais doenças são associadas com esclerite?**

Cinqüenta por cento. As doenças do tecido conjuntivo, como artrite reumatóide, espondilite anquilosante, lúpus eritematoso sistêmico, poliarterite nodosa e granulomatose de Wegener, são associações comuns. Herpes zoster oftálmico, sífilis e gota também podem causar esclerite. Menos freqüentemente, a esclerite pode ser associada com tuberculose, sarcoidose ou corpo estranho.

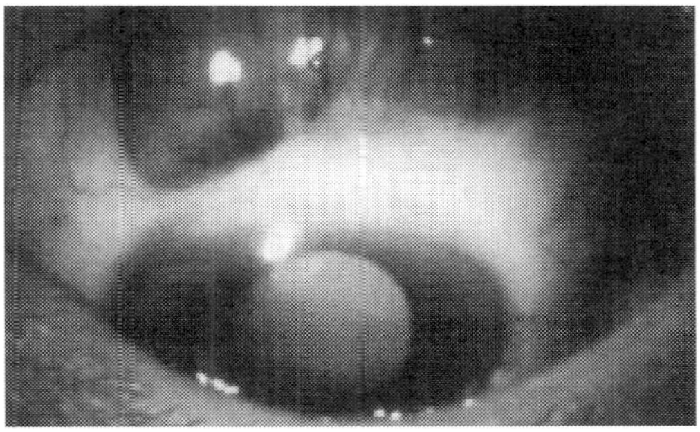

A escleromalácia perfurante é uma forma não-inflamatória de esclerite necrotizante. (De Tasman W, Jaeger EA: Wills Eye Hospital Atlas of Clinical Ophthalmology, Philadelphia, Lippincott-Raven, 1995, com permissão.) (Ver Figura 4 do encarte.)

36. **Que conduta é apropriada para um paciente com esclerite?**

Qualquer área avascular de esclerite deve ser identificada. A severidade da doença é aumentada com mais afilamentos. O risco de *melt* é muito maior. Um exame dilatado identifica comprometimento do segmento posterior. O paciente deve ser encaminhado para um clínico ou para um reumatologista para exame físico completo, hemograma completo, VHS, ácido úrico, teste de reação de plasmina rápida (TTPA), teste de absorção de anticorpo fluorescente treponêmico (FTA-ABS), fator reumatóide, teste de anticorpo antinuclear (ANA) e glicemia. Se a história ou os sintomas indicam, devem ser pedidos PPD, raio X de tórax e sacroilíaco, e/ou ultra-sonografia *scan*-B para detectar esclerite posterior.

37. **Como você deve tratar o paciente?**

Uma medicação antiinflamatória não-esteróide oral, como ibuprofen, 400-600 mg, quatro vezes ao dia, ou indometacina, 25 mg, três vezes ao dia, junto com um antiácido ou um bloqueador de H_2, como ranitidina, é uma boa escolha inicial. Se o paciente não responde, o próximo passo são os esteróides orais. Em doenças como vasculites sistêmicas, poliarterite nodosa e granulomatose de Wegener, um agente imunossupressivo, como ciclofosfamida, pode ser necessário. A diminuição da dor é um indicativo de sucesso no tratamento, embora o quadro clínico possa demorar para mudar.

A escleromalácia perfurante não tem tratamento ocular. Imunossupressão para a doença de base pode ser necessária.

38. **O que dizer sobre esteróides tópicos ou injeção subconjuntival?**

Os esteróides tópicos geralmente não são efetivos. Os esteróides subconjuntivais são contra-indicados, pois podem levar a afilamento escleral e à perfuração.

39. Um homem de 35 anos apresenta-se com fotofobia intensa, dor e diminuição na acuidade visual do olho direito há dois dias. Esse quadro ocorreu anteriormente várias vezes. Ele diz que tem alívio com o uso de colírios. No exame, sua visão é 20/50 no olho direito e 20/20 no esquerdo. Sua pupila é pouco reativa à direita e miótica. O olho esquerdo é normal, e não há defeito pupilar aferente. O olho direito está com hiperemia difusa, especialmente perilimbar. A câmara anterior é profunda, mas reação de 2+ e *flare* estão presentes com precipitados ceráticos finos. O olho esquerdo está claro. O olho direito tem pressão intra-ocular de 5 mmHg; o esquerdo, 15 mmHg. O exame dilatado é normal. Qual é o diagnóstico e qual o tratamento?

O diagnóstico é uveíte anterior não-granulomatosa aguda. Uma gota de cicloplégico, como ciclopentolato 1-2%, três vezes ao dia, para inflamação moderada, e escopolamina 0,25%, ou atropina 1%, três vezes ao dia, para inflamação grave, relaxará o espasmo ciliar, fazendo o paciente sentir mais conforto e prevenindo a formação de sinéquias no ângulo e na margem pupilar. A formação de sinéquias aumenta o risco de glaucoma de ângulo estreito. Uma gota de esteróide a cada uma ou seis horas, dependendo da severidade da inflamação da câmara anterior, é iniciada. Se não ocorrer resposta, injeção subconjuntival ou esteróides orais podem ser necessários. Raramente, agentes imunossupressores sistêmicos são necessários.

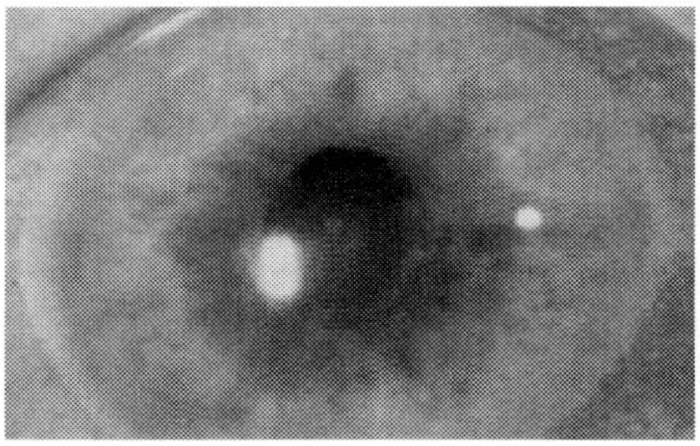

Injeção ciliar intensa em paciente com irite aguda. Note os vasos dilatados e as sinéquias periféricas anteriores. (De Tasman W, Jaeger EA: Wills Eye Hospital Atlas of Clinical Ophthalmology, Philadelphia, Lippincott-Raven, 1995, com permissão.)

40. O paciente retorna após três dias de uso do acetato de prednisolona 1%, a cada três horas, e uso do ciclopentolato 2%, três vezes ao dia. Seu olho está mais confortável, e a reação de câmara anterior diminuiu para 1+. Sua pressão intra-ocular foi para 25 mmHg no olho direito. Está 15 mmHg no olho esquerdo. Por que a pressão aumentou? Como tratá-la?

O diferencial para o aumento da pressão intra-ocular nessa situação inclui:

1. Resposta ao esteróide. Diminuir o esteróide causa diminuição da pressão.

2. Bloqueio da malha trabecular por células inflamatórias. Aumentar o esteróide diminui o bloqueio.

3. Formação de sinéquias causando bloqueio da malha ou fechamento de ângulo. A gonioscopia determina se o ângulo está aberto. Aumentar esteróides pode dissolver as sinéquias.

4. Neovascularização da íris bloqueando a malha ou fechando o ângulo. A gonioscopia ajuda a identificar os vasos.

A gonioscopia revela um ângulo aberto, limpo. A inflamação diminuiu desde a última consulta. O tratamento apropriado é diminuir os esteróides para quatro vezes ao dia e adicionar um agente antiglaucomatoso, como um beta-bloqueador ou apraclonidina, até você ver o paciente novamente.

41. É necessária a avaliação sistêmica?

Um primeiro episódio de uveíte unilateral não-granulomatosa sem história, sinais ou sintomas de doença sistêmica não necessita. Quando a uveíte é bilateral, granulomatosa ou recorrente, ou na história do paciente ou no exame não há nada digno de nota, uma avaliação não-específica é suficiente: hemograma completo, VHS, ANA, TTPA, FTA-AES, PPD e raio X de tórax para afastar tuberculose e sarcoidose. Em áreas endêmicas, uma titulação para Lyme é recomendada. Um teste de HLA-B27 também deve ser feito.

42. O paciente conta que vem apresentando dor lombar nos últimos meses. Como isso pode direcionar seus testes?

Espondilite anquilosante pode se apresentar com esses sintomas. O raio X de espinha sacroilíaca mostra esclerose e estreitamento da articulação sacroilíaca. VHS e HLA-B27 devem ser feitos. Uma alta incidência de bloqueio cardíaco e de insuficiência aórtica é encontrada nesses pacientes.

43. O que fazer se o paciente refere dor uretral?

A síndrome de Reiter é uma possibilidade. Culturas de conjuntiva, uretra e próstata são indicadas. Radiografia de articulações e teste de HLA-B27 também devem ser feitos. A uretrite é tratada com tetraciclina, doxiciclina ou eritromicina.

44. O que fazer se o paciente relata ulcerações orais e genitais freqüentes?

A doença de Behçet pode se apresentar com ulcerações, bem como hipópio agudo, eritema nodoso e hemorragias e vasculites retinianas. Os episódios têm recorrência freqüente.

45. Que outras doenças podem se apresentar com uveíte anterior não-granulomatosa?

Doenças inflamatórias intestinais, artrite psoriática, crise glaucomatociclítica, uveíte induzida pelo cristalino, herpes simples, herpes zoster, síndrome da uveíte-glaucoma-hifema, doença de Lyme, caxumba, gripe, adenovírus e sarampo podem ter uma uveíte anterior como parte de seu quadro clínico. Raramente, *pars planite* pode se apresentar da mesma forma; contudo, usualmente ocorre com queixa de moscas volantes sem olho vermelho em jovens. É claro que qualquer doença granulomatosa pode se apresentar como não-granulomatosa, incluindo sífilis, sarcoidose, tuberculose e oftalmia simpática.

46. Que doenças podem simular uveíte?

Todos os pacientes devem ser avaliados para excluir descolamento regmatogênico da retina ou tumor de segmento posterior, como retinoblastoma ou melanoma maligno. Corpos estranhos intra-oculares ou endoftalmite também podem se apresentar similarmente.

47. Uma oriental de 68 anos de idade apresenta o olho esquerdo com dor e hiperemia agudas após um ataque de ansiedade. Ela tem visão borrada e vê halos em volta de luzes. Ela vomitou duas vezes. No exame, ela tem uma pupila fixa em média midríase e injeção conjuntival. A córnea está embaçada. O que você diz a respeito?

É um glaucoma de ângulo fechado. Quando a pressão sobe rapidamente no olho, desenvolve-se diminuição de visão com dor intensa e vômitos. Os orientais têm maior risco devido às suas câmaras anteriores rasas. Exame do ângulo do olho afetado pode ser facilitado com glicerina para clarear o edema da córnea. Se o ângulo estreito não pode ser visualizado, o outro olho pode revelar um ângulo estreito. Para maiores informações sobre o diagnóstico e o tratamento, ver o Capítulo 17.

BIBLIOGRAFIA

1. Cullom RD, Chang B: The Wills Eye Manual: Office and Emergency Room Diagnosis and Treatment of Eye Disease, 3rd ed. Philadelphia. J.B. Lippincott, 1994.
2. Vaughn D, Asbury T, Tabbara KF: General Ophthalmology, 14th ed. Norwalk, CT, Appleton & lange, 1995.
3. Tasman W, Jaeger EA: Wills Eye Hospital Atlas of Clinical Ophthalmology. Philadelphia. J.B. Lippincott-Raven, 1995.

9. INFECÇÕES CORNEANAS

Terry Kim, M.D., *Richard C. Rodman,* M.D. e *Elizabeth J. Cohen,* M.D.

1. O que é uma úlcera de córnea?

É uma infecção da córnea que envolve o epitélio e/ou o estroma. Algumas infecções ocorrem restritas ao epitélio (por exemplo, ceratite epitelial por herpes simples), enquanto outras se manifestam como infiltrados no estroma corneano. O termo úlcera de córnea se refere à perda de estroma associada a defeito epitelial (que cora com fluoresceína). Uma *úlcera de córnea* é considerada infecciosa quando acompanhada por infiltrado estromal, mas também pode ser causada por etiologias não-infecciosas (ou estéreis).

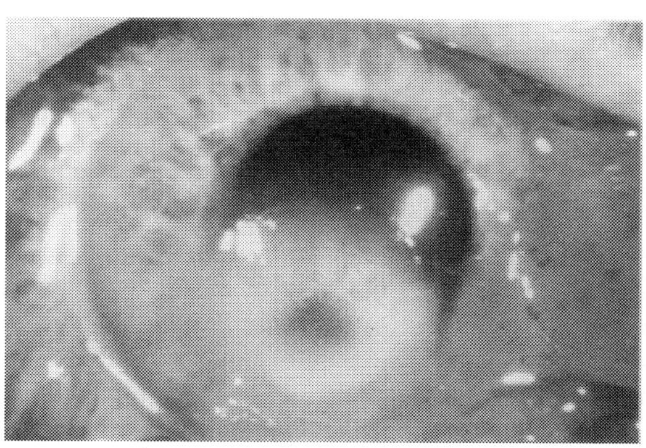

Úlcera de córnea central por pseudomonas.

2. Que sinais clínicos distinguem uma úlcera de córnea infecciosa de uma estéril?

As úlceras de córnea infecciosas, causadas por bactérias, fungos, vírus e microrganismos parasitários, iniciam uma resposta inflamatória que pode se manifestar com injeção conjuntival, infiltrado corneano, edema de córnea ao redor e células flutuantes e proteínas na câmara anterior (*reação de câmara anterior* e *flare*), que podem se depositar no endotélio corneano (*precipitados ceráticos*). Se a inflamação na câmara anterior é bastante intensa, essas células podem formar um hipópio estéril. Os pacientes são sintomáticos, com hiperemia aguda, dor, diminuição de acuidade visual e/ou fotofobia (sensibilidade à luz). As úlceras bacterianas também podem estar associadas à secreção purulenta.

As úlceras de córnea estéreis não são devidas a infecções por microrganismos e podem se apresentar de modo diferente, relativamente calmo, com uma conjuntiva não-injetada, um infiltrado corneano mínimo ou ausente e/ou defeito epitelial, e uma câmara anterior calma (ver figura adiante). Os pacientes podem relatar diminuição de acuidade visual, dependendo da localização da úlcera, mas geralmente não se queixam de hiperemia, dor ou fotofobia significantes. A ampla variedade de etiologias de úlceras estéreis inclui olho vermelho (ceratoconjuntivite *sicca*), ceratopatia neurotrófica (por exemplo, por infecção corneana prévia por herpes zoster ou simples), ceratopatia de exposição (por exemplo, oftalmopatia de Graves ou paralisia do VII nervo craniano), doenças auto-imunes (por exemplo, artrite reumatóide, lúpus eritematoso sistêmico, granulomatose de Wegener). Os infiltrados estéreis também podem se apresentar na córnea como resultado de fenômeno imunológico iniciado por hipersensibilidade estafilocócica ou por hipoxia (por exemplo, uso de lentes de contato). Eles são usualmente localizados na periferia da córnea, permitindo a presença de leucócitos no limbo vascular (junção entre a esclera e a córnea).

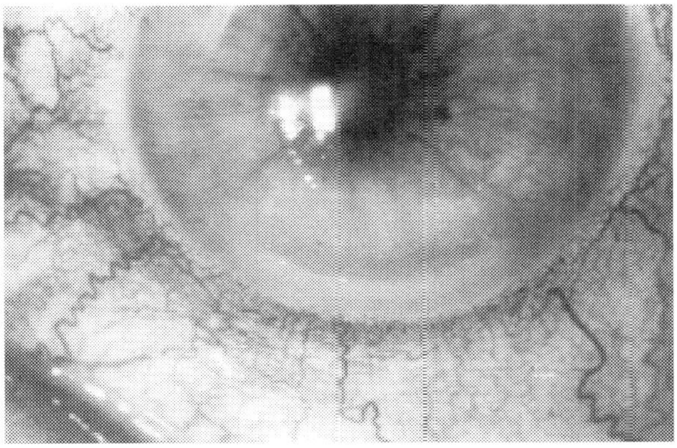

Úlcera corneana estéril causada por artrite reumatóide.

3. Que condições predispõem à infecção corneana?

O epitélio corneano serve como barreira protetora e qualquer alteração que cause modificações ou redução da integridade epitelial pode predispor a infecção corneana. Os defeitos epiteliais geralmente precedem as infecções e são produzidos por muitos fatores. O trauma e o uso de lentes de contato são fatores de risco importantes para infecção. As anormalidades estruturais da pálpebra, como entrópio/ectrópio, triquíase e lagoftalmo, podem levar à exposição ou à descontinuidade epitelial. Já as anormalidades do filme lacrimal contribuem para a lubrificação insuficiente do epitélio corneano, o que causa descontinuidade e ressecamento epitelial. Outras condições que diretamente afetam a estrutura e a função epitelial normal in-cluem trauma físico/químico, síndrome de erosão recorrente, uso de lentes de contato, toxicidade a medicações tópicas e edema de córnea (por exemplo, ceratopatia bolhosa). Estados imunossupressores locais (por exemplo, uso de esteróides tópicos) e sistêmicos (por exemplo, corticosteróides sistêmicos ou outras terapias imunossupressoras, diabete melito, desnutrição grave, alcoolismo crônico, HIV-AIDS, câncer, idade avançada) podem também predispor à infecção.

4. Como um usuário de lentes de contato reduz o risco de infecção?

O maior risco identificado para infecção corneana com o uso de lentes de contato é o uso durante toda a noite, com lentes aprovadas ou não para uso prolongado. Os pacientes precisam saber que as lentes descartáveis não são mais seguras do que as convencionais. O uso prolongado de lentes convencionais ou descartáveis é associado com maior risco de infecção. A limpeza e a desinfecção adequadas antes de usar as lentes são de importância crucial para reduzir o risco de infecção. O uso de solução salina doméstica aumenta o risco de infecção. Os usuários de lentes de contato que desenvolvem úlceras geralmente têm história de dormir com as lentes e/ou colocá-las sem desinfecção e sem limpeza adequadas. Instruções detalhadas devem ser fornecidas quanto ao tempo de uso, aos regimes de desinfecção e limpeza, aos sinais e sintomas que requerem cuidado imediato (por exemplo, dor ou visão borrada) e a consultas regulares.

5. Descreva os meios para diferenciar entre os vários tipos de infecção corneana (bacteriana, viral, fúngica, etc.).

Uma história detalhada do paciente é freqüentemente útil para apontar em direção à categoria geral de microrganismos infecciosos. Por exemplo, uma história de trauma com vegetal ou planta deve sempre alertar o médico quanto à possibilidade de ceratite fúngica ou infecção por bactéria incomum. Uma história de vesículas ou bolhas, orais ou palpebrais, ou história repetida no mesmo olho sugere ceratite por herpes simples. Uma história de uso de lentes de contato deve ser um aviso para possível infecção por pseudomonas ou *Acanthamoeba*. As várias etiologias de úlceras de córnea infecciosas podem tornar difícil o diagnóstico só pelo exame físico. As infecções bacterianas podem variar em apresentação, dependendo da bactéria específica ou da gravidade da infecção. Os organismos Gram-positivos tendem a produzir um infiltrado discreto, focal, enquanto os Gram-negativos podem causar rapidamente um infiltrado difuso, mas exceções sempre ocorrem. As infecções estreptocócicas podem ser tão supurativas quanto os pseudomonas ou podem estar associadas com inflamação mínima. Geralmente as infecções bacterianas produzem um infiltrado esbranquiçado, com um edema de córnea ao redor com uma quantidade variável de descarga mucopurulenta e com inflamação de câmara anterior. Um infiltrado fúngico causado por organismo filamentar tem geralmente bordas discretas e irregulares, sendo, às vezes, associado com lesão satélite (ver figura adiante). A ceratite herpética manifesta-se freqüentemente por um característico defeito dendrítico no epitélio. A ceratite por *Acanthamoeba* pode se apresentar após semanas de sintomas como um infiltrado em anel e é geralmente acompanhada de dor intensa desproporcional aos achados.

O diagnóstico definitivo é obtido por raspados e por culturas corneanas. Os organismos bacterianos podem ser subclassificados em cocos ou em bacilos Gram-positivos ou negativos na coloração de Gram. Elementos fúngicos podem apresentar-se em forma de hifas ou de bastões com coloração de Giemsa, prata Gomori metenamina ou calcoflúor branco. Os cistos e trofozoítos de *Acanthamoeba* são evidentes com colorações de Giemsa, calcoflúor branco ou ácido-periódico Schiff de um raspado ou de uma biópsia corneana.

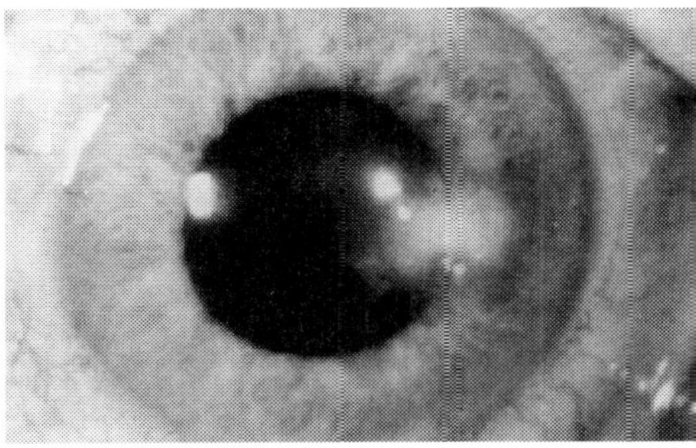

Úlcera infecciosa causada por fungo filamentar. Note as bordas suaves, imprecisas.

6. Quando e como devem ser feitas as colorações e as culturas?

Os raspados corneanos para coloração e para cultura devem ser obtidos nas úlceras corneanas com suspeita de infecção. Os infiltrados corneanos pequenos (menores que 1 mm de diâmetro) não necessariamente necessitam de raspados antes do início do uso intensivo de antibióticos de amplo espectro. Das úlceras de córnea que não melhoram com a terapia devem ser colhidos raspados, e a documentação da medicação antibiótica usada deve ser dada ao laboratório.

Os raspados devem ser feitos na lâmpada de fenda após um anestésico tópico. Para obter o raspado corneano, use uma espátula estéril de Kimura, a qual deve ser esterilizada ao fogo entre cada coleta. Alternativamente, *swabs* de arginato de cálcio podem ser usados. Lâminas separadas devem ser colhidas para Gram, Giemsa ou calcoflúor branco. Para cultura de rotina, devem ser semeados em ágar sangue (para bactérias) e chocolate (para *Hemophilus* e *Neisseria*); ágar dextrose Sabaroud sem ciclo-heximida (para fungo), mantido em temperatura ambiente, e tioglicolato (para bactérias anaeróbias). As colorações opcionais incluem calcoflúor branco (para *Acanthamoeba*) e ácido-forte (para micobactéria atípica e *Nocardia*). Os meios de cultura opcionais incluem ágar não-nutriente com *E. coli* (para *Acanthamoeba*) e meio de *Lowenstein-Jensen* (para micobactérias atípicas e *Nocardia*).

7. Qual é a vantagem diagnóstica em colorações e em culturas feitas antes do início da terapia?

Embora a coloração de Gram possa encaminhar para o organismo causador, ela pode ser negativa (com uma positividade muito variável entre 0 a 57%) ou mesmo inconclusiv,a devendo ser usada com cautela antes de alterar o uso de terapia de amplo espectro. Se há evidência de infecção por fungo ou *Acanthamoeba*, que é encontrada nas colorações, a terapia é mudada para cobrir esses organismos. De outro modo, há um crescimento de microrganismos em 50 a 75% das úlceras com suspeita de infecção. As recomendações tradicionais indicam coleta de culturas antes do início de antibióticos porque a porcentagem de crescimento é maior nesse período. Contudo, evidências clínicas sugerem que a porcentagem não é significativamente diminuída pelo tratamento com antibióticos se a infecção não responde ao mesmo.

8. **Qual é a terapia inicial recomendada para úlceras com suspeita de infecção? Como determinar se antibióticos de agente único, combinados, de amplo espectro ou fortificados devem ser usados?**

Essa é uma área controversa e envolvente. Em geral, a terapia inicial para úlceras de córnea deve cobrir um amplo espectro de organismos Gram-positivos e Gram-negativos e deve ser administrada freqüentemente (a cada 15-30 minutos). Um estudo multicêntrico demonstrou que a ofloxacina e um combinado de cefazolina e tobramicina fortificados têm igual eficácia, com menos toxicidade no grupo das fluorquinolonas. Anteriormente, um outro estudo provou que a ciprofloxacina era tão efetiva quanto os antibióticos fortificados. Contudo, uma lacuna na cobertura de Gram-positivos pelas quinolonas (especificamente espécies de streptococos) tem sido identificada, bem como casos de "falha" pelas quinolonas nas infecções por Gram-positivos e Gram-negativos sensíveis que passam a responder à terapia de antibióticos fortificados combinados. É nossa prática tratar úlceras pequenas, periféricas, com uma fluorquinolona sozinha e com uma combinação de antibióticos fortificados para casos mais graves.

9. **Como a presença de hipópio afeta a conduta?**

A presença de hipópio representa uma infecção grave o bastante para causar uma forte reação de câmara. Então, o tratamento deve ser intenso, incluindo hospitalização para uso freqüente de antibióticos fortificados combinados em muitos casos. Os hipópios relacionados com úlceras de córnea são estéreis e não requerem avaliação e tratamento para endoftalmite.

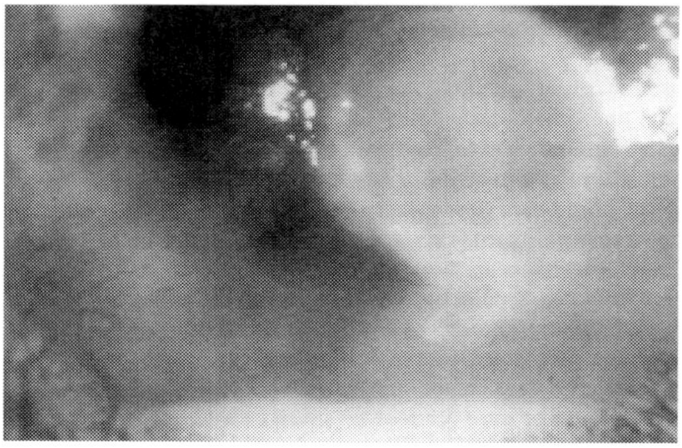

Hipópio associado com úlcera corneana infecciosa.

10. **Quando uma punção de câmara anterior ou vítrea deve ser realizada?**

Quando há suspeita de endoftalmite. A endoftalmite deve ser considerada quando há inflamação intra-ocular grave após cirurgia ou após trauma ocular perfurante. Uma vez diagnosticada, os antibióticos tópicos são inadequados e os intravenosos desnecessários; antibióticos devem ser injetados diretamente na cavidade vítrea após a coleta de amostras para cultura (com vitrectomia indicada para casos graves). A endoftalmite secundária à ceratite infecciosa na ausência de perfuração é rara, e uma resposta inflamatória estéril no vítreo pode estar presente e ser resolvida com a melhora da infecção corneana.

11. Quando pacientes com úlceras de córnea devem ser hospitalizados?

1. Se o paciente não tem a habilidade ou o suporte para administrar o colírio a cada 30 minutos
2. Se o paciente mora longe e não pode ser acompanhado diariamente
3. Em qualquer condição que necessite antibióticos intravenosos ou possível cirurgia (por exemplo, infecções por *Neisseria* envolvendo a córnea ou úlceras corneanas perfuradas)

12. Quando é indicada medicação sistêmica?

Os antibióticos são raramente indicados em úlceras de córnea bacterianas. Contudo, os antibióticos parenterais têm um papel importante no tratamento de infecções agressivas por espécies de *Neisseria* e *Hemophilus* com envolvimento corneano. Eles também são usados em úlceras perfuradas (antibióticos intravenosos) e em úlceras com envolvimento escleral (antibióticos orais, como ciprofloxacina, são usualmente suficientes).

Agentes antifúngicos orais são usados em casos em que o infiltrado fúngico envolva o estroma profundo ou em casos que se agravem com a terapia tópica sozinha. Os agentes antifúngicos orais são também recomendados em ceratite por *Acanthamoeba*. Os agentes antivirais orais (por exemplo, aciclovir) são a primeira escolha para pacientes com herpes zoster ocular e também são usados por alguns médicos para herpes simples primária. A infecção evidente primária por herpes simples é incomum. Finalmente, a medicação oral para dor pode ser necessária em pacientes com dor por infecção corneana intensa.

13. Além de antibióticos, que terapia adjuvante pode ser necessária no tratamento de úlceras corneanas?

Os agentes cicloplégicos tópicos são freqüentemente indicados no tratamento de úlceras de córnea associadas com fotofobia devido à infecção na câmara anterior. Eles têm vários objetivos: diminuir a dor/fotofobia pela diminuição do espasmo ciliar e da inflamação por estabilização da barreira hemato-aquosa dentro do olho, e dilatar a pupila para prevenir cicatrização entre a íris e a face anterior do cristalino (*sinéquia posterior*).

Se a inflamação na câmara anterior é bastante intensa, a pressão intra-ocular pode subir, geralmente necessitando de medicação antiglaucomatosa. Freqüentemente a medicação antiglaucomatosa, como beta-bloqueadores e inibidores de anidrase carbônica (pilocarpina deve ser evitada pelo fenômeno de quebra da barreira hemato-aquosa com aumento subseqüente da inflamação na câmara anterior), é suficiente, e a medicação sistêmica não é necessária.

No caso de úlcera corneana perfurada, a cola de tecido, como cianoacrilato, pode ser útil no fechamento temporário ou permanente da ferida aberta. Isso evitará a necessidade de ceratoplastia penetrante na vigência de infecção ativa e na inflamação.

14. Como os resultados de coloração e cultura são usados para modificar o tratamento?

As colorações e as culturas têm um grande valor no tratamento de infecções corneanas. As colorações podem dar um diagnóstico rápido do tipo geral de infecção (por exemplo, bacteriana, fúngica, etc.) e podem ajudar a iniciar a terapêutica empírica apropriada. A informação descritiva das colorações pode ser usada como guia para a terapêutica empírica, quando informações mais específicas do microrganismo (por exemplo, ciprofloxacina ou tobramicina tópicas podem ser usadas pelo achado de bastonetes Gram-negativos, e natamicina tópica pode ser iniciada com o achado de fungos filamentares).

Contudo, não devemos nos ater exclusivamente aos resultados das colorações, porque sua correlação com as culturas é baixa devido à contaminação por coleta com flora normal ou por técnicas impróprias de coleta e processamento. Recomendamos antibióticos de amplo espectro até os resultados da cultura estarem disponíveis.

As culturas dão muitas informações para o médico; elas não só identificam o patógeno como também determinam a sensibilidade para vários antibióticos. Para pacientes com infecções bacterianas que estão utilizando antibióticos de amplo espectro a identificação do organismo ajudará a direcionar a terapia e a eliminar as medicações supérfluas (por exemplo, em uma infecção causada por pseudomonas, pode ser suspenso o uso de cefazolina forte e continuado, ou até mesmo ser aumentado o uso de tobramicina forte). A sensibilidade pode ser útil quando uma infecção parece não melhorar com a terapêutica usual (para a qual o organismo pode demonstrar resistência) e podem ser oferecidos outros antibióticos com boa eficácia *in vitro*. Contudo, a terapêutica não deve ser mudada se houver melhora, embora seja conflitante com os resultados de sensibilidade. O valor de sensibilidade em infecção ocular é problemático, pois é baseado no nível sérico das drogas e não nos níveis mais relevantes encontrados na córnea.

15. Quais são as seqüelas imediatas e tardias importantes das úlceras corneanas?

A preocupação inicial com as úlceras de córnea são o afilamento progressivo e a perfuração. A conduta e o prognóstico mudam consideravelmente com a perfuração, e a preocupação com a infecção intra-ocular (por exemplo, endoftalmite) aumenta drasticamente. As úlceras corneanas perfuradas podem resultar na perda do olho. As seqüelas tardias de úlceras corneanas, em grande parte, dão-se pela cicatriz corneana, que pode diminuir intensamente a acuidade e a função visual.

16. Como uma perfuração eminente ou franca pode ser conduzida?

Qualquer infecção corneana associada com afilamento intenso ou perfuração deve ser protegida com uma concha ocular sem oclusão. Quando a córnea se torna afilada ao ponto de perfuração eminente, ou existe perfuração corneana, certos passos devem ser executados. Se a área afetada é pequena, a cola de cianoacrilato pode ser usada para fechar o defeito. Contudo, a maioria dos casos de perfuração vai necessitar de *patch* ou de transplante de córnea se o olho tem potencial visual.

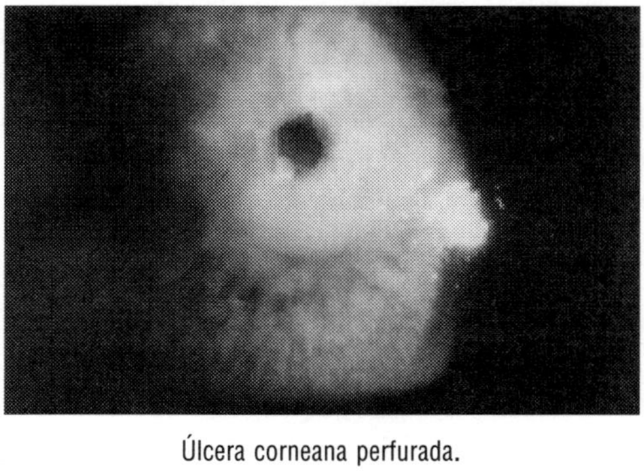

Úlcera corneana perfurada.

17. Que passos devem ser seguidos quando uma úlcera de córnea não responde ao tratamento empírico?

Reveja a situação. Há problema na adesão ao tratamento? A hospitalização elimina esse problema. Se uma cultura não foi feita, ela deve ser colhida para orientar o tratamento. Se o tratamento empírico é uma fluorquinolona, os antibióticos fortes podem ser melhores, especialmente quando as espécies de estreptococos ou outros organismos Gram-positivos estão envolvidos. Considere a toxicidade própria dos antibióticos, a qual pode impedir a cicatrização da úlcera. Pense também na possibilidade de organismos incomuns que podem não estar cobertos pelos antibióticos de amplo espectro: uma infecção fúngica ou uma infecção mista bacteriana/fúngica, um processo viral com infecção bacteriana secundária, ou um protozoário como a *Acanthamoeba*.

18. Quando uma biópsia de córnea deve ser considerada?

Quando um tratamento antibiótico intensivo para úlcera falha, e a etiologia permanece obscura por culturas negativas. *Acanthamoeba* é particularmente difícil de crescer em cultura, e a infecção pode ser profunda. Se esse organismo é suspeito, uma biópsia de córnea é a melhor oportunidade de identificar cistos (mais comumente) ou trofozoítos no tecido.

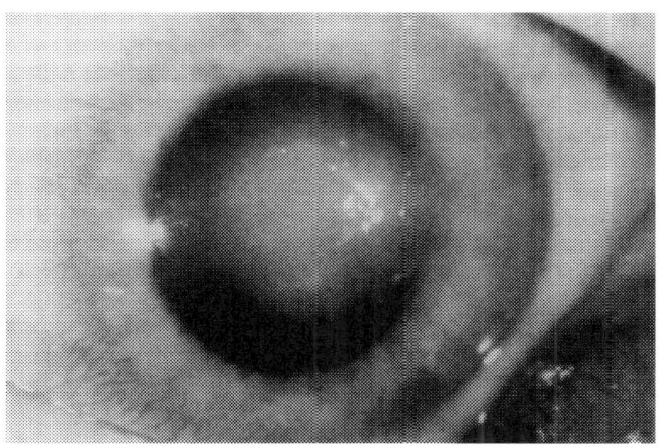

Úlcera central por *Acanthamoeba*.

19. Qual é o papel dos corticosteróides tópicos no tratamento de úlceras de córnea?

O uso de corticosteróides tópicos como tratamento adjuvante para úlceras de córnea permanece controverso. Alguns advogam que eles ajudam a reduzir a resposta inflamatória e diminuem a cicatriz corneana, enquanto outros temem que eles predispõem à recorrência da infecção e ao afilamento corneano progressivo que leva à perfuração. Corticosteróides não devem ser usados no tratamento inicial de úlceras de córnea e podem ser usados junto com antibióticos com extrema precaução apenas após a melhora clínica ter sido demonstrada com antibióticos apropriados.

20. Como os infiltrados por hipersensibilidade estafilocócica são diagnosticados e conduzidos?

Os infiltrados corneanos, resultantes da hipersensibilidade estafilocócica, podem ser múltiplos, podem corar pouco ou nada com fluoresceína, podem estar localizados na periferia da córnea, separados do limbo por uma área clara, e podem não estar associados com inflamação de câmara anterior. Eles acompanham blefarites e meibomites estafilocócicas e representam uma reação imunológica a antígenos estafilocócicos. Os casos moderados de hipersensibilidade devem ser tratados com compressas mornas, com higiene palpebral com cotonetes e com pomada antibiótica. Em casos mais graves, os colírios ou as pomadas combinadas de antibióticos/corticosteróides podem ser associados com doxiciclina oral para prevenir a recorrência. Se houver preocupação sobre uma etiologia infecciosa, trate o(s) infiltrado(s) inicialmente com antibióticos.

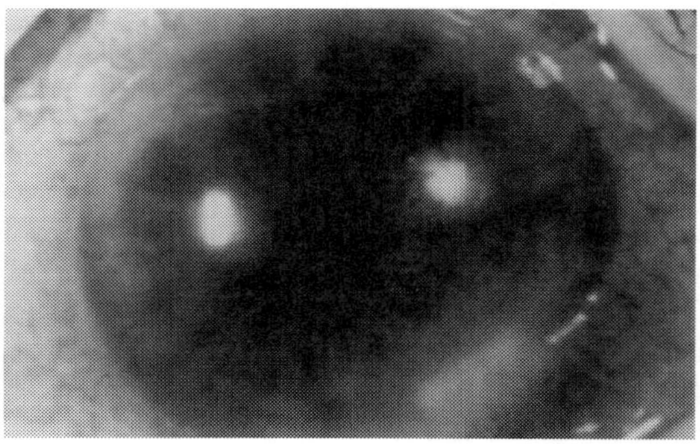

Infiltrado por hipersensibilidade estafilocócica localizado na córnea periférica inferior. Note sua localização marginal e sua separação clara do limbo.

21. Qual é o tratamento adequado para infiltrados periféricos pequenos em usuários de lentes de contato?

É importante lembrar que pequenos infiltrados em usuários de lentes de contato podem ser estéreis ou infecciosos. Os infiltrados estéreis são associados com hipoxia aguda e crônica, bem como com reações de toxicidade ou hipersensibilidade aos preservativos das soluções das lentes de contato. Eles estão geralmente localizados subepitelial e perifericamente com um epitélio intacto por cima, sendo associados com uma câmara anterior calma, cuja dor é mínima, e não há secreção. Já os infiltrados infecciosos podem estar localizados em qualquer parte da córnea e se apresentam com um defeito epitelial e com uma reação de câmara anterior variável. Na dúvida, os infiltrados devem ser considerados infecciosos.

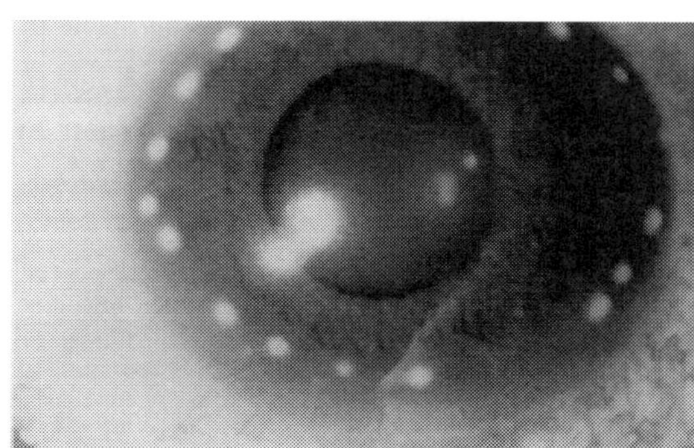

Infiltrado periférico pequeno causado por reação estéril à solução de lentes de contato.

Os pacientes com infiltrados devem suspender o uso de lentes de contato. Podemos postergar o raspado e tratar os infiltrados como infecciosos com antibióticos de amplo espectro (por exemplo, ofloxacina ou ciprofloxacina), freqüentes (cada 30 a 60 minutos), e uma pomada (por exemplo, tobramicina) ao deitar. Os pacientes devem ser sistematicamente acompanhados e devem ser realizados raspados se o defeito epitelial e o infiltrado não melhorarem. Abrasões corneanas em usuários de lentes de contato devem ser tratadas com pomada antibiótica. A oclusão deve ser evitada nesses casos pelo risco de infecção.

22. Quando devemos suspeitar de uma infecção por gonococos? Que tratamento e conduta adicionais devem ser iniciados?

Devemos suspeitar de infecção por gonococos quando há início agudo de injeção conjuntival intensa associada com secreção mucopurulenta em grande quantidade. Outros sinais que podem acompanhar a conjuntivite/ceratite por gonococos são quemose intensa e adenopatia pré-auricular. Os infiltrados começam na córnea superior e podem progredir rapidamente com perfuração em 48 horas.

A conduta deve incluir coleta de material conjuntival para Gram (procurar por diplococos intracelulares Gram-negativos) e cultura (usando meio de ágar-chocolate encubado em meio ambiente rico em CO_2). Se o Gram é positivo, ou a suspeita é alta, o tratamento deve ser iniciado com irrigação salina freqüente, ceftriaxone 1g IM, pomada de bacitracina ou colírio de ciprofloxacina freqüentes, tetraciclina ou eritromicina orais. Se a córnea está envolvida ou não há adesão ao tratamento, o paciente deve ser hospitalizado para terapia parenteral com ceftriaxone e seguimento de perto.

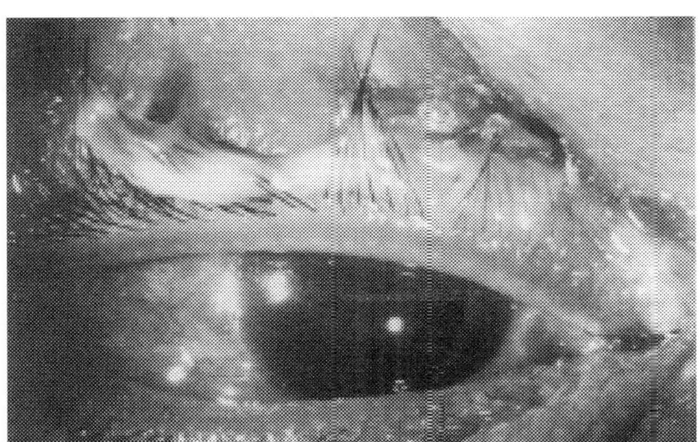

Conjuntivite gonocócica com injeção conjuntival intensa e secreção mucopurulenta copiosa em margens palpebrais.

23. Por que a infecção herpética ocorre?

Há dois grupos maiores de doença ocular herpética: herpes simples e herpes zoster oftálmico. A ceratite por herpes simples é geralmente causada pelo vírus tipo 1 (não é uma doença sexualmente transmissível, e isso deve ser dito ao paciente). A infecção ocular neonatal é causada pelo vírus tipo 2 após a passagem por canal de parto infectado. O vírus tipo 1 do herpes simples propaga-se pelos adultos que eliminam o vírus assintomaticamente a partir de um "resfriado" para as crianças. O primeiro contato do indivíduo com o vírus é denominado infecção primária, que é geralmente inaparente. Conjuntivite folicular, úlcera de córnea dendrítica, vesículas cutâneas e adenopatia pré-auricular podem ser vistas.

O herpes zoster oftálmico representa a reativação do vírus da varicela zoster (ver figura). O contato inicial com o vírus causa catapora. A recorrência da doença pode levar a herpes zoster oftálmico quando a primeira divisão do V nervo craniano é envolvida. Ele permanece latente no gânglio trigeminal. O dano ao nervo em uma distribuição dermatomal pode resultar em dor intensa, que é referida como neuralgia pós-herpética. Ceratite, uveíte e glaucoma associados podem ser graves e de difícil controle.

24. Por que o herpes é uma doença recorrente?

Após o primeiro contato com o vírus do herpes simples (HSV), há acesso ao sistema nervoso central. O vírus fica latente no gânglio trigeminal (HSV tipo 1) ou no gânglio espinal (HSV tipo 2). Os ataques recorrentes ocorrem quando o vírus viaja à periferia através dos nervos sensoriais para infectar tecidos-alvo como os olhos. Esses ataques podem ser iniciados por qualquer um dos seguintes fatores estressantes: febre, exposição à luz ultravioleta, trauma, estresse, menstruação e imunossupressão. O exemplo mais expressivo desse caminho de recorrência é o envolvimento dérmico do vírus zoster.

25. Dê alguns sinais não-oculares sugestivos de infecção corneana herpética.

Alguns sinais não-específicos de infecção primária herpética corneana incluem febre, malestar e linfadenopatia (particularmente adenopatia pré-auricular do lado envolvido). O *rash* vesicular da pele na infecção por herpes zoster envolve caracteristicamente o dermátomo da primeira divisão do V nervo craniano de um lado, não cruza a linha média e progride para a cicatrização. A presença desse *rash* na ponta do nariz (sinal de Hutchinson) é útil na indicação de provável comprometimento ocular, porque ambas as áreas são inervadas pelo nervo nasociliar. Os pacientes com ceratite por herpes simples também têm manifestações dermatológicas da doença. Eles podem se apresentar com lesões vesiculares nas regiões perioral e periocular, que melhoram sem seqüelas.

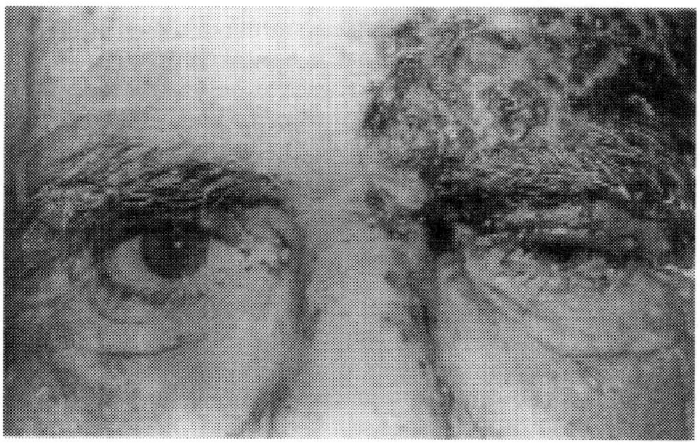

Aparência característica e localização das lesões de pele por herpes zoster. (De Tasman W, Jaeger EA [eds.]: Wills Eye Hospital Atlas of Clinical Ophthalmology, Philadelphia, Lippincott-Raven, 1996, p. 17, com permissão.)

26. Há diferenças na infecção corneana causada por herpes simples e herpes zoster?

Embora as infecções corneanas por herpes simples e por herpes zoster possam se apresentar de maneira similar, há pequenas diferenças que podem ajudar a diferenciar entre as duas. Ceratite por herpes simples é uma condição recidivante, enquanto herpes zoster resulta em doença crônica. Os dendritos corneanos da infecção por herpes simples são úlceras epiteliais cujas bordas coram vivamente com fluoresceína e têm bulbos terminais. Os dendritos do herpes zoster são lesões elevadas, não têm bulbos terminais e não coram bem com fluoresceína.

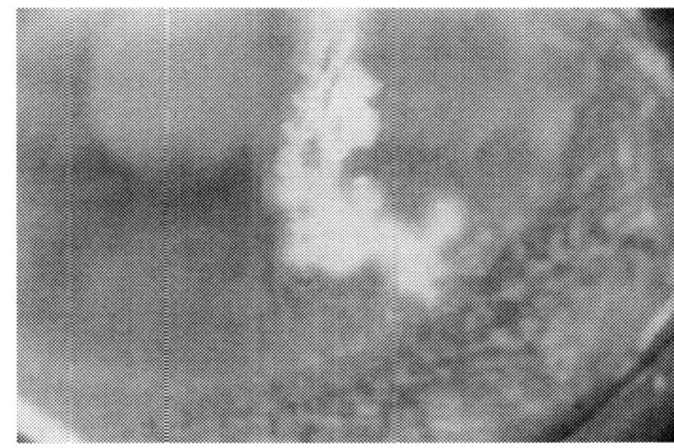

Dendrito de herpes simples clássico corando fortemente com fluoresceína.

27. Quais são as manifestações não-infecciosas da ceratite herpética?

Os pacientes com ceratite herpética podem apresentar achados oculares que não estão diretamente ligados à infecção viral, mas são relacionados com a resposta imunológica à infecção. Exemplos desse fenômeno são a ceratouveíte crônica (com precipitados ceráticos grandes associados com edema corneano) e as ceratites disciforme e necrotizante (nas quais a infiltração estromal com leucócitos e a neovascularização podem ocorrer com epitélio intacto).

A cicatrização corneana é um sinal não-específico de ceratite herpética prévia que pode ser visualmente debilitante e que pode necessitar de ceratoplastia penetrante. As úlceras corneanas neurotróficas representam um processo estéril que ocorre por envolvimento neural prévio com o vírus do herpes e que pode, algumas vezes, requerer tarsorrafia (sutura para fechar as pálpebras) para a cicatrização.

28. Como essas infecções devem ser tratadas?

A ceratite epitelial e a conjuntivite por herpes simples devem ser tratadas com agentes antivirais tópicos freqüentes (por exemplo, colírio de trifluorotimidina [Viroptic] ou pomada de vidarabina [Vira-A]). A pomada dermatológica Zovirax pode ser associada para envolvimento da pele, mas não pode ser usada perto ou dentro do olho. A ceratite estromal disciforme deve ser tratada com corticosteróides tópicos e agentes antivirais profiláticos.

Todas as infecções por herpes zoster, independentemente de envolvimento ocular, são tratadas primariamente com aciclovir oral (800 mg cinco vezes ao dia durante sete a 10 dias). As terapias antivirais alternativas incluem fanciclovir. As lesões de pele devem também receber pomada antibiótica (por exemplo, bacitracina) e compressas mornas, e medicações tópicas devem ser adicionadas de acordo com a presença e a gravidade do envolvimento ocular (por exemplo, ceratite, uveíte, glaucoma, etc.). Ceratouveíte usualmente se desenvolve depois do *rash* cutâneo.

29. Qual é o papel dos corticosteróides tópicos na ceratite por herpes simples?

Embora eles sejam contra-indicados na presença de doença epitelial ativa, seu uso no tratamento de ceratite estromal por herpes simples é benéfico. O Estudo da Doença Herpética Ocular documentou que esteróides tópicos e antivirais profiláticos são seguros e efetivos no tratamento da ceratite estromal.

30. Quando o aciclovir oral deve ser usado na ceratite por herpes simples? E na ceratite por herpes zoster?

Aciclovir oral deve sempre ser usado para tratar herpes zoster oftálmico agudo, mas somente é indicado na infecção primária por herpes simples. Seu uso para diminuir a freqüência de recorrência de ceratite por herpes simples está sob investigação em um estudo multicêntrico randomizado do Estudo da Doença Herpética. É importante lembrar que o aciclovir é contra-indicado durante a gravidez e em pacientes com doença renal.

CONCLUSÃO

As infecções corneanas têm muitas causas, assim como as manifestações variáveis que requerem tratamentos diferentes. As infecções podem resultar em perda da visão devido a cicatrizes e até mesmo em perda do olho devido à perfuração. O diagnóstico precoce, correto, e a terapia são necessários para alcançar um ótimo resultado na condução das infecções corneanas.

BIBLIOGRAFIA

1. Arffa RC: Grayson's Diseases of the Cornea, 3rd ed. St. Louis, Mosby, 1991.
2. Cohen EJ, Fulton JC, Hoffman CJ, et al: Trends in contact lens-associated corneal ulcers. Cornea (in press).
3. Cohen EJ, Parlato CJ, Arentsen JJ, et al: Medical and surgical treatment of acanthamoeba keratitis. Am J Ophthalmol 103:615-625, 1987.
4. Cullom RD Jr., Chang B: The Wills Eye Manual: Office and Emergency Room Diagnosis and Treatment of Eye Disease, 2nd ed. Philadelphia, J.B. Lippincott, 1994.
5. Leibowitz HM: Clinical evaluation of ciprofloxacin 0.3% ophthalmic solution for treatment of bacterial keratitis. Am J Ophthalmol 112:34S-47S, 1991.
6. Liesegang T: Diagnosis and therapy of herpes zoster ophthalmicus. Ophthalmology 98:1216-1229, 1991.
7. McDonnel PJ, Nobe J, Gauderman WJ, et al: Community care of corneal ulcers. Am J Ophthalmol 114:531-538, 1992.
8. McLeod SD, Kolahdouz-Isfahani A, Rostamian K, et al: The role of smears, cultures, and antibiotic sensitivity testing in the management of suspected infectious keratitis. Ophthalmology 103:23-38, 1996.
9. O'Brien TP, Maguire MG, Fink NE, et al: Efficacy of ofloxacin vs cefazolin and tobramycin in the therapy of bacterial keratitis: Reports from the Bacterial Keratitis Research Group. Arch Ophthalmol 113:1257-1265, 1995.
10. Smolin G, Thoft RA: The Cornea: Scientific Foundations and Clinical Practice, 3rd ed. Boston, Little, Brown, 1994.
11. Stein RM, Clinch TE, Cohen EJ, et al: Infected vs sterile corneal infiltrates in contact lens wearers. Am J Ophthalmol 105:632-636, 1988.
12. Wilhelmus KR, Gee L, Hauck WW, et al: Herpetic Eye Disease Study: A controlled trial of topical corticosteroids for herpes simplex stromal keratitis. Ophthalmolgy 101:1883-1895, 1994.

10. *OPHTALMIA NEONATORUM*

Janine G. Tabas, M.D.

1. **Como a *ophthalmia neonatorum* se apresenta?**

A inflamação da conjuntiva no primeiro mês de vida é classificada como *ophthalmia neonatorum* (conjuntivite do recém-nascido). Uma descarga purulenta ou mucóide está presente em um ou em ambos os olhos. Além de injeção conjuntival, edema e eritema das pálpebras estão geralmente presentes.

2. **Quais são os meios mais comuns de transmissão da conjuntivite neonatal?**

A conjuntivite é geralmente transmitida ao recém-nascido pela passagem através do cérvix materno contaminado na hora do parto e reflete as doenças sexualmente transmissíveis prevalentes na comunidade. Pode ser transmitida, contudo, por pessoas que manipulam o bebê após o nascimento.

3. **Qual é a causa mais comum de conjuntivite neonatal?**

A conjuntivite neonatal é a causa mais comum de doença ocular em recém-nascidos e é mais freqüentemente causada por *Chlamydia trachomatis* (8,2/1.000 nascidos vivos). Há cem anos, *Neisseria gonorrhoeae* era a principal causa de cegueira em crianças. Hoje a conjuntivite gonocócica é menos freqüente em nações industrializadas (0,3/1.000 nascidos vivos) pela melhor profilaxia neonatal ocular e pelo *screening* pré-natal.

4. **Liste as causas comuns de *ophthalmia neonatorum*, sua apresentação clínica e seu tempo aproximado de início após o nascimento.**

Tipo	*Tempo de Início*	*Características Típicas*
Química (por exemplo, colírio de nitrato de prata)	Após horas de instilação	Autolimitada, leve, secreção intensa (ocasionalmente purulenta) Dura 24-36 horas
Chlamydia trachomatis	5-14 dias	Leve a moderada, secreção espessa purulenta (gravidade variável) Conjuntivite eritematosa, com envolvimento palpebral maior que bulbar
Neisseria gonorrhoeae	24-48 horas	Hiperaguda, descarga purulenta, copiosa Quemose e edema de pálpebra comuns
Bacteriana (não-gonocócica)*	Após 5 dias	Apresentação variável, dependendo do microrganismo
Herpética	Dentro de 2 semanas	Conjuntiva levemente injetada Descarga serossanguinolenta *Rash* vesicular na pálpebra A maioria tem doença herpética sistêmica concomitante

* *Staphylococcus aureus, S. epidermidis, Streptococcus pneumoniae, S. viridans, Haemophilus influenzae, Escherichia coli, Pseudomonas aeruginosa.*

5. Que outros instrumentos diagnósticos são usados para diferenciar as várias causas de conjuntivite neonatal?

Na maioria dos casos, não podemos acreditar somente nas características clínicas e no tempo de início para um diagnóstico preciso; contudo, a terapia inicial é também baseada nos resultados das colorações de Gram e de Giemsa colhidas imediatamente por *swabs* e raspados. Suas características clássicas são as seguintes:

Causa	*Coloração*	*Achados*
Química	Gram	Neutrófilos polimorfonucleares (PMNs)
Chlamydia	Giemsa	Corpos de inclusão basofílicos intracitoplasmáticos em células epiteliais conjuntivais
Gonocócica	Gram	Diplococos Gram-negativos intracelulares em PMNs.
Bacteriana	Gram	Organismos Gram-negativos ou positivos
Herpes simples	Giemsa	Células gigantes multinucleadas, linfócitos, células plasmáticas

Esses achados, embora clássicos, não são vistos em todos os casos. Os espécimes são também mandados para cultura, para antibiograma e para testes de detecção de antígenos. Os regimes de tratamento são ajustados de acordo com o resultado, e a resposta clínica é observada.

6. Uma reação folicular na conjuntiva é mais indicativa de infecção por *Chlamydia* ou por gonococo?

Nenhuma das duas. Reações foliculares não são vistas no recém-nascido pela imaturidade do sistema imunológico.

7. Por que a profilaxia com Crede (colírio de nitrato de prata 2%) não é mais o agente padrão de escolha para prevenção de rotina em recém-nascidos?

Pela alta incidência de conjuntivite química.

8. O que é usado correntemente para a profilaxia?

A Academia Americana de Pediatria advoga o uso de pomada de tetraciclina 1% ou eritromicina 0,5% para a profilaxia neonatal. O objetivo desse procedimento é a prevenção de conjuntivite gonocócica, a qual pode ter conseqüências oculares devastadoras. É também efetivo para infecção por *Chlamydia*.

9. Qual é o diagnóstico diferencial de conjuntivite neonatal?

1. Trauma ao nascimento (usualmente evidente pela história)

2. Corpo estranho/abrasão corneana (usualmente diagnosticada por uma combinação de história e de exame com fluoresceína)

3. Glaucoma congênito (sinais precoces acompanhantes são lacrimejamento, fotofobia, blefaroespasmo. Sinais tardios incluem edema de córnea e aumento corneano. A pressão intraocular é elevada)

4. Obstrução do ducto nasolacrimal (ocorre em 6% dos neonatos e é usualmente associada com edema do canto interno e das pálpebras. O lacrimejamento é comum, e a conjuntiva geralmente não é afetada)

5. Dacriocistite (infecção do saco lacrimal, com eritema e edema do canto interno e com injeção da conjuntiva nasal. A drenagem purulenta pode freqüentemente ser obtida do ponto lacrimal).

10. Quando um tratamento sistêmico é indicado para conjuntivite neonatal? Por quê?

Tratamento sistêmico é indicado em todos os casos de conjuntivite por *Chlamydia*, gonococos e herpes pelo sério risco de doença disseminada. Um exame sistêmico completo é feito na época do diagnóstico para determinar a extensão da doença.

11. Liste as seqüelas sistêmicas e oculares potenciais de uma conjuntivite neonatal não-tratada.

Tipo	*Ocular*	*Sistêmico*
Química	Nada (entidade autolimitada)	Nada
Chlamydia	Infecção crônica pode causar cicatriz corneana e simbléfaro (adesão da pálpebra ao olho)	Pneumonia e otite média
Gonocócica	Úlcera corneana, perfuração e endoftalmite (pode ocorrer dentro de 24 horas após o início)	Meningite, artrite e *sepsis*
Bacteriana	*Pseudomonas* sp. pode causar úlcera corneana, perfuração e endoftalmite	Usualmente nada
Herpética	Recorrências pela vida podem causar cicatriz corneana e ambliopia profunda. Coriorretinite e catarata também podem se desenvolver	Meningite e doenças disseminadas do SNC (a mortalidade pode ser superior a 85%)

12. Qual é o tratamento indicado para conjuntivite por *Chlamydia*?

Xarope de eritromicina oral é dado por duas a três semanas (50 mg/kg ao dia dividido em quatro doses) junto com pomada de eritromicina ou sulfa nos olhos quatro vezes ao dia. A mãe e seu parceiro sexual são tratados com tetraciclina oral, 250-500 mg quatro vezes ao dia, ou doxiciclina, 100 mg duas vezes ao dia, por sete dias, para provável doença sistêmica, mesmo se assintomática. A tetraciclina não pode ser usada em crianças e em mulheres amamentando porque mancha os dentes.

13. Qual é o tratamento indicado para conjuntivite gonocócica?

Pela alta incidência de organismos resistentes à penicilina, o Centro de Controle de Doenças recomenda o tratamento com antibióticos penicilinase-resistentes. Ceftriaxone intravenoso (uma cefalosporina de terceira geração) é iniciado imediatamente e é dado por sete dias numa dose de 25-50 mg/kg ao dia. A forma intravenosa pode ser substituída por uma forma oral equivalente após melhora significativa e para completar sete dias de uso. Uma dose única de 125 mg de ceftriaxone ou uma dose intramuscular de 100 mg/kg de cefotaxime logo após o diagnóstico é uma alternativa aceitável de tratamento. A pomada de bacitracina deve ter administração tópica quatro vezes ao dia, e uma solução salina para lavagem é usada de hora em hora até a secreção ser eliminada. Pela alta incidência de infecção concomitante por *Chlamydia* em mulheres que contraem gonorréia, a criança, a mãe e o seu parceiro sexual devem ser tratados sistemicamente para *Chlamydia* como descrito anteriormente. É recomendável pesquisar outras doenças sexualmente transmissíveis.

14. Qual o tratamento para conjuntivite bacteriana?

A pomada de eritromicina ou gentamicina é aplicada quatro vezes ao dia por duas semanas para resultados de *swab* conjuntival de Gram-positivo e Gram-negativo respectivamente. A escolha do antibiótico pode ser alterada mais tarde com base na cultura e no antibiograma. No caso de envolvimento corneano, como em casos de organismos virulentos como *Pseudomonas* sp., os antibióticos fortes são administrados e são suplementados por tratamento sistêmico.

15. Qual o tratamento para conjuntivite por vírus da herpes simples?

Aciclovir intravenoso, 10 mg/kg, é dado a cada oito horas por 10 dias, junto com pomada de vidarabina 3% (Vira -A), cinco vezes ao dia, ou trifluorotimidina 1% (viroptic), a cada duas horas, por uma semana.

16. Como a incidência de *ophthalmia neonatorum* pode ser reduzida em gerações futuras?

A população de maior risco para contrair a conjuntivite neonatal são as crianças nascidas de mães sem cuidado pré-natal adequado ou de mães envolvidas com abuso de drogas. Pela sua alta associação com sérias doenças sistêmicas, a conjuntivite neonatal é ainda um importante problema de saúde pública mundial. Embora não universalmente aceito, alguns países (por exemplo, Suécia e Inglaterra) abandonaram o uso de profilaxia de rotina após o nascimento em favor de pesquisas para doenças sexualmente transmissíveis e melhor assistência pré-natal.

BIBLIOGRAFIA

1. Albert DM, Jakobiec FA: Principles and Practice of Ophthalmology. Philadelphia, W.B. Saunders, 1994.
2. Chandler JW: Controversies in ocular prophylaxis of newborns. Arch Ophthalmol 107:814-815, 1989.
3. Cullom R, Chang B: The Wills Eye Manual – Office and Emergency Room Diagnosis and Treatment of Eye Disease. Philadelphia, J.B. Lippincott, 1994.
4. Hammerschlag M: Neonatal conjunctivitis. Pediatr Ann 22:346–351, 1993.
5. Laga M, Naamara W, Brunham R, et al: Single-dose therapy of gonococcal ophthalmia neonatorum with ceftriaxone. N Engl J Med 315:1382-1385, 1986.
6. O'Hara M: Ophthalmia Neonatorum. Pediatric Clin North Am 40:715-725, 1993.
7. Weiss A: Chronic conjunctivitis in infants and children. Pediatr Ann 22:366-374, 1993.

11. ANTIBIÓTICOS E ESTERÓIDES TÓPICOS

Stephen Y. Lee, M.D.

1. Você é uma gota ocular de antibiótico ou esteróide colocada no fórnice conjuntival. Descreva as barreiras para a sua jornada ao olho.

Muitos vidros de colírio liberam gotas de 50μl. Contudo, apenas 20% desse volume é retido pelo fundo de saco conjuntival em muitos pacientes, e o excesso imediatamente escorre pelas pálpebras. Da porção restante, aproximadamente 80% é drenada pelo sistema lacrimal. Além disso, pela média de *turnover* lacrimal de 15% por minuto, quase toda a medicação aplicada tópica desaparece do fundo de saco conjuntival em cinco minutos. As medicações irritantes produzem lacrimejamento reflexo e são drenadas mais rápido.

Durante esses cinco minutos críticos, as drogas tópicas têm numerosos obstáculos teciduais. A absorção não-produtiva pela conjuntiva dispersa rapidamente a medicação "via" sistêmica pela vasculatura conjuntival. A pequena porção que penetra na episclera enfrenta a impermeável esclera e as *tight junctions* do epitélio pigmentar da retina. A córnea tem três diferentes barreiras para a entrada. O epitélio e o endotélio corneanos têm *tight junctions*, os quais forçam a medicação a passar através das membranas celulares e limitam a passagem de medicação hidrofílica. O estroma corneano é rico em água e, com isso, limita o movimento de medicações lipofílicas. Mesmo após entrar na câmara anterior, o cristalino limita efetivamente a penetração de medicações, e muito pouco delas entra no segmento posterior do olho se administradas "via" tópico.

Essas barreiras formidáveis parecem intransponíveis, mas a inflamação e a infecção deixam as mesmas menos efetivas, e modificações nas medicações e/ou veículos podem facilitar a entrada no olho. Além disso, o sítio de ação desejado pode ser a superfície ocular e não dentro do olho.

2. **Dadas as barreiras da questão anterior, como você poderia aumentar a liberação de antibióticos e de esteróides tópicos para o sítio de ação desejado?**

O paciente pode ocluir o ponto lacrimal para diminuir a drenagem pelo sistema lacrimal em 65% e deixar mais droga para absorção intra-ocular. É claro que as instilações freqüentes aumentam a absorção da droga, mas o limite prático é provavelmente a cada cinco minutos, pois uma droga pode lavar a outra instilada antes da absorção intra-ocular.

Mudar as características da droga e/ou o veículo também aumenta a liberação. O aumento na concentração da droga pode ser limitado pela solubilidade da mesma no veículo, e a alta tonicidade de altas concentrações produz lacrimejamento reflexo, que rapidamente lava a droga da superfície ocular. Aumentar a solubilidade da droga também parece promover a passagem corneana, apesar das características da barreira dupla. Além disso, adicionar surfactantes que alterem o epitélio corneano aumenta a entrada da droga.

3. **Denomine as três diferentes formulações de medicações tópicas e as vantagens e desvantagens de cada uma.**

As preparações oftalmológicas podem ser feitas como colírios, suspensões ou pomadas. Os colírios são instilados facilmente, mas o tempo de contato é mínimo, requerendo administração freqüente. Além disso, a natureza em "pulso" da absorção pode levar à *overdose* e à toxicidade transitórias. As suspensões permitem maior tempo de contato, mas a natureza da preparação pode induzir ao lacrimejamento reflexo. A suspensão se deposita no topo da embalagem e necessita ser agitada antes do uso. Os pacientes podem se queixar de acúmulo de precipitados ou esquecer-se de agitar a embalagem antes do uso. As pomadas aumentam mais o tempo de contato, requerendo instilações menos freqüentes, mas deixam um filme sobre os olhos que borra a visão. Além disso, drogas solúveis em água não dissolvem na pomada e ficam presentes como cristais, os quais se prendem no veículo da mesma até que os cristais da superfície da pomada entrem em contato com a superfície ocular após a dissolução do veículo com exposição à temperatura corporal. Esse tipo de absorção permite a entrada de pequenas, mas constantes, quantidades da droga.

Outros sistemas de liberação, como lentes de contato, dispositivos solúveis oculares ou auxílios implantáveis, são também opções.

4. **Um homem de 60 anos queixa-se de crostas nas pálpebras pela manhã e sensação crônica de corpo estranho. O exame mostra blefarite moderada com numerosos colaretes ao redor dos cílios. O que você recomenda?**

A blefarite geralmente responde bem a compressas mornas, mas pomadas antibióticas aplicadas na base dos cílios ou na conjuntiva podem ser úteis, especialmente quando colaretes são vistos ao redor dos cílios. As pomadas antibióticas usadas com freqüência são eritromicina, bacitracina e polisporina. A eritromicina é um antibiótico macrolídeo que inibe a síntese de proteína bacteriana pela ligação à unidade ribossômica 50S. Tem um grande espectro de cobertura, mas pouca absorção intra-ocular, e é mais apropriada para blefarite e para conjuntivite leve. A bacitracina é composta de inúmeros polipeptídeos que inibem a síntese da parede bacteriana. Já a polisporina combina bacitracina e polimixina B, que são peptídeos que agem como detergentes para quebrar as membranas celulares bacterianas, oferecendo maior cobertura de bactérias Gram-negativas.

5. **Um homem de 30 anos com sintomas de "gripe" se apresenta com hiperemia e com secreção mucosa em ambos os olhos. Os sintomas oculares começaram no olho direito há uma semana e agora envolvem os dois olhos, mesmo após tratamento do olho direito com sulfacetamida quatro vezes ao dia, como prescrito pelo clínico geral. O exame mostra conjuntivite folicular bilateral com adenopatia pré-auricular. O que você recomenda?**

A história e o exame são compatíveis com conjuntivite viral. As lágrimas artificiais e as compressas frias podem gerar conforto. Os antibióticos tópicos não são necessários, mas um seguimento após uma semana é aconselhável para descartar conjuntivite membranosa, a qual pode necessitar de esteróides tópicos. A sulfacetamida é uma estrutura bacteriostática análoga ao ácido p-amino-benzóico e inibe a síntese do ácido fólico. Ela tem um amplo espectro de cobertura e uma boa penetração corneana, tornando-se mais efetiva se combinada com trimetropim, que bloqueia o passo seguinte da síntese do folato. É usada freqüentemente por não-oftalmologistas para tratamento inicial de olhos vermelhos; é boa para conjuntivite bacteriana leve, mas não é necessária para conjuntivite viral.

6. **Uma mulher de 55 anos queixa-se de hiperemia e de secreção no olho direito há quatro semanas. Seu clínico geral disse que ela tem "olhos rosados" e prescreveu pomada de eritromicina, depois sulfacetamida, depois ciprofloxacina, mas os sintomas não melhoraram. O exame revela conjuntivite papilar difusa com secreção purulenta. Não há história de adenopatia pré-auricular ou de "gripe" prévias. O que você deve fazer?**

A paciente tem conjuntivite bacteriana crônica. A terapia tópica geralmente traz alívio imediato, e você deve se certificar de ter usado a medicação corretamente. Assumindo que ela está usando a medicação corretamente, culturas devem ser colhidas para o diagnóstico de bactérias resistentes ou raras. Dacriocistite crônica deve ser investigada pressionando o canto interno para buscar secreção purulenta pelo ponto lacrimal. Um abscesso no saco nasolacrimal pode ser uma fonte de bactérias resistentes aos antibióticos tópicos.

7. **Um homem de 25 anos segurando uma toalha sobre o olho direito queixa-se de secreção abundante que começou pela manhã. O exame revela hiperemia conjuntival difusa e quemose com secreção purulenta espessa. Um nódulo pré-auricular proeminente está presente. O que você deve fazer?**

Conjuntivite bacteriana hiperaguda em paciente sexualmente ativo, requer a pesquisa de conjuntivite gonocócica por raspado e por cultura para verificar se não não se trata de conjuntivite gonocócica. Embora rara, a conjuntivite gonocócica requer antibióticos sistêmicos imediatos e antibióticos tópicos apenas como tratamento adjuvante.

8. **Um médico de 26 anos, em um programa de residência em cirurgia geral, com doutorado em farmacologia, apresenta-se com sensação de corpo estranho e com fotofobia em ambos os olhos após dormir com suas lentes de contato em um plantão. Uma úlcera na meia-periferia com 2 mm de diâmetro com edema corneano ao redor está presente com reação de câmara anterior escassa. O que você deve fazer?**

As chances de desenvolver uma úlcera de córnea aumentam em 10 vezes se o paciente dorme com as lentes de contato. Nesse caso, culturas de córnea devem ser colhidas, embora alguns oftalmologistas tratem úlceras pequenas sem cultura (controverso).

A terapia inicial deve ser de amplo espectro. Tradicionalmente, cefalosporina e aminoglicosídeo fortes têm sido usados, mas alguns acreditam que fluorquinolonas oferecem eficácia similar com menos toxicidade (controverso). Além disso, antibióticos fortes não são disponíveis em todos os locais e devem ser refrigerados.

As fluorquinolonas inibem a síntese de DNA bacteriano pela ligação na DNA girase, inibindo a espiralização do DNA bacteriano. Elas oferecem um amplo espectro de cobertura em estudos *in vitro*, até mesmo contra *Staphylococcus aureus* meticilino-resistente, se administradas logo no início da doença. Parecem ser muito efetivas para a maioria das úlceras corneanas, mas grandes estudos clínicos com ênfase na resistência e na falência do tratamento não foram concluídos.

Os aminoglicosídeos se ligam a subunidades ribossômicas bacterianas e interferem com a síntese protéica. Eles oferecem um amplo espectro de cobertura, mas requerem transporte para dentro das bactérias, o que pode ser reduzido no ambiente anaeróbio de um abscesso.

As cefalosporinas são antibióticos beta-lactâmicos sintetizados ou derivados de componentes isolados do fungo *Cephalosporium acremonium*. Elas inibem a transpeptidase bacteriana, que é crítica para a síntese da parede celular bacteriana. Normalmente, as gerações mais recentes promovem maior cobertura para Gram-negativos e são mais pobres para Gram-positivos. Cefazolim é uma cefalosporina de primeira geração que é geralmente combinada com aminoglicosídeo para tratamento inicial de úlceras corneanas. Cobre uma grande parte de Gram-positivos e alguns Gram-negativos, mas não *Pseudomonas* sp. E, portanto, necessita da adição de um aminoglicosídeo para a cobertura inicial de amplo espectro.

9. **Após a realização de culturas corneanas, o paciente é instruído a tomar ciprofloxacina a cada hora. No dia seguinte, piora a dor, e a úlcera corneana aumentou para 3 mm com descarga purulenta em grande quantidade. Qual seu próximo passo?**

Tenha certeza de que as gotas estão sendo usadas regularmente. Peça ao paciente para demonstrar o uso. Muitas vezes, as gotas caem no chão, nas bochechas ou nos olhos fechados. Freqüentemente, o insucesso do tratamento se dá por administração inadequada da medicação.

Deve-se observar o paciente pingando a medicação, e amigos ou familiares podem ser necessários para ajudar na administração, especialmente quando instilação freqüente é necessária. Às vezes, é necessário internar o paciente para receber a medicação com freqüência.

O paciente também deve receber colírio com maior freqüência. A recomendação do fabricante para úlcera de córnea é de duas gotas de ciprofloxacina a cada 15 minutos nas primeiras seis horas, passando para duas gotas a cada meia hora no primeiro dia. O uso freqüente de ciprofloxacina produz um precipitado branco sobre a úlcera, mas o mesmo não parece inibir a atividade bactericida e melhora quando a dose é diminuída.

10. O paciente agora prefere um tratamento "comprovado", com história longa, e requer antibióticos fortificados. Contudo, ele diz que a concentração mínima bactericida para muitas bactérias patogênicas é muito menor do que a dos antibióticos fortificados, fazendo a acusação de estar gastando dinheiro e medicação. Ele está correto?

Não. Os resultados *in vivo* e *in vitro* de outras partes do corpo não são aplicados ao olho. De fato, no vítreo, a relação dose-resposta foi demonstrada como 100 vezes a concentração mínima bactericida *in vitro*.

11. O paciente lembra que é alérgico à penicilina e não gosta de anafilaxia. Que antibiótico você deve escolher? Como você inicia a terapia?

A penicilina geralmente não é usada em oftalmologia pela pouca penetração nas barreiras hemato-oculares e no transporte ativo para fora do olho pelo sistema de transporte de ácido orgânico do corpo ciliar. Contudo, a inflamação aumenta a penetração ocular. A penicilina inibe a transpeptidase bacteriana e previne a formação das paredes celulares bacterianas. Variações na composição da fórmula original produziram vários espectros de atividade. As penicilinas V e G ainda são específicas para uma grande parte de Gram-negativos e positivos, mas muitas cepas de *Staphylococcus aureus* e *epidermides* agora são resistentes. As penicilinas penicilinase-resistentes – como a meticilina – são úteis para estafilococos produtores de penicilinase. Já as penicilinas de amplo espectro, ampicilina e amoxacilina, têm maior cobertura para Gram-negativo, e as penicilinas semi-sintéticas, como a carbenicilina e a ticarcilina, estendem sua cobertura para *Pseudomonas, Enterobacter* e *Proteus* spp.

A resposta alérgica imediata para penicilina, tal como urticária ou anafilaxia, é a forte contra-indicação para seu uso, e há 10% de reação cruzada com cefalosporina. Contudo, para pacientes com alergia à penicilina, a cefazolina deve ser trocada para vancomicina, que é um glicopeptídeo complexo que inibe a síntese da parede bacteriana com cobertura principal para Gram-positivos, incluindo *Staphylococcus aureus* e *Streptococcus faecalis* meticilino-resistentes, o qual é uma bactéria patógena freqüente em bolhas filtrantes.

Como já mencionado, um aminoglicosídeo é sinérgico na inibição da síntese da parede bacteriana, e o paciente deve iniciar com vancomicina e a tobramicina fortificadas, alternando a cada cinco minutos, por quatro vezes, cada um dos colírios, seguido por alternância cada meia hora. A dose real pode variar em diferentes instituições.

12. Na manhã seguinte, a úlcera está com 4 mm e aumentou a descarga purulenta. A cultura confirma *Pseudomonas aeruginosa*. Por que o paciente não melhora?

Úlceras por *Pseudomonas* às vezes requerem dupla cobertura. Ticarcilina fortificada deve ser adicionada em um paciente não-alérgico a penicilina. Nesse caso, a ciprofloxacina pode ser recomeçada.

13. No dia seguinte, a úlcera permanece estável, mas o paciente se queixa de dor persistente e mais intensa. O exame revela defeito corneano epitelial puntacto difuso, eritema conjuntival inferior e edema de pálpebras inferiores. O que você deve fazer?

A toxicidade é geralmente menos freqüente com administração tópica; de fato, alguns antibióticos tópicos comuns, como a neomicina e a polimixina, não podem ser administrados intravenosamente devido à toxicidade sistêmica. Contudo, o uso freqüente de antibióticos potentes pode produzir toxicidade superficial com envolvimento maior da conjuntiva inferior do que da superior. Ocasionalmente, apenas analgésicos e compressas frias podem ser oferecidos se a úlcera não está sob controle. A vancomicina fortificada pode ser reduzida porque a tobramicina e a ciprofloxacina são mais importantes para a úlcera por *Pseudomonas*, e a úlcera parece estar estável.

14. O paciente melhora lentamente, mas a cicatrização corneana extensa permanece. Ele necessita de visão binocular para sua carreira cirúrgica e pede para você livrá-lo da cicatriz. Como você responde a ele?

Leia para aprender sobre esteróides tópicos. Geralmente, a cicatriz inflamatória melhora com esteróides tópicos. Há controvérsias na indicação de quando, quanto e por quanto tempo usar esteróides tópicos, mas um teste é indicado antes de considerar opções cirúrgicas.

15. Revise os antibióticos tópicos disponíveis com nome genérico e comercial.

Nome Genérico	*Nome Comercial*	*Preparação*
Aminoglicosídeos		
Gentamicina	Gentamicina	Colírio e pomada 0,3%
Tobramicina	Tobrex	Colírio e pomada 0,3%
Bacitracina	Bacitracina	Colírio 1.000 a 10.000 UI/ml
Cloranfenicol	Cloranfenicol	Colírio e pomada 0,5%
	Clorfenil	Colírio e pomada 0,5%
Ciprofloxacina	Ciloxan	Colírio 0,3%
Eritromicina	Eritromicina	Colírio e pomada 0,5% 1%
Bacitracina, neomicina e polimixina B	*Neosporin	400 U/g, 3,5 mg/gm, 10.000 U/gm
Sulfisoxasol	*Gantrisin	Colírio 4%
Sulfacetamida	Sulfanil	Colírio 15%
Tetraciclina	Tetraciclina	Colírio e pomada 0,5%, 1%
Polimixina e bacitracina	*Polysporin	10.000 U/gm, 500 U/gm
Trimetropim e polimixina	Pertrim	0,1%/10.000 U/ml

* Comercializados nos EUA.

16. Como os esteróides tópicos agem?

O mecanismo de ação específico dos esteróides não é totalmente entendido. Em nível molecular, a inibição do ácido aracdônico liberado dos fosfolípides pode ser o efeito mais importante desses. O ácido aracdônico é convertido em prostaglandina e em compostos correlatos que são potentes mediadores inflamatórios. Em nível celular, esteróides devem ser carregados ao citoplasma, onde se ligam a receptores solúveis e, então, entram no núcleo para alterar a transcrição de várias proteínas envolvidas na regulação imune e na inflamação. Em nível de tecido, os esteróides suprimem a resposta inflamatória como edema, calor, dor e hiperemia por meio de vários mecanismos. Eles causam vasoconstrição e diminuem a permeabilidade vascular para células inflamatórias. As membranas celulares e intracelulares são estabilizadas para inibir a liberação de mediadores inflamatórios, tais como a histamina. A leucocitose neutrofílica é inibida, e o agrupamento e a migração de macrófagos são diminuídos. Por isso, esteróides são potentes antiinflamatórios e agentes imunossupressores, com grandes aplicações em oftalmologia, mas seus efeitos colaterais, bem como seus benefícios, devem ser entendidos.

17. Entendendo-se que esteróides não curam, que categorias gerais de doenças necessitam do uso dos mesmos?

Abelson e Butrus identificam três grandes categorias que garantem o uso de esteróides: pós-cirúrgico, hiper-reatividade imune e processos imunes e infecciosos combinados. Marcadamente, o uso pós-operatório de esteróides não foi avaliado em um estudo controlado, duplo-cego. Embora o seu uso, nesse caso, seja quase universal, vários oftalmologistas referem bom controle pós-operatório, mesmo com uso de antiinflamatórios não-esteróides para vários procedimentos oftalmológicos (controverso). A segunda categoria inclui uveítes, conjuntivites vernal e alérgica, rejeição de transplante de córnea e outros processos nos quais o processo imune é nocivo ao tecido hospedeiro. A última categoria inclui úlceras de córnea viral e bacteriana, especialmente herpes simples e herpes zoster, nas quais o controle do processo infeccioso deve ser balanceado com o controle da inflamação, o que pode deixar cicatrizes em tecidos oculares.

18. O médico com cicatriz corneana residual quer minimizá-la, mas está preocupado com os efeitos colaterais potenciais dos esteróides tópicos. Como você o aconselha?

A exacerbação da infecção existente com a reativação de organismos inativos ou com a inibição da cicatrização: essas são as preocupações mais imediatas. Outros efeitos colaterais conhecidos incluem glaucoma e catarata, mas também têm sido notadas blefaroptose, atrofia de pele da pálpebra ou esclera e midríase.

A absorção sistêmica pode ser significante, e a oclusão de ponto lacrimal deve ser aconselhada. Um regime de seis semanas de fosfato de sódio de dexametasona tópico 0,1% mostrou induzir a supressão do córtex adrenal, e alguns pacientes com febre do feno sistêmica melhoraram com o uso de esteróides tópicos. É claro que esses efeitos são mais intensos com terapia intensa e crônica com esteróides.

19. Após uma extensa discussão, o paciente concorda em tentar esteróides tópicos. Contudo, baseado em seu interesse por farmacologia, ele pede uma breve explicação da farmacocinética de alguns esteróides tópicos disponíveis.

Os esteróides tópicos podem ser preparados como soluções, suspensões ou pomadas. As preparações de fosfato podem ser feitas como soluções, pois são altamente solúveis em água nos veículos aquosos, mas penetram menos no epitélio intacto do que as suspensões de álcool e de acetato, que têm solubilidade bifásica. Todavia, o fosfato de prednisolona 1% alcança um nível corneano de 10 μg/mg após 30 minutos de instilação, o que aumenta para 235 μg/mg quando o epitélio corneano é removido. O fosfato de dexametasona penetra na córnea e na câmara anterior em 10 minutos, alcançando o máximo em 30-60 minutos, e desaparecendo lentamente em 24 horas.

20. O paciente também pede que seja usado o esteróide mais potente com ação rápida para o curso do tratamento ser diminuído. Qual esteróide você escolhe?

Efeitos antiinflamatórios de esteróides tópicos diferem, dependendo da situação clínica e do método de medida. Contudo, algumas generalizações podem ser feitas:

1. Concentrações maiores e uso mais freqüente, a cada cinco minutos, aumentam a concentração dos esteróides na córnea e no aquoso.

2. Com o epitélio corneano intacto, suspensão de acetato de prednisolona > solução alcoólica de dexametasona > solução de fosfato de sódio de prednisolona > pomada de fosfato de dexametasona.

3. Com defeito epitelial corneano, solução de fosfato de sódio de prednisolona > solução de fosfato de dexametasona > suspensão de acetato de prednisolona.

21. O paciente inicia com acetato de prednisolona 1% quatro vezes ao dia. Sua cicatriz começa a diminuir, mas ele retorna após duas dias com queixa de que um precipitado branco se forma na conjuntiva, e insiste em mudar a medicação para melhorar esse incômodo. Qual esteróide você escolhe agora?

As suspensões deixam um precipitado branco que alguns pacientes acham desagradável. Além disso, mesmo agitando a embalagem antes de usar, uma quantidade variável de suspensão pode ser liberada, dependendo se as partículas não estão distribuídas. Por isso, alguns oftalmologistas preferem soluções de fosfato, mesmo tendo menor potência em epitélio intacto. Uma troca para fosfato de prednisolona 1% é razoável se o paciente estiver de acordo.

22. No décimo dia da terapia com esteróides, a cicatriz corneana está melhorando rapidamente, mas o paciente se queixa de sensação de corpo estranho. O exame revela dendritos grandes no epitélio corneano. O que você deve fazer?

Os esteróides não causam ceratite herpética, mas podem promovê-la quando há reativação viral na presença de esteróides na superfície ocular. Geralmente os dendritos são grandes e numerosos na presença de esteróides, e os mesmos devem ser suspensos ou rapidamente diminuídos. É claro que altas doses de trifluridina devem ser iniciadas.

23. Felizmente, os dendritos cicatrizaram rapidamente, e a cicatriz corneana anterior diminuiu significativamente com retorno da visão para 20/20 naquele olho. Quatro anos se passaram, e agora o paciente está procurando emprego. As oportunidades são escassas, e sua única oferta é a de uma grande companhia de saúde que espera usá-lo como farmacêutico e como médico para cortar gastos. Certamente, ele está estressado. Agora ele nota extrema fotofobia e hiperemia de seu olho. O exame revela edema estromal corneano e precipitados ceráticos focais consistentes com ceratouveíte por herpes simples. O que você deve fazer?

Alguns estímulos, incluindo o estresse, promovem a recorrência de ceratite herpética. Outros estímulos incluem menstruação, febre, exposição ao sol. Se a inflamação é intensa ou a visão central é afetada, os esteróides devem ser dados junto com cobertura com trifluridina para diminuir a cicatrização corneana e a inflamação ocular. Um regime pode ser trifluridina e acetato de prednisolona 1%, ambos quatro vezes ao dia. Outros regimes podem ser aceitos, mas um deles, fácil de lembrar, é adicionar trifluridina gota a gota com esteróide tópico. A cobertura antiviral será provavelmente desnecessária abaixo de uma gota diária de acetato de prednisolona 1%.

24. Dois dias depois, apenas uma pequena melhora é notada, mas a pressão intra-ocular é de 35 mmHg. O que aconteceu?

O aumento significante da pressão intra-ocular tem sido demonstrado em até 6% dos pacientes após seis semanas de dexametasona tópica, e pacientes com glaucoma ou história familiar de glaucoma são mais suscetíveis. O mecanismo parece ser a diminuição de fluxo do aquoso, talvez por deposição de mucopolissacarídeos na malha trabecular. A quantidade de aumento da pressão intra-ocular varia com o tipo e com a dose do esteróide. Usualmente, esteróides com grande ação antiinflamatória aumentam mais a pressão. Por exemplo, esteróides com baixa potência e bio-disponibilidade intra-ocular, como a fluormetolona, causam menores aumentos na pressão intra-ocular após uso prolongado do que esteróides mais potentes, como a dexametasona. A rimexolona talvez seja exceção, pois parece ter supressão similar das células de câmara anterior e *flare* que acetato de prednisolona 1%, com elevação da pressão intra-ocular semelhante à fluormetolona. Embora a elevação da pressão ceda, usualmente em duas semanas, por diminuição ou suspensão do esteróide, alguns pacientes necessitam de drogas que aumentem o fluxo do aquoso.

Contudo, o aumento da pressão raramente ocorre em menos de duas semanas e certamente nunca ocorrerá após dois dias de terapia. O paciente com inflamação intra-ocular, especialmente em ceratouveíte herpética, pode ter elevação da pressão por inflamação. Por isso, nesse paciente, os esteróides devem ser aumentados, e não diminuídos.

25. A freqüência de administração de acetato de prednisolona foi aumentada para cada três horas enquanto acordado, e, associado, timolol, duas vezes ao dia. Uma semana depois, a pressão intra-ocular foi normalizada, e a inflamação intra-ocular foi diminuída. O acetato de prednisolona foi reduzido para duas vezes ao dia. O paciente retorna, dois dias depois, com recorrência da dor e fotofobia; também há a piora da inflamação ocular. O que aconteceu?

Você diminuiu os esteróides muito rapidamente; uma regra é não diminuir mais do que metade da dose anterior, especialmente em ceratouveíte herpética, na qual o rebote inflamatório é freqüente. Certifique-se de que o paciente ainda usa o colírio. Às vezes, o paciente pára o colírio abruptamente quando sente-se melhor e tem rebote inflamatório.

26. Revise os esteróides tópicos mais comuns disponíveis com seu nome comercial e genérico.

Nome Genérico	*Nome Comercial*	*Preparação*
Fosfato de sódio de dexametasona	Maxidex	Colírio e pomada 0,1%
	Minidex	Colírio 0,05%
	Dexaminor	Colírio e pomada 0,05%
	Dexametasona	Colírio e pomada 0,005%, 0,05%, 0,1%
Fluormetolona	Florate	Colírio 0,1%
	Flumex	Colírio 0,1%, 0,25%
Acetato de prednisolona	Predforte	Colírio 1%
Fosfato de sódio de prednisolona	*Inflamase forte, AK-pred 1%	Colírio 1%
	*Inflamase mild, AK-pred 0,125%	Colírio 0,125%
Rimexolona	*Vexol	Colírio 1%

*Comercializados nos EUA.

BIBLIOGRAFIA

1. Abelson MB, Butrus S: Corticosteroids in ophthalmic practice. In Jakobiec FA, Albert D (eds): Principles and Practice of Ophthalmology, vol. 6. Philadelphia, W.B. Saunders, 1994, pp 1013-1022.
2. Axelrod J, Glew R, Barza M, et al: Antibacterials. In Jakobiec FA, Albert D (eds): Principles and Practice of Ophthalmology, vol. 6. Philadelphia, W.B. Saunders, 1994, pp 940-960.
3. Baum JL: Initial therapy of suspected microbial corneal ulcers. I: Broad antibiotic therapy based on prevalence of organisms. Surv Ophthalmol 24:97-105, 1979.
4. Callegam MC, Engel LS, Hill JM, et al: Ciprofloxacin versus tobramycin for the treatment of staphylococcal keratitis. Inv. Ophthalmol Vis Sci 35:1033-1037, 1994.
5. Foster CS, Alter G, Debarge LR, et al: Efficacy and safety of rimexolone 1% ophthalmic suspension vs. 1% prednisolone acetate in the treatment of uveitis. Am J Ophthalmol 122:171-182, 1996.
6. Leibowitz HM, Bartlett JD, Rich R, et al: Intraocular pressure-raising potential of 1% rimexolone in patients responding to corticosteroids. Arch Ophthalmol 114:933-937, 1996.
7. Tripathi RC, Tripathi BJ, Li J, et al: Ocular pharmacology. In Basic and Clinical Science Course, sect 2. San Francisco, American Academy of Ophthalmology, 1995, pp 312-354.
8. Ueno N, Refojo MF, Abelson M: Pharmacokinetics. In Jakobiec FA, Albert D (eds): Principles and Practice of Ophthalmology, vol 6. Philadelphia, W.B. Saunders, 1994, pp 916-928.

12. OLHO SECO

Peter R. Laibson, M.D.

1. Qual é a definição de olho seco?

O olho seco, ou ceratoconjuntivite *sicca*, é uma condição na qual o filme lacrimal é deficiente e não pode desempenhar sua função de lubrificar a superfície anterior da córnea. As alterações resultantes na superfície ocular geram desconforto nos olhos.

2. O que é o filme lacrimal pré-corneano?

O filme lacrimal pré-corneano é uma camada fluida fina medindo aproximadamente 7 mícrons de espessura. Localiza-se na superfície anterior da córnea adjacente ao epitélio corneano.

3. Descreva os tipos de condições de olho seco.

Há basicamente dois tipos de condições de olho seco: (1) o olho seco com deficiência de lágrima, no qual o componente fluido do filme lacrimal é insuficiente ou diminuído; (2) o olho seco tipo evaporativo, no qual outras alterações podem ser relacionadas ao filme lacrimal, como as das pálpebras, à dificuldade com lentes de contato que se apóiam no filme lacrimal, ou às alterações na superfície corneana.

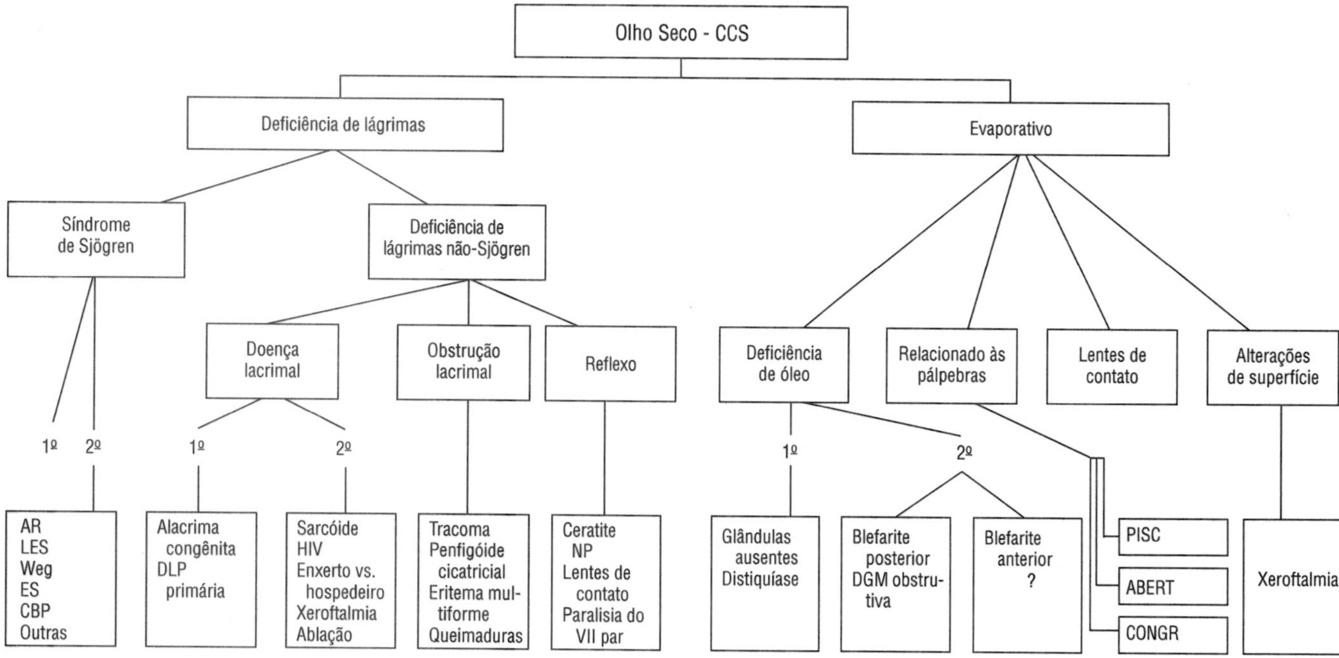

AR = artrite reumatóide
LES = lúpus eritematoso sistêmico
Weg = granulomatose de Wegener
ES = esclerose sistêmica
CBP = cirrose biliar primária
Outras = outras doenças auto-imunes

Ceratite NP = neuroparalítica
DLP = doença lacrimal primária
DGM = doença das glândulas de Meibomius
PISC = anormalidades da piscadela
ABERT = anormalidades da abertura
CONGR = incongruência da superfície palpebral

Classificação do olho seco. (De Lemp MA: Report of the National Eye Institute/Industry Workshop on Clinical Trials in Dry Eyes. CLAO J 21[4]:221-232, 1996, com permissão.)

4. Quais são os componentes do filme lacrimal pré-corneano?

O filme lacrimal pré-corneano consiste de três componentes. A camada externa exposta ao ar é lipídica, fina, derivada das glândulas de Meibomius, cujas aberturas estão nas margens das pálpebras superior e inferior. A camada média do filme lacrimal, a mais espessa, é composta de lágrima aquosa derivada das glândulas lacrimais principal e acessórias. A camada mais interna é de mucina aderida à superfície externa das células epiteliais (superfície vilal). Esse gel mucoso é responsável pela camada aquosa permanecer intacta na superfície corneana. A mucina é principalmente derivada das células caliciformes (*globet*) conjuntivais, mas pode ser produzida pelas células epiteliais da córnea e da conjuntiva.

5. Como o filme lacrimal mantém sua posição na superfície epitelial corneana?

Fatores hidrodinâmicos, como difusão mecânica e *clearance* lacrimal durante o piscar, e tensão superficial do filme lacrimal, ajudam a mantê-lo pré-corneano na superfície corneana.

6. Quais são os sintomas da condição de olho seco?

Os sintomas de olho seco são derivados da menor presença ou do volume diminuído do filme lacrimal pré-corneano. Os sintomas consistem de irritação, de sensação de corpo estranho, de uma sensação de areia no olho e de sensibilidade à luz. Esses sintomas são mais prevalentes à tarde e à noite do que ao acordar. Pacientes em ambientes secos ou empoeirados, ou em ambientes que tenham poluição do ar, são mais sintomáticos do que pacientes não-expostos a irritantes oculares.

7. Que condições são vistas junto com a ceratoconjuntivite *sicca*?

Os pacientes com olho seco geralmente têm blefarite e inflamação das pálpebras, o que pode ou não ser resultado de uma infecção estafilocócica das glândulas de Meibomius. Outra condição associada é a blefarite seborréica, a qual geralmente ocorre junto com a ceratoconjuntivite *sicca*. Os pacientes com doença do colágeno são mais propensos a desenvolver ceratoconjuntivite *sicca*.

8. O que é a síndrome de Sjögren? Como está relacionada à condição de olho seco?

A síndrome de Sjögren é uma tríade de sintomas: olho seco, boca seca (xerostomia) e uma doença vascular do colágeno, geralmente artrite reumatóide. Outras doenças vasculares do colágeno incluem lúpus eritematoso sistêmico, granulomatose de Wegener, escleroderma, esclerose sistêmica, cirrose biliar primária e outras doenças auto-imunes.

9. Que medicação pode piorar ou mesmo propiciar uma condição de olho seco?

Muitas medicações tópicas e sistêmicas podem exacerbar uma condição de olho seco. Os colírios podem piorar o olho seco porque a medicação ou o preservativo podem causar toxicidade ao epitélio corneano. Os antibióticos aminoglicosídeos (por exemplo, neosporina e gentamicina), alguns beta-bloqueadores e até mesmo lágrimas artificiais com preservativo podem piorar um estado de olho seco. Qualquer colírio com preservativo pode alterar a superfície ocular.

Várias medicações sistêmicas podem diminuir a produção do filme lacrimal e exacerbar a condição de olho seco. A atropina e a escopolamina podem diminuir a produção de lágrima. Estrógenos, medicação anti-hipertensiva, drogas antidepressivas, maconha, morfina e nume-rosas medicações usadas sistemicamente podem diminuir a produção do filme lacrimal e exacerbar a condição de olho seco.

10. Os homens ou as mulheres são mais propensos a desenvolver olho seco?

As mulheres são mais propensas do que os homens a desenvolver olho seco durante a vida, provavelmente por relação ao nível variável de estrógeno na pós-menopausa, na qual o olho seco é visto com mais freqüência.

11. Em que idade as pessoas desenvolvem ceratoconjuntivite *sicca*?

A ceratoconjuntivite *sicca* pode ser vista em qualquer idade, mas é mais freqüente após os 60 anos, em mulheres. Pode ser vista também – mas é pouco comum – em bebês ou crianças pequenas. Pode ser prevalente em pessoas com 20-30 anos, mas, a menos que seja suspeita, pode-se deixar de diagnosticá-la porque a maioria das pessoas com olho seco tem idade avançada. As pacientes mais jovens que desenvolvem ceratoconjuntivite *sicca* podem posteriormente desenvolver doenças do colágeno. O olho seco pode ser a manifestação mais precoce da doença vascular do colágeno.

12. Quais são os sinais mais comuns da doença do olho seco?

Freqüentemente, os estágios iniciais dessa doença são relacionados mais a sintomas do que a sinais oculares. Quando os sinais de olho seco ocorrem, eles incluem diminuição do filme lacrimal e debris no filme lacrimal. Injeção conjuntival e aceratite superficial puntacta intermitentes, bem como conjuntivite *puntacta* superficial, podem ser vistas. Os pacientes também podem desenvolver ceratite filamentar com seus problemas de olho seco. A blefarite geralmente está associada com o olho seco.

13. Que alterações conjuntivais podem causar olho seco?

Os pacientes com olho seco evaporativo podem ter cicatrizes conjuntivais, que diminuem ou eliminam a produção da camada mais interna do filme lacrimal (camada mucosa) pelas células caliciformes (*globet*). As doenças cicatrizantes conjuntivais incluem penfigóide cicatricial ocular; cicatrização severa por estágios finais de eritema multiforme (síndrome de Stevens-Johnson); queimadura ocular, particularmente queimaduras por álcali da conjuntiva; circunstância rara de cicatriz conjuntival por doença do enxerto *versus* hospedeiro em pacientes com transplante de medula óssea. Os pacientes com outras alterações conjuntivais que acompanham condições como aniridia também podem ter olho seco.

14. Como a ceratoconjuntivite *sicca* é diagnosticada?

Os pacientes que tenham sintomas de olho seco precisam mostrar evidências de ceratoconjuntivite *sicca* para o diagnóstico e para a instituição da terapia. Os primeiros sinais de olho seco podem ser vistos na lâmpada de fenda, os quais incluem diminuição do menisco lacrimal, com debris e muco no filme lacrimal. Esses sinais indicam que o volume de lágrima está diminuído. Pequenos pontos cinzas na superfície corneana e na injeção conjuntival podem ser vistos. A condição de olho seco geralmente está acompanhada por inflamação conjuntival e por blefarite seborréica ou estafilocócica.

15. Que testes objetivos ajudam a fazer o diagnóstico de ceratite sicca?

O oftalmologista dispõe de vários métodos no consultório para auxiliar no diagnóstico de olho seco. A coloração do epitélio corneano e conjuntival com fluoresceína, usualmente na fissura interpalpebral exposta ou no terço inferior da córnea, pode ser evidente. O ponto de coloração mais precoce pode estar situado ao longo do limbo, entre 3 e 5 horas e entre 7 e 9 horas. Também pode haver coloração do epitélio conjuntival em pontilhado na fissura interpalpebral exposta. Usualmente, o epitélio corneano e conjuntival na metade superior da córnea são poupados nos estágios iniciais do olho seco. A coloração rosa bengala cora as células epiteliais degeneradas que ainda estão no lugar, podendo corar mais precocemente do que a fluoresceína. O rosa bengala não é tão acessível quanto a fluoresceína, e pode acusar irritação se usado em forma concentrada.

16. Como a estabilidade do filme lacrimal pode ajudar no diagnóstico?

Uma vez que a fluoresceína é colocada na superfície corneana, o filme lacrimal assume uma aparência fina, verde-escuro uniforme, à medida que o corante se dispersa. Nas regiões em que o filme lacrimal é insuficiente, a uniformidade pode ser quebrada rapidamente, indicando a presença de condição de olho seco relativa. O tempo normal de rotura do filme lacrimal é de 10 segundos, mas diminui com a idade. Embora o teste da fluoresceína seja variável, um tempo de rotura de um a três segundos é indicativo de diminuição do filme lacrimal, e o estado de olho seco existe.

17. O que é o teste de Schirmer? Como ele pode ajudar no diagnóstico de olho seco?

No teste de Schirmer, tiras de papel com um corte no final são colocadas na pálpebra inferior. Elas absorvem o filme lacrimal e o fluido do lago lacrimal em um determinado período de tempo, geralmente cinco minutos. Se o paciente tem olho seco de moderado a grave, a quantidade de lágrimas absorvidas pelo papel pode ser zero (sem absorção de lágrima). Em pacientes com olho seco intenso, com pouco filme lacrimal presente, o teste de Schirmer é geralmente zero ou um número muito baixo. Um teste normal geralmente molha o papel em 10 mm, em um período de cinco minutos.

O teste de Schirmer pode ser feito com ou sem anestesia tópica. Quando há suspeita de condição de olho seco, a irritação do papel pode provocar lacrimejamento reflexo e mascarar a presença de olho seco. Por essa razão, uma gota de anestésico tópico é instalada no olho minutos antes de o papel ser colocado na pálpebra inferior. Essa técnica elimina o reflexo e mede o lacrimejamento basal.

O teste de Schirmer sem anestesia avalia o filme lacrimal pré-corneano sem colocação de fluido excessivo da mesma maneira quando é colocado anestésico tópico. Se o teste de Schirmer sem anestesia registra menos de 10, o resultado pode ser considerado positivo em pacientes com idade inferior a 60 anos. Em pacientes com mais de 60 anos, um resultado entre 5-10 mm pode ser considerado normal. Pacientes jovens, que tenham diminuição no teste sem anestesia, podem ter alguma forma de olho seco. A maioria dos olhos secos pode ser avaliada e seguida com o exame na lâmpada de fenda, com corantes de rosa bengala e com fluoresceína com tempo de rotura do filme lacrimal, e com teste de Schirmer, junto com os sintomas do paciente.

18. Qual o tratamento para o olho seco?

A reposição de lágrimas é a terapia de escolha inicial para olhos secos. As lágrimas artificiais são usadas com freqüência variável, dependendo dos sintomas dos pacientes. O *lacrisert* é uma forma sólida de lágrimas artificiais; quando instalado no fundo de saco inferior, ele se dissolve em um período de 12 horas e repõe as lágrimas. Embora raramente usado, o *lacrisert* é efetivo em uma pequena parcela de pacientes. A medicação para estimular a produção de lágrimas não é disponível para humanos, embora pilocarpina seja efetiva em cachorros. O uso de colírio de ciclosporina para ajudar a reverter a perda de tecido de glândula lacrimal por causa imune está sob investigação.

19. Como as lágrimas artificiais devem ser usadas?

A freqüência de uso vai depender dos sinais e dos sintomas dos pacientes. Com ceratite *puntacta* superficial mínima e com sinais leves de olho seco, o uso das lágrimas artificiais quatro a oito vezes ao dia é suficiente para aliviar os sintomas. Se os sintomas forem intermitentes, o paciente pode aumentar ou diminuir o uso, dependendo do caso. Para pacientes com olho seco de moderado a grave, as lágrimas artificiais devem ser usadas a cada duas horas, a cada hora, ou até mesmo a cada 15 minutos nos períodos do dia em que os sintomas são maiores. Os pacientes referem que os sintomas são piores em dias secos, em locais com ar poluído, com fumaça de cigarro ou com produtos químicos possivelmente encontrados em seus locais de trabalho.

20. As lágrimas artificiais devem ser usadas com ou sem preservativos?

As lágrimas artificiais com preservativos têm a vantagem de o paciente poder comprar embalagens grandes e usar por dias, semanas, ou até mesmo meses, caso ele tenha o cuidado de não contaminar a embalagem, não a deixando encostar na margem palpebral ao pingar as gotas. Muitos colírios sem preservativos se contaminam rapidamente porque o bico da embalagem "chupa" o fluido lacrimal, o qual pode conter bactérias. Os pacientes freqüentemente são sensíveis aos preservativos das lágrimas artificiais, bem como à própria lágrima. Os pacientes que são sensíveis ou que necessitam do uso freqüente das mesmas devem usar lágrimas sem preservativo. A desvantagem das lágrimas sem preservativos é que elas necessitam ser descartadas no final do dia. Elas são mais caras do que as embalagens grandes com preservativos, mas o seu conforto e a sua segurança compensam.

21. Como as lágrimas podem ser preservadas no olho?

Se o paciente não pisca corretamente, se ele pisca com pouca freqüência, ou se sua excursão ao piscar é diminuída, ele deve ser instruído a piscar corretamente. As pomadas lubrificantes podem ser usadas ao deitar, se o paciente dorme com os olhos ligeiramente abertos.

A principal forma de preservar a lágrima é a oclusão do ponto lacrimal. Cantoplastia lateral ou estreitamento da fissura palpebral também preservam as lágrimas em alguns pacientes.

22. Quando o ponto lacrimal deve ser fechado em pacientes com sintomas de olho seco?

Os pacientes que necessitam usar colírios a cada duas horas se beneficiam com uma oclusão do ponto lacrimal, primeiro o inferior e depois o superior, para prevenir a perda de lágrima pelo sistema lacrimal.

Primeiro, o ponto lacrimal inferior deve ser fechado temporariamente com um *plug*. Há *plugs* de vários tamanhos, variando de 0,5 a 0,8 mm. A maioria dos pacientes fica confortável com *plugs* de 0,5 a 0,6 mm. Esses são facilmente inseridos e causam pequeno desconforto. Os *plugs* na pálpebra inferior geralmente ficam no lugar de um a quatro ou cinco meses. Se o paciente ficar confortável durante esse período, o ponto pode ser fechado permanentemente com cautério.

23. Quando os pontos superiores são fechados?

Se o paciente tem um *plug* no ponto inferior e os sintomas continuam, principalmente se acompanhados por ceratite superficial e corando com rosa bengala, o ponto superior deve ser fechado. Prefiro fechar temporariamente o ponto superior com *plug* ou definitivamente com cautério. Aproximadamente de 10 a 20% do filme lacrimal é perdido pelo ponto superior e o resto pelo inferior. Por isso, é importante fechar o inferior primeiro.

24. Você pode fechar o ponto com outros meios que não o cautério?

Argon laser, excimer laser, fechamento cirúrgico com sutura e adesivos de cianoacrilato têm sido usados para fechar o ponto permanentemente. O meio mais barato e mais efetivo é o cautério quente.

25. Que outras modalidades cirúrgicas são disponíveis para tratar o olho seco?

A tarsorrafia lateral é usada em pacientes com fissuras palpebrais grandes, expostas (como no caso de doença de Graves), ou com piscar pobre ou infreqüente. Esse procedimento diminui a fissura palpebral, diminui a evaporação e mantém a superfície ocular.

A transferência do ducto da parótida, que permite que a saliva aja como lubrificante ocular, foi usada no passado, mas é um procedimento difícil e não muito efetivo.

BIBLIOGRAFIA

1. Chow CYC, Gibard JP: Tear film. In Krachmer JH, Mannis MJ, Holland EJ (eds): Cornea, vol 1. St Louis, Mosby, 1997, pp 49-60.
2. Fox RI: Systemic diseases associated with dry eye Int Ophthalmol Clin 34:71-87, 1994.
3. Laibovitz RA, Solch S, Andriano K, et al: Pilot trial of cyclosporine 1% ophthalmic ointment in the treatment of keratoconjunctivits sicca. Cornea 12(4):315-323, 1993.
4. Lemp MA: Report of the National Eye Institute/Industry Workshop on Clinical Trials in Dry Eyes. CLAO J 21(4):221:232, 1996.

13. DISTROFIAS CORNEANAS

Sadeer B. Hannush, M.D., e *Lorena Riveroll*, M.D.

1. O que são distrofias corneanas?

As distrofias corneanas são alterações corneanas bilaterais, hereditárias, não-inflamatórias, geralmente progressivas, as quais geralmente não são associadas a nenhuma doença sistêmica. A maioria das distrofias é autossômica dominante e ocorre após o nascimento. Pelo fato de cada distrofia poder exibir um grande espectro de manifestações clínicas, o exame de outros membros da família ajuda no diagnóstico.

2. Como as degenerações diferem das distrofias?

Em contraste com as distrofias, as degenerações são alterações uni ou bilaterais relacionadas com a idade e não são herdadas. Elas também não são associadas com doenças sistêmicas.

3. Descreva a classificação anatômica geral das distrofias.

1. *Distrofias de membrana anterior* incluem distúrbios afetando o epitélio corneano, a membrana basal epitelial e a membrana de Bowman.

2. *Distrofias do estroma* ocorrem em qualquer local da camada estromal entre as membranas de Bowman e de Descemet.

3. *Distrofias de membrana posterior* são as anormalidades primárias do endotélio e da membrana de Descemet.

4. Descreva os padrões de herança das distrofias de membrana anterior.

Todas as distrofias de membrana anterior são autossômicas dominantes. Os exemplos são a distrofia epitelial juvenil de Meesmann, a distrofia da membrana basal do epitélio e as distrofias corneanas da membrana de Bowman.

5. Qual é a distrofia de membrana anterior mais comum? Qual é estritamente epitelial?

A distrofia da membrana basal do epitélio é certamente a mais comum. De fato, é a de maior prevalência de todas as distrofias corneanas. As áreas de membrana extra resultam em alterações com padrão de mapa (*maplike*), ou de impressão digital (*fingerprint*), bem como em microcistos epiteliais. Em 5% de córneas anteriormente normais foram observadas essas alterações.

A segunda em prevalência são as distrofias da membrana de Bowman (CDBs): Reis-Bückler verdadeiro (CDB-I) e a distrofia em favo de mel de Thiel-Behnke (CDB-II). Esses distúrbios consistem de opacidades reticulares cinzas abaixo do epitélio.

A distrofia de Meesmann é a mais rara das três. Essa alteração, notada nos primeiros anos de vida, apresenta-se com um padrão bilateral simétrico de microcistos ou de vesículas vistos exclusivamente no epitélio corneano, usualmente na fissura palpebral.

6. Quais são os sintomas mais comuns que as distrofias de membrana anterior apresentam?

Primeiro são os sintomas relacionados com erosão corneana – dor, sensação de corpo estranho, fotofobia e lacrimejamento, principalmente quando se abre os olhos durante o sono ou ao acordar. As erosões são muito comuns no cenário das distrofias de membrana basal do epitélio. O segundo sintoma é visão borrada decorrente de opacidades e de irregularidades na superfície corneana, mais freqüentes nas distrofias da membrana de Bowman.

7. Discuta as opções de tratamento para erosões recorrentes corneanas associadas com distrofias de membrana anterior.

A conduta conservadora inclui o uso abundante de colírios lubrificantes oculares durante o dia e o uso de pomadas durante a noite. Alguns médicos advogam o uso de esteróides tópicos para estabilizar a membrana basal, enquanto outros advogam soluções salinas hipertônicas, especialmente na forma de pomadas, para desidratar o epitélio e ajudar na sua adesão a outras camadas. A oclusão convencional ou por meio de lentes de contato hipoteticamente diminui o efeito mecânico do movimento palpebral na já desnuda superfície corneana. Casos recorrentes podem necessitar de cirurgia.

8. Discuta os procedimentos cirúrgicos no tratamento de distrofias de membrana anterior.

No cenário de erosões recorrentes, o desbridamento mecânico do epitélio solto ou o agulhamento do estroma anterior, junto com o uso de lentes terapêuticas, pode ajudar na reepitelização da superfície e na adesão do epitélio às camadas adjacentes. O desbridamento mecânico também pode ser usado para remover uma membrana basal irregular se uma diminuição de visão é notada. Para distrofias da membrana de Bowman, uma ceratoplastia lamelar ou superficial mais agressiva pode ser usada. Ceratoplastias lamelar ou penetrante também podem ser usadas.

9. O *laser* tem algum papel?

O *laser* de *yttrium-aluminum-garnet* (YAG) tem sido usado no lugar do agulhamento do estroma anterior, mas não demonstra nenhuma vantagem nítida. O *excimer laser* tem sido usado para o tratamento de erosões recorrentes associadas com distrofia de membrana anterior e com a remoção de camadas profundas em casos de distrofia de Reis-Bückler e Thiel-Behnke. Embora, em um primeiro momento, o *excimer laser* não ofereça uma vantagem tão clara sobre o desbridamento, em um segundo momento ele suplanta a ceratoplastia lamelar como tratamento de escolha.

10. Descreva os padrões de herança de distrofias estromais.

1. *Autossômico dominante:* granular (Groenouw tipo I), *lattice*, Avellino granular-*lattice*, cristalina de Schnyder, opacidade central de François, pré-Descemet, hereditária congênita (estromal), amorfa posterior.

2. *Autossômico recessivo:* macular (Groenouw tipo II) e possivelmente gelatinosa em padrão de gota.

11. Correlacione a distrofia estromal com o padrão histoquímico para as substâncias acumuladas.

1. *Granular:* Tricrômio de Masson cora hialina.

2. *Lattice:* Vermelho congo cora amilóide (depósitos de amilóide exibem birrefringência e dicroísmo à luz polarizada).

3. *Macular:* Azul de Alcian cora mucopolissacarídeos (glicosaminoglicans).

Distrofias *lattice* e macular também coram com ácido periódico de Schiff.

12. Descreva as características clínicas das distrofias estromais maiores.

Característica	*Distrofia Granular*	*Distrofia* Lattice	*Distrofia Macular*
Idade de início			
Depósitos	Primeira década	Primeira década	Primeira década
Sintomas	Terceira década ou nenhum	Segunda década	Primeira década
Diminuição da visão	Quarta ou quinta década	Segunda ou terceira década	Segunda ou terceira década
Erosões	Incomum	Freqüente	Comum
Espessura corneana	Normal	Normal	Afilada
Opacidades	Discretas com bordas precisas e estroma claro entre elas, mas tornando-se mais opacificado tardiamente, não estende até o limbo	Linhas refrativas e manchas subepiteliais, *haze* central difuso, não estende até o limbo, exceto em casos avançados	Bordas não-precisas com estroma opacificado entre elas, estende até o limbo; lesões centrais mais anteriores e lesões periféricas mais posteriores

13. A distrofia *lattice* é associada com amiloidose sistêmica?

Há três tipos de distrofia *lattice*. Somente o tipo II (síndrome de Meretoja ou amiloidose familiar polineuropatia tipo IV), que um tem menor envolvimento corneano do que os tipos I e III, é associado com achados sistêmicos, incluindo blefarocalase, paralisia do nervo facial bilateral, neuropatia periférica e amiloidose sistêmica.

14. Qual é o diagnóstico diferencial dos cristais estromais corneanos? Quais são as alterações sistêmicas associadas com a distrofia cristalina de Schnyder?

O diagnóstico diferencial inclui distrofia periférica cristalina de Bietti, cistinose e disproteinemias, assim como mieloma múltiplo, macroglobulinemia de Waldenstrom e gamopatia monoclonal benigna.

A distrofia de Schnyder é fortemente associada à hipercolesterolemia com ou sem hipertrigliceridemia. Não há associações com dislipidemias primárias, e o nível sérico de lípides não se relaciona com a densidade das opacidades corneanas. A distrofia representa uma alteração local do metabolismo do colesterol. De importante, nem todos os pacientes com a distrofia de Schnyder têm evidência clínica de depósitos cristalinos corneanos.

15. Como a distrofia central de François difere do *shagreen* posterior?

Embora alguns médicos argumentem que as localizações das lesões diferem nas duas entidades, as lesões são clinicamente as mesmas. Geralmente é aceito que as lesões poligonais em "gelo quebrado" da distrofia sejam mais centrais, profundas e, por definição, bilaterais, com um padrão de herança. De outro modo, o *shagreen* posterior é, em geral, periférico e, no estroma anterior, é classificado como degeneração. De importante, ambos são relacionados com espessura corneana normal, mas não com erosão recorrente ou com comprometimento significativo da visão.

16. O que caracteriza a distrofia de Avellino?

A distrofia de Avellino tem sido chamada de distrofia granular-*lattice*. No início do quadro, os depósitos granulares ocorrem no estroma anterior, seguidos de lesões lattice nos estromas médio e posterior; finalmente, ocorre a opacidade do estroma anterior. Mais pacientes com distrofia de Avellino experimentam erosões recorrentes do que pacientes com distrofia granular. Recentemente, os genes relacionados com as doenças de distrofia *lattice* tipo I, granular, Avellino, Reis-Bückler foram mapeados para o cromossomo 5q, sugerindo uma das seguintes possibilidades:

1. Um gene familiar corneano existe nessa região; ou
2. Essas distrofias corneanas representam heterogenicidade alélica (isto é, diferentes mutações do mesmo gene manifestadas com fenótipos diferentes); ou
3. Elas são a mesma doença.

17. Como são tratadas as distrofias estromais?

Sabendo que algumas distrofias, tais como a *lattice* e a Avellino, são associadas com erosão recorrente, elas são tratadas como descrito anteriormente. Quando as lesões alteram a visão e são restritas ao terço anterior do estroma, geralmente é indicada uma ceratectomia lamelar cirúrgica ou fototerapêutica (PTK) com *excimer laser*. Se a lesão é profunda, uma ceratoplastia lamelar ou penetrante pode ser necessária.

18. A ceratoplastia penetrante é um tratamento definitivo?

Em muitos casos, a ceratoplastia penetrante para distrofia estromal é associada com a recorrência da patologia no transplante até mesmo antes de um ano após a cirurgia. A patologia recorrente é, algumas vezes, mais leve do que a original, mas geralmente requer outro transplante.

19. Liste as três distrofias da membrana posterior.

1. Distrofia polimorfa posterior (PPMD)
2. Distrofia de Fuchs
3. Distrofia hereditária endotelial congênita (CHED)

20. Qual é o comprometimento clínico comum?

Todas as três distrofias compartilham o edema e o aumento da espessura da córnea, resultando em comprometimento visual.

21. Descreva os padrões de herança das três distrofias de membrana posterior.

As distrofias polimorfa posterior e de Fuchs têm um padrão autossômico dominante. Existem duas formas de distrofia endotelial congênita hereditária. A forma autossômica dominante se apresenta precocemente na infância, é lentamente progressiva e freqüentemente sintomática. A autossômica recessiva se apresenta ao nascimento e é não-progressiva, mas é associada com comprometimento visual e com nistagmo.

22. Descreva as principais características clínicas das três distrofias de membrana posterior.

Característica	*PPMD*	*Distrofia de Fuchs*	*CHED*
Início	Segunda a terceira décadas; rara ao nascimento	Quinta a sexta décadas	Nascimento a primeira década
Achados corneanos	Vesículas, opacidade difusa e edema de córnea	*Guttata*, espessamento estromal, edema epitelial e fibrose subepitelial	Endotélio raramente visível com espessamento intenso e opacidades corneanas
Outras alterações oculares	Sinéquias periféricas, atrofia de íris/corectopia e glaucoma	Ângulo estreito e glaucoma	Nada
Diagnóstico	Síndrome ICE, CHED inicial	*Pseudoguttata*, síndrome de Chandler, ceratite por herpes diferencial simples, ceratopatia bolhosa do afácico e pseudofácico e outras condições de *guttata*	Glaucoma congênito, opacidade metabólica, anomalia de Peter, trauma por fórceps, PPMD inicial e etiologias infecciosas

ICE = irido-corneana endotelial.

23. Como a distrofia de Fuchs difere da córnea *guttata*?

A córnea *guttata* refere-se basicamente a um padrão corneano que é, com freqüência, encontrado na córnea central, às vezes coalescente, produzindo uma aparência de metal batido, associado com pigmentação aumentada. Essa alteração não afeta significativamente a visão. Em 1910, Fuchs descreveu uma condição mais grave associada ao espessamento estromal e ao edema epitelial com comprometimento visual secundário. Elas representam diferentes estágios da mesma doença.

24. Descreva a conduta frente a um paciente com distrofia de Fuchs.

1. História: cirurgia ocular prévia?

2. Exame biomicroscópico: *guttata* endotelial, espessamento estromal e edema epitelial com possíveis bolhas subepiteliais.

3. Medida de pressão intra-ocular.

4. Paquimetria óptica ou ultra-sônica.

5. Microscopia especular para avaliar o número, o tamanho e o formato das células endoteliais.

25. Que características coincidentes são vistas na PPMD e na síndrome ICE?

O endotélio corneano anormal, as sinéquias periféricas anteriores, a corectopia e o glaucoma.

26. O que é único na CHED corneana?

A espessura corneana bastante aumentada, não vista em outra distrofia corneana.

27. Discuta a conduta e o prognóstico nas distrofias de membrana posterior.

O tratamento conservativo tem um papel pequeno, especialmente em estágios iniciais da distrofia de Fuchs. A solução salina hipertônica tópica, a desidratação corneana com secador de cabelo e a redução da pressão intracorneana podem diminuir o edema de córnea e melhorar a visão. As lentes de contato terapêuticas podem ser usadas em erosões recorrentes ou em bolhas subepiteliais. Contudo, quando a visão é bastante diminuída pela distrofia de Fuchs ou por outras distrofias de membrana posterior, a solução definitiva é ceratoplastia penetrante, a qual tem o melhor prognóstico em distrofia de Fuchs, especialmente quando não acompanhada de glaucoma; um prognóstico consideravelmente bom em PPMD não acompanhado de glaucoma; um prognóstico reservado em CHED, especialmente em pacientes em idade pediátrica.

28. Pode a PPMD recorrer no transplante?

Foi reportada recorrência de PPMD em transplante.

29. Discuta as considerações de cirurgia de catarata combinada com transplante de córnea em pacientes com distrofia de Fuchs.

1. *Primeiro caso: catarata significante com função corneana borderline*. A decisão de fazer transplante de córnea junto com a cirurgia de catarata deve ser baseada em vários fatores, incluindo desde a aparência do endotélio corneano até a microscopia especular; a espessura corneana, a variação da visão durante o dia e a necessidade visual pós-operatória do paciente. Os pacientes sem evidência de edema estromal franco, incluindo falta de visão borrada pela manhã e uma espessura corneana estável menor que 620 m, toleram a retirada somente da catarata. O risco de descompensação corneana é menor do que a rápida reabilitação visual da cirurgia de catarata. Em outro caso, nos pacientes com edema estromal franco, com espessura corneana maior que 650 m, ou com um aumento na espessura durante o dia de mais de 10%, a córnea não tolera a extração da catarata. O paciente se beneficiará do procedimento triplo (extração da catarata com implante de lente intra-ocular e ceratoplastia penetrante).

2. *Segundo caso: edema de córnea requerendo transplante e catarata leve a moderada.* Deve-se pesar o risco adicionado de cirurgia de catarata e a imprevisibilidade do erro refrativo após um procedimento combinado contra o risco de falência do transplante com extração secundária de catarata. Muitos estudos retrospectivos indicam que a maioria dos pacientes que realizam só o transplante posteriormente necessita de cirurgia de catarata. A incidência de descompensação corneana após uma extração secundária de catarata é pequena. Então, para evitar altos custos e o retardo na reabilitação visual, o procedimento triplo é indicado para pacientes com distrofia de Fuchs e com catarata significante, ao invés de cirurgia não-simultânea.

30. Quais são as controvérsias sobre as distrofias que afetam a camada de Bowman?

Até pouco tempo, havia controvérsias sobre as distrofias que afetam a camada de Bowman, pois elas se apresentam de duas formas, mas, historicamente, foram somadas como distrofia de Reis-Bückler. A primeira foi descrita por Reis em 1917 e, posteriormente, por Bückler, em 1949; e a segunda, por Thiel e Behnke, em 1967. Küchle e seus colaboradores recentemente dividiram as distrofias da membrana de Bowman em duas classificações: distrofia corneana da membrana de Bowman tipo I e tipo II. A tipo I é sinônimo da distrofia original de Reis-Bückler, equivalente ao que é descrito como variante superficial da distrofia granular. A tipo II apresenta-se em padrão de favo de mel, conhecida como distrofia corneana de Thiel-Behnke. As duas distrofias têm pequenas diferenças à biomicroscopia. A microscopia elétrica de transmissão, de outro modo, as diferencia sem equívocos.

31. Trivialidades sobre distrofias corneanas

1. O apóstrofo na distrofia de Fuchs (Fuchs' *distrophy*) é após o " s", não antes.

2. Na córnea *guttata*, *guttata* é o adjetivo descrevendo a córnea. As excrescências da membrana de Descemet entre as células endoteliais são *guttae corneanas*, não córneas *guttatas*.

3. Embora o ceratocone seja bilateral e tenha um padrão de herança, é considerado uma ectasia, não uma distrofia.

BIBLIOGRAFIA

1. Adamis AP, Filatov V, Tripathi BJ, Tripathi RC: Fuchs' endothelial dystrophy of the cornea. Surv Ophthalmol 38:149-168, 1993.
2. Arffa RC: Grayson's Diseases of the Cornea, 4th ed. St. Louis, Mosby, 1997.
3. Casey TA, Sharif KW: A Color Atlas of Corneal Dystrophies and Degenerations. London, Wolfe Publishing, 1991.
4. Cullom RD, Chang B (eds): The Wills Eye Manual: Wills Eye Hospital Office and Emergency Room Diagnosis and Treatment of Eye Disease, 2nd ed. Philadelphia, J.B. Lippincott, 1994.
5. Krachmer JH, Mannis MJ, Holland EJ: Cornea. St. Louis, Mosby, 1997.
6. Krachmer JH, Palay DA: Cornea Color Atlas. St. Louis, Mosby, 1997.
7. Küchle M, Green WR, Volcker HE, Barraquer J: Reevaluation of corneal dystrophies of Bowman's layer and the anterior stroma (Reis-Bücklers and Thiel-Behnke types): A light and electron microscopic study of eight corneas and review of the literature. Cornea 14:333-354, 1995.
8. Piñeros OE, Cohen EJ, Rapuano CJ, Laibson PR: Triple versus non simultaneous procedures in Fuchs' dystrophy and cataract. Arch Ophthamol 114:535-545, 1996.

9. Small KW, Mullen L, Barletta J, et al: Mapping of Reis-Bücklers' corneal dystrophy to chromosome 5q. Am J Ophthalmol 121:384-390, 1996.
10. Stone EM: Three autosomal dominant corneal dystrophies mapped to chromosome 5q. Nature Genetics 6:47-51, 1994.
11. Waring GO, Rodriguez MM, Laibson RR: Corneal dystrophies. I: Dystrophies of epithelium, Bowman's layer and stroma. Surv Ophthalmol 23:71-122, 1978.
12. Waring GO, Rodriguez MM, Laibson RR: Corneal dystrophies. II: Endothelial dystrophies. Surv Ophthalmol 23:147-168, 1978.

14. CERATOCONE

Irving Raber, M.D.

1. O que é ceratocone?

Ceratocone é um distúrbio ectásico não-inflamatório da córnea que leva à perda visual variável. A córnea se torna mais curva e afilada, induzindo assim a miopia e o astigmatismo. Em casos avançados, a córnea assume a forma de um cone; daí o termo ceratocone. A condição é geralmente bilateral, mas freqüentemente assimétrica.

2. Quem tem ceratocone?

É difícil estimar a incidência de ceratocone porque o diagnóstico é facilmente ignorado, especialmente nos estágios iniciais. A incidência descrita varia de 400-600 por 100.000. Parece não haver prevalência de sexo. Alguns estudos descrevem predominância feminina, enquanto outros descrevem masculina. Não há predominância racial conhecida.

3. Qual é a causa do ceratocone?

A causa do ceratocone é desconhecida. Várias anormalidades bioquímicas foram relatadas em córneas cônicas, incluindo redução no conteúdo de colágeno, diminuição ou alteração das moléculas de sulfato de keratan, redução total de proteínas e diminuição de material não-protéico, com aumento de atividade colagenolítica e gelatinolítica associada com redução dos níveis de inibidores da matriz de metaloproteinase. Vários estudos mostraram que as anormalidades na enzima e no inibidor de proteinase são mais evidentes na camada epitelial da córnea, o que sugere que o defeito básico do ceratocone seja no epitélio e na sua interação com o estroma. Coçar os olhos tem sido atribuído como causa do ceratocone. Quando perguntados, os portadores de ceratocone admitem coçar os olhos com freqüência.

4. Qual a relação entre o uso de lentes de contato e o ceratocone?

A relação é controversa. Evidências circunstanciais sugerem que o uso de lentes de contato pode levar ao desenvolvimento de ceratocone, especialmente em usuários de longo tempo de lentes rígidas. Esses pacientes tendem a apresentar idade mais avançada e têm córneas mais planas do que os pacientes com ceratocone típico. Além disso, os cones chamados induzidos por lentes de contato são mais centrais do que os cones característicos, que são descentrados inferiormente.

Na síndrome conhecida por deformação por lente de contato, o uso de lentes de contato induz a astigmatismo irregular sem características de ceratocone à lâmpada de fenda. Descontinuar o uso por semanas ou meses elimina o astigmatismo e permite à córnea assumir seu formato normal, enquanto na síndrome de deformação as alterações não melhoram com a suspensão do uso da lente.

Alguns adaptadores de lente de contato são da opinião de que as lentes podem ser usadas para aplanar a córnea e reverter, ou retardar, a progressão do ceratocone. Contudo, acreditamos que o aplanamento induzido pela lente é temporário em ceratocones e as córneas voltam ao seu formato após a suspensão do uso.

5. O ceratocone é hereditário?

O papel da hereditariedade no ceratocone não está bem definido. A vasta maioria dos casos ocorre esporadicamente sem história familiar. Contudo, alguns casos são transmitidos entre família. Um estudo usando topografia corneana para diagnosticar casos subclínicos de ceratocone documentou evidência de transmissão familiar em sete de 12 famílias (58,3%) de pacientes com ceratocone e sem história familiar conhecida de doença corneana ou ocular. Os autores postulam herança autossômica dominante com penetrância incompleta como modo de transmissão.

6. Que alterações sistêmicas são associadas com ceratocone?

Há uma relação definida entre ceratocone e atopia. A prevalência de doenças atópicas como asma, eczema, ceratoconjuntivite atópica e febre do feno é maior em pacientes com ceratocone do que na população normal. Pacientes atópicos têm prurido ocular, e coçar excessivamente os olhos pode contribuir para o desenvolvimento de ceratocone.

Há uma associação entre síndrome de Down e ceratocone. Aproximadamente 5% dos pacientes com Down têm sinais de ceratocone. A incidência de hidropsia aguda em pacientes com Down é bem maior do que em pacientes sem a síndrome. Assim como os pacientes atópicos, os pacientes com Down coçam muito os olhos, e isso pode explicar, pelo menos em parte, a associação com o ceratocone.

O ceratocone também está associado com doenças do tecido conjuntivo, como a síndrome de Ehlers-Danlos, a osteogênese imperfeita, e a síndrome de Marfan. Relatos sobre a relação entre ceratocone, prolapso de válvula mitral e hiperextensão de articulações são conflitantes. Um estudo reportou a relação entre ceratocone e cordão tendíneo falso no ventrículo esquerdo. A relação entre numerosas doenças do tecido conjuntivo e o ceratocone sugerem um defeito na síntese do tecido conjuntivo.

7. Que condições oculares são associadas com ceratocone?

O ceratocone tem sido descrito em associação com várias doenças oculares, incluindo a retinose pigmentar, a amaurose congênita de Leber, a conjuntivite vernal, a síndrome de pálpebra frouxa, a distrofia corneana endotelial e a distrofia polimorfa posterior corneana.

8. Quais são os sintomas do ceratocone?

O início característico do ceratocone é no final da adolescência ou no início dos 20 anos. Os sintomas usualmente começam com visão borrada e sombras ao redor dos objetos. A visão se torna cada vez mis borrada em associação com glare, halos ao redor de luzes, sensibilidade à luz e irritação ocular.

9. Como o diagnóstico de ceratocone é feito?

A topografia corneana pode documentar a presença de ceratocone mesmo antes de os achados ceratométricos e biomicroscópicos se tornarem evidentes. Nos estágios iniciais do ceratocone, os pacientes se apresentam com astigmatismo miópico. Um reflexo de luz irregular em tesoura na retinoscopia pode ser visto com pupila dilatada. À medida que a doença progride, a córnea se torna mais curva e afilada com irregularidade das miras na ceratometria e desenvolvimento de ceratocone óbvio na biomicroscopia.

10. Quais são os sinais topográficos do ceratocone?

O sinal característico de ceratocone na topografia é o aumento da curvatura na média periferia inferior. Numerosos estudos têm tentado definir parâmetros quantitativos topográficos para definir ceratocone. Em um estudo recente, um poder corneano central > 47,20° dioptrias, combinado a um encurvamento da córnea inferior em relação à superior de >1,20 dioptrias, detectou 98% dos paciente com ceratocone. Contudo, é difícil fazer um diagnóstico definitivo de ceratocone baseado somente em parâmetros topográficos. Isso é de muita importância em pacientes em busca de cirurgia refrativa porque os resultados da cirurgia em pacientes com ceratocone não são previsíveis. Pacientes com córnea aparentemente normal podem ter maior curvatura em média periferia inferior >1,2 dioptrias com valores ceratométricos centrais na média de 43-45 dioptrias. É difícil saber se esses pacientes representam uma forma frustra de ceratocone, e, como tais, devem ser dissuadidos de considerar uma cirurgia refrativa. Cada caso deve ser avaliado individualmente.

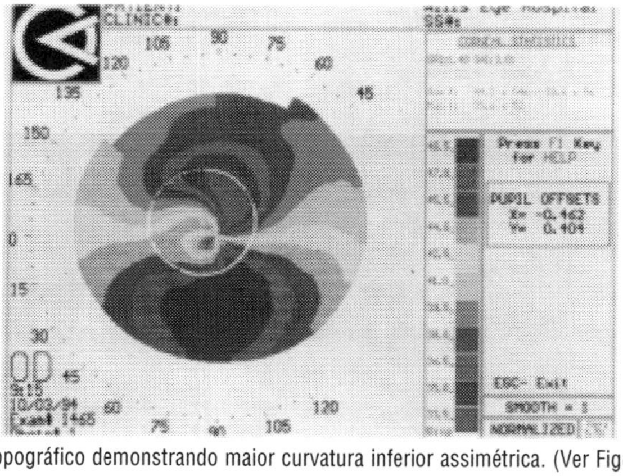

Mapa corneano topográfico demonstrando maior curvatura inferior assimétrica. (Ver Figura 5 do encarte.)

11. Quais são os achados biomicroscópicos do ceratocone?

Os sinais mais precoces do ceratocone são afilamento e aumento de curvatura, usualmente inferiores ao centro da pupila. À medida que o ceratocone progride, o afilamento e a ectasia se tornam mais evidentes com cicatrizes apicais que começam no estroma anterior e progridem para as camadas mais profundas do estroma. Estrias lineares finas aparecem no estroma posterior bem anterior à membrana de Descemet, usualmente com orientação vertical ou oblíqua. Elas são áreas de estresse no estroma posterior e são conhecidas como estrias de Vogt. Elas podem desaparecer momentaneamente pelo aumento da pressão intra-ocular por compressão externa do globo. Ainda mais, em casos leves de ceratocone, elas podem aparecer quando são usadas lentes de contato rígidas, e desaparecer quando a lente é retirada. Um anel de Fleischer é visto normalmente cercando a base do cone, o resultado do depósito de pigmento hemossiderina nas camadas profundas do epitélio. O anel de Fleischer pode circundar apenas parcialmente o cone, e com a progressão da doença tende a circundar completamente com acúmulo mais denso de pigmento que é melhor visto à biomicroscopia com luz azul de cobalto. Linhas fibrilares subepiteliais têm sido descritas em um padrão circular concêntrico dentro do anel de Fleischer. A origem dessas fibrilas é desconhecida, mas tem sido postulado que são filamentos de nervos epiteliais. Espaços anteriores claros que representam quebras na membrana de Bowman são algumas vezes vistos dentro da porção afilada da protrusão cônica. Nervos corneanos proeminentes são mais comuns em córneas cônicas. Em casos mais avançados, quando o olho é rodado para baixo, a ectasia corneana causa protrusão da pálpebra inferior, que é conhecida como sinal de Munson.

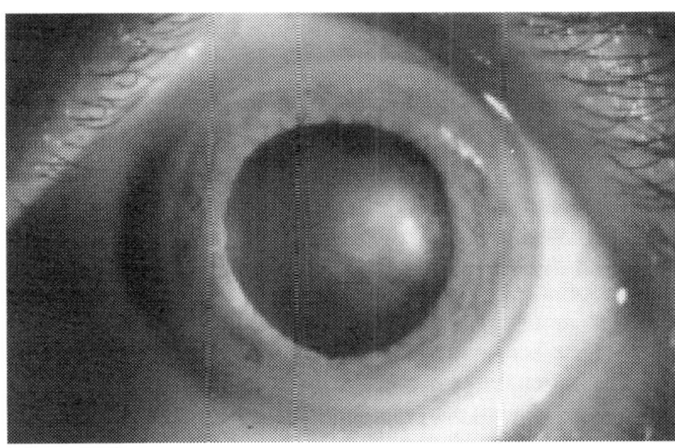

Cicatriz apical.

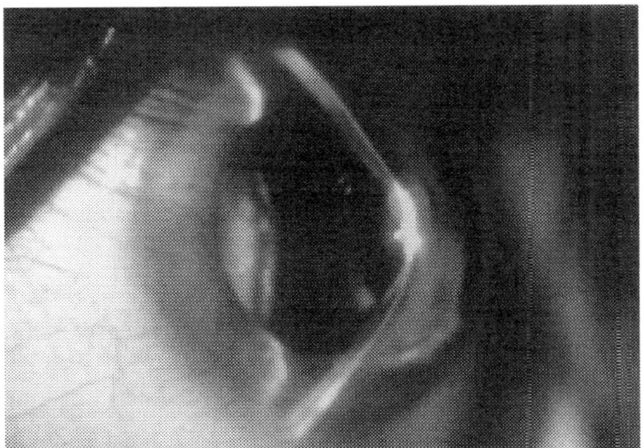

Afilamento e cicatriz apicais demonstrados no feixe.

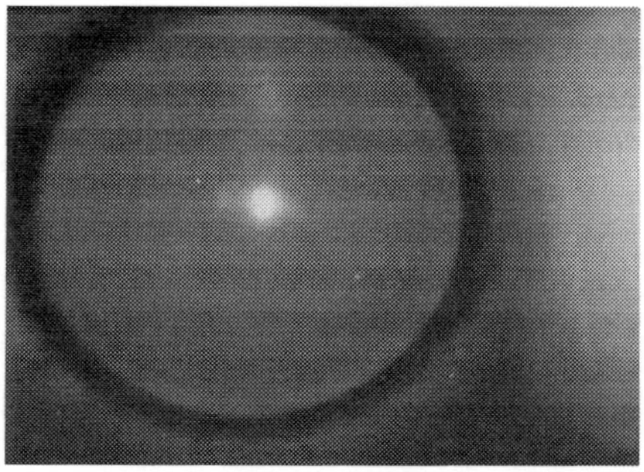

Anel de Fleischer visto em luz azul de cobalto. (Ver Figura 6 do encarte.)

12. Como o ceratocone progride?

O início do ceratocone é geralmente entre o meio e o fim da adolescência, progredindo por muitos anos até estabilizar. Contudo, o início retardado e a progressão até mais tarde não são incomuns. Conforme a doença progride, o afilamento e a ectasia corneana se tornam mais proeminentes com o aumento da cicatrização apical. Dois tipos de cone foram descritos: (1) um redondo pequeno ou *nipple* que tende a ser mais central, e (2) um oval ou *sagging* que tende a ser maior e deslocado inferiormente com o afilamento se estendendo até perto do limbo inferior. A progressão do ceratocone se manifesta com o aumento do afilamento e a protrusão, embora um aumento do cone também ocorra com extensão para a periferia.

13. O que é hidropsia aguda?

A hidropsia aguda ocorre nos casos de cone mais avançados. Rupturas na membrana de Descemet permitem ao aquoso penetrar no estroma corneano, resultando em espessamento e opacidade intensos da córnea que são restritos à área do cone. O estroma envolvido se torna intensamente espessado com fendas grandes, cheias de fluido, com edema epitelial e com formação de bolhas. Raramente um trajeto fistuloso pode se desenvolver resultando em perda de aquoso através do estroma e do epitélio na superfície corneana. O edema de córnea melhora gradualmente em semanas ou meses à medida que as células endoteliais adjacentes à membrana de Descemet aumentam e migram através do defeito, formando uma nova membrana de Descemet. Com a cicatrização, as cicatrizes tendem a aplanar a córnea, facilitando a possibilidade de adaptação subseqüente de lentes de contato. Algumas córneas com hidropsia aguda tendem a desenvolver neovascularização estromal, que aumenta o risco potencial de rejeição do transplante se o mesmo se torna necessário. A hidropsia aguda é mais comum em pacientes com síndrome de Down e ceratoconjuntivite vernal, talvez relacionada com trauma repetido por coçar os olhos nesses pacientes.

A maioria dos casos de hidropsia resolve espontaneamente, necessitando de tratamento de suporte com agentes hiperosmóticos tópicos como colírio de cloreto de sódio 5% e/ou pomada para promover deturgescência corneana. Alguns pacientes com hidropsia aguda queixam-se de fotofobia intensa e se beneficiam do uso de esteróides e/ou cicloplégicos tópicos. Além disso, esteróides tópicos devem ser usados em pacientes com neovascularização corneana. Uma vez que a hidropsia melhora, o paciente pode tentar usar lentes de contato se a córnea central não tiver se tornado muito cicatrizada. Se não, a única alternativa é o transplante de córnea.

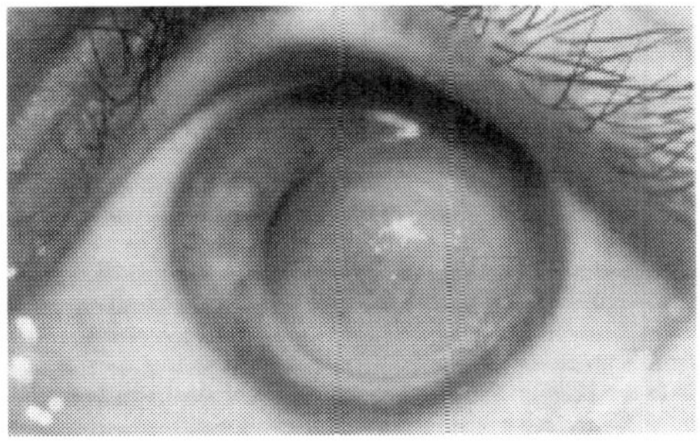

Hidropsia aguda.

14. Qual é a histopatologia do ceratocone?

A maioria dos estudos histopatológicos de córneas cônicas é realizado em casos avançados que requerem ceratoplastia penetrante. Além disso, a maioria dos pacientes foi usuária de longo tempo de lentes de contato, alterando assim as condições histopatológicas.

Alterações foram descritas em todas as camadas da córnea. O estroma corneano é mais fino do que a córnea ao redor. O epitélio do ápice tende a ser mais afilado e aplanado com fragmentação dispersa e deiscência da membrana basal do epitélio. Ferro pode ser demonstrado nas células epiteliais circundando o cone, correspondendo ao anel de Fleischer.

Entre as alterações histológicas mais características do ceratocone estão as roturas de membrana de Bowman, que às vezes são preenchidas com epitélio e/ou colágeno estromal. O estroma anterior pode ser trocado por tecido conjuntivo em arranjo irregular.

A membrana de Descemet é normal se não houver hidropsia. Dependendo do estágio do processo reparativo, posteriormente as roturas na membrana de Descemet com bordos torcidos se tornam cobertas por células endoteliais que deslizam e formam uma nova membrana. As células endoteliais corneanas tendem a ser normais, embora possam exibir pleomorfismo aumentado.

15. Como o ceratocone é tratado?

Casos leves de ceratocone obtêm bons resultados visuais com óculos. À medida que o ceratocone progride, o paciente não é mais capaz de obter bons resultados com os óculos pelo aumento do astigmatismo irregular. Lentes de contato podem então ser usadas para corrigir o astigmatismo, oferecendo grande melhora visual em relação aos óculos. Quando a córnea se torna mais ectásica e irregular, a adaptação de lentes de contato se torna mais difícil e a visão deteriora, necessitando, em último caso, de intervenção cirúrgica.

16. Que tipos de lentes de contato são utilizadas para tratar o ceratocone?

Lentes convencionais gelatinosas miópicas podem ser usadas para casos iniciais sem grande astigmatismo manifesto. Lentes gelatinosas tóricas também podem ser usadas nesses casos. A grande maioria dos pacientes é adaptada com lentes de contato rígidas gás-permeáveis. Adaptar estas lentes em córneas distorcidas e ectásicas é difícil. Numerosos desenhos de lente estão disponíveis para casos de ceratocone, incluindo vários diâmetros de lentes esféricas, asféricas, tóricas, e lentes com múltiplas curvaturas na superfície posterior, como a lente Soper para cone. A lente Soper para cone tem uma curva central maior para adaptar o ápice do cone e curvas periféricas mais planas para alinhar com a periferia normal da córnea. Topografia computadorizada tem sido usada para a adaptação de lentes de contato nesses pacientes.

Lentes de contato grandes esclerais gás-permeáveis têm sido usadas para conduzir pacientes com córneas com grandes ectasias que não se adaptam mais às lentes rígidas convencionais e por alguma razão não são bons candidatos para transplante. Um sistema *piggyback* pode ser usado para a adaptação em ceratocone: uma lente de contato rígida é adaptada sobre uma lente gelatinosa. Esse sistema é caro e dispensa muito tempo do médico e do paciente, mas tem bons resultados em pacientes que não se adaptaram às lentes de contato rígidas convencionais. Um outro desenho especial incorpora uma lente de contato rígida central com uma "saia" periférica gelatinosa para diminuir a sensação da borda das lentes rígidas. Além disso, essas lentes "estilo saturno" podem centralizar melhor e oferecer uma adaptação mais estável pelo seu diâmetro maior que vai além do limbo.

17. Quais são as opções cirúrgicas para tratar o ceratocone?

A intervenção cirúrgica é reservada aos pacientes que não se adaptam às lentes de contato ou que não conseguem uma boa visão com as mesmas. Os pacientes atópicos tendem a vir para cirurgia com muito mais freqüência do que os não-atópicos porque a alergia diminui a tolerância às lentes de contato.

Ceratoplastia penetrante (transplante de córnea de espessura total) é a técnica cirúrgica mais comum para reabilitar pacientes com ceratocone. A técnica exige excisão de toda a córnea, freqüentemente guiada pelo anel de Fleischer. Se o cone se estende para perto do limbo (usualmente inferior), um transplante grande é necessário. Geralmente, o tecido transplantado é centrado na pupila, mas quando o cone é excêntrico, um transplante excêntrico é usado para envolver todo o cone, tomando cuidado para deixar a zona óptica livre de suturas. Transplantes grandes com proximidade aos vasos do limbo diminuem o "privilégio imune" da córnea avascular, aumentando o risco de reação imunológica.

Ceratoplastia lamelar (espessura parcial) pode ser usada em ceratocone, embora o procedimento seja tecnicamente mais difícil e na mão de muitos cirurgiões nem sempre tenha bons resultados visuais. Contudo, o transplante lamelar tem a vantagem de ser um procedimento extra-ocular, evitando o risco de rejeição endotelial. A maioria dos casos de lamelar são realizados como procedimentos tectônicos para córneas grandes nas quais o afilamento se estende até o limbo. Se um bom resultado visual não é obtido, um transplante menor de espessura total pode ser realizado a seguir, confinado ao transplante lamelar, diminuindo deste modo o risco de reação imune dos transplantes grandes de espessura total.

Epiceratofacia é um tipo de procedimento lamelar que utiliza uma córnea doadora congelada que é colocada sobre o topo da córnea receptora desepitelizada. O propósito desse procedimento é aplanar a córnea para obter um melhor resultado visual com óculos ou para a adaptação de lentes de contato. Após entusiasmo inicial no início dos anos 80, o procedimento foi abandonado pela maioria dos cirurgiões pelas complicações e resultados visuais pobres. Contudo, em casos selecionados, nos quais um transplante de espessura total é contra-indicado, como em pacientes com síndrome de Down, que podem coçar os olhos e romper a sutura de um transplante de espessura total, ou pacientes com alto risco de resposta imune (por exemplo, falências múltiplas no outro olho), procedimentos de espessura parcial como transplantes lamelares ou epiceratofacia são considerados.

Termoceratofacia é uma técnica de aquecimento da córnea a 90-120° C causando encolhimento das fibras de colágeno, que resulta em aplanamento da córnea. Esse procedimento foi abandonado em grande parte por seus resultados não-previsíveis, induzindo a cicatriz, e pelo potencial para erosão recorrente corneana, pelo dano ao complexo da membrana basal epitelial. Contudo, quando o ápice do cone poupa o eixo visual, a termoceratoplastia pode ser usada para aplanar a córnea e permitir uma melhor visão com óculos e/ou adaptação de lentes de contato. Além disso, uma termoceratoplastia pode ser útil para resolver casos de hidropsia aguda.

Alguns pacientes com ceratocone desenvolvem uma cicatriz subepitelial elevada no ápice do cone como resultado de irritação apical crônica por uso de lentes de contato. Lesões do epitélio corneano podem se desenvolver sobre a cicatriz, interferindo com o uso de lentes de contato. Essas cicatrizes podem ser removidas manualmente com uma lâmina ou com *excimer laser*, permitindo o uso de lentes de contato e poupando o paciente da necessidade de transplante de córnea.

18. Quais são os resultados do transplante de córnea no ceratocone?

Como mencionado antes, a maioria das cirurgias corneanas para ceratocone envolve ceratoplastia penetrante. Os resultados são excelentes com enxertos claros em mais de 90% dos casos, a maioria dos quais obtém visão 20/40 ou melhor. O maior problema dos pacientes que são submetidos a transplante é o alto astigmatismo pós-operatório. Contudo, esse tende a ser regular, diferente do astigmatismo irregular da doença anterior. Essa diferença permite aos pacientes ter uma boa visão com óculos, mesmo com astigmatismo grande que pacientes sem cone não tolerariam usar corrigindo com óculos. Pela característica do ceratocone de ser assimétrico, muitos pacientes que são submetidos a transplante em um olho usam lentes de contato no outro e após a cirurgia preferem usar lente nos dois. A lente de contato tende a neutralizar uma grande parte do astigmatismo pós-cirurgia. Uma pequena parcela dos pacientes não tolera corrigir o astigmatismo com óculos. Se eles não podem ser adaptados com lentes de contato, necessitam de cirurgia refrativa para corrigir o astigmatismo.

Geralmente leva um ano ou mais para a cicatrização do transplante estar completa. Se o paciente está vendo bem com as suturas no lugar (geralmente náilon 10.0), elas não são removidas e desintegram em alguns anos. Algumas vezes, as suturas desintegram e erodem através do epitélio, dando uma sensação de corpo estranho. Se elas não são removidas da superfície da córnea, podem causar infecção secundária. Após a remoção e/ou a desintegração das suturas, uma grande alteração no erro refrativo é notada. Todas as suturas devem ser removidas ou podem estar desintegradas na época da cirurgia refrativa.

A rejeição ocorre em aproximadamente 25% dos casos que vão para transplante de córnea. A maioria pode ser revertida com terapia esteróide local apropriada se o diagnóstico é precoce. Uma rejeição irreversível leva à opacidade corneana permanente que requer novo transplante. Um novo transplante tem um prognóstico razoável, embora a taxa de sucesso seja menor do que no primeiro e tenda a diminuir progressivamente, caso múltiplas falências ocorram.

BIBLIOGRAFIA

1. Bran AJ: Keratoconus. Cornea 7(3):163, 1988.
2. Krachmer JH, Feder RS, Belin MW: Keratoconus and related noninflammatory thinning disorders. Surv Ophthalmol 28:293, 1984.

3. Lawless M, Coster DJ, Phillips AJ, Loane M: Keratoconus: Diagnosis and management. Aust N Z J Ophthalmol 17:33, 1989.
4. Macsai MS, Valery GA, Krackmer JH: Development of keratoconus after contact lens wear: Patient characteristics. Arch Ophthalmol 108:534, 1990.
5. Maeda N, Klyce SD, Smolek MD: Comparison of methods for detecting keratoconus using video keratography. Arch Ophthalmol 113:870, 1995.
6. Tuft SJ, Moodaley LC, Gregory WM, et al: Prognostic factors for the progression of keratoconus. Ophthalmology 101:439, 1994.

15. CIRURGIA REFRATIVA

Richard C. Rodman, M.D., *Terry Kim,* M.D.,
René Dinh, M.D., e *Christopher J. Rapuano,* M.D.

1. Quais são os componentes refrativos do olho?

A córnea e o cristalino refratam a luz incidente e ela é focada na fóvea, o centro da retina. A córnea contribui com 44 dioptrias, comparado com 18 dioptrias do cristalino. Também a profundidade da câmara anterior e o comprimento axial do olho contribuem para o estado refrativo.

2. Quais são os diferentes tipos de erro refrativo?

Miopia existe quando os elementos refrativos do olho colocam a imagem à frente da retina. *Hipermetropia* existe quando a imagem é focada atrás da retina. *Astigmatismo* geralmente se refere a irregularidade corneana que requer correção diferente em meridianos diferentes para colocar uma imagem única na fóvea. O astigmatismo lenticular (relativo ao cristalino) é menos comum do que o astigmatismo corneano. *Presbiopia* é a perda natural da acomodação notada geralmente após os 40 anos. A "adição" corretiva ou o segmento bifocal para combater a presbiopia aumentam com a idade.

3. Como a miopia é relacionada com a idade?

A miopia é comum em crianças prematuras, menos comum em crianças a termo, e incomum aos seis meses de idade, quando hipermetropia leve é a regra. A miopia se torna mais prevalente em adolescentes (aproximadamente 25%), tendo o pico aos 20 anos e diminuindo após. Essa informação é importante para considerar a idade para cirurgia refrativa.

4. Quais são as metas da cirurgia refrativa?

As metas variam para cada paciente. Certos pacientes querem a cirurgia por necessidade profissional ou por estilo de vida; incluem-se aí os atletas, os policiais, os bombeiros e os militares, que podem achar a lente de contato ou os óculos incômodos ou perigosos. Outros pacientes, como os intensamente míopes, podem achar a correção com óculos inadequada pela diminuição da imagem ou podem ser intolerantes às lentes de contato. Em geral, as metas são corrigir ou diminuir o uso de óculos ou de lentes corretoras sem alterar a qualidade visual ou a melhor visão corrigida.

5. **Quais são as características de um bom candidato à cirurgia refrativa? Há alguma contra-indicação?**

Primeiro, os pacientes candidatos devem ter no mínimo 18 anos e refração estável. Pacientes com alterações oculares (olho seco grave ou uveíte) ou doenças sistêmicas e pacientes que usem medicação que altere a cicatrização são candidatos ruins. Ceratocone, uma condição na qual a córnea é irregular e com forma cônica, constitui uma contra-indicação para a cirurgia refrativa porque os resultados são imprevisíveis. A análise da curvatura corneana, geralmente com o uso de topografia corneana, deve ser realizada em todos os pacientes antes da cirurgia, porque o ceratocone tem uma prevalência de 13% nessa população e pode ser ignorado por outros métodos diagnósticos.

Segundo, a expectativa e a motivação do paciente devem ser bem exploradas, e esperanças não-realísticas devem ser descobertas antes da cirurgia. Por exemplo, os pacientes que vivem limpando seus óculos pelo "terrível glare" gerado pela sujeira nas lentes ou que desejam visão perfeita sem correção não são bons candidatos para a cirurgia refrativa. Uma discussão cuidadosa dos riscos e benefícios da cirurgia é importante. Os pacientes podem desejar um teste de lentes de contato antes da cirurgia. Também, o conceito de presbiopia deve ser explicado; muitos pacientes são pré-présbitas e não têm entendimento que, conseguindo uma boa visão sem correção para longe, vão necessitar de correção para perto nos próximos anos.

6. **Como a topografia corneana é usada para avaliar os pacientes que serão submetidos à cirurgia?**

A topografia corneana tipicamente se refere ao uso de videoceratografia computadorizada para avaliar a curvatura corneana acuradamente. A maioria dos sistemas de topografia utiliza uma câmera de vídeo para detectar as imagens em anel refletidas na córnea. Um computador gera um "mapa" topográfico da curvatura corneana baseado na medida da distância entre os anéis refletidos na córnea. A topografia é extremamente útil para avaliar os pacientes que serão submetidos à cirurgia porque gera imagens precisas da curvatura corneana que correspondem a uma grande área da córnea. Anormalidades sutis da córnea, como ceratocone inicial e deformação

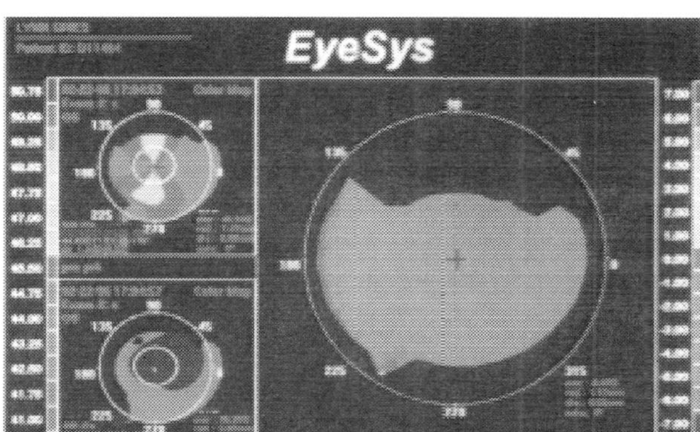

Topografia corneana. O quadro esquerdo superior mostra astigmatismo miópico pré- operatório. O quadro esquerdo inferior mostra aplanamento central três meses após a ceratectomia fotorrefrativa. À direita, o mapa diferencial mostra os efeitos do tratamento com *excimer laser*. (Ver Figura 7 do encarte.)

corneana pelo uso de lentes de contato, só podem ser diagnosticadas por esse método. Além disso, as topografias pré e pós-operatórias podem ser comparadas e podem também gerar o mapa "diferencial" que isola as alterações produzidas pelo procedimento. A topografia corneana computadorizada também é bastante útil para determinar a causa de visão imperfeita após o procedimento, que geralmente se deve a astigmatismo irregular.

7. Quais são as maiores opções para tratamento cirúrgico da miopia?

1. Ceratotomia radial (RK)
2. Ceratectomia fotorrefrativa (PRK)
3. *Laser in-situ ceratomileusis* (LASIK)

8. Como a RK reduz a miopia?

Incisões radiais profundas feitas com lâmina de diamante causam aplanamento da periferia corneana, que resulta em aplanamento central secundário. O número, a extensão, e a profundidade das incisões mais o tamanho da zona óptica central clara, determinam o efeito refrativo. Tipicamente, quatro incisões são usadas para a miopia pequena e oito para a moderada. Zonas ópticas com menos de 3 mm são associadas com grande redução da miopia mas também com maior risco de instabilidade refrativa e aberrações ópticas como *glare* e "brilho de estrela".

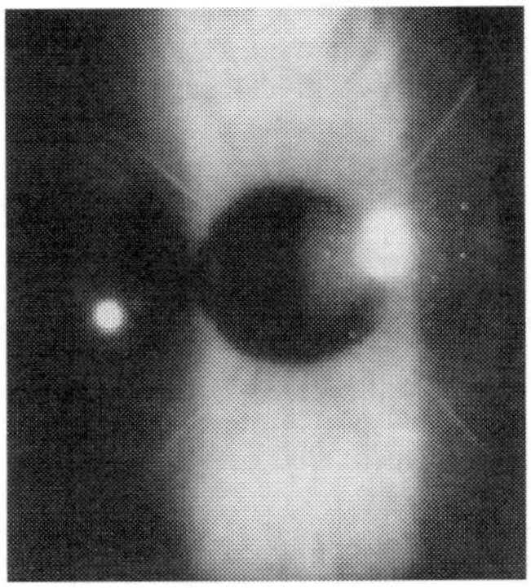

Três semanas após a ceratotomia radial com quatro incisões.

9. Quais são as várias técnicas de RK?

1. A técnica americana envolve incisões centrífugas (do centro para o limbo) com um bisturi de diamante angulado.

2. A técnica russa usa incisões centrípetas (do limbo para o centro) com um bisturi de diamante vertical. A técnica russa gera incisões mais profundas e maior efeito refrativo; contudo, há maior perigo de entrar na zona óptica.

3. A técnica combinada bidirecional usa uma lâmina angulada de um dos lados para as incisões centrífugas, que são realizadas primeiro, combinada com uma lâmina vertical do outro lado, para as incisões centrípetas. A lâmina vertical é afiada somente na ponta, e a segunda incisão pára na zona óptica. Essa técnica permite a criação de uma incisão mais profunda e reta ao invés de uma incisão inclinada na zona óptica.

Com base na análise estatística de casos prévios, normogramas padrão são usados para determinar o número de incisões e o tamanho da zona óptica, dependendo da idade do paciente e da correção desejada. Cada oftalmologista deve seguir seus próprios resultados para fazer modificações pessoais no normograma.

10. Que resultados têm sido obtidos com a RK? E as complicações?

Várias investigações grandes foram realizadas, a mais importante das quais é a Avaliação Prospectiva de Ceratotomia Radial (PERK). Esse estudo mostrou que 60% dos olhos tratados estão dentro de 1 dioptria de ametropia após 10 anos de pós-operatório. Após um ano, 53% têm ao menos 20/20 de visão não-corrigida, e 85% têm ao menos 20/40. Contudo, 43% dos olhos têm uma mudança progressiva para hipermetropia de pelo menos uma dioptria após 10 anos. Essa mudança foi notada como sendo pior em olhos com zonas ópticas menores do que 3 mm. Somente 3% dos pacientes perderam duas ou mais linhas de visão corrigida, e todos têm visão 20/30 ou melhor. Três de mais de 400 pacientes queixaram-se de glare intenso e reflexos em estrela que tornam impossível dirigir à noite. Perfurações corneanas ocorreram em 2% dos casos; nenhuma necessitou de sutura para fechar. Os melhores resultados foram obtidos com miopias pequenas (–2.00 a –3.00).

Waring e colaboradores relataram resultado semelhante em 615 olhos um ano após a cirurgia com a técnica russa. Seus dados mostraram que 54% dos olhos têm visão não-corrigida de 20/20 e 93% têm 20/40 um ano após a cirurgia. Um por cento (seis olhos) perderam duas ou mais linhas de visão corrigida, mas ainda têm 20/30 ou mais de visão. Apesar do aumento significativo do *glare* e da flutuação da visão, 90% dos pacientes estão satisfeitos com os resultados da RK. Como qualquer procedimento invasivo, a infecção é um risco pequeno mas real.

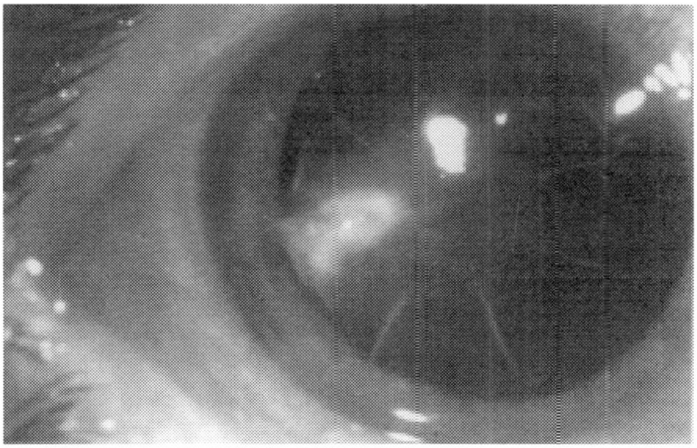

Infecção em incisão de ceratotomia radial

11. Como a PRK reduz a miopia?

Diferentemente da RK, que causa aplanamento central indiretamente através de aplanamento periférico, o PRK envolve tratamento direto do estroma corneano central. Especificamente, o ***ex**cited di**mer*** (*excimer*) *laser* 193-nm UV causa aplanamento da córnea central por processo fotoablativo/fotodecompositor onde mais tecido é removido na porção central e menos na periferia. Sob anestesia tópica, o epitélio corneano é removido com lâmina ou *laser*. O *laser* é então utilizado para a ablação de uma quantidade precisa de tecido estromal com acuracidade de submícron para alcançar o efeito refrativo necessário.

12. Que resultados têm sido obtidos com a PRK? E as complicações?

Em alguns aspectos, os resultados da PRK são comparáveis aos da RK para a mesma magnitude de miopia (–1.00 a 6.00), como indicado pela experiência Summit e VISX em um ano:

- 68% dentro de 1 dioptria de emetropia (*vs*. 60% da RK)
- 60% têm pelo menos 20/20 de visão (*vs*. 53% da RK)
- 90% têm ao menos 20/40 sem correção (*vs*. 85% da RK)

No subgrupo de pacientes com miopia moderada e baixa (1,5-2,9 D), 80% têm ao menos 20/20 de visão não-corrigida. Como com a RK, uma pequena porcentagem de pacientes perde menos de duas linhas de visão corrigida. *Haze* corneano pós-operatório foi visto em uma minoria de pacientes aos três meses, e após um ano não era grave em nenhum paciente. A refração estava estável após seis a nove meses, dependendo do tanto de miopia tratada.

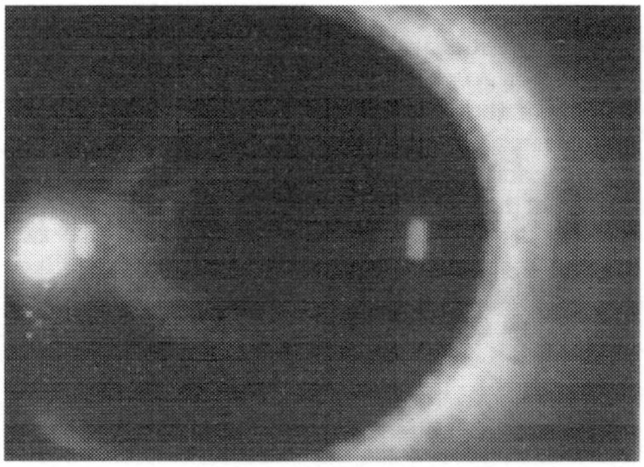

Haze estromal leve, três meses após ceratectomia fotorrefrativa.

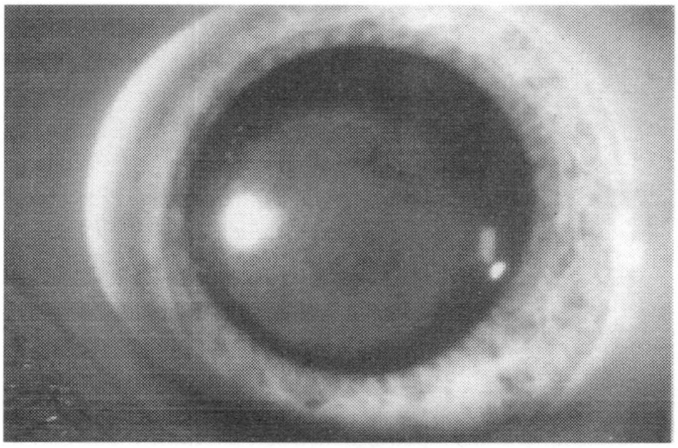

Haze estromal moderado a grave, seis meses após ceratectomia fotorrefrativa.

13. Discuta as maiores vantagens e desvantagens de PRK *vs.* RK.

- A córnea é enfraquecida na RK mas não na PRK, porque RK é uma técnica incisional. O enfraquecimento permanente do globo pode ser importante em pacientes que estão sob o risco de trauma contuso (atletas, militares).
- Diferentemente da RK, a PRK não é associada com variação diurna da visão.
- É mais fácil adaptar lentes de contato após a PRK do que após a RK (para a minoria de pacientes que necessitam de lentes de contato).
- A "mudança hipermetrópica" associada com a RK é muito menos freqüente do que na PRK. A fase inicial hipermétrope após a PRK, que precede o retorno à emetropia, é mais prolongada após os 40 anos pela menor reserva acomodativa.
- Uma vantagem significativa da RK é a velocidade de recuperação. Pacientes submetidos à RK podem ter visão não-corrigida boa no primeiro dia de pós-operatório. Após a PRK, a cicatrização do defeito epitelial pode retardar o retorno da boa visão e o conforto por algumas semanas.
- A RK geralmente é mais barata do que a PRK.

14. O que é LASIK?

O LASIK, que representa *laser-in-situ keratomileusis*, é às vezes referido como a técnica do *flap-and-zap*. O LASIK está atualmente num estudo clínico multicêntrico sob a supervisão da Food and Drug Administration (FDA). O procedimento envolve a criação de um *flap* corneano para ablação direta do estroma corneano com feixe de *excimer laser*, para aplanamento da córnea. Técnicas anteriores de *keratomileusis* consistiam de remoção do *flap* corneano e de ressecção estromal manual. Progressos da tecnologia transformaram este procedimento em altamente automatizado. Técnicas contemporâneas usam um anel de sucção com uma lâmina guia, um microcerátomo automático e o *excimer laser*. Após a colocação de espéculo de pálpebra e a anestesia tópica, o anel de sucção é centrado na córnea para aplicar uma pressão de sucção constante de > 65 mmHg no olho (como medido com o auxílio de um tonômetro de aplanação). A lâmina do microcerátomo é então colocada no guia do anel de sucção e avança para criar um *flap* em dobradiça com uma profundidade de 25-30% da espessura da córnea. A lâmina pára mais ou menos a 0.5 mm de completar a ressecção do *flap*. A sucção é desligada e o *flap* é levantado e movido para o lado da dobradiça, expondo o leito estromal. O *excimer laser*, então, é aplicado diretamente no tecido estromal. Após isso, o *flap* retorna à sua posição original, sem suturas, e é permitida a cicatrização.

15. Como os avanços no LASIK ajudaram a melhorar os resultados?

O uso do anel de sucção ajuda a manter uma pressão constante sobre o olho, e assim a lâmina do microcerátomo faz um corte liso e uniforme através de um plano único do tecido corneano. A automatização do microcerátomo com um acionamento de turbina na lâmina guia operado mecanicamente também contribui para produzir um corte regular e liso com a habilidade de deixar uma dobradiça (assim o *flap* pode retornar para a sua posição original facilmente). O feixe de *excimer laser* também permite uma remoção controlada e monitorada de tecido estromal, adicionando assim grande precisão, reprodutibilidade e previsibilidade aos resultados.

16. Qual a média de miopia recomendada para a correção com LASIK?

Miopia > 5-7 dioptrias e tão alta quanto 30 dioptrias.

17. Quais são as vantagens e desvantagens de LASIK *vs.* PRK e RK?

O LASIK oferece a vantagem de mínima dor pós-operatória bem como pronta recuperação da visão porque o epitélio é deixado intacto. Além disso, os pacientes não experimentam os "halos" e "visão embaçada" da cicatrização após a RK e a PRK. As desvantagens do LASIK incluem a grande perda de visão intra-operatória momentânea (devido à alta pressão ocular gerada pelo anel de sucção), o risco de subluxação ou deslocamento do *flap*, e o gasto do procedimento. Problemas adicionais associados com o LASIK incluem astigmatismo irregular e potencial para crescimento epitelial embaixo do *flap*.

O LASIK oferece várias vantagens para o cirurgião. Como a técnica envolve a realização de um *flap* no estroma anterior, o risco de perfuração corneana associado com a RK é virtualmente eliminado. A criação de um *flap* uniforme liso com a preservação da camada de Bowman reduz a cicatrização subepitelial vista na PRK. A mecanização do procedimento deixa pouca margem de erro para o cirurgião. Contudo, essa automatização também tem desvantagens. O cirurgião tem pouco controle intra-operatório sobre a criação do *flap* e a ablação do estroma. O microcerátomo requer cuidados excessivos para uma boa performance. O anel de sucção é incômodo e difícil de colocar em pacientes com fenda palpebral estreita e órbitas profundas. Se a sucção é desligada durante o uso do microcerátomo, pode danificar o *flap* corneano.

18. Como os resultados cirúrgicos do LASIK se comparam àqueles da PRK e da RK?

Poucos dados bem controlados e de longo prazo estão disponíveis para o LASIK. Salah e colaboradores recentemente revisaram o resultado de 88 olhos em 63 pacientes tratados com LASIK. A refração pré-operatória variou de –2.00 a –20.00 com um acompanhamento médio de aproximadamente cinco meses. Trinta e seis por cento alcançaram uma visão não-corrigida de menos 20/20, e 71% de menos 20/40. Quatro por cento perderam duas ou mais linhas de melhor visão corrigida. Resultados similares foram relatados na fase clínica I do estudo do Summit com acompanhamento de seis meses. Quando os subgrupos refrativos foram analisados, resultados menos previsíveis foram encontrados nos grupos com maior miopia. Mesmo assim, o LASIK pode ser a melhor técnica disponível para tratar graus altos de miopia. A estabilidade de longo prazo requer maiores estudos.

19. Denomine as complicações potenciais do LASIK.

As complicações são incomuns e não estão listadas na ordem de freqüência:

- Liberação prematura do anel de sucção
- Amputação intra-operatória do *flap*
- Deslocamento/subluxação pós-operatória do *flap* (pode necessitar de sutura para colocar o *flap* no lugar)
- Epitelização da interface *flap*/leito (causa regressão e dispersão da luz)
- Astigmatismo irregular

20. Há outras opções cirúrgicas para o tratamento da miopia?

Como o cristalino adiciona aproximadamente 18 dioptrias de poder ao sistema óptico, a extração de cristalino claro pode ser usada em pacientes com graus comparáveis de miopia. Contudo, realizar uma cirurgia intra-ocular somente com fins refrativos é controverso. Ademais, os intensamente míopes têm uma maior propensão ao descolamento de retina, principalmente após a extração do cristalino.

Uma outra opção é o anel intracorneano (ICR), que é implantado na periferia corneana aproximadamente a 2/3 da espessura do estroma. O resultado é um efeito em abóboda, que aplana a córnea central, reduzindo a miopia. O ICR tem a vantagem de ser reversível.

21. Quais são as opções de tratamento para o astigmatismo?

A correção do astigmatismo é levemente mais compreensível do que a correção da miopia. Um paciente com três dioptrias de astigmatismo está geralmente bastante contente com um grau residual pós-operatório de 1.25 de correção cilíndrica porque resulta em boa visão. Cada procedimento para miopia tem adaptações que se dirigem ao astigmatismo sozinho ou simultâneo à miopia. A ceratotomia astigmática (AK) refere-se a cortes astigmáticos arqueados ou transversos na média periferia do meridiano corneano mais curvo. Todos sabemos que cruzar incisões radiais e transversas é problemático. Crescimento epitelial no estroma, dificuldades de cicatrização e opacidades significantes podem ocorrer. A ceratotomia foto-astigmata refrativa por *excimer laser* (PARK) usa um padrão de ablação cilíndrico ao invés de esférico por remover tecido no meridiano escolhido (correção astigmata). Se astigmatismo composto miópico está presente, uma ablação PRK elíptica (uma combinação de padrões esférico e cilíndrico) resulta na correção da miopia e do astigmatismo. Correções astigmatas similares têm sido conseguidas com LASIK. Qualquer que seja o procedimento empregado, o eixo do astigmatismo deve ser marcado com o paciente sentado, porque pode mudar quando esse reclina.

22. O que pode ser feito com o astigmatismo pós-transplante de córnea?

Há várias opções. Primeiro, a remoção seletiva da sutura nos meridianos mais curvos pode melhorar o astigmatismo. Uma lente de contato rígida gás-permeável pode ser útil para o astigmatismo irregular. Contudo, muitos pacientes não toleram nem desejam lentes de contato após o transplante. Uma vez que todas as suturas tenham sido retiradas e a refração esteja estável, incisões arqueadas relaxantes podem ser feitas na córnea doadora no meridiano mais curvo. Uma técnica alternativa envolve o uso de uma lâmina para abrir a incisão parcialmente e relaxar alguns milímetros da junção botão doador-hospedeiro como oposto a criar incisões no tecido doador.

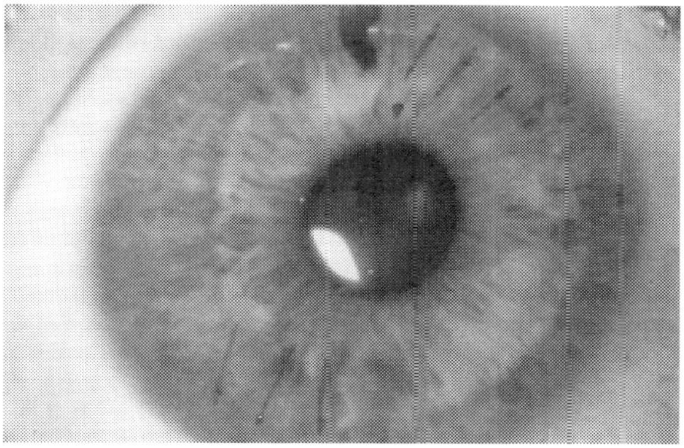

Tratamento para astigmatismo corneano pós-transplante. Suturas de compressão foram colocadas nos meridianos planos (1:00-3:00 horas e 6:30-8:00 horas) e incisões relaxantes foram realizadas no transplante 90° oposto.

Como descrito antes, o *excimer laser* também tem sido usado para fazer ablações cilíndricas para a correção de astigmatismo após transplante de córnea. Incisões relaxantes combinadas com suturas de compressão (através da interface botão doador-hospedeiro) têm sido usadas com sucesso para a correção de 5-10 dioptrias de astigmatismo por causar o aumento da curvatura corneana nos meridianos suturados. Para astigmatismo maior do que 10 dioptrias, uma ressecção em cunha (extraída de tecido corneano seguida por sutura para fechar a incisão) pode ser realizada no meridiano mais plano.

23. Um técnico de esqui olímpico deseja fazer cirurgia refrativa para poder enxergar bem de longe. Sua refração é –3.00 –2.00 x 180 em ambos os olhos. O cirurgião faz incisões radiais para a miopia de 3,00 D e incisões transversas para aplanar o meridiano mais curvo em 2,00 D a 90°. O paciente está satisfeito?

O paciente está infeliz pela miopia residual. Ele agora sabe mais do "efeito engate" do que o cirurgião. Quando uma incisão transversa causa aplanamento corneano em um meridiano, há um encurvamento compensatório no meridiano a 90° sem incisão. No caso, o efeito engate dos meridianos incisionado e não-incisionado (separados por 90°) tem que ser antecipado. Incisões radiais têm que ser usadas para corrigir as 3,00 D de miopia esférica, bem como o aumento de curvatura de aproximadamente 1,00 D induzido pelas incisões transversas. Em geral, as incisões pequenas tendem a causar uma menor curvatura nos meridianos não-incisionados do que as incisões grandes.

24. E sobre os procedimentos para hipermetropia?

Das opções disponíveis, nenhuma é tão efetiva ou segura como os procedimentos para miopia.

1. Para níveis baixos de hipermetropia, a termoceratoplastia com *holmium laser* tem sido usada na fase clínica II com resultados precoces com sucesso. Oito (ou 16) marcas de *laser* periférico são colocadas em anel (ou duas), cada uma causando o encolhimento do estroma de colágeno e resultando em um encurvamento da córnea central. Problemas a serem resolvidos incluem a regressão do efeito e o astigmatismo irregular.

2. *Excimer laser* PRK para hipermetropia também está sob investigação. O *laser* é usado para uma ablação grande, em forma de *donut*, que requer um defeito epitelial grande (geralmente 9 mm ou mais). Uma hipermetropia de 3,00 dioptrias requer três vezes mais marcas de *laser* que 3,00 dioptrias de miopia. Isso pode levar à descentração e à desidratação durante o procedimento e a defeito epitelial prolongado após a cirurgia. Embora os resultados iniciais sejam encorajadores, a regressão da refração é um problema.

3. O LASIK para hipermetropia está sob investigação. Fazer a ablação a *laser* sob um *flap* tem a vantagem teórica de diminuir o *haze* (ablação feita abaixo da membrana de Bowman) e acelerar a cicatrização (sem defeito epitelial grande). Contudo, a perda da melhor visão corrigida na maioria dos pacientes constitui um problema.

4. A extração de cristalino transparente já é uma técnica familiar para muitos cirurgiões. Facoemulsificação é realizada com implante de uma ou duas lentes intra-oculares, conforme o grau de hipermetropia. Contudo, a acomodação é completamente eliminada por esses procedimentos. Além disso, os riscos da cirurgia intra-ocular, incluindo a endoftalmite, são difíceis de justificar em olhos sem patologia orgânica.

25. Quais são os efeitos dos procedimentos refrativos nas células endoteliais?

Embora a perda de células endoteliais tenha sido uma preocupação no início da cirurgia refrativa, estudos com microscopia especular mostraram uma perda pequena, não-progressiva das mesmas. Após o tratamento com *excimer laser* para miopia, estudos em animais e humanos mostraram uma perda insignificante de células endoteliais que diminui com o tempo. Contudo, alguns estudos em andamento são importantes. À medida que a população fica mais velha, vai necessitar de cirurgia de catarata. Já há relatos de uma progressão para hipermetropia em pacientes pós-RK que são submetidos à cirurgia de catarata. A descompensação corneana da distrofia de Fuchs é acelerada por cirurgia refrativa prévia? Muitas questões permanecem sem resposta. Os efeitos do próprio *laser*, a resposta inflamatória e a toxicidade das drogas aplicadas topicamente podem contribuir para perda endotelial e requerem maiores estudos.

26. Qual o papel das drogas na cirurgia refrativa?

A primeira questão é a dor, que é importante em todas as modalidades de tratamento, mas mais significante após PRK. Após PRK, níveis altos de prostaglandina E-2 foram encontrados, o que sensibiliza a resposta à dor dos nervos. Drogas antiinflamatórias tópicas não-esteróides (AINE), como ketorolac e diclofenaco sódico, demonstraram diminuir a dor por diminuir os níveis de prostaglandina E-2. Contudo, essas drogas também aumentam a resposta das células sangüíneas brancas na córnea e devem ser usadas junto com esteróides tópicos. Um estudo encontrou aumento de infiltrados inflamatórios estéreis corneanos quando usadas AINEs sozinhas.

Outra questão é o *haze* corneano pós-PRK. A córnea gera uma resposta cicatricial à ablação por *excimer laser*. Ela é primeiro aparente com um mês, tem pico aos três meses, e então diminui conforme a remodelagem prossegue. Muitos estudos experimentais e retrospectivos mostram que os esteróides tópicos diminuem o *haze* corneano após PRK. Contudo, um estudo duplo-cego, prospectivo, mostrou não haver alteração em relação a placebo. Ainda, num subgrupo de pacientes, o esteróide se mostrou benéfico, sendo usado no pós-operatório.

Os esteróides tópicos também foram estudados quanto à modulação da curvatura corneana. Embora haja controvérsia na literatura, os esteróides tópicos parecem ajudar a prevenir o efeito de regressão miópica após PRK. De fato, a suspensão dos esteróides tem sido associada à regressão, que pode ser revertida com a reinstituição da terapia em certos pacientes.

BIBLIOGRAFIA

1. Arrowsmith PN, Marks RG: Four-year update on predictability of radial keratotomy. Refract Surg 4:37-45, 1988.
2. Brint SF, Ostrick DM, Fisher C, et al: Six-month results of the multicenter phase I study of *excimer laser* myopic keratomileusis. J. Cataract Refract Surg 20:610-615, 1994.
3. Gartry DS, Kerr Muir KG, Marshall J: *Excimer laser* photorefractive keratectomy: 18-month follow-up. Ophthalmology 99:1209-1219, 1992.
4. O'Brart DPS, Corbett MC, Lohmann CP, et al: The effects of ablation diameter on the outcome of *excimer laser* photorefractive keratotomy (PRK): A prospective, randomised, double-blind study. Arch Ophthalmol 113:438-443, 1995.
5. Salah T, Waring GO III, El Maghraby A, et al: *Excimer laser* in-situ keratomileusis under a corneal *flap* for myopia of 2 to 20 diopters. Am J Ophthalmol 121:143-155, 1996.

6. Salz JJ (ed): Corneal *Laser* Surgery. St. Louis, Mosby, 1995.
7. Sanders DR, Dietz MR, Gallagher D: Factors affecting predictability of radial keratotomy. Ophthalmology 92:1237-1243, 1985.
8. Waring GO III (ed): Refractive Keratotomy for Myopia and Astigmatism. St. Louis, Mosby, 1992.
9. Waring GO III, Lynn MJ, Gelender H, et al: Results of the Prospective Evaluation of Radial Keratotomy (PERK) Study one year after surgery. Ophthalmology 92:177-198, 1985.
10. Waring GO III, Lynn MJ, McDonnel PJ, et al: Results of the Prospective Evaluation of Radial Keratotomy (PERK) Study 10 years after surgery. Arch Ophthalmol 112:1298-1308, 1994.
11. Waring GO III, Casebeer C, Dru RM, et al: One year results of a prospective multicenter study of the Casebeer system of refractive keratotomy. Ophthalmology 103:1337-1347, 1996.

III. Glaucoma

16. GLAUCOMA

George L. Spaeth, M.D.

1. O que é glaucoma?

O glaucoma compreende um grupo de condições nas quais os tecidos do olho são danificados. Geralmente, o nervo óptico é danificado, mas em condições como glaucoma agudo de ângulo estreito, a córnea, o cristalino e outras estruturas oculares podem ser lesadas. A pressão intra-ocular (PIO) é um dos fatores responsáveis pelo dano. O glaucoma constitui um grupo altamente heterogêneo de condições, do ponto de vista da expressão patogênica e clínica. No glaucoma primário agudo de ângulo estreito, a única causa do dano é o aumento da pressão intra-ocular; o paciente tem uma dor intensa e cegueira pode ocorrer em duas ho-ras. Em glaucoma de ângulo aberto, focal e de baixa tensão, o paciente não tem sintomas até que o dano seja grande. A PIO tem um pequeno papel na patogênese da doença, e pode até mesmo ter valores abaixo do normal. A condição tem que estar presente por 15 anos ou mais para o paciente ter sintomas. Todas essas condições são glaucoma, mas obviamente são bem diferentes.

2. Quem tem glaucoma?

Qualquer um pode ter. O glaucoma afeta 2% da população e é a primeira, a segunda, e a terceira causa de cegueira na população de qualquer país no mundo. Muitos tipos de glaucoma são hereditários, como o glaucoma primário de ângulo estreito, que tem um padrão autossômico dominante. Alguns casos são relacionados a fatores constitucionais; a perda visual em glaucoma é muito mais comum em pessoas de origem negra africana e em obesos. Alguns glaucomas são relacionados a fatores provocantes como trauma ou tumor intra-ocular. Recém-nascidos podem desenvolver glaucoma, relacionado ou não à história familiar. Jovens que têm anormalidades no cromossomo 1q têm maior predisposição para desenvolver glaucoma. A causa mais comum de glaucoma na Europa e na América, especificamente o glaucoma primário de ângulo aberto, é muito relacionada à idade. É infreqüente em pessoas abaixo de 50 anos e relativamente comum em pessoas de 80 anos ou mais.

Os fatores de risco para desenvolver glaucoma são PIO elevada, predisposição genética, raça, idade, hipermetropia para ângulo estreito e miopia para ângulo aberto, síndrome de exfoliação, síndrome de dispersão pigmentar e trauma ocular. Fatores de risco que levam o paciente com glaucoma à progressão da doença incluem inabilidade para manejar a própria vida, obesidade e sedentarismo. Além disso, qualquer fator que leve à má nutrição do nervo óptico predispõe a dano glaucomatoso; exemplos incluem má nutrição, hipotensão, vasoespasmo e anemia grave.

Vários fatores predispõem ao desenvolvimento de glaucoma de ângulo estreito:

Características anatômicas (herdadas ou congênitas)

1. Segmento anterior pequeno
   - hipermetropia
   - nanoftalmo
   - microcórnea
   - microftalmo
   - retinopatia da prematuridade
   - ângulo estreito hereditário
2. Inserção anterior da íris
   - esquimós
   - asiáticos
   - africanos negros
3. Câmara anterior rasa
   - mulheres (como o oposto para homens)
   - idosos, principalmente com esclerose nuclear significante
   - síndrome da íris em platô
   - cristalinos soltos ou deslocados
   - cristalinos grandes

Obstrução do humor aquoso na pupila

1. Contato entre íris e pseudofácico, vítreo, ou outro material como silicone
2. Adesão entre íris e outro material (cristalino, pseudofácico, vítreo)
3. Obstrução do humor aquoso posterior à pupila ou dano traumático ao ângulo e adesão secundária à cirurgia

Rotação anterior do corpo ciliar

1. Oclusão de veia retiniana
2. Outra obstrução ao fluxo venoso
3. Ciclite (como após ciclofotocoagulação)
4. Efusão coroidal
5. *Buckling* escleral

Deslocamento anterior do diafragma cristalino-íris

1. Agentes parassimpaticomiméticos (mióticos)
2. Desvio de fluxo do aquoso (bloqueio ciliar ou glaucoma maligno)
3. Pressão do pólo posterior
   - tumor
   - gás expansor
4. Cristalino solto ou deslocado

Aderência da íris à malha trabecular não relacionada a bloqueio pupilar

1. Síndrome de Chandler
2. Atrofia essencial da íris
3. Síndrome de Coogan-Reese
4. Neovascularização do segmento anterior
5. Adesões inflamatórias secundárias a uveíte ou inflamação
6. Adesão secundária a recessão angular ou hifema
7. Adesão secundária a cirurgia

Finalmente, alguns nervos ópticos são mais resistentes aos efeitos danosos da PIO do que outros. Nervos pequenos sem atrofia peripapilar, mas com pequena escavação central, nos quais não é possível visualizar os pontos laminares são menos propensos a dano do que olhos com nervos ópticos grandes, escavações grandes, atrofia peripapilar e pontos laminares proeminentes.

3. **Por que a PIO se torna elevada?**

O olho é mantido em um nível pressórico, normalmente, de 15 mmHg. A pressão dentro do olho é conseqüência de um balanço entre o humor aquoso e o sangue que entra no olho e o humor aquoso e o sangue que sai do olho. Onde há uma mínima resistência à saída do aquoso, ou o olho produz pouco fluido, a pressão é baixa. É raro que a causa da PIO elevada seja conseqüência da maior produção de aquoso. Resistência à saída do aquoso pode ser devida a bloqueio no sistema pupilar, na malha trabecular, na esclera, ou nos canais de escoamento venoso por onde o aquoso é drenado. É claro que o tratamento vai depender da causa da elevação da PIO.

4. **A causa de preocupação no glaucoma é a perda da visão periférica. Verdadeiro ou falso?**

Falso. Esse é um dos muitos desentendimentos sobre o glaucoma. Para quase todos, a perda da visão periférica representa uma perda de visão para o lado – ou seja, nem para o lado direito nem para o lado esquerdo. Mas, de fato, a visão lateral (visão temporal) é a última a ser afetada em muitos tipos de glaucoma. É também incorreto dizer que a visão central é a primeira parte da perda visual no glaucoma, porque a visão central para muitas pessoas significa a visão do ponto que se está olhando. De fato, a primeira área a ser danificada em muitas pessoas com o tipo mais comum de glaucoma é o lado nasal da visão central. Esse fato ajuda a explicar por que geralmente os pacientes não percebem a perda visual até que o dano seja intenso. Ambos os olhos propiciam visão para o lado nasal, e uma mancha cega não é notada enquanto os dois olhos estão abertos. Somente quando a perda da visão nasal é muito intensa nos dois olhos que a pessoa se torna sintomática.

5. **A maioria das pessoas que tem a pressão tão alta quanto dois desvios padrões acima do normal tem dano glaucomatoso. Verdadeiro ou falso?**

Falso. A PIO normal é em torno de 15 mmHg, com um desvio padrão de 3 mmHg. Apenas 5% das pessoas com pressão maior que 21 e 10% das pessoas com pressão acima de 24 mmHg eventualmente desenvolvem glaucoma. À medida que a pressão aumenta, a probabilidade de dano também aumenta. Aproximadamente 50% das pessoas com pressão de 27 mmHg desenvolverão eventualmente glaucoma, e quase todos que mantêm uma pressão de 30 mmHg ou mais por 10-15 anos desenvolverão algum tipo de dano glaucomatoso.

6. **A maioria das pessoas com glaucoma tem PIO elevada. Verdadeiro ou falso?**

Verdadeiro, mas a maioria não significa todos. Dependendo do estudo, aproximadamente cinco de cada seis pessoas com dano glaucomatoso têm PIO acima de 21 mmHg. Como a pressão flutua, qualquer medida pode mostrar que a pressão do paciente é menor do que a média lida.

7. **A patogênese do dano ao nervo óptico no glaucoma é a deformação mecânica do nervo óptico causada por uma pressão maior do que a que o olho pode tolerar. Verdadeiro ou falso?**

Falso.

8. **A patogênese do glaucoma é a isquemia do nervo óptico causada por uma PIO maior do que as que os vasos podem tolerar. Verdadeiro ou falso?**
   Falso.

9. **A patogênese do glaucoma é qualquer deformação mecânica ou isquêmica do nervo ópti-co causada por uma pressão maior do que a que o olho pode tolerar. Verdadeiro ou falso?**
   Falso.

10. **Então, qual é a patogênese do glaucoma?**

A patogênese do dano ao nervo óptico do glaucoma foi apenas parcialmente elucidada. Em alguns casos, a deformação mecânica do nervo óptico com um arco posterior da lâmina crivosa tem um papel importante no dano do nervo óptico. Esse mecanismo foi demonstrado experimentalmente em animais e foi provado pelo estudo de Shiose, no qual a pressão do olho humano era elevada pela administração de corticosteróides tópicos, após o que o nervo óptico se tornava escavado e desenvolvia perda de campo visual. Quando os esteróides eram descontinuados, a pressão caía, a escavação desaparecia, e o campo visual retornava ao normal. É possível que outros fatores, incluindo isquemia, trabalhem em conjunto, mas a deformação mecânica por si só era aparentemente uma explicação adequada para o dano.

Em outros casos, a isquemia parece ser dominante ou a única causa de dano ao nervo óptico. Uma diminuição abrupta da pressão sangüínea pode causar uma diminuição de perfusão ao nervo óptico. Isso pode ser a resposta à oclusão da artéria carótida ou a tratamento de um aneurisma intracraniano, nos quais a progressão repentina da escavação é associada com a piora do campo visual do lado dos grandes vasos com hipoperfusão. Também há casos relatados em que uma rápida diminuição da pressão sangüínea em resposta a sangramento, trauma, ou agentes farmacológicos têm sido associado com a perda de campo visual abrupta em ambos olhos.

Um tipo diferente de isquemia pode ter um papel em alguns tipos de glaucoma de baixa tensão associados com vasoespasmo focal. Há um bom suporte epidêmico para suportar a existência de glaucoma por vasoespasmo bem como corroboração com evidências experimentais. Contudo, não foi demonstrado com certeza em humanos. Ainda um outro tipo de mecanismo isquêmico é secundário à elevação da PIO. Foi demonstrado repetidamente que o aumento da PIO em algumas pessoas está associado com a diminuição da irrigação no nervo óptico. Contudo, a exata importância da diminuição da irrigação do nervo óptico causando dano ao glaucoma ainda não foi demonstrada. Ainda assim, o aumento da PIO, mesmo que relativamente uma pequena quantidade, como 5-10 mmHg, pode causar uma diminuição da irrigação do nervo óptico. Quando o aumento na pressão é grande o suficiente e a PIO excede a pressão das artérias da retina, o glaucoma causa uma neuropatia óptica isquêmica aguda, com todos os sintomas e sinais clássicos. O nervo óptico se torna pálido, as artérias da retina ficam vazias, a retina se torna eletrofisiologicamente não-reativa, e a visão é perdida. Nesses casos, quando a PIO é novamente abaixada, há uma surpreendente melhora da função, embora perda de campo visual e alterações no nervo óptico possam ser documentadas.

Há provavelmente outros mecanismos patogênicos envolvidos com a deformação mecânica e com a isquemia. Por exemplo, foi sugerido que a toxicidade do glutamato pode estar envolvida. O que é certo, contudo, é que mecanismos patogênicos múltiplos são responsáveis pelo dano ao nervo óptico em diferentes pacientes com glaucoma. Na maioria dos pacientes, diferentes mecanismos patogênicos atuam simultaneamente.

11. **Gonioscopia é qual das seguintes: (1) Visualização do ângulo da câmara anterior? (2) Estimativa da profundidade da câmara anterior? (3) Estimativa da média de escoamento do aquoso por visualização da diluição do olho? (4) Avaliação do efeito da PIO no campo visual?**

A gonioscopia é a visualização do ângulo da câmara anterior. A gonioscopia, a oftalmoscopia e a tonometria constituem a tríade essencial para avaliar pacientes com glaucoma. A tonometria, a medida da PIO, dá informações sobre o risco primário para dano futuro – especificamente, o nível da PIO. A oftalmoscopia, a avaliação da aparência da cabeça do nervo óptico e do interior do olho, permite ao examinador avaliar quanto dano já ocorreu e fornece importantes pistas da patogênese do dano. A gonioscopia nos permite determinar se o espaço entre a íris e a córnea é adequado para o aquoso sair; também determina outras anormalidades, como a síndrome de dispersão pigmentar, a síndrome de exfoliação, a adesão causada por inflamação e o dano causado por trauma. A gonioscopia é absolutamente essencial para a avaliação de pacientes com glaucoma.

12. **A primeira meta no tratamento do glaucoma é diminuir a PIO. Verdadeiro ou falso?**

Falso.

13. **A primeira meta no tratamento do paciente com glaucoma é preservar a visão. Verdadeiro ou falso?**

Falso.

14. **A primeira meta no tratamento do paciente com glaucoma é a preservação ou a possível melhora da saúde do paciente. Verdadeiro ou falso?**

Verdadeiro. Um dos meios para se conseguir essa meta é preservar a visão. Um meio de preservar a visão é diminuir a PIO. Contudo, às vezes, a meta principal é esquecida, principalmente por pacientes que estão mais preocupados com o nível pressórico do que com a saúde. O nível da PIO é apenas um dos muitos fatores relacionados com a preservação da visão e da saúde. Todos os tratamentos para reduzir a PIO, especialmente os com medicação, têm efeitos colaterais que podem ser danosos à saúde do paciente. Se a meta primária não for mantida, o paciente acabará como descrito por uma velha escola médica: "A operação foi um sucesso, mas o paciente morreu".

15. **A história é a parte mais importante na avaliação de um paciente com glaucoma. Verdadeiro ou falso?**

Verdadeiro. Os aspectos que são necessários para avaliar o tipo de glaucoma e o tratamento necessário são a determinação do estágio do glaucoma, a estabilidade da condição, a média na qual a condição é mudada, a expectativa de vida do paciente e o mecanismo responsável pela elevação da PIO. Se possível, também é importante entender o dano que está ocorrendo. O mecanismo de elevação da PIO é determinado pela gonioscopia. O estágio do glaucoma – que é quanto dano ocorreu – é parcialmente determinado pela oftalmoscopia, mas o mais importante pela história é: Quanta dificuldade funcional, quanta dor, o paciente tem em decorrência do glaucoma? A estabilidade do glaucoma e a média de mudança são determinadas por exames repetidos, bem como por avaliação repetida do nervo óptico e do campo visual. Mas, mais importante, elas são direcionadas pela história. O paciente está piorando? Se está, quão rápido? É essencial saber a expectativa de vida, porque apenas determinando quanto tempo a doença tem para agir vai ser possível determinar o tratamento racional. A expectativa de vida é muito determinada pela história: Quanto tempo os pais do paciente viveram? Como é a saúde geral do paciente? Qual é o estilo de vida do paciente? Além disso, a história permite saber quem o paciente é. O médico precisa saber sobre as habilidades próprias do paciente, para encaminhar o tratamento. Por exemplo, um paciente que tenha dano ao nervo óptico glaucomatoso avançado, que esteja piorando, que sabe que tem glaucoma mas não toma a medicação corretamente, está dizendo ao médico que esse comportamento vai continuar. Para esse paciente, a cirurgia é necessária. Ao contrário, os pacientes com dano glaucomatoso moderado que ocorre sem sintomas e que não tiveram piora desde que o diagnóstico foi feito e que parecem ter a vida bem organizada, e sabem como se trata o glaucoma, são provavelmente melhor tratados com a manutenção da medicação.

16. Colírios são perigosos porque são absorvidos diretamente pela corrente sangüínea. Verdadeiro ou falso?

Verdadeiro. É um erro pensar que os colírios são mais seguros do que as medicações orais. De fato, uma gota de beta-bloqueador, como timolol, numa criança pode alcançar níveis no sangue iguais aos conseguidos por terapia sistêmica. Conseqüentemente, efeitos colaterais como apnéia podem ser induzidos com apenas uma gota de colírio.

17. Qual dos seguintes é o melhor tratamento para o glaucoma?

1. Colírios
2. Cirurgia imediata
3. Trabeculoplastia a *laser*
4. Remoção do olho
5. Nenhuma terapia

Não há um tratamento "melhor" para o glaucoma. Os colírios são melhores para alguns tipos de glaucoma em determinadas situações. A cirurgia imediata é útil em crianças com glaucoma congênito e em adultos com elevação intensa da PIO por ângulo fechado. A trabeculoplastia por *laser* de argônio é preferida em pacientes com síndrome de exfoliação e síndrome de dispersão pigmentar. A remoção do olho é o melhor tratamento para glaucoma causado por tumor ou neovascularização grave causada por diabete melito. E em alguns pacientes, mesmo com dano grave, é melhor o seguimento sem tratamento médico ou cirúrgico.

18. O tratamento apropriado do glaucoma resulta em estabilização da doença em que porcentagem de pacientes?

A resposta é relacionada ao tipo de glaucoma, à quantidade de dano, a quando o glaucoma foi diagnosticado, às habilidades próprias do paciente, e a vários outros fatores. Uma mulher de 50 anos com escavação quase total do nervo óptico causada por glaucoma em associação com aniridia tem menos de 10% de chance de preservar a visão. Contudo, se a pressão puder ser controlada numa média na qual o processo glaucomatoso não danifique mais células (o que é quase impossível), a morte normal de células relacionada com a idade da pessoa gera uma perda contínua de neurônios e a eventual perda total da visão. Ao contrário, um homem de 70 anos com glaucoma primário de ângulo aberto há 30 anos, durante os quais a PIO ficou na média de 30 mmHg sem uso de medicação e apenas com pequenos danos ao nervo, provavelmente manterá uma boa visão até morrer, mesmo sem tratamento. O glaucoma é um grupo extremamente heterogêneo de condições: o tratamento adequado, por isso, é igualmente heterogêneo.

19. Pacientes que necessitam ir ao médico para avaliação de possível glaucoma são aqueles que:

1. Têm uma história familiar de glaucoma
2. Têm PIO acima de 21 mmHg
3. São míopes
4. Têm história de visão embaçada, geralmente à tarde, às vezes associada com cefaléia
5. Têm 20/20 de visão mas percebem que sua função visual não está tão boa quanto costumava ser.

Todos eles. Os três primeiros são fatores de risco para glaucoma. O quarto descreve os sintomas clássicos do paciente com glaucoma de ângulo fechado recorrente. Os pacientes geralmente mantêm a visão central até os estágios finais da doença. Ainda assim, uma visão de 20/20 não exclui a possibilidade de dano glaucomatoso grave. As crianças com epífora e fotofobia, especialmente se os olhos parecem grandes e embaçados, também devem ser vistas por um oftalmologista, assim como adultos com câmara anterior rasa, dor ocular ou diminuição da visão.

BIBLIOGRAFIA

1. Caprioli J, et al: Primary Open-angle Glaucoma: Preferred Practice Pattern. San Francisco, American Academy of Ophthalmology, 1992.
2. Shields MB, Ritch R, Krupin T: Chronic open-angle glaucoma: Treatment overview. In Ritch R, Shield MB (eds): The Glaucomas, 2nd ed. St. Louis, Mosby, 1996, pp 1507-1521.
3. Ritch R, Low RF: Angle-closure glaucoma: Therapeutic overview. In Ritch R, Shield MB (eds): The Glaucomas, 2nd ed. St. Louis, Mosby, 1996, pp 1521-1535.
4. Liebowitz HM, et al: The Framingham Eye Study monograph. Surv Ophthalmol 24(Suppl):335, 1980.
5. Leske MC: The epidemiology of open-angle glaucoma: A review. Am J Epidemiol 118:166, 1983.
6. Levine RV: Low-tension glaucoma: A critical review and new material. Surv Ophthalmol 24:621, 1980.
7. Hollows FC, Graham PA: Intraocular pressure, glaucoma, and glaucoma suspects in a defined population. Br J Ophthalmol 50:570, 1966.
8. Sommer A, et al: Relationship between intraocular pressure and primary open-angle glaucoma among white and black Americans: The Baltimore Eye Survey. Arch Ophthalmol 109:1090, 1991.
9. Shiose Y, Kanda T: Quantitative analysis of "optic cup" and its clinical application. II: The case study. Jpn J Clin Ophthalmol 28:367-374, 1974.
10. Spaeth GL: The normal development of the human anterior chamber angle: A new system of descriptive grading. Trans Ophthalmol Soc UK 91:709-739, 1971.
11. Spaeth GL: How to suspect, detect, and treat a person with angle-closure glaucoma. In Transactions of the New Orleans Academy of Ophthalmology: A Symposium on Glaucoma. St. Louis, Mosby, 1997.
12. Van Buskirk EM: Adverse reactions from timolol administration. Ophthalmology 87:447, 1980.

17. GLAUCOMA DE ÂNGULO FECHADO

Anup K. Khatana, M.D., e *George L. Spaeth,* M.D.

1. Que estruturas características são vistas no ângulo da câmara anterior (CA)?

As estruturas vistas em seqüência anterior para posterior são as seguintes(os números em parênteses correspondem aos números indicativos na figura):

(1) Linha de Schwalbe: a terminação posterior ou periférica da membrana de Descemet, vista clinicamente como o ápice ou a terminação da luz do bordo corneano. Pode ser visível inferiormente como a linha não-ondulada pigmentada mais anterior.

(2) Malha trabecular anterior, não-pigmentada (MT): banda esbranquiçada clara.

(3) Malha trabecular posterior, pigmentada (MT): banda com variação de pigmentação e espessura homogênea. É geralmente mais pigmentada inferiormente (ver figura na página seguinte).

(4) Canal de Schlemm: banda cinza clara com visualização variável ao nível da MT posterior. Pressão venosa episcleral elevada ou pressão da borda da lente de gonioscopia causará refluxo de sangue, fazendo-a aparecer como uma banda vermelho-clara.

(5) Esporão escleral: banda branca e fina de invaginação escleral entre a MT e o corpo ciliar. Marca o local de inserção das fibras musculares longitudinais do corpo ciliar para a esclera.

(6) Banda do corpo ciliar (banda CC): banda pigmentada marcando a face anterior do corpo ciliar. Variavelmente, processos irianos podem ser vistos como projeções finas cruzando essa banda. Por definição, os processos irianos não cruzam o esporão escleral. As projeções que cruzam o esporão escleral para a MT são as sinéquias periféricas anteriores (SPA), e podem ser folhas focais, em formato de coluna, ou grossas.

(7) Íris.

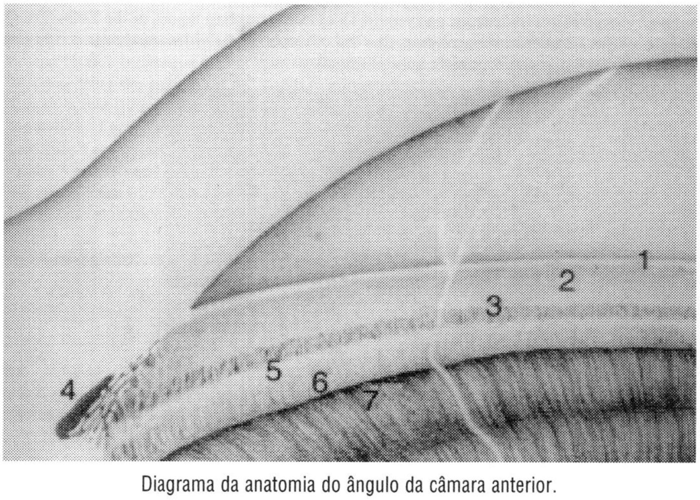

Diagrama da anatomia do ângulo da câmara anterior.

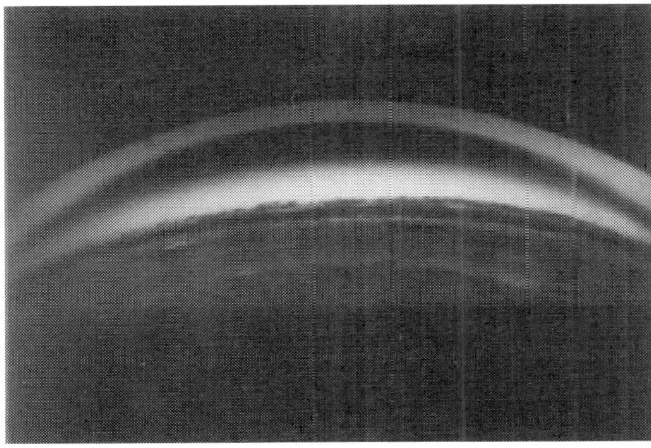

Quadrante inferior do ângulo aberto normal intensamente pigmentado.

2. **Por que a lente de gonioscopia é necessária para visualizar o ângulo da CA?**

A luz vinda do ângulo da CA sofre reflexão total interna na interface córnea-ar, evitando a visualização direta. A lente muda o índice de refração da interface, permitindo a visualização.

3. **Quais os diferentes tipos de lente de gonioscopia, e como elas se diferem?**

Gonioscopia direta usa a lente de contato de *Koeppe*. Essa técnica é incômoda, necessitando do paciente em supino, de um meio preenchido com viscoelástico claro como metilcelulose, e de um sistema de visualização direta.

Gonioscopia indireta usa uma lente de contato espelhada, ou uma lente de três espelhos de *Goldmann* que pressiona a córnea central e requer líquido viscoelástico, ou as lentes de quatro espelhos de *Zeiss* (ver figura), de *Posner* ou de *Sussman*, que fazem contato direto com a córnea e não necessitam de nenhum agente exceto o filme lacrimal normal.

Lente de gonioscopia de Zeiss.

4. Qual lente é preferida pela maioria dos glaucomatólogos e por quê?

A lente de Zeiss é a preferida pelas seguintes razões:

1. Sua velocidade e facilidade de uso (não requer viscoelástico e, por causa dos seus quatro espelhos, não precisa ser rodada para visualizar os 360 graus do ângulo).

2. A facilidade para se fazer a gonioscopia de identação (que não pode ser feita com a lente de Goldmann pelo seu diâmetro grande), e por não causar sucção do olho (o efeito de sucção da lente de Goldmann pode artificialmente alargar ângulos fechados). Essas duas qualidades são importantes na avaliação de ângulos estreitos.

3. Eliminação da diminuição progressiva de transparência corneana pelo viscoelástico e pela lente de Goldmann que pode dificultar o exame posterior de fundo de olho.

Quando realizando gonioscopia pela primeira vez, com a lente de Zeiss é mais difícil do que com a de Goldmann.

Cuidado: em mãos inexperientes, uma identação excessiva pode fazer o ângulo parecer mais aberto do que ele realmente é. A gonioscopia com Zeiss necessita de um toque de luz. Um jeito de ter certeza de que não se está pressionando é manter o contato tão frouxo a ponto de haver perda de viscoelástico. Se for vista alguma estria corneana ou se a visão não é transparente, provavelmente está identando.

5. Como é feita a gonioscopia?

1. Anestesia tópica é essencial para o conforto e a cooperação.

2. Coloque seu cotovelo na plataforma da lâmpada de fenda e seu anel e/ou dedos menores na barra lateral ou no queixo do paciente para ajudar a estabilizar sua mão.

3. O exame pode ser facilitado pedindo para o paciente olhar para a frente com o outro olho e não piscar.

4. Para facilitar a visualização de um quadrante determinado com a gonioscopia indireta, incline o espelho para o quadrante ou peça para o paciente olhar para o espelho. Por exemplo, para ver o ângulo superior, ou incline o espelho inferior para cima, para o ângulo superior, ou peça ao paciente para olhar para baixo, para o espelho inferior.

5. A relação superior-inferior nos espelhos nasal e temporal e a relação nasal-temporal (direita-esquerda) nos espelhos superior e inferior estão preservadas, não invertidas como na oftalmoscopia indireta. Por exemplo, quando vendo o ângulo superior através do espelho inferior, uma área de SAP vista às cinco horas no espelho está realmente à uma hora, e não às onze horas.

6. Como determinar qual paciente pode ter ângulo estreito e necessitar de uma gonioscopia?

A técnica de van Herick usa um feixe de luz fino focado no limbo para aproximar a profundidade do ângulo por comparação da profundidade da periferia da CA com a espessura corneana. O grau I tem a profundidade da periferia da CA menor do que um quarto da espessura corneana; o grau II é um quarto da espessura corneana; o grau III é a metade; e o grau IV é uma espessura corneana ou mais. Os pacientes que têm graus I e II certamente têm ângulos estreitos e, portanto, deve ser feita gonioscopia. Essa técnica, contudo, não deve substituir a gonioscopia em olhos com meios claros na avaliação do glaucoma. Ela dá a falsa idéia de um ângulo aberto em alguns olhos com íris em platô ou rotação anterior do corpo ciliar (ver classificação a seguir).

7. Quais os diferentes sistemas de classificação da gonioscopia de ângulo da CA?

	Grau 0	*Grau I*	*Grau II*	*Grau III*	*Grau IV*
Scheie		Bem aberto	Esporão escleral visível, banda do CC não visível	Pode somente visualizar a MT anterior	Fechado
Schaffer	Fechado	10°	20°	30°	40°

(Scheie é raramente usado. Schaffer é mais comumente usado, e o ângulo é graduado como uma fenda quando está entre os graus 0 e I.)

Spaeth: Esse sistema é o mais descritivo. O primeiro elemento é uma letra principal para o nível de inserção da íris: *A*) anterior à MT; *B*) atrás da linha de Schwalbe, ou na MT; *C*) no esporão escleral; *D*) ângulo profundo, banda do CC visível; *E*) extremamente profundo. Se durante a gonioscopia de identação a verdadeira inserção da íris for notada como sendo mais posterior do que originalmente parecia, a impressão original é colocada em parênteses, seguida pela inserção verdadeira fora do parênteses. O segundo elemento é um número que denota a largura do ângulo irido-corneano em graus, usualmente entre *5 a 45°*. O terceiro elemento é uma letra (q, r, ou s) descrevendo a configuração da periferia da íris: *q* – estranha, côncava; *r* – regular; *s* – íngrime.

A pigmentação da MT posterior é graduada numa escala de 0 (nenhuma) a 4 (máxima).

Exemplo: (A)C10r,2+MTP refere-se a um ângulo fechado de 10 graus, com indentação, aberto para o esporão escleral e com pigmentação moderada da MT posterior.

8. Como saber se é possível dilatar um paciente com segurança?

Junto com a largura do ângulo em graus, a inserção aparente e real da raiz da íris e a configuração periférica da íris podem fornecer informações valiosas quando tentamos a valiar se o ângulo é de risco para ser fechado. Ângulos menores ou iguais a 15 graus estão sob risco de serem fechados e não devem ser dilatados. Um olho com um ângulo de 20 graus deve ser acompanhado de perto, porque pode estreitar com o tempo, e deve ser reavaliado com tonometria e gonioscopia após dilatar. Uma exceção a essas regras gerais são as íris em platô (discutidas mais adiante), nas quais o ângulo pode ser mais amplo do que 20 graus e ainda estar sob risco de fechar.

9. Como saber se é possível dilatar um paciente com segurança se não houver uma lâmpada de fenda?

Use uma caneta com luz e brilhe do lado temporal perpendicular ao eixo visual central. A metade temporal da íris sempre será iluminada. Em um olho normal com profundidade de CA "segura", a metade nasal inteira da íris será iluminada também. Em um olho com profundidade de CA estreita ou questionável, nenhuma ou somente uma parte da íris nasal será iluminada. Essa técnica não demonstra a verdade em pacientes com íris em platô.

10. Como o ângulo estreito é classificado?

A. Pela apresentação clínica
   I. Agudo
   II. Subagudo ou intermitente
   III. Crônico

B. Pelo mecanismo
  I. Mecanismo de "empurrar" posterior
    a. Bloqueio pupilar (pode ocorrer em olhos fácicos, pseudofácicos ou afácicos)
      1. Relativo
         Idiopático (isto é, ângulo estreito primário)
         Induzido pelo miótico
         Induzido pelo cristalino
         Íris em platô
      2. Absoluto ou verdadeiro: por sinéquia posterior de causa inflamatória
    b. Induzido pelo cristalino
      1. Facomórfico (extraído devido a catarata intumescente ou edema de cristalino em diabéticos)
      2. Subluxação do cristalino
         Trauma
         Síndrome de pseudo-exfoliação
         Doenças hereditárias/metabólicas – Síndrome de Marfan, homocistinúria, etc.
      3. Cristalino empurrado para a frente
         Síndrome do desvio do aquoso (glaucoma maligno ou bloqueio ciliar)
         Massa – tumor, ROP, PHPV, etc.
    c. Íris em platô
      1. Íris em platô verdadeira
      2. Cistos de íris e corpo ciliar
    d. Edema/rotação anterior do corpo ciliar (há alguma sobreposição disso)
      1. Inflamatório – esclerites, uveítes, após fotocoagulação panretiniana, etc.
      2. Congestivo – após cirurgia com faixa escleral, nanoftalmo, etc.
      3. Efusão coroidal – hipotonia após trauma ou cirurgia, efusão uveal, etc.
      4. Hemorragia supracoroidal (HSC) – intra ou pós-operatória
         Fatores de risco para HSC incluem elevação prévia da PIO seguida de hipotonia, alta miopia, idade avançada, afacia, vitrectomia prévia, hipertensão sistêmicaou doença aterosclerótica vascular e manobra de Valsalva pós-operatória
  II. Mecanismo de "puxar" anterior – ângulo estreito sinequial
    a. Crônico aposicional estreito por qualquer das causas anteriores
    b. Inflamação intra-ocular (uveítes)
    c. Glaucoma neovascular
      1. Oclusão de veia central da retina (OVCR), em um terço dos casos
      2. Diabete melito, em um terço dos casos
      3. Doença oclusiva da carótida, aproximadamente 13% dos casos
      4. Miscelânea: oclusão da artéria central da retina (OACR), tumores, descolamento de retina, etc.
    d. Síndrome iridocorneana endotelial (ICE)
      1. Atrofia progressiva da íris
      2. Síndrome de Chandler
      3. Síndrome de Cogan-Reese

ÂNGULO ESTREITO PRIMÁRIO (BLOQUEIO PUPILAR RELATIVO)

11. Qual é a epidemiologia para glaucoma primário de ângulo estreito?

Para ângulo estreito *agudo*, os esquimós (maior incidência) e os asiáticos têm uma incidência muito maior do que os brancos, que têm maior do que os negros. É relativamente mais comum em brancos do norte da Europa do que nos do Mediterrâneo. O pico de incidência é entre 55 e 65 anos. Em brancos, as mulheres têm de três a quatro vezes mais chance de desenvolver ângulo estreito do que em homens. Em negros, a incidência é igual entre homens e mulheres. Há também alta incidência entre hipermétropes. A herança parece ser poligênica.

Para ângulo estreito *crônico*, os negros têm uma incidência maior que os Asiáticos, que têm maior que os brancos. Além disso, os negros têm maior propensão para desenvolver ângulo estreito crônico do que agudo.

12. Quais são os sintomas do glaucoma agudo de ângulo estreito?

O paciente pode se queixar de dor ocular, de visão borrada ou embaçada, de halos ao redor de luzes, de náuseas e de vômitos. Os sintomas visuais são parcialmente causados pelo edema de córnea que ocorre pelo aumento abrupto intenso da PIO. Essa é a apresentação mais comum, e é mais freqüentemente induzida por estresse, por ambientes com pouca luz e por medicação. Se a PIO excede a pressão das artérias oftálmica e central da retina, a perda visual ocorre por isquemia do nervo óptico ou da retina.

13. Descreva os sinais ou achados de exame vistos no glaucoma primário de ângulo estreito agudo.

PIO: tipicamente maior do que 45 mmHg

Conjuntiva e episclera: vasos dilatados

Córnea: edema estromal e endotelial

Câmara anterior: rasa, células e *flare* variavelmente visíveis

Íris: vasos dilatados (distinguir de neovascularização), pupila pouco ou não-reativa em média midríase e atrofia setorial por isquemia (somente se episódios anteriores tiverem ocorrido)

Cristalino: glaukomflecken (não visíveis na fase aguda, mas se presentes na fase inicial indicam episódio anterior de fechamento angular)

Gonioscopia: com ângulos estreitos ou fechados, podemos não ser capazes de ver estruturas pelo edema corneano (glicerina pode ser usada para clarear a córnea); o ângulo superior é geralmente o mais estreito e o primeiro a desenvolver SAP

Nervo óptico: ocasionalmente edema e hiperemia pela congestão vascular; pode parecer papiledema

Retina: pode ser normal ou mostrar sinais de oclusão vascular

O exame do olho contralateral é muito importante para o diagnóstico. Se o outro olho tem uma profundidade de CA e a largura de ângulo normais, o diagnóstico de ângulo estreito primário deve ser posto em dúvida, a menos que o olho envolvido seja muito mais hipermétrope.

14. Como o ângulo estreito subagudo ou intermitente se apresenta?

Os sintomas são similares aos do agudo, porém menos intensos, tendem a ocorrer por dias ou semanas, e podem ser confundidos com cefaléia. Eles se resolvem por conta própria, geralmente quando o indivíduo vai dormir ou entra em um ambiente iluminado (ambos induzem a miose).

Esses episódios podem resultar em ângulo estreito crônico. Entre os episódios, a PIO é normal, e o exame ocular ocasionalmente o é, exceto pela presença de ângulo estreito e, algumas vezes, de *glaukomflecken*, catarata e SAP na gonioscopia.

15. Como o ângulo estreito crônico se apresenta clinicamente?

É geralmente assintomático, a menos que perda visual intensa tenha ocorrido. O fechamento gradual do ângulo, por simples aposição ou SAP, leva a um aumento gradual da PIO. A PIO é mais variável, mas tende a ser mais baixa do que no agudo. A córnea é geralmente clara, e como o aumento da PIO é gradual, não há dor, hiperemia, diminuição da visão ou outro sintoma. A exceção mais freqüente para isso é o glaucoma neovascular, que também é causado por SAP, mas geralmente se apresenta com sinais e sintomas de ângulo estreito agudo.

16. Quais são as características anatômicas desses olhos?

Pequeno comprimento axial, hipermetropia e "segmento anterior amontoado".

17. Qual é o mecanismo fisiopatológico do bloqueio pupilar relativo?

O cristalino cresce durante toda a vida. Em olhos que são predispostos, há uma aposição crescente entre a superfície posterior da íris e a cápsula anterior do cristalino. À medida que o toque iridocristaliniano aumenta, a resistência para a passagem do aquoso da câmara posterior para a CA aumenta, causando um aumento progressivo na pressão da câmara posterior. Em condições em que a pupila está em média midríase (por estresse, ambientes com pouca luz, agentes simpaticomiméticos ou anticolinérgicos, etc.), o aumento da PIO na câmara posterior leva a íris frouxa a se localizar anteriormente, fechando o ângulo. Em íris finas ou pouco pigmentadas, é mais fácil de ocorrer um aumento abrupto da PIO. Íris mais espessas são mais difíceis de serem deslocadas anteriormente, são gradualmente empurradas para a frente, especialmente na periferia, levando a ângulo estreito crônico, com ou sem SAP e um aumento mais gradual da PIO.

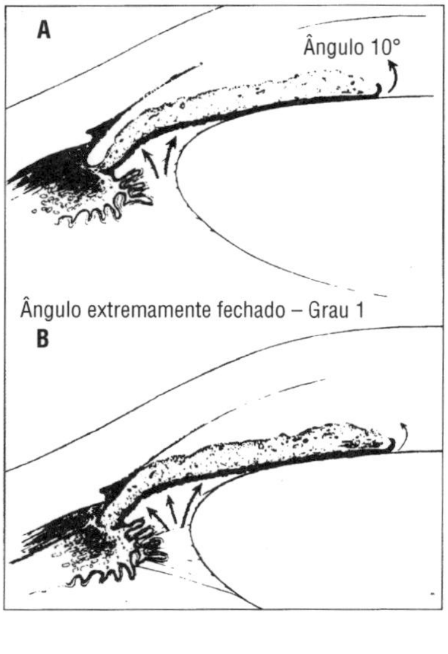

Mecanismo de bloqueio pupilar relativo em ângulo estreito. *A*, Ângulo extremamente fechado (grau I) com resistência ao fluxo de aquoso entre a íris e o cristalino levando a aumento da pressão da câmara posterior. *B*, Ângulo fechado.

18. Que manobras não-médicas podem ajudar a abaixar a pressão mesmo antes de se medicar o paciente?

A gonioscopia de identação pode ajudar a abaixar a pressão por empurrar o aquoso central perifericamente, abrindo o ângulo se o mesmo não está fechado por SAP. Isso deve ser feito cuidadosamente, para evitar a abrasão do epitélio corneano, que está edemaciado e pode ser lesado mais facilmente do que o normal.

19. Como tratar o olho envolvido com medicação?

Geralmente é preferível uma combinação dos seguintes:

O uso de mióticos como pilocarpina em ângulos estreitos, potencialmente oclusíveis, é controverso mesmo entre os glaucomatólogos. A explicação para o uso de mióticos é puxar a periferia da íris para longe da MT, o que abre o ângulo e previne o fechamento aposicional. Ela pode contudo piorar o fechamento angular por causar o deslocamento anterior do diafragma cristalino-íris com contração do músculo ciliar, que relaxa a tensão zonular e piora o bloqueio pupilar. Se a pilocarpina é usada nesses pacientes, deve ser feita gonioscopia após 30 a 60 minutos da dose inicial. Se o ângulo não está mais aberto, uma IP com *laser* deve ser feita de imediato. Se não é possível realizar, deve ser usado beta-bloqueador para diminuir a secreção do aquoso até que a IP seja feita.

Inibidores tópicos de secreção do aquoso: beta-bloqueadores, inibidores da anidrase carbônica (IAC) e agonistas alfa-2 adrenérgicos.

Inibidores da anidrase carbônica: em pacientes que não estão com náuseas, um inibidor oral é dado. Se o paciente não está tolerando medicação oral e a forma IV está disponível, a acetazolamida IV é preferida em conjunto com uma terapia tópica pelo seu início rápido de ação.

Agentes hiperosmóticos: a terapia hiperosmótica reduz o volume vítreo e pode ser uma arma potente para abaixar a PIO e para acabar com um ataque. Glicerina e isosorbida podem ser dadas por via oral, mas a glicerina é contra-indicada em diabéticos, pois pode causar hiperglicemia intensa. O manitol IV é o agente mais potente para reduzir a PIO e é usado como última arma por causa de seus efeitos colaterais cardiovasculares.

Esteróides tópicos: esteróides tópicos (isto é, prednisolona 1%) são úteis para reduzir a inflamação associada que pode ou não ser visível ao exame.

Mióticos: pilocarpina ajuda a quebrar o ataque por puxar a periferia da íris para longe da MT e por permitir o fluxo do aquoso. Contudo, o esfíncter pupilar (mas não o músculo ciliar) geralmente se torna isquêmico com pressões maiores do que 40 a 50 mmHg e não-responsivo a mióticos até que a pressão seja diminuída com outras medicações. A duração do aumento da PIO e a isquemia do esfíncter vão determinar se o mesmo vai responder aos mióticos mesmo após abaixar a PIO. A concentração usada geralmente é de 1 a 2%. A pilocarpina deve ser usada com cautela, para evitar a toxicidade colinérgica. Não esqueça que ela também pode pode fazer alguns casos piorarem. Alguns acreditam que ela não deveria ser usada em bloqueios pupilares pseudofácicos ou afácicos.

Glicerina tópica: pode ser útil para clarear a córnea, o que facilita o exame do olho e o posterior tratamento.

Outros: a brimonidina, o último alfa 2-agonista, aumenta o fluxo uveoescleral, assim como o latanaprost, o agonista da prostaglandina F-2 alfa. A eficácia desses dois medicamentos no ângulo estreito não foi bem estudada. Deve ser notado que o uso concorrente da pilocarpina causa contração do músculo ciliar, aumentando a resistência para o fluxo uveoescleral.

20. Como você trataria o olho envolvido com *laser*?

A *Iridotomia periférica a* laser *(IP)* é definitivamente o primeiro procedimento para aliviar o bloqueio pupilar. O ângulo fechado de qualquer outra etiologia que não o bloqueio pupilar não responde à iridotomia. *Lasers* de argônio ou Q-YAG devem ser usados. O *laser* Nd:YAG é o mais utilizado por ser o mais rápido, o mais fácil e o que requer menos tiros com menos energia (causa menos inflamação) e não depende da cor da íris. O efeito térmico do argônio pode ajudar a prevenir sangramentos e facilitar a penetração em íris espessas. Há alguma controvérsia sobre a escolha do momento para a IP a *laser* no ângulo estreito agudo. Embora a conduta definitiva em ângulo estreito agudo seja a IP a *laser*, alguns especialistas preferem fazer a IP um a dois dias após, se o ataque tiver sido quebrado com medicação, pelas seguintes razões:

1. O edema corneano, pela pressão alta, e as dobras de Descemet, pela diminuição abrupta da pressão, podem prejudicar a visualização e tornar a iridotomia mais difícil. Além disso, a câmara anterior é rasa, o endotélio corneano fica próximo ao ponto do foco de energia do *laser*, podendo ser danificado.

2. A íris está normalmente congesta, edemaciada e inflamada durante o ataque. Isso pode tornar a iridotomia mais difícil de ser realizada; mais poder pode ser necessário para perfurar a íris, e isso pode criar uma situação mais desconfortável para o paciente do que quando o olho não está inflamado.

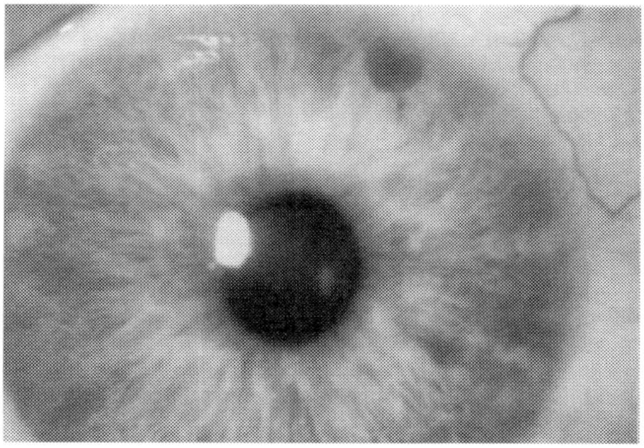

Iridotomia periférica a *laser*, patente.

21. Quais são as complicações mais comuns da IP com *laser*?

O problema que mais preocupa é a formação de fantasmas pela luz que entra pela iridotomia

Argônio: Sinéquia posterior e catarata localizada. As IPs por argônio fecham mais facilmente que as por Nd:YAG.

Nd:YAG: Hemorragia pode ocorrer em mais de 50% dos casos. É geralmente pequena e confinada à área da IP, mas às vezes pode formar hifema significante. O sangramento pode ser controlado aplicando pressão suave no olho com a lente de contato. Mesmo hifemas grandes geralmente desaparecem no dia seguinte. Picos transitórios maiores do que 6 mmHg ocorrem em mais de 40% dos pacientes geralmente após uma ou duas horas. O tratamento pré-operatório com apraclonidina diminui a incidência e a gravidade dos picos da PIO após *laser*. Beta-bloqueadores e IAC têm sido usados, mas com menos sucesso. A incidência e a gravidade dos picos após *laser* são semelhantes aos após argônio e Nd:YAG.

22. Quais são as indicações para a intervenção cirúrgica? Qual procedimento é preferível?

A cirurgia é indicada num olho que com a combinação de terapia máxima tolerada e *laser* a pressão não foi adequadamente controlada. A avaliação do disco é essencial.

Iridectomia periférica em córnea clara – em um olho em meio a uma crise ou logo após a mesma se não for possível realizar uma IP com sucesso.

Iridectomia periférica em córnea clara combinada com goniossinequiálise – se no cenário anterior, a IP já foi realizada. Esse procedimento envolve a quebra das sinéquias para permitir a reabertura ao ângulo.

Procedimentos filtrantes cautelosos (PFC), ou trabeculectomia – em situações nas quais os procedimentos anteriores falharam, ou uma IP a *laser* patente não resolveu o problema do ataque.

Quando operando esses olhos, é importante lembrar que eles têm câmaras rasas e são mais propensos a desenvolver câmara plana e desvio do aquoso (glaucoma maligno ou bloqueio ciliar), ambos podendo complicar o intra e o pós-operatório. O uso de mióticos também pode aumentar a chance de desvio do aquoso.

23. Quando se considera que um ataque foi realmente "quebrado"?

Quando a pressão no olho envolvido é menor ou igual à pressão no olho não-envolvido na apresentação inicial, e o ângulo está aberto.

24. Quais são as chances de ocorrer o mesmo no outro olho?

Há uma chance de 40 a 80% de ocorrer no outro olho nos próximos cinco a 10 anos.

25. O que você recomendaria para o outro olho?

IP profilática quando a gonioscopia revela um ângulo potencialmente oclusível. Às vezes é melhor tratar o olho contralateral primeiro (se o ângulo é oclusível), enquanto o olho envolvido se "acalma". O uso de pilocarpina no olho contralateral para prevenir o fechamento angular puxando a íris periférica para longe da MT até que a IP seja realizada não é sem risco, como discutido na Questão 19.

26. Quais são as seqüelas a curto e a longo prazos nas estruturas oculares após o ataque?

Córnea: Logo após a diminuição da pressão o edema epitelial microcístico se resolve e as dobras de Descemet são vistas. O edema estromal demora mais para resolver. Em todos os casos, um dano endotelial significante ocorre. Se o ataque causar muitos danos endoteliais, os edemas estromal e epitelial podem permanecer. A pigmentação do endotélio pode ocorrer por liberação de pigmento na iridotomia ou em regiões de atrofia isquêmica local iriana.

Câmara anterior: Mesmo após uma IP com sucesso, a CA permanece mais rasa do que o normal.

Íris: Pode-se ver uma pupila em média midríase, pouco ou não-reativa, e atrofia e necrose setoriais pela isquemia. Sinéquias posteriores podem se desenvolver longo tempo após a IP ser realizada, ocupando a rota alternativa para o escoamento do aquoso. A pupila é freqüentemente ovalada na vertical.

Cristalino: Glaukomflecken (pequenas opacidades brancas subcapsulares anteriores representando áreas de necrose do epitélio cristaliniano com degeneração cortical subcapsular adjacente) e desenvolvimento ou progressão de catarata podem ser vistos.

Zônula: Um dano por um episódio agudo pode não se manifestar por muito tempo, quando a fragilidade zonular é notada na extração da catarata ou por luxação ou subluxação espontânea.

Gonioscopia: SAP.

Nervo óptico: A congestão e o edema do disco, se presentes, podem levar vários dias para resolver. Ataques agudos geralmente produzem mais palidez do que escavação; ângulo estreito crônico usualmente produz mais escavação do que palidez, similar ao glaucoma de ângulo aberto.

Retina: "Retinopatia de descompressão" pode ser vista após rápida diminuição da PIO como hemorragias intra-retinianas dispersas concentradas principalmente no pólo posterior e no nervo óptico. Atrofia peripapilar também pode se desenvolver com o tempo, com defeito focal em feixe de fibras, afilamento difuso da retina, etc.

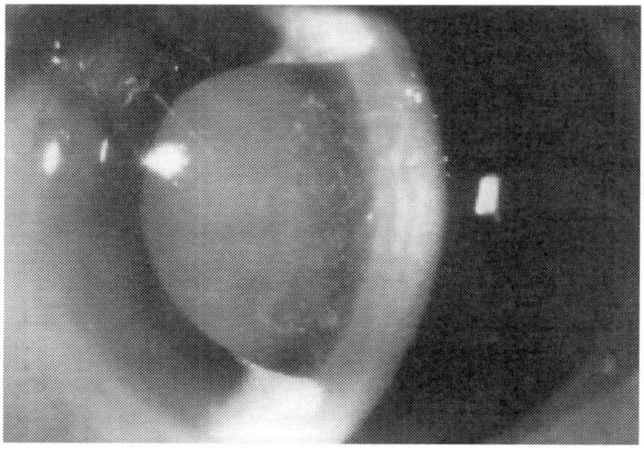

Fotografia de um olho após a resolução de um ataque de ângulo estreito agudo. Note as dobras de Descemet corneanas, a IP às 12 horas na borda superior da foto e o padrão dos *glaukomflecken* abaixo da cápsula anterior do cristalino.

27. Que tipos de medicações são contra-indicados no glaucoma (ângulo estreito)?

Medicações tópicas anticolinérgicas e simpatomiméticas tópicas e sistêmicas, como aquelas encontradas em medicações anti-histamínicas e para resfriado, devem ser evitadas em pacientes que tenham ângulo estreito ou potencialmente oclusível antes que uma IP profilática seja realizada. Essas duas medicações não são contra-indicadas em pacientes com ângulo estreito mas sem potencial oclusivo, em pacientes com iridectomia ou iridotomia, ou com glaucoma de ângulo aberto.

Mióticos tópicos podem ser usados com cautela em pacientes com ângulo estreito, considerando se eles são potencialmente oclusíveis, pelo risco potencial de estreitamento pelo deslocamento anterior do diafragma irido-corneano. No mínimo, nesses pacientes devem ser realizada uma gonioscopia antes do início da terapia para excluir essa possibilidade. Se o ângulo se torna muito estreito, deve-se considerar a suspensão da terapia miótica ou a realização de uma IP se a terapia tem indicação formal.

28. Quais são as causas de manutenção de pressão elevada mesmo após uma IP com sucesso?

1. Formação de sinéquia anterior periférica e/ou dano não-detectado à MT durante o período de ângulo fechado.

2. Ângulo estreito por bloqueio não-pupilar (ver a Questão 10, classificação, Ib-d).

3. Iridotomia incompleta resultará em elevação persistente da PIO. Oclusão da IP com debris ou uma membrana pode causar episódios repetidos de ângulo estreito com bloqueio pupilar.

4. Componente residual de glaucoma de ângulo aberto.

ÍRIS EM PLATÔ

29. Descreva a epidemiologia da íris em platô.

Esses pacientes são geralmente mais jovens (tipicamente quarta ou quinta décadas) e menos hipermétropes do que os pacientes com ângulo aberto; podem mesmo ser míopes.

30. Como se apresenta clinicamente?

Pode ser notada em exame de rotina ou estar presente como um glaucoma de ângulo estreito agudo ou crônico.

31. O que é configuração da íris em platô (CIP)?

Processos ciliares anteriormente posicionados forçam a periferia da íris mais anterior do que o normal. A profundidade da câmara anterior central é geralmente normal. A íris tem um contorno relativamente plano, com uma dobra periférica afiada perto do ângulo. Um componente do bloqueio pupilar está geralmente presente. Com a dilatação, a íris periférica dobra sobre o ângulo e oclui a MT.

32. Como a íris em platô pode ser distinguida do ângulo estreito por bloqueio pupilar relativo (primário) à lâmpada de fenda?

O ângulo estreito primário geralmente se apresenta com CA central rasa e convexidade iriana moderada, em contraste com a aparência da CIP notada anteriormente. Com gonioscopia de identação, o ângulo é muito mais duro de abrir e não abre totalmente como no ângulo estreito típico. A persistência da aparência da íris em platô ajuda a confirmar o diagnóstico clinicamente. A biomicroscopia ultra-sônica de alta resolução também pode confirmar o diagnóstico.

33. O que é a síndrome da íris em platô?

Ângulo estreito agudo ou crônico que se desenvolve com dilatação, ou mesmo espontaneamente, em um olho com uma CIP e uma IP patente.

34. Como a íris em platô é tratada?

O primeiro procedimento de escolha em um olho com (ou em risco de) ângulo estreito é a *iridotomia periférica a laser* para eliminar qualquer componente de bloqueio pupilar que esteja presente. Geralmente, quanto mais velho o paciente, mais o bloqueio pupilar contribui, em porcentagem, como um mecanismo de ângulo estreito.

A *iridoplastia periférica a laser* pode ser necessária em pacientes que permanecem com o ângulo estreito após uma IP patente. Essa técnica aplica queimaduras de *laser* de argônio circunferenciais à periferia da íris, causando a sua contração e puxando-a para longe do ângulo.

A *terapia miótica crônica* pode ser uma alternativa útil ou em conjunto com a iridoplastia em olhos com ângulo estreito mesmo após uma IP patente. Contudo, o ângulo deve ser examinado com gonioscopia após a instilação de pilocarpina, e em intervalos de seis a 12 meses após para documentar o efeito na configuração do ângulo.

SÍNDROME DO DESVIO DO AQUOSO (GLAUCOMA MALIGNO/BLOQUEIO CILIAR)

35. O que é a síndrome do desvio do aquoso?

O desvio posterior do aquoso para a cavidade vítrea causa um deslocamento anterior do diafragma irido-cristaliniano. Ele ocorre geralmente após uma cirurgia ocular (tipicamente bolhas filtrantes), mas pode ocorrer após procedimentos com *laser*, ou, raramente, de modo espontâneo. O uso de mióticos e o glaucoma de ângulo estreito aumentam o risco de ocorrência. Geralmente se apresenta na primeira semana de pós-operatório com uma câmara anterior rasa a plana e com uma PIO alta, mas pode ser normal em olhos com bolhas filtrantes funcionantes. Descolamento/efusão serosa da coróide, bloqueio pupilar e hemorragia supracoroidal devem ser descartados.

36. Como o desvio do aquoso é tratado com medicação?

Os *cicloplégicos* relaxam o músculo ciliar, que aumenta a tensão zonular e empurra o diafragma irido-cristaliniano posteriormente. Os cicloplégicos também são essenciais no manejo do ângulo estreito devido à rotação anterior do corpo ciliar. Eles podem ser necessários indefinidamente.

Supressores de aquoso

Agentes hiperosmóticos

Mióticos são contra-indicados.

37. Como o desvio do aquoso pode ser tratado com *laser* se não responde à medicação?

A meta da terapia é restabelecer o fluxo da câmara posterior para a anterior, e tentar criar um canal para o aquoso ir do segmento posterior para o anterior.

Hialoidotomia por Nd:YAG laser: Em afácicos e pseudofácicos, usar o Nd:YAG *laser* para romper a face vítrea anterior pode ser um procedimento de sucesso para resolver o desvio do aquoso.

Tratamento com laser de argônio dos processos ciliares: Levando-se em conta o estado do cristalino, esse procedimento pode ser realizado se uma iridectomia cirúrgica ou uma iridotomia a *laser* grande está presente.

38. Como o desvio do aquoso pode ser tratado cirurgicamente se refratário ao tratamento com medicação ou *laser*?

A hora ou o modo de intervenção dependem dos seguintes fatores:

1. Duração do desvio sem resolução
2. Presença ou duração de câmara anterior plana
3. Estado da lente: o toque córnea-LIO é mais prejudicial ao endotélio corneano do que o toque cristalino-córnea
4. Estado da PIO e do nervo óptico

Refazer a câmara anterior: pode ser realizado na lâmpada de fenda por injeção de pequenas quantidades de ar seguidas por viscoelástico através de paracentese na periferia da córnea. O ar inicial ajuda a penetração completa da agulha através da córnea para dentro da CA antes de injetar qualquer viscoelástico.

Vitrectomia pars plana *(VPP):* o desvio do aquoso pode persistir ou mesmo recorrer após a VPP, especialmente em olhos fácicos.

Extração do cristalino: pode ser combinada com vitrectomia. A cápsula posterior e a hialóide anterior são geralmente incisionadas para permitir a passagem do aquoso para a câmara anterior.

GLAUCOMA NEOVASCULAR

39. O que tipicamente causa o glaucoma neovascular (GNV)?

A isquemia do segmento posterior (retina) resulta na produção de fatores angiogênicos que estimulam a formação de membrana fibrovascular na íris (INV). Enquanto a membrana cresce primeiro sobre o ângulo e através do esporão escleral para a MT, o ângulo parece anatomicamente aberto. Posteriormente, a membrana contrai, puxando a periferia da íris para a MT e a córnea periférica, criando SAP. Esse último processo pode ocorrer sobre áreas significantes do ângulo e bem rápido (geralmente poucos dias), produzindo glaucoma agudo de ângulo estreito. Causas comuns de GNV são OVCR (1/3), retinopatia diabética proliferativa (1/3) e doença oclusiva da carótida (aproximadamente 13%).

40. Como o glaucoma neovascular é tratado?

1. A etiologia da neovascularização deve ser diagnosticada e tratada, usualmente com fotocoagulação pan-retiniana (FPR) ou, se a falta de visualização clara da retina impede a FPR, com crioterapia da retina periférica para processos isquêmicos do segmento posterior.

2. *Medicamentoso*: A porcentagem de ângulos que são fechados com SAP, bem como a resistência da MT ainda aberta ao fluxo, determinará o potencial de sucesso do tratamento medicamentoso do glaucoma. Mesmo se o ângulo estiver totalmente fechado, a dose máxima tolerada de supressor do aquoso, e se necessário terapia hiperosmótica, deve ser usada até que a cirurgia seja realizada. Mióticos não devem ser usados, porque diminuem o fluxo uveoescleral.

3. *Cirúrgico*: Um dos princípios mais importantes para se lembrar quando se opera esses olhos, especialmente com INV florida, é tentar evitar a rápida descompressão do olho; os vasos novos frágeis podem romper, criando um hifema espontâneo que pode complicar o manejo subseqüente.

- *Procedimentos filtrantes (trabeculectomia)* têm sido usados para controlar a PIO nesses olhos com resultados pobres. A média de sucesso é algo melhor se um antimetabólito, como a mitomicina C, é utilizado em conjunto. O risco de falência da filtração devido a fibrose é grande, presumivelmente pela presença de fatores angiogênicos no aquoso.

- *Tubos de shunt do aquoso* têm se tornado o procedimento de escolha para muitos cirurgiões, mas têm média de sucesso de aproximadamente 70%, sendo responsável pelo prognóstico pobre o processo patológico de base.

4. *Ciclodestruição por crio/laser*: Essa pode ser uma opção viável, em olhos com potencial visual mínimo, para controlar a PIO para um conforto por longo tempo, e para prevenir a enucleação por PIO alta.

MISCELÂNEA

41. Quais são os diferentes mecanismos para a produção de ângulo estreito secundário à inflamação?

1. Formação de SAP de qualquer etiologia
2. Bloqueio pupilar completo (seclusão pupilar) por sinéquia posterior resultando em íris bombé
3. Efusão uveal causando rotação anterior do corpo ciliar (incomum)
4. Descolamento exsudativo de retina empurrando o difragma irido-cristaliniano para a frente (raro)

42. O que é nanoftalmo?

Uma condição bilateral na qual os olhos são bem menores do que o normal, com um comprimento axial definido como menos de 20 mm (média de 18 mm), com hipermetropia correspondente. Além disso, o diâmetro corneano é diminuído (média de 10,5 mm *vs.* 12 mm do adulto normal) e a esclera é muito mais espessa (geralmente o dobro da espessura) do que o normal. Esse impedimento ao fluxo uveoescleral predispõe a efusão coroidal, espontânea ou pós-cirurgia, e a ângulo estreito. O glaucoma de ângulo estreito também pode ocorrer como resultado de segmento anterior apertado sem efusão uveal.

BIBLIOGRAFIA

1. Albert D, Jakobiec F: Principles and Practice of Ophthalmology. Philadelphia, W.B. Saunders, 1994.
2. American Academy of Ophthalmology Basic and Clinical Science Course: Section 10, Glaucoma, 1997.
3. American Academy of Ophthalmology Preferred Practice Pattern: Primary Angle Closure Glaucoma, 1996.
4. Davidorf J, Baker N, Derick R: Treatment of the fellow eye in acute angle-closure glaucoma: A case report and survey of members of the American Glaucoma Society. J Glaucoma 5:228-232, 1996.
5. Ritch R: The pilocarpine paradox [editorial]. J Glaucoma 5:225-227, 1996.
6. Ritch R, Shields B, Krupin T: The Glaucomas, 2nd ed. St. Louis, Mosby, 1996.

18. GLAUCOMA DE ÂNGULO ABERTO SECUNDÁRIO

Janice A. Gault, M.D.

1. **Um homem de 72 anos vem para exame de rotina. Ele relata que sua visão no olho esquerdo está ficando pior. Ao exame, ele tem visão de 20/30 no olho direito e conta os dedos a uma distância de 1 metro com o olho esquerdo. A PIO no olho direito é de 25 mmHg; no olho esquerdo de 42 mmHg. O nervo óptico parece um pouco escavado no olho direito, e bastante no esquerdo. Os campos visuais revelam um degrau nasal significativo no olho direito e uma ilha temporal no esquerdo. Ele não tem síndrome de pseudo-exfoliação ou fuso de Krukenberg em nenhum dos olhos. Seus ângulos são profundos. Do que você suspeita?**

   Uma história de trauma. A profissão do paciente era boxeador, e ele era atingido com freqüência no olho esquerdo. O glaucoma por recessão angular pode ser assintomático até muitos anos depois quando ocorre perda de visão. Na gonioscopia, a recessão angular é determinada por rasgão nos processos irianos e recesso iriano posterior, revelando uma banda de corpo ciliar alargada. A comparação com o outro olho pode ajudar a identificar essa condição. Qualquer paciente com irite ou hifema traumáticos precisa ser alertado dessa complicação, que pode ocorrer muitos anos depois. O tratamento é o mesmo para o glaucoma de ângulo aberto, exceto que os agentes mióticos são ineficazes e podem até aumentar a pressão.

2. **O que você deve procurar para fazer o diagnóstico de síndrome de pseudo-exfoliação?**

   Material fibrilar, similar a "caspa", é depositado na cápsula anterior do cristalino num padrão característico de "olho de boi", mais facilmente visível após a dilatação pupilar (Figura A). Esse material é também visto no ângulo e na íris. A gonioscopia revela um ângulo com densa pigmentação e linha de Sampaolesi, que é um depósito de pigmento anterior à linha de Schwalbe (figura B). A síndrome de pseudo-exfoliação é considerada como parte de um distúrbio generalizado da membrana basal, porque pode ser achada por histologia em outras partes do corpo. Pode ser uni ou bilateral com assimetria. Embora seja infreqüiente nos Estados Unidos, concorre com mais de 50% dos casos de ângulo aberto na Escandinávia. A condição é geralmente mais

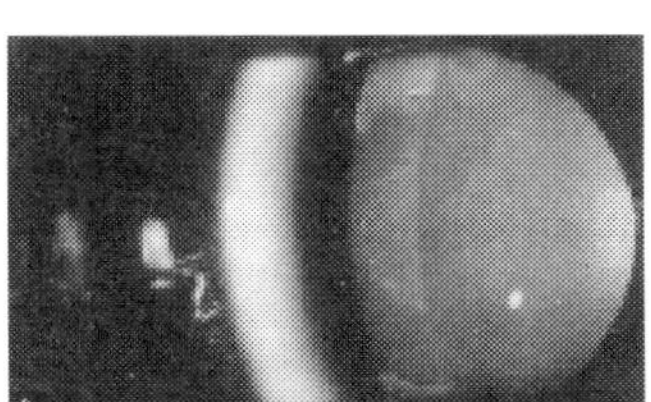

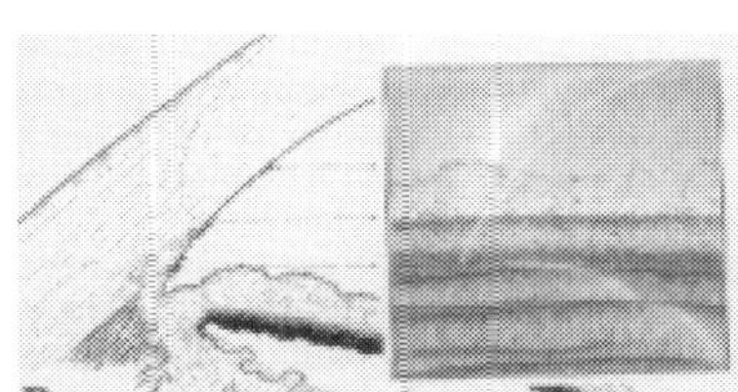

A, Paciente com pseudo-exfoliação pode ter depósitos em padrão de "olho de boi". Procure por esses depósitos na borda da íris. (De Tasman W, Jaeger EA: Wills Eye Hospital Atlas of Clinical Ophthalmology. Philadelphia, Lippincott-Raven, 1995, com permissão.) (Ver Figura 8 do encarte.) *B*, Linha de Sampaolesi é uma banda em barra pigmentada anterior à linha de Schwalbe. (De Alward WLM: Color Atlas of Gonioscopy, St. Louis, Mosby, 1994, com permissão.

resistente ao tratamento medicamentoso do que o ângulo aberto primário e pode necessitar de trabeculoplastia por *laser* de argônio (TLA) ou tratamento cirúrgico.

3. **A condição é melhorada após a extração de catarata?**
Não. Os depósitos continuam, e a cirurgia de catarata tem um alto risco nesses pacientes. As zônulas são frágeis, e sinéquias estão geralmente presentes entre a íris e a cápsula anterior do cristalino. O risco de romper a cápsula posterior é aumentado.

4. **Um homem de 24 anos com sarcoidose se apresenta com PIO de 35 mmHg no olho direito e 32 mmHg no esquerdo. Ele sente pouca dor e alguma perda visual, mas no restante é assintomático. No exame, você nota 2+ de células e *flare* em ambos os olhos, bem como sinéquias posteriores e precipitados ceráticos *mutton-fat*. A gonioscopia revela ângulo aberto sem sinéquias anteriores periféricas. Um exame dilatado não revela escavação em nenhum nervo. O que você faz?**
Muito provavelmente, as células inflamatórias fecharam a MT. Esteróides tópicos em grande quantidade e cicloplégicos devem diminuir as células inflamatórias e quebrar as sinéquias para prevenir que o ângulo estreito se torne uma preocupação para o futuro. Medicação antiglaucoma também deve ser utilizada até que o processo melhore. Contudo, mióticos são contra-indicados porque podem causar sinéquias posteriores e precipitar um fechamento angular. A agressividade com que você abaixa a pressão deve ser proporcional à escavação do nervo óptico.

5. **O mesmo paciente retorna 14 dias depois com PIO de 40 e 45 mmHg no olho direito e esquerdo, respectivamente. O exame revela mínimas células inflamatórias e *flare* em ambos os olhos, bem como diminuição dos precipitados ceráticos. Ele está usando acetato de prednisolona 1%, a cada hora e atropina 1% três vezes ao dia. O que você deve fazer?**
Gonioscopia. Uma vez que o ângulo esteja aberto e sem neovascularização, o mais provável é que seja uma resposta aos esteróides. O aumento da pressão pode ocorrer em qualquer fase desde poucos dias até anos após o início da terapia. A resposta tem sido notada nos olhos após administração oral ou intravenosa de esteróides ou mesmo inalatória. Pacientes com síndrome de Cushing com altos níveis de esteróides endógenos também estão sob risco. A avaliação do nervo óptico é crucial para determinar o risco de dano. Diminua a dosagem e a concentração de esteróides, e inicie terapia antiglaucomatosa. Um agente não-esteróide tópico é útil em certas situações, como em cirurgia não complicada de catarata. Fluormetolona também aumenta menos a PIO do que outras formulações de esteróides; contudo, tem menor potência para reduzir a inflamação.

6. **O que um fuso de Krukenberg parece? O que ele significa?**
O fuso de Krukenberg é uma banda vertical pigmentada no endotélio corneano. É encontrado tipicamente em pacientes com síndrome de dispersão pigmentar. A íris é abaulada posteriormente e raspa contra a zônula do cristalino. O processo causa um defeito com transiluminação na média periferia da íris. A gonioscopia revela uma MT densamente pigmentada nos 360°. O paciente é geralmente assintomático, mas pode relatar visão borrada, dor ocular e halos ao redor da luz após exercícios e dilatação pupilar. A síndrome de dispersão pigmentar é mais comum em homens jovens, brancos, míopes. É geralmente bilateral.

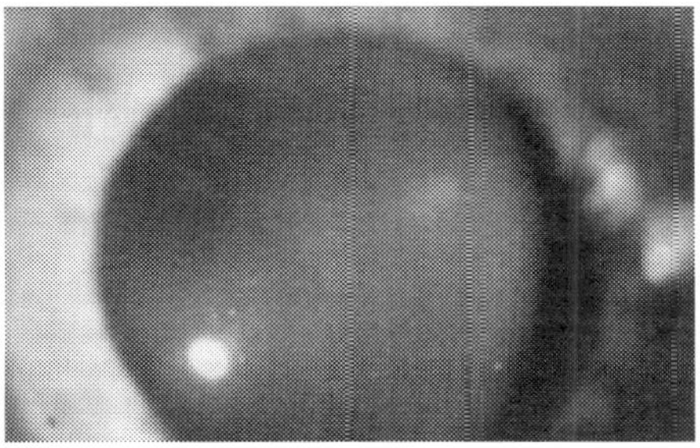

O fuso de Krukenberg é feito de depósitos de pigmentos no endotélio na síndrome de dispersão pigmentar (De Alward WLM: Color Atlas of Gonioscopy, St. Louis, Mosby, 1994, com permissão.) (Ver Figura 9 do encarte.)

7. **Como a dispersão pigmentar é tratada?**

Se não é notada nenhuma escavação do nervo óptico e o campo visual é normal, o paciente pode ser observado. Tratamento para pressão maior que 28 mmHg é indicado, embora este ponto seja controverso. Uma vez que o dano é notado, os mióticos devem ser a primeira linha de tratamento, porque diminuem o contato entre a íris e a zônula. Contudo, os mióticos também causam flutuação miópica e podem ser incômodos em jovens. Iridectomia periférica com *laser* tem sido recomendada; ela trata o abaulamento posterior da íris e teoricamente cura o problema. Os pacientes também respondem bem à trabeculoplastia com *laser* de argônio pela alta pigmentação da MT.

8. **Uma mulher de 95 anos se apresenta com o olho direito vermelho, doloroso, com dois dias de duração. Sua visão é de movimentos de mão a 30 cm e 20/400 no olho direito e esquerdo, respectivamente. O exame do olho direito revela uma córnea embaçada com pressão de 60 mmHg e sem visão da câmara anterior. O olho esquerdo apresenta uma catarata brunescente, mas parece ser profundo e calmo com uma pressão de 18 mmHg. Com glicerina tópica, a córnea direita se torna clara e revela partículas iridescentes flutuando na câmara anterior com uma catarata morganiana. A gonioscopia revela o ângulo aberto bilateral. Não é possível visualizar a câmara posterior. O que você faz?**

A paciente nega história de uveíte. Um *scan*-B de ambos os olhos revela apenas catarata significante sem descolamento de retina ou tumor intra-ocular. A liberação de material do cristalino através de uma cápsula intacta está obstruindo a MT. Se o diagnóstico está em questão, uma paracentese da câmara anterior deve ser feita para examinar a reação da câmara anterior ao microscópio. Os macrófagos estão cheios de material cortical (glaucoma facolítico). Tipicamente, o cristalino é hipermaduro, como nessa paciente. A PIO deve ser reduzida e a inflamação controlada antes da cirurgia ser tentada. Um esteróide como acetato de prednisolona 1% a cada hora, um cicloplégico como escopolamina 0,25%, três vezes ao dia, e medicações antiglaucoma são iniciados imediatamente. A extração da catarata é realizada um ou dois dias após o olho estar em melhores condições.

9. **Uma mulher de 64 anos que teve cirurgia de catarata no olho esquerdo há uma semana se apresenta na emergência com queixas de olho vermelho e doloroso e de diminuição da visão. Qual a sua preocupação?**

Primeiro, deve-se pensar em endoftalmite. Em qualquer paciente que no pós-operatório se apresente com olho vermelho e doloroso, e com diminuição da visão, deve ser presumida endoltalmite. O exame revela visão de movimentos de mão a 60 cm, um olho bastante injetado com edema de córnea, 4+ de células e *flare*, e PIO de 47 mmHg. A câmara anterior está preenchida com material cortical do cristalino, e uma rotura na cápsula posterior é vista. Um pedaço grande do núcleo está no vítreo. O nervo óptico é moderadamente escavado.

Como material do cristalino é visto na câmara anterior, o tratamento com esteróides e medicação antiglaucomatosa é indicado, com observação de perto. O diagnóstico é glaucoma por partículas do cristalino. É iniciado acetato de prednisolona 1% a cada duas horas, escopolamina três vezes ao dia, latanoprost uma vez ao dia, um beta-bloqueador duas vezes ao dia, apraclonidina duas vezes ao dia, e acetazolamida duas vezes ao dia. Além disso, como sua pressão está elevada é dado manitol. Quando sua PIO chegar a 25, ela é mandada para casa. No dia seguinte, ela conta dedos a 1,50 m, sua inflamação ocular está melhorando, e a pressão é de 23 mmHg. Uma vez que a inflamação diminuiu e a PIO está controlada, ela é agendada para retirar o resto de material que ficou do cristalino. Se o material restante é pouco, ela pode ser mantida com medicação até que o olho esteja claro sem cirurgia.

10. Que outros tipos de glaucoma de ângulo aberto podem ser provocados pelo cristalino?

Glaucoma facoanafilático, que pode ocorrer após trauma penetrante ou cirurgia. O paciente é sensibilizado pelas proteínas do cristalino durante um período e desenvolve uma uveíte granulomatosa. Isso distingue-o do glaucoma por partículas do cristalino. Os pacientes são tratados com medicação e podem necessitar de cirurgia para a remoção do cristalino se não respondem adequadamente.

11. O que é a síndrome de Posner-Schlossman? Quem a tem?

Pacientes jovens para meia-idade. Eles notam ataques unilaterais de dor moderada, diminuição de visão e halos ao redor de luzes. Os episódios tendem a recorrer. Também conhecida como crise glaucomatociclítica, essa alteração é idiopática. No exame, a PIO é alta, e geralmente entre 40-60 mmHg. O ângulo é aberto, sem sinéquias, e a injeção é mínima. A reação de câmara anterior é mínima. O epitélio corneano pode ser edematoso pelo aumento súbito na pressão. Poucos precipitados ceráticos finos podem ser vistos no endotélio corneano, principalmente no inferior. O tratamento inclui esteróides e medicação antiglaucomatosa para reduzir a produção de aquoso. Um agente cicloplégico só é necessário se o paciente é sintomático. Os ataques geralmente resolvem em poucas horas ou semanas. Não é necessário medicação entre as crises. Contudo, o risco de glaucoma de ângulo estreito é aumentado em ambos os olhos.

12. Qual a tríade clássica da iridociclite heterocrômica de Fuchs?

Heterocromia, catarata e irite leve. A irite é leve e não causa sinéquias. Precipitados ceráticos característicos, claros, estrelados são vistos no endotélio inferior. Vasos finos podem ser vistos no ângulo, mas não causam seu fechamento. O glaucoma é de difícil controle e geralmente não corresponde ao grau da inflamação. Esteróides geralmente não são úteis.

13. Um paciente retorna no primeiro dia do pós-operatório de uma cirurgia de catarata. A pressão no olho operado é de 40 mmHg, e o paciente se queixa de náuseas. Qual a causa mais freqüente?

Viscoelástico que sobrou da cirurgia, que geralmente se inicia seis a sete horas após a cirurgia e normaliza dentro de 24-48 horas, dependendo do tipo do viscoelástico. A maioria dos olhos tolera pressões superiores a 30 mmHg durante pouco tempo; contudo, a tolerância depende do estado prévio do nervo óptico. Um tratamento médico e uma paracentese para remover o viscoelástico são indicados para abaixar a PIO e melhorar a náusea. A paracentese é controversa pelo elevado risco de endoftalmite.

14. O que mais pode causar glaucoma pós-operatório?

Hifema, dispersão pigmentar, inflamação generalizada, bloqueio pupilar afácico ou pseudofácico, glaucoma maligno (síndrome do desvio do aquoso) e glaucoma por resposta ao esteróide. Nos pacientes que sofreram extração intracapsular, alfaquimiotripsina é injetada na câmara anterior para dissolver a zônula. Os debris da zônula podem obstruir a MT no pós-operatório. Crescimento epitelial pode ocorrer meses a anos após a cirurgia ou trauma e bloquear o fluxo.

15. Um paciente teve uma cirurgia de catarata há um ano e continua a apresentar episódios de células e *flare* em câmara anterior e aumento da PIO. Algumas das células são células sangüíneas vermelhas. Qual o diagnóstico?

Síndrome da uveíte-glaucoma-hifema (UGH). As células podem realmente descer e produzir hifema, geralmente como resultado de irritação por LIO em câmara anterior, embora uma de câmara posterior possa ser envolvida. A gonioscopia pode revelar onde a irritação está ocorrendo. O tratamento consiste de atropina, esteróides tópicos, e medicação antiglaucoma até que a PIO abaixe. *Laser* de argônio no local do sangramento, se o mesmo puder ser identificado, pode ser curativo. Contudo, a remoção da LIO pode ser necessária.

16. Como uma pressão venosa episcleral aumentada pode causar glaucoma?

O aquoso drena da câmara anterior pela MT, pelo canal de Schlemm, e pelos canais intra-esclerais para veias episclerais e conjuntivais. A drenagem normal depende da pressão venosa episcleral, que é menor que a pressão do olho. Geralmente, varia entre 8-12 mmHg. Contudo, se for maior que a PIO, a drenagem não ocorre. Drogas que reduzem a produção de aquoso são o tratamento mais efetivo.

17. Quais são as causas de pressão episcleral venosa aumentada?

Oftalmopatia tireoidiana, fístulas da dura e carótida, síndrome da veia cava superior, tumores retrobulbares, varizes orbitárias e síndrome de Sturge-Weber.

18. Um paciente com diabete há longo tempo teve hemorragia vítrea recorrente. Enquanto você observa e espera a condição melhorar, a pressão intra-ocular sobe para 35 mmHg. O que você deve suspeitar?

Quando a hemorragia intra-ocular clareia, um glaucoma hemolítico ou por células-fantasma pode ocorrer. O glaucoma hemolítico ocorre porque macrófagos cheios de hemoglobina bloqueiam a MT. Células avermelhadas podem ser vistas na câmara anterior. No glaucoma por células-fantasma, células degeneradas sangüíneas vermelhas obstruem o fluxo do aquoso. Células Khaki na câmara anterior podem depositar-se e formar um pseudo-hipópio. Ambas as condições podem ser tratadas com medicação até que a hemorragia clareie. Contudo, como a PIO pode se tornar muito elevada, uma lavagem da câmara anterior e/ou uma vitrectomia podem ser necessárias. Além disso, o paciente pode estar desenvolvendo glaucoma neovascular; então é importante verificar o ângulo para vasos e estreitamento.

19. Que outras condições podem causar glaucoma de ângulo aberto?

1. Tumor intra-ocular pode causar glaucoma de ângulo aberto secundário por invasão do ângulo da câmara ou bloqueio da MT por debris do tumor.

2. Siderose ou calcose por um corpo estranho metálico retido.

3. Dano químico por ácido ou álcali pode encolher o colágeno da esclera ou causar dano direto à MT.

4. Síndrome endotelial iridocorneana (ICE) é um espectro de três entidades que se misturam consideravelmente:

(1) Atrofia essencial de íris – afilamento iriano leva a buracos na íris e à distorção pupilar

(2) Síndrome de Chandler – afilamento leve da íris e distorção com aparência de metal batido do endotélio corneano

(3) Síndrome de Cogan-Reese – nódulos pigmentados na íris com atrofia variável da íris

Esses pacientes são geralmente assintomáticos, adultos de meia-idade. Geralmente os achados são unilaterais com aumento da PIO e edema de córnea. Nenhum tratamento é necessário a menos que glaucoma e edema de córnea estejam presentes.

5. Distrofia polimorfa posterior é uma doença bilateral e autossômica dominante. Vesículas são vistas na membrana de Descemet. Edema de córnea ocorre em casos graves. Adesões iridocorneanas podem ocorrer. Glaucoma é associado em 15%.

20. Que tipos de glaucomas secundários ocorrem em crianças?

1. Glaucoma associado com degeneração mesenquimal é um espectro de doenças, mas duas categorias principais são reconhecidas:

(1) Anomalia de Axenfeld: consiste de linha de Schwalbe proeminente com adesão de filetes de íris. A síndrome de Axenfeld é a anomalia com glaucoma coincidente e ocorre em 50% dos casos. É autossômica dominante ou esporádica.

(2) Anomalia de Riger, é a anomalia de Axenfeld mais afilamento iriano e distorção pupilar. Sessenta por cento dos pacientes desenvolvem glaucoma. É também autossômico dominante ou esporádica. A síndrome de Riger é a anomalia associada com anormalidades dentais, craniofaciais e esqueléticas.

2. Aniridia é uma falta quase total de íris bilateral. Os filetes podem se vistos somente por gonioscopia. Glaucoma, hipoplasia foveal e nistagmo podem ocorrer. A alteração pode ser autossômica dominante ou esporádica. Os pacientes com herança esporádica tendem a evoluir para tumor de Wilms, que é associado em 25% dos casos.

3. Síndrome oculocerebrorrenal (Lowe) é uma alteração recessiva ligada ao X. Os pacientes têm aminoacidúria, hipotonia, acidemia, catarata e glaucoma.

4. Rubéola congênita pode ser associada com catarata e lesões pigmentadas da retina. Anormalidades cardíacas, auditivas e do SNC geralmente coexistem.

5. Síndrome de Sturge-Weber

6. Neurofibromatose

7. Glaucoma após cirurgia de catarata é um risco a longo prazo para esses pacientes

BIBLIOGRAFIA

1. American Academy of Ophthalmology Basic and Clinical Science Course: Section 10. San Francisco, American Academy of Ophthalmology.
2. Cullom RD, Chang B: The Wills Eye Manual: Office and Emergency Room Diagnosis and Treatment of Eye Disease, 3rd ed. Philadelphia, J.B. Lippincott, 1994.
3. Danyluk AW, Paton D: Diagnosis and management of glaucoma. Clin Symp 43:2-32, 1991.
4. Shields MB: Textbook of Glaucoma, 4th ed. Baltimore, Williams & Wilkins, 1998.

19. O TRATAMENTO MÉDICO DO GLAUCOMA

Richard P. Wilson, M.D.

1. Que classes de medicações são usadas para tratar o glaucoma?

Agentes Usados Geralmente para o Tratamento do Glaucoma

Nome Químico	*Concentração*	*Dosagem Usual*	*Tamanho*
Mióticos			
Mecanismo de ação: contraem a musculatura longitudinal do corpo ciliar e abrem espaços na MT, aumentando mecanicamente o fluxo do aquoso			
Hidrocloreto de pilocarpina	0,25, 0,50, 1, 2, 4, 6, 8, 10%	2-4 vezes ao dia	15, 30 ml
Ocusert-Pilo	20, 40%	semanalmente	caixa de 8
Pilopine-HS gel	4% gel	ao deitar	tubo de 4 mg
Nitrato de pilocarpina	1, 2, 4%	2-4 vezes ao dia	15 ml
Carbacol	0,75, 1,5, 2.25, 3%	2-3 vezes ao dia	15, 30 ml
Iodeto de ecotiofato	0,03, 0,06, 0,125, 0,25%	1-2 vezes ao dia	5 ml
Adrenérgicos			
Mecanismo de ação: epinefrina e dipivefrin aumentam a saída do aquoso; apraclonidina e brimonidina diminuem a produção do aquoso			
Hidrocloreto de dipivefrin	0,1%	1-2 vezes ao dia	5, 10, 15 ml
Hidrocloreto de epinefrina	0,5, 1, 2 %	1-2 vezes ao dia	5, 10, 15 ml
Hidrocloreto de apraclonidina	0,5%	2-3 vezes ao dia	5 ml
Tartarato de brimonidina	0,2%	2 vezes ao dia	5 ml
Prostaglandinas			
Mecanismo de ação: aumento do fluxo uveoescleral			
Latanoprost	0,005%	diariamente	5 ml
Beta-bloqueadores			
Mecanismo de ação: diminuem a produção do aquoso			
Suspensão de hidrocloreto de betaxolol	0,25%	2 vezes ao dia	2,5, 5, 15 ml

(continua)

Agentes Usados Geralmente para o Tratamento do Glaucoma (continuação)

Nome Químico	*Concentração*	*Dosagem Usual*	*Tamanho*
Beta-bloqueadores			
Mecanismo de ação: diminuem a produção do aquoso			
Hidrocloreto de carteolol	1%	1-2 vezes ao dia	5, 10 ml
Hidrocloreto de levobunolol	0,25, 0,5%	1-2 vezes ao dia	2, 5, 10 ml
Metapranolol	0,3%	1-2 vezes ao dia	5, 10 ml
Maleato de timolol	0,25, 0,5%	1-2 vezes ao dia	2,5, 5, 10, 15 ml
Solução de timolol XE-gel	0,25, 0,5%	diariamente	2,5, 5 ml
Inibidores da anidrase carbônica			
Mecanismo de ação: diminuem a produção do aquoso			
Acetazolamida sódio	125, 250 mg	3-4 vezes ao dia	NA
Acetazolamida	500 mg	2 vezes ao dia	NA
Diclorfenamida	50 mg	2-4 vezes ao dia	NA
Metazolamida	50 mg	2-4 vezes ao dia	NA
Dorzolamida	2%	2-3 vezes ao dia	5, 10 ml
Agentes hiperosmóticos			
Mecanismo de ação: aumentam a osmolaridade do sangue para retirar o aquoso da câmara posterior			
Glicerina	50%	1-1,5 gm/kg (oral)	NA
Isosorbida	45%	1,5 gm/kg (oral)	NA
Manitol	5-20%	0,5-2 gm/kg (IV)	NA

2. Como esses medicamentos agem?

Os *mióticos* contraem a musculatura longitudinal do corpo ciliar, que é aderida ao esporão escleral anteriormente e à coróide posteriormente. Quando as fibras longitudinais se contraem, puxam o esporão escleral posteriormente, abrindo espaços entre a MT e mecanicamente aumentando a capacidade para o fluxo do aquoso.

Os *agonistas adrenérgicos* (a epinefrina e a dipivefrin) inicialmente diminuem levemente a produção do aquoso, mas sua maior ação é aumentar o fluxo de aquoso através da MT. Iopidine e brimonidina diminuem a produção do aquoso.

Os *beta-bloqueadores* e os *inibidores da anidrase carbônica* diminuem a produção do aquoso.

As *prostaglandinas* aumentam a saída do aquoso pelos canais uveoesclerais. O aquoso é absorvido na câmara anterior na superfície do corpo ciliar ou na MT e então flui posteriormente através das fibras musculares longitudinais do corpo ciliar posteriormente. É absorvido na coróide e passa através da esclera.

Os *agentes hiperosmóticos* aumentam a osmolaridade do sangue, que em retorno drena o fluido da câmara posterior para os vasos sangüíneos do corpo ciliar.

3. Para pacientes com boa saúde com glaucoma de ângulo aberto primário, qual a primeira droga a ser tentada?

A maioria dos oftalmologistas inicia com beta-bloqueadores. O beta-bloqueador cardioseletivo, o betaxolol tem bem menos efeitos sistêmicos do que os não-seletivos. Em pacientes nos quais o controle adequado pode ser obtido com uma diminuição de 20% na PIO, o betaxolol é geralmente efetivo. Se um maior efeito é necessário, e o paciente está com boa saúde, um dos beta-bloqueadores não-seletivos é escolhido. Para a maioria deles podem ser usados na dosagem de ¼% uma vez ao dia para pacientes com íris claras e ½% para pacientes com íris escuras. Os beta-bloqueadores bloqueiam o tônus dos receptores intrínsecos beta$_1$ e beta$_2$; quando os pacientes estão dormindo, não há ação porque não há tônus. Contudo, como a produção do aquoso também diminui à noite, esse fato é considerado sem conseqüências. Por isso, muitos oftalmologistas prescrevem beta-bloqueadores uma vez ao dia, ao acordar. O estudo de Brubaker, contudo, sugere que uma dose à noite pode ser a mais efetiva. Para pacientes com doença mais avançada, um regime de duas vezes ao dia de ¼% para íris claras e ½% para íris escuras é o comum. Este regime guarda contra um dia inteiro sem medicação os pacientes que esquecem uma dose diária.

4. Como escolher entre os cinco beta-bloqueadores não-seletivos?

Em termos de efetividade, há pouca diferença. Contudo, cada medicação oferece uma vantagem quando comparada com outras. O carteolol aumenta os triglicerídeos e diminui as lipoproteínas de alta densidade. Por isso, em pacientes com hiperlipidemia ou com doença cardiovascular aterosclerótica, é a melhor escolha. O levobunolol, dos componentes testados, é o que mais dura para um regime de uma gota diária. O metapranolol é o mais barato e com uma dose única diária pode alcançar muitos orçamentos que os outros não permitem. O timolol foi o primeiro beta-bloqueador e ainda tem a maior parte do mercado. Ele foi formulado recentemente como uma gota que se torna viscosa em contato com o olho. Essa nova formulação, denominada timoptic XE, permanece mais tempo no filme lacrimal; conseqüentemente, a absorção intra-ocular é maior. Essa droga gera a melhor curva diurna de PIO para drogas de dosagem única.

5. Em que condições uma droga que não os beta-bloqueadores deve ser usada como primeiro tratamento?

Em pacientes em mal estado geral, especialmente se eles têm uma doença pulmonar ou cardíaca ou sofrem de depressão séria, a dorzolamida é a primeira escolha se um beta-bloqueador não pode ser usado.

6. Uma vez que a dorzolamida e a pilocarpina, como os beta-bloqueadores, diminuem a produção do aquoso, qual deve ser adicionada quando o beta-bloqueador tem um efeito significante mas inadequado?

Tanto a pilocarpina, o mais usado dos mióticos, como a dorzolamida, um inibidor da anidrase carbônica, têm efeitos aditivos similares quando combinadas com beta-bloqueadores. Como a dorzolamida não tem a miose e a visão borrada associadas com a pilocarpina e pode ser usada duas a três vezes ao dia ao invés de três a quatro vezes ao dia como a pilocarpina, a dorzolamida substituiu a pilocarpina como segunda droga de escolha.

7. Pode a pilocarpina ser adicionada à combinação de beta-bloqueador com dorzolamida quando o controle adicional é necessário?

Sim. Se o paciente tem idade suficiente para ter pouca acomodação restante mas ainda cristalino claro (final dos 50/60 anos), a pilocarpina é geralmente bem tolerada. Ela gera um efeito pinhole que aumenta a profundidade do campo para a maioria dos pacientes. A maioria dos pacientes pode ler sem óculos quando usar a pilocarpina, e não necessitará de trifocal se a pupila estiver em boa miose.

8. Se o paciente não está controlado com beta-bloqueadores, dorzolamidae mióticos, os agonistas adrenérgicos são então usados?

Os agonistas adrenérgicos podem ser divididos em dois grupos. Epinefrina e dipivefrin, que é convertido em epinefrina pelo olho, são o primeiro grupo; eles aumentam o fluxo pela MT. Iopidine e briminidina são o segundo grupo; eles são agonistas alfa-2 que reduzem a produção do aquoso antes de aumentarem o fluxo da MT.

Os compostos da epinefrina são caracterizados pelo alto índice de reação alérgica. A epinefrina tem uma média de alergia de 50% em cinco anos, e a iopidine tem uma média de aproximadamente 20% em um ano. A principal queixa sobre a epinefrina e o dipivefrin é a de que eles adicionam uma diminuição de apenas 1-2 mmHg em combinação com beta-bloqueadores não-seletivos. Se combinados com um seletivo, o efeito adicional é maior, mas o efeito do seletivo é menor do que o não-seletivo. Por isso, betaxolol mais dipivefrin proporciona o mesmo efeito de qualquer beta-bloqueador não-seletivo mais dipivefrin. Além disso, Lavin relatou que a epinefrina tópica é um fator de alto risco para a falência de bolha filtrante em pacientes que a usaram por um longo período. Por essa razão, os compostos de epinefrina não são mais comumente usados.

Contudo, uma ou duas situações são bem tratadas com dipivefrina e epinefrina. A primeira é o glaucoma em grávidas. Como o efeito da maioria dos compostos para glaucoma sobre o feto ainda não foi adequadamente testado, o uso de um composto endógeno como a epinefrina é encorajador. O mesmo grau de nível de conforto com os efeitos sistêmicos do dipivefrin leva muitos glaucomatólogos a usá-lo em pacientes com aumento da PIO e com fatores de risco suficientes para sugerir que a pressão elevada causará danos com o tempo. Essa aproximação parece ser prudente quando comparada com o uso de medicações mais fortes mas com efeitos sistêmicos maiores em pacientes sem doença definida.

Iopidine e brimonidina são relegadas à última categoria de medicação tópica para o glaucoma. Embora ambas sejam potentes, a alta média de alergia e de taquifilaxia relatada entre 30-65% em um ano restringe iopidine para uso por pouco tempo para a maioria. A taquifilaxia e a alergia são menores com a brimonidina.

9. O que previne a maioria dos médicos – senão todos – a só usar inibidores da anidrase carbônica orais no pré-cirúrgico?

Acetazolamida e metazolamida causam efeitos colaterais sistêmicos. Os mais comuns são perda de energia e letargia, perda de apetite e de peso, náusea e/ou azia, e um gosto metálico nas comidas. O efeito mais danoso é a hipocalemia, especialmente quando em combinação com diurético espoliador de potássio. Essa combinação é perigosa em pacientes que estão usando digitálicos. Depressão e anemia, que em casos raros é aplásica e mortal, são outros efeitos colaterais sérios. Como as queixas são freqüentes com inibidores da anidrase carbônica orais, muitos médicos os oferecem como opção à intervenção cirúrgica.

10. Latanoprost é uma medicação nova que recentemente recebeu aprovação reguladora. Onde ela se encaixa nas opções terapêuticas mencionadas anteriormente?

O latanoprost é uma medicação bastante poderosa. Em uma concentração de 0,005%, é 100 vezes mais potente do que o timolol e o levobunolol. Como ela funciona de uma maneira totalmente diferente das demais drogas, tem efeito aditivo para todas, até mesmo para os mióticos. Porque os mióticos apertam o corpo ciliar, reduzindo o espaço entre as fibras musculares através das quais drenam os canais uveoesclerais, parece que os mióticos cancelam a ação do latanoprost. Contudo, nesse ponto parece que uma combinação de pilocarpina mais latanoprost é mais efetiva que qualquer das duas drogas sozinhas. Embora seja marcante como adjunto aos beta-bloqueadores, tem poder um pouco maior do que os beta-bloqueadores não-seletivos, combinado com poucos efeitos colaterais e um regime de uma dose diária, podendo ser mudado para droga de escolha para a maioria dos tipos de glaucoma. Os dois maiores efeitos colaterais do latanoprost são a injeção conjuntival e o aumento da pigmentação da íris. O aumento da pigmentação parece ocorrer somente em pacientes com íris claras e nevus pigmentados.

11. Quais são as regras gerais para a prescrição de colírios?

1. Dê um intervalo de pelo menos 10 minutos entre o uso de dois colírios.

2. Uma medicação usada quatro vezes ao dia, como a pilocarpina, é geralmente usada a cada quatro horas. Isso comprime o uso para dois períodos de 12 horas. Como o efeito máximo da pilocarpina é por apenas seis horas, as últimas seis horas do período de 12 ficam sem tratamento.

3. Medicações tópicas que têm efeitos colaterais sérios se absorvidas devem ser utilizadas com oclusão do ponto lacrimal. O paciente coloca um dedo limpo no nariz no local onde as duas pálpebras se encontram e empurra o osso. A gota é então instilada no olho e as pálpebras são fechadas; essa posição pode ser mantida por três minutos. Esse procedimento reduz bastante a quantidade de droga sistêmica. Como a droga em contato com a mucosa nasal é rápida e quase totalmente absorvida, provoca níveis séricos aproximadamente iguais à administração intravenosa. A absorção pela mucosa nasal evita a primeira passagem pelas enzimas hepáticas, que dá ao fígado a chance de metabolizar e detoxificar a medicação.

4. A regra mais importante a ser lembrada (exceto para a pilocarpina, que parece ter um efeito mais consistente) deve ser prescrita como uma terapêutica uniocular. Por exemplo, apenas 90% da população responde a beta-bloqueadores tópicos não-seletivos. Dos 90% que respondem, apenas 90% também respondem a beta-bloqueadores seletivos. Por isso, um beta-bloqueador seletivo só vai funcionar em 81% da população, e um não-seletivo, em 90%. Se você adiciona um beta-bloqueador tópico a ambos os olhos e vê o paciente em duas semanas para verificar os resultados, uma pressão mais baixa pode significar uma resposta efetiva aos beta-bloqueadores ou uma diminuição secundária à curva diurna do paciente. Se o beta-bloqueador é adicionado em um só olho, o efeito vai ser mais claro. Há, contudo, um efeito de aproximadamente 2 mmHg contralateral com a maioria dos beta-bloqueadores não-seletivos. Esse efeito contralateral deve ser levado em conta quando analisado o efeito da terapia unilateral. Um teste terapêutico é essencial; a continuação de uma medicação perigosa e cara só é justificada se provado que ela efetivamente abaixa a PIO.

12. Quais são os prós e os contras do início da terapia com pilocarpina?

Como a pilocarpina produz uma forte contração das musculaturas longitudinal e circular do corpo ciliar, pode causar espasmo miótico bem como dor em peso ao redor dos olhos, estendendo para a testa. O efeito da pilocarpina na musculatura circular do corpo ciliar é contrair o anel muscular relaxar a zônula, permitindo ao cristalino tornar-se mais redondo e globular, ou seja, mais poderoso. Esse efeito aumenta a miopia se o paciente é jovem o bastante para tal acomodação. Uma cefaléia intensa e uma visão borrada podem mudar completamente um paciente que teria indicação para pilocarpina. Por isso, é essencial iniciar com uma dosagem na qual a cefaléia e a visão borrada sejam toleráveis. Isso é geralmente 1/2% para íris claras e 1% para íris escuras. Essa porcentagem é aumentada para um máximo de 2% para íris cinzas, 4% para o marrom-claro, e 6% para o marrom-escuro.

Em pacientes mais jovens com grande acomodação, *ocuserts* de pilocarpina são úteis. *Ocuserts* são bolachas permeáveis que permitem a liberação lenta e constante de solução de pilocarpina através de sua membrana para o filme lacrimal. Comparada com a grande quantidade de medicação, da terapia em gotas, a liberação pequena mas constante é mais confortável e não borra tanto a visão. A mudança da miopia é mais constante e pode ser corrigida com uma mudança nos óculos.

Para pacientes mais velhos, uma alternativa para a terapia de quatro vezes ao dia é o gel oftálmico Pilopine HS, que é colocado no fundo de saco inferior ao deitar e se mantém em contato com a córnea a noite toda. Uma grande quantidade de pilocarpina é absorvida pelo olho. Durante o dia a pilocarpina retida é liberada gradativamente e produz um efeito semelhante ao de 4% até o início da noite. Um efeito substancial ainda é visto ao deitar. Essa forma de pilocarpina é especialmente útil em pacientes nos quais a adesão ao tratamento é um problema. Uma pessoa da família pode pingar uma gota de beta-bloqueador não-seletivo, e dez minuto depois colocar o gel e ter controle da PIO pela noite toda. Contudo, como uma grande quantidade de pilocarpina é absorvida pelo olho durante a noite, o tônus do corpo ciliar deve ser aumentado com pequenas porcentagens de colírio antes de iniciar o gel Pilopine.

13. A pilocarpina geralmente é usada em glaucoma de ângulo estreito. Qual é o seu efeito na câmara anterior?

Como já mencionado, a pilocarpina contrai a musculatura longitudinal do corpo ciliar, puxando o esporão escleral e abrindo mecanicamente a MT. Contudo, ela também puxa o diafragma iridocristaliniano para a frente, tornando a câmara anterior mais rasa. A contração da musculatura circular do corpo ciliar relaxa a zônula, permitindo ao cristalino tornar-se mais redondo, migrar para frente como se preso a uma corda, e agir com uma rolha natural na pupila. Esse efeito aumenta o bloqueio pupilar e tras a íris periférica para mais perto da MT. Todos esses efeitos tendem a deixar a câmara anterior mais rasa e a estreitar o ângulo. Felizmente, eles são contrabalançados pela miose causada pela contração do esfíncter da íris, que puxa a periferia da íris para longe da MT. Por isso, em alguns pacientes, embora a câmara anterior esteja mais rasa, o ângulo pode estar discretamente mais aberto. Em outros pacientes, contudo, o fechamento angular é um problema maior do que o bloqueio pupilar. Nesses, a pilocarpina pode causar o fechamento angular. Por isso, deve ser feita gonioscopia em todos os pacientes com ângulo estreito que vão iniciar a terapia miótica.

14. Se um paciente não mostra uma resposta esperada para uma medicação tópica para glaucoma, o que o oftalmologista deve considerar?

1. Medicação ineficaz. Tenha certeza de que qualquer medicação exceto a pilocarpina seja usada em um teste terapêutico.

2. Não adesão. A causa principal para uma medicação ineficaz é não usá-la. Kass fez um estudo no qual um *microchip* colocado no fundo de um frasco de pilocarpina gravava quando o frasco era virado. O *chip* estava camuflado e o paciente não sabia que Kass era capaz de monitorar o seu uso. Ele descobriu que 76% das doses prescritas eram usadas e que 6% dos pacientes usavam menos de 25% das gotas, enquanto 15% usavam 50%. Contudo, 97% dos pacientes relatavam que estavam tomando toda a medicação. Kass notou que a adesão era melhor no dia anterior à consul-

ta. Esse efeito foi popularizado como a "síndrome de escovar os dentes", porque a maioria das pessoas escova os dentes na manhã em que vai ao dentista. Isso explica por que o paciente tem a PIO controlada na consulta mas apresenta piora de campo visual e na aparência do disco. Kass também notou que 30% dos pacientes mudaram o regime de quatro vezes ao dia para a cada quatro horas. É essencial explicar para o paciente que em um regime de quatro vezes ao dia deve ser usada pilocarpina ao acordar, ao fazer as principais refeições do dia e ao deitar. Esse modo permite um bom intervalo e faz com que os fatos do dia lembrem ao paciente o uso das gotas. A maioria dos pacientes de Kass não fazia intervalo ótimo, de pelo menos 10 minutos, entre o uso dos colírios quando usavam mais de uma medicação.

15. A *referência de mesa dos médicos* relata que a pilocarpina deve ser usada quatro vezes ao dia, enquanto a iopidine e a dorzolamida devem ser usadas 3 vezes ao dia. Usando uma medicação três vezes ao dia, uma gota deve ser usada no meio da tarde quando não há referencial para o paciente se lembrar. Essas recomendações podem ser esticadas?

Se um paciente coloca uma gota no olho, comprime o ponto lacrimal e fecha os olhos por três minutos, o tempo de contato da córnea com o olho será aumentado. Com essa técnica, todas as três medicações podem ser usadas duas vezes ao dia. Mesmo sem ela, a iopidine pode ser usada duas vezes ao dia sem queda substancial quando comparado com três vezes ao dia. A dorzolamida é um pouco menos eficaz em regime de duas vezes ao dia. Contudo, mesmo o regime de duas vezes dá uma resposta adequada.

16. Se o paciente necessita de inibidores orais da anidrase carbônica, como você inicia? Qual a dose máxima?

A metazolamida tem uma ação de 12 horas e menores efeitos colaterais do que os comprimidos de acetazolamida. Por isso, é prudente iniciar com metazolamida 25 mg duas a três vezes ao dia após as refeições em pacientes mais velhos, e 50 mg duas a três vezes ao dia em mais jovens. Se a dose máxima é necessária, acetazolamida 500 mg duas vezes ao dia após as refeições dá os melhores efeitos com menor número de efeitos colaterais. Se a acetazolamida for prescrita, deve ser escrito para o clínico explicando os efeitos colaterais. Se o paciente está usando uma medicação que espolia potássio, o oftalmologista deve deixar claro para o clínico que deve ser feito o balanço eletrolítico. Se o mesmo não puder ser feito, o oftalmologista deve ser comunicado.

17. Muitos pacientes que usam medicação tópica queixam-se de olho seco e irritado. O que o oftalmologista deve incluir no exame de rotina de todos os pacientes que estejam usando medicação tópica?

A observação da conjuntiva tarsal inferior. Se somente papilas estão presentes, o paciente não tem uma alergia crônica. Se, contudo, há três a quatro mais folículos, o paciente é mais freqüentemente alérgico a gotas oculares.

18. Em um paciente com alergia a medicações tópicas, qual é a mais agressora?

Entre as medicações em uso atualmente, a apraclonidina tem a maior média de reação alérgica, seguida (em ordem) pela epinefrina, pelo dipivefrin, pelos beta-bloqueadores e pela pilocarpina.

19. Em um paciente que usa apraclonidina, timolol e pilocarpina para controlar a PIO mas apresenta uma resposta alérgica, que medicação deve ser mudada?

1. Pare a apraclonidina.
2. Mude o beta-bloqueador para carteolol, que parece ser o beta-bloqueador mais bem tolerado.
3. Mude a pilocarpina para a carbacol.

A Pilocarpina 4-10% deve ser trocada para o carbacol 1,5% três vezes ao dia, enquanto a plocarpina 1-2% deve ser trocada para o carbacol 3/4% ou 3/8% três vezes ao dia.

Em pacientes que usam medicação bilateral, troque o beta-bloqueador em um olho e a pilocarpina no outro. No retorno, podemos dizer se a medicação agressora era a apraclonidina ou uma das outras duas medicações. É importante evitar uma reação conjuntival alérgica crônica, que pode reduzir a chance de sucesso de uma cirurgia filtrante posterior ou levar a um olho seco crônico ou pior.

BIBLIOGRAFIA

1. Retty ES, Larsson LT, Brubaker RF: The effect of topical timolol on epinefrine stimulated aqueous humor flow in sleeping humans. Invest Ophthalmol Vis Sci 35:554-559, 1994.
2. Lavin MS, Wormald RPL, Migdal CS, Hitchings RA: The influence of prior therapy on the success of trabeculectomy. Arch Ophthalmol 108:1543-1548. 1990.
3. Kass MA, Meltzer DW, Gordon M, et al: Compliance with topical pilocarpine treatment. Am J Ophthalmol 101:515-523, 1986.

20. TRABECULECTOMIA CIRÚRGICA

Marlene R. Moster, M.D.

1. Quais são as indicações de trabeculectomia cirúrgica?

Tradicionalmente, após a medicação tópica e a trabeculoplastia com argônio falharem no controle da PIO, o próximo passo é fazer uma trabeculectomia ou um procedimento filtrante. Indicações incluem dano ao nervo óptico documentado e perda de campo visual mesmo com o uso de terapia medicamentosa máxima tolerada. Se o cirurgião acha que a deterioração é progressiva a tal ponto que diminua o potencial visual ou a qualidade de vida do paciente, uma intervenção cirúrgica é sugerida. As indicações para cirurgia incluem mudança aparente no disco óptico ou no campo visual e uma pressão que seja muito alta para a saúde a longo termo do nervo óptico.

2. Qual é a meta da cirurgia de glaucoma?

É abaixar a PIO o suficiente para estabilizar o nervo óptico e o campo visual. A PIO pós- operatória deve ser 30% mais baixa do que a média pré-operatória. Essa meta tem sido associada com a estabilização e até mesmo com a melhora da escavação do nervo por análise fotográfica, e um terço dos pacientes mostra melhora no campo visual automatizado. Como de um terço a metade dos pacientes com glaucoma no início não parecem ter PIO alta, a meta não é reduzir a pressão para menos de 21 mmHg, mas sim reduzir a PIO em porcentagem. É preciso encontrar uma pressão média para maximizar o processo de parada do dano glaucomatoso.

3. Como informar ao paciente sobre os riscos da trabeculectomia cirúrgica?

Os riscos e os benefícios da cirurgia devem ser cuidadosamente explicados ao paciente em uma linguagem que ele possa entender. É preciso explicar claramente a possibilidade remota de cegueira e de perda do olho por hemorragia ou infecção. Além disso, há a possibilidade de perda súbita da visão, de infecção tardia, de sangramento intenso, de falha no controle da PIO (que pode ser muito baixa ou muito alta), de necessidade de uma segunda cirurgia, de queda da pálpebra, e de um borramento significante por pelo menos duas semanas. Riscos tardios incluem endoftalmite, progressão do glaucoma e piora da catarata.

4. Quais são os fatores relacionados ao sucesso da cirurgia filtrante de glaucoma?

Os fatores favoráveis incluem um olho calmo, o sucesso cirúrgico no outro olho, a doença encontra-se em um estágio de inicial a moderado, sem história de resposta a esteróide ou de cirurgia ocular prévia.

5. Quais são os fatores relacionados à falência da cirurgia filtrante de glaucoma?

Os fatores não-favoráveis incluem falência de cirurgia prévia; pele pigmentada (não-branca); história de formação de quelóide; alterações neovasculares; inflamação intra-ocular; idade jovem; câmara anterior rasa; hipermetropia extrema; cristalino deslocado com vítreo; esclera fina, grossa, ou com outra alteração; impossibilidade do uso de esteróides; conjuntiva cicatrizada ou anormal; cirurgião inexperiente.

6. Um acesso conjuntival limbar *vs.* fórnix afeta o resultado cirúrgico?

O acesso com base límbica ou fórnix produz efeitos similares após trabeculectomia cirúrgica. Preferimos uma base límbica quando usamos antimetabólitos porque o risco de vazamento pela abertura cirúrgica é muito menor. Contudo, se um *flap* de base fórnix é bem fechado no limbo, pode resultar em filtração excelente. Geralmente, na presença de cicatriz conjuntival, um *flap* de base fórnix é preferível porque a chance de criar um buraco na conjuntiva é reduzido. Se um *flap* de base límbica é escolhido, ele deve ser suficientemente posterior para que o fechamento fique a pelo menos 10 mm ou mais do limbo. Essa técnica diminui a possibilidade de vazamento ou a cicatriz porque a abertura conjuntival pode cicatrizar longe do *flap* escleral.

7. Que medicações devem ser suspensas antes da trabeculectomia cirúrgica?

Geralmente solicitamos ao paciente para evitar aspirina duas ou mais semanas antes da cirurgia. Se possível, os pacientes devem descontinuar Coumadin um a quatro dias antes com acompanhamento do clínico geral. Inibidores orais da anidrase carbônica, pilocarpina, carbacol e ecotiofato são suspensos na noite anterior à cirurgia.

8. Quais são as escolhas de anestesia?

Recomendamos um bloqueio do nervo facial de 7 ml de mepivacaína com uma agulha curta, de 25, usando a técnica de Nadbath. O bloqueio facial é seguido de um bloqueio peribulbar com agulha 25, afilada 11/2 polegadas com uma mistura de 50-50 de mepivacaína e bupivacaína com hialuronidase. Outra alternativa ao método tradicional é um bloqueio facial padrão seguido por injeção subtenoniana de 1.00 cc de mistura de bupivacaína e mepivacaína com uma agulha curta, de 30. A conjuntiva e a cápsula de Tenon são elevadas a 360° e a trabeculectomia pode ser feita sem dificuldade. Com o acesso subconjuntival/sub-Tenon, uma sutura do reto superior não pode ser feita pela sensibilidade do paciente. Então, uma sutura de vicryl 8.0 é passada através da córnea clara no limbo superior e usada como tração.

9. **Um *flap* retangular *vs.* triangular afeta o resultado cirúrgico?**
O formato do *flap* conjuntival depende do cirurgião; não há diferenças clínicas. Embora o formato não seja importante, a espessura é. Uma espessura de 1/2 -1/3 mostrou melhores resultados na filtração a longo prazo. Sem considerar o formato do *flap*, suturas suficientes devem ser usadas para prevenir filtração superior.

10. **O tamanho do bloco interno afeta o resultado cirúrgico?**
Ao remover a amostra da trabeculectomia, é geralmente recomendado que o tamanho seja1/2-1/3 do *flap* escleral. Como o tamanho do *flap* é geralmente de 4x2 mm, um bloco de 2-3x1 é suficiente. Maior filtração ocorre quando uma borda do bloco coincide com uma do *flap*. Quanto mais agressiva a cirurgia, mais próximo o bloco interno fica da borda do *flap*. O *flap* pode ser fechado apertado e afrouxado por lise da sutura por *laser* no pós-operatório. O bloco interno pode ser removido com tesoura de Vannas e fórceps de 0.12 ou com um *punch* de Gass se o cirurgião preferir.

11. **A iridectomia e a paracentese são sempre necessárias durante a cirurgia filtrante?**
Sim. Uma iridectomia é sempre realizada para assegurar que não ocorra bloqueio pupilar. Além disso, se a câmara anterior é rasa, a íris tem menor possibilidade de ocluir o óstio. A iridectomia deve ser basal e grande o suficiente para que a íris não oclua com a abertura cirúrgica. Uma paracentese pode ser feita ou com uma lâmina fina temporal ou com uma seringa com agulha de 27. A paracentese é essencial para cada procedimento porque permite a reformulação da câmara anterior ao final da cirurgia. Enchendo a câmara anterior pela paracentese, o cirurgião tem uma noção de quanto fluxo há pelo *flap*.

12. **Quão apertado deve ser o *flap*? Suturas removíveis são necessárias?**
O número de suturas e a sua tensão depende da profundidade da câmara anterior, da PIO pré-operatória e de quanto fluxo é desejado na hora da cirurgia. Se a PIO for elevada, as suturas devem ser apertadas para que a PIO não caia drasticamente. As suturas podem sofrer lise por *laser* de argônio do primeiro dia até três semanas após a cirurgia, ou até mais se antimetabólicos forem usados. Se a câmara anterior é rasa, como no ângulo estreito, suturas apertadas são recomendadas inicialmente para evitar uma câmara plana no pós-operatório. As suturas também podem sofrer lise posteriormente. Aconselhamos o uso de suturas adicionais removíveis na córnea clara pela facilidade com que podem ser removidas na lâmpada de fenda. O *flap* pode ser fechado moderadamente apertado com suturas fixas, e suturas removíveis podem diminuir o fluxo posteriormente. Remoção seletiva pode ser feita na lâmpada de fenda do primeiro ao 30° dia pós-operatório. Se uma maior filtração for desejada, pode ser feita lise com argônio. Com glaucoma de *low tension*, suturas mais frouxas com maior filtração

podem ser indicadas para assegurar uma PIO mais baixa inicialmente. Essas suturas podem ser combinadas com suturas removíveis que são removidas precocemente para assegurar um grande fluxo na borda do *flap* escleral. Embora o uso de suturas removíveis seja conveniente, elas não são necessárias para um bom resultado.

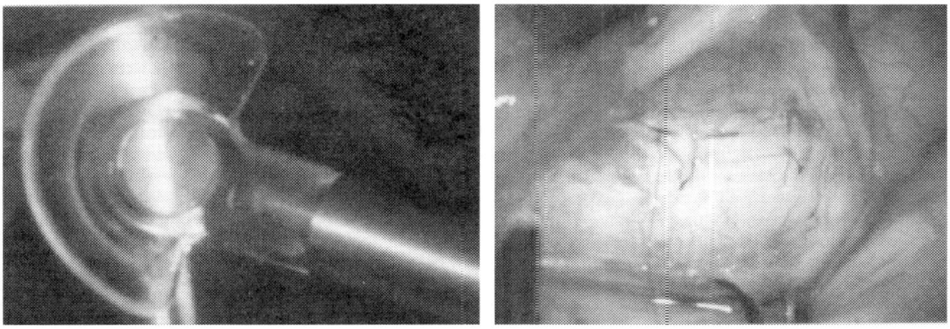

Esquerda, Lise de sutura por *laser* de argônio com uma lente de Hoskins. *Direita,* Duas suturas de náilon 10.0 fechando um *flap* escleral com suturas removíveis para controlar o fluxo aquoso

13. Quais as melhores suturas e as melhores técnicas para fechar um *flap* de base límbica?

Diferentes tipos de suturas, bem como de agulhas, podem ser escolhidos para fechar um *flap* de base límbica com sucesso. Preferimos uma sutura contínua, com vicryl 8.0, e o fechamento da conjuntiva e da cápsula de Tenon separadamente. A cápsula Tenon é fechada com uma técnica de selagem, a conjuntiva com uma técnica de não-selagem, hermética. Outras técnicas incluem uso de vicryl 9.0, náilon 10.0, ou polidioxanona (PDS) 9.0, em camada simples ou dupla. Mais importante do que o tipo de sutura é o cuidado na hora de fechar, que pode comprometer a trabeculectomia, caso não seja bem feito.

14. É um problema se o *flap* conjuntival de base límbica não é realizado anteriormente?

Sim. A conjuntiva e a cápsula de Tenon devem ser dissecadas com uma tesoura Wescott ou com esponjas Weck-cell até que não haja mais fibras cruzando o sulco corneoescleral. Uma lâmina 67-Beaver colocada a 45° da direção da incisão pode remover essas fibras facilmente. A dissecção é continuada anteriormente até que o limbo não possa mais ser limpo. O sulco corneoescleral deve ser facilmente visível por uma largura de 5 mm ou mais. Se a conjuntiva não é retirada do limbo corneoescleral, será difícil realizar um *flap* escleral anterior.

15. Importa se o *flap* escleral é feito através de tecido episcleral?

Sim. O tecido episcleral deve ser removido da esclera nua antes de ser feito o *flap*. Esse passo é essencial, pois o tecido episcleral pode cobrir e ocluir a porção radial do *flap*, determinando o fracasso da cirurgia. O limbo verdadeiro deve ser visualizado, com o tecido episcleral refletido nele, antes do *flap* ser feito. O limbo é provavelmente a estrutura mais importante na cirurgia filtrante. A dissecção do *flap* pode então ser facilmente realizada na córnea clara. Pelo fato de a MT geralmente se localizar na proximidade, sua remoção é facilitada.

16. Importa quão longe o *flap* escleral seja dissecado anteriormente?

Em olhos grandes míopes, uma incisão perpendicular bem anterior ao sulco corneoescleral leva o *flap* bem anteriormente à raiz da íris. Em contraste, em olhos pequenos hipermétropes, uma incisão no mesmo ponto termina justamente na frente da raiz da íris. Ao se remover o bloco interno em olhos míopes, o resultado em uma remoção corneoescleral é satisfatório. Em altos hipermétropes, uma incisão um pouco mais anterior é necessária para assegurar que os processos ciliares não sejam lesados. É imperativo entrar mais anteriormente possível na câmara anterior em pacientes com sinéquias anteriores periféricas para assegurar o sucesso do procedimento.

17. A cápsula de Tenon deve ser cortada durante a cirurgia de trabeculectomia?

Alguns cirurgiões removem a cápsula de Tenon, especialmente quando ela parece ser redundante ou difusa. A remoção pode resultar em uma bolha de filtração mais fina, cística. Com o advento dos antimetabólicos, a remoção da cápsula de Tenon tem a desvantagem de predispor a bolhas mais frágeis, mais finas, com maior incidência de complicações pós-operatórias. É, portanto, desencorajado esse procedimento.

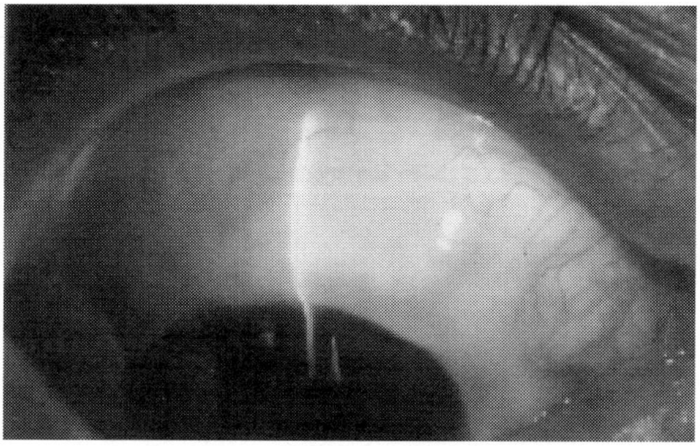

Bolha cística fina que pode resultar da remoção da cápsula de Tenon.

18. A atropina deve ser usada durante a cirurgia?

Uma pequena e estéril quantidade de atropina é usada para dilatar a pupila ao máximo e mover posteriormente o diafragma cristalino-íris. Essa técnica diminui a ocorrência de câmara anterior plana no período pós-operatório imediato. A atropina 1% duas a quatro vezes ao dia, pode ser usada em pacientes que tenham predisposição a uma câmara plana (por exemplo, ângulo estreito crônico).

19. Qual é a freqüência para o uso de esteróides no pós-operatório?

O acetato de prednisolona 1%, a cada duas horas, enquanto o paciente estiver acordado, é usado na primeira semana; em seguida, é mudado para quatro vezes ao dia por um mês, e diminuído rapidamente duas semanas após. Um antibiótico de amplo espectro é usado quatro vezes ao dia por uma semana e, então, suspenso.

20. Como evitar uma câmara anterior plana no pós-operatório de trabeculectomia?

A quantidade de fluxo pelas laterais do *flap* escleral vai determinar a PIO pós-operatória. Para minimizar a possibilidade de câmara anterior plana, mais suturas de náilon 10,0, com ou sem sutura removível, devem ser usadas para diminuir o fluxo no final do procedimento. A lise de sutura por *laser* pode, então, ser usada para selecionar o fluxo no *flap* e melhorar o seu controle. Se as suturas são cortadas muito agressivamente, pode resultar em câmara plana.

21. O que fazer quando houver um vazamento no pós-operatório imediato?

Se o vazamento é próximo ao limbo, uma concha de colágeno ou uma lente de contato com oclusão resultará em cicatrização da abertura em poucos dias. Se antimetabólicos foram usados, a cicatrização pode demorar mais. Quando a abertura é achada no fechamento de um *flap* de base límbica, uma oclusão ou uma cola de cianiacrilato podem ser úteis. Se no período pós-operatório imediato um buraco na bolha é encontrado, a intervenção cirúrgica para o fechamento faz-se necessária para permitir à bolha uma filtração adequada. Quando a sutura conjuntival de base fórnix se rompe e um vazamento ocorre no limbo, uma simples ressutura é indicada.

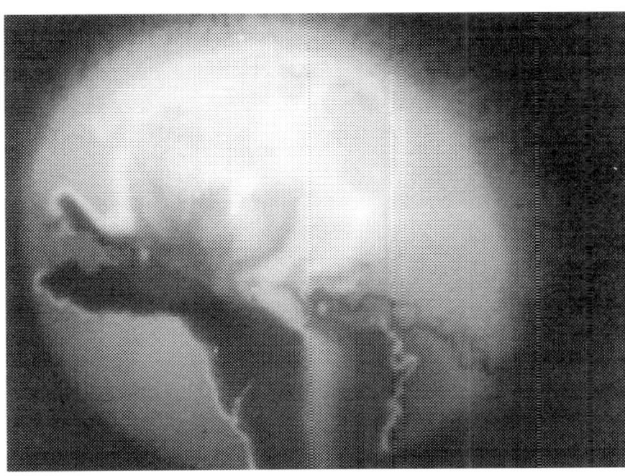

Buraco no topo de uma bolha com bastante vazamento, notado pela fluoresceína. (Ver Figura 10 do encarte.)

22. O que fazer se houver vítreo na abertura da trabeculectomia?

Quando é encontrado vítreo em uma abertura que é inapropriadamente posterior ou está no local de uma zônula alterada, é melhor fechar a incisão e ir para um outro local. Às vezes, uma esponja de celulose ou uma tesoura para vitrectomia é tudo o que é necessário para eliminar o vítreo debaixo do *flap* e a cirurgia continuar. Se possível, uma trabeculectomia alternativa pode ser feita onde não há vítreo. Se uma grande quantidade de vítreo está presente, é melhor realizar uma vitrectomia anterior extensa, com técnicas cirúrgicas. A perda vítrea é rara em olhos fácicos que não têm história de trauma, de iridectomia prévia ou de outra predisposição para o deslocamento do cristalino. Essa perda é mais freqüente em olhos afácicos ou pseudofácicos na presença de frouxidão zonular (por exemplo, pseudo-exfoliação).

23. Que condições oculares predispõem à perda vítrea na trabeculectomia?

Condições pré-operatórias como sífilis ocular, síndrome de Marfan, pseudo-exfoliação, homocistinúria e alta miopia predispõem à perda vítrea na trabeculectomia.

24. Quando os antimetabólicos são indicados na trabeculectomia cirúrgica?

A inovação mais importante na cirurgia filtrante de glaucoma na década passada foi, sem dúvida, a introdução do 5-fluoracil e da mitomicina, o que favoreceu a cicatrização normal e facilitou a formação de bolhas filtrantes funcionantes. Embora os agentes antifibróticos usuais tenham melhorado o resultado cirúrgico, suas complicações associadas, tais como toxicidade ocular e perda da padronização em termos de concentração e duração, limitaram o seu uso. Diversas pesquisas contínuas de agentes inibidores de formação de cicatrizes estão sendo realizadas. A indicação para o uso de antimetabólicos na trabeculectomia inclui os casos de cicatrização conjuntival superior, de falência anterior de filtração, de idade inferior a 50 anos, de pseudofacia ou afacia, de dano avançado ao nervo óptico ou campo visual com pressão desejada menor do que 14 mmHg.

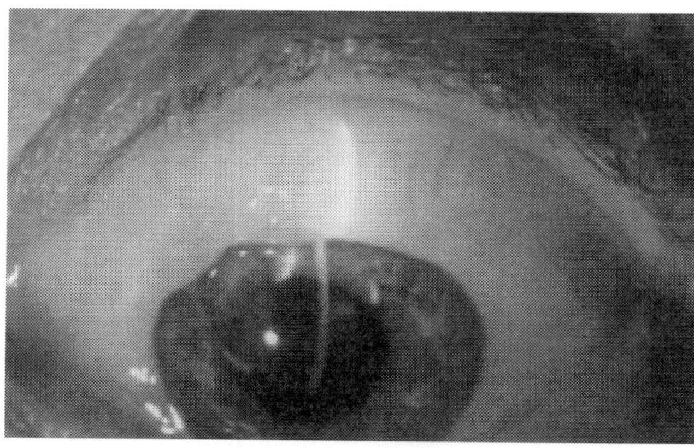

Surgimento de bolha 2 meses após a administração de mitomicina C, 0,4 mg/cc, por 2 minutos.

25. O 5-fluorouracil difere da mitomicina C?

A mitomicina C (MMC) é 100 vezes mais potente do que o 5-fluorouracil (5-FU). Enquanto o 5-FU afeta primariamente a fase S do ciclo celular, a MMC inibe a proliferação fibroblástica independente da fase do ciclo celular. 5-FU intra-operatório (50 mg/ml) pode ser colocado com uma esponja Weck-cell na esclera abaixo da conjuntiva e da cápsula de Tenon por cinco minutos. A esclera é irrigada copiosamente com 30 cc de solução salina balanceada. A MMC pode ser usada na concentração de 0,2-0,4 mg/ml. A concentração e o tempo de exposição ótimos não são conhecidos. Usa-se geralmente 0,4 mg/ml de MMC com uma esponja Weck-cell (1 mm x 4 mm) e aplica-se na esclera (colocando a cápsula de Tenon e a conjuntiva sobre ela) antes de fazer o *flap* escleral. Dependendo da quantidade de cicatriz conjuntival e dos fatores de risco, a esponja é deixada no local de um minuto e meio a dois minutos e meio.

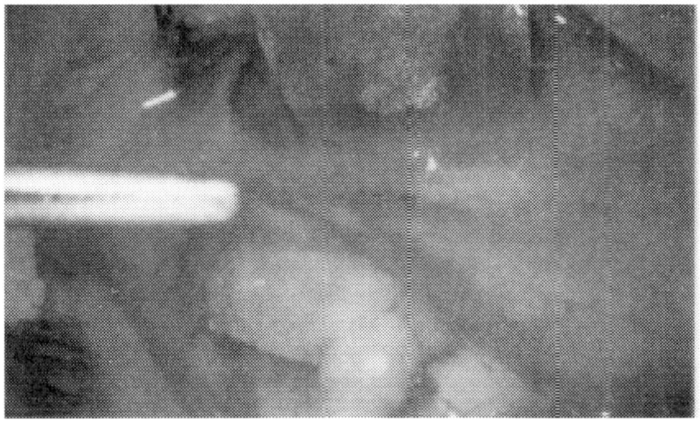

Aplicação de mitomicina C à esclera com uma esponja Weck-cell.

26. Os antimetabólicos são indicados em trabeculectomias primárias?

Embora a MMC e o 5-FU intra-operatório possam aumentar a média de sucesso da trabeculectomia para 86-93%, as complicações pós-operatórias, tais como hemorragia supracoróidea, descolamento de coróide, endoftalmite tardia, câmara anterior plana e vazamento na abertura, são muito mais comuns. Por isso, um estudo prospectivo, randomizado e multicêntrico está em andamento para verificar o papel dos antifibróticos nas cirurgias primárias.

27. O que fazer quando a íris bloqueia o sítio da trabeculectomia no pós-operatório imediato?

Uma opção é colocar miocol via paracentese na câmara anterior para tentar contrair a pupila e deslocá-la do sítio da trabeculectomia. Um agente viscoelástico é então injetado, e uma cânula ou uma agulha de 30 pode ser usada para remover a íris delicadamente do sítio da trabeculectomia. Com isso, a íris não oclui a abertura completamente, e uma boa filtração pode ocorrer em volta dela.

28. O que fazer se o processo ciliar desliza anteriormente e bloqueia o sítio da trabeculectomia durante a cirurgia?

Os processos ciliares geralmente bloqueiam o sítio da trabeculectomia em olhos pequenos, hipermétropes, com ângulo estreito crônico e nanoftalmo. Após a remoção do trabeculado, os processos ciliares podem deslizar sobre o sítio de filtração. Em 90% dos casos, o fechamento do *flap* escleral, a reforma da câmara anterior e o restabelecimento da anatomia normal permitem ao processo ciliar voltar ao seu local normal. Se após o restabelecimento da câmara anterior ele continuar bloqueando o sítio, pode ser cauterizado e cortado. Deve-se tomar cuidado para que a face vítrea não seja lesada. Surpreendentemente, essa técnica não é associada com nenhum desconforto e pode melhorar os resultados da cirurgia.

29. Qual o melhor método para remover uma catarata com uma filtrante preexistente?

O melhor método para preservar por longo tempo a função da trabeculectomia preexistente é fazer uma facoemulsificação temporal na limbar ou na córnea clara temporal, colocando uma lente dobrável dentro do saco capsular. A menor manipulação possível é recomendada para assegurar que a filtração continue no pós-operatório.

30. Quando o 5-FU é usado no intra-operatório, é necessário dar injeções de 5-FU no pós-operatório?

As injeções suplementares de 5-FU, 0,1 mg (5 mg), podem ser dadas no período pós-operatório se a bolha está espessa, hiperemiada ou neovascularizada. Essa opção é deixada para o cirurgião. Geralmente as injeções adicionais não são necessárias.

31. O que fazer se a bolha começa a falhar?

Se o olho está hiperemiado, um regime de esteróides intensificado associado com agentes antiinflamatórios não-esteróides é indicado. A massagem digital no período pós-operatório imediato aumenta a filtração, e a lise agressiva da sutura deve ser pensada. Às vezes, mesmo com todo o esforço, a bolha falha e deve ser repetida em outro local. Nessa hora, um agente antifibrótico é indicado. Ocasionalmente, usamos compressão digital no período pós-operatório recente; contudo, não acreditamos no uso a longo termo desse procedimento, porque a pressão traumatiza o olho e não promove resultados a longo prazo.

32. Qual é o diagnóstico diferencial para uma câmara anterior plana?

A causa mais comum de uma câmara rasa após uma cirurgia de glaucoma é a filtração excessiva. Outras possibilidades incluem o descolamento seroso ou hemorrágico da coróide, o bloqueio pupilar e o glaucoma maligno. Com a filtração excessiva, a PIO é baixa, bem como com o descolamento seroso da coróide. Com o descolamento hemorrágico, a PIO pode ser baixa, normal ou alta, e é geralmente associada com dor. Com o bloqueio pupilar e o glaucoma maligno, a PIO é elevada, a câmara é rasa e a córnea geralmente é edematosa.

33. Quão séria é uma câmara anterior rasa?

A câmara anterior de grau I (contato entre a íris periférica e a córnea) geralmente ocorre em presença de filtração excessiva. O tratamento consiste de uso de cicloplégicos e de midriáticos e de observação de perto. A melhora é geralmente espontânea. Em alguns casos, um grau I pode se transformar em grau II (contato entre a periferia da íris e a córnea até a pupila). Essa progressão pode ser um mal sinal prognóstico, especialmente se a PIO está caindo e a bolha está ficando plana. O grau II pode melhorar ou evoluir para grau III (contato entre o endotélio da córnea e o cristalino). O grau III é uma emergência cirúrgica e deve ser tratado prontamente, senão a córnea descompensará.

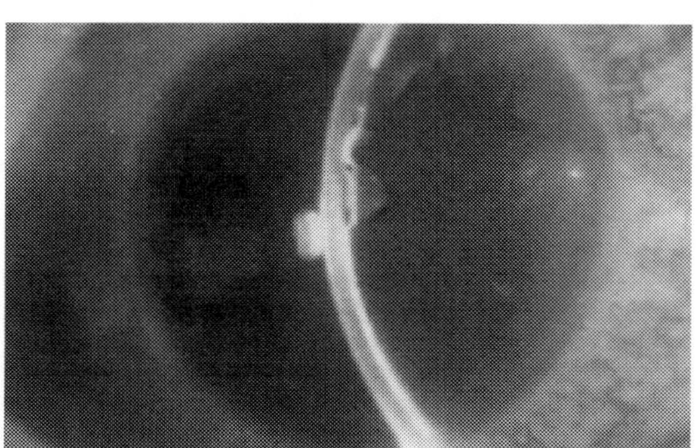

Câmara anterior rasa grau III com contato entre a córnea e o cristalino. (Ver Figura 11, do encarte).

34. Quais são as opções para o tratamento de uma câmara anterior rasa de grau II?

1. Observar o paciente sem realizar cirurgia para ver se a câmara se refaz espontaneamente.

2. Refazer a câmara anterior com ar, com material viscoelástico ou com salina na lâmpada de fenda ou no centro cirúrgico.

3. Drenar o descolamento da coróide, reformar a câmara anterior e restabelecer a anatomia normal da câmara anterior.

35. Quais são as indicações para a drenagem de um descolamento de coróide?

A drenagem é indicada quando a PIO continua a cair, a bolha a aplanar e a câmara anterior a se tornar rasa, mesmo após a reforma com solução viscoelástica. A reforma da câmara anterior é feita simultaneamente pela paracentese.

36. O que se deve fazer caso a PIO suba imediatamente após a cirurgia? Por que não usar um beta-bloqueador?

Se a PIO se eleva no pós-operatório imediato, ou a descompressão digital ou a lise seletiva de sutura podem ser usadas para abaixar a PIO. Desencorajamos o uso de beta-bloqueadores ou alfa-agonistas nesse ponto porque não queremos diminuir o fluxo do aquoso, o qual é necessário para manter a abertura e o sucesso da bolha. Se dentro de seis semanas ocorrer encapsulamento da bolha ou do cisto da cápsula de Tenon, a lise da sutura não ajudará. Nesse ponto, uma terapia medicamentosa, incluindo beta-bloqueadores, pode ser instituída por quatro a cinco semanas até que o cisto de Tenon diminua e a PIO caia. Se a terapia medicamentosa não for possível ou não obtiver sucesso, o agulhamento da bolha pode reduzir a PIO e manter sua função.

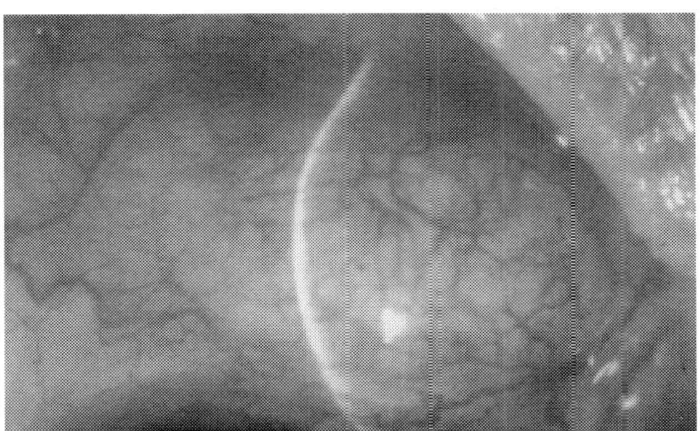

Cisto de Tenon com bolha vascularizada e PIO elevada.

37. O que fazer se a PIO for zero após a trabeculectomia?

Se a câmara anterior é profunda e formada, colírios dilatadores e uma terapia com esteróides menos agressiva podem ser usados. Devemos verificar um vazamento na abertura e fazer o paciente usar uma concha protetora ao dormir. Geralmente os traumas induzidos pela própria pessoa podem abaixar a PIO dramaticamente no pós-operatório. Se a câmara anterior está formada, a observação de perto é indicada, porque a pressão sobe espontaneamente nos dias ou nas semanas subseqüentes.

BIBLIOGRAFIA

1. Albert DM, Jakobiec JA: Principles and Practice of Ophthalmology, vol 3. Philadelphia, W.B. Saunders, 1994.
2. Costa VP, Spaeth GL, Eiferman RA, Nania SO: Wound healing modulation in glaucoma filtering surgery. Ophthal Surg 24:152-170, 1994.
3. Feldman RM, Dietze PJ, Gross RL, Oram O: Intraoperative 5- fluorouracil administration in trabeculectomy. J Glaucoma 3:302-307, 1994.
4. Fluorouracil Filtering Surgery Study Group: Three-year followp-up of the Fluorouracil Filtering Surgery Study. Am J Ophthalmol 115:82-92, 1993.
5. Lieberman MF: Complications of glaucoma surgery. In Charlton JF, Weinstein GW (eds): Ophthalmic Surgery: Complications, Prevention and Management. Philadelphia, J.B. Lippincott, 1995.
6. Prata JA, Minckler DS, Baerveldt GH, et al: Site of mitomycin-C application during trabeculectomy. J Glaucoma 3:296-301, 1994.
7. Salmon JF: The role of trabeculectomy in the treatment of advanced chronic angle-closure glaucoma. J Glaucoma 2:285-290, 1993.
8. Sastry SM, Street DA, Javitt JC: National outcomes of glaucoma surgery: Complications following partial and full-thickness filtering procedures. J Glaucoma 1:137-140, 1992.
9. Skuta GH, Beeson CC, Higgenbotlham Ej, et al: Intraoperative mitomycin versus fostoperative 5-fluorancil in high risk glaucoma filtering surgery. Ophthalmology. 99:438-444, 1992.
10. Spaeth GH, Katz LJ, Terebuh A: Glaucoma surgery. In Tasman W, Jaeger E (eds): Clinical Ophthalmology. Philadelphia, J.B. Lippincott, 1994.

21. GLAUCOMA TRAUMÁTICO E HIFEMA

Annette K. Terebuh, M.D., e *Martha Motuz Leen*, M.D.

1. O que é um hifema?

Um hifema é sangue na câmara anterior. A aparência de um hifema pode variar do microscópico (visto na lâmpada de fenda, como eritrócitos circulando no aquoso) até o total, o qual enche toda a câmara anterior.

2. Liste as etiologias do hifema.

Há três causas maiores: trauma ao globo, cirurgia intra-ocular ou hemorragia espontânea da câmara anterior em associação com condições oculares ou sistêmicas, como neovascularização da íris, tumores intra-oculares ou alterações de coagulação.

Classificação do Hifema por Etiologia

I. Trauma
   A. Contuso – rotura de vasos da íris ou do corpo ciliar
   B. Penetrante – lesão direta dos vasos

II. Cirurgia intra-ocular
   A. Sangramento intra-operatório
      1. Dano ao corpo ciliar ou à íris mais comum quando se realiza ciclodiálise, iridectomia periférica, procedimento filtrante ou extração de catarata
      2. Iridectomia periférica a *laser* – sangramento é mais comum com YAG *laser* do que com *laser* de argônio
      3. Trabeculoplastia com *laser* de argônio – raro
   B. Sangramento pós-operatório imediato
      1. Dilatação de um vaso traumatizado uveal que estava em espasmo
      2. Sangramento conjuntival que entra na câmara anterior através de abertura corneoescleral ou esclerotomia
   C. Sangramento pós-operatório tardio
      1. Ruptura de vasos novos crescendo através da abertura corneoescleral
      2. Reabertura de uma ferida uveal
      3. Erosão crônica da íris por lente intra-ocular

III. Espontâneo
   A. Neovascularização de íris
      1. Descolamento de retina
      2. Oclusão de veia ou artéria central da retina, doença oclusiva da carótida
      3. Retinopatia diabética proliferativa
      4. Uveíte crônica
      5. Iridociclite heterocrômica de Fuchs
   B. Tumores intra-oculares
      1. Melanoma maligno
      2. Xantogranuloma juvenil
      3. Retinoblastoma
      4. Tumores metastáticos
   C. Microemangiomas de íris podem estar associados com diabete melito e distrofia miotônica
   D. Alterações de coagulação
      1. Leucemia
      2. Hemofilia
      3. Anemias
      4. Aspirina
      5. Coumadin
      6. Etanol
      7. AINEs

Modificado de Gottsch JD: Hyphema: Diagnosis and management. Retina 10:566, 1990.

3. **Qual é a causa mais comum de hifema traumático?**
   Um trauma contuso de segmento anterior.

4. **Descreva a fisiopatologia de um hifema traumático.**
   Um trauma ocular contuso resulta em identação ocular, o que causa uma expansão rápida dos tecidos oculares e um aumento rápido da PIO. O súbito deslocamento forçado da córnea e do limbo posterior e perifericamente pode resultar em rompimento ou rasgão dessas estrutu-

ras. À medida que o tecido se rompe, os vasos sangüíneos ao redor podem romper, resultando em hifema.

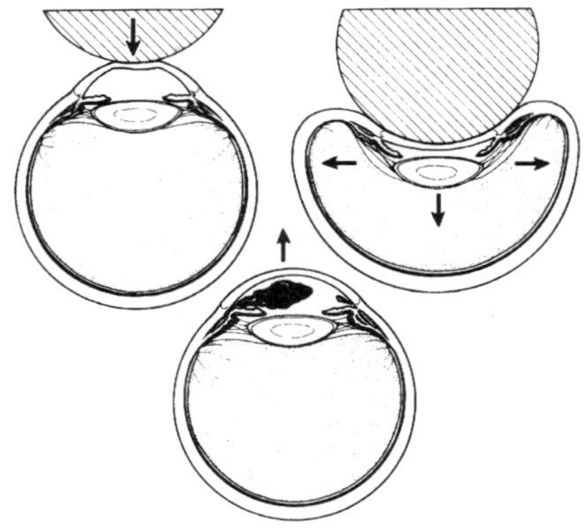

Força compressiva resulta em ruptura vascular e em sangramento dentro do globo. (De Shingleton BJ, Hersh PS, Kenyon KR: Eye Trauma. St. Louis, C.V. Mosby, 1991, p. 105, com permissão.)

5. **Liste as estruturas do segmento anterior que podem rasgar ou romper em resposta a um trauma ocular contuso.**
   1. Íris central – rasgão de esfíncter
   2. Íris periférica – iridodiálise
   3. Corpo ciliar anterior – recessão angular
   4. Separação do corpo ciliar do esporão escleral – ciclodiálise
   5. Malha trabecular – rasgão da malha trabecular
   6. Zônula/cristalino – rasgão na zônula com possível subluxação do cristalino
   7. Separação da retina da *ora serrata* – diálise de retina

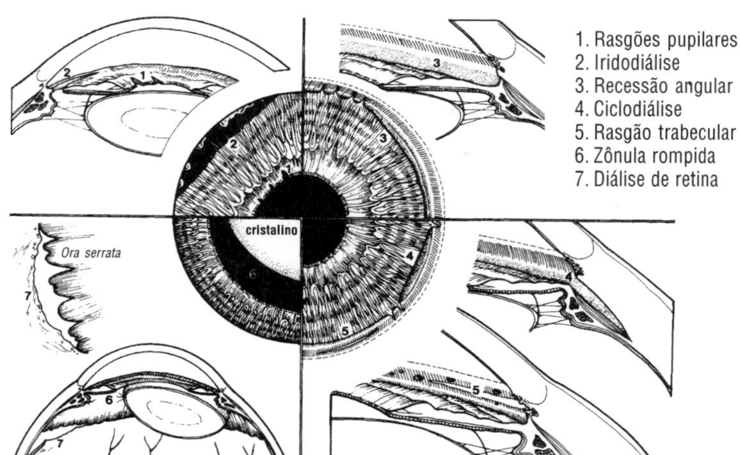

Os sete rasgões anteriores que ocorrem seguindo um trauma contuso do olho. (De Shingleton BJ, Hersh PS, Kenyon KR: Eye Trauma. St. Louis, C.V. Mosby, 1991, p. 118, com permissão.)

6. Quando um paciente se apresenta com um hifema devido a um trauma ocular contuso, que estrutura ocular é mais freqüentemente a fonte do sangramento?

Hifema como resultado de trauma ocular contuso ocorre mais comumente por recessão angular, um rasgão na superfície anterior do corpo ciliar entre as fibras musculares longitudinais e circulares. A ruptura dos vasos sangüíneos vizinhos do rasgão resulta em hifema. Os vasos mais freqüentemente rompidos incluem o círculo arterial maior da íris, os ramos arteriais do corpo ciliar e as artérias e veias recorrentes coroidais cruzando através do corpo ciliar e do plexo venoso episcleral.

7. Quais são os danos oculares que podem estar associados com hifema traumático?

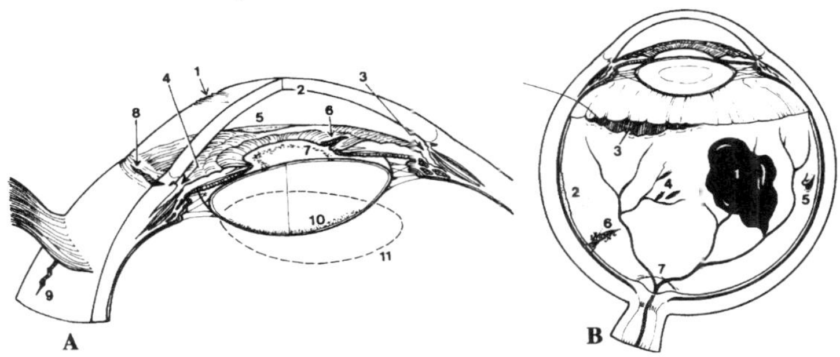

Danos oculares associados com hifema traumático. *A*, 1, Abrasão corneana; 2, dano endotelial corneano com ou sem impregnação de sangue; 3, recessão angular; 4, ciclodiálise; 5, iridodiálise; 6, rasgão no esfíncter da íris; 7, anel de Vossius; 8, ruptura corneoescleral; 9, rotura escleral; 10, catarata; 11, subluxação do cristalino. *B*, 1, Hemorragia vítrea; 2, edema de retina; 3, diálise de retina; 4, hemorragias de retina; 5, rasgão em ferradura; 6, rotura de coróide; 7, dano ao nervo óptico. (De Shingleton BJ, Hersh PS, Kenyon KR: Eye Trauma. St. Louis, C.V. Mosby, 1991, p. 106, com permissão.)

8. Descreva uma conduta apropriada frente a um paciente com hifema.

A história ocular e médica prévia pode ajudar a identificar os fatores de risco para o sangramento e a chance de complicações futuras. O teste de hemácias falciformes e a eletroforese de hemoglobina são sugeridos para pacientes negros e hispânicos ou para qualquer um com uma história familiar positiva. Estabelecer a natureza exata do trauma ajuda a estimar a possibilidade de corpo estranho de órbita e/ou rotura de globo ocular. O tempo exato do trauma é crucial para estabelecer quando o paciente terá maior risco de ressangrar e determinar o tempo para clareamento e extensão do tratamento necessário.

Uma procura para corpo estranho ocular e para a ruptura do globo ocular é sugerido em todos os pacientes que se apresentem com hifema traumático. A cor, a característica e a extensão do hifema, assim como os danos oculares associados, incluindo impregnação corneana por sangue – devem ser documentadas. A gonioscopia é geralmente adiada, mas, se necessária, deve ser feita com cautela, tomando cuidado para evitar novo sangramento. Antes que um possível ressangramento obscureça a visão, um exame dilatado do cristalino e do fundo de olho deve ser feito sem depressão escleral.

Quatro a seis semanas após o trauma, a gonioscopia cuidadosa do olho recuperado deve revelar uma recessão angular. Nessa hora, devemos fazer também um exame de fundo de olho dilatado com depressão escleral para excluir dano à retina periférica, como descrito na figura.

9. Quais são as perguntas que devem ser feitas a um paciente com hifema traumático e por quê?

1. *Quando o trauma ocorreu?* Estabelecer o tempo certo do trauma é importante, pois há um aumento da média de ressangramento em pacientes que se apresentam mais do que 24 horas após o trauma, e vai determinar quando um paciente vai estar sob maior risco de sangrar novamente.

2. *Que o tipo de trauma você sofreu?* O tipo e a gravidade do trauma vão ajudar a determinar a probabilidade de danos sistêmicos associados, de um corpo estranho ocular ou orbitário e a possibilidade de ruptura do globo.

3. *Você ou alguém da família tem história de alterações de coagulação ou doença falciforme?* A resposta a essa pergunta vai ajudar a estabelecer a possível etiologia do hifema e determinar quão intenso e de que tipo deve ser o tratamento.

4. *Que tipos de medicação você usa (incluindo ingestão de álcool)?* Efeitos antiplaquetários ou anticoagulantes da aspirina, AINEs, dicumarínicos e álcool podem predispor o paciente a um hifema ou a um ressangramento após o trauma e devem ser descontinuados, se possível.

10. Como é a conduta no hifema?

Não há consenso sobre o tratamento apropriado para o hifema. Tradicionalmente, a maioria dos casos era admitida no hospital para repouso e para sedação, e era colocada uma oclusão mono ou binocular por aproximadamente cinco dias. Atualmente, pacientes esclarecidos com micro-hifema são conduzidos via ambulatório. Ainda é prudente hospitalizar os pacientes que tenham um hifema grande, que estejam sob risco de ressangramento, que tenham doença falciforme e que não sejam esclarecidos.

É colocada uma oclusão no paciente para evitar trauma inadvertido. A cabeceira é elevada, a pressão sangüínea é controlada para diminuir a pressão hidrostática nos vasos traumatizados e também para diminuir o risco de hemorragia recorrente. O paciente deve ser examinado uma ou duas vezes ao dia.

O tratamento medicamentoso inclui:

1. Descontinuação de agentes antiplaquetários e anticoagulantes
2. Tratamento com colírio cicloplégico, esteróides tópicos e orais, antieméticos e antifibrinolíticos
3. Controle da PIO como necessário
   - Beta-bloqueadores
   - Alfa-agonistas
   - Inibidores da anidrase carbônica e hiperosmóticos (exceto em doença ou traço falciforme) pelo risco elevado de falcização com essa medicação
   - Uso desaconselhável de mióticos, porque eles podem aumentar a inflamação

11. Explique o uso racional de agentes antifibrinolíticos no tratamento do hifema.

Os antifibrinolíticos são usados em um esforço para evitar hemorragia recorrente. Seu uso é controverso, especialmente em populações com baixo risco para ressangrar. A fibrinólise em um local que sela um vaso recentemente rompido pode resultar em hemorragia repetida por esse sítio. Os ácidos tranexamínico e aminocapróico diminuem o risco de hemólise, iniciando a conversão de plasminogênio em plasmina, o que resulta em estabilização do coágulo que sela o vaso rompido. O vaso lesado tem agora maior tempo para cicatrização definitiva antes da fibrinólise do coágulo, reduzindo o risco de uma nova hemorragia.

12. Denomine os efeitos adversos mais comuns associados com o tratamento com ácido aminocapróico.

Náusea, vômitos e hipotensão postural são encontrados freqüentemente. É recomendado aos pacientes que estejam recebendo o ácido o transporte por cadeira de rodas nas primeiras 24 horas para se evitar complicações da hipotensão postural. Antieméticos podem ser usados, se necessário.

13. Em que situações o ácido aminocapróico é contra-indicado?

Ele é contra-indicado na presença dos seguintes diagnósticos:

1. Alterações intravasculares de coagulação, incluindo câncer
2. Doença hepática
3. Doença renal
4. Gravidez

O uso cauteloso é indicado em pacientes com risco de infarto do miocárdio, com êmbolo pulmonar e com doença cerebrovascular.

14. Por que os pacientes com doença ou traço falciforme estão sob risco de desenvolver complicações pelo hifema?

Uma vez que os eritrócitos moldáveis bicôncavos se transformam em células rígidas falciformes, torna-se mais difícil a passagem pela malha trabecular, a qual fica obstruída por essas células, levando a uma elevação na PIO, mesmo com hifemas relativamente pequenos. Os fatores que facilitam a falcização incluem a acidose, a hipoxia e a hemoconcentração. Os pacientes com células falciformes também estão sob maior risco de infarto do nervo óptico, da retina e do segmento anterior com pressão minimamente elevada. Essa predisposição deve-se à oclusão vascular pelas células falcizadas, as quais levam à isquemia e ao infarto microvascular. Por isso, a terapia agressiva para o controle da PIO deve ser feita em pacientes com doença falciforme.

Todas as medicações para glaucoma devem ser evitadas, exceto os beta-bloqueadores, porque aumentam a falcização:

1. Inibidores da anidrase carbônica, particularmente a acetazolamida, podem aumentar a concentração de ácido ascórbico no aquoso, o que diminui o pH e leva ao aumento da falcização na câmara anterior.

2. Compostos de epinefrina e alfa-agonistas podem causar vasoconstrição, com subseqüente desoxigenação, e aumentar a falcização intracameral e intravascular.

3. Hiperosmóticos podem causar hemoconcentração, o que pode levar ao entupimento vascular e à falcização, aumentando o risco de infartos no olho, bem como em outros órgãos.

15. Que nível de PIO é considerado "não-controlado"?

O nível de PIO que é considerado não-controlado depende do paciente. A cirurgia não é indicada em pacientes sem lesão no nervo óptico, a menos que a PIO sob medicação esteja em torno de 50 mmHg por cinco dias ou 35 mmHg por um período maior. Em pacientes com dano prévio ao nervo, contudo, a média para a indicação de cirurgia é menor e é baseada no valor de PIO que seja suspeito de estar causando mais dano ao nervo. Nesses pacientes, a cirurgia pode ser apropriada horas ou dias após o trauma inicial. Como dito anteriormente, o tratamento intensivo deve ser iniciado em pacientes com doença falciforme, visto que os mesmos são predispostos a dano do nervo óptico e à oclusão da artéria central da retina com elevação mínima da PIO. A cirurgia é indicada em pacientes que tenham doença falciforme se a PIO exceder 24 mmHg por mais de 24 horas, mesmo sob terapia medicamentosa.

16. Liste as indicações para a intervenção cirúrgica na condução do hifema.

Como uma regra, os pacientes que apresentem hifemas *eight-ball* (bola oito) requerem intervenção cirúrgica imediata (ver Questão 26); em contraste, aproximadamente 5% de todos os hifemas requerem intervenção cirúrgica. As indicações para a intervenção cirúrgica são as seguintes:

1. Um hifema grande que persiste por mais de dez dias
2. Um hifema total que persiste por mais de cinco dias (após esse período, as sinéquias se desenvolvem mais facilmente)
3. Impregnação corneana precoce por sangue
4. Uma PIO que não pode ser controlada por medicação e ameaça danificar ou o nervo óptico ou a córnea, ou, ainda, resultar em oclusão vascular da retina.

17. Cite as principais complicações relacionadas ao hifema.

1. Impregnação da córnea por sangue
2. Hemorragia recorrente
3. Glaucoma secundário

Além das complicações acima, os pacientes homo ou heterozigotos para anemia falciforme têm uma predisposição à oclusão da artéria central da retina e lesão do nervo óptico com elevações mínimas da pressão intra-ocular, devido à obstrução vascular pelas células falcizadas, que leva a isquemia e a vasoclusão. Medicações antiglaucoma podem ser usadas mais agressivamente nestes pacientes.

18. O que é a impregnação da córnea por sangue?

A descompensação das células endoteliais leva à passagem de produtos da degradação de eritrócitos ao estroma, criando uma coloração amarelo-marrom do estroma posterior. A impregnação da córnea por sangue pode se resolver em meses ou anos, primeiro perifericamente e, então, posteriormente.

19. Qual a porcentagem de pacientes com hifema que desenvolvem impregnação da córnea?

Cinco por cento.

20. Em que situações a impregnação da córnea ocorre mais freqüentemente?

1. Na hemorragia recorrente
2. No comprometimento da função das células endoteliais
3. Nos hifemas grandes com longa duração
4. Geralmente, mas nem sempre, em associação com PIO elevada

21. Qual o diagnóstico diferencial de células vermelhas brilhantes na câmara anterior nos cinco dias seguintes após o paciente sofrer um hifema traumático?

1. Hemorragia recorrente
2. Fibrinólise e hemólise de um hifema coagulado

A hemorragia recorrente deve ser diferenciada da hemólise que ocorre quando um coágulo é reabsorvido, principalmente se o paciente foi tratado com ácido aminocapróico. Um aumento na PIO, associado com a hemólise acelerada, pode simular um ressangramento e, às vezes, ocorre 24 a 96 horas após o uso do ácido ter sido descontinuado.

Um paciente que tenha sido tratado com ácido aminocapróico deve ter a sua pressão monitorada por vários dias após a terapia, pois há um pico na pressão associado com a hemólise acelerada.

22. No evento de um hifema traumático, quando o paciente vai estar sob maior risco de desenvolver uma hemorragia recorrente?

Dois a cinco dias após o trauma contuso, talvez devido à fibrinólise e à retração do coágulo.

23. Quão freqüente é uma hemorragia recorrente?

A hemorragia recorrente geralmente ocorre em 4 a 35% dos pacientes que sofrem um hifema traumático.

24. Qual é o significado de uma hemorragia recorrente, e por que é importante tentar prevenir esse evento?

Uma hemorragia recorrente carrega um prognóstico pior do que o hifema inicial. Muitos ressangramentos são maiores do que o inicial e conduzem a um risco maior de glaucoma secundário e de impregnação da córnea; o resultado visual é pior, e há maior freqüência da necessidade de intervenções cirúrgicas.

25. Liste os fatores que podem estar associados com um maior risco de hemorragia recorrente.

1. Ingestão de antiplaquetários e anticoagulantes
2. Origem negra ou hispânica
3. Hipotonia
4. Jovens
5. Hifema grande inicial

26. O que é um hifema *eight-ball* (bola oito)?

Um hifema bola oito ou bola preta é aquele que foi coagulado e tem uma coloração preta ou roxa. A aparência preta ou roxa de um hifema bola oito se deve à perda de circulação do aquoso, o que leva à diminuição da oxigenação intracameral, resultando na coloração preta a roxa do coágulo. Acredita-se que a perda do circulação do aquoso ocorra como resultado de bloqueio pupilar pelo coágulo ou pelo tamponamento direto do coágulo na malha trabecular. A parada na circulação do aquoso impede que o coágulo do hifema bola oito seja reabsorvido. Esse hifema carrega um prognóstico mais grave em relação ao desenvolvimento de glaucoma secundário.

27. Como um hifema bola oito é diferente de um hifema total ou 100%?

Um hifema bola oito descreve aquele que foi coagulado e desenvolveu uma coloração preta ou roxa. Um hifema total, ou 100%, é aquele cujo sangue que preenche a câmara anterior é vermelho-brilhante. Um hifema vermelho-brilhante indica que há circulação de aquoso na câmara anterior, o que resulta em prognóstico bem mais favorável do que um hifema bola oito.

28. Qual é o prognóstico para um hifema bola oito?

Os pacientes que desenvolvem hifema bola oito têm um prognóstico pior para o desenvolvimento de um glaucoma secundário. A maioria, se não todos, desenvolve uma PIO elevada, que usualmente é grave e difícil de controlar com medicação. A intervenção cirúrgica para retirar o coágulo ou diminuir a PIO geralmente é necessária em pacientes com glaucoma bola oito.

29. Qual é o tempo ótimo para remover um coágulo ou um hifema bola oito e por quê?

É estimado que o tempo ótimo para a remoção do hifema é entre quatro e sete dias após a hemorragia, porque é nesse momento que há a retração e a consolidação máxima do coágulo das estruturas adjacentes e a diminuição do risco de causar novos sangramentos.

30. Quais os tipos de técnicas cirúrgicas que podem ser usadas para evacuar um hifema?

As técnicas cirúrgicas na condução do hifema incluem: (1) paracentese e lavagem da câmara anterior sozinha ou em associação a procedimento filtrante, (2) expressão do coágulo com saída pelo limbo, (3) remoção automática do coágulo com vitreófago e (4) iridectomia periférica com ou sem procedimento filtrante para aliviar o bloqueio pupilar, o qual pode estar associado com o hifema bola oito.

O algoritmo da página seguinte ajuda na conduta nos pacientes que apresentam um hifema.

31. Liste os tipos de glaucoma secundário associados com hifema traumático.

Um aumento abrupto na PIO é geralmente devido à obstrução na malha trabecular por eritrócitos e por seus produtos de degradação. A PIO em que se inicia o tratamento medicamentoso e cirúrgico deve ser individualizada e depende da presença de dano prévio ao nervo óptico, da disfunção endotelial corneana e da doença falciforme. Glaucoma secundário tardio pode se desenvolver semanas ou anos após o hifema. As causas de glaucoma secundário tardio estão listadas na tabela a seguir.

Glaucomas Secundários Associados com Hifema Traumático

A. Precoce

1. Obstrução da malha trabecular por células vermelhas novas e por fibrina, resultando em glaucoma de ângulo aberto
2. Bloqueio pupilar por coágulo sangüíneo, resultando em glaucoma de ângulo fechado
3. Glaucoma hemolítico
4. Glaucoma induzido por esteróides devido ao tratamento

B. Tardio

1. Glaucoma por recessão angular
2. Glaucoma de células fantasmas
3. Formação de sinéquias anteriores periféricas, resultando em glaucoma secundário de ângulo fechado
4. Formação de sinéquias posteriores com íris bombé, resultando em glaucoma de ângulo estreito secundário
5. Glaucoma hemolítico ou hemossiderótico

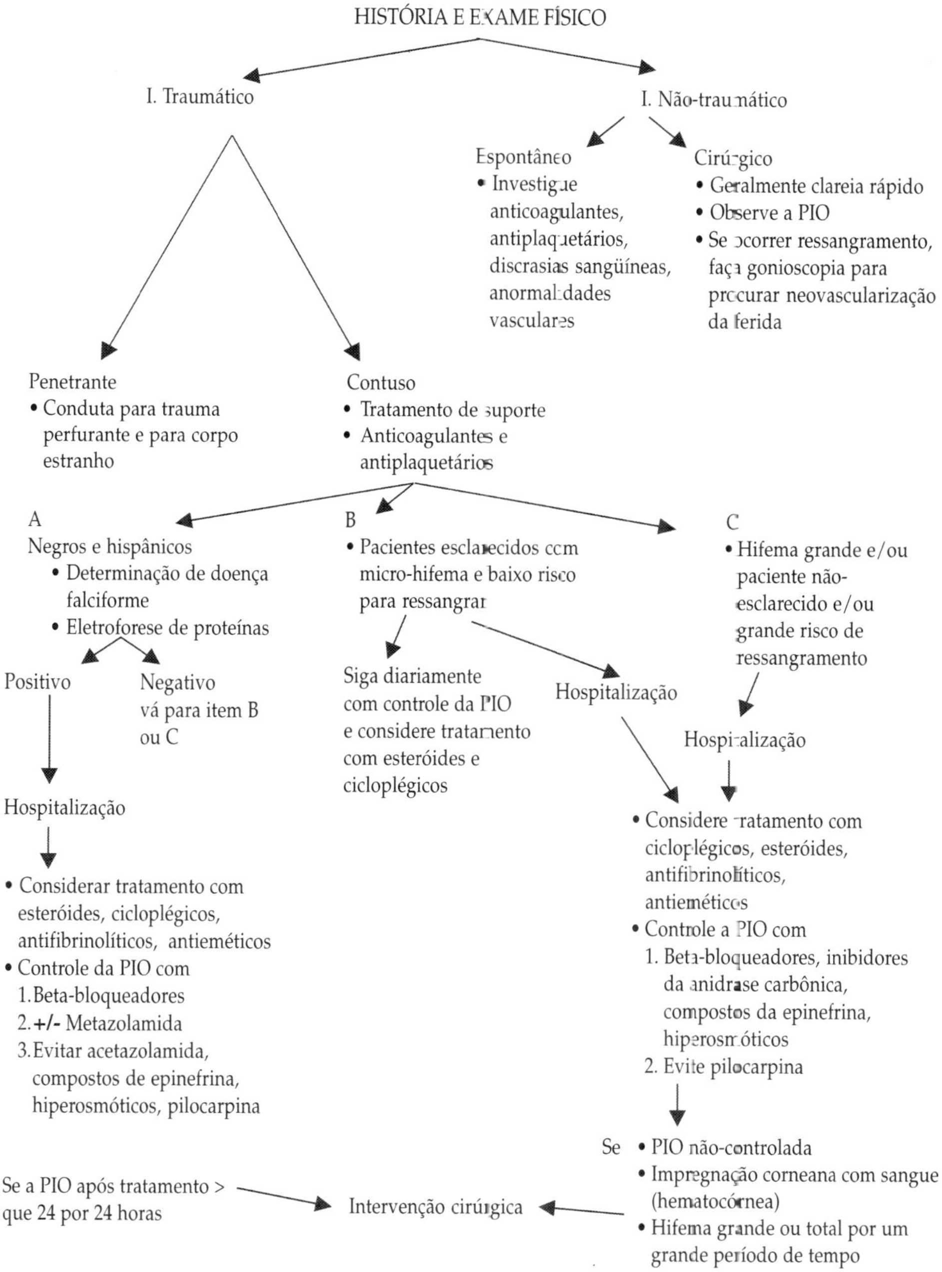

Algoritmo de tratamento para hifema. (Modificado de Gottach JD: Hyphema: Diagnosis and management. Retina 10:566, 1990.)

32. A chance de desenvolver um glaucoma secundário é relacionada com o tamanho do hifema?

Embora haja resultados conflitantes, a chance de desenvolver um glaucoma secundário pode estar relacionada ao tamanho do hifema. O glaucoma secundário ocorre em 13,5% dos olhos em que o sangue preenche metade da câmara anterior, em 27% dos olhos em que este preenche mais que metade da câmara anterior, e em 52% dos olhos que têm hifema total.

As hemorragias recorrentes são geralmente maiores do que o hifema inicial e têm um grande risco para desenvolver glaucoma secundário.

Os pacientes com glaucoma bola oito desenvolvem glaucoma em 100% dos casos.

33. Por que e quando é importante fazer uma gonioscopia em pacientes que sofreram hifema?

A aparência gonioscópica da recessão angular pode mudar com o tempo. Imediatamente após um trauma contuso do olho, o hifema pode obscurecer a visualização adequada do ângulo. Por isso, a gonioscopia com identação é recomendada aproximadamente seis semanas após o trauma, tempo no qual o olho se recuperou, o hifema foi resolvido e o risco de mais dano foi minimizado. As pistas que podem ajudar o oftalmologista a diagnosticar uma recessão angular incluem a presença de processos irianos rodados, de depressão ou rotura da malha trabecular e de aumento do branco no esporão escleral.

Mais de 10% dos pacientes com mais de 180° de recessão angular desenvolverão eventualmente um glaucoma crônico traumático. O termo *glaucoma de recessão angular* pode também ser usado para o glaucoma crônico traumático, o qual ocorre em associação com a recessão angular.

34. Dada uma história de trauma ocular, como podemos fazer o diagnóstico de recessão angular no exame gonioscópico?

A recessão do ângulo pode ser diagnosticada por avaliação gonioscópica cuidadosa do olho traumatizado e por comparação com o olho não-traumatizado. A gonioscopia pode revelar um alargamento irregular do corpo ciliar, indicando uma ruptura entre as fibras longitudinais e circulares do corpo ciliar. Uma banda ciliar normal, sem recessão, geralmente não é tão larga quanto a malha trabecular, devendo ser desigual, mesmo em espessura, em toda a sua circunferência. A recessão angular é encontrada em 60 a 90% dos pacientes com hifema traumático.

35. Explique a diferença entre ciclodiálise e recessão angular.

Embora não tão comum quanto a recessão angular, a ciclodiálise pode ocorrer após um trauma contuso compressivo. A ciclodiálise traumática ocorre quando o corpo ciliar é rodado da sua inserção no esporão escleral. Uma ciclodiálise difere da recessão angular da seguinte maneira: uma recessão angular é uma rotura no próprio corpo ciliar, enquanto uma ciclodiálise é uma rotura entre o corpo ciliar e o esporão escleral. A desinserção da úvea da esclera permite a passagem do fluido da câmara anterior para o espaço supracoróideo, permitindo assim o acesso direto para a via de fluxo uveoescleral. A hipotonia permanente ou temporária é usual. Uma fenda de ciclodiálise deve ser suspeitada e buscada cuidadosamente quando a PIO permanece baixa após um trauma ocular.

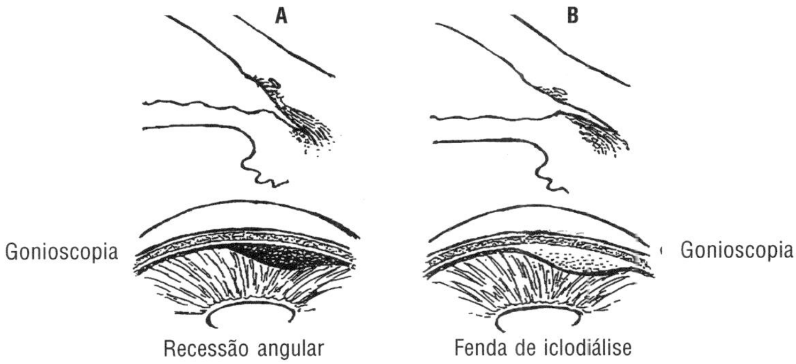

Corte e aparência gonioscópica correspondente da recessão angular e da ciclodiálise. (De Shields MB: Textbook of Glaucoma, 3rd. ed. Baltimore, Williams & Wilkins, 1992.)

36. Uma vez que há suspeita de uma fenda de ciclodiálise, como essa poderá ser diagnosticada?

Uma fenda traumática de ciclodiálise pode ser diagnosticada com exame gonioscópico cuidadoso (ver figura anterior). Embora a parede da fenda de ciclodiálise seja branca (isto é, esclera), ela aparece com uma sombra, devido ao fato de que se está olhando dentro de um buraco. Isso é o oposto da aparência da recessão angular, que aparece simplesmente como um alargamento da banda do corpo ciliar secundário a uma rotura no próprio corpo ciliar. O tratamento para ciclodiálise inclui atropina, reparo cirúrgico e a *laser*.

37. Quanto tempo após um hifema traumático um paciente está sob risco de desenvolver glaucoma por recessão angular?

O glaucoma por recessão angular pode se desenvolver em semanas ou mesmo anos após o trauma contuso ocular. Os pacientes que desenvolvem um glaucoma por recessão angular têm uma predisposição de base para o glaucoma primário de ângulo aberto (GPAA). Parece que o trauma em uma malha trabecular, cuja predisposição para diminuir o fluxo pode ser o bastante para uma malha já comprometida ao extremo, resulta em glaucoma por recessão angular. Evidências para essa proposta incluem a alta incidência de GPAA no outro olho, não-traumatizado, e a alta tendência de aumento da PIO por corticosteróides. Por isso, a conduta em casos de pacientes com recessão angular inclui o acompanhamento por longo tempo de ambos os olhos.

38. Explique a fisiopatologia do glaucoma por recessão angular. É um resultado direto de trauma ao corpo ciliar?

Não. A recessão angular é somente uma marca do trauma ocular especificamente à malha trabecular. O glaucoma por recessão angular geralmente não é pela própria recessão do ângulo (isto é, rotura do corpo ciliar), mas por (1) dano direto à malha trabecular pelo trauma ou por (2) uma extensão da membrana tipo Descemet cobrindo a malha trabecular.

39. Descreva o tratamento para o glaucoma por recessão angular.

O glaucoma por recessão angular freqüentemente não responde bem à terapia convencional. Os olhos com glaucoma traumático secundário têm redução do fluxo de saída convencional devido à lesão da malha trabecular e podem, como conseqüência, mudar o fluxo de saída para primariamente uveoescleral. Na verdade, os mióticos podem aumentar paradoxalmente a PIO, possivelmente pela diminuição do fluxo de saída uveoescleral. A trabeculoplastia a *laser* não apresenta altos escores de sucesso nessa situação. Beta-bloqueadores, inibidores da anidrase carbônica, cicloplégicos e cirurgia filtrante constituem o tratamento mais efetivo para o glaucoma por recessão angular.

BIBLIOGRAFIA

1. Berrios RR, Dreyer EB: Traumatic hyphema. Ophthalmol Clin 35(1):93-103, 1995.
2. Caprioli J, Sears ML: The histopathology of black-ball hyphema: A report of two cases. Ophthalmic Surg 15(6):491-495, 1984.
3. Chi TS, Netland PA: Angle recession of glaucoma. Int Ophthalmol Clin 35(1):117-126, 1995.
4. Coles WH: Traumatic hyphema: An analysis of 235 cases. South Med J 61:813, 1968.
5. Crouch ER, Frenkel M: Aminocaproic acid in the treatment of traumatic hyphema. Am J Ophthalmol 81:355-360, 1976.
6. Dietse MC, Hersh PS, Kylstra JA, et al: Intraocular pressure increase associated with epsilon aminocaproic acid therapy or traumatic hyphema. Am J Ophthalmol 106:383-390,1988.
7. Goldberg MF: Antifibrinolytic agents in the management of traumatic hyphema. Arch Ophthalmol 101: 1029-1030, 1983.
8. Gottsch JD: Hyphema: Diagnosis and management. Retina 10:S65-S71, 1990.
9. Herschler J: Trabecular damage due to blunt anterior segment injury and its relationship to traumatic glaucoma. Trans Am Ophthalmol Otolaryngol 83:239-248, 1977.
10. Kennedy RH, Brubaker RF: Traumatic hyphema in a defined population. Am J Ophthalmol 106:123-130, 1988.
11. Kutner B, Fourman S, et al: Aminocaproic acid reduces the risk of secondary hemorrhage in patients with traumatic hyphema. Arch Ophthalmol 105:206-208, 1987.
12 McGetrick JJ, Jampol LM, Goldberg LF, et al: Aminocaproic acid decreases secondary hemorrhage after traumatic hyphema. Arch Ophthalmol 101:1031-1033, 1983.
13. Parrish R, Bernardino V: Iridectomy in the surgical management of eight-ball hyphema. Arch Ophthalmol 100:435-437, 1982.
14. Ritch R, Shields MB, Krupin T: The Glaucomas, 2nd ed. St. Louis, C.V. Mosby, 1996.
15. Sears ML: Surgical management of black-ball hyphema. Trans Am Acad Ophthalmol Otolaryngol 74:820-827, 1970.
16. Shields MB: Textbook of Glaucoma, 4th ed. Baltimore, Williams & Wilkins, 1998.
17. Shingleton BJ, Hersh PS, Kenyon KR: Eye Trauma. St. Louis, C.V. Mosby, 1991, pp 95-125, 135-142.
18. Spaeth GL, Levy PM: Traumatic hyphema: Its clinical characteristics and failure of estrogens to after its course. A double-blind study. Am J Ophthalmol 62:1098, 1966.
19. Tesluk GC, Spaeth GL: The occurrence of primary open-angle glaucoma in the fellow eye of patients with unilateral angle-cleavage glaucoma. Ophthalmology 92(7):904-912, 1985.
20. Volpe NJ, Larrison WI, Hersh PS, et al: Secondary hemorrhage in traumatic hyphema. Am J Ophthalmol 112:507-513, 1991.
21. Wilson FM: Traumatic hyphema pathogenesis and management. Ophthalmology 87(9):910-919, 1980.
22. Wilson TW, Jeffers JB, Nelson LB: Aminocaproic acid prophylaxis in traumatic hyphema. Ophthalmic Surg 21:807-809, 1990.
23. Woff SM, Zimmerman LE: Chronic secondary glaucoma. Am J Ophthalmol 54:547-562, 1962.

IV. Cataratas

22. CATARATAS

Richard Tipperman, M.D.

1. **De onde vem o termo *catarata*?**
 Deriva do termo grego *cataractos*, que descreve uma corredeira d'água. A água torna-se branca, como na catarata madura.

2. **O que é a catarata de esclerose nuclear?**
 O termo descreve a esclerose ou o escurecimento que é visto na porção central do núcleo do cristalino. Ocorre tipicamente no idoso. Como as células epiteliais equatoriais do cristalino continuam a dividir-se, ocorre a compactação das fibras centrais e a esclerose.

3. **O que produz a cor marrom da catarata?**
 A cor origina-se do pigmento urocromo.

4. **O que é a *segunda visão*? Qual a sua associação com a esclerose nuclear?**
 Quando o paciente desenvolve esclerose nuclear, o aumento da densidade do cristalino torna-o cada vez mais míope. Como resultado, muitos pacientes que necessitavam de óculos para leitura passam a ler sem os mesmos. Esse fenômeno era denominado *segunda visão.* Os pacientes achavam que sua visão estava melhorando, quando, na realidade, era o oposto que ocorria. O fenômeno indica progressão da catarata.

5. **Quais são os sintomas típicos da catarata tipo esclerose nuclear?**
 Como os outros tipos de catarata, ela causa baixa da AV. Mas no caso da esclerose nuclear, ocorre perda da visão para longe com preservação da visão para perto, pelo mecanismo descrito anteriormente.

6. **O que é a catarata subcapsular posterior?**
 A catarata subcapsular posterior é uma opacidade granular vista na porção central do córtex posterior logo abaixo da cápsula posterior. A aparência é hialina.

7. **Quais são os sintomas da catarata subcapsular posterior?**
 Diferentemente dos pacientes com esclerose nuclear, aqueles com catarata subcapsular posterior apresentam uma boa visão para longe e uma visão comprometida para perto. Também apresentam dificuldades com ofuscamento (*glare*), e sua visão melhora com luz fraca, mas piora com luz forte.

8. Quais os achados sistêmicos associados com as cataratas?

A esclerose nuclear é mais comum em pacientes idosos, embora possa ocorrer também em jovens. Nesses, é freqüente a associação com a alta miopia.

A catarata subcapsular posterior é comum em pacientes com diabete, nos pacientes que usam corticóides e nos quadros de inflamação intra-ocular, como uveíte.

9. Quais são as maiores causas potenciais de catarata em crianças?

As causas de catarata congênita são herança familiar, infecção intra-uterina (rubéola, por exemplo), doenças metabólicas (galactosemia, por exemplo) e anormalidades cromossômicas. A criança com catarata deve ser avaliada por um pediatra.

10. O que é a catarata morganiana?

Ocorre quando, na catarata madura, o córtex liquefaz-se e o núcleo é visto dentro dele.

11. O que é o glaucoma facolítico?

Ele pode ocorrer em cataratas morganianas ou maduras. O córtex liquefeito extravaza para a CA, produzindo uma resposta inflamatória que entope a malha trabecular, resultando em elevação da PIO.

12. O que é o glaucoma facomórfico?

Quando a catarata "amadurece", o cristalino torna-se intumescido. Com o aumento do cristalino, ele empurra a raiz da íris e o corpo ciliar para a frente, estreitando o ângulo da CA. Se ele se tornar muito estreito, a pressão pode se elevar pelo fechamento do ângulo. O tratamento preconizado envolve a remoção do cristalino.

13. O que é a pseudo-exfoliação? Qual a sua relação com a catarata?

A pseudo-exfoliação é a condição em que um material tipo membrana basal da zônula e da cápsula do cristalino é liberado na cápsula anterior do cristalino e na CA. Os pacientes com pseudo-exfoliação têm tendência a desenvolver glaucoma, possivelmente por entupimento da malha trabecular por material exfoliativo. Os pacientes nessa situação são um desafio para o cirurgião, pois sua pupila não se dilata bem, e freqüentemente há fraqueza ou rotura zonular que causam complicações intra-operatórias. Pela sua tendência ao glaucoma, pode haver aumento da PIO no pós-operatório.

14. O que é a verdadeira síndrome de exfoliação em oposição à síndrome de pseudo-exfoliação?

A exfoliação verdadeira é vista em sopradores de vidro que ficavam em frente ao fornos durante o dia. Eles desenvolvem uma camada de material vindo da cápsula anterior do cristalino. Tal quadro era chamado de *catarata do soprador de vidro*. Com as técnicas modernas de processamento do vidro, esse quadro não é mais visto. Como o material da pseudo-exfoliação assemelha-se à exfoliação verdadeira, o termo foi criado para distinguir as duas condições.

15. Que síndrome sistêmica deve ser considerada em pacientes com deslocamento (subluxação ou luxação), espontâneo do cristalino?

O quadro é mais comum na síndrome de Marfan e na homocistinúria. O paciente com Marfan é tipicamente alto, magro, encovado e apresenta aracnodactilia. Nos casos de Marfan, a lente costuma se deslocar superiormente, e, na homocistinúria, inferiormente. Deve-se excluir sempre o trauma no cristalino deslocado.

16. Que outros achados são comuns em pacientes com catarata traumática?

O trauma contuso pode causar catarata. Há associação com rotura de esfíncter e até com iridodiálise e recessão angular. Em traumas intensos, a zônula pode se romper, e o cristalino movimenta-se dentro do olho, condição essa chamada de *facodonese*. O DR e a neropatia óptica podem estar associados.

17. Qual é a indicação para a cirurgia de catarata?

A indicação é baixa da AV que interfira nas atividades cotidianas do paciente. Essa indicação logicamente varia em função da idade e dos tipos de atividade do paciente. Um homem de 40 anos com catarata subcapsular posterior pode ser muito mais sintomático do que um outro de 85 anos que não dirija ou leia. Os casos em que há indicação médica (glaucomas facomórfico e facolítico, por exemplo) são raros. Os pacientes devem ser avisados de que se trata de cirurgia eletiva e de que a permanência com a catarata não vai danificar o olho.

BIBLIOGRAFIA

1. Datilles M: Clinical evaluation of cataracts. In Tasman W, Jaeger E (eds): Duane's Clinical Ophthalmology, vol 1, 73B [looseleaf]. Philadelphia. Lippincott-Raven, pp 1-15.
2. Datilles M, Kinoshita J: Pathogenesis of cataract. In Tasman W, Jaeger E (eds): Duane's Clinical Ophthalmology, vol 1, 72B [looseleaf]. Philadelphia. Lippincott-Raven, pp 1-9.
3. Datilles M, Magno B: Cataract: Clinical types. In Tasman W, Jaeger E (eds): Duane's Clinical Ophthalmology, vol 1, 73 [looseleaf]. Philadelphia. Lippincott-Raven, pp 1-25.

23. TÉCNICAS DE CIRURGIA DE CATARATA

Sydney Tyson, M.D., M.P.H.

1. Quais são as indicações para a cirurgia de catarata?

A decisão de operar a catarata é geralmente eletiva. Ela se baseia nas necessidades do paciente e no julgamento do oftalmologista sobre a probabilidade de melhora da visão. Para alguns pacientes, a perda de visão, mesmo que pequena, é inaceitável. Outros preferem retardar a cirurgia, pois a catarata não interfere em sua rotina de vida. O ponto-chave é indagar o quanto a catarata interfere na vida do paciente.

2. Cite dois métodos não-cirúrgicos de manejo da catarata.

1. Refração. Os pacientes com catarata podem apresentar alteração refracional miópica ou fenômeno da *segunda visão*.

2. Dilatação pupilar. A pupila dilatada permite que os raios de luz entrem contornando uma catarata central (subcapsular posterior, por exemplo), ao invés de haver bloqueio dos raios que entram centralmente pela região opaca.

3. Quais são os testes pré-operatórios utilizados para quantificar a baixa da visão?

Nenhum teste, isoladamente, pode descrever o efeito da catarata no funcionamento visual do paciente, mas os mais comumente usados são:

1. AV por Snellen (20/20)

2. Teste da acuidade visual potencial (PAM). Esse teste estima a visão no pós-operatório pela projeção de uma tabela de Snellen através da catarata. É freqüentemente utilizado para determinar se a baixa da AV é devida à catarata ou a causas retinianas

3. Teste de ofuscamento/sensibilidade ao contraste. Esse teste simula condições de luz ambiente externa e determina a visão do paciente em condições cotidianas. O alto contraste em tabelas de Snellen pode superestimar as condições do paciente. Ele pode ter AV 20/40 no consultório, mas cair para 20/100 com ofuscamento, o que impossibilita dirigir, por exemplo.

4. Quais são os passos básicos da remoção da catarata?

1. A pupila é dilatada.
2. É feita a desinfecção da pele das pálpebras e das proximidades com anti-séptico, geralmente de base iodada.
3. Olho e pálpebra são anestesiados e um blefarostato é colocado.
4. É feita a abertura da CA.
5. Injeta-se viscoelástico na CA.
6. A cápsula anterior do cristalino é aberta com capsulotomia ou capsulorexe.
7. O núcleo é removido manualmente ou por facoemulsificação (FACO).
8. O córtex residual é removido.
9. Introduz-se a LIO.
10. A incisão é fechada com sutura (opcional nas incisões auto-selantes).

5. Como é feita a anestesia?

A maioria dos cirurgiões prefere a anestesia local à geral para a cirurgia de catarata em adultos. A acinesia facial com agentes de ação rápida e hialuronidase (um agente difusor) é feita para evitar a pressão das pálpebras durante a cirurgia. Existem três tipos de anestesia local:

1. Retrobulbar. O anestésico (combinação entre agentes de ação rápida e de ação longa com hialuronidase) é injetado dentro do cone muscular para obter-se acinesia e anestesia do globo.

2. Peribulbar. O anestésico é injetado fora do cone muscular. Embora o bloqueio leve mais tempo para efetivar-se (12-25 minutos), as complicações potenciais são menores, pois uma agulha menor é usada.

3. Tópica. Os avanços na técnica permitem ao cirurgião experiente fazer a cirurgia em 10-15 minutos. Com tempos cirúrgicos tão curtos, a acinesia e a anestesia prolongadas tornam-se menos

necessárias. Gotas tópicas de agentes de curta duração, como lidocaína ou tetracaína, podem ser utilizadas para completar o procedimento. A vantagem para o paciente é a visão precoce e binocular no pós-operatório sem risco de complicações graves relacionadas à injeção de anestésico.

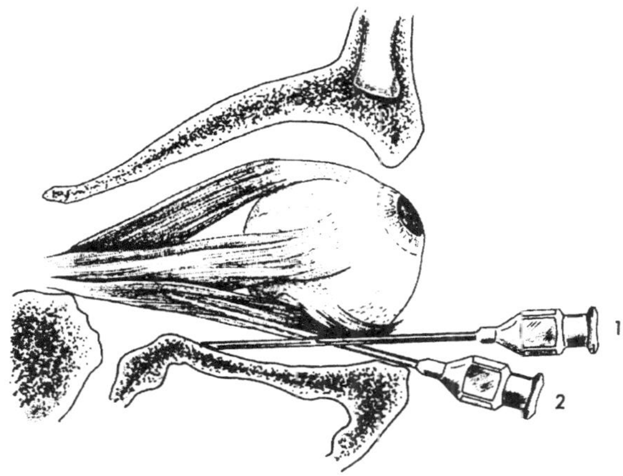

Injeção retrobulbar. Se a ponta da agulha atinge o assoalho da órbita na introdução (1), ela é dirigida mais medial e superiormente (2). (De Jaffe NS, Jaffe MS, Jaffe GF: Cataract Surgery and Its Complications. St. Louis, Mosby, 1990, com permissão.)

6. **Quais são as desvantagens da anestesia tópica para a cirurgia de catarata?**
   1. Como não há acinesia, o paciente pode mover o olho durante o procedimento.
   2. A seleção do paciente é crucial. O paciente tem de seguir as instruções do cirurgião.

7. **O que é o *deslocamento*?**

É uma das técnicas cirúrgicas mais antigas. Foi a primeira técnica cirúrgica conhecida para catarata; foi descrita por Susruta em aproximadamente 800 a.C. Ela permaneceu popular nos EUA até 1850. O deslocamento consiste em perfurar o olho com uma agulha e deslocar toda a lente para trás e para baixo na câmara posterior. Embora possa parecer rude pelos padrões cirúrgicos modernos e possa predispor o paciente a várias complicações, a técnica ainda é comumente utilizada em países onde a tecnologia não está disponível.

8. **Quais são os dois métodos mais comuns de extração da catarata?**

1. A cirurgia intracapsular era o procedimento de escolha desde sua descrição por Jacques Davies, em 1752, até o início dos anos 70. Era realizada por uma ponta de crio (congelante). Essa cirurgia raramente é feita na atualidade nos EUA, exceto em casos de lentes luxadas.

2. A cirurgia extracapsular (EECP) é a mais popular das técnicas. Existem dois tipos: extração manual e facomulsificação (FACO). Ambos os métodos exigem microscópio para magnificação. Nessa cirurgia, a cápsula anterior do cristalino é removida, faz-se a expressão do núcleo e o tecido cortical residual é removido por meios automáticos ou manuais. A vantagem da EECP é a preservação da cápsula posterior, que faz um saco para o apoio da LIO. Esse método também diminui as complicações com a perda vítrea.

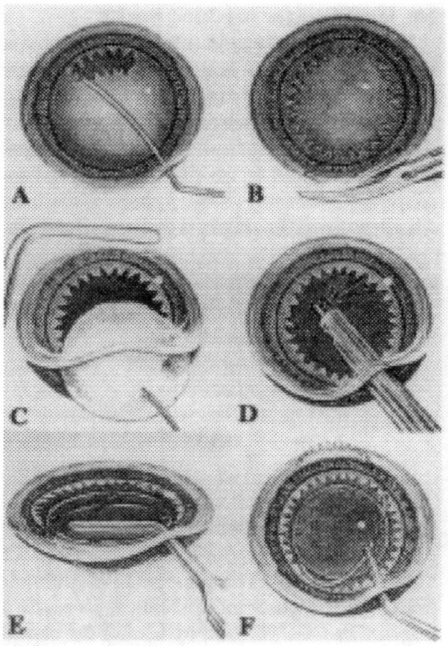

Extração extracapsular. *A*, Múltiplas pequenas incisões são feitas na cápsula anterior. *B*, A incisão é completada com tesoura. *C*, Remoção do núcleo. *D*, Aspiração do córtex. *E*, O háptico inferior é inserido pela incisão e colocado com a íris. *F*, A ponta do háptico superior é segura com uma pinça e conduzida para a CA; quando o pólo superior da LIO passar o bordo pupilar, o háptico deve ser articulado para garantir que, quando solto, ele se abra para baixo da íris e não na incisão. (De Kanski JJ: Clinical Ophthalmology: A systematic Approach, 2nd. ed. Boston, Butterworth Heinemann, 1989, com permissão.)

9. O que é a facoemulsificação (FACO)?

A FACO foi inventada pelo Dr. Charles Kellman, em 1967, e é um dos avanços mais significativos na cirurgia de catarata. É uma forma sofisticada de cirurgia extracapsular, a qual permite a remoção mecânica da catarata através de uma incisão de 3,0 mm. A redução da incisão resulta em recuperação mais rápida e em menos complicações. A técnica convencional de cirurgia extracapsular exige uma incisão de 150° (cerca de 10 mm).

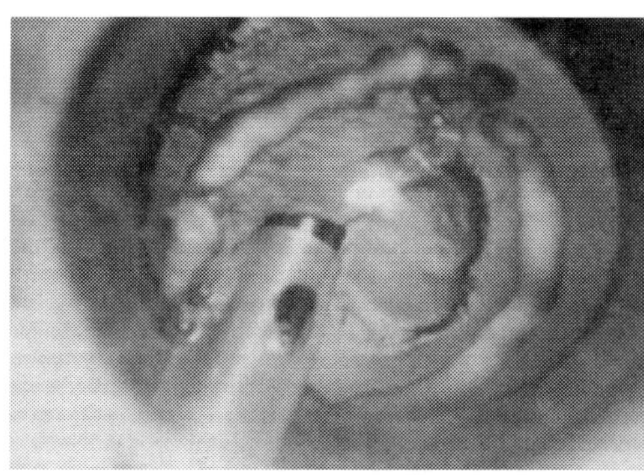

Remoção do núcleo por facoemulsificação. (De Koch PS, Davidson JA: Textbook of Advanced Phacoemulsification Techniques. Thorofar NJ, Slack, 1991, com permissão.)

10. Como a máquina trabalha?

Embora a máquina seja complexa, as suas funções são simples: irrigação, aspiração e vibração ultra-sônica por uma caneta. A caneta consiste de uma agulha de titânio com luz de 1 mm, a qual fragmenta a catarata vibrando a 40.000 Hertz. Os pedaços fragmentados são então aspirados pela ponta da agulha para um saco de drenagem. A infusão é feita através da agulha e serve para resfriá-la e manter a CA formada.

11. Quais são as vantagens e as desvantagens da FACO?

Facoemulsificação	
Vantagens	*Desvantagens*
Incisão pequena	Depende de aparelho
Menos problemas de incisão	Aprendizado mais demorado
Menos astigmatismo	Complicações no aprendizado
Reabilitação mais rápida	Equipamento caro
Risco menor de hemorragia expulsiva	Dificuldade em núcleos duros
	Necessita de boa dilatação pupilar

12. Como a capsulotomia é realizada?

Há dois tipos de capsulotomia: a capsulotomia em *abridor de lata* (CAL) e a capsulorexe contínua (CC). A CAL é formada por uma série de pequenas incisões feitas com uma agulha e, embora seja de fácil execução, é propensa à extensão periférica ("correr") nos bordos. A CC é realizada rasgando-se a cápsula e seus bordos são precisos, bem demarcados e fortes. Essa técnica permite a utilização mais segura da FACO, pois essa usa forças rotacionais ou de cisalhamento. Os implantes ficam melhor apoiados e centrados.

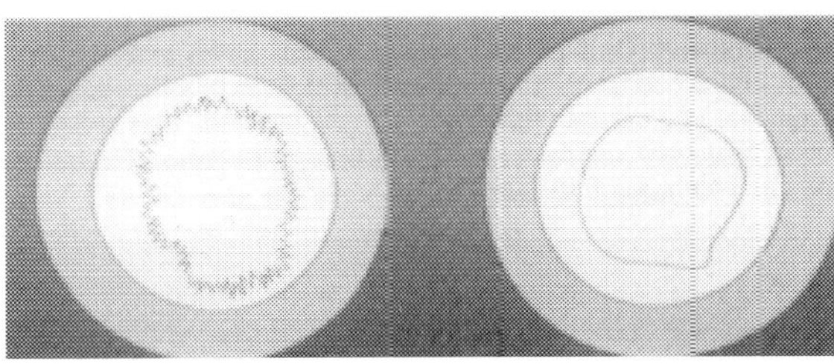

Esquerda, Capsulotomia em abridor de lata. *Direita*, Capsulorexe contínua. (De Koch PS, Davidson JA: Textbook of Advanced Pharmacoemulsification Techniques. Thorofore NJ, 1991, com permissão.)

Localização. O núcleo pode ser desfeito na CA ou no saco capsular A manipulação na CA é menos popular pelo risco de dano endotelial, mas, em caso de ruptura da cápsula (posterior), esse método pode prevenir a queda de material nuclear para o vítreo.

Manejo do núcleo. O núcleo pode ser desmontado como um todo (esculpindo) ou quebrado em quadrantes (fraturando). Os núcleos duros são mais facilmente removidos com técnica de fratura no saco capsular. Nesse caso, é mandatório fazer-se capsulorexe, pois as forças exercidas na manobra podem estender os bordos de uma capsulotomia até a cápsula posterior, rompendo-a.

O tipo de capsulotomia e o planejamento cirúrgico estão intimamente relacionados. A localização e a técnica de emulsificação do núcleo dependem da consistência desse (duro ou mole), do tamanho da pupila, da integridade da zônula e das complicações intra-operatórias.

13. O *laser* é utilizado para remover cataratas?

Ainda não, embora progressos promissores tenham sido feitos. Atualmente o *laser* só é utilizado para abrir membranas capsulares opacificadas que se desenvolvem após a cirurgia.

14. Sendo a catarata removida (afacia), quais são as opções para o restabelecimento visual?

1. Óculos. Atualmente os grossos óculos de afácicos não são mais utilizados, pois geram magnificação (cerca de 25%) desconfortável visualmente e distorção.

2. As lentes de contato são uma alternativa melhor (só 7% de magnificação), mas muitos pacientes idosos não possuem destreza manual para manejá-las. As lentes de uso prolongado podem ajudar nesse problema.

3. Lentes intra-oculares (LIO) são a melhor e mais comum das opções. A LIO mimetiza um olho fácico. A magnificação é mínima e a visão periférica é normal.

15. Quem inventou as lentes intra-oculares?

Ridley foi o primeiro a colocar um implante na câmara posterior, em 1949. Esse foi um dos avanços mais significativos na cirurgia de catarata.

16. De que são feitos os implantes?

Durante a Segunda Guerra Mundial, a cobertura dos aviões ingleses era feita de polimetilmetacrilato (PMMA, *plexiglass*). Alguns pilotos ficaram com o material encarcerado no olho após acidentes, e notou-se que o material foi bem tolerado e tornou-se o "padrão-ouro". O avanço tecnológico levou aos materiais moles e dobráveis, feitos de silicone ou de acrílico, que podem ser inseridos por incisões menores.

17. Descreva os desenhos e as formas mais comuns das LIOs.

Os implantes são constituídos por uma parte óptica e uma porção não-óptica chamada *háptico,* que é usada para fixar a LIO.

A maioria dos desenhos é unifocal (distância apenas). Os desenhos multifocais que eliminam a necessidade de óculos para leitura estão despontando. A parte óptica pode ser redonda ou oval, com ou sem buracos de fixação, e pode variar de 5 a 7 mm. Os hápticos podem ser arredondados ou achatados (mais comuns em implantes dobráveis) e são feitos de material igual ou diferente ao da parte óptica. As LIOs da câmara anterior são feitas com hápticos especiais que permitem uma fixação apropriada no delicado ângulo da CA.

18. Quais são as posições mais comuns da LIO?

No saco capsular, no sulco ciliar e na CA. A colocação no saco é preferível por permitir uma boa estabilidade, longe do endotélio corneano.

19. Os implantes estão indicados em todos os pacientes afácicos?

Não. Geralmente não são usados em crianças ou em olhos com doença ou inflamação do segmento anterior.

20. Como é determinado o poder dióptrico da LIO?

A forma mais comum de cálculo da dioptria (P) é feita pela fórmula de regressão SRK. A fórmula é $P = A - 2{,}5\ L - 0{,}9\ K$, onde A é o comprimento axial do olho determinado por US modo-A (A-scan); K é a curvatura corneana média, determinada por ceratometria; e uma constante A, que é específica para cada tipo de lente. Quanto mais próximo da retina o implante ficar, maior a constante A, sendo maior para a LIO de CP do que de CA.

21. Como a incisão é fechada?

O fechamento depende do tamanho da incisão. As incisões de EECP podem ser reaproximadas com náilon 10-0 em pontos radiais, contínuos ou combinados. A maior consideração sobre esse tipo de sutura é o astigmatismo pós-operatório, pois, quanto mais apertada, maior o astigmatismo e maior a distorção visual no pós-operatório precoce. As incisões de FACO são menores e valvuladas, tornando-se auto-selantes e livres de astigmatismo, embora alguns cirurgiões fiquem mais tranqüilos quando um ponto ao menos é feito.

22. Como deve ser o manejo pós-operatório?

O paciente deve ser visto nas primeiras 48 horas de pós-operatório, preferencialmente dentro de 24 horas. Examina-se a PIO, a sutura, a inflamação da CA e o posicionamento da LIO. As medicações típicas incluem (1) antibióticos e (2) antiinflamatórios hormonais e/ou não-hormonais. Os pacientes são vistos com intervalos de uma semana, um mês e três a seis meses. Em cirurgias com incisão pequena, a refração está estável após um mês, podendo ser prescritos óculos na ocasião.

23. Quais são as novas tendências em cirurgia de catarata?

1. Anestesia tópica *versus* retrobulbar
2. Incisões *clear cornea versus* esclerais
3. Conversão da EECP para FACO
4. LIOs dobráveis *versus* rígidas de PMMA
5. Incisões que dispensem suturas

BIBLIOGRAFIA

1. American Academy of Ophthalmology: Cataract in the Otherwise Healthy Adulty Eye (Preferred Practice Patterns). San Francisco, American Academy of Ophthalmology, 1989.
2. Jaffe N, Horowitz J: Lens and cataract. In Podos S, et al (eds): Textbook of Ophthalmology, vol. 3. New York, Gower Medical Publishing, 1992.
3. Johnson S: Phacoemulsification. In Focal Points (Clinical Modules for Ophthalmologists), vol XII. San Francisco, American Academy of Ophthalmology, 1994.
4. Kratz R, Shammas H: Cataracts. In Wright K (ed): Color Atlas of Ophthalmology. Philadelphia, J.B. Lippincott, 1991.
5. Maloney W, Grindle L: Textbook of Phacoemulsification. Fallbrook, CA, Lasenda Publishers, 1988.
6. Stein H, Slatt B, Stein R: The Ophthalmic Assistant, 6th ed. St. Louis, Mosby, 1994.
7. Steinert R: Cataract Surgery: Technique, Complications, and Management, Philadelphia, W.B. Saunders, 1995.

24. COMPLICAÇÕES DA CIRURGIA DE CATARATA

Robert S. Bailey Jr., M.D.

1. Que complicações podem advir da anestesia local para a cirurgia de catarata?

1. A hemorragia retrobulbar é a complicação mais comum. O sangue coleta-se no espaço retrobulbar, geralmente causando proptose do olho envolvido e tensão na órbita. Se não for tratada, pode levar à isquemia grave e irreversível do nervo óptico.

2. Perfuração do globo ocular pela agulha. O risco dessa complicação é aumentado em olhos com alta miopia e comprimento axial longo.

3. Hemorragia da bainha do nervo óptico, caso a agulha atinja essa estrutura. Pode levar a oclusão secundária da veia ou da artéria central da retina.

A injeção peribulbar com agulha menor tem se tornado mais popular recentemente, assim como a anestesia tópica para cirurgia de catarata.

2. Como se trata a hemorragia retrobulbar?

A coleção de sangue no espaço retrobulbar pode causar elevação secundária da PIO. Quando ocorre a hemorragia, deve-se inicialmente aplicar uma pressão intermitente ao globo para tamponar o sangramento e monitorar a PIO. Se essa elevar-se, uma cantotomia lateral deve ser feita; essa técnica costuma ser eficaz no controle da pressão. A cirurgia é, geralmente, suspensa.

3. Quais são as complicações relacionadas à incisão cirúrgica?

1. Extravazamento de humor aquoso ou deiscência na incisão (sinal de Seidel) ocorre quando a oposição dos bordos da abertura para a cirurgia da catarata é inadequada. Humor aquoso pode ser visto saindo pela área envolvida da abertura.

2. *Hipotonia.* Se ocorrer perda de humor aquoso pela incisão, geralmente observa-se PIO baixa.

3. *CA rasa.* Se o extravazamento for grande, a CA se estreita e pode haver contato entre a íris e a córnea.

A maioria dessas circunstâncias exige reparo na sala cirúrgica para o feitio de sutura selante.

4. O que é e como se corrige o prolapso de íris?

Se o Seidel estiver presente, a íris pode encarcerar-se e prolapsar pela incisão, aumentando a inflamação e o risco de infecção (ver figura). A condição requer o reparo em sala cirúrgica. Se a íris estiver viável, ela pode ser reduzida para o olho; caso contrário, deve ser excisada. É feita a ressutura da área de deiscência.

5. Que tipos de hemorragia intra-ocular podem ocorrer durante ou após a cirurgia de catarata?

1. *Hifema* ou sangue na CA; pode ser notada uma camada ou um menisco de sangue. Vasos na base da incisão ou na íris são geralmente a fonte do sangue. Normalmente há resolução espontânea e nenhum tratamento é necessário. A PIO deve ser controlada pelo risco de elevação secundária.

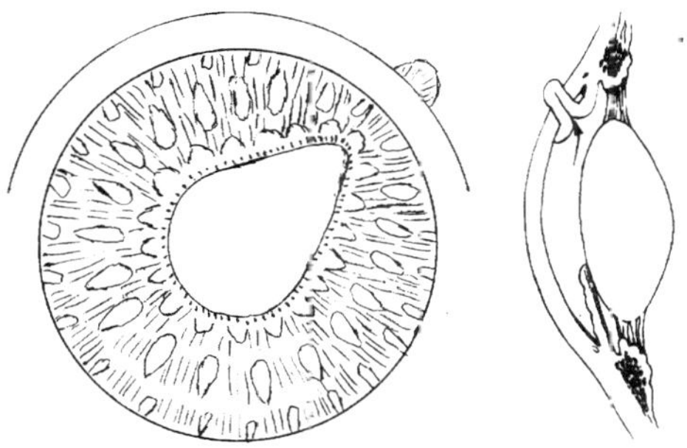

Prolapso de íris (vistas frontal e lateral). (De Jaeger E, Tasman W [eds]: Clinical Ophthalmology, Philadelphia, J. B. Lippincott, 1995, com permissão.)

2. A *hemorragia expulsiva de coróide* é a complicação mais temida na cirurgia de catarata. É causada pela ruptura dos vasos da coróide durante a cirurgia, provocando um rápido aumento da PIO com perda da CA, prolapso de íris e até prolapso de todo o conteúdo intra-ocular, se não for notada e tratada prontamente. Felizmente, só ocorre em 0,2% das cirurgias.

6. **Quais são os fatores de risco para a hemorragia expulsiva da coróide? Como podem ser tratados?**

Pacientes com idade avançada, hipertensão sistêmica, arteriosclerose, glaucoma e olhos de comprimento ântero-posterior grande são os de maior risco. O fator mais importante no tratamento é o tempo. A incisão (e o olho) deve ser fechada com suturas imediatamente, podendo ser tamponada com o polegar até que a sutura esteja pronta. Alguns cirurgiões realizam esclerotomias posteriores para drenar o sangue acumulado. O prognóstico visual é ruim.

7. **Quais são as causas de inflamação pós-operatória?**

1. *Trauma cirúrgico*. Todos os olhos mostram alguma uveíte pós-operatória, vista como células e *flare* na CA. Além da propensão individual, a inflamação é proporcional ao trauma do procedimento. Cirurgias longas e/ou com procedimentos adicionais (vitrectomia ou manipulação de íris, por exemplo) resultam em inflamação maior.

2. *Massas cristalinianas retidas*. Fragmentos de material do cristalino – núcleo ou córtex – causam inflamação. Geralmente os restos corticais são reabsorvidos e não necessitam de tratamento. Os restos nucleares podem se tornar fonte de inflamação crônica e levar a um edema macular, geralmente necessitando de remoção cirúrgica.

3. *Bactérias/fungos*. Os microrganismos introduzidos na cirurgia podem ser uma fonte de inflamação. A infecção intra-ocular pode levar à perda visual rápida, devendo ser reconhecida e tratada prontamente.

8. **Como a endoftalmite se apresenta? Quando ocorre? Como é tratada?**

A apresentação clássica inclui dor ocular severa, baixa AV, edema de pálpebras, quemose conjuntival e hipópio. Podem ocorrer edema de córnea e diminuição do reflexo vermelho. Essa condição deve ser suspeitada em qualquer paciente com inflamação incompatível com a cirurgia.

O EVS (Estudo de Vitrectomia em Endoftalmite – EUA) foi realizado para avaliar essa condição. Em média, os sinais e os sintomas se apresentaram seis dias após a cirurgia, e mais de 3/4 dos pacientes os desenvolveram em menos de duas semanas. No EVS, os organismos mais comumente encontrados foram os Gram-positivos coagulase-negativos (*S. epidermidis*, por exemplo), seguidos por outros os Gram-positivos, como *o Streptococci* e *o S. aureus*.

O tratamento inclui cultura do aquoso e do vítreo, antibióticos tópicos e intravítreos. O EVS mostrou que a antibioticoterapia endovenosa não apresenta benefícios. O papel dos esteróides sistêmicos ainda é controverso. O EVS mostrou que a vitrectomia imediata é benéfica para pa-cientes com AV de percepção luminosa ou pior. O tratamento deve ser instituído imediatamente.

9. Quais são as causas de edema corneano após a cirurgia?

O edema corneano que ocorre com freqüência adjacente à incisão às vezes tem resolução espontânea. As causas de edema central são trauma cirúrgico, distrofia endotelial corneana preexistente e elevação da PIO. O tratamento da PIO elevada e da inflamação é importante. Na maioria dos casos, o edema se resolve. Caso contrário, o transplante de córnea pode ser considerado.

10. Quais são as causas de perda vítrea durante a cirurgia de catarata? Por que ela é importante?

A perda vítrea pode ocorrer de (1) ruptura da cápsula posterior ou de (2) fragilidade ou ruptura do aparato zonular. A perda vítrea aumenta o risco de DR, de EMC e de endoftalmite. O trauma cirúrgico aumentado pode gerar um edema corneano.

11. Qual é a incidência de DR seguindo a cirurgia de catarata? Quais são os pacientes de risco?

O DR ocorre em 1-2% dos pacientes. Os fatores predisponentes são alta miopia, degeneração *lattice* e história de DR no olho contralateral. A perda vítrea também aumenta o risco. O risco de DR diminuiu com o advento da cirurgia extracapsular.

12. O que é o edema macular cistóide (EMC)?

Ele ocorre quando há acúmulo de fluido nas células da região da fóvea. O fluido extravasa dos capilares que circundam a fóvea. Ocorre tipicamente entre quatro e oito semanas após a cirurgia.

13. Como o paciente adquire EMC? Como é tratado?

O EMC é mais comum após a cirurgia intracapsular. Também é mais freqüente quando ocorre perda vítrea, especialmente se houver vítreo ou íris encarcerados na incisão. Pode ocorrer em casos não-complicados.

O tratamento é controverso, pois grande número de casos apresenta resolução espontânea. O tratamento inicial inclui antiinflamatórios tópicos, esteróides ou não. A acetazolamida reduz o edema, em alguns casos, e é usada por via oral. Quando houver vítreo ou íris aderidos à incisão, a lise das traves vítreas e a revisão da incisão com cirurgia ou Nd:YAG *laser* podem ser benéficas.

14. O que é uma membrana secundária?

Uma membrana secundária ou "pós-catarata" surge após a EECP. A cápsula posterior se opacifica quando as fibras do cristalino se aderem à cápsula ou sofrem metaplasia. Os pacientes tipicamente apresentam perda progressiva da visão ou problemas com ofuscamento (*glare*).

15. Por que a membrana secundária se desenvolve? Com que freqüência ela ocorre?

Geralmente ela se desenvolve meses após a cirurgia; em alguns casos, leva um ano para tornar-se significante. A opacidade ocorre em 8-50% dos casos, segundo vários estudos.

16. Como a membrana secundária é tratada? Que complicações podem ocorrer?

Uma capsulotomia pode ser feita como procedimento cirúrgico, no qual se abre a cápsula posterior. Essa técnica tem sido substituída pelo Nd:YAG *laser* (ver figura). As complicações incluem aumento transitório da PIO, DR e EMC.

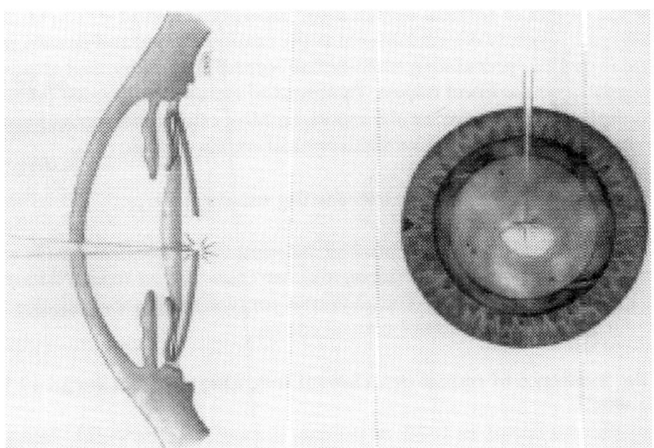

Capsulotomia posterior com Nd:YAG *laser*. (De Jaeger E, Tasman W [eds]: Clinical Ophthalmology. Philadelphia, J.B. Lippincott, 1995, com permissão.)

17. Quais as complicações mais comuns relacionadas à LIO?

1. *LIO de valor errado*, o que pode levar a erro refracional inaceitável.

2. *Descentração da LIO* pode levar à distorção de imagens, inclusive diplopia monocular.

3. *Inflamação crônica* pode ser causada por atrito mecânico entre a LIO e a íris ou o corpo ciliar. Podem se seguir uveíte crônica e glaucoma secundário, EMC e descompensação corneana.

Os pacientes com essas complicações podem necessitar de reposicionamento ou troca da LIO.

18. Por que os pacientes diabéticos têm risco aumentado na cirurgia de catarata?

A retinopatia diabética pode agravar-se muito após a cirurgia, especialmente se houver ruptura da cápsula posterior.

19. Quais são os maiores problemas no manejo dos pacientes com glaucoma e com catarata?

1. Muitos pacientes glaucomatosos usam mióticos, o que pode dificultar a cirurgia e requerer manobras para abrir a pupila.

2. A PIO pode subir no pós-operatório pelo material viscoelástico retido ou pela inflamação. Essa elevação é mais grave e longa em pacientes com glaucoma, causando agravo no dano ao NO e perda de CV, ou perda da visão central em casos já avançados. A cirurgia para glaucoma deve ser combinada com a de catarata nos casos avançados ou de controle inadequado.

3. Os pacientes com glaucoma e cirurgia filtrante prévia devem ser abordados de maneira diferente na cirurgia de catarata, com mudança na topografia da incisão para preservar o sítio de filtragem. A inflamação pós-operatória pode causar falência de uma bolha previamente funcionante.

BIBLIOGRAFIA

1. Endophthalmitis Vitrectomy Study Group: Results of the Endophthalmitis Vitrectomy Study: A randomized trial of immediate vitrectomy and of intravenous antibiotics for the treatment of postoperative bacterial endophthalmitis. Arch Ophthalmol 113:1479-1496, 1995.
2. Jaeger E, Tasman W (eds): Clinical Ophthalmology, Philadelphia, J.B. Lippincott, 1995.
3. Jaffe GJ, Burton TC, Kuhn E, et al: Progression of nonproliferative diabetic retinopathy and visual outcome after extracapsular cataract extration and intraocular lens implantation. Am J Ophthalmol 114:448-459, 1992.
4. Jaffe NS: Cataract Surgery and Its Complications, 5th ed. St Louis, Mosby, 1990.
5. Maloney WF, Grindle L: Textbook of Phacoemulsification. Fallbrook, CA, Lasenda, 1988.
6. Smith SG, Lindstrom RL: Intraocular Lens Complications and their Management. Thorofare, NJ, Slack, 1988.
7. Spaeth GL (ed): Ophthalmic Surgery Principles and Practice, 2nd ed. Philadelphia, W.B. Saunders, 1990.
8. Steinert RF, Fine IH, Gimbel HV, et al (eds): Cataract Surgery: Techniques, Complications, and Management. Philadelphia, W.B. Saunders, 1995.
9. Tipperman R, Lichtenstein SB: LEO Clinical Topic Update: Cataract. San Francisco, American Academy of Ophthalmology, 1996.

V. Desvios Oculares

25. AMBLIOPIA

Steven E. Brooks, M.D.

1. **O que é a ambliopia?**

É a diminuição da acuidade visual em um ou em ambos os olhos sem uma causa orgânica identificável nas vias visuais, ocorrendo no período crítico do desenvolvimento visual inicial.

Como a ambliopia é a conseqüência funcional de uma experiência visual anormal durante o período sensitivo do desenvolvimento do sistema visual, deve-se pensar nela em um sentido mais amplo. Os amblíopes tipicamente possuem estereoacuidade e visão binocular diminuídas e podem ter sensibilidade ao contraste e à percepção de movimento diminuída. Os pacientes com estrabismo desenvolvem perda acentuada da função da visão binocular, mesmo que a AV permaneça intacta.

2. **Explique o conceito de período crítico ou sensitivo.**

Esse período é importante para a ambliopia e descreve o tempo do desenvolvimento precoce durante o qual há plasticidade do sistema visual, particularmente no córtex visual. Esse processo não está pronto ao nascimento, mas continua até aproximadamente seis a nove anos de idade. Há provavelmente um período crítico diferente para cada função em específico, tempo em que o desenvolvimento normal depende de experiências visuais normais. Problemas nesse período podem levar a anormalidades em nível estrutural e funcional. Após o período crítico, o sistema visual não está mais sujeito à ambliopia, assim como é difícil, se não impossível, tratar a ambliopia após o mesmo.

3. **Como a ambliopia é classificada?**

Ela é classificada de acordo com o problema desencadeante: (1) estrabismo, (2) desfocamento óptico, (3) deprivação padrão ou modelo e (4) congênita ou orgânica.

O desfocamento óptico inclui a anisometropia (assimetria do erro refracional) e a ametropia grave bilateral. A deprivação padrão ou modelo refere-se à ambliopia resultante de lesões que obstruam o eixo visual, como a catarata congênita, a opacidade corneana, a hemorragia vítrea ou a ptose. A forma congênita ou orgânica refere-se àquela ocorrida secundariamente às lesões congênitas das vias ópticas, tais como a cicatriz macular ou o coloboma. Essas fogem ao conceito original de ambliopia por haver lesão identificável e não-tratável, e mesmo que ocorram anormalidades secundárias de desenvolvimento, elas não podem ser provadas.

4. **Como o estrabismo leva à ambliopia?**

A perda de visão ocorre quando a criança desenvolve preferência por um dos olhos. No estrabismo, os dois olhos não podem ser utilizados conjuntamente sem confusão visual ou diplopia, ocorrendo, então, supressão da imagem de um dos olhos. Se um dos olhos é usado preferencialmente para fixação, o outro é cronicamente suprimido e torna-se amblíope. Embora a supressão seja um processo adaptativo e compensatório para evitar visão dupla, a ambliopia pode ser uma séria conseqüência.

5. **Qual é a prevalência da ambliopia?**
   Nos EUA, estima-se que seja de 2-5%.

6. **Quais os fatores médicos e familiares que são de risco para a ambliopia?**
   Retardo do desenvolvimento
   História familiar positiva
   Prematuridade
   Esses fatores elevam em duas a seis vezes o risco de ambliopia.

7. **Que alterações anatômicas têm sido demonstradas na ambliopia?**

Embora poucos dados em humanos estejam disponíveis, os modelos animais têm mostrado alterações neuroanatômicas graves. A lesão primária parece ser a perda ou a atrofia de células no núcleo geniculado lateral e no córtex visual relacionados ao olho amblíope. Essas alterações podem ser parcial ou totalmente revertidas se a ambliopia for tratada efetivamente.

8. **Com que idade as crianças devem ser examinadas para ambliopia?**

A *American Academy of Ophthalmology* recomenda as seguintes idades para exames de rotina em crianças:

Do nascimento aos três meses
Seis meses a um ano
Três anos
Cinco anos

A ambliopia deve ser tratada tão logo seja notada, mas é necessário fazê-lo antes do término do período crítico (antes dos cinco anos de idade).

9. **Como verificar a ambliopia em crianças pré-verbais?**

Uma perda visual pode ser determinada pela detecção de funcionamento visual muito diferente entre os olhos mesmo sem medida da quantidade de visão. O teste da preferência de fixação é especialmente útil (ver figura). Em crianças com estrabismo manifesto, a falta de alternância na fixação sugere ambliopia. Em crianças sem estrabismo, pode-se induzir uma tropia vertical colocando-se um prisma de base inferior com 10-20 dioptrias em frente ao olho, e a falta de alternância ou a impossibilidade em manter a fixação com um dos olhos sugerirá ambliopia. Do mesmo modo, a criança que reage muito à oclusão de um olho, mas não à do outro, é suspeita de baixa AV no olho que ela permite cobrir. A AV também pode ser aferida quantitativamente por meios eletrofisiológicos, como potencial visual evocado, ou por teste de olhar preferencial (Teller, por exemplo).

10. **Por que é importante detectar a ambliopia precocemente?**

Porque a janela terapêutica para o início do tratamento termina aos cinco ou seis anos, e a detecção precoce facilita a reabilitação rápida, a qual é importante na aderência ao tratamento. A ambliopia recorrente após o tratamento inicial pode, freqüentemente, ser abordada com sucesso até os nove ou dez anos.

11. Qual a queixa de apresentação usual em crianças amblíopes e em que idade ocorre?

Amblíopes por anisometropia são geralmente assintomáticos. A detecção desses casos depende dos programas de triagem. Pela ausência de sinais externos, como estrabismo ou ptose, geralmente essa só é percebida aos cinco ou seis anos, quando os programas de triagem em escolas começam.

12. As alterações neurológicas/neuroanatômicas da ambliopia são reversíveis?

Sim, se o tratamento for iniciado no período crítico, após o qual as mudanças são permanentes. Mesmo no tratamento precoce e bem-sucedido, há anormalidades funcionais residuais mínimas e redução na binocularidade.

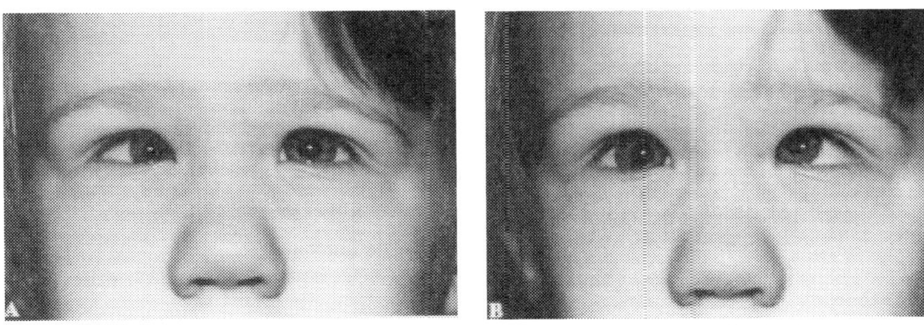

Criança com esotropia mostrando alternância espontânea na fixação. Em *A*, o olho esquerdo é o fixador e, em *B*, é o olho direito. A fixação alternante é uma boa evidência contra a presença de ambliopia em crianças estrábicas.

13. Além da AV, que outros aspectos da função visual podem estar comprometidos?

Estereoacuidade e visão binocular
Percepção e processamento de movimentos
Sensibilidade ao contraste
Localização espacial

14. Como a anisometropia leva à ambliopia?

Nesse caso, a imagem retiniana em um dos olhos está sempre desfocada. Se a fixação não se alterna, o olho cronicamente desfocado torna-se incapaz de processar imagens de alta definição, e a rivalidade entre um olho com imagem desfocada e o outro com imagem nítida leva à supressão para evitar confusão visual, o que também leva à ambliopia. Na ausência de estrabismo, esse processo afeta apenas uma pequena região do campo visual na região foveal, onde as imagens de alta definição são processadas e a rivalidade binocular é pouco tolerada. As áreas mais periféricas são menos afetadas, resultando em algum grau de fusão sensorial periférica e em estereopsia grosseira (síndrome da monofixação), e mantêm bom alinhamento ocular. O astigmatismo ou a hipermetropia unilaterais são o quadro mais comum da ambliopia por anisometropia.

15. Que situação provavelmente desenvolve mais ambliopia, ptose unilateral ou bilateral? Por quê?

As anormalidades unilaterais são mais propensas a resultar em ambliopia. Se um olho tem vantagem competitiva sobre o outro, suas conexões aferentes fortalecem-se e ampliam-se, enquanto as do outro olho atrofiam e retraem-se. Essa competição é a que forma a base do tratamento da ambliopia, pela cessão, ao olho amblíope, das vantagens competitivas sobre o olho dominante.

16. Quais são os passos iniciais do tratamento antes da oclusão?

Inicialmente deve-se excluir qualquer causa orgânica de baixa AV e identificar a causa da ambliopia. Depois, deve-se prover um eixo visual livre, com remoção de catarata ou de hemorragia vítrea, se presentes. Os erros refracionais devem ser corrigidos, particularmente os altos graus de astigmatismo, hipermetropia e anisometropia. No decorrer do tratamento, pode ser interessante corrigir mesmo os graus baixos de hipermetropia do olho amblíope, pois o esforço acomodativo é reduzido.

17. Por quanto tempo uma criança pode ser ocluída em tempo integral sem o risco de ambliopia no olho dominante (ambliopia por oclusão)?

Por até uma semana por ano de vida sem risco significativo de ambliopia.

18. Quais são os riscos associados com a oclusão por tempo integral?

Embora a oclusão total do olho são pareça o tratamento mais efetivo, há risco de ambliopia por oclusão se não for feito um acompanhamento adequado. Além disso, a falta de qualquer estímulo binocular durante a oclusão pode descompensar uma foria em tropia. Uma vez que essa se desenvolva, nem sempre a foria se resolve pela suspensão da oclusão, podendo ser necessária uma cirurgia corretiva. Os regimes de oclusão em tempo parcial e a penalização (ver Questão 19), em geral, não predispõem a essas complicações.

19. Quais são os tratamentos alternativos à oclusão?

Como o princípio do tratamento é garantir uma vantagem competitiva ao olho amblíope, é possível fazê-lo por outros meios que não a oclusão. *A penalização* se refere à degradação intencional da AV no olho sadio por meios ópticos ou farmacológicos. Um exemplo é a criança com alta hipermetropia em ambos os olhos, mas que recebe óculos com correção da refração apenas no olho amblíope, ou então borramento no olho sadio com atropina tópica. *Os filtros translúcidos* também podem ser colocados em frente ao olho são para baixar a AV. As técnicas de penalização podem ser efetivas, mas geralmente funcionam bem em pacientes com alto grau de erro refracional no olho são e que não se adaptaram ao tratamento oclusivo e cujos níveis de AV não sejam piores que 20/100. A penalização geralmente requer muitos meses para ser efetiva.

20. Como você pode determinar no consultório se a penalização funciona?

A penalização só funcionará se a técnica permitir que o olho amblíope seja utilizado preferencialmente para fixação. Pode-se testar no consultório, instituindo-se o método e observando-se se a mudança de fixação ocorreu.

21. Em que ponto o tratamento para ambliopia pode ser descontinuado?

Quando a AV nos dois olhos for igual. A decisão é mais difícil quando persiste a diferença na AV. Afastada a possibilidade de incompreensão do paciente, a oclusão é mantida até que nenhuma melhora seja observada em três retornos consecutivos separados por três ou quatro semanas. Esse esquema pode ser mudado ou por características particulares do caso, ou se houver lesão orgânica que possa ser considerada responsável pela baixa AV residual. Também é conveniente reexaminar o paciente para a detecção de condições não-notadas inicialmente. Com o tratamento suspenso, a criança deve ser examinada periodicamente até os oito ou nove anos de idade em busca de recorrência. O tratamento de manutenção pode ser realizado esporadicamente.

22. Quais são os fatores que afetam o sucesso do tratamento da ambliopia?

Idade de início
Gravidade da ambliopia
Aderência ao tratamento
Associação com anomalias oculares

23. A visão de um olho amblíope pode melhorar no adulto?

Embora o período crítico tenha passado, as melhoras significativas foram reportadas em pacientes que tiveram seu olho são enucleado. A presença de fixação central prévia no olho amblíope parece ser o único fator importante de prognóstico para a melhora.

24. A posição compensatória com elevação do queixo em crianças com ptose assegura que não haja ambliopia?

Não. Embora seja um bom sinal, a elevação do queixo pode ser usada para conseguir fusão periférica em um olho amblíope. Se a ptose for bilateral, a posição de cabeça pode assegurar a visão em apenas um olho. É importante verificar se há ambliopia em crianças com ptose, independente da posição da cabeça.

25. A visão de cores é afetada na ambliopia?

De modo geral, não, embora seja relatada discreta alteração por alguns autores. Se a ambliopia for intensa, particularmente com perda da fixação foveal, essas alterações tendem a ser melhor notadas.

26. A ambliopia causa defeito pupilar aferente relativo (DPA)?

Pode haver um DPA discreto. Entretanto, se um olho com suspeita de ambliopia apresentar DPA, é mandatório excluir causas orgânicas que a justifiquem. Curiosamente, não há relação entre o DPA e a AV.

27. Em qual das condições a ambliopia é mais provável?

1. *Esotropia congênita*
2. *Esotropia acomodativa*
3. *Exotropia intermitente*
4. *Exotropia constante*

Na esotropia acomodativa, pois os pacientes com essa condição, particularmente se houver anisometropia, são menos propensos a apresentar alternância da fixação do que aqueles com esotropia congênita ou exotropia. A fixação cruzada é comum em pacientes com esotropia congênita e ajuda a prevenir ambliopia. Os pacientes com exotropia intermitente raramente a desenvolvem, pois, em grande parte do tempo, são bifoveais. Na exotropia constante pode ocorrer ambliopia, mas é menos provável, pois os pacientes alternam a fixação para obter visão panorâmica.

28. Qual é o efeito dos filtros de densidade neutra no olho amblíope em comparação ao normal?

A AV do olho são é reduzida progressivamente pelo filtro, enquanto não se altera ou melhora. Isso leva a crer que o olho amblíope simula o funcionamento da visão em condições escotópicas, mais dependente de bastonetes do que de cones.

29. O que é o fenômeno da saturação e qual é a sua importância na ambliopia?

Refere-se à baixa da AV quando os optotipos são apresentados conjuntamente em comparação com optotipos separados ou individualizados. É observado em olhos normais e amblíopes, mas tende a ser mais pronunciado nos últimos. Tem sido postulado que a melhora da AV para tipos isolados ocorre antes do que na leitura linear, e que o sucesso do tratamento depende de melhora nesse último quesito.

CONTROVÉRSIAS

30. A anisometropia deve ser tratada se a ambliopia não estiver presente?

Embora, geralmente, seja consenso o tratamento da anisometropia com ambliopia, não há certeza sobre os casos sem ambliopia e sobre os níveis que garantem empiricamente uma proteção contra a mesma. Vários estudos demonstram uma correlação positiva entre o grau de anisometropia e a incidência de ambliopia, mas há estudos em que isso não foi demonstrado.

A AAO preconiza que a anisometropia que exceda três graus de miopia, um grau e meio de hipermetropia ou um grau e meio de astigmatismo seja corrigida para prevenir ambliopia. Dados experimentais em adultos mostram que mesmo pequenos níveis de anisometropia podem prejudicar a interação binocular fina, e sua presença em crianças demanda um seguimento para prevenir e para tratar a ambliopia.

31. Quando a cirurgia de estrabismo deve ser feita num paciente com ambliopia?

O ensinamento tradicional preconiza o tratamento completo da ambliopia antes de se corrigir o estrabismo. O argumento favorável a isso é que a presença de ambliopia vai prejudicar a fusão binocular, levando a resultados cirúrgicos piores; que o alinhamento ocular vai prejudicar a averiguação da AV usando técnicas de olhar preferencial; e que a criança amblíope pode perder o seguimento se os olhos forem alinhados.

Os argumentos para tratar o estrabismo durante o tratamento da ambliopia incluem o possível benefício à visão binocular pelo alinhamento, a satisfação pela eliminação do problema estético e, ocasionalmente, a melhora espontânea da ambliopia que segue o alinhamento cirúrgico. A fusão periférica ainda é possível com a ambliopia, mas a fusão bifoveal é improvável, independentemente do grau de ambliopia. Assim, há pouco ganho em retardar a cirurgia até que se trate a ambliopia.

É importante individualizar cada caso na tomada da decisão cirúrgica.

BIBLIOGRAFIA

1. American Academy of Ophthalmology: Amblyopia, preferred practice pattern. San Francisco, American Academy of Ophthalmology, 1992.
2. American Academy of Ophthalmology: Comprehensive pediatric eye evaluation, preferred practice pattern. San Francisco, American Academy of Ophthalmology, 1992.
3. Brooks SE: Amblyopia, Ophthalmol Clin North Am 9:171-184, 1996.
4. Greenwald MJ, Folk ER: Afferent pupillary defects in amblyopia. J. Pediatr Ophthalmol Strabismus 20:63-67, 1983.
5. Harwerth RS, Smith EL, Duncan GC, et al: Effects of enucleation of the fixing eye on strabismic amblyopia in monkeys. Invest Ophthalmol Vis Sci 27:246-254, 1986.
6. Harwerth RS, Smith EL, Duncan GC, et al: Multiple critical periods in the development of the primate visual system. Science 232:235-238, 1986.
7. Lam GC, Repka MX, Guyton DL: Timing of amblyopia therapy relative to strabismus surgery. Ophthalmology 100:1751-1756, 1993.
8. Tongue AC, Cibis GW: Bruckner test. Ophthalmology 88:1041-1044, 1981.
9. Townsend AM, Holmes JM, Evans LS: Depth of anisometropic amblyopia and difference in refraction. Am J Ophthalmol 116:431-436, 1993.
10. Vereecken EP, Brabant P: Prognosis for vision in amblyopia after loss of the good eye. Arch Ophthalmol 102:220-224, 1984.
11. von Noorden GK: Binocular Vision and Ocular Motility, 5 th ed. St. Louis, Mosby, 1996.
12. Wiesel TN, Hubel DH: Single-cell responses in striate cortex of kittens deprived of vision in one eye. J Neurophysiol 26:1003-1007, 1963.
13. Wright KW, Walonker F, Edelman P: 10-diopter fixation test for amblyopia. Arch Ophthalmol 99:1242-1246, 1981.

26. ESODESVIOS

Scott E. Olitsky, M.D., e *Leonard B. Nelson*, M.D.

1. O que é um esodesvio?

O desvio convergente, no qual há desvio medial do(s) olho(s), é designado pelo prefixo *eso*.

Esoforia é uma tendência latente ao desvio para dentro, a qual é controlada por mecanismos de fusão que promovem visão binocular e previnem diplopia. Os olhos só se desviam em certas circunstâncias, as quais incluem fadiga, doenças, estresse ou testes que interfiram na manutenção da fusão (cobrir um olho). Se a esoforia for grande, pode levar a sintomas desagradáveis, tais como diplopia transitória e astenopia (cansaço ocular).

Esotropia é o desvio manifesto dos olhos. Pode ser alternante ou unilateral, dependendo da visão. No estrabismo alternante, qualquer olho é usado para a visão enquanto o outro se desvia, o que cria uma visão similar entre ambos. Na esotropia unilateral, apenas um olho fixa e o outro sempre se desvia, prejudicando a visão central durante o período de amadurecimento visual (até os nove anos de idade). Nos casos de esotropia unilateral, usa-se na designação o olho que desvia (esotropia OE, por exemplo).

2. Qual é a freqüência do estrabismo na infância?

As crianças raramente nascem com ambliopia. Durante o primeiro mês de vida, o alinhamento pode variar entre eso, orto e exotropia. Quarenta por cento dos bebês apresentam olhos alinhados, 33% podem mostrar exotropia, e 3% esotropia. Muitos apresentam desvios variáveis e não podem ser classificados. Estudos populacionais demonstram que o estrabismo é comum na primeira infância.

3. O que é a pseudo-esotropia?

Essa é caracterizada pela falsa aparência de esotropia quando os olhos estão, na verdade, alinhados. Essa aparência pode ser causada por ponte nasal chata e larga; pregas de epicanto proeminentes; ou distância interpupilar pequena. Observa-se menos esclera nasal, o que cria a impressão de esodesvio. A diferenciação da pseudo-esotropia e do desvio manifesto é feita pelo reflexo corneano e pelo teste de *cover-uncover*, se possível. Se confirmada a pseudo-esotropia, os pais podem ser tranqüilizados quanto ao desaparecimento do aspecto, pois, com o crescimento, a ponte nasal torna-se proeminente e dispõe as pregas epicantais de maneira que a esclera pareça simétrica nasal e temporalmente.

4. O que é a esotropia congênita?

Ela descreve o desvio convergente que se manifesta, sem causa aparente, antes dos seis meses de idade. Como em poucos casos a criança nasce com desvio, alguns autores preferem o termo esotropia infantil.

5. Qual é a causa da esotropia congênita?

Embora a etiologia seja desconhecida, há duas teorias:

1. O conceito sensório de Worth advoga que há deficiência nas regiões encefálicas responsáveis pela visão binocular. O tratamento seria de pouca valia, pois não há como corrigir esse déficit central.

2. A teoria motora de Chavasse defende que a visão binocular normal pode ser conseguida pela facilitação dos reflexos condicionados que dependam de alinhamento visual. Para ele, o problema inicial foi mecânico; ele acreditava que as esotropias congênitas podiam ser curadas se o desvio fosse eliminado na infância. Apenas o suporte teórico era conhecido, até que vários autores relataram bons resultados binoculares em crianças operadas entre seis meses e dois anos de idade, formando a base teórica da cirurgia precoce nesses casos.

Como é raro que a criança tenha visão binocular normal independentemente da idade de correção do desvio, acredita-se que as duas teorias contribuam com a condição.

6. Quais são as características da esotropia congênita?

1. *Tamanho do desvio.* O ângulo de desvio é caracteristicamente maior do que o desvio de apresentação mais tardia (ver figura). Na maioria dos relatos, situa-se entre 40-60 DP, mas pode ser de 80 ou mais DP. O diagnóstico de esotropia congênita deve ser questionado em desvios pequenos.

2. *Erro refrativo.* As crianças com esotropia congênita apresentam refração sob cicloplegia semelhante às normais. Essa condição contrasta com a hipermetropia característica das esotropias acomodativas, especialmente as do tipo refracional.

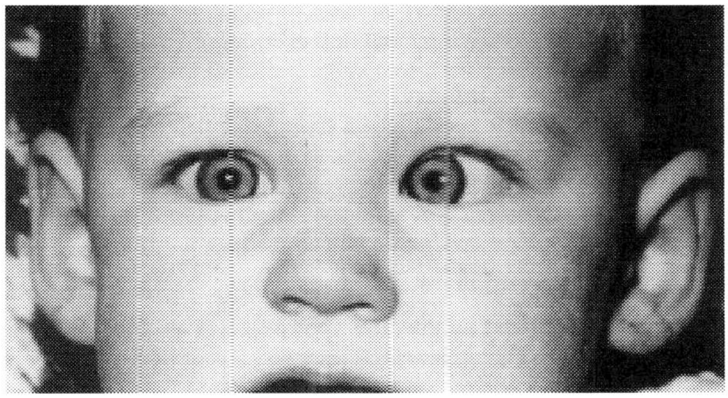

Uma criança com esotropia congênita. Note o grande ângulo característico e a fixação cruzada

3. *Movimentação ocular*. Observa-se uma dificuldade na abdução. Essa pseudoparesia é secundária à fixação cruzada. A criança com visão semelhante entre os olhos não precisa abduzir para enxergar, usando o olho aduzido para observar o campo visual contralateral. Esses casos apresentam uma pseudoparesia de abdução bilateral. Se houver ambliopia, apenas o olho de boa visão vai fixar, fazendo com que o olho amblíope pareça apresentar paresia de abdução. Para diferenciar entre a paresia verdadeira e a pseudoparesia, pode-se utilizar duas técnicas. Pode-se avaliar a movimentação ocular pela rotação da cabeça da criança, ou em uma cadeira giratória, ou pela manobra da cabeça de boneca. A abdução também pode ser demonstrada com a oclusão de um dos olhos por curto período de tempo.

7. Quais são os diagnósticos diferenciais para uma criança com esotropia?

Durante o primeiro ano de vida, há várias condições que simulam a esotropia que podem dificultar o diagnóstico, sendo importante o diagnóstico clínico para a conduta terapêutica. O exame completo com fundoscopia deve ser realizado. Os diagnósticos diferenciais incluem:

Pseudo-esotropia
Síndrome de Duane
Síndrome de Möbius
Síndrome do bloqueio do nistagmo
Paralisia congênita do VI par
Esotropia acomodativa de instalação precoce
Esotropia sensorial
Esotropia associada a um problema neurológico

8. Como a visão é avaliada na criança com esotropia?

Embora seja difícil avaliar a AV em crianças pré-verbais, é possível detectar diferenças entre os olhos. A criança com esotropia alterna a fixação, e, se ela mantém fixação constante com um dos olhos, pode-se assumir que o outro olho não enxerga bem. Se há alternância espontânea de fixação ou manutenção da mesma após uma piscada, pode-se assumir que a visão seja semelhante. A presença de fixação cruzada também indica visão equilibrada.

9. A ambliopia é freqüente em esotropia congênita?

Embora essa seja uma associação conhecida, é difícil de ser precisada, por se tratar de crianças pré-verbais. Pode ocorrer entre 40 a 72% dos casos.

10. Quais são os objetivos do tratamento da esotropia congênita?

O objetivo primário do tratamento é reduzir o desvio para perto e longe para o mais próximo da ortotropia (olhos alinhados) possível. Idealmente, essa redução resulta em visão normal em ambos os olhos, em olhos alinhados e, pelo menos, em uma visão binocular rudimentar. Classicamente, sugere-se que os pacientes com esotropia congênita não desenvolvem fixação bifoveal (visão binocular perfeita), independentemente da idade de tratamento. Mas as evidências clínicas sugerem que um alinhamento precoce dentro de 10 dioptrias prismáticas da ortotropia é associado com a aquisição de algum grau de visão binocular e de estereopsia (visão de profundidade) e é importante na manutenção do alinhamento pelo resto da vida.

11. Como e quando a esotropia congênita é melhor tratada?

Se a criança tem um erro refrativo hipermetrópico significativo (> +2 dioptrias), devem ser prescritos óculos. Se a esotropia persiste com o uso dos óculos, a cirurgia é necessária. Muitos cirurgiões preferem uma recessão bilateral dos retos mediais. Os estudos têm demonstrado que a cirurgia precoce apresenta melhores resultados. A maioria dos cirurgiões preconiza a cirurgia entre seis e os doze meses de idade.

12. Quais são os cuidados a serem tomados no pré-operatório da criança com esotropia congênita?

Antes da cirurgia, deve-se observar se o ângulo de desvio é estável; deve ser descartada a contribuição da esotropia acomodativa e a ambliopia, se presente, deve ser tratada.

13. Por que é importante tratar a ambliopia antes da correção cirúrgica da esotropia congênita?

O manejo da ambliopia é melhor em uma criança com grande esotropia. A avaliação da preferência de fixação é mais difícil em crianças pré-verbais com olhos alinhados. A terapia oclusiva em crianças geralmente toma pouco tempo na equiparação da visão e não atrasa significativamente a cirurgia. Se a visão não for igual após a cirurgia, as chances de desenvolvimento de visão binocular e de manutenção do alinhamento serão menores. Além disso, o incentivo dos pais em colaborar na árdua missão da terapia oclusiva diminui se a criança tem olhos alinhados.

14. Quais são os distúrbios de motilidade associados à esotropia congênita?

Hiperfunção de oblíquo inferior (OI). Causa elevação do olho na adução (ver figura). A incidência de hiperfunção de OI uni ou bilateral em pacientes com esotropia congênita é de até 78%. Sua instalação é mais freqüente aos dois ou três anos de idade. Se a elevação for grande, pode ser feita a correção cirúrgica.

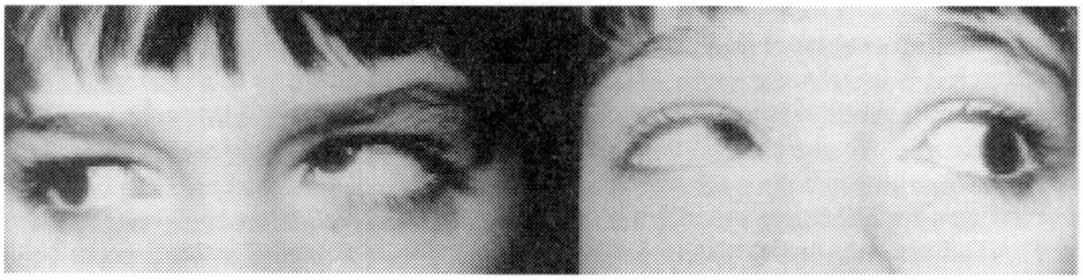

Hiperfunção de oblíquo inferior. O olho se eleva em adução (ao mover-se no sentido do nariz).

Desvio vertical dissociado (DVD). Consiste de um desvio lento e para cima de um ou de ambos os olhos. O DVD latente manifesta-se apenas quando o olho envolvido é coberto, enquanto o DVD manifesto pode apresentar-se intermitente ou constantemente. A incidência de DVD em esotropia congênita é alta, variando de 46 a 90%, com maior instalação aos dois anos de idade. Se o DVD for grande e ocorrer com freqüência, pode-se indicar correção cirúrgica.

Nistagmo. A criança com esotropia congênita pode apresentar nistagmo rotatório e latente. O latente é mais comum do que o rotatório. Ocorre em cerca de 50% dos pacientes. O do tipo latente é predominantemente horizontal e é verificado pela oclusão de cada olho. A fase lenta é em direção ao olho ocluído. Essa condição dificulta a medida da AV com o outro olho completamente ocluído, sendo preferível apenas "borrar" a visão do outro para realizar a refração. Os dois tipos tendem a diminuir com o tempo.

15. O que é a esotropia acomodativa?

É o desvio convergente associado com a ativação do reflexo acomodativo (ver figura). Quando a criança acometida tenta focar (acomodar), ela desenvolve esotropia.

Esotropia acomodativa. Quando a criança tenta acomodar (focar), o olho desvia (*esquerda*). Com óculos que eliminem a necessidade de acomodação, os olhos ficam alinhados (*direita*).

16. Quais são os três tipos de esotropia acomodativa?

1. Refrativa
2. Não-refrativa
3. Parcial ou descompensada.

17. Quais são os três fatores que influenciam o desenvolvimento da esotropia acomodativa refrativa?

O mecanismo envolve a hipermetropia não-corrigida, a convergência acomodativa e a fusão de divergência insuficiente. Quando a pessoa exerce uma certa quantidade de acomodação, essa é associada a uma quantidade específica de convergência (convergência acomodativa). Um hipermétrope não-corrigido exerce uma acomodação excessiva para focar a imagem, o que leva a uma convergência excessiva. Se a amplitude de divergência fusional for suficiente para corrigir a convergência excessiva, não ocorre esotropia. Mas se a amplitude de divergência for insuficiente ou se a fusão motora for afetada por algum obstáculo sensorial, ocorre esotropia.

18. O que é a relação CA/A?

É a relação de convergência acomodativa/acomodação, a qual descreve quantas dioptrias prismáticas (pd) os olhos convergem para cada dioptria (d) de acomodação. A relação CA/A normal é de 3-5 pd/d.

19. Como essa relação é medida?

1. *Método da heteroforia.* Mede-se o desvio ocular para longe (6 m – L) e para perto (33 cm – P) e a distância interpupilar (DP) em centímetros. A relação é calculada por:

$$CA/A = DP + \frac{P - L}{P}$$

2. *Método do gradiente.* O desvio é medido sem nenhuma correção (SC) e a seguir com o uso de uma lente côncava ou convexa (CC). Calcula-se a relação:

$$CA/A = \frac{SC - CC}{\text{poder dióptrico da lente}}$$

3. *Comparação longe-perto.* A maioria dos médicos prefere esse método por ser mais simples e rotineiro. Compara-se o desvio para longe e perto. Se o desvio para perto for maior do que 10 dioptrias, considera-se a relação CA/A alta.

20. Como a esotropia acomodativa pode ser tratada?

Pode ser tratada farmacológica ou opticamente. Os óculos podem corrigir o erro refrativo, eliminando a necessidade de acomodação e o desvio. Os mióticos são inibidores anticolinesterase que alteram a relação CA/A, e uma quantidade de acomodação leva a uma convergência acomodativa menor.

21. Por que os óculos são uma opção melhor do que os mióticos no tratamento da esotropia acomodativa?

O controle da acomodação com mióticos é pior do que com óculos. Embora 50% dos pacientes respondam de maneira semelhante com óculos ou mióticos, 40% respondem menos com mióticos e 10% nem respondem. Os mióticos podem causar cistos pupilares e, em adultos, descolamento de retina e catarata. Além disso, podem causar apnéia prolongada após anestesia se for usada succinilcolina. Na melhor das hipóteses, eles apenas retardam o uso inevitável de óculos.

22. Qual é a relação entre esotropia acomodativa e esotropia congênita?

A esotropia pode recorrer em 28% dos pacientes tratados com sucesso para esotropia congênita. Quase 80% respondem à correção da hipermetropia. O nível de hipermetropia que leva ao desvio recorrente pode ser baixo. Pode haver tendência ao desenvolvimento de esotropia acomodativa secundária pela pobre função binocular subjacente.

23. O que é a esotropia acomodativa não-refrativa?

É aquela associada com uma relação CA/A alta. O esforço para acomodar gera uma resposta convergente anormalmente alta. A hipermetropia geralmente é normal para a idade e a quantidade de acomodação é também normal, mas a convergência acomodativa não. A quantidade de esotropia é maior para perto do que para longe, pela necessidade de maior acomodação para perto.

24. Como a esotropia não-acomodativa pode ser tratada?

Com bifocais, mióticos ou cirurgia. Os bifocais eliminam o esforço acomodativo extra requerido para perto e reduzem a esotropia. Os mióticos podem ser usados para reduzir a relação CA/

A, mas podem apresentar os efeitos colaterais já discutidos na Questão 21. A cirurgia pode eliminar o desvio para perto e corrigir a relação CA/A permanentemente.

Alguns oftalmologistas pediátricos preferem apenas observar os pacientes se os olhos forem alinhados para longe. A esotropia para perto pode resolver-se sozinha, já que a relação CA/A normaliza-se ao longo da infância. A ambliopia raramente se desenvolve nesses pacientes.

25. O que é a esotropia acomodativa parcial ou descompensada?

As esotropias refrativa ou não-refrativa raramente ocorrem em forma pura. Os óculos, bifocais ou não, podem reduzir significativamente o esodesvio. O desvio residual que persiste a despeito da correção total da hipermetropia é chamado de porção deteriorada ou não-acomodativa. Ele se manifesta com um atraso de alguns meses da esotropia e do tratamento antiacomodativo. Às vezes, a esotropia é inicialmente eliminada pelos óculos, mas a porção não-acomodativa torna-se lentamente evidente a despeito da máxima correção hipermetrópica consistente com a visão adequada.

A cirurgia pode ser indicada se o desvio for superior à quantidade que permite o desenvolvimento de visão binocular. A cirurgia é geralmente indicada apenas para a porção não-acomodativa, e não para o desvio total sem correção.

26. O que é a síndrome de bloqueio do nistagmo?

Ela é caracterizada por nistagmo, que se inicia cedo na infância, associado com esotropia. O nistagmo é ausente ou reduzido com o olho fixador em adução, mas, quando o olho segue lateralmente um objeto e aproxima-se da posição primária, há o aumento do nistagmo e a diminuição da esotropia. Ocorre rotação da cabeça na direção do olho descoberto quando o outro olho é ocluído. Essa posição anormal de cabeça mantém o olho descoberto em adução.

27. O que é o estrabismo cíclico?

O estrabismo cíclico é um distúrbio raro caracterizado por alternância entre uma esotropia de grande ângulo e a ortoforia ou esotropia de pequeno ângulo em ciclos de 48 horas. O ciclo pode durar apenas duas semanas, dificultando o diagnóstico, ou persistir por vários anos, antes de gerar um desvio constante. Pode ser o resultado de uma aberração no relógio biológico, ou uma combinação entre defeitos no relógio, no núcleo do oculomotor, no colículo superior ou em outros núcleos. A resposta aos tratamentos é imprevisível, exceção feita à cirurgia, que geralmente é curativa.

28. O que é a esotropia comitante adquirida aguda (ECAA)?

É uma condição rara que ocorre em crianças mais velhas ou em adultos. Há a instalação súbita de esotropia de grande ângulo com diplopia. O paciente geralmente possui hipermetropia moderada. Embora possa haver um curto período de intermitência, o desvio logo torna-se constante. Ela ocorre após períodos de interrupção de fusão, como terapia oclusiva para ambliopia em pacientes sem desvio notado anteriormente, ou em oclusão breve por abrasão corneana. Alguns pacientes desenvolvem ECAA sem fatores precipitantes definidos.

Os pacientes que apresentam ECAA devem ter a motilidade examinada para descartar o desvio parético. Se a investigação for negativa e o exame neurológico normal, ainda não é bem estabelecido se uma rotina diagnóstica que inclua TC e RNM pode ser postergada.

BIBLIOGRAFIA

1. Archer SM, Sondhi N, Helveston EM: Strabismus in infancy. Ophthalmology 96:133-137, 1989.
2. Hiles DA, Watson A, Biglan AW: Characteristics of infantile esotropia following early bimedial rectus recession. Arch Ophthalmol 98:697-703, 1980.
3. Ing M, Costenbader FD, Parks MM, Albert DG: Early surgery for congenital esotropia. Trans Am Ophthalmol 62:1419-1427, 1966.
4. Nelson LB: Strabismus Disorders. In Nelson LB (ed): Pediatric Ophthalmology. Philadelphia, W.B. Saunders, 1991, pp 128-143.
5. Parks MM, Wheeler MB: Concomitant esodeviations. In Tasman W, Jaeger EA (eds): Duane's Clinical Ophthalmology, vol 1 (looseleaf). Philadelphia, Lippincott-Raven, 1990, pp 1-14.
6. Raab EL: Etiologic factors in accommodative esodeviation. Trans Am Ophthalmol Soc 80:657-694, 1982.
7. Steele MA, Furlan LE, Howard NM: Congenital esotropia. Ophthalmol Clin North Am 9:161-171, 1996.
8. Von Noorden GK: A reassessment of infantile esotropia (XLIV Edward Jackson Memorial Lecture). Am J Ophthalmol 105:1-10, 1988.

27. DESVIOS OCULARES

Janice A Gault, M.D.

1. **Qual é o diagnóstico diferencial de exotropia?**
   - Exotropia congênita;
   - Exotropia sensorial;
   - Paralisia do III nervo
   - Síndrome de Duane
   - Anomalias craniofaciais com órbita divergente (por exemplo, síndrome de Apert ou Crouzon)
   - Miastenia grave
   - Alteração na tireóide
   - Fratura de parede medial
   - Músculo reto medial solto ou ressecção excessiva do reto lateral
   - Pseudotumor inflamatório da órbita
   - Insuficiência de convergênciam
   - Oftalmoplegia internuclear

2. **Uma mãe nota que seu filho de quatro meses parece estar "vesgo". Qual é a sua conduta?**

Primeiro, verifique se há desvio ou pseudo-estrabismo. Uma distância interpupilar grande ou um deslocamento temporal da mácula que ocorre na retinopatia da prematuridade ou na toxocaníase pode causar a pseudo-exotropia. Um teste de reflexo luminoso ou de cover elucida isso. Tenha certeza, também, de que os olhos se movem normalmente. Faça o paciente seguir um foco de luz ou um brinquedo colorido para excluir paralisia ou restrição muscular. Se o teste é normal e você nota estrabismo verdadeiro, meça-o para perto e para longe. Faça uma refração cicloplegiada, e um exame completo dilatado.

Ambliopia amipometrópica pode levar um olho a desviar, mas usualmente é a esotropia que se apresenta em um grupo de idade mais jovem. Também, lesão corneana, catarata, glaucoma ou lesão da retina, tal como cicatriz de toxoplasmose ou retinoblastoma podem causar o desvio. Essas condições devem ser excluídas.

Uma vez que você determinou que o restante do exame é normal, você diagnostica que a criança tem uma exotropia alternante de 40 dioptrias prismáticas. A exotropia congênita é mais rara do que a esotropia congênita, mas elas têm muito em comum. Ambas têm um grande ângulo de desvio e raramente desenvolvem ambliopia pela fixação alternada.

O erro refrativo é normal. Cirurgia precoce é recomendada.

3. **Uma mãe nota que seu filho de dois anos desvia o olho esquerdo para fora quando está cansado ou quando tem febre. Qual é o seu diagnóstico?**

Exotropia intermitente, que é o tipo mais comum de exotropia. A apresentação vai da infância aos quatro anos, podendo progredir por três fases:

Fase 1. Exoforia para longe e ortoforia para perto quando o paciente está cansado ou desatento. Ele tem diplopia e fecha constantemente um dos olhos. Quando ciente do desvio, ele pode facilmente alinhar os olhos, geralmente após um piscar.

Fase 2. Exotropia para longe e exoforia para perto. Quando a exotropia torna-se mais constante, ocorre supressão e a diplopia deixa de ser freqüente. A exotropia persiste após o piscar.

Fase 3. Exotropia constante para longe e perto. Não há diplopia, pois há supressão.

A visão deve ser igualada pela correção de erros refracionais e pela oclusão do olho preferencial. A cirurgia é indicada se o paciente passa da fase 1, mas preferencialmente antes da fase 3.

4. **Uma paciente de 18 anos reclama de visão borrada para perto e de cefaléia na leitura. Deve-se acreditar nela ou ignorar a informação?**

Verificar se há desvios oculares para perto ou para longe. Ela pode sofrer de insuficiência de convergência, que é comum em adolescentes e adultos jovens. Ela é idiopática, mas é exacerbada por fadiga, drogas, uveíte ou pupila tônica de Adie. O exodesvio é maior para perto e causa astenopia. Pode ser observada exoforia para perto. O ponto próximo de convergência pode estar mais distante do que o normal, e a amplitude de acomodação está diminuída.

Como ela é sintomática, trate-a com prismas de base interna para ler, ajudando a convergência. Exercícios para o ponto próximo podem melhorar a amplitude fusional. A paciente segura um lápis com o braço estendido, fixa o olhar nele e o move para perto do rosto, concentrando-se para ver apenas uma imagem. Devem-se repetir séries de 10, várias vezes ao dia. Raramente está indicada a ressecção do reto medial.

5. **E se as capacidades de fusão forem normais e não houver desvio?**

O problema pode ser a insuficiência de acomodação, a qual tem sintomas semelhantes no mesmo grupo etário. Contudo, a acomodação está reduzida. Verificar, a princípio, a refração dinâmica e cicloplegiada. O paciente pode estar subcorrigido e pode precisar de correção de hipermetropia adicional. Se a refração for normal, óculos de lentes positivas para leitura ajudarão.

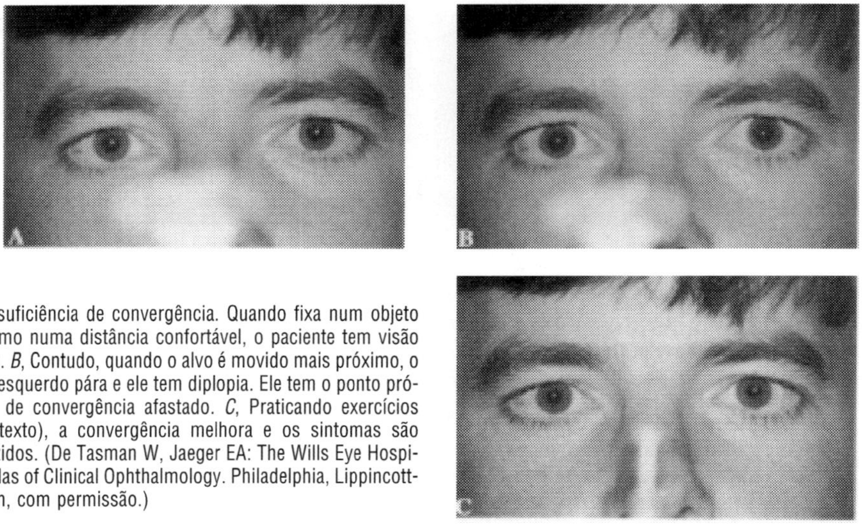

A, Insuficiência de convergência. Quando fixa num objeto próximo numa distância confortável, o paciente tem visão única. *B*, Contudo, quando o alvo é movido mais próximo, o olho esquerdo pára e ele tem diplopia. Ele tem o ponto próximo de convergência afastado. *C*, Praticando exercícios (ver texto), a convergência melhora e os sintomas são reduzidos. (De Tasman W, Jaeger EA: The Wills Eye Hospital Atlas of Clinical Ophthalmology. Philadelphia, Lippincott-Raven, com permissão.)

6. Alguns pacientes têm a condição inversa: esotropia pior para longe. Como é chamada essa condição?

É chamada de insuficiência de divergência. A divergência fusional está diminuída, a qual se trata com prismas de base temporal e raramente com ressecção de reto lateral. Mas esse diagnóstico é de exclusão, e deve-se afastar a paralisia de divergência, a qual pode estar associada com tumores pontinos, TCE e outras anormalidades neurológicas. É necessária a avaliação neuro-oftalmológica.

7. O que é a síndrome de Duane? Quais são os diferentes tipos?

É um distúrbio motor caracterizado por limitação de abdução, adução ou ambas. O globo se retrai e a fenda palpebral diminui na tentativa de adução. O efeito de *rédea* pode gerar hipertropia concomitante. Existem três tipos:

- Tipo 1 – limitação de abdução (mais comum)
- Tipo 2 – limitação de adução
- Tipo 3 – limitação de abdução e de adução (mais raro)

É mais comum em mulheres (3:2). O olho esquerdo está acometido em 60% dos casos; em 18% dos casos, ambos os olhos estão acometidos. Há associação com esotropia em 60% dos casos, com exotropia em 15%, e 25% são ortofóricos. Os padrões em A e V são comuns. A ambliopia, atribuída à anisometropia, está presente em 1/3 dos casos. A cirurgia é realizada para corrigir o desvio de cabeça, mas não se deve fazer ressecção, pois ela piora o estreitamento da fenda e a retração do globo.

8. Qual é a causa da síndrome de Duane?

A causa é desconhecida, mas aparentemente o músculo reto lateral é inervado pelo III par, causando co-contração dos retos medial e lateral, o que explica a retração do globo e o estreitamento da fenda.

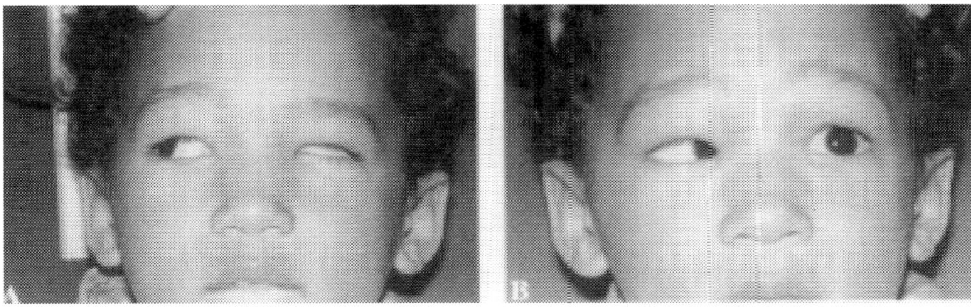

Síndrome de Duane, tipo 1, olho esquerdo. *A*, Note o estreitamento das fendas palpebrais na tentativa de adução. *B*, O paciente não consegue abduzir o olho esquerdo. (De Tasman W, Jaeger EA: The Wills Eye Hospital Atlas of Clinical Ophthalmology. Philadelphia, Lippincott-Raven, com permissão.)

9. Que outros achados podem estar associados com a síndrome de Duane?
Síndrome de Goldenhar, surdez, lágrimas de crocodilo e colobomas da úvea.

10. Quais são os diagnósticos diferenciais da hipertropia?

- Miastenia grave
- Oftalmopatia da tireóide
- Pseudotumor inflamatório de órbita
- Trauma da órbita (pode causar encarceramento do reto inferior)
- Paralisia do IV par
- Pseudo-hipertropia
- *Skew deviation* – qualquer desvio vertical sem restrição no teste de ducção forçada que não possa ser mapeado com o teste de três passos para isolar um músculo em particular. A fossa posterior deve ser avaliada com TC ou RNM.

11. O que é a síndrome de Brown?

O paciente é incapaz de elevar o olho em adução, e o olho pode ser hipotrópico em PPO (ver figura adiante). A elevação em abdução é normal. Pode ser observada uma rotação de cabeça para o lado oposto ao afetado e uma elevação do queixo. É bilateral em 10% dos casos. As ducções forçadas revelam restrição do músculo oblíquo superior (OS).

12. Qual é a causa da síndrome de Brown?

A síndrome de Brown pode ser congênita ou adquirida, podendo estar relacionada com a restrição mecânica do tendão do OS. Os casos incluem trauma, cirurgia ou inflamação na região da tróclea.

13. Como a síndrome de Brown é tratada?

Os casos adquiridos devem ser observados, pois podem melhorar espontaneamente. Alguns melhoram com injeção de esteróides próximo da tróclea. Se não houver melhora em seis meses, o OS pode ser enfraquecido com uma tenotomia. Alguns cirurgiões fazem recessão (retrocesso) do OI ipsilateral ao mesmo tempo para evitar uma hiperfunção pós-operatória do OI. O paciente deve ser avisado de que não conseguirá elevar o olho afetado em adução.

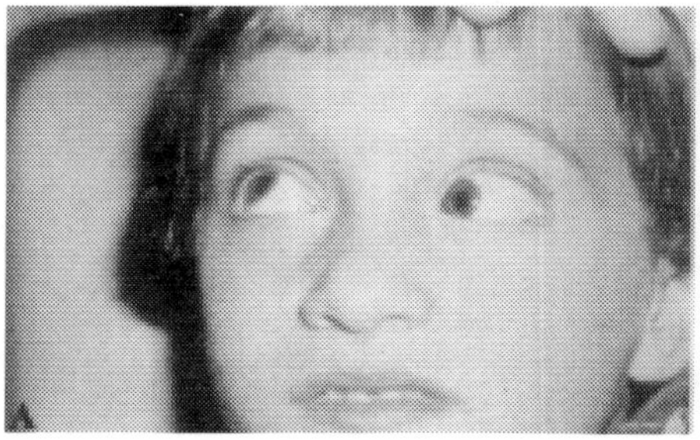

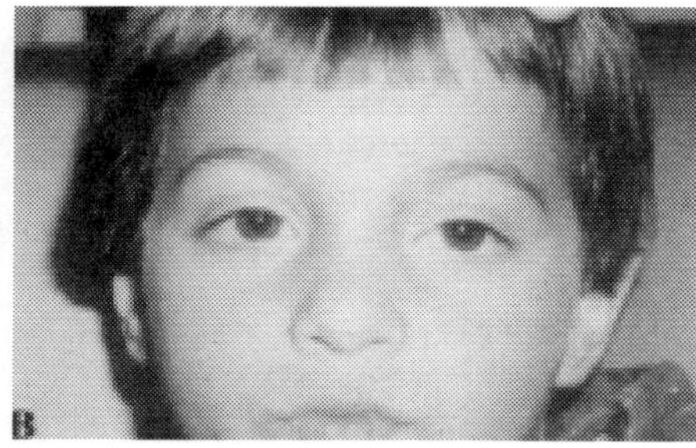

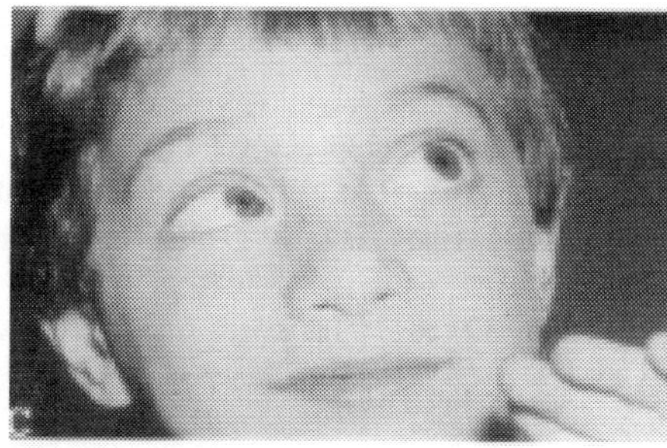

Síndrome de Brown no OE. *A*, Quando olhando para cima e para a direita, o OE é incapaz de elevar-se. *B*, Em PPO os olhos estão alinhados; não há desvio de cabeça compensatório. *C*, Quando o paciente olha para cima e para a esquerda, ambos os olhos se elevam normalmente. (De Tasman W, Jaeger EA: The Wills Eye Hospital Atlas of Clinical Ophthalmology. Philadelphia, Lippincott-Raven, com permissão.)

14. Quais são os diagnósticos diferenciais da síndrome de Brown?

1. *Paralisia do OI.* O teste dos três passos revela hiperfunção de OS que não acompanha a síndrome de Brown. Nos pacientes com diplopia, com desvio vertical em PPO ou apresentando PVC faz-se uma tenotomia do OS ou uma recessão do OS contralateral. As ducções forçadas não revelam restrição.

2. *Paralisia dupla dos elevadores.* O paciente não pode elevar o olho em nenhuma posição do olhar. Pode haver ptose ou pseudoptose. A elevação do queixo ajuda a manter a fusão se houver hipotropia em PPO. Se essa elevação não for constatada na hipotropia, ocorre ambliopia. O tratamento para o desvio vertical acentuado ou da PVC é a recessão do RI (se esse apresentar restrição) ou a transposição de RL e RM para o RS (cirurgia de Knapp) se não houver restrição.

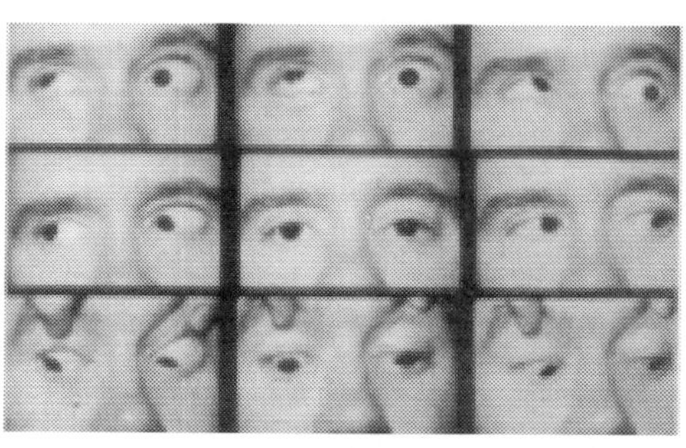

Paralisia dupla dos elevadores em OE. Como a hipotropia é pouca em OE, o paciente tem uma pequena elevação do queixo em PPO. (De Tasman W, Jaeger EA: The Wills Eye Hospital Atlas of Clinical Ophthalmology. Philadelphia, Lippincott-Raven, com permissão.)

3. *Fratura em blowout com encarceramento do RI.* A história é elucidativa, e as ducções forçadas mostram restrição. Confirme com TC de órbita.

4. *Doença da tireóide.* As ducções forçadas mostram restrição, o estrabismo é adquirido e incomitante, e pode ser notada retração palpebral. A TC mostra a musculatura extra-ocular aumentada.

15. O que é a síndrome de Möbius?

Uma síndrome congênita com anomalias variáveis do V ao XII pares. O paciente tem esotropia uni ou bilateral e inabilidade para abduzir os olhos mesmo na manobra da cabeça de boneca. Ocorrem também anormalidades nos membros, no tórax e na língua. Pode haver dificuldade significativa de alimentação.

16. Um homem de 48 anos é operado de uma exotropia sensorial de 35 PD em OE com ressecções de RM e RL. No dia seguinte, ele apresenta uma exotropia de 60 PD e não consegue abduzir o olho. Qual é o diagnóstico?

Escorregamento do RM. É importante amarrar duas vezes a sutura teno-muscular na reinserção do RM no globo para evitar essa complicação. É necessário reintervir para achar o músculo e recolocá-lo na posição. Se você não puder achar o músculo, a transposição de RS e RI ajuda a corrigir a esotropia.

17. Uma paciente reclama que seu OD é hipertrópico. O reflexo corneano e o *cover test* mostram ortoforia. O que pode estar acontecendo?

Pseudo-hipertropia. Ela pode ter um desvio vertical da mácula por retinopatia da prematuridade ou por toxocaríase. A retração palpebral em OD pode fazer com que esse pareça hipertrópico. Um deslocamento vertical do globo por uma massa, como a mucocele, pode gerar a mesma aparência.

18. Um garoto desenvolve uma PVC com o queixo elevado e parece mover mais a cabeça do que os olhos para localizar objetos. Ao exame apresenta ducções e versões pobres em todos os sentidos e ptose bilateral. A ducção forçada mostra restrição em todos os músculos. Qual é o diagnóstico?

Síndrome da fibrose congênita. O tecido muscular normal é substituído por tecido fibrótico em graus variáveis. Pode ser uni ou bilateral. Os olhos apresentam pouca ou nenhuma movimentação vertical ou horizontal, dependendo dos músculos afetados, bem como eso ou exotropia. A ambliopia é comum. A ptose com elevação do queixo é uma manifestação freqüente. A causa é ignorada. O objetivo da cirurgia é conseguir o alinhamento dos olhos em PPO.

19. Um homem de 20 anos, sem história de estrabismo, reclama não poder abrir bem os olhos. Você nota que as versões e ducções estão muito reduzidas e que há ptose bilateral. Não há restrição nas ducções forçadas. Qual é o diagnóstico?

Oftalmoplegia externa crônica progressiva (OECP). Essa doença começa na infância com ptose e progride lentamente para paresia total das pálpebras da MOE (ver figura). Pode ser esporádica ou familiar. Geralmente, não há diplopia. Uma suspensão frontal pode ser necessária para elevar as pálpebras.

20. Que outras avaliações são importantes?

Procure por pigmentação retiniana e peça um ECG para investigar bloqueio cardíaco. A tríade de OECP, alterações pigmentares da retina e cardiomiopatia é denominada síndrome de Kearns-Sayre (ver figura). Os pacientes podem necessitar de marcapasso para evitar morte súbita. A herança é por DNA mitocondrial materno.

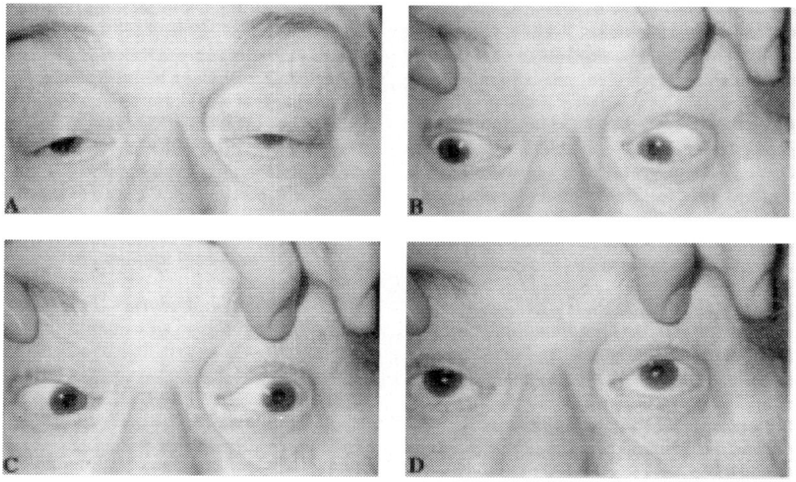

OECP (*A,B,C e D*) com ptose bilateral e movimentação ocular extrínseca limitada em todas as direções. (De Tasman W, Jaeger EA: The Wills Eye Hospital Atlas of Clinical Ophthalmology. Philadelphia, Lippincott-Raven, com permissão.)

21. Que outras doenças podem estar associadas com a OECP?

1. *Abetalipoproteinemia* (síndrome de Bassen-Kornzweig). O paciente apresenta alterações pigmentares semelhantes às da retinite pigmentosa (RP), diarréia, ataxia e outros sinais neurológicos.

2. *Doença de Refsum*. O paciente apresenta uma síndrome semelhante à RP com elevação do nível de ácido fitânico. Também podem ser notados outros sinais neurológicos.

3. *Distrofia óculo-faríngea*. O paciente tem dificuldade para engolir. Pode ser autossômica dominante.

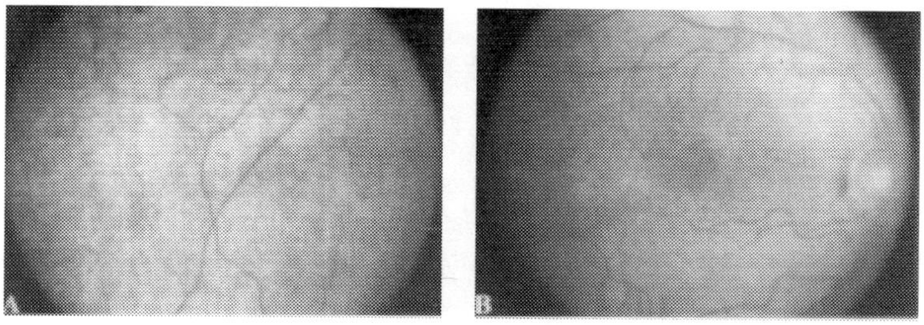

Em pacientes com síndrome de Kearns-Sayre (*A e B*), o distúrbio pigmentar pode afetar a mácula ou a periferia. (De Tasman W, Jaeger EA: The Wills Eye Hospital Atlas of Clinical Ophthalmology. Philadelphia, Lippincott-Raven, com permissão.)

22. Uma mulher de 32 anos reclama de diplopia intermitente mais freqüente no fim do dia. Suas pálpebras caem bastante ao anoitecer. Ao acordar, ela não apresenta sintomas. Qual é o diagnóstico?

Você deve pensar em miastenia grave. Peça à paciente para olhar para o teto por vários minutos e veja se a ptose piora. Compare a força do orbicular antes e depois da manobra. O estrabismo é variável. A miastenia é uma doença auto-imune que pode ocorrer em qualquer idade, podendo ser puramente ocular ou sistêmica. Os anticorpos estão dirigidos para o receptor da acetilcolina. Indague se a paciente tem dificuldades para engolir ou respirar. O diagnóstico é embasado na positividade do teste de Tensilon e de anticorpos anti-receptor da acetilcolina. Investigue a função da tireóide, pois é comum sua concomitância com doença da tireóide. É importante fazer uma TC para afastar timoma. Alguns pacientes com timoma apresentam melhora dos sintomas se a lesão for removida. O tratamento inclui anticolinesterásico oral, como piridostigmina, corticóide e imunossupressor.

23. Como é feito o teste de Tensilon?

Injete 0,2 ml de cloreto de edrofônio (Tensilon) endovenoso (EV). Observe por um minuto. Se a ptose ou a diplopia melhorar, o teste é considerado positivo. Pode ser notada melhora na EMG. Se não houver reação à medicação, injete mais 0,4 ml e espere 30 segundos. Pode ser repetida mais uma injeção de 0,4 ml se não houver resposta. Se em mais dois minutos não houver resposta, o teste é negativo. Mas um teste negativo não exclui o diagnóstico. Como pode haver uma crise colinérgica durante o teste, uma dose de 0,4 mg de atropina deve estar preparada para administração EV.

24. Que condições podem mimetizar a miastenia grave?

Síndrome de Eaton-Lambert – síndrome paraneoplásica de um carcinoma, geralmente pulmonar.

- Medicações como penicilamina e aminoglicosídeos
- Doença ocular da tireóide – estrabismo incomitante
- Pseudotumor inflamatório da órbita – também presenta estrabismo incomitante, mas se diferencia por dor na movimentação e proptose
- Deiscência do músculo elevador – causa ptose, mas sem variação com a fadiga
- OECP – sem variação circadiana, teste de Tensilon geralmente negativo

25. O que é a apraxia motora ocular congênita?

É uma moléstia rara em que os pacientes não conseguem desenvolver movimentos sacádicos horizontais voluntários. Para mudar a fixação horizontal, eles fazem uma torção da cabeça que ultrapassa o alvo visual. A cabeça é então rodada de volta na direção contrária ao se estabelecer a fixação. Os sacádicos verticais são normais, mas os nistagmos vestibular e optocinético estão comprometidos. Pode haver estrabismo.

26. Um paciente reclama de diplopia. No exame, apresenta paralisia de III, IV e V nervos à direita. O que pode causar a paralisia ocular múltipla?

Qualquer patologia que lese o seio cavernoso e/ou a fissura orbitária superior:

- Fístula arteriovenosa – carótido-cavernosa ou dural-cavernosa

- Trombose do seio cavernoso
- Metástase tumoral para o seio cavernoso
- Tumor de pele com disseminação perineural para o seio cavernoso
- Apoplexia pituitária – o paciente tem cefaléia importante com sinais bilaterais e diminuição da AV. Necessita urgentemente de esteróides EV e de avaliação neurocirúrgica
- Aneurisma intracavernoso
- Mucormicose – mais comum em diabéticos, especialmente na cetoacidose, e em qualquer paciente debilitado ou imunossuprimido. Procure por escara no nariz ou no pálato. Consulte urgentemente um otorrinolaringologista para debridamento
- Herpes zoster
- Síndrome de Tolosa-Hunt – inflamação da fissura orbitária superior ou do seio cavernoso (anterior) (diagnóstico de exclusão)
- Mucocele
- Meningioma
- Carcinoma nasofaríngeo

As paralisias múltiplas também podem ocorrer em lesões do parênquima cerebral e na meningite carcinomatosa. Outras entidades que podem mimetizar a paralisia múltipla são:

- Miastenia grave
- OECP
- Lesões orbitárias, como doença tireoideana, pseudotumor ou tumores
- Paralisia supranuclear progressiva
- Síndrome de Guillain-Barré

27. O que é a síndrome de Parinaud?

Também conhecida como síndrome do mesencéfalo dorsal, é caracterizada por paresia supranuclear do olhar com paresia do III nervo e anormalidades pupilares. A movimentação superior está diminuída, mas observa-se elevação na manobra da cabeça de boneca. A tentativa de olhar para cima causa nistagmo de retração-convergência e alargamento da fenda palpebral (sinal de Collier). As pupilas ficam em média midríase e não reagem à luz, mas reagem normalmente à acomodação.

28. O que causa a síndrome de Parinaud?

Em crianças, são mais comuns o pinealoma e a estenose aquedutal. Em adultos, as doenças desmielinizantes, o infarto ou o tumor.

29. Descreva a apresentação da oftalmoplegia internuclear.

Uma mulher jovem, com história de neurite óptica, reclama de visão dupla no olhar lateral. Ela não consegue aduzir na tentativa de olhar contralateralmente e apresenta nistagmo horizontal no olho abduzido. A adução em convergência é normal. Pode ser uni ou bilateral. Se bilateral, pode haver exotropia.

30. Onde está a lesão?

No fascículo longitudinal medial. As causas incluem esclerose múltipla, doença vascular isquêmica, tumor do parênquima e trauma.

BIBLIOGRAFIA

1. American Academy of Ophthalmology: Pediatric Ophthalmology and Strabismus, 1992.
2. Cullom RD, Chang B: The Wills Eye Manual: Office and Emergency Room Diagnosis and Treatment of Eye Disease, 2nd ed. Philadelphia, J.B. Lippincott, 1994.
3. Nelson LB, Catalano RA: Atlas of Ocular Motility. Philadelphia, W.B. Saunders, 1989.

28. CIRURGIA DE ESTRABISMO

Bruce M. Schnall, M.D.

1. Como as ducções forçadas são feitas?

Antes da cirurgia, coloca-se um blefarostato em ambos os olhos. Segura-se a conjuntiva junto ao limbo com pinças, movendo-se o olho horizontal e verticalmente. A resistência à movimentação é comparada com a *normal* do outro olho.

2. Por que realizar ducções forçadas?

Para se detectar músculos retesados ou restrição à movimentação do globo. Se a ducção mostrar que um músculo está restrito, ele deve ser retrocedido. Por exemplo, em um paciente com desvio, pode ser feito retrocesso de RS no olho hipertrópico ou de RI no olho contralateral. Se a ducção mostrar resistência à elevação do olho contralateral, a preferência é por retrocesso de RI.

3. Quando corrigindo um desvio horizontal ou vertical, como você decide quantos músculos operar?

O ângulo de desvio determina esse número. Os desvios pequenos (<20 PD) podem ser corrigidos com cirurgia em um músculo apenas, e os desvios maiores indicam cirurgia em até três ou quatro músculos retos. A literatura traz tabelas que servem de guia sobre quanto operar para um dado desvio (medido em PD). As tabelas indicam quantos músculos se operam e a quantidade de retrocesso ou ressecção.

4. No caso de retrocesso-ressecção, o que fazer primeiro?

O retrocesso é feito primeiro. Na ressecção, o músculo é encurtado e reinserido. Isso causa uma tensão no músculo a ser encurtado e dificulta a reinserção. O retrocesso prévio do músculo antagonista diminui a tensão que roda o globo para o lado contrário ao do músculo ressecado, facilitando a reinserção e as suturas.

5. Quando operando um músculo oblíquo e um reto no mesmo olho, qual você deve operar primeiro?

Os oblíquos são mais difíceis de identificar e isolar com o gancho. A cirurgia causa edema da cápsula de Tenon e sangramento que podem dificultar a visualização e a identificação dos mesmos. Assim, é preferível operá-los primeiro quando a cápsula de Tenon e os tecidos adjacentes estão menos edemaciados e distorcidos. Os retos são mais fáceis de isolar e identificar, não devendo haver grande dificuldade pelo sangramento e pelo edema gerados pela cirurgia de oblíquos.

6. **Que tipo de agulha é usado para suturar o músculo na esclera?**
A agulha espatulada, com superfícies de corte nas laterais, diminui o risco de perfuração. A esclera é mais fina logo atrás da inserção dos retos (0,3 mm).

7. **O que é a sutura ajustável?**
Várias técnicas de inserção e amarra das suturas esclerais permitem a movimentação da musculatura ocular no pós-operatório imediato. Se o paciente tiver uma hiper ou uma hipocorreção, o músculo pode ser movido para melhorar o alinhamento. Isso deve ser feito nas primeiras 24 horas de pós-operatório.

8. **Quando a sutura ajustável deve ser usada?**
Depende do cirurgião. Alguns cirurgiões não usam sutura ajustável e apontam para o fato de que a correção do pós-operatório imediato é variável e não é indicativa de resultado a longo prazo. Outros realizam a sutura em casos em que o resultado é pouco previsível, como em reoperações ou em estrabismos restritivos ou paralíticos. São usadas com freqüência em pacientes com doença da tireóide.

9. **O que é o procedimento de transposição?**
É a cirurgia que envolve a colocação de parte ou de todo o músculo reto adjacente na inserção do que está paralisado ou hipofuncionante. Numa paralisia dupla dos elevadores, os tendões do RM e do RL podem ser suturados nas bordas nasal e temporal do RS, por exemplo.

10. **Quando a cirurgia de transposição é realizada?**
Quando um ou mais retos estão severamente acometidos, é o procedimento de escolha, como nas paralisias de III, de IV e de dupla de elevadores.

11. **Como os padrões em A e V são tratados?**
Nos casos de hiperfunção de oblíquo, o mesmo deve ser enfraquecido. Enfraquecer os OI corrige o padrão em V, enquanto enfraquecer os OS corrige o padrão em A. Se não houver disfunção de oblíquos, os retos horizontais são deslocados superior ou inferiormente. Os RMs são movidos para o ápice do A ou do V, e os RL são movidos na direção contrária. Por exemplo, para tratar uma esotropia com V sem hiperfunção de oblíquos, os RM são retrocedidos e sua inserção rebaixada em metade da largura do tendão.

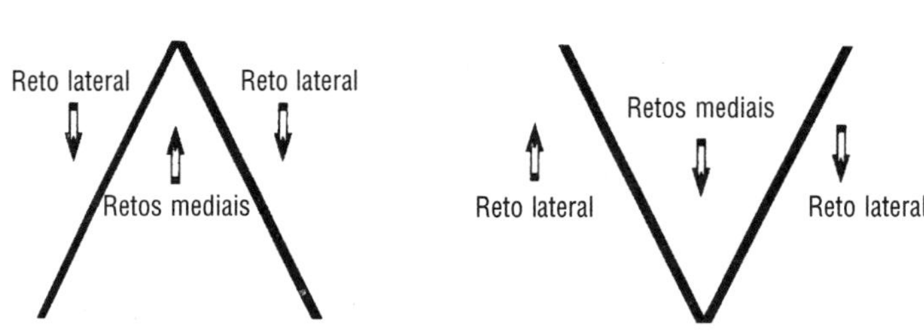

Deslocamento dos retos horizontais no tratamento dos padrões em A e V.

12. Que cirurgia pode ser feita para a síndrome de Brown?

Neste caso, um tendão do OS congenitamente curto ou preso gera restrição mecânica de elevação em adução, como pode ser observado na cirurgia pelo teste das ducções forçadas. A condição é tratada cirurgicamente por tenotomia do OS, por retrocesso ou por expansão do tendão.

13. Quais são as indicações para a cirurgia em síndrome de Brown?

Hipertropia em PPO ou PVC (rotação da cabeça ou elevação do queixo).

14. Liste as complicações mais comuns na cirurgia de estrabismo.

- Infecção
- Perfuração da esclera
- Granuloma na incisão
- Síndrome de aderência
- Isquemia do segmento anterior
- Escorregamento muscular
- Perda do músculo
- Cirurgia em músculo errado

15. Quais são os sinais de infecção na cirurgia de estrabismo?

Podem vir como celulite, abscesso subconjuntival ou endoftalmite. A celulite é mais comum, com incidência entre um para cada 1.000 ou 1.900 casos, ocorrendo tipicamente entre dois ou três dias após a cirurgia. Os sintomas mais comuns são inchaço e dor. A suspeita indica o pronto tratamento com antibióticos sistêmicos, bem como o exame cuidadoso para afastar endoftalmite.

16. O que você deve fazer na suspeita de perfuração da esclera quando passou o ponto na mesma?

Deve ser feita uma fundoscopia indireta na cirurgia. Se for observada uma perfuração da retina, deve ser feito o seguimento repetido. O tratamento é controverso, pois, enquanto alguns preconizam crio ou *laserterapia*, outros apenas observam. Acredita-se que a incidência de DR seja pequena. Ao mesmo tempo, a crioterapia pode predispor ao DR por estimular alterações vítreas. Porém, em pacientes predispostos ao DR (alto-míopes, por exemplo), deve-se considerar o tratamento. Acredita-se que a perfuração aumente o risco de endoftalmite, e o uso de profilaxia antibiótica, com injeção subtenoniana, é preconizado por alguns cirurgiões.

17. O que é um músculo escorregado?

O músculo está contido em sua cápsula. Na cirurgia, é possível que apenas a cápsula seja fixada na sutura, e o músculo pode escorregar para trás, por dentro da cápsula. O resultado é o enfraquecimento do músculo e o desvio. Se um escorregamento ocorre em um retrocesso de RM para tratar esotropia, o paciente vai desenvolver exotropia e limitação de adução, por exemplo.

18. Como se previne o escorregamento do músculo?

Passando a sutura pelo músculo, travam-se as suas extremidades. A passada da sutura deve ser através do músculo, perpendicular à inserção, envolvendo o tendão, ao invés de tangencialmente. A passada tangencial pode só pegar a cápsula.

19. O que é a síndrome de aderência?

A gordura orbitária é separada do glodo pelo Tenon. Se a cápsula for aberta acidentalmente, a gordura orbitária pode passar pela abertura e aderir ao globo, resultando em limitação da movimentação. O melhor tratamento é a prevenção. A gordura orbitária envolve anteriormente o globo até 10 mm do limbo, devendo-se tomar cuidado para não abrir o Tenon após essa distância.

20. Como a cirurgia de estrabismo pode gerar isquemia do segmento anterior?

As artérias ciliares anteriores acompanham os músculos retos, penetrando a esclera no sítio de inserção muscular e contribuindo significativamente para o suprimento do segmento anterior. Na cirurgia convencional, as artérias são cortadas quando os músculos são desinseridos.

21. Como a isquemia do segmento anterior pode ser evitada?

Não se operando mais de dois retos em um olho ao mesmo tempo. Também é possível dissecar os vasos ciliares anteriores e preservá-los. Esse procedimento só é feito quando o risco de isquemia for grande, como em pacientes com doença cardiovascular ou com cirurgia prévia em retos.

BIBLIOGRAFIA

1. Kivlin JD, Wilson ME, and the Periocular Infection Study Group: Periocular infection after strabismus surgery. J Pediatr Ophthalmol Strabismus 32:42-49, 1995.
2. McKeown CA, Shore JW, Lambert HM: Preservation of the anterior ciliary vessels during extraocular muscle surgery, Ophthalmol 96:498-506, 1989.
3. Parks MM: Atlas of Strabismus Surgery. New York, Harper & Row, 1983.
4. Parks MM, Bloom JN: The "slipped muscle." Ophthalmology 86:1389-1396, 1979.
5. Plager DA, Helveston EM: Transposition procedures. In Tasman W, Jaeger EA (eds): Duane's Clinical Ophthalmology, vol 6. Philadelphia, Lippincott-Raven, 1995, pp 1-10.
6. Rubin SE, Nelson LB: Complications of strabismus surgery. Ophthalmol Clin North Am 5:157-164, 1992.
7. Schnall BM: Anatomic considerations in strabismus surgery. Ophthalmol Clin North Am 5:1-8, 1992.
8. Sprunger DT, Klapper SR, Bonnis JM, Miturn JT: Management of experimental globe perforation during strabismus surgery. J Pediatr Ophthalmol Strabismus 33:140-143, 1996.

29. NISTAGMO

Robert D. Reinecke, M.D.

1. O que é o nistagmo?

É um movimento repetitivo, tipicamente de "vaivém", na horizontal, com uma fase rápida para um dos lados. É freqüente o nistagmo puramente vertical; outros são torcionais, e alguns são uma mistura de ambos. O termo parece ter surgido da queda da cabeça na pessoa dormindo. Um estudante que esteja dormindo vai tombando a cabeça para o lado vagarosamente até que súbita e rapidamente a move e volta à posição ereta.

2. Cite os principais tipos de nistagmo.

1. *Nistagmo vestibular*, que é causado por patologia do sistema vestibular. A característica é a similitude do nistagmo em todos os campos do olhar e um componente lento que é linear.

2. *Nistagmo latente* é uma forma herdada de nistagmo que se manifesta apenas quando o paciente perde a binocularidade ou pensa que a perdeu. A fase lenta tem velocidade decrescente e a fase rápida bate para o lado do olho que fixa. Quando a binocularidade é perdida, chama-se de nistagmo latente manifesto.

3. *Nistagmo amaurótico* não é um nistagmo verdadeiro, mas uma perambulação dos olhos na procura de algo.

4. *Nistagmo idiopático infantil* é o tipo mais visto pelo oftalmologista. É freqüentemente associado com albinismo sistêmico, alto astigmatismo e problemas retinianos variados. A história típica ajuda no diagnóstico.

3. Qual é a história natural do nistagmo idiopático infantil?

Com cerca de 3 meses de idade, o paciente desenvolve um nistagmo de grande movimentação e freqüentemente é dado por cego. Entre oito meses e um ano, ele apresenta pequenos movimentos pendulares e há algum controle da fixação. Entre dezoito meses e dois anos, o nistagmo do adulto se instala com sua zona neutra (ou nula).

4. O que é a zona neutra do nistagmo idiopático infantil?

É a posição em que a freqüência e a amplitude do nistagmo são mínimas. Como essa posição também é a que permite melhor visão, é comum a PVC que permita a mesma.

5. A zona neutra é a mesma para os dois olhos?

Sim, mas há uma exceção. Se o paciente consegue convergir os olhos causa uma esotropia (síndrome do bloqueio do nistagmo), ele pode fixar cruzado e aparentar ter a zona neutra de cada olho na posição aduzida. Esses pacientes não ficam estáveis após a cirurgia de estrabismo, sendo comuns as hiper e as hipocorreções.

6. Quais são os subtipos de nistagmo idiopático infantil?

O principal e mais comum é o nistagmo periódico alternante, no qual o ponto neutro perambula horizontalmente para a frente e para trás num intervalo de tempo de 30 segundos a seis minutos (ver Questão 21).

7. Os pacientes com visão baixa apresentam a mesma história de desenvolvimento de nistagmo de forma periódica?

Infelizmente sim. Deve-se tomar cuidado com albinismo, acromatopsia, amaurose congênita de Leber, hipoplasia do disco óptico e retardo no desenvolvimento visual.

8. Há algum nistagmo específico relacionado com alguma patologia ocular?

Para nota, o único nistagmo diferente é o da acromatopsia, o qual se diferencia por evoluir na direção oblíqua.

9. Nistagmo significa paciente cego?
Não, ao contrário. Você tem que ter ou ter tido visão para ter nistagmo.

10. O que é o nistagmo motor?
É um termo arcaico para o nistagmo não associado a problema visual. É diferente do nistagmo sensorial, como aquele associado com albinismo ou catarata. A terminologia atual é nistagmo idiopático infantil, que pode ou não associar-se a problemas visuais. Algumas formas parecem ser diagnósticas.

11. Quais são as formas diagnósticas?
A fase lenta provê maiores informações. A fase rápida parece ser um movimento sacádico normal (fixação do olhar). Essa fase pode ter velocidade crescente ou decrescente. Se a velocidade aumenta, pensa-se em nistagmo idiopático infantil. Se diminui, pensa-se em nistagmo latente ou latente manifesto.

12. Existe nistagmo presente ao nascimento?
Sim, o nistagmo de batimento duplo (*dual jerk*). É o mais comum, e o prognóstico é bom.

13. Fala-se em nistagmo associado com catarata congênita não-tratada. Existe correlação?
É incerto. Freqüentemente o nistagmo é do tipo idiopático infantil, e observa-se sua evolução típica. Se o paciente desenvolve movimentos oculares descoordenados, deve-se suspeitar de visão baixa.

14. O paciente precisa ter visão para ter nistagmo?
Sim, mas pode ser pouca. As condições sistêmicas ou da retina podem levar à cegueira, mas o nistagmo idiopático infantil persiste.

15. Em um caso de evolução típica de nistagmo idiopático infantil, a RNM deve ser pedida?
Não. Mas se o nistagmo não for simétrico, deve-se suspeitar de espasmo *nutans*. Essa condição é composta pela tríade: (1) nistagmo unilateral ou bilateral assimétrico, (2) oscilação da cabeça e (3) torcicolo. A instalação ocorre aos quatro a 12 meses de idade e desaparece dentro de dois anos. A etiologia é desconhecida, mas o paciente é neurologicamente normal. Mas como o glioma do quiasma pode simular o espasmo *nutans*, a RNM deve ser feita.

16. Se o nistagmo for vertical, o paciente desenvolve uma PVC elevando ou abaixando o queixo?
Sim. O paciente desenvolve uma PVC relacionada ao ponto nulo nos mesmos moldes do nistagmo horizontal. O ponto nulo fica na direção da fase lenta do nistagmo. Assim, um paciente com nistagmo com fase *batida* para cima vai piorar ao olhar superiormente e desenvolve uma PVC elevando o queixo.

17. Então, os pacientes com nistagmo idiopático infantil torcional desenvolvem uma inclinação de cabeça relacionada à torção?
Ocasionalmente. Os nistagmos torcionais devem ser avaliados criteriosamente.

18. Como o nistagmo idiopático infantil torcional pode ser observado e diagnosticado?
A observação da íris em lâmpada de fenda é o ideal.

19. O pivô da torção é sempre o eixo visual?
Não, e as exceções podem confundir o diagnóstico. Se o pivô for o eixo visual, o olho roda em sentido horário e contrário fixando a mácula, e a visão é pouco degradada. Se o examinador não examinar a íris ou o disco, pode nem notar. Mas se o pivô for deslocado (na sobrancelha, por exemplo), o paciente terá um componente vertical e um horizontal.

20. O nistagmo vertical se apresenta no fim da infância ou posteriormente?
Ambos. Se o nistagmo for assimétrico, é provável haver patologia do mesencéfalo. O mais comum é que o nistagmo já exista há tempos, mas não tenha sido notado.

21. O que é alternante no nistagmo periódico alternante?
O ponto nulo. Quando você pede ao paciente para ler sua linha de melhor acuidade, ele vai mover a cabeça para fazer o eixo visual cair no ponto nulo.

22. Qual é a duração do ciclo no nistagmo periódico alternante?
Cerca de 90 segundos, podendo ir de 30 segundos até seis minutos.

23. O nistagmo periódico alternante congênito é associado com outros problemas oculares?
Sim. O albinismo é o mais freqüente, mas geralmente irrelevado. Examine cuidadosamente.

24. O nistagmo periódico alternante adquirido implica em patologia do SNC?
Sim, mas tenha cuidado. O nistagmo pode não ter sido diagnosticado se o paciente o compensa bem mudando a posição da cabeça. Se for verdadeiramente adquirido, é comum haver patologia de mesencéfalo.

25. O nistagmo periódico alternante adquirido responde a alguma droga?
Sim. Baclofen geralmente funciona.

26. O nistagmo periódico alternante congênito responde a alguma droga?
Até o momento não há relatos.

27. Qual é o perigo em não diagnosticar o nistagmo periódico alternante?
Se for realizada uma cirurgia de Kestenbaum ou de Anderson (por exemplo, para uma PVC que acompanha o ponto nulo excêntrico em um nistagmo idiopático infantil), pode resultar uma PVC mais grave na direção oposta.

28. Qual é o tratamento cirúrgico do nistagmo periódico alternante?
O retrocesso amplo dos quatro retos, com o retrocesso um pouco mais temporal do que medial.

29. A maioria dos pacientes com nistagmo periódico alternante apresenta melhor visão para perto do que para longe. Por quê?

A maioria possui uma relação CA/A acomodativa, a qual resulta em exoforia para perto, tendo que usar convergência fusional para vencer a exoforia. A convergência fusional inibe o nistagmo e melhora a visão.

30. Já que a convergência melhora a visão, podem ser usadas lentes negativas para estimular a convergência acomodativa?

Não. Apenas a convergência fusional (para vencer a exoforia) inibe o nistagmo, e a convergência acomodativa não o faz; e até atrapalha por aumentar a demanda acomodativa e pode recuar o ponto próximo com redução da AV para perto.

31. Os bifocais são de valia para adolescentes com nistagmo idiopático infantil?

Geralmente sim. Se a acomodação não consegue gerar um ponto próximo perto do paciente (com a magnificação e a exoforia correspondentes), os bifocais podem ajudar muito.

32. A fotofobia é comum em casos de nistagmo idiopático infantil?

Não. Se houver fotofobia, pesquise acromatopsia.

33. Os pacientes com albinismo têm fotofobia?

A maioria não. Mas alguns não gostam de luz excessiva, e o tingimento escuro* pode ajudar.

34. Você já ouviu falar que lentes de contato diminuem o nistagmo? Elas ajudam?

Geralmente não. Mas lembre-se de que, em alguns pacientes com astigmatismo, particularmente quando a zona neutra excêntrica cai nas regiões dos óculos que distorcem imagens, as lentes tóricas podem ajudar. Geralmente as lentes funcionam por pouco tempo, e os pacientes "se adaptam" e voltam ao ponto de partida.

35. Muitos pacientes com 20/50 de visão querem passar de 20/40 para conseguir habilitação para dirigir. Como você pode ajudar?

Na maioria das vezes, eles são motoristas prudentes. Se você projetar a tela cheia de letras e pedir para eles lerem a linha de cima enquanto você reduz os tipos, você verá que muitos lêem duas linhas ou mais; assim, você pode endossar a habilitação.

36. Além de usar a tabela cheia, o que você deve fazer quando verifica a AV de um paciente com baixa AV inesperada?

Meça a AV binocular. Se essa for melhor, tente ocluir o olho que não está sendo testado com uma lente de +4,00. Em outras palavras, procure por nistagmo latente.

---

* N. do T. Lentes

37. Clinicamente, como você diferencia o nistagmo latente manifesto (NLM) do nistagmo idiopático infantil (NII)?

Quando você oclui um olho, no NLM a direção do batimento muda para o lado do olho fixador. No NII, a direção não se altera à oclusão, mas muda quando você cruza para o outro lado da zona neutra.

BIBLIOGRAFIA

1. Gradstein L, Reinecke RD, Wizov SS, Goldstein HP: Congenital periodic alternating nystagmus. Ophthalmology 104:918-929, 1997.
2. Reinecke RD: Idiopathic infantile nystagmus: Diagnosis and treatment. AAPOS 1:67-82, 1997.

VI. Neuroftalmologia

30. A PUPILA

Barry Schanzer, M.D., e *Peter Savino*, M.D.

1. **Que músculos controlam o tamanho da pupila? Descreva sua inervação.**

   O esfíncter da íris causa a constrição pupilar e é inervado pelo sistema nervoso parassimpático. O dilatador da íris causa a dilatação e é inervado pelo simpático. Assim, quando o tônus simpático aumenta a pupila é maior, e quando o tônus parassimpático aumenta a pupila é menor.

2. **Descreva o caminho da inervação parassimpática para a pupila.**

   As fibras originam-se no núcleo de Edinger-Westphal no complexo nuclear oculomotor. Elas deixam o mesencéfalo com o III nervo craniano (NC) e viajam pelo espaço subaracnóide e pelo seio cavernoso. Elas seguem a divisão inferior do III NC através da órbita, onde fazem sinapse com o gânglio ciliar. As fibras pós-ganglionares são, então, distribuídas para o esfíncter da íris e para corpo ciliar pelos nervos ciliares curtos.

3. **Descreva o caminho da inervação simpática da pupila.**

   O neurônio de primeira ordem começa no hipotálamo posterior. As fibras direcionam-se caudalmente para terminar na coluna celular lateral intermedial da medula espinhal no nível C8-T1, também denominado centro cílio-espinal de Budge. As fibras pupilo-motoras deixam a medula espinhal e ascendem com a cadeia simpática para fazer sinapse no gânglio cervical superior, constituindo o neurônio de segunda ordem. O neurônio de terceira ordem se inicia com as fibras pós-ganglionares do gânglio cervical superior. Essas fibras caminham pela carótida interna para entrar no crânio, e no seio cavernoso deixam a carótida para unirem-se à divisão oftálmica do V NC e entram na órbita pela fissura orbitária superior. As fibras simpáticas alcançam o corpo ciliar e o dilatador da íris pelos nervos nasociliares e ciliares posteriores longos.

4. **Trace o caminho do reflexo pupilar à luz.**

   O reflexo pupilar inicia-se nos cones e nos bastonetes da retina. As fibras aferentes seguem pelo nervo óptico e sofrem semidecussação no quiasma óptico, seguindo pelos tratos ópticos para deixá-los antes do corpo geniculado lateral para entrarem no encéfalo "via braquium" do colículo superior. As fibras pupilo-motoras fazem sinapse no núcleo pré-tectal, e se projetam igualmente ipsi e contralateralmente para os núcleos de Edinger-Westphal. As fibras pupilares seguem pelo III NC para inervar o esfíncter da íris e causar a constrição pupilar, como descrito na Questão 2.

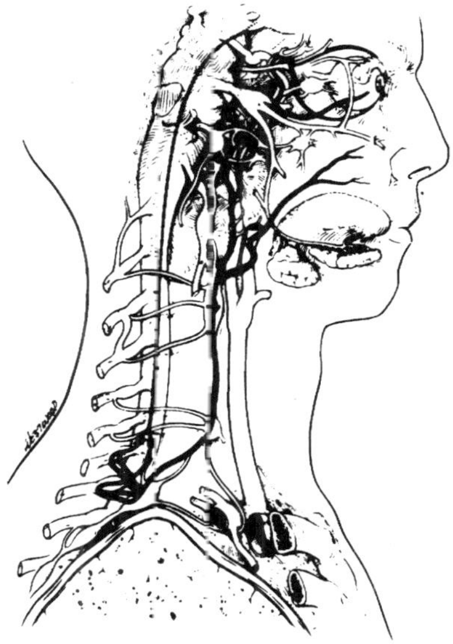

Anatomia das vias simpáticas mostrando os trajetos dos neurônios central (primeira ordem), intermediário (segunda ordem), e periférico (terceira ordem). Note a proximidade do ápice pulmonar com a cadeia simpática e os nervos cervicais inferiores e torácicos superiores. (De Maloney, Younge, Moyer: Am J Ophtalmol 90:395, 1980, com permissão.)

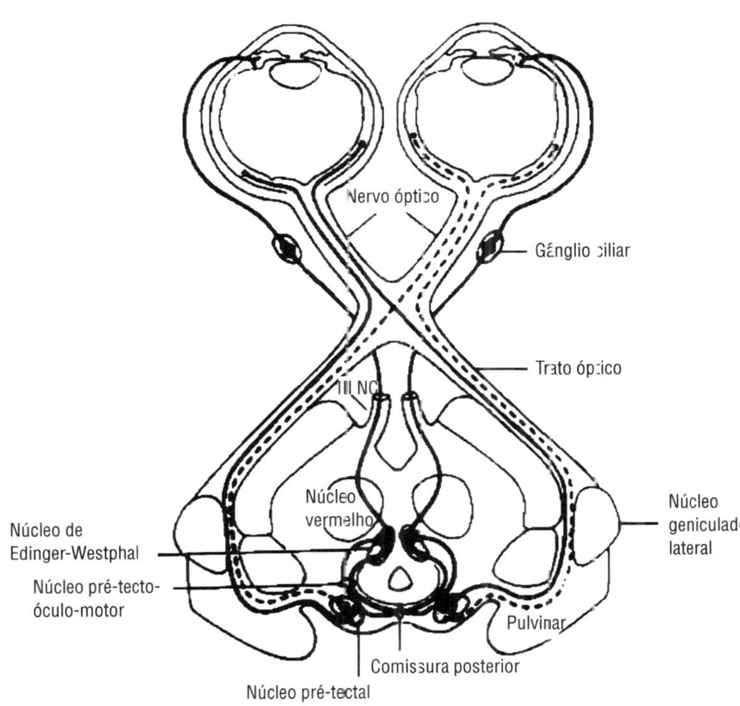

Vias do reflexo à luz. (De Walsh F, Hoyt W [eds]: Clinical Neuro-Ophthalmology, 3rd ed., vol. 1, Baltimore, Williams & Wilkins, 1969, p. 473, com permissão.)

5. O que é um defeito pupilar aferente? Como você deve examiná-lo?

O teste de estímulo luminoso alternado deve ser usado para a elucidação do defeito pupilar aferente relativo (DPAR). Se o olho de uma pessoa normal for estimulado com luz, ambas as pupilas contraem-se no mesmo grau. Se você muda a luz para o outro olho, as pupilas permanecem iguais ou fazem pequena constrição. No paciente com DPAR, o olho afetado comporta-se como se percebesse uma luz mais fraca do que o outro; assim, ambas as pupilas contraem-se menos quando o olho afetado é estimulado. Assim, se você ilumina o OD de um paciente com DPAR em OE, as pupilas se contraem. Quando você muda a luz para o OE, ela é percebida como mais fraca, e as pupilas se dilatam. Note que esse é um DPA *relativo* e indica diferença na resposta pupilar entre os olhos. Se ambos os olhos estiverem alterados, pode não haver DPAR.

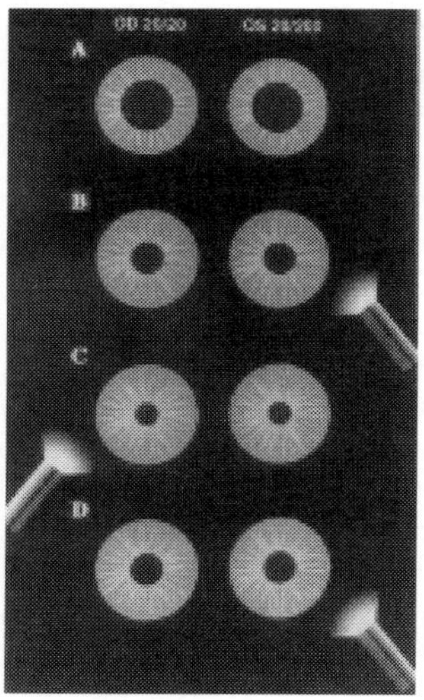

DPAR à esquerda. *A*, As pupilas são iguais em luz fraca. *B*, Luz em OE resulta em constrição fraca e parcial nos dois olhos. *C*, Luz em OD resulta em constrição forte e normal nos dois olhos. *D*, A luz mudada rapidamente para OE resulta em dilatação das pupilas. (De Tasman W, Jaeger EA: The Wills Eye Hospital Atlas of Clinical Ophthalmology. Philadelphia, Lippincott-Raven, com permissão.)

6. Em que áreas anatômicas uma lesão pode causar um DPAR?

Uma lesão em qualquer parte da via pupilar aferente pode causar DPAR – ou seja, retina, nervo óptico, quiasma óptico, trato óptico ou ao longo do curso das fibras pupilares do trato óptico ao núcleo pré-tectal. As fibras pupilares deixam o trato óptico antes do corpo geniculado lateral. Qualquer lesão do corpo geniculado lateral não causa DPAR. A lesão retiniana só causa DPAR se for muito extensa. A lesão de NO causa DPAR ipsilateral. A lesão no quiasma óptico causa DPAR se um nervo for mais acometido do que o outro. A lesão no trato óptico causa DPAR no olho com maior defeito de campo. Tipicamente as lesões tumorais do trato óptico produzem DPAR ipsilateral e as lesões isquêmicas, DPAR contralateral. Uma lesão encefálica na área do núcleo pré-tectal pode causar DPAR sem déficit visual.

7. O que é anisocoria? Como o paciente com anisocoria deve ser examinado?

É a diferença de tamanho entre as pupilas. Nesses pacientes, as pupilas devem ser medidas sob luz forte e fraca. Se a anisocoria for maior na luz forte, a pupila maior é alterada e contrai-se pouco, geralmente por defeito na inervação parassimpática. Se a anisocoria for maior em luz fraca, a pupila menor é afetada por dilatar pouco, geralmente por defeito na inervação simpática. Se a diferença de tamanho das pupilas se mantém em luz fraca e forte, a anisocoria é fisiológica, e não patológica.

8. **Quais são os diagnósticos diferenciais de uma pupila dilatada (unilateral) e pouco reativa?**
   1. Paralisia do III NC
   2. Paralisia farmacológica (em medicação anticolinérgica como atropina)
   3. Pupila tônica de Adie
   4. Dano na íris (como ruptura da íris por trauma ou sinéquias posteriores por inflamação)

9. **Quais são os achados clínicos da paralisia do III NC?**

O III par inerva os retos superior, medial, inferior e o OI e o músculo elevador da pálpebra. Na paralisia completa de III, há ptose completa, o olho vira para baixo e para fora e não se movimenta medialmente, para cima ou para baixo. As fibras parassimpáticas que inervam o esfíncter pupilar seguem junto com o III NC; se houver dano nessas fibras, a pupila estará dilatada e não-reativa.

10. **Quais são as causas de paralisia do III NC?**

Em adultos são: (1) isquemia microvascular do nervo, (2) aneurisma (geralmente da artéria comunicante posterior), (3) trauma e (4) tumor. Em crianças, o aneurisma é raro e deve-se considerar a migrânea oftalmoplégica.

11. **Qual é o significado do envolvimento ou não da pupila na paralisia do III NC?**

O envolvimento da pupila sugere lesão compressiva, como aneurisma ou tumor. Se a pupila for poupada, sugere isquemia microvascular. As fibras parassimpáticas estão na parte externa do III par e são mais suscetíveis à compressão externa e menos suscetíveis à isquemia, a qual é axial no nervo.

12. **Qual é a rotina diagnóstica adequada para a paralisia do III NC isolada que poupa a pupila?**

Nos pacientes do grupo etário vasculopático, a causa mais comum é isquemia microvascular. Os pacientes devem ser seguidos na esperança de melhora do desvio ocular. Deve-se fazer uma triagem para DM e HAS. Se não houver melhora em três a seis meses, deve-se utilizar o método de neuroimagem. Os pacientes abaixo da idade de vasculopatia devem fazer RNM; se negativa, devem ser observados.

13. **Qual é a rotina diagnóstica adequada para a paralisia do III NC isolada com envolvimento da pupila?**

O primeiro passo é uma RNM de urgência. Se for negativa, deve-se fazer uma angiografia cerebral para excluir aneurisma. Nos pacientes com idade inferior a 10 anos, com RNM normal, a angiografia não precisa ser feita, pois a chance de aneurisma é muito baixa. Dez anos é uma idade arbitrária baseada no princípio de que os aneurismas são raros em crianças pequenas.

14. **O que é a pupila tônica de Adie? Qual é a sua história natural?**

É um defeito pós-ganglionar na inervação parassimpática da pupila. Os achados clínicos são a pupila dilatada, a qual é ligeiramente irregular e mostra constrição segmentar da íris na lâmpada.

Pode haver dissociação luz-perto, com as fases características de constrição lenta e tônica e de redilatação. Essa condição é benigna e afeta mulheres entre a segunda e a quarta décadas (ver figura adiante).

15. Como você testa a pupila de Adie?

Há constrição com pilocarpina diluída a 1/8%, enquanto a pupila normal não reage. É um resultado da hipersensibilidade da denervação.

16. O que é a síndrome de Horner?

É a síndrome clínica caracterizada por ptose, miose e, ocasionalmente, anidrose (ver figura). É causada por lesão na inervação simpática para o olho.

17. Qual é a causa da ptose na síndrome de Horner?

A ptose é gerada pelo tônus simpático diminuído para o músculo de Mueller. Esse músculo é responsável pela elevação em 2 mm da PS; portanto, a ptose é leve (2 mm).

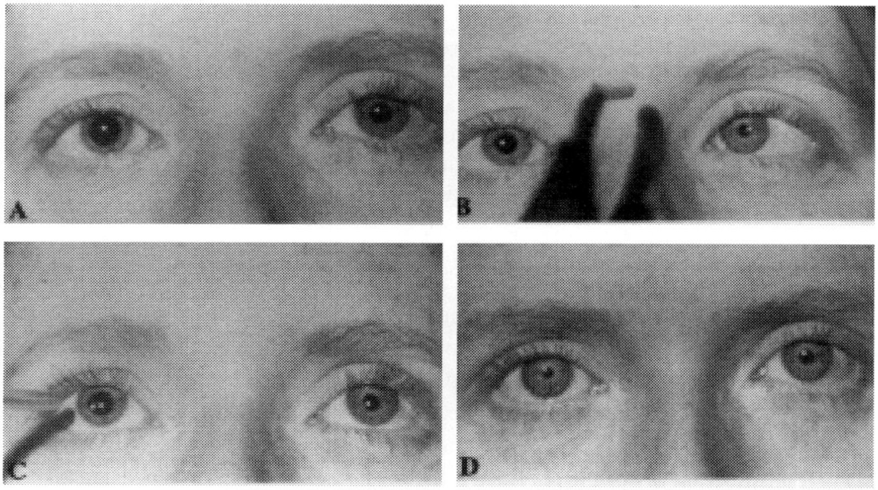

Pupila tônica de Adie em OD. *A*, Anisocoria com pupila direita maior que esquerda. *B*, A pupila direita tem constrição no olhar para perto. *C*, A pupila direita responde fracamente à luz. *D*, A pupila direita tem constrição importante com pilocarpina 1/8%, enquanto a pupila esquerda não. (De Tasman W, Jaeger EA: The Wills Eye Hospital Atlas of Clinical Ophthalmology. Philadelphia, Lippincott-Raven, 1996, p. 298, com permissão.)

18. Quais são as causas possíveis da síndrome de Horner?

O trajeto da inervação simpática para o olho foi discutido na Questão 3. Uma lesão em qualquer ponto desse trajeto pode gerar síndrome de Horner. A lesão isolada de um neurônio de terceira ordem geralmente é benigna. A lesão de neurônio de segunda ordem é mais preocupante e pode ser causada por tumores do ápice pulmonar ou por dissecção carotídea. A lesão isolada de neurônio de primeira ordem é incomum. É encontrada em síndrome desmielinizante, em AVC e em tumores.

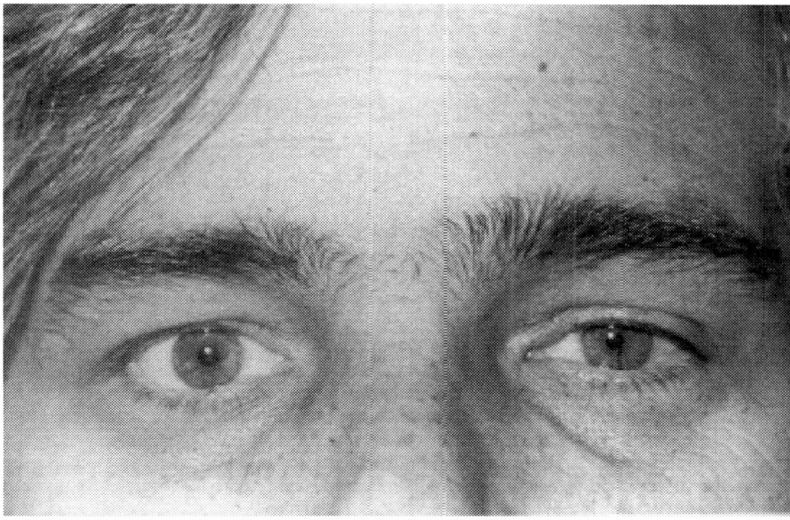

Síndrome de Horner com ptose e miose à esquerda. Note que a PIE está mais alta do que a PID. Essa ptose inversa ocorre pela interrupção da inervação simpática para o análogo do músculo de Mueller na PI.

19. Como você testa a síndrome de Horner?

Teste da cocaína. Ela bloqueia a retomada de norepinefrina. A pupila normal dilata em resposta à cocaína, enquanto na síndrome de Horner não há dilatação.

20. Que teste farmacológico ajuda a localizar a lesão na síndrome de Horner?

A localização é importante pela etiologia e pelo enfoque diagnóstico serem diferentes, dependendo do sítio da lesão. A hidroxianfetamina a 1% causa liberação de epinefrina da junção do neurônio de terceira ordem com a íris; na lesão do neurônio de terceira ordem não há resposta pupilar às gotas de hidroxianfetamina. Nas lesões de neurônios de primeria e segunda ordem, ocorre dilatação pupilar com a droga.

21. O que é a dissociação luz-perto? Quais são as causas possíveis?

Na dissociação luz-perto, a pupila não tem constrição na luz, mas responde à fixação para perto. As causas incluem: (1) síndrome de Adie, (2) síndrome do mesencéfalo dorsal (síndrome de Parinaud), (3) pupila de Argyll-Robertson e (4) cegueira por causa aferente anterior.

22. O que é a pupila de Argyll-Robertson?

As pupilas de Argyll-Robertson são pequenas e, geralmente, irregulares, não respondem à luz, mas têm uma forte resposta para perto. A causa da pupila de Argyll-Robertson é a sífilis terciária.

23. O que é a síndrome de Parinaud?

É encontrada na síndrome do mesencéfalo dorsal e é composta por (1) dissociação luz-perto, (2) paralisia do olhar para cima e (3) retração palpebral.

BIBLIOGRAFIA

1. Burde RM, Savino PJ, Trobe JD: Clinical Decisions in Neuro-Ophthalmology, 2nd ed. St. Louis, Mosby, 1992, pp 321-338.
2. Miller NR: Walsh and Hoyt's Clinical Neuro-Ophthalmology, 4th ed, vol 2, Baltimore, Williams & Wilkins, 1995, pp 400-556.
3. Newell FW: Ophthalmology: Principles and Concepts, 8th ed. St. Louis, Mosby, 1996, pp 165-174.

31. DIPLOPIA

Julian D. Perry, M.D.

1. O que é diplopia?

É o sintoma em que o paciente vê duas imagens de um único objeto. Ela pode ser mono ou binocular. Verifique se a visão dupla some com a oclusão monocular. Caso não desapareça, a diplopia é monocular. Caso desapareça, é binocular.

2. Liste as causas de diplopia monocular.

Começando pelos óculos e indo posteriormente:

- Erro refrativo: o astigmatismo é a causa mais comum de diplopia monocular.
- Calázio ou outro tumor de pálpebra causando astigmatismo irregular.
- Ceratopatia: ceratocone, astigmatismo irregular (use o retinoscópio para ver o reflexo em tesoura).
- Atrofia de íris, policoria, pupila grande e não-reativa.
- Catarata, cristalino subluxado, descentração de LIO, opacidade de CP.
- Doença da retina pode causar metamorfopsia ou aniseiconia.
- Considere também a etiologia psicológica.

3. Quais são as causas de diplopia binocular?

Podem ser divididas em três grandes grupos:

1. Neuropatia. A patologia pode ser supranuclear, nuclear ou infranuclear. Os sinais e os sintomas geralmente localizam a lesão, e as etiologias específicas freqüentemente atacam certas áreas do SNC. As neuropatias específicas incluem o infarto vasoclusivo, a compressão, a inflamação, a desmielinização e a degeneração.

2. Miopatia. Pode haver acometimento nos músculos extra-oculares. As miopatias incluem pseudotumor inflamatório, miosite e oftalmopatia da tireóide (OT).

3. Distúrbios da junção neuromuscular. A principal etiologia da categoria é a miastenia grave (MG).

4. Quais são as causas de diplopia intermitente?

As mais comuns são MG, OT, foria descompensada e esclerose múltipla (EM). Outras causas são o espasmo de acomodação, o nistagmo de convergência-retração e a neuromiotonia ocular.

5. Qual é o sinal mais importante na paralisia do III nervo craniano?

A presença de uma pupila grande e arreativa. A paralisia de III com envolvimento da pupila é uma emergência. Deve-se descartar aneurisma.

6. Qual é a investigação para a paralisia do III com envolvimento da pupila?

Em adultos, faça uma RNM (MRI/A) ou uma angiografia com TC espiral. Se os resultados forem sugestivos de aneurisma ou mesmo negativos, faça uma arteriografia. Em crianças, faça uma RNM independente do estado da pupila. Se os resultados forem negativos, em crianças, geralmente, não se faz angiografia.

7. Por que os aneurismas acometem a pupila na paralisia do III e o infarto não?

As fibras pupilares parassimpáticas correm superficial e dorsomedialmente no III par enquanto cruza o espaço subaracnóide. Essas fibras são acometidas primeiro na lesão compressiva. O infarto isquêmico geralmente ocorre no centro do nervo, mantendo as fibras superficiais intactas.

8. Qual é a rotina diagnóstica para a paralisia do III par completa isolada, mas que poupa a pupila no grupo etário de vasculopatias?

Uma lesão que comprima as fibras centrais do III par o suficiente para produzir uma paresia completa deve afetar as fibras pupilares periféricas para produzir algum grau de envolvimento pupilar. Caso contrário, a possibilidade de aneurisma ou outra etiologia compressiva é muito baixa. O paciente pode ser tratado caso seja diagnosticada uma etiologia vasoclusiva. A investigação deve incluir, no mínimo, a medida da PA e a glicemia pós-prandial (duas horas). Se o paciente tiver sintomas de arterite de células gigantes (ACG), verifique a VHS, administre corticóides e faça uma biópsia de artéria temporal; caso contrário, o paciente pode ser reexaminado em seis semanas. Alguns médicos reexaminam em cinco dias para ter certeza de que a pupila permanece poupada.

9. Quais são as causas de neuropatias isoladas de nervos cranianos?

Muitas são idiopáticas, mas as causas são as seguintes:

Neuropatia Cranial	*Etiologia*
III sem pupila	Adultos: infarto, trauma, ACG, tumor, raramente aneurisma Crianças: congênita, trauma, tumor, aneurisma, enxaqueca
III com pupila	Geralmente aneurisma da artéria comunicante posterior (raramente, basilar)
IV	Adultos: infarto, trauma, ACG, congênita Crianças: congênita, trauma
VI	Adultos: infarto, trauma, tumor, EM, Wernicke, sarcóide, ACG, herpes zoster, Lyme, elevação da PIC como no pseudotumor cerebral Crianças: trauma, tumor, pós-viral

10. Como você pesquisa a paralisia do IV par na presença de paralisia do III?

É importante testar isoladamente as funções troclear, óculo-motora e abducente em pacientes com paralisia do óculo-motor para localizar a lesão. Como a paralisia de III pode impedir a adução, pode ser difícil testar a função do IV. Quando o paciente tenta olhar para baixo e para dentro com o olho parético, você observa inciclotorsão se o troclear estiver intacto.

11. O que mais você deve saber sobre a paralisia do III?

1. A regeneração aberrante não ocorre após uma paralisia por oclusão vascular (DM, por exemplo).

2. A regeneração aberrante primária é muito sugestiva de uma lesão que comprime lentamente o nervo, geralmente um meningioma intracavernoso ou um aneurisma.

3. A paresia de uma divisão do III par pode ocorrer em qualquer lugar entre o mesencéfalo e a órbita. A paralisia da divisão superior envolve ptose e a impossibilidade de elevar o olho. A paralisia da divisão inferior que envolve a pupila deve ser examinada com urgência, como na Questão 6.

4. Sempre considere MG e OT na avaliação da diplopia, mesmo se a paralisia "isola" um nervo craniano específico.

12. Descreva o teste dos três passos.

É um teste para avaliar se a paralisia ocorre por paresia de OS ou por outras causas.

Passo 1: Que olho está com hipertropia? Se for OD, a paralisia pode ser causada por qualquer dos músculos circundados no passo 1. Determine quais podem ser.

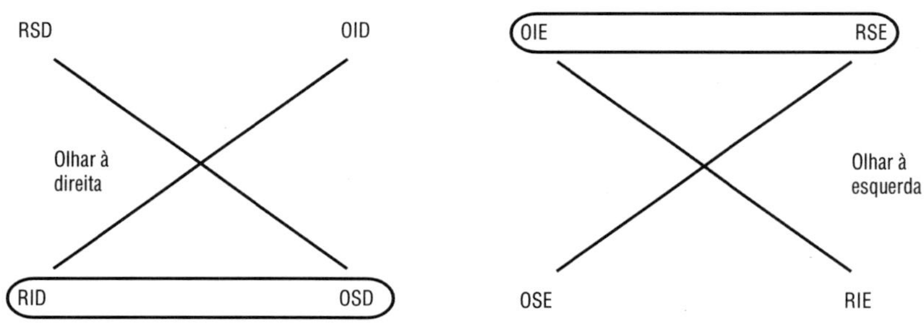

Passo 1

Passo 2: A hipertropia piora no olhar para a D ou para a E? Isole os músculos. A paralisia de OSD piora a hipertropia D no olhar para a E.

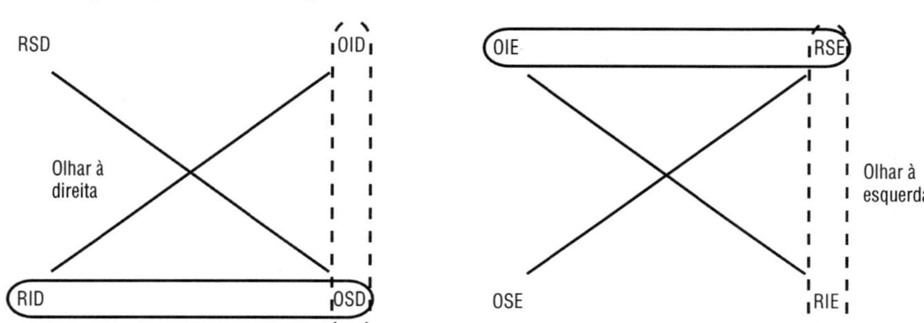

Passo 2

Passo 3: A hipertropia piora tombando a cabeça à D ou à E? O músculo isolado em todos os três passos é o parético. A paralisia de OSD mostra um aumento da hipertropia na inclinação de cabeça para a D. As lentes de Maddox podem ser usadas para determinar se a paralisia do VI nervo é bilateral. Se a exciclotorção for maior do que 10°, há paralisia bilateral.

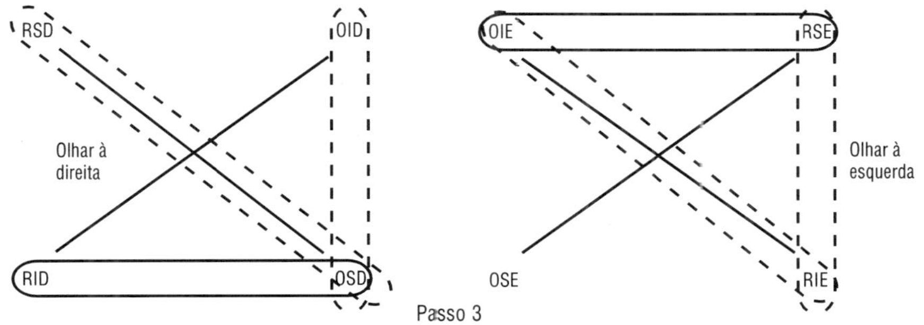

(Figuras da American Academy of Ophthalmology: Pediatric Ophthalmology: Pediatric Ophtalmology and Strabismus, Section 6. San Francisco, American Academy of Ophthalmology, 1992-1993, com permissão.)

13. Qual é o melhor procedimento para tratar a paralisia de OS não-resolvida? É preciso memorizar as regras de Knapp?

Knapp publicou seu esquema há muitos anos, e muitos cirurgiões usam esquemas similares. Você não precisa memorizar o esquema, mas deve entendê-lo. São três opções cirúrgicas:

1. Fortalecer o OS paralisado (*tucking*).
2. Enfraquecer o OI antagonista ipsilateral.
3. Enfraquecer o RI conjugado contralateral.

Tipicamente, opera-se o músculo que age no campo de visão onde a diplopia piora. Por exemplo, se a hipertropia de OE na paralisia de OSE piora no olhar para baixo, considere o *tucking* de OSE ou o retrocesso de RID, com preferência para o último, pois pode ser usada uma técnica de sutura ajustável, não havendo possibilidade de existir síndrome de Brown iatrogênica.

14. Explique a técnica de Harada-Ito.

A cirurgia envolve o deslocamento anterior e lateral da porção anterior do OS parético. Ela é usada inicialmente para corrigir exciclotorção, mas corrige um pouco da hipertropia. A quantidade de inciclotorção gerada é variável, mas geralmente a cirurgia tem bons resultados.

15. O que mais você deve saber sobre a paralisia do IV nervo?

1. Ele é o mais longo e é mais comumente lesado em trauma dos pares cranianos.

2. Pacientes de qualquer idade com paralisia do IV e com amplitude de fusão vertical aumentada não precisam de outras avaliações; eles têm paralisia "congênita" descompensada.

3. Sempre considere MG e OT na avaliação da diplopia, mesmo se a paralisia "isola" um nervo craniano específico.

16. Cite as maiores causas de déficit de abdução além das neuropatias.

Restrição de RM

Trauma (encarceramento, dano direto)

Pseudotumor inflamatório, miosite
OT
Espasmo do reflexo para perto
Miastenia grave

17. Como você trata a paralisia do VI nervo não-resolvida?

1. Enfraqueça o RM ipsilateral com o fortalecimento do RL ipsilateral.
2. Procedimento de transposição vertical.
3. A injeção de toxina botulínica (Botox) pode ser associada aos procedimentos citados anteriormente.

18. O que mais você deve saber sobre a paralisia do VI nervo?

1. Ela pode ocorrer como sinal não-específico de aumento da PIC, podendo também seguir-se a uma punção lombar.
2. Em caso de paralisia bilateral, você deve pensar em tumor, EM, hemorragia subaracnóide ou infecção. Não afirme ser um infarto sem pesquisar antes.
3. Em crianças com paresia bilateral, reconsidere o estrabismo e faça o teste dos olhos de boneca. O sinal deve ser incompleto no distúrbio parético.
4. As fibras simpáticas de terceira ordem juntam-se brevemente ao VI nervo no seio cavernoso. A paralisia de VI com síndrome de Horner aponta para essa região.
5. Sempre considere MG e OT na avaliação da diplopia, mesmo se a paralisia "isola" um nervo craniano específico soa familiar?

19. Que conjuntos de sintomas localizam a lesão nas paralisias nervosas?

Sintomas/Sinais	*Síndrome*	*Localização Anatômica*
Paralisia ipsilateral do III com hemiplegia do fascículo contralateral	Weber	Fascículo do III nervo no mesencéfalo e pedúnculo cerebral
Paralisia ipsilateral do III com movimentos coréicos contralaterais	Benedickt	Fascículo do III nervo no mesencéfalo e núcleo vermelho
Paralisia ipsilateral do VI com perda auditiva e dor facial	Gradenigo	Ápice petroso
Paralisia do olhar ipsilateral com parali sia facial, síndrome de Horner e surdez	Foville, síndrome da artéria cerebelar ântero-inferior	Ponte dorsolateral
Paralisia ipsilateral do VI e do VII com hemiparesia contralateral	Millard-Gubler	Ponte anterior paramedial
Paralisia do III, IV e VI (V_1, V_2) com síndrome do Horner e regeneração primária aberrante	Síndrome do seio cavernoso	Seio cavernoso
Paralisia do III, IV e VI (V_1), geralmente com proptose	Síndrome da fissura orbitária superior	Fissura orbitária superior
Paralisia do V, VI, VII e VIII	Tumor do ângulo ponto-cerebelar	

20. O que é a oftalmoplegia internuclear (OIN)?

O fascículo longitudinal medial carrega as fibras do núcleo do VI de cada lado para o subnúcleo do RM contralateral para coordenar o olhar horizontal. Essa área do SNC pode ser atingida por desmielinização, isquemia ou tumor. Observa-se adução ipsilateral diminuída e nistagmo de abdução contralateral na tentativa de olhar contralateral. A velocidade sacádica pode estar diminuída no olho adutor e pode ser o único sinal de uma OIN sutil. A OIN bilateral é comum, geralmente apresentando-se com exotropia e nistagmo de batimento superior na tentativa de convergência, além dos achados anteriores.

21. Diga tudo que é relevante sobre a miastenia grave.

Os sintomas mais comuns são ptose e diplopia intermitentes, e a variação circadiana aumenta a suspeita. Ao exame, a ptose piora no olhar prolongado para cima e a força do orbicular está comprometida. A MG pode simular a paralisia isolada de qualquer dos nervos que movem o olho ou a OIN. O teste do Tensilon (cloreto de edrofônio), uma anticolinesterase de curta duração, melhora os sinais e os sintomas da MG. Um teste positivo de anticorpo para o receptor da acetilcolina apóia o diagnóstico. Colocar uma compressa de gelo por 2 a 3 minutos sobre a *pálpebra* ptótica em geral melhora a ptose e confirma o diagnóstico. Neste caso, a avaliação deve incluir RNM do tórax e estudo da tireóide para descartar timoma e hipertireoidismo associados. A miastenia que for puramente ocular após dois anos costuma permanecer assim. O tratamento inclui inibidores de longa duração da colinesterase, corticóides e plasmaferese.

22. Como é feito o teste do Tensilon?

Dez miligramas da droga são aspirados em seringa. Administram-se 2 mg EV para a observação de reação adversa ou de resposta positiva. Se nada ocorrer após dois minutos, o restante é aplicado aos poucos ou em bolo. O teste positivo mostra melhora da expressão facial, da posição da pálpebra e da diplopia três minutos após a injeção, e é bastante específico para MG; contudo, pode ocorrer falso-negativo. A EMG deve apresentar melhora após a administração de Tensilon. Deve-se ter atropina preparada para reação adversa (cãibras abdominais e bradicardia são comuns).

23. O que é a insuficiência de convergência?

Tipicamente, apresenta-se com astenopia ou diplopia para perto. O diagnóstico é feito pela observação de exotropia a 33 cm, ou um PPC anormalmente distante (> 3-6 cm para pacientes com menos de 20 anos; > 12 cm para pacientes com mais de 40 anos), e amplitudes de fusão inadequadas. O paciente pode aduzir totalmente nas versões e o desvio é comitante para uma dada distância. A condição raramente é associada com tumores ou outras patologias sérias. Os pacientes são tratados com exercícios para o ponto próximo, como focar na extremidade do lápis enquanto movem o braço em direção ao rosto.

24. O que é um desvio "em parafuso"?

É um desvio vertical em que não se pode isolar um músculo ou um grupo de músculos como responsáveis. Está quase sempre associado com anormalidades da fossa posterior e suas manifestações.

25. Que outras condições supranucleares produzem diplopia?

A paralisia supranuclear progressiva produz uma série de distúrbios sistêmicos e de motilidade ocular que incluem bradicinesia, rigidez axial e dificuldade na movimentação ocular vertical. Se houver diplopia, essa deve-se à dificuldade de convergência. De maneira similar, o paciente com Parkinson, com doença de Huntington ou com síndrome do mesencéfalo dorsal de Parinaud pode ter diplopia para perto por dificuldade de convergência.

26. Explique a paresia de divergência.

Os pacientes com paresia de divergência apresentam esodesvio para longe com diplopia. São aptos para fundir para perto. O esodesvio é comitante e as versões horizontais são normais. A paresia de divergência tende a ser benigna e autolimitada; mas, como pode ser associada com infecção, desmielinização ou tumores, deve-se fazer RNM.

BIBLIOGRAFIA

1. Brazis PW, Masdeu JC, Biller J: Localization in Clinical Neurology, 3rd ed. Boston, Little, Brown, 1994.
2. Burde RM, Savino PJ, Trobe JD: Clinical Decisions in Neuro-ophthalmology, 2nd ed. St. Louis, Mosby-Year Book, 1992.
3. Cone RA: Diplopia. Amsterdam, Excerpta Medica, 1973.
4. Harada M, Ito Y: Surgical correction of cyclophoria. Jpn J Ophthalmol 8:88-92, 1964.
5. Mein J, Trimble R: Diagnosis and Management of Ocular Motility Disorders, 2nd ed. London, Blackwell Scientific Publication, 1991.
6. Miller NR, Newman NJ: Walsh and Hoyts' Clinical Neuro-Ophthalmology, 5th ed. Baltimore, Williams & Wilkins, 1998.
7. Walsh TJ: Neuroophthalmology: Clinical Signs and Symptoms, 2nd ed. Philadelphia, Lea & Febiger, 1985.
8. von Noorden GK: Binocular Vision and Ocular Motility: Theory and Management of Strabismus, 5th ed. St. Louis, Mosby, 1996.

32. NEURITE ÓPTICA

Barry Schanzer, M.D., e *Peter Savino*, M.D.

1. O que é neurite óptica (NTO)?

É uma inflamação do nervo óptico. Pode ser idiopática ou associada a um distúrbio sistêmico.

2. Que doenças sistêmicas estão associadas com a neurite óptica?

A mais comum é a esclerose múltipla (EM). Mas a sífilis, a sarcoidose, a Lyme e outras doenças colágeno-vasculares, como a granulomatose de Wergener e o lúpus eritematoso sistêmico, podem estar associadas em freqüência menor.

3. Quem comumente apresenta neurite óptica?
Mulheres entre 15 e 45 anos de idade.

4. Quais são os achados típicos da neurite óptica?
Há uma perda aguda ou subaguda da visão que pode progredir por 10-14 dias. A AV varia de 20/20 até SPL. Mesmo que a AV seja 20/20, o paciente apresenta defeito para a visão de cores, para a sensibilidade ao contraste ou ao campo visual. Se a neurite for unilateral, há um defeito pupilar aferente. O disco óptico pode estar edemaciado ou normal.

5. Qual é o teste com maior sensibilidade para pacientes com neurite óptica?
A sensibilidade ao contraste.

6. A dor na movimentação ocular é comum?
Ocorre dor periocular ou exacerbada pela movimentação em 92% dos pacientes, segundo o Protocolo de Tratamento em Neurite Óptica (ONTT).

7. Que defeitos de campo são encontrados nos pacientes?
O defeito de CV clássico é o escotoma central, mas o ONTT encontrou que qualquer defeito de CV pode ser compatível, incluindo os defeitos altitudinais, arqueados ou difusos.

8. Qual é a história natural da neurite óptica?
A perda de visão pode evoluir por 10-14 dias, devendo, então, estabilizar-se, para posteriormente iniciar a melhora.

9. Qual é o prognóstico visual esperado para os pacientes com neurite óptica?
O ONTT encontrou que, em 12 meses, 93% dos pacientes tinham AV 20/40 ou melhor; 69% tinham 20/20 ou mais; 3% tinham 20/200 ou pior.

10. Quais são os indicativos de mau prognóstico?
O ONTT encontrou que o único fator associado com o mau prognóstico foi a baixa AV na instalação. Mesmo assim, todos os pacientes com AV inicial de 20/200 ou menos mostraram alguma melhora. Contudo, 5% ainda tinham 20/200 ou menos após seis meses.

11. Quais são os objetivos do ONTT?
O ONTT foi um protocolo clínico multicêntrico, randomizado e prospectivo para determinar se a administração de corticosteróides é benéfica na neurite óptica. O objetivo secundário era determinar o risco de desenvolvimento de EM nesses pacientes. Eles foram divididos em três grupos de estudo. Um grupo recebeu placebo oral; outro recebeu predinisona oral, 1mg/kg/dia por 14 dias; e o tercerio recebeu solumedrol EV, 250 mg cada seis horas por três dias, seguido de predinisona oral, 1mg/kg/dia por 11 dias.

12. Quais foram as conclusões sobre o tratamento?
A AV, após seis meses, não mostrou diferença significativa entre os grupos, mas os pacientes tratados com solumedrol EV recobraram a AV mais rápido. O resultado surpreendente foi que os pacientes tratados com predinisona oral, 1mg/kg/dia por 14 dias tiveram incidência aumentada de

recorrência de neurite óptica no mesmo olho ou no outro. Concluiu-se que o tratamento com predinisona oral em dose de 1mg/kg/dia é contra-indicado em neurite óptica.

13. **Qual foi o fator de prognóstico mais positivo para o desenvolvimento de EM?**
A RNM alterada, para o desenvolvimento da EM definida clinicamente em dois anos. Os pacientes tratados com placebo, em cuja admissão para o protocolo tinham na RNM dois ou mais lesões na substância branca periventricular com 3 mm ou mais, desenvolveram EM em 36% dos casos. Os pacientes sem lesão desenvolveram EM em 17% dos casos, e aqueles sem sinais de anormalidade, em apenas 3% dos casos.

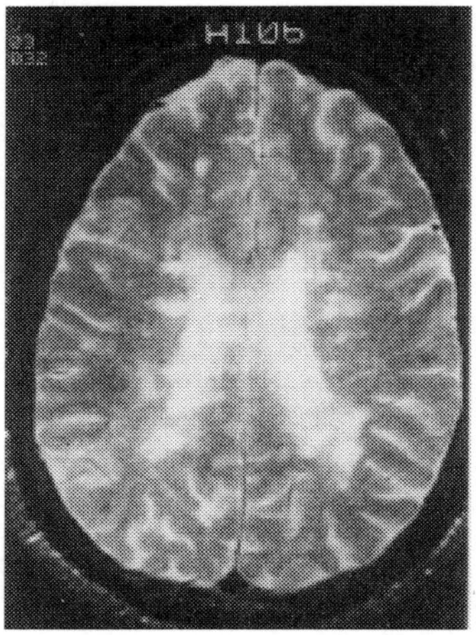

RNM alterada em paciente com EM. As lesões clássicas na substância branca periventricular são claras na imagem em T2.

14. **Quais foram os outros fatores preditivos para o desenvolvimento de EM?**
Neurite óptica no outro olho, sintomas neurológicos inespecíficos pregressos, raça branca e história familiar positiva. Embora existam relatos de que ser jovem e mulher aumente o risco de EM, isso não foi demonstrado no seguimento de dois anos do ONTT.

15. **Quais foram as conclusões sobre o efeito do tratamento no risco de desenvolver EM?**
O solumedrol EV diminui significativamente o risco de EM em dois anos, com benefício maior nos pacientes com RNM anormal, pois o grupo com RNM normal já tem incidência muito baixa de EM, independentemente de tratamento. Nos casos de duas ou mais lesões na RNM, a EM se desenvolveu em 36% dos pacientes tratados com placebo, em 32% dos tratados com predinisona e em 16% dos tratados com solumedrol. O risco caiu pela metade no tratamento com solumedrol. Após dois anos, o efeito benéfico começou a perder força e, aos três anos de seguimento, a incidência de EM era igual nos três grupos.

16. **Descreva a investigação apropriada e o tratamento nos pacientes com neurite óptica.**
Os pacientes com neurite óptica devem passar por RNM. Se for normal, não há necessidade de outras investigações, e deve-se acompanhar o caso. Se a RNM mostrar duas ou mais lesões típicas, deve-se tratar com solumedrol EV para diminuir o risco de desenvolvimento de EM pelos

próximos dois anos. O ONTT não encontrou benefícios válidos em testes sangüíneos para anticorpo antinúcleo ou fluorescência de anticorpos em pacientes com neurite óptica típica e sem outros sinais de doença do colágeno.

BIBLIOGRAFIA

1. Beck RW, Cleary PA, Anderson MM Jr, et al: A randomized, controlled trial of corticosteroids in the treatment of acute optic neuritis. N Engl J Med 326:581-588, 1992.
2. Beck RW, Cleary PA, Trobe JD, et al: The effect of corticosteroids for acute optic neuritis on the subsequent development of multiple sclerosis. N Engl J Med 329:1764-1769, 1993.
3. Beck RW, Trobe JD: What we have learned from the Optics Neurits Treatment Trial. Ophthalmology 102:1504-1508, 1995.
4. Burde RM, Savno PJ, Trobe JD: Clinical Decisions in Neuro-Ophthalmology, 2nd ed. St. Louis, Mosby, 1992, pp 41-49.

33. NEUROPATIAS ÓPTICAS E DISTÚRBIOS NEUROLÓGICOS

Janice A. Gault, M.D.

1. **Uma mulher jovem reclama de cefaléia. A AV é 20/20 em AO e não há indício de defeito pupilar aferente (DPA). Ela tem um defeito de CV bitemporal. De que você suspeita?**
De lesão quiasmática. Faça um exame de imagem para avaliar.

2. **O que pode simular um defeito de campo bitemporal?**
Retinite pigmentar setorial, coloboma e disco de inserção oblíqua (*tilted disc*).

3. **Uma paciente tem AV 20/20 em OD e 20/400 em OE e, nesse olho, apresenta DPA e visão de cores diminuída. O que você deve pesquisar em OD?**
Teste o CV em ambos os olhos. Um escotoma central em um lado pode ser acompanhado de perda de campo temporal superior no outro. Essa condição, chamada escotoma juncional, é encontrada em lesão quiasmática.

4. **Descreva a anatomia aplicada.**
No quiasma, as células ganglionares da retina nasal contralateral fazem uma volta com direção anterior no NO ipsilateral (joelho ou *loop* de Willebrand). A lesão nessa área causa escotoma central ipsilateral e defeito de campo súpero-temporal contralateral.

5. **Quais são os diagnósticos diferenciais para uma lesão que cause defeito de CV quiasmático?**
   - Tumor de pituitária

- Apoplexia pituitária
- Craniofaringioma (freqüente em crianças)
- Meningioma
- Glioma
- Aneurisma
- Trauma
- Infecção
- Glioma do NO
- Outros tumores raros

6. **Existe diferença no tratamento de tumores pituitários secretantes e não-secretantes?**

Sim. O prolactinoma secreta prolactina e pode ser tratado com sucesso com bromocriptina. Um tumor não-secretante geralmente requer cirurgia. Os pacientes devem ser examinados pelo endocrinologista pelos distúrbios hormonais.

7. **Que defeito de CV é freqüente em neuropatias ópticas tóxicas ou metabólicas?**

Escotomas bilaterais centrais ou cecocentrais. O NO mostra palidez temporal. Pode haver acometimento por álcool, tabaco, deficiência de vitamina B_{12}, bem como por drogas como cloranfenicol, etambutol, digital, cloroquina e isoniazida, além de metais pesados.

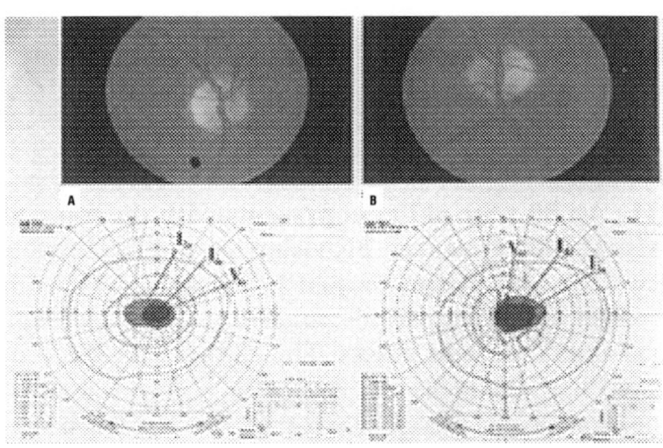

Pacientes com neuropatia óptica tóxica nutricional apresentam palidez temporal de NO (alto) com escotoma cecocentral bilateral (baixo) no perímetro de Goldmann. (De Tasman W, Jaeger EA: The Wills Eye Hospital Atlas of Clinical Ophthalmology. Philadelphia, Lippincott-Raven, 1996, com permissão.)

8. **O que pode causar a constrição do CV?**
- Retinite pigmentar
- Glaucoma terminal
- OT
- Drusa de NO
- Deficiência de vitamina A
- AVC occipital
- Panfotocoagulação de retina
- Histeria

9. **Como se diferencia a histeria de uma outra patologia?**

Teste o CV em duas distâncias. Quanto mais próximo da tela, menor deve ser o campo, fato que o paciente dificilmente sabe. Eles podem também apresentar CV cinético em espiral (veja capítulo de Campo Visual).

10. **Um homem de 65 anos nota piora súbita da AV em OE. A AV era de 20/50 em OD e 20/100 em OE, onde se nota DPA e distúrbio de visão de cores. O campo visual mostra defeito altitudinal inferior à E e é nomal à D. No FO, nota-se palidez e edema da porção superior do NO. Em que você pensa?**

Em neurite óptica isquêmica (NOI), na qual o defeito altitudinal é clássico. Há duas formas de NOI, arterítica e não-arterítica. Como o tratamento difere, elas devem ser diferenciadas. É importante questionar os sintomas de ACG, como perda de peso, anorexia, febre, claudicação da ATM, cefaléia, flacidez do escalpo, dor nas articulações proximais e muscular. Pesquise se a artéria temporal é palpável, macia e não-pulsátil. Solicite uma VHS se você achar a hipótese provável.

O paciente negou todos os sintomas e a VHS era 20. Ele foi diagnosticado como NOI não-arterítica. Como 50% desses pacientes apresentam DM, HAS ou doença cardiovascular, ele passou pelo clínico. Foi informado de que a chance de melhora da AV era baixa e de que deveria permanecer estável. Infelizmente não há tratamentos comprovados. Um estudo recente demonstrou que não há melhora com descompressão da bainha do NO. Com o tempo, o NO deve atrofiar-se na área afetada. Ele tem 35% de chance de acometimento do outro olho.

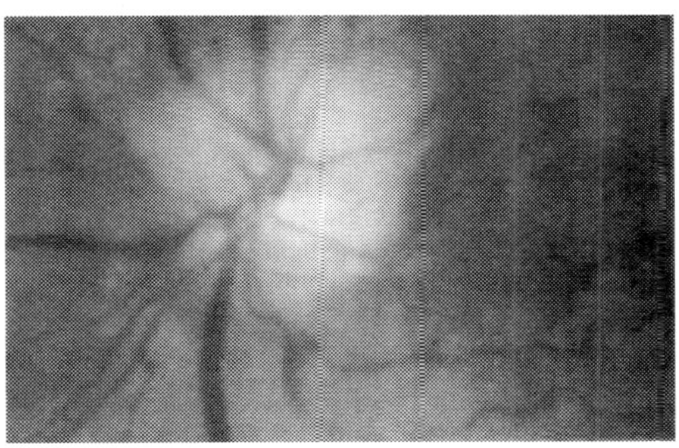

Edema pálido segmentar superior do NO em paciente com NOI não-arterítica. (De Tasman W, Jaeger EA: The Wills Eye Hospital Atlas of Clinical Ophthalmology. Philadelphia, Lippincott-Raven, 1996, com permissão.)

11. **Um homem de 80 anos apresenta a mesma história de perda visual súbita e o mesmo CV. Mas sua visão é CD a três metros e seu NO está pálido, com hemorragias em chama de vela. Ele relata dor na mandíbula ao mastigar, perda de peso de 5 kg e dificuldade para levantar-se. A artéria temporal está macia, sem pulso. A VHS é 120. O que você faz?**

Inicialmente, faz-se o diagnóstico de ACG e inicia-se o tratamento com metilpredinisolona EV, 250 mg de seis em seis horas por três dias. Há evidências de que tais doses altas possam diminuir a incidência de bilateralidade. Há risco de 30% de envolvimento do outro olho. Agende uma biópsia da artéria temporal.

12. A biópsia deve anteceder o tratamento com esteróides para assegurar o diagnóstico?
Absolutamente não. Os esteróides não afetam o resultado da biópsia por, pelo menos, sete dias. O efeito terapêutico é necessário imediatamente.

13. Que achados na biópsia fecham o diagnóstico?
A disrupção da lâmina elástica interna. As células gigantes costumam estar presentes, mas não são necessárias para o diagnóstico.

14. E se a biópsia for normal?
O diagnóstico é basicamente apoiado nos sintomas. A VHS pode até ser normal, mas a história sugestiva. Como pode haver áreas sadias, remova um pedaço grande da artéria. Às vezes, é preciso biopsiar o outro lado também.

15. O que mais pode indicar a ACG?
A amaurose fugaz, a paralisia de pares cranianos e a OACR.

16. Quais são os diagnósticos diferenciais dos *shunts* vasculares optociliares?

- Meningioma
- Glaucoma
- OVCR antiga
- Glioma de NO
- Papiledema crônico
- Doença idiopática

17. Uma mulher obesa de 30 anos apresenta cefaléias e diplopia esporádica. A AV é 20/20 em AO. Como você avalia?
Teste reflexos pupilares, visão de cores, CV e MOE; faça a biomicroscopia e o exame sob dilatação. Você nota que os NO estão edemaciados.

18. O que você faz agora?
Avaliação imediata da PIC. Inicialmente, faça uma TC ou uma RNM para excluir tumor. Se o exame for normal, faça a punção lombar. Se o único dado alterado for uma pressão de abertura elevada, diagnostica-se pseudotumor cerebral, também denominado de hipertensão intracraniana idiopática.

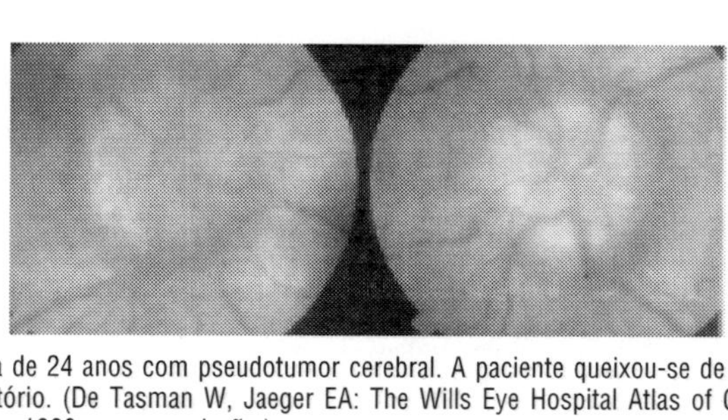

Papiledema em mulher obesa de 24 anos com pseudotumor cerebral. A paciente queixou-se de cefaléias intensas e de obscurecimento visual transitório. (De Tasman W, Jaeger EA: The Wills Eye Hospital Atlas of Clinical Ophthalmology. Philadelphia, Lippincott-Raven, 1996, com permissão.)

19. O que pode causar o pseudotumor cerebral?

- Obesidade
- Gravidez
- Esteróides
- Anticoncepcional oral
- Tetraciclina
- Ácido nalidíxico
- Vitamina A
- Causa idiopática

20. Como a paciente deve ser tratada?

Se ela não tiver dano de NO ao CV, indique perda de peso. Se a cefaléia continuar ou ela apresentar perda de AV ou CV, indica-se tratamento. As medicações incluem diuréticos (acetazolamida, por exemplo) ou esteróides sistêmicos. A descompressão da bainha do NO é usada para casos de perda grave de CV, e a derivação lombo-peritonial tem sido tentada para controlar a cefaléia. Se a PIO for elevada, deve ser tratada.

21. Por que a paciente tinha diplopia?

O aumento da PIC pode gerar paresia de VI par.

22. A mãe traz seu primeiro filho para exame. A criança tem seis meses e aparentemente não enxerga bem. O exame mostra hipoplasia de NO. Quais são os diagnósticos diferenciais?

A hipoplasia de NO parece ocorrer no primeiro filho de mães que são jovens e diabéticas ou que fizeram uso de LSD (dietilamida do ácido lisérgico), de fenitoína ou de álcool durante a gestação. Pode haver associação com a síndrome de Goldenhar ou com a displasia septo-óptica de Morsier. Esses apresentam nistagmo pendular e anomalia do quiasma. Pelo risco de retardo de crescimento, de diabete insípido e de outras anormalidades pituitárias, os pacientes com hipoplasia de NO devem ser submetidos a exame de imagem do quiasma óptico e a avalição endócrina.

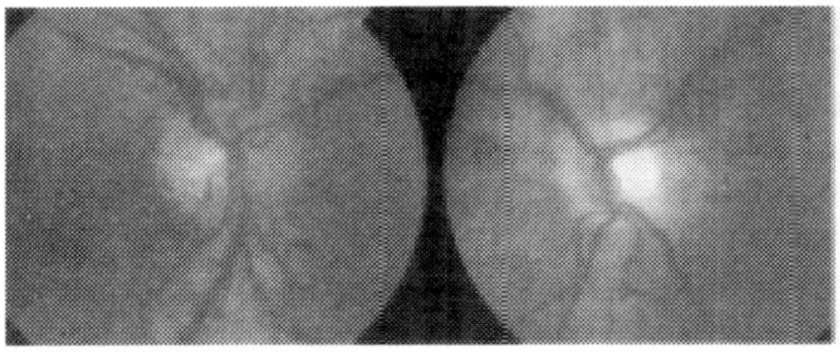

Hipoplasia do NO esquerdo. Há pouca quantidade de tecido nervoso nasalmente. Note o sinal de anel duplo. O NO direito é normal. (De Tasman W, Jaeger EA: The Wills Eye Hospital Atlas of Clinical Ophthalmology. Philadelphia, Lippincott-Raven, 1996, com permissão.)

23. Como você diferencia entre papiledema e pseudopapiledema?

O pseudopapiledema não é um edema de NO. Os vasos circundantes não estão obscurecidos, o disco não está hiperemiado e as fibras nervosas peripapilares estão normais. O pulso venoso espontâneo sugere fortemente pseudopapiledema. Não há hemorragias nas camadas de fibras nervosas. As causas incluem drusa de NO e anomalia congênita do disco.

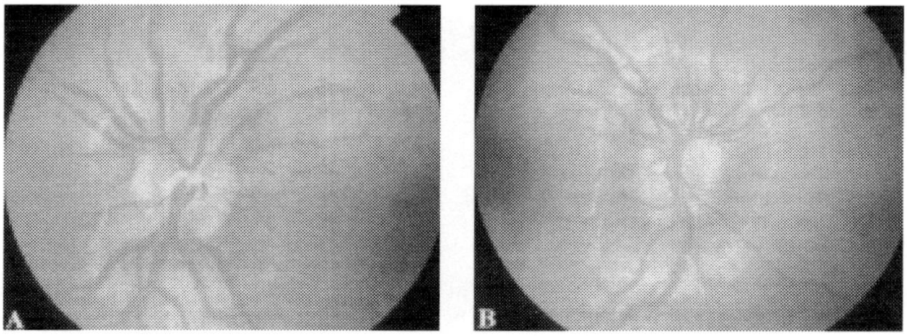

Pseudopapiledema (*A* e *B*) sem escavação. Os vasos emergem do centro do nervo e seguem o curso pela retina sem obscurecimento por edema, hemorragia ou exsudatos. (De Tasman W, Jaeger EA: The Wills Eye Hospital Atlas of Clinical Ophthalmology. Philadelphia, Lippincott-Raven, 1996, com permissão.)

24. O paciente tem um defeito de CV superior bilateral à direita. Onde você suspeita que a lesão esteja?

O defeito em *pie in the sky** indica lesão no lobo temporal. As fibras inferiores curvam-se contornando o lobo temporal (*loop* de Meyer).

25. Que outros sintomas o paciente pode ter?

Alucinações formadas, *déjà vu* ou desmaios/convulsões uncinares.

26. E se o paciente tiver perdas de CV bilaterais inferiores à direita?

A lesão *pie on the floor*** indica lesão do lobo parietal. Os pacientes apresentam espasticidade do olhar conjugado e alteração do nistagmo optocinético.

27. Um paciente apresenta o CV ilustrado a seguir. Onde está a lesão?

No lobo occipital direito. Quanto mais congruente o defeito, mais posterior a localização. Além disso, a retina nasal é maior e faz um crescente temporal no CV do olho contralateral. Pode haver preservação ou divisão da mácula.

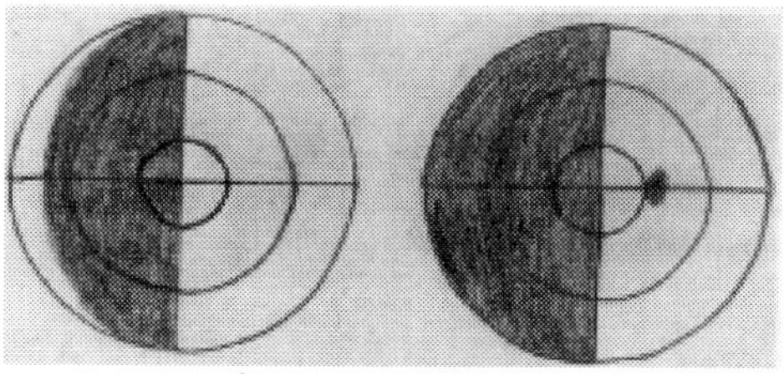

* N. do T. Formato de fatia de torta, em cunha superior.

** N. do T. Formato de fatia de torta, em cunha inferior.

28. O que mais o paciente pode apresentar?

Geralmente não há outros sintomas neurológicos. Se existirem, podem ser alucinações formadas, discromatopsia, prospagnosia e alexia sem agrafia.

29. O que causa a pseudo-síndrome de Foster-Kennedy?

Ela é caracterizada por atrofia óptica com edema de papila contralateral. A síndrome verdadeira ocorre por tumor frontal. A pseudo-síndrome geralmente ocorre por NOI aguda (NOIA) em um olho com atrofia contralateral por seqüela do mesmo processo no passado. O meningioma de prega olfativa também pode causar a pseudo-síndrome.

30. Um homem de 18 anos apresenta perda visual súbita em um olho e, a seguir, no outro olho, após alguns dias. Ele nega dor. A AV era 20/20 em ambos os olhos, com alteração da visão para cores e para edema discreto de papila bilateral com microangiopatias teleangiectásicas peripapilares. Os vasos acometidos não vazam na AFG. O que ele tem?

Neuropatia óptica hereditária de Leber, pois sua história é típica. A moléstia é transmitida por DNA mitocondrial materno; todas as mulheres portadoras transmitem-na à prole. Dez por cento das filhas e 50-70% dos filhos manifestam a doença. Todas as filhas são portadoras; entretanto, nenhum dos filhos é portador. Não há tratamento descrito, mas algumas mutações parecem apresentar melhora espontânea futura; assim, a avaliação genética da mitocôndria é importante.

BIBLIOGRAFIA

1. Burde RM, Savino PJ, Trobe JD: Clinical Decisions in Neuro-Ophthalmology, 2nd ed. St. Louis, Mosby, 1992.
2. Cullom RD Jr, Chang B: The Wills Eye Manual, 2nd ed. Philadelphia, J.B. Lippincott, 1994.
3. Kline LB, Bajandas FJ: Neuro-ophthalmology Review Manual, 4th ed. Thorofare, NJ, Slack, 1996.

VII. Oftalmoplástica

34. LACRIMEJAMENTO E SISTEMA LACRIMAL

Nancy G. Swartz, M.D., e *Marc S. Cohen*, M.D.

1. Descreva a anatomia do sistema de drenagrem de lágrimas.

As lágrimas passam pela conjuntiva e pela córnea em direção ao canto interno, onde entram pelos pontos lacrimais superior e inferior. Os pontos são pequenas aberturas nas pálpebras a 6-7 mm do canto interno, ficando em pequenas elevações de tecido – as papilas lacrimais –, e se dirigem posteriormente em direção ao globo.

A lágrima passa, então, pelos canalículos, os quais são ductos de mucosa de 10 mm de extensão que vão para o saco lacrimal. Sua primeira porção é um segmento vertical e dilatado, de 2 mm, chamado ampola. O canalículo curva-se, então, agudamente e segue logo abaixo da margem palpebral até o canto interno, onde, na maioria dos pacientes, os canalículos superior e inferior se unem em um comum. Em algumas pessoas, eles entram no saco lacrimal separados. O canalículo comum tem 3-5 mm de extensão e dilata-se para formar o seio de Maier antes de penetrar o saco lacrimal em sua parede póstero-lateral. Há uma dobra de mucosa cobrindo o óstio internamente (válvula de Rosenmüller) e prevenindo o refluxo de lágrimas. O músculo orbicular pré-tarsal envolve os canalículos e prende-se na parede do saco lacrimal. A contração e o relaxamento desse músculo bombeiam as lágrimas para dentro do canalículo e do saco e, possivelmente, através do duto nasolacrimal.

O saco lacrimal repousa na fossa óssea da parede medial formada pelos ossos lacrimal e maxilar, estando geralmente colapsado. A cabeça anterior do tendão cantal medial passa anteriormente ao saco, e a cabeça posterior passa posteriormente. O saco estende-se por 10 mm, iniciando-se poucos milímetros acima do tendão cantal, e estende-se inferiormente para o duto nasolacrimal.

O duto nasolacrimal segue inferiormente por um canal ósseo de 12 mm e continua por mais 3-5 mm antes de abrir-se no meato nasal inferior. Esse óstio também é protegido por uma dobra de mucosa, a válvula de Hasner. O óstio dista 30 mm da narina em adultos e 20mm em crianças.

2. O que causa o lacrimejamento?

O lacrimejamento, também denominado epífora, pode ser causado por aumento da produção de lágrimas ou por problema na drenagem. O excesso de lágrimas é produzido como reflexo da irritação corneana, a qual pode ser mecânica ou uma deficiência do filme lacrimal. A drenagem inadequada pode ocorrer por bloqueio do sistema de drenagem, como nas estenoses de ponto e canalicular, e nas obstruções do duto nasolacrimal. O mau posicionamento da pálpebra (ectrópio ou ectrópio de ponto), ou a sua frouxidão com déficit da função de bomba, também pode impedir a drenagem. Em muitos casos, o lacrimejamento é multifatorial.

3. O que é a bomba lacrimal e como a frouxidão da pálpebra inferior pode reduzir a sua função?

A excreção de lágrimas é facilitada pela bomba muscular nas pálpebras, a qual força as lágrimas através do sistema de drenagem por peristaltismo. A drenagem normal exige estrutura e função normais da pálpebra e patência do sistema de drenagem. O peristaltismo ocorre da seguinte forma: a lágrima entra no ponto por capilaridade. O saco lacrimal está colapsado e as lágrimas não entram. Durante o piscar, a contração do orbicular fecha o ponto, encurta e medializa o canalículo e abre o saco lacrimal. Isso força a lágrima medialmente pelo canalículo e cria uma pressão negativa no saco, sugando a lágrima. Quando o músculo relaxa, o saco lacrimal se colapsa, e a válvula de Rosenmüller impede o refluxo, forçando a lágrima inferiormente pelo duto até o nariz. Quando há frouxidão da pálpebra, esse mecanismo não funciona adequadamente.

4. Como detectar a frouxidão de PI?

Ela é causada pelo estiramento do tendão cantal medial e/ou lateral, o que pode ser verificado pelo teste de tração. Se a pálpebra inferior puder ser puxada mais de 6 mm do globo, ela está frouxa. A frouxidão do tendão cantal lateral gera um arredondamento do ângulo cantal lateral. Na frouxidão do tendão cantal medial, o ponto lacrimal pode ser puxado lateralmente até a altura do limbo corneano nasal. A perda de tônus do orbicular ocular também causa frouxidão de pálpebra, e é mais óbvia na paralisia de VII NC. O teste recomendado, nesse caso, é o teste do ricochete: a pálpebra é puxada inferiormente e solta bruscamente para reassumir sua posição. Se o retorno for imediato, o tônus muscular é bom. Se o paciente precisar piscar para a pálpebra retornar, o tônus é ruim.

5. Como se corrige a frouxidão de PI?

A frouxidão do tendão cantal lateral pode ser corrigida com um encurtamento horizontal da pálpebra na porção lateral. O braço inferior do tendão cantal lateral é desinserido do periósteo da órbita e faz-se um novo tendão com a porção lateral do tarso, que é reinserido no periósteo. Isso encurta a PI.

O encurtamento horizontal lateral também pode ser usado na frouxidão do tendão cantal medial leve, pois a plicatura do tendão cantal medial pode resultar em colabamento do ponto. Contudo, se a frouxidão de tendão cantal medial for intensa, deve-se realizar uma plicatura ou uma ressecção medial em cunha com reanastomose de ponto lacrimal com tubagem com silicone.

6. Por que os pacientes com olho seco reclamam de lacrimejamento?

Eles lacrimejam pela mesma razão de alguém que descasque uma cebola – irritação ocular que gera lacrimejamento reflexo. As anormalidades do filme lacrimal causam irritação de córnea. As anormalidades do filme lacrimal podem ocorrer por produção inadequada ou desbalanço entre os seus constituintes. A lágrima tem três camadas. A primeira é a mucina, feita nas células caliciformes da conjuntiva, que cobre o epitélio formando um filme macio e uniforme. A camada intermediária, aquosa feita nas glândulas lacrimais principal e acessórias, provendo oxigênio e nutrientes para a córnea. A camada superficial, lipídica, é feita nas glândulas de Meibomius palpebrais e previne a evaporação, formando uma interface macia para o piscar. Anormalidades em qualquer camada geram deficiência do filme lacrimal. Nesse caso, os epitélios corneano ou conjuntival podem corar-se com fluoresceína ou rosa bengala.

7. Como determinar se a produção de lágrimas é adequada?

O volume pode ser observado diretamente no menisco ou no teste de Schirmer. O menisco tem aproximadamente 1 mm de altura. O teste de Schirmer é realizado da seguinte forma: seque a conjuntiva palpebral com um algodão e coloque a extremidade dobrada de 5 mm da tira de papel de filtro de Whatman #41 no fórnice inferior entre os terços médio e externo da pálpebra, deixando por cinco minutos. Meça, então, a quantidade de papel de filtro molhado. Se for feita anestesia de córnea, você tem a medida da produção basal de lágrimas. O resultado normal é de pelo menos 10 mm. Se a córnea não for anestesiada, você tem a medida das produções basal e reflexa somadas; considere então como normal mais de 15 mm de papel molhado.

8. Como saber se a composição da córnea está normal?

O tempo de rotura diminuído e a presença de proteína, de muco ou de debris indicam a inadequação da lágrima. O tempo de rotura do filme lacrimal (But) é o tempo decorrido entre o piscar e o aparecimento de uma área seca na córnea. Ele é avaliado com instilação de fluoresceína e com a observação com filtro de cobalto. Não use outros colírios, pois eles podem alterar o teste. Meça então o tempo: se for inferior a 10 segundos, considere anormal.

9. O que são ectrópio e entrópio, e como se corrigem?

O ectrópio é a rotação externa da margem palpebral. O ectrópio involucional ocorre por estiramento dos tendões cantais e é tratado de maneira similar à frouxidão palpebral sem ectrópio. Se houver ectrópio de ponto lacrimal que não se resolve com encurtamento horizontal, pode-se fazer um encurtamento da lamela posterior, onde se excisa um losângo de conjuntiva e de retratores da pálpebra inferiormente ao ponto. É feita, então, uma sutura horizontal para fechar os bordos da incisão. As extremidades dos fios são trazidas para fora da pele e posicionadas inferiormente para tracionar o ponto internamente.

O entrópio é uma rotação interna da borda palpebral. O entrópio involucional é causado por várias anormalidades da pálpebra inferior: frouxidão, desinserção dos retratores, mau posicionamento orbicular (no qual o orbicular pré-septal se dobra por sobre o orbicular pré-tarsal) e enoftalmo involucional. A correção se faz por encurtamento horizontal e por reparo dos retratores e do orbicular. Isso pode ser feito pelo reatamento ou plicatura dos retratores, ou pela cirurgia de Wies, na qual uma incisão de espessura total é feita na pálpebra e, assim, reaproximada. Os retratores e o orbicular são mantidos em posição pela cicatriz formada.

O reparo de ectrópio e entrópio cicatriciais geralmente demanda enxerto tecidual.

10. Quais são as causas de obstrução do sistema lacrimal?

Os pontos de obstrução podem ser: agenesia congênita, inflamação, infecção, trauma ou fechamento iatrogênico no tratamento do olho seco.

Canalículo: pode ocorrer em um deles, nos dois ou no comum. Pode ser congênita ou adquirida por trauma, infecção, inflamação ou uso prolongado de medicação tópica.

Saco lacrimal: geralmente é uma seqüela de infecção. Os cálculos podem vir de infecção ou de uso crônico de medicação. Os tumores são raros.

Ducto nasolacrimal: congênita, trauma, infecção ou inflamatória. Contudo, a obstrução primária adquirida é a mais comum nessa região. A causa é pouco entendida, mas está relacionada com a obstrução do óstio por inflamação da mucosa nasal.

11. Como avaliar a obstrução do sistema lacrimal?

Elas podem ocorrer em qualquer lugar do sistema. A obstrução do ponto pode ser observada diretamente. Para as demais topografias, use o teste de desaparecimento da fluoresceína, no qual uma gota da mesma é instilada e, após cinco minutos, o menisco com luz de cobalto é examinado. Se houver pouco ou nenhum corante, o teste é normal. Se houver muito corante, o sistema lacrimal não está funcionando bem.

O próximo passo é o teste de Jones, fase 1. Instila-se uma gota de fluoresceína e tenta-se recuperá-la com um cotonete pela narina após dois e cinco minutos. Se recuperada, indica bom funcionamento; caso contrário, não. Então, realiza-se o teste de Jones fase 2. Remove-se a fluoresceína do olho e irriga-se o canalículo com soro fisiológico. Caso for encontrada fluoresceína no nariz, é porque a mesma passou pelo ponto e pelo canalículo na fase 1 e há bloqueio parcial do ducto. Se for recuperado apenas o soro, é porque há disfunção do ponto ou do canalículo. Se não houver passagem de soro para o nariz, e sim refluxo pelo outro ponto, há uma obstrução distal ao canalículo comum.

A obstrução de canalículo é evidenciada pela sondagem, na qual se sente estenose ou obstrução. Os exames de imagem, como o US, a TC, a dacriocistografia e a dacriocintigrafia com radioisótopo, raramente são necessários.

12. Como tratar as obstruções do sistema lacrimal?

Quando o ponto está ocluído, ele pode ser perfurado para abrir o canalículo. O ponto pode ser dilatado. Em alguns pacientes, a colocação de molde de silicone deve ser feita para impedir a reoclusão. Isso pode ser feito no consultório com anestesia local.

A maioria das obstruções ocorre no ducto. Quando a obstrução for nessa topografia ou no nariz, deve-se fazer uma dacriocistorrinostomia (DCR), na qual o saco lacrimal é aberto para dentro do nariz, drenando diretamente.

A estenose canalicular é de difícil manejo. A dilatação pode ser tentada, mas a recidiva é comum. Se a obstrução for distal, realiza-se uma canalículo-dacriocistorrinostomia, fistulizando-se o canalículo para a mucosa nasal. Se a obstrução for proximal, realiza-se uma conjuntivo-dacriocistorrinostomia, criando-se uma fístula da carúncula para o nariz, com a colocação de um tubo de vidro permanente (tubo de Jones) para mantê-la patente.

Essas cirurgias demandam anestesia geral ou local com sedação.

13. Descreva a dacriocistite aguda.

É a infecção aguda do saco lacrimal. Há edema com dor e com hiperemia do canto interno logo abaixo do tendão cantal medial. Pode haver descarga purulenta pelo ponto à expressão do saco. Se não for tratada, pode ocorrer celulite orbitária. Trate com antibióticos sistêmicos e com compressas mornas, além de acompanhamento adequado. Na dacriocistite, há tipicamente uma obstrução do ducto, e é necessária uma DCR para evitar a recorrência e tratar a epífora.

14. Quais são os sinais da obstrução congênita do ducto nasolacrimal?

Ela ocorre em cerca de 6% das crianças. Podem ocorrer epífora, conjuntivite, amniocele e dacriocistite. O sistema lacrimal desenvolve-se embriologicamente de um cordão no canto medial, o qual se expande lateralmente para o ponto e inferiormente para a mucosa nasal do meato inferior. O lúmem forma-se primeiro no canto medial, e a canalização se desenvolve lateral e inferiormente. A porção distal do ducto é a última a se canalizar, podendo não estar patente ao nascimento, sendo o ponto mais freqüente de obstrução. Contudo, as anomalias de desenvolvimento podem ocorrer em qualquer nível.

15. Como se trata a obstrução congênita?

Com massagem do saco lacrimal em direção inferior para aumentar a pressão hidrostática, forçando as obstruções. Se houver conjuntivite ou secreção, passe antibiótico tópico. Se houver dacriocistite, use antibióticos sistêmicos.

16. E se não funcionar?

Teste o sistema (sondagem). Alguns médicos sondam antes dos três meses de idade para evitar inflamação crônica que piore o quadro. Outros sondam após os 12 meses, pois a maioria das obstruções se resolve até essa data. Katowitz e Welsh mostraram que as chances de sucesso da sondagem diminuem após os 13 meses de idade. Entre 90-95% dos pacientes sondados, os sintomas melhoram. Caso contrário, faça uma segunda sondagem. Se o problema persistir, tente a intubação com silicone. Os tubos são deixados por seis meses. Druso e colaboradores obtiveram 84% de sucesso com o método. Quando ambos os procedimentos falham, faça uma DCR, a menos que haja dacriocistite recorrente; espere até os 18 meses. A chance de sucesso operatório é semelhante à do adulto, de 90-95%.

BIBLIOGRAFIA

1. Durso F, Hand SI Jr, Ellis Fd, Helveston EM: Silicone intubation in children with nasolacrimal obstruction. J Pediatric Ophthalmol Strabismus 17:389, 1980.
2. Kanski JJ: Clinical Ophthalmology. Oxford, Butterworth Heineman, 1989, pp 45-60.
3. Katowitz JA, Welsh MG: Timing of initial probing and irrigation in congenital nasolacrimal duct obstruction. Ophthalmology 94:698-705, 1987.
4. Wellham RAN, Hughes SM: Lacrimal surgery in children. Am J Ophthalmol 99:27, 1985.

35. IMAGEM DA ÓRBITA

Patrick De Potter, M.D.

1. O que você deve ter em um estudo de RNM da órbita?

1. Espiral de superfície (órbita ou cabeça) para melhor visualização da órbita
2. Imagens em T1 pré-contraste coronais, axiais e sagitais
3. Imagens em T2 axiais e coronais (seqüência de *spin* rápido)
4. Imagem em T1 coronal pós-contraste, com supressão de gordura
5. Sedação em criança

2. Qual é a estratégia dos exames de imagem na suspeita de retinoblastoma?

O objetivo é a confirmação da suspeita clínica. A calcificação é muito sugestiva e sua documentação confirma o diagnóstico. O objetivo secundário é avaliar se há extensão extra-ocular do tumor. O US é o primeiro exame a ser feito, em modos A e B. Se houver calcificação no US, recomenda-se a RNM para avaliar o NO e a órbita e para se saber se há extensão extra-ocular do tumor. A RNM de SNC é recomendada inicialmente para pacientes com retinoblastoma bilateral ou familiar para excluir a presença de pinealoblastoma (tumor da linha média, que pode estar assintomático). A TC só é recomendada caso não se encontre calcificação na US.

3. Qual é a estratégia para pedir exames em um adulto com neoplasia intra-ocular?

A US é o primeiro exame realizado. A TC é limitada pela sua má definição de tecidos. Assim, não há indicação de TC em massas elevadas da coróide ou em nossos sub-retinianas. Se o diagnóstico não for resolvido com US, AFG e ICV, faça uma RNM com pré e pós-contraste com supressão de gordura.

4. O que são os agentes paramagnéticos?

Eles produzem aumento do retardo protônico por diminuírem o tempo de retardo T1 e T2 nos tecidos em que se encontram presentes, aumentando o sinal dos mesmos. Os mais comuns são a melanina, a metahemoglobina, a proteína e o gadolínio. Por exemplo, um cisto dermóide, com alto conteúdo protéico, mostra um sinal de intensidade em T1 e T2 mais forte do que um cisto de inclusão.

5. Em que circunstâncias o estudo contrastado de RNM mais ajuda em crianças com leucocoria?

Para diferenciar entre retinoblastoma e doença de Coats.

6. Em que circunstâncias o estudo contrastado de RNM mais ajuda em adultos com HV?

Para diferenciar o melanoma de coróide de um DR hemorrágico em DSM (ou extramacular). Essas são as condições mais comuns de HV com massa sub-retiniana elevada no US. Embora ao exame sem contraste as duas lesões se pareçam, com contraste há aumento de intensidade apenas no melanoma.

7. Quais são as indicações para se pedir uma TC como primeiro exame?

1. Trauma de órbita
2. Detecção de corpo estranho
3. Detecção de calcificação
4. Leões ósseas, cartilaginosas ou fibro-ósseas
5. Lesão de tecidos moles com suspeita de erosão óssea
6. Contra-indicação de RNM

8. Quais são as indicações para se pedir inicialmente a RNM?

1. Proptose aguda
2. Suspeita de lesão de bainha do NO
3. Tumor intra-ocular com extensão extra-ocular

4. Detecção de corpo estranho de madeira
5. Contra-indicação de TC

9. Quais são as lesões com limites bem definidos na TC ou na RNM?

Crianças	Adultos
1. Cisto dermóide	1. Hemangioma cavernoso
2. Linfangioma	2. Neurofibroma
3. Rabdomiossarcoma	3. Neurilemoma
4. Glioma do NO	4. Histiocitoma fibroso
	5. Distúrbios linfoproliferativos

10. Quais são as lesões com limites pouco definidos na TC ou na RNM?

Crianças	Adultos
1. Hemangioma capilar	1. Inflamação idiopática da órbita
2. Inflamação idiopática da órbita	2. Metástase
3. Neurofibroma plexiforme	3. Infiltração leucêmica
4. Infiltração leucêmica	4. Tumor maligno primário
5. Granuloma eosinofílico	5. Distúrbios linfoproliferativos

11. Quais são os tecidos que não mudam de aspecto ao contraste na RNM?
1. Cristalino
2. Vítreo
3. Esclera
4. Gordura da órbita
5. Bainha do NO

12. Em que caso a RNM mais ajuda a avaliar a proptose?

Em geral, a definição da RNM não permite o diagnóstico histopatológico. As condições inflamatórias mal delimitadas podem simular neoplasias sólidas infiltrativas. Nas lesões bem delimitadas, os tumores sólidos podem simular lesões císticas apenas nas fases pré-contraste. A RNM é útil nas lesões bem delimitadas, pois a administração de contraste modifica os tumores sólidos, enquanto as lesões císticas não se alteram (exceto os septos intralesionais e a cápsula).

13. Quais são as indicações de angio-RNM e de angiografia de carótida em estudo de lesão da órbita?

Nenhuma.

14. Como você diferencia o NO das lesões da bainha do nervo na RNM e na TC?

Na TC, essa diferenciação é quase impossível. A RNM é mais relevante. O NO normal não se altera na injeção de contraste. A localização das estruturas contrastadas (melhor observadas nas imagens em T1 com supressão de gordura) ajuda a diferenciar a neoplasia ou a inflamação do NO de processos da bainha do nervo. No caso de neoplasia ou inflamação do NO, há captação central, enquanto que nos processos da bainha do nervo há captação periférica. A lesão cística ou hemorrágica não se altera.

Achados de RNM nos Tecidos oculares e Orbitários Normais

	Intensidade de Imagem em T1	*Intensidade de Imagem T2*	*Captação após Injeção de Gadolínio-DTPA*
Cristalino	Alta	Baixa	–
Vítreo	Baixa	Alta	–
Coróide	Alta	Alta	+++
Retina	Não-detectável	Não-detectável	–
Esclera	Baixa	Baixa	–
NO	Baixa	Baixa	–
Gordura orbitária	Alta	Baixa	–
Músculos extra-oculares	Baixa	Baixa	+++
Glândula lacrimal	Baixa	Baixa	+++
Osso cortical	Baixa	Baixa	–

BIBLIOGRAFIA

1. De Potter P, Shields JA, Shields CL: MRI of the Eye and Orbit. Philadelphia, J.B. Lippincott, 1995.
2. Newton TH, Bilaniuk LT: Radiology of the Eye and Orbit. New York, Raven Press, 1990.
3. De Potter P, Shields CL, Shields JA, Flanders AE: The role of magnetic resonance imaging in children with intraocular tumors and simulating lesions. Ophthalmology 103:1774-1783, 1996.
4. De Potter P, Flanders AE, Shields JA, et al: The role of fat-supression technique and gadopentetate dimeglumine in magnetic resonance imaging evaluation of intraocular tumors and simulating lesions. Arch Ophthalmol 112:340-348, 1994.
5. De Potter P, Shields JA, Shields CL: Computed tomography and magnetic resonance imaging of intraocular lesions. Ophthalmol Clin North Am 7:333-346, 1994.

36. PROPTOSE

David G. Buerger, M.D.

1. O que é a proptose?

É a protusão de um ou de ambos os olhos. A proptose unilateral é definida pela assimetria superior a 2 mm entre os olhos. Os limites normais são de 22 mm para brancos e 24 mm para afro-americanos (ver tabela na página 287).

2. Como a proptose é diagnosticada?

Pela observação dos globos oculares feita por cima da cabeça do paciente. Ela é medida com o exoftalmômetro, o qual geralmente se apóia no rebordo orbitário lateral. A proptose também pode ser avaliada por medida na TC.

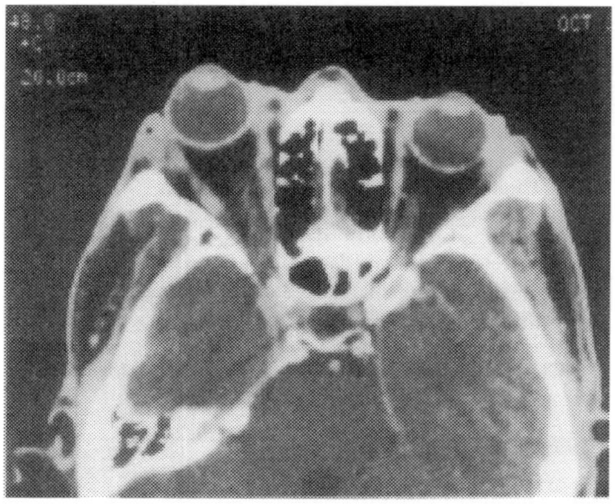

TC mostrando proptose de OD secundária a hipertrofia muscular em oftalmopatia da tireóide.

3. Cite os problemas comumente associados com a proptose.

1. *Ceratopatia de exposição*, geralmente secundária ao piscar insuficiente no olho protuso. O paciente pode ter sintomas leves, como irritação e sensação de corpo estranho, ou intensos, como abrasão e úlcera de córnea.

2. *Diplopia* (visão dupla) pode ser resultado de proptose uni ou bilateral ou hipofunção dos músculos extra-oculares.

3. *Compressão de NO* pode ocorrer na lesão expansiva de órbita, o que causa proptose. Os sinais de compressão são baixa da AV, DPA relativo, déficit de visão de cores e defeito de CV no olho afetado. É uma emergência médica que necessita de pronta intervenção, clínica ou cirúrgica.

4. Qual a causa mais comum de proptose unilateral?

A oftalmopatia de Graves (oftalmopatia da tireóide).

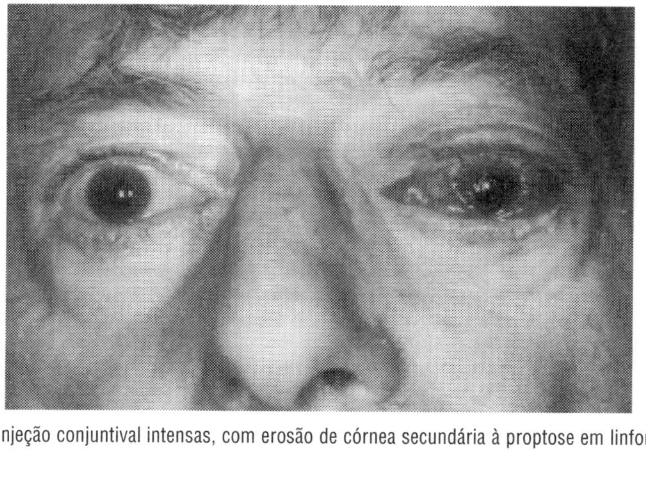

Quemose e injeção conjuntival intensas, com erosão de córnea secundária à proptose em linfoma de órbita.

5. **Qual é a causa mais comum de proptose bilateral?**
A oftalmopatia de Graves (oftalmopatia da tireóide).

6. **Quais são as outras causas de proptose?**

Pseudotumor inflamatório da órbita
Celulite orbitária
Tumores da órbita (benignos e malignos)
Tumores da glândula lacrimal
Trauma (hemorragia retrobulbar)
Vasculite orbitária (poliarterite nodosa, granulomatose de Wegener, por exemplo)
Mucormicose
Fístula carótido-cavernosa
Varizes orbitárias

7. **Cite as causas de pseudoproptose.**
1. Alta miopia axial unilateral (pelo tamanho do globo)
2. Enoftalmo de um olho simulando proptose contralateral
3. Retração da pálpebra superior com olho de aspecto saltado, geralmente associada com oftalmopatia da tireóide.

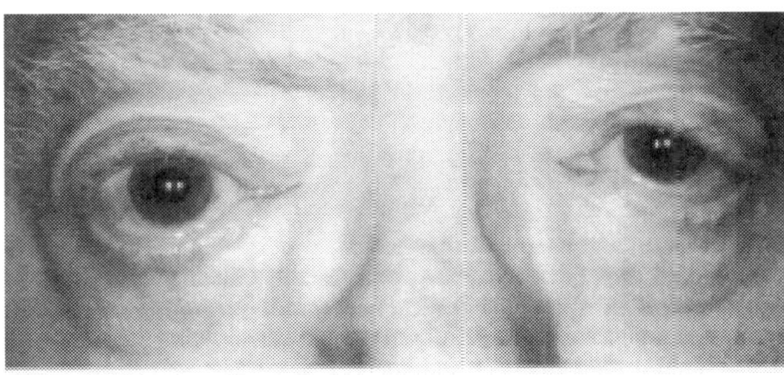

Paciente com enoftalmo do olho esquerdo por trauma antigo com aparente proptose do OD.

8. **Qual é o melhor método de imagem para a avaliação da etiologia da proptose?**
A TC é o melhor método por permitir a visualização da relação dos processos orbitários com a parede óssea. A RNM pode ser útil em casos de disfunção de NO. A radiografia simples não serve para o diagnóstico.

9. **Qual é a entidade clínica associada com proptose uni ou bilateral indolor, retração palpebral, retardo na descida da pálpebra (*lid lag*) e distúrbio de motilidade?**
A oftalmopatia da tireóide associada com doença de Graves, uma desordem auto-imune sistêmica. Os pacientes podem ser hipo, hiper ou eutireóideos e podem manifestar sintomas oculares. Esses sintomas ocorrem por inflamação e alargamento dos músculos extra-oculares (geralmente RI e RM) e dos tecidos peribulbares. A TC e a RNM mostram alargamento fusiforme do músculo envolvido com preservação do tendão. A proptose e a retração de pálpebra causam problemas corneanos, e o alargamento muscular na órbita causa diplopia e possivelmente compressão de NO. O tratamento depende do estágio da doença. Faça sempre a avaliação sistêmica e laboratorial.

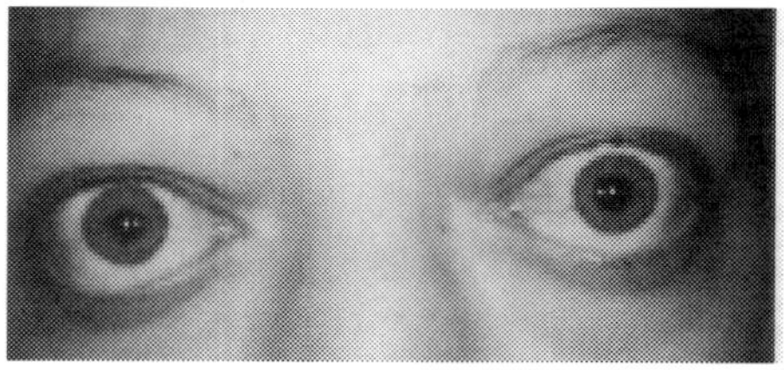

Proptose e retração palpebral em oftalmopatia da tireóide.

10. **Qual é a entidade clínica comumente associada com proptose unilateral, dor, injeção conjuntival e distúrbios de motilidade em adultos?**

O pseudotumor inflamatório da órbita, que é uma inflamação inespecífica e idiopática da órbita. A inflamação pode ser localizada em um músculo, na glândula lacrimal, na esclera ou ser difusa. Outros sinais possíveis são edema e eritema palpebrais, massa palpável, baixa da AV, uveíte, hipermetropia e edema de NO. A forma bilateral é mais comum em crianças. A TC mostra alargamento de um ou mais músculos que acomete o tendão, aumento da glândula lacrimal e afilamento escleral posterior.

11. **Qual é a entidade clínica caracterizada por proptose unilateral, dor, febre, diminuição de motilidade, eritema e edema de pálpebras?**

A celulite orbitária envolve uma infecção geralmente bacteriana que se estende posteriormente ao septo. Quando passa a barreira septal, a infecção pode disseminar-se rapidamente e causar complicações sérias, como meningite e trombose do seio cavernoso. Os patógenos incluem estafilococos, estreptococos, anaeróbios e *Haemophilus influenzae* (nos menores de cinco anos). A fonte mais comum de infecção é a sinusite etmoidal. Trate com antibióticos EV.

12. **O que deve ser feito para a proptose persistente e para a progressão da infecção, ainda que feito um tratamento adequado com antibióticos em celulite orbitária?**

A situação é sugestiva de abscesso subperiostal. A TC deve ser feita para confirmar o diagnóstico e localizar o abscesso. O tratamento definitivo inclui drenagem cirúrgica e manutenção da terapêutica EV.

13. **Que entidade clínica é caracterizada por uma criança com menos de seis anos de idade que apresente proptose axial unilateral, indolor, gradual e progressiva com perda visual?**

O glioma do nervo óptico (astrocitoma pilocítico juvenil) é uma lesão de crescimento lento do NO que causa proptose axial. A baixa da AV está associada com DPA relativo. Na TC ou na RNM, observa-se alargamento fusiforme do NO. Muitos casos são associados com neurofibromatose e podem ser bilaterais. Nesses, é mandatória a avaliação clínica e o aconselhamento genético.

14. **Que entidade clínica é caracterizada por uma criança com proptose rapidamente progressiva, deslocamento inferior do olho e edema de PS?**

O rabdomiossarcoma é o tumor maligno primário de órbita mais comum em crianças. Esse tumor de músculo estriado produz uma massa rapidamente progressiva na parte superior da órbita com proptose, o deslocamento inferior do olho e o edema de PS. A idade média de apresentação é sete anos. A investigação com orbitotomia e biópsia é importante, pois a mortalidade é de mais de 60% se os ossos forem invadidos. O tratamento com radiação e quimioterapia baixou a mortalidade para 5-10%.

15. Qual é o tumor benigno da órbita mais comum em adultos que causa proptose unilateral?

O hemangioma cavernoso é um tumor vascular de crescimento lento, geralmente diagnosticado em adultos jovens. A TC mostra uma lesão bem delimitada dentro do cone muscular. A AV geralmente não é afetada. O tratamento pode ser observação ou excisão.

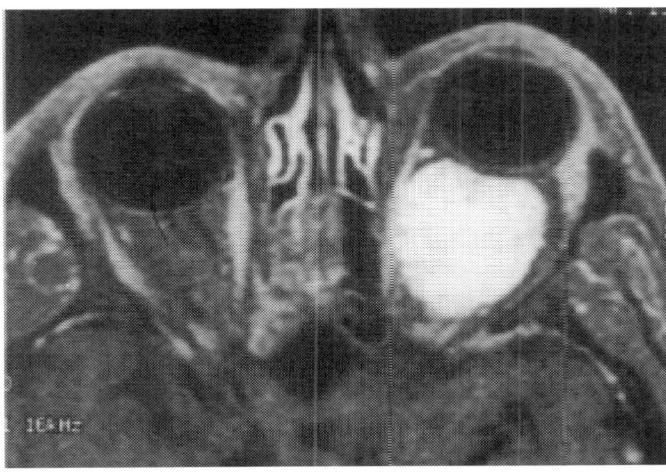

Hemangioma cavernoso na órbita esquerda causando proptose.

16. Qual é o tumor maligno da órbita mais comum em adultos que causa proptose unilateral?

Os linfomas de órbita desenvolvem-se na órbita superior, com instalação lenta e progressiva. Pode haver associação com uma massa subconjuntival de cor salmão no fórnice. A TC mostra uma massa de bordos indefinidos contida pelas paredes e pelo globo sem erosão óssea. O diagnóstico é feito por biópsia e o tratamento é com radioterapia. O linfoma de órbita pode ser associado com o sistêmico; os pacientes devem ser avaliados por um clínico.

17. De todos os tumores que causam proptose, liste aqueles que são bem delimitados nos exames de imagem.

Hemangioma cavernoso
Fibrohistiocitoma
Hemangiopericitoma
Schwannoma
Neurofibroma

BIBLIOGRAFIA

1. Dolman PJ, Glazer LC, et al: Mechanisms of visual loss in severe proptosis.Ophthal Plast Reconstr Surg 7:256, 1991.
2. Frueh BR: Positional effects on exophthalmometric readings. on Graves' eye disease. Arch Ophthalmol 103:1355, 1985.
3. Frueh BR: Exophthalmometer readings in patients with Graves' eye disease. Ophthalmic Surg 17(1):37, 1986.
4. Henderson JW: Orbital Tumors. New York, Raven Press, 1994.
5. Hornblass A: Oculoplastic, Orbital and Reconstructive Surgery. Baltimore, Williams & Wilkins, 1988.
6. Rootman J: Diseases of the Orbit. Philadelphia, J.B. Lippincott, 1988.
7. Zimmerman RA, Bilaniuk LT, et al: Orbital magnetic resonance imaging. Am J Ophthalmol 100:312, 1985.

37. OFTALMOPATIA DA TIREÓIDE

Robert B. Penne, M.D.

1. O que é a oftalmopatia da tireóide?

É uma doença crônica inflamatória da órbita, freqüente em pacientes com alteração de tireóide. Ocorre cicatrização e disfunção da órbita. A intensidade é variável.

2. Quem desenvolve oftalmopatia da tireóide?

Pode ocorrer em várias idades. Tem sido relatada entre oito e 88 anos, com média de 40 anos. As mulheres são três a seis vezes mais acometidas do que os homens. As crianças raramente são afetadas.

3. Todos os pacientes apresentam hipertireoidismo?

Em 80% dos casos, a oftalmopatia da tireóide se desenvolve durante ou após o período de hipertireoidismo. Dez por cento apresentam hipotireoidismo e 10% eutireoidismo. Um estudo recente mostrou que 1/3 dos pacientes não desenvolvem hipertireoidismo por mais de seis meses após os sintomas de oftalmopatia da tireóide. Esses achados sugerem que um grande número de pacientes não desenvolveu ainda o hipertireoidismo.

4. O que causa a oftalmopatia da tireóide?

Não se sabe. Parece ser um processo imunológico contra os músculos extra-oculares. Muitas teorias ligam a órbita e a tireóide aos antígenos compartilhados, com algum defeito no sistema imunológico iniciando o processo. As pesquisas, nessas áreas, continuam.

5. Os fatores ambientais afetam a oftalmopatia da tireóide?

O único fator que foi comprovado é o fumo. Vários estudos mostram que o fumo é mais freqüente em pacientes com oftalmopatia da tireóide do que naqueles com tireoideopatia sem oftalmopatia da tireóide. A doença é mais grave em fumantes do que em não-fumantes. Os efeitos nos fumantes passivos só podem ser especulados.

6. Os sintomas oculares melhoram quando a tireoideopatia é tratada?

O efeito é pouco previsível. Um número igual de pacientes melhora, piora ou estaciona. O efeito do tratamento sistêmico é muito debatido. Também se discute como o iodo radioativo, a cirurgia e o tratamento medicamentoso afetam o curso da oftalmopatia da tireóide. Até hoje parece que o tipo de tratamento não afeta a evolução do diagnóstico.

7. Quais são os sinais precoces da oftalmopatia da tireóide?

Muitos pacientes apresentam edema intermitente da pálpebra sem irritação ocular específi-ca, vermelhidão ou edema. Esses sinais são tão inespecíficos que costumam ser menosprezados. A doença não é reconhecida até que apareçam sinais mais óbvios, como retração palpebral, *lid lag* ou proptose. É importante suspeitar de oftalmopatia da tireóide em pacientes com sintomas inespecíficos, especialmente se eles apresentam sintomas ou história de desbalanço da tireóide.

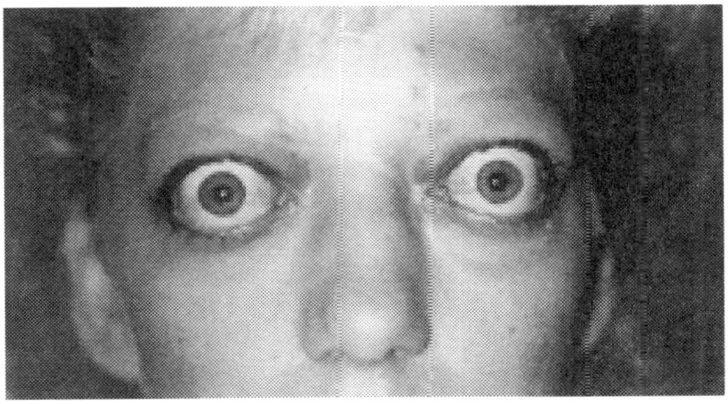

Oftalmologia da tireóide com proptose e retração palpebral.

8. Que estudos devem ser feitos na investigação da oftalmopatia da tireóide?

O exame mais efetivo é o nível de TSH. A avaliação deve ser feita por clínico ou endocrinologista. O exame oftalmológico deve ser completo, com atenção a AV, pupilas, visão de cores e campo visual. Avalie as MOEs, a diplopia, a exposição corneana, a proptose e a posição da pálpebra.

9. Em que pacientes é feito o exame de imagem?

Nem todos os pacientes precisam desses exames. As indicações são suspeita de compressão do NO, avaliação de descompressão de órbita, diagnóstico incerto e diferencial com outras patologias. Eu prefiro a TC nesses pacientes.

10. Quais são os achados presentes no exame de imagem?

O achado clássico é o alargamento do corpo muscular com preservação do tendão. O RI é o mais acometido, seguido pelo RM e pelo RS. O reto lateral é pouco envolvido.

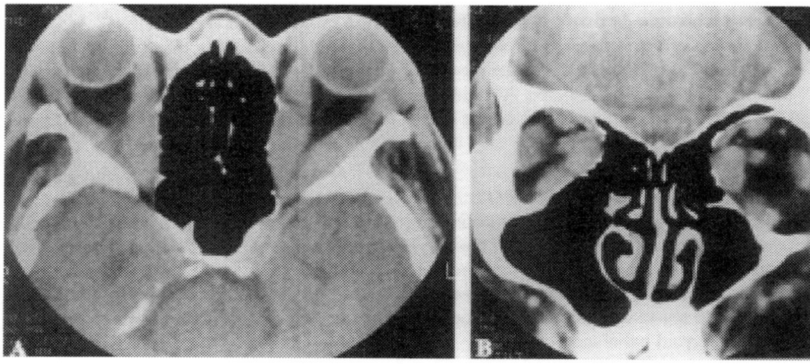

TC axial (*A*) e coronal (*B*) mostrando aumento dos quatro músculos retos.

11. Todos os pacientes com proptose apresentam oftalmopatia da tireóide?

Não. Embora seja a causa mais comum de proptose uni e bilateral em adultos, não é a única. Os pacientes com doença da tireóide também podem desenvolver tumores de órbita, e não oftalmopatia da tireóide. Essa é bilateral, enquanto os tumores geralmente são unilaterais. A oftalmopatia da tireóide pode ser assimétrica e parecer unilateral em estágios iniciais, mas raramente pode permanecer unilateral. Se o quadro clínico não for claro, faça um exame de imagem.

12. Como os tecidos da órbita mudam na oftalmopatia da tireóide?

O MOE é o alvo principal. Há invasão inflamatória e por fibroblastos que inicialmente produz mucopolissacaridoses e a seguir colágeno. O edema de órbita e pálpebra é comum no início. Tardiamente, a inflamação se resolve e os MOEs tornam-se fibróticos e cicatriciais.

13. Quanto tempo dura a doença?

A maioria dos pacientes tem um período de inflamação ativa, o qual pode durar de seis meses a mais de dois anos. Em alguns pacientes, as mudanças progridem lentamente ao longo de anos, enquanto em outros há instalação rápida em algumas semanas. Quando a atividade cessa e os olhos estão estáveis, é raro haver reativação. Os exames que mostram mudanças na motilidade, na posição da pálpebra, na proptose e na inflamação ajudam a determinar a atividade.

14. Todos os pacientes são afetados de maneira similar?

Não, há uma ampla variedade de apresentação desde irritações e retrações palpebrais leves que se resolvem espontaneamente até a infiltração intensa com perda visual, a qual pode ser por compressão de NO ou por alteração corneana devido à exposição. A doença grave atinge pacientes mais velhos (média de idade de 56 anos contra 36 nas formas leves) e tem menor predileção por sexo (a relação mulher/homem cai para 1,5:1 contra 8,6: 1 nas formas leves).

15. Como se trata a oftalmopatia da tireóide?

Muitos pacientes não necessitam de tratamento, sendo apenas monitorados durante a fase evolutiva. Os esteróides sistêmicos diminuem a inflamação e são bem empregados como medida temporária até que se estabeleça o tratamento definitivo pelos seus efeitos colaterais. A suspensão dos corticóides resulta em recidiva da inflamação. A irradiação da órbita diminui a inflamação. O tratamento cirúrgico também pode ser feito.

16. Quando se usam esteróides sistêmicos?

Eles diminuem a inflamação e são usados temporariamente até que outro tratamento seja iniciado. A indicação mais comum é a perda visual por compressão de NO. A exposição corneana por proptose grave é a indicação secundária. Os efeitos colaterais de curto e longo prazo impedem seu uso por um longo período.

17. Como a radiação da órbita afeta a oftalmopatia da tireóide?

O mecanismo exato de ação é incerto. Muitas teorias de imunossupressão localizada foram concebidas, mas permanecem sem comprovação. A maioria dos pacientes melhora após a irradiação.

18. Ela funciona imediatamente?

Não, ela leva entre duas e quatro semanas para fazer efeito e pode continuar melhorando após esse tempo. Se os esteróides forem descontinuados logo após a irradiação, pode haver recorrência da inflamação.

19. Que pacientes requerem cirurgia?

Ela pode ser indicada como urgência nos casos de compressão de NO ou de exposição corneana. É mais comum a cirurgia eletiva por proptose desfigurante, diplopia por miopatia ou retração palpebral.

20. Que cirurgias podem ser realizadas?

Há três categorias: descompressão de órbita, cirurgia em MOE e cirurgia de pálpebra. Elas devem ser feitas nessa ordem pelo caráter cumulativo dos resultados. A descompressão da órbita pode afetar a motilidade, assim como a cirurgia em músculos deve ser feita antes da palpebral.

21. O que é a descompressão de órbita?

Ela envolve a remoção de osso/gordura para retornar o olho para dentro da órbita. A remoção óssea é feita nas paredes lateral e inferior para que os tecidos se expandam para os seios. A remoção de gordura tem efeito bem mais modesto e dependente da quantidade de gordura removida.

22. Em que pacientes ela é indicada?

Em pacientes com compressão de NO. Os pacientes com proptose intenssa com exposição corneana ou desfigurados também são candidatos à cirurgia.

23. O que é a compressão de NO?

É o estrangulamento do NO no ápice da órbita. Quando os MOEs incham na oftalmopatia da tireóide, há compressão no NO devido à falta de espaço. A função do NO é afetada e a AV cai.

24. Quais são as complicações da descompressão da órbita?

A complicação mais comum é a piora da diplopia existente. Os pacientes com problemas de motilidade preexistentes têm risco maior. É comum a hiperestesia infra-orbital pós-operatória, mas há melhora com o passar do tempo. O risco de baixa da visão é pequeno. Pode haver sangramento ou infecção.

25. Quando há necessidade de cirurgia em músculos?

Nos pacientes com diplopia no campo visual funcional. Certifique-se de que a inflamação está controlada e a motilidade está estável, por meio de medidas repetidas de desvio.

26. Quais são as alternativas à cirurgia muscular?

Óculos com prismas nos desvios pequenos. Os desvios maiores ou incomitantes são de baixo prognóstico para prisma. A motilidade deve estar estável. Os prismas temporários de Fresnel podem ajudar se houver instabilidade.

27. Que tipo de cirurgia em músculo é realizada?

Retrocesso muscular, com sutura ajustável. Como os músculos estão tensos e cicatrizados, não se faz ressecção. Os RI e RM são os alvos mais comuns. A cirurgia é realizada sob anestesia geral com ajuste de sutura no dia seguinte.

28. A cirurgia de músculo afeta a pálpebra?

O retrocesso de RI costuma melhorar a retração de PS. Como o RS está contrabalançando o RI, o músculo elevador da pálpebra associado fica hiperfuncionante e causa refração. Quando o RI é operado, o estímulo cessa e a retração melhora. O retrocesso amplo de RI pode piorar a retração da PI.

29. Que tipo de cirurgia palpebral é realizada?

A retração constitui o problema principal. Na descompressão orbitária, o olho interioriza-se e a retração inferior geralmente melhora. Nas formas leves, faz-se a ressecção dos retratores palpebrais (inferiores e superiores). Nos casos graves, usam-se espaçadores, como o palato duro na PI e a fáscia na PS. Podem ser associados à blefaroplastia e/ou à elevação de sobrancelhas para o excesso de pele, o que pode ser feito no mesmo tempo cirúrgico ou em outro tempo.

30. Quantas cirurgias um paciente com oftalmopatia da tireóide precisa?

A maioria dos casos não necessita de cirurgia. Aqueles que precisam, são operados entre uma e oito ou 10 vezes. Os pacientes com formas intensas podem precisar de várias cirurgias ao longo de dois ou três.

BIBLIOGRAFIA

1. Bartley GB, Fatourechi V, Kadrmas EF: The chronology of Graves' ophthalmopathy in an incidence cohort. Am J Ophthalmol 121:426-434, 1996.
2. Char DH: The ophthalmology of Graves' disease. Med Clin North Am 75:97-119, 1991.
3. Char DH: Thyroid Eye Disease, 2nd ed. New York, Churchill Livingstone, 1990.
4. Hornblass A: Oculoplastic, Orbital, and Reconstructive Surgery. Baltimore, Williams & Wilkins, 1990.
5. McCord CD, Tanenbaum M, Nunery WR: Oculoplastic Surgery, 3rd ed. New York, Raven Press, 1995.
6. Nunery WR, Martin RT, Heintz GW: The association of cigarette smoking with subtypes of ophthalmic Graves' disease. Plast Reconstr Surg 9(2):77-82, 1992.
7. Rootman J: Diseases of the Orbit. Philadelphia, J.B. Lippincott, 1988.
8. Rootman J, Stewart B, Goldberg RA: Orbital Surgery: A Conceptual Approach. Philadelphia, Lippincott-Raven, 1995.
9. Shorr N, Seiff SR: The four stages of surgical rehabilitation of the patient with dysthyroid ophthalmopathy. Ophthalmology 93:476, 1986.
10. Tasman W: Duane's Clinical Ophthalmology, vol 2. Philadelphia, Lippincott-Raven, 1995.

38. INFLAMAÇÕES DA ÓRBITA

Marlon Maus, M.D., F.A.C.S.

1. **Quais são as doenças que afetam a órbita? Quais delas são de natureza inflamatória?**

Apenas 60% das doenças da órbita são de natureza inflamatória. Das restantes, 20% são neoplásicas, 15% estruturais, 3% vasculares e aproximadamente 2% degenerativas. Mais de 85% das inflamatórias são relacionadas à tireóide, enquanto menos de 15% devem-se a outros tipos de inflamação.

2. **O que é inflamação?**

Os sinais clássicos da inflamação são dor, calor, rubor, tumor e lesão da função – em termos simples, dor, calor, vermelhidão, edema e perda de função. Todos esses sinais são normalmente vistos na fase aguda da inflamação, a qual é definida como uma resposta localizada protetora deflagrada por trauma ou destruição dos tecidos e que serve para preservar o agente da lesão e o tecido lesado. A inflamação é *aguda* quando o início é rápido. A inflamação *crônica*, de outro modo, representa uma progressão lenta, a qual pode ser a continuação de uma aguda ou uma forma prolongada de baixo grau. Esse tipo de inflamação tem uma tendência maior a causar dano permanente ao tecido. Já a inflamação de órbita pode afetar qualquer uma ou todas as estruturas da órbita.

3. **O que é um exame de órbita completo?**

Os sintomas orbitais incluem proptose, diplopia, perda visual e dor. Um exame de órbita completo dirige-se a cada um dos sintomas e inclui procedimentos básicos de avaliação.

Proptose. Geralmente a proptose é medida com um exoftalmômetro de Hertel da rima orbital lateral ao ápex da córnea (ver tabela). Uma medida normal é <20 mm. Uma diferença de 2 mm entre os olhos é considerada significante. A proptose é definida de acordo com a raça e a idade. Os tipos diferentes de proptose são: (1) axial, a qual representa um processo intraconal (isto é, dentro do cone formado pelos músculos extra-oculares), tendo como exemplo mais comum a doença de Graves, e (2) não-axial, a qual representa um processo extraconal e é vista em 95% dos tumores de órbita. A proptose pode ter diferentes características; por exemplo, pode aumentar com a manobra de Valsalva ou ter pulsação.

Valores do Exoftalmômetro de Hertel – Adulto Normal

	Protrusão Média	*Limites Superiores do Normal*
Homem branco	16,5 mm	21,7 mm
Mulher branca	15,4 mm	20,1 mm
Homem negro	18,5 mm	24,7 mm
Mulher negra	17,8 mm	23,0 mm

Adaptado de Migliori ME, Gladstone GJ: Determination of the normal range of exophthalmometric values for black and white adults. Am J Ophthalmol 98:438-442, 1984.

Diplopia. Problemas na movimentação extra-ocular geralmente se apresentam com sintoma de diplopia. A movimentação ocular deve ser sempre averiguada. Um teste de ducção forçada pode ser usado para diagnosticar a restrição dos músculos extra-oculares.

Perda visual. A visão pode ser perdida por compressão no nervo óptico devido a pressão intra-orbital elevada. Um dos sinais iniciais é a perda da visão de cores, a qual é medida com as placas coloridos de Ishihara. Outras causas de perda incluem elevação da PIO, ceratopatia de exposição, dobras de coróide e pseudohipermetropia.

Dor. Não se esqueça de apalpar o local para a procura de massas ou de edema local (por exemplo, glândula lacrimal). Verifique a sensibilidade e teste a retropulsação, a qual, diminuída, pode ser vista em lesões que ocupam espaço e edema.

Ausculta. Ouça sopros (por exemplo, no caso de fístula carótido-cavernosa).

Exame na lâmpada de fenda. Observe o filme lacrimal, a córnea (por exemplo, ceratoconjuntivite límbica superior é vista em doença de Graves) e os vasos da conjuntiva, os quais podem estar arterializados em um *shunt* da dura ou tortuosos na inserção muscular na doença de Graves. Meça a pressão intra-ocular, particularmente no olhar para cima, a qual pode estar elevada na doença de Graves

Oftalmoscopia. Observe (1) a palidez, (2) o edema de disco, (3) os vasos optociliares com *shunt* e (4) as dobras de coróide.

Exame físico completo. Pode dar pistas de doenças sistêmicas.

4. **Que testes ajudam no diagnóstico de doença de órbita, em particular na doença de Graves?**

Uma TC de órbita é feita para avaliar as causas de proptose. É feita também em pacientes nos quais a cirurgia para descompressão é indicada. Esse exame mostra os músculos extra-oculares aumentados que poupam os tendões quando a doença de Graves é suspeitada; se o tendão está envolvido, há suspeita de um pseudotumor. Tenha certeza de pegar os cortes coronais e axiais.

A RNM é cada vez mais utilizada na avaliação da órbita; contudo, não é preferível à TC em pacientes que serão submetidos a cirurgia, porque os ossos não são visíveis. A RNM pode ser usada para diagnosticar a inflamação muscular aguda precoce na doença de Graves. Outros testes incluem o exame de *doppler* colorido da órbita para mostrar o fluxo reverso na veia oftálmica superior quando há um embaçamento no ápice da órbita. O *doppler* pode ser usado para suportar os efeitos da cirurgia de descompressão. Novos testes em desenvolvimento para ajudar no diagnóstico de oftalmopatia associada a Graves, especialmente em casos de doença de Graves eutireóidea, incluem a TC por emissão de fótons simples e também vários testes de anticorpos sangüíneos.

5. **E as inflamações de órbita não-relacionadas com doença de Graves?**

Em inflamações não-devidas à doença de Graves, 40% são infecciosas, 40% são inflamações não-específicas e 20% são inflamações específicas.

6. **Como reconhecer uma infecção na órbita?**

As infecções na órbita representam um contingente de doenças que vão da celulite pré-septal leve à celulite e ao abscesso de órbita e à trombose de seio cavernoso.

Celulite pré-septal, a infecção mais branda, se apresenta anterior ao septo orbitário. Por definição, não afeta nenhuma estrutura da órbita. Pode ser vista em casos de trauma, hordéolo infectado ou picadas de inseto.

Celulite de órbita é mais freqüentemente vista em crianças com menos de cinco anos. Os sinais e os sintomas mostram o envolvimento de estruturas da órbita. Os exemplos desses incluem quemo-se, proptose e diminuição da motilidade ocular. A causa mais comum é a continuação dos seios adjacentes, mais freqüentemente do etmoidal. Em crianças, os sintomas sistêmicos também podem ser vistos, como o mal-estar e a febre. Geralmente, a infecção é causada por *S. aureus* ou streptococos; em crianças com menos de três anos, entretanto, o *Haemophilus influenzae* deve ser considerado.

Abscesso de órbita representa uma coleção de pus subperiostal ou dentro da órbita. Ele geralmente resulta de doença nos seios. As complicações incluem oclusão da artéria ou veia centrais da retina por pressão aumentada ou por compressão do nervo óptico resultando em perda de visão.

Trombose de seio cavernoso é a complicação mais séria da infecção de órbita. Sempre há sintomas sistêmicos, incluindo febre, náusea, cefaléia, paralisia de nervo extra-ocular e perda de visão. Pode ser bilateral e acompanhada por abscesso cerebral. Possui um índice de mortalidade bastante alto.

7. Como é diagnosticada a infecção da órbita?

Após um exame de órbita mostrar alguns dos sinais e sintomas antes mencionados, os métodos diagnósticos devem incluir um TC para verificar os seios (nível hidroaéreo) e afastar um abscesso de órbita. Em caso de doença crônica ou de longa duração, uma RNM também ajuda. Um hemograma completo com diferencial deve ser feito, e, se uma ferida estiver presente, cultura e antibiograma devem ser obtidos. Hemoculturas também podem ser feitas. Em crianças pequenas, uma punção lombar deve ser feita se houver suspeita de meningite.

8. Como deve ser tratada a infecção de órbita?

Em adultos com celulite pré-septal, antibióticos orais podem ser inicialmente usados. Os abscessos de pálpebra devem ser drenados, e pacientes com história de traumas de corpos estranhos, particularmente de natureza orgânica, devem ser suspeitos e avaliados com uma TC. A admissão hospitalar deve ser pensada em crianças muito pequenas, particularmente se há envolvimento sistêmico, e antibiótico intravenoso deve ser iniciado. Os pacientes com celulite orbitária ou com abscesso devem ser internados, e deve ser iniciado antibiótico intravenoso. As combinações possíveis incluem o uso de vancomicina ou naficilina em adição à cefuroxime ou à ceftriaxone (consulte um infectólogo para a terapia apropriada para sua área). Em adultos, a presença de bactérias Gram-negativas ou anaeróbias deve ser considerada; portanto, metronidazol deve ser adicionado ao regime. Se um abscesso de órbita não responde ao antibiótico intravenoso, uma drenagem cirúrgica deve ser feita. Se uma sinusite crônica é a causa da celulite, um otorrinolaringologista deve fazer uma sinusotomia para impedir a recidiva.

9. Há outros tipos de infecção de órbita?

Sim. As infecções fúngicas são geralmente vistas em pacientes imunossuprimidos. *Aspergillus* sp. tem sua incidência aumentada e pode ser visto em pacientes com AIDS e tratados com imunossupressores. A mucormicose é uma doença particularmente devastadora se não for diagnosticada a tempo; é geralmente vista em pacientes debilitados ou diabéticos em cetoacidose. Um exame completo do nariz e do palato deve ser feito para buscar áreas de escaras. O tratamento é com anfotericina B. Outras infecções crônicas de órbita são mais raras, como tuberculose, sífilis e infestação por cisticercose, triquinose ou doença da hidátide. As infestações são geralmente vistas em países pouco desenvolvidos.

10. O que é uma inflamação não-específica de órbita?

As inflamações não-específicas não têm causa conhecida; são um diagnóstico de exclusão. Elas podem se apresentar como inflamações agudas e subagudas, mostrando todos os sintomas anteriormente mencionados. Em investigações maiores, elas não têm etiologia infecciosa ou neoplásica. O termo geral é *pseudotumor inflamatório de órbita idiopático*. O pseudotumor pode envolver qualquer um ou todos os tecidos moles componentes da órbita. Os exemplos incluem a dacrioadenite (inflamação da glândula lacrimal), a miosite e a neurite óptica. A dor é uma queixa comum. Em crianças, o pseudotumor pode ser bilateral e pode apresentar-se com sintomas sistêmicos. Dependendo da localização da inflamação, pode afetar o ápice da órbita e apresentar - se como uma síndrome desse. A inflamação pode afetar a visão por compressão do nervo óptico, ou causar paralisia da musculatura extra-ocular. Um tipo raro esclerosante pode se tornar um problema crônico e levar à cegueira. O exame de órbita pode mostrar todos os sinais de doença da órbita, incluindo vermelhidão, proptose, diminuição da função da musculatura extra-ocular, problemas visuais e retropulsação diminuída.

11. Como diagnosticar e tratar o pseudotumor inflamatório de órbita?

O pseudotumor de órbita é um diagnóstico de exclusão. Uma TC deve ser feita para excluir uma massa, um abscesso ou quaisquer outros sinais de infecção, como a sinusite. Se uma área anormal sugestiva de massa é encontrada, pode ser necessária a realização de uma biópsia para excluir o tumor e o linfoma de órbita. O pseudotumor de órbita é tratado com esteróides orais, geralmente 40-60 mg de prednisolona com uma retirada lenta. As recorrências são comuns, particularmente quando o esteróide é diminuído para uma dose baixa. Se há recorrência, novamente é necessária uma biópsia de órbita para excluir o linfoma. Os achados usuais histopatológicos do pseudotumor inflamatório incluem uma infiltração polimorfa de células inflamatórias. As espécimes do tipo esclerosante podem também mostrar áreas de fibrose. Se a recorrência continua, a radioterapia em baixas doses na órbita deve ser considerada. Seqüelas tardias incluem fibrose, a qual pode levar a diplopia, exoftalmo e, em raros pacientes, cegueira.

A resposta aos esteróides orais deve ser extremamente rápida, e o paciente deve mostrar melhora dos sinais e sintomas dentro de 24-48 horas da instituição da terapia. Alguns especialistas sugerem que isso seja um teste para a doença. Embora as doenças neoplásicas possam ter alguma resposta ao esteróide, raramente são tão expressivas quanto a resposta do pseudotumor de órbita.

12. Quais são as outras inflamações que afetam a órbita?

As inflamações de órbita podem estar associadas com doença sistêmica ou local e geralmente devem ser diagnosticadas com biópsia. Os exemplos incluem a sarcoidose, que é uma doença multissistêmica granulomatosa (a doença intra-ocular e lacrimal é mais comum que a doença orbitária pura); a síndrome de Sjögren, uma doença auto-imune que se apresenta com ceratoconjuntivite *sicca* (olho seco); a xerostomia (boca seca); e várias vasculites, que destroem os vasos sangüíneos e têm causa imunológica. Os exemplos incluem a poliarterite nodosa, a síndrome de Wegener, a arterite de células gigantes, a doença de Kawasaki e a doença de Buerger.

BIBLIOGRAFIA

1. Gold SC, Arrigg PG, Hedges TR: Computerized tomography in the management of acute orbital cellulitis. Ophthal Surg 18:753, 1987.
2. Harris GJ: Subperiosteal abscess of the orbit. Age as factor in the bacteriology and response to treatment. Ophthalmology 101:585, 1994.
3. Kennerdell JS: The management of sclerosing nonspecific orbital inflammation. Ophthal Surg 22:512, 1991.
4. McCord CD: Current trends in orbital decompression. Ophthalmology 92:21, 1985.
5. Paris GL, Waltuch GF, Egbert PR: Treatment of refractory orbital pseudotumors with pulsed chemotherapy. Ophthal Plast Reconstr Surg 6:96, 1990.
6. Rootman J, Nugent R: The classification and management of acute orbital pseudotumors. Ophthalmology 89:1040, 1982.
7. Siatkowski RM, Capo H, Byrne SF, et al: Clinical and echographic findings in idiopathic orbital myositis. Am J Ophthalmol 343-118, 1994.

39. PTOSE

Carolyn S. Repke, M.D.

1. Como a ptose é classificada?

A ptose é classificada pelo tempo de início ou pela etiologia. Pelo início, a ptose é congênita ou adquirida. Pela etiologia, ela pode ser neurogênica, aponeurótica, mecânica, miogênica ou traumática.

2. Qual é a causa mais comum de ptose adquirida?

A ptose adquirida é mais freqüentemente o resultado da desinserção ou da atenuação da aponeurose do elevador, que é mais comumente relacionada à idade, mas pode ser relacionada ainda à inflamação ocular crônica ou ao edema de pálpebra.

3. Quais são as características da ptose aponeurótica (deiscência do elevador)?

As características da deiscência do elevador incluem uma linha palpebral anormalmente alta, um grau moderado de ptose (3-4 mm), uma boa função do elevador (geralmente > 10 mm), sem *lid lag* no olhar para baixo, e tecido palpebral fino, através do qual a cor escura da córnea e da íris pode, às vezes, ser visualizada.

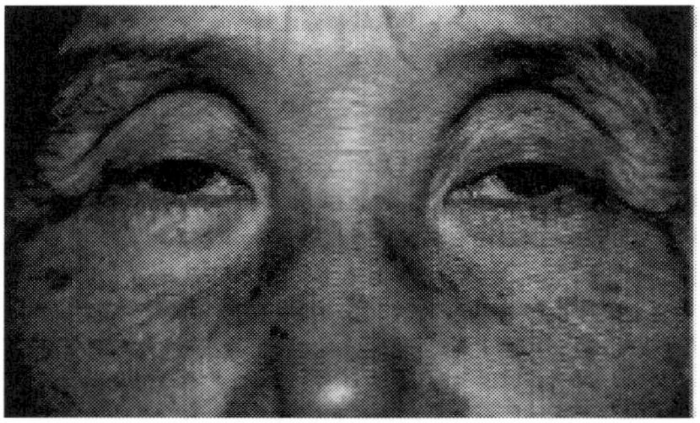

A ptose involucional (aponeurótica) caracteristicamente é de leve a moderada com linha palpebral alta. A função do elevador é geralmente normal. (De Tasman W, Jaeger EA: The Wills Eye Hospital Atlas of Clinical Ophthalmology, Philadelphia, Lippincott-Raven, 1996, com permissão.)

4. Que achados clínicos ajudam a diferenciar a ptose congênita da adquirida aponeurótica?

Os pacientes com ptose aponeurótica têm uma pálpebra ptótica em todas as posições do olhar. No olhar para baixo, a pálpebra ptótica permanece ptótica. Os pacientes com ptose congênita, contudo, demonstram *lid lag* no olhar para baixo. A pálpebra ptótica geralmente se apresenta mais alta do que a pálpebra normal conforme o olhar se move para baixo. Esse achado é devido ao mal desenvolvimento do músculo elevador, com habilidade pobre para contrair em elevação, bem como inabilidade para relaxar conforme a pálpebra se move para olhar para baixo.

5. Quais são as características da ptose congênita?

A ptose congênita é uma distrofia ou um mau desenvolvimento no músculo elevador/complexo do reto superior (ver figura adiante). A maioria dos pacientes demonstra pouca função do elevador ao exame e, na cirurgia, tem infiltração gordurosa do músculo elevador. Essa anormalidade miogênica causa uma inabilidade do elevador em relaxar ao olhar para baixo, resultando em *lid lag*. Os pacientes podem ou não demonstrar defeitos de motilidade devido à disfunção do reto superior. Aproximadamente 75% dos casos são unilaterais.

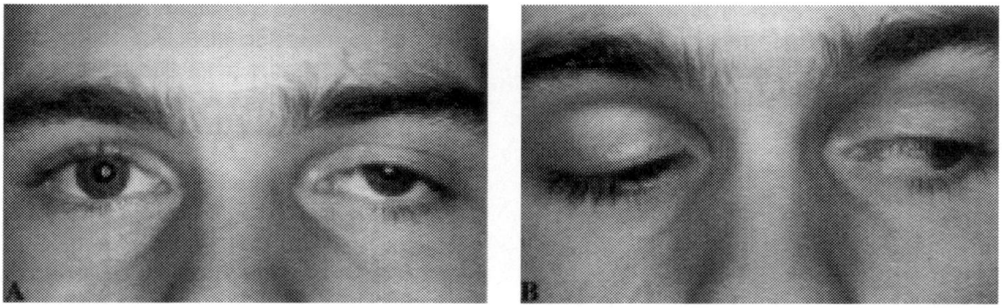

A, Ptose congênita no olho esquerdo de um adulto. *B*, Note o lagoftalmo no olhar para baixo típico da ptose congênita. (De Tasman W, Jaeger EA: The Wills Eye Hospital Atlas of Clinical Ophthalmology, Philadelphia, Lippincott-Raven, 1996, com permissão.)

6. O que causa pseudoptose?

As causas de pseudoptose incluem retração palpebral do lado oposto, hipotropia do lado ptótico, enoftalmo, anoftalmo, microftalmo e *phthisis bulbi*. A dermatocalase grave com pele excessiva sobre a margem palpebral também dá uma falsa aparência de ptose.

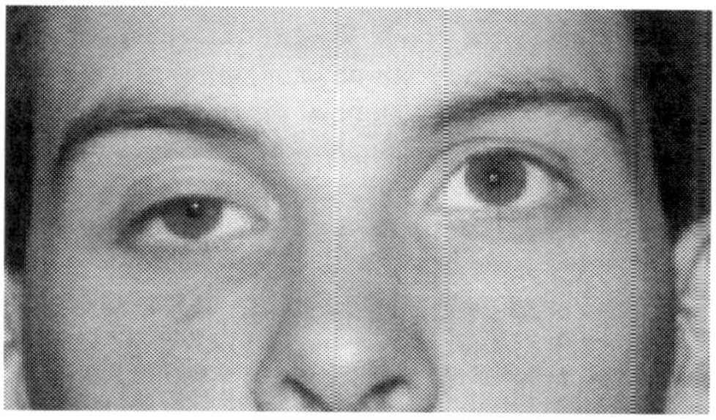

Pseudoptose em um paciente com uma fratura *blow-out* no olho direito. (De Tasman W, Jaeger EA: The Wills Eye Hospital Atlas of Clinical Ophthalmology, Philadelphia, Lippincott-Raven, 1996, com permissão.)

7. Qual é a causa primária de ptose após cirurgia intra-ocular?

A ptose relacionada à cirurgia ocular prévia é relatada como conseqüência da deiscência do elevador. A etiologia exata é incerta; contudo, foi ligada às suturas de fixação do reto superior, aos espéculos de pálpebra e a outras manobras associadas com manipulação das pálpebras. Os pacientes afetados provavelmente têm a tendência à deiscência do elevador no pré-operatório.

8. Qual é a causa anatômica para a prega palpebral?

A prega palpebral é formada pelas aderências da aponeurose do elevador que passa através do músculo orbicular para a pele. Com a ptose aponeurótica, essas aderências são desinseridas, causando uma elevação da prega palpebral.

9. Que condições neurológicas são associadas com ptose?

As condições neurológicas que devem ser consideradas na avaliação da ptose incluem paralisia do terceiro nervo, a síndrome de Horner, a miastenia grave, a síndrome de Marcus Gunn (piscar-mandíbula), a cefaléia oftalmoplégica e a esclerose múltipla.

10. Quais são as causas miogênicas da ptose?

As anormalidades musculares associadas com a ptose incluem a miastenia grave, e distrofia muscular, a oftalmoplegia externa progressiva crônica, a distrofia oculofaríngea e o mal desenvolvimento congênito do elevador.

11. Quais são as características da síndrome de blefarofimose?

A síndrome de blefarofimose é uma doença congênita autossômica dominante caracterizada por ptose, epicanto, blefarofimose (estreitamento da fissura palpebral em todas as dimensões) e telecanto (aumento da distância entre os cantos mediais). Alguns pacientes também podem demonstrar ponte nasal chata, ectrópio de pálpebra inferior e rimas orbitais hipoplásicas.

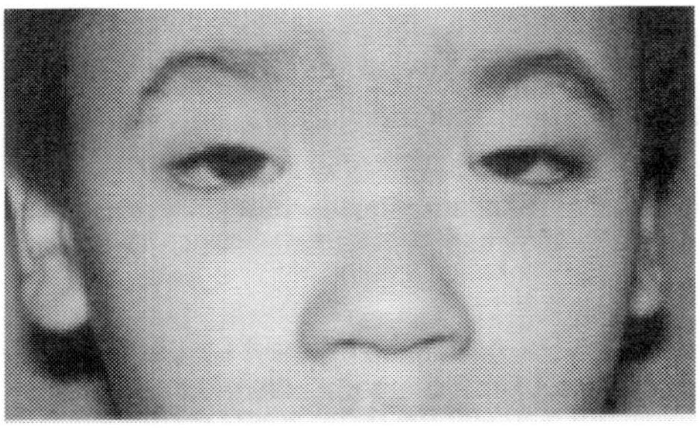

Blefarofimose com ptose congênita, fimose de pálpebras, telecanto e epicanto inverso. (De Tasman W, Jaeger EA: The Wills Eye Hospital Atlas of Clinical Ophthalmology, Philadelphia, Lippincott-Raven, 1996, com permissão.)

12. Quais são os sinais e os sintomas da miastenia grave?

A história de qualquer paciente com ptose adquirida deve incluir perguntas sobre os sintomas de miastenia grave. Os pacientes devem relatar variabilidade no grau de ptose dia após dia. Eles também podem notar um aumento da ptose durante períodos de fatiga ou ao fim do dia. Eles podem contar uma história de diplopia ou de dificuldade de deglutir, bem como outras fraquezas musculares. No exame, eles podem demonstrar fatiga no olhar para baixo, com retardo da pálpebra em voltar para a posição inicial. Eles também podem demonstrar uma contração brusca de Cogan na pálpebra após o olhar fixo para cima. No retorno à posição primária, a pálpebra pode mostrar uma contração brusca para cima antes de retornar para a posição de repouso final. A força do orbicular pode estar diminuída, permitindo ao examinador abrir as pálpebras do paciente mesmo durante um esforço para fechar.

13. Que medidas devem ser feitas durante o exame pré-operatório de pacientes com ptose?

Uma avaliação completa da ptose geralmente consiste da descrição da altura da fissura palpebral em milímetros, da distância do reflexo marginal, da medida da função do elevador e da avaliação da altura da prega palpebral. A medida da *fissura palpebral* sozinha não pode ser usada como uma medida fiel da ptose, porque a posição da pálpebra inferior pode afetar esse valor. Em particular, os pacientes com síndrome de Horner demonstram uma ptose reversa da pálpebra inferior, cuja posição é mais alta do que o normal. A *distância do reflexo marginal* é a distância do reflexo de luz corneano para a margem da pálpebra superior. É uma medida mais confiável da ptose do que a fissura palpebral, porque avalia a distância da pálpebra superior do eixo visual. A quantidade de *função do elevador* é crítica para o planejamento cirúrgico. Se a função do elevador é pobre ou ausente, deve ser considerada uma suspensão frontal antes da ressecção do elevador ou do músculo de Müller.

Outras partes críticas da avaliação pré-operatória incluem um exame cuidadoso da pupila para anisocoria, um cover teste para estrabismo e a avaliação da sensibilidade corneana e do filme lacrimal. Geralmente, um teste de Schirmer é realizado para medir a produção basal de lágrima. A posição da pálpebra é cuidadosamente examinada na posição primária com suspensão da ação do músculo frontal. A posição da pálpebra também é avaliada no olhar para baixo, procurando *lid lag* que possa sugerir ptose congênita ou oftalmopatia tiroidiana prévia. A pálpebra é avaliada no olhar para cima na procura de sinais de fadiga muscular e de contrações bruscas, o qual sugere miastenia gravis. Finalmente, é importante documentar a presença de um bom fenômeno de Bell (subida da córnea com o fechamento da pálpebra).

14. Como a função do elevador é determinada?

A função do elevador é medida em milímetros do olhar extremo para baixo ao olhar para cima. A ação do músculo frontal deve ser abolida fazendo pressão manual sobre as sobrancelhas. Essa manobra elimina a pequena porção de elevação das pálpebras associada com a elevação das sobrancelhas. É pedido ao paciente que olhe para baixo. Uma régua milimétrica é mantida na frente da pálpebra conforme o paciente olha para cima. A função do elevador é a medida da excursão completa da pálpebra. A função normal do elevador é considerada 15 mm ou mais. A função é considerada boa se > 8 mm, moderada se 5-7 mm, e ruim se < 4 mm.

15. Como a lei de Herring afeta a ptose?

A lei de Herring da inervação equivalente dos músculos se aplica aos dois músculos elevadores. Deve ser considerada durante a avaliação pré-operatória para avaliar cuidadosamente o grau de ptose de cada lado. A pálpebra normal em um paciente com ptose unilateral pode se tornar ptótica quando a estimulação bilateral é quebrada. O grau pelo qual a lei de Herring contribui para a ptose é afetado pelo olho que o paciente prefere fixar. Se o olho ptótico é o preferido para a fixação, a pálpebra oposta pode desenvolver uma posição de retração devido ao aumento de estímulo para abrir uma pálpebra ptótica. Quando se oclui o olho fixador ptótico, o olho previamente retraído desenvolve uma posição mais normal.

16. O que é o teste da Neosinefrina?

O teste da Neosinefrina é uma avaliação da contração do músculo de Müller no grau de ptose. Uma gota de fenilefrina 2,5% é colocada no olho. Após cinco minutos, o grau de ptose é reavaliado. A fenilefrina causa contração do músculo simpático de Horner, às vezes, causando melhora dramática do grau de ptose. Se a fenilefrina corrige totalmente a ptose, muitos cirurgiões preferem fazer uma ressecção do músculo de Müller em vez de uma ressecção do elevador.

17. Quais são os procedimentos cirúrgicos e não-cirúrgicos para a correção da ptose?

Os procedimentos mais comuns para a correção cirúrgica da ptose incluem a ressecção do elevador, por via interna ou externa; a ressecção do músculo de Müller; e a suspensão frontal. Uma correção não-cirúrgica inclui uma muleta de pálpebra ptótica, a qual pode ser adaptada nas lentes dos óculos. Embora raramente usada, a adaptação nos óculos é uma opção razoável para os pacientes que sejam considerados de alto risco para a ceratopatia de exposição e que tenham ptose neurológica cujo fenômeno de Bell seja ruim.

18. Quais são as complicações da cirurgia de ptose?

A complicação mais comum é a hipo-hipercorreção ou a anormalidade no contorno da pálpebra. Outras complicações incluem *lid lag* no olhar para baixo e lagoftalmo no fechamento da pálpebra. Essas complicações podem resultar em exposição da córnea e em ceratopatia superficial ou, até mesmo, em úlcera e cicatrização da córnea. Anormalidades na prega ou na dobra da pálpebra, perda de cílios, prolapso de conjuntiva e ectrópio de pálpebra superior também podem complicar a cirurgia. Além disso, a hemorragia retrobulbar é um risco em todas as cirurgias de pálpebra e, embora rara, a infecção é uma complicação em potencial.

19. O que é a síndrome de Marcus Gunn (piscar-mandíbula)?

A síndrome de Marcus Gunn é uma ptose congênita unilateral com inervação sincinética do elevador e do músculo pterigóide ipsilateral. O paciente demonstra uma retração da pálpebra ptótica na estimulação dos músculos pterigóides ipsilaterais pela abertura da boca ou pelo mover da mandíbula para o lado oposto.

BIBLIOGRAFIA

1. Gonnering RS (chairman): Orbit, Eyelids, and Lacrimal System: Basic and Clinical Science Course. San Francisco, American Academy of Ophthalmology, 1992, pp 160-168.
2. McCord CD Jr, Tannebaum M, Nunery WR: Oculoplastic Surgery, 3rd ed. Philadelphia, Lippincott-Raven, 1995, pp 175-220.
3. Schaefer AJ, Schaefer DP: Classification and correction of ptosis. In Stewart WB (ed): Surgery of the Eyelid, Orbit, and Lacrimal System, vol 2. San Francisco, American Academy of Ophthalmology, 1994, pp 84-133.

40. TUMORES DE PÁLPEBRAS

Janice A. Gault, M.D.

1. Quais são as pistas para determinar se uma lesão de pálpebra é benigna ou maligna?

O tamanho, a localização, a idade de início, a média de crescimento, a presença de ulceração ou o sangramento, qualquer alteração de cor, história de malignidade ou terapia por radiação anterior – tudo é importante. Um exame minucioso é necessário. As lesões malignas ou inflamatórias podem causar perda de cílios e distorção dos orifícios das glândulas de Meibomius, mas somente lesões malignas destroem os orifícios. Se uma lesão está próxima ao ponto lacrimal, a invasão do sistema lacrimal deve se ravaliada. A sondagem e a irrigação podem ser necessárias. Palpe as lesões para avaliar a fixação a tecidos profundos e ossos. Os linfonodos regionais também devem ser avaliados para aumento. A restrição da motilidade ocular extrínseca e a proptose são pistas de invasão local. Se um adenocarcinoma sebáceo ou melanoma é diagnosticado, a avaliação sistêmica deve ser feita nos sistemas hepático, pulmonar, ósseo e neurológico. Qualquer lesão, para ser tratada e observada, necessita de uma documentação fotográfica.

2. Qual é a diferença entre a ceratose seborréica e a ceratose actínica?

Ambas são papilomas, uma projeção de pele com um pedículo vascular central. Essas lesões são mais comuns em idosos. A ceratose seborréica é pigmentada, oleosa e hiperceratótica. Ela parece colada na pele. Uma biópsia com cureta é tudo que é necessário para o diagnóstico e para o tratamento. Não há risco elevado para transformação maligna. A ceratose actínica é encontrada em áreas de exposição ao sol e aparece como lesões planas, papilares ou escamosas. Essa lesão pré-maligna pode evoluir para carcinoma de células basais e escamosas.

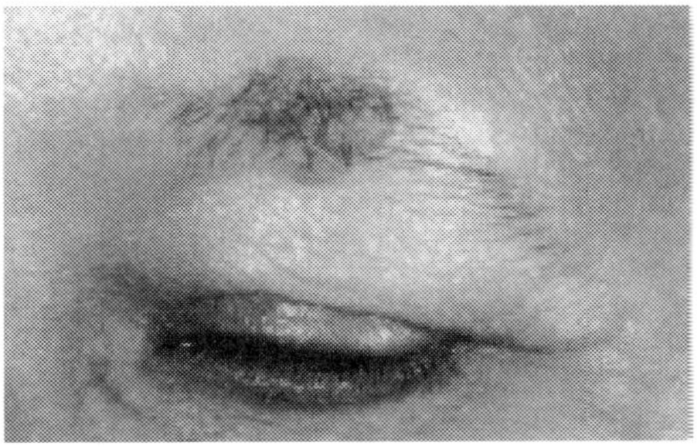

A ceratose seborréica é uma lesão oleosa, marrom-clara, que parece estar "colada" na pele. (De American Academy of Ophthalmology: Basic and Clinical Science Course, Section 8, San Francisco, CA, American Academy of Ophthalmology, 1992, com permissão.)

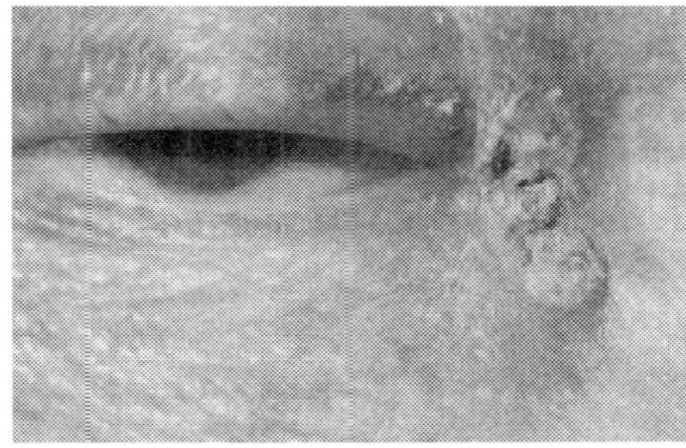

A ceratose actínica é uma lesão seca e escamosa devida à exposição ao sol, ocorrendo em idosos com pele ressecada pelo sol.

3. **Que lesão de pálpebra é associada com conjuntivite folicular crônica?**

O molusco contagioso. Os múltiplos nódulos escamosos com umbilicação central são causados por vírus. Eles podem se resolver espontaneamente, mas, geralmente, necessitam de excisão cirúrgica ou cauterização para prevenir reinfecção.

4. **Que exame de sangue deve ser pedido em um paciente jovem com as lesões mostradas a seguir?**

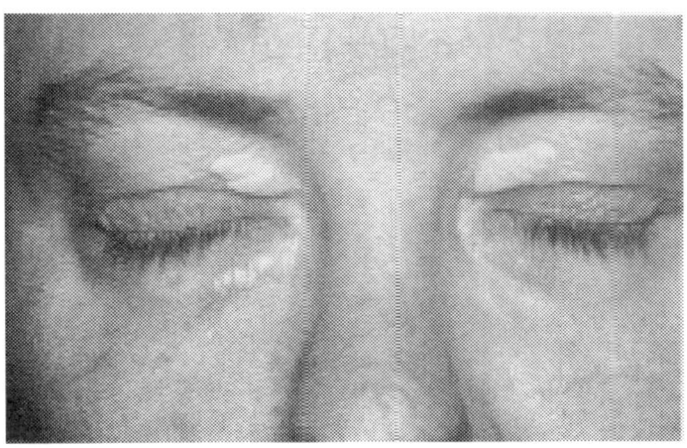

Paciente com xantelasma nas quatro pálpebras. (De Tasman W, Jaeger EA: The Wills Eye Hospital Atlas of Clinical Ophthalmology. Philadelphia, Lippincott-Raven, 1996, com permissão.) (Ver Figura 12 do encarte).

Os testes apropriados são os níveis de colesterol, triglicerídeos e glicemia. Xantelasma são placas amareladas encontradas no canto medial das pálpebras superiores e inferiores. Elas são coleções de lipídios. Em pacientes idosos, elas são comuns, não havendo motivo para preocupação. Em pacientes mais jovens, elas podem ser um sinal de hipercolesterolemia, uma alteração congênita do metabolismo do colesterol, ou de diabete melito. Cosmeticamente, elas podem ser removidas sem dificuldades, mas podem recorrer.

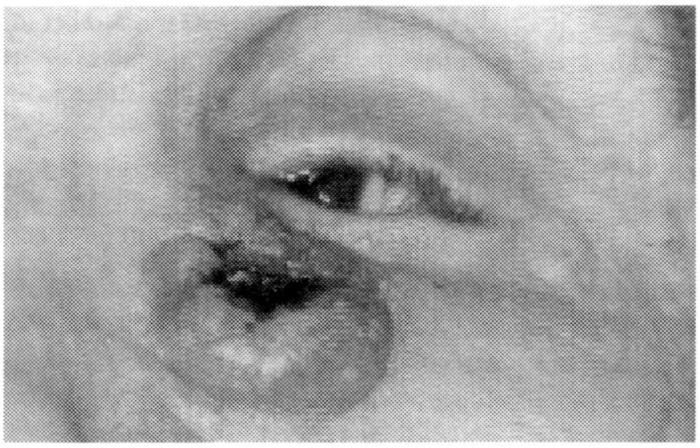

Ceratoacantoma que se desenvolveu dentro de quatro meses. Note a cratera central cheia de queratina. (De Tasman W, Jaeger EA: The Wills Eye Hospital Atlas of Clinical Ophthalmology. Philadelphia, Lippincott-Raven, 1996, com permissão.)

5. **O que é a ceratoacantoma? Qual é a neoplasia que ele simula?**

Um ceratoacantoma é uma lesão com crescimento rápido que aparece em algumas semanas. É hiperceratótico com uma cratera central, a qual geralmente se resolve espontaneamente. Clinicamente, a lesão simula um carcinoma de células basais. Na patologia, a lesão se assemelha ao carcinoma de células escamosas. Pode ocorrer perto da borda de áreas de inflamação crônica, como queimaduras, ou na periferia de uma neoplasia verdadeira. Se você tem certeza do diagnóstico, a observação é razoável. Embora possa causar destruição da margem da pálpebra, as lesões nessa área são removidas cirurgicamente. Elas também podem ser injetadas com esteróides.

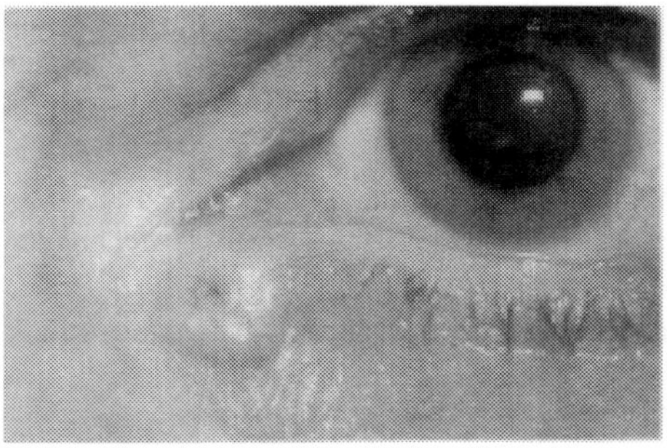

O carcinoma nodular de células basais, bem circunscrito, com bordos elevados e ulceração central, pode crescer por períodos muito longos, em comparação com o acantoma. A localização perto do canto medial é preocupante para invasão. (De Tasman W, Jaeger EA: The Wills Eye Hospital Atlas of Clinical Ophthalmology. Philadelphia, Lippincott-Raven, 1996, com permissão.)

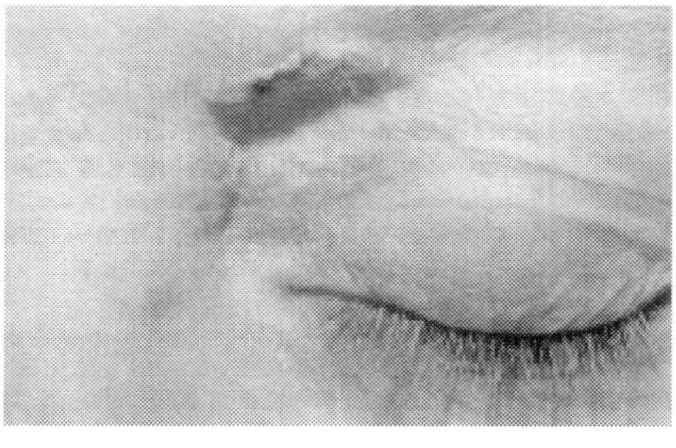

O carcinoma de células basais esclerosantes tem margens cirúrgicas menos definidas. (De Spalton DJ, Hitchings RA, Hunter PA: Atlas of Clinical Ophthalmology, 2nd ed. St. Louis, Mosby, 1994, com permissão.)

6. **Qual é o tumor maligno de pálpebra mais comum?**
O carcinoma de células basais, que é mais comum em pacientes de meia-idade e em idosos.

7. **Quais as suas duas apresentações clínicas?**
Tumores nodulares e esclerosantes. Um tumor nodular é uma massa firme, discreta, elevada, perolada, geralmente com teleangiectasias nas margens do tumor. Se o centro da lesão é ulcerado, é chamado úlcera *do roedor*. Os tumores esclerosantes são lesões planas, firmes, com margens indistintas. Eles tendem a ser mais agressivos e a ter um prognóstico pior do que a variedade nodular.

8. **Em ordem de freqüência, onde o carcinoma de células basais se apresenta?**
A localização mais comum é a pálpebra inferior, seguida pelo canto medial, pelo canto lateral e pela pálpebra superior.

9. **O carcinoma de células basais metastatiza? Se não, eles são perigosos?**
As lesões crescem apenas por extensão local. Elas podem ser perigosas, especialmente se próximas do canto medial. Os tumores nessa localização podem invadir a órbita via sistema de drenagem lacrimal. O carcinoma das células basais dos anexos oculares tem uma média de mortalidade de 3%; a grande maioria dos pacientes tem doença na área medial, terapia anterior com radiação ou tumores clinicamente negligenciados.

10. **Como você trata dos tumores com uma lesão suspeita?**
Primeiro, faça uma biópsia incisional da lesão para confirmar o diagnóstico. Cortes permanentes devem ser feitos, não somente para congelação. Se uma célula basal é encontrada, há várias possibilidades:

1. Uma grande remoção cirúrgica com cortes para congelação para confirmar que todo o tumor foi removido. Se o sistema lacrimal deve ser removido, não faça uma dacriocistorrinostomia simultânea à cirurgia primária. Aguarde, pelo menos, um ano para evitar a semeadura iatrogênica do tumor para o nariz.
2. Remoção lamelar de Mohs. O tumor inteiro é removido, preservando tanto tecido são quanto possível. Os pedaços retirados são enviados para o patologista durante o procedimento para confirmar a presença ou ausência de tumor e, assim, direcionar o curso seguinte da cirurgia. Esse procedimento preserva uma grande quantidade de tecido são, permitindo o aumento da função e da cosmética. Às vezes, isso salva o globo, enquanto a cirurgia convencional pode requerer exenteração. Esse procedimento demorado não pode ser realizado em qualquer lugar.
3. Radiação. O carcinoma de células basais é radiossensível, mas o tratamento não é curativo, somente paliativo (ver Questão 9). A radiação deve ser reservada para os pacientes idosos que não podem ser submetidos a cirurgia.
4. Crioterapia. Esse tratamento não é curativo e deve ser usado somente paliativamente.

11. **Como você trata um tumor recorrente que está limitando a motilidade ocular por invasão da órbita?**
Com exenteração.

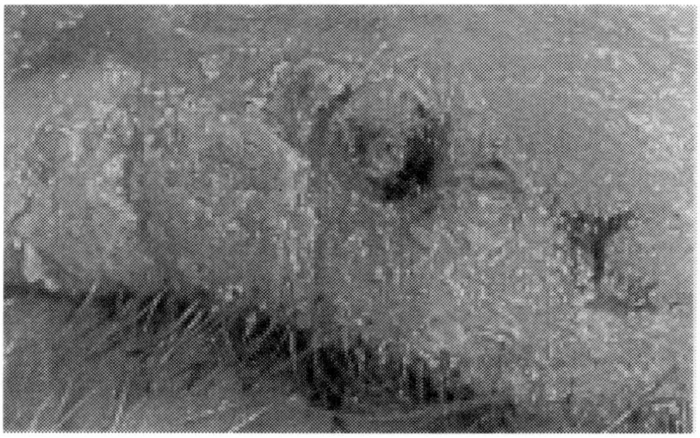

Carcinoma de células escamosas da pálpebra superior. (De American Academy of Ophthalmology: Basic and Clinical Science Course, Section 8, San Francisco, CA, American Academy of Ophthalmology, 1992, com permissão.) (Ver Figura 13 do encarte.)

12. Descreva a síndrome do *nevus* de células basais.

Essa doença autossômica dominante é caracterizada pelo desenvolvimento de múltiplos carcinomas de células basais numa idade precoce. Os pacientes também apresentam anormalidades esqueléticas, endócrinas e neurológicas.

13. Quais são as complicações da radiação na área ao redor dos olhos?

Ceratite *sicca*, catarata, retinopatia da radiação (se mais de 3.000 rads são usados), neuropatia óptica, entrópio, estenose lacrimal e dermatite. Em crianças pequenas, os ossos da órbita podem não crescer normalmente, causando uma deformidade cosmética significante.

14. Onde o carcinoma de célula escamosas geralmente se apresenta ao redor do olho?

Na pálpebra superior. Contudo, carcinomas de células basais são 40 vezes mais comuns.

15. Como os pacientes com carcinoma de células escamosas são tratados?

Similarmente aos pacientes com carcinomas de células basais. Contudo, os carcinomas de células escamosas são mais agressivos localmente e metastatizam via sangue e via sistema linfático. A exenteração é sugerida nas recorrências.

16. Um homem de 60 anos teve um calázio removido da sua pálpebra superior três vezes. Ele recorreu novamente. Como você o trata?

Um carcinoma de glândula sebácea deve ser suspeitado. As lesões crescem das glândulas de Meibomius no prato tarsal, das glândulas de Zeiss próximas aos cílios e das glândulas sebáceas da carúncula e da sobrancelha. Qualquer calázio recorrente deve ser biopsiado para avaliação patológica. A lesão pode simular doenças oculares benignas, como blefaroconjuntivite crônica, *pannus* corneano e ceratite límbica superior. Os pacientes que não respondem ao tratamento devem ser biopsiados, especialmente aqueles com perda de cílios e destruição dos orifícios das glândulas de Meibomius.

17. Como a biópsia é feita? Como a amostra é mandada para o laboratório? Que colorações devem ser pedidas?

O carcinoma de células sebáceas é multicêntrico e apresenta disseminação pagetóide. Múltiplas áreas devem ser biopsiadas, incluindo as conjuntivas bulbar e palpebral, mesmo se elas parecem não-envolvidas. Uma biópsia de espessura inteira de pálpebra pode ser necessária para fazer o diagnóstico, porque a lesão se origina nos tecidos profundos. O tecido não deve ser colocado em álcool, o qual dissolverá a gordura da amostra e fará o diagnóstico ser mais difícil. A coloração óleo-vermelho-O colorirá a gordura vermelha.

18. Como os pacientes com carcinoma de células sebáceas são tratados?

Pelo fato de o carcinoma de células sebáceas ser uma doença agressiva e potencialmente fatal, a excisão extensa é mandatória. Alguns médicos preferem a exenteração como tratamento primário. Uma microcirurgia de Mohs deve ser feita com cautela, porque a doença é multicêntrica com áreas sãs, e algumas lesões podem ser esquecidas. O tumor pode se espalhar por via hematogênica, por via linfática ou por extensão direta.

19. Qual é o tipo mais comum de melanoma maligno da pálpebra?

O melanoma com disseminação superficial gera 80% dos casos; os melanomas lentigo maligno e nodular, cada um, 10% dos casos. Contudo, todos são raros e representam menos de 1% dos tumores de pálpebras. O melanoma com disseminação superficial ocorre em áreas expostas e não-expostas ao sol. O lentigo maligno, também conhecido como ferida melanótica de Hutchinson, é induzido pelo sol. Ambos têm um grande crescimento horizontal antes de invadir os tecidos profundos. O melanoma nodular é mais agressivo, com invasão vertical precoce. O tratamento é a excisão cirúrgica ampla e a dissecção de linfonodos se alguma evidência de envolvimento linfático e vascular é notada.

20. Como você acompanha um paciente que teve uma neoplasia na pálpebra?

Uma vez que o paciente tenha cicatrizado do tratamento inicial, reavalie a cada seis e 12 meses. Os pacientes estão sob risco de neoplasias adicionais. Um exame minucioso por um dermatologista pode revelar neoplasias cutâneas em outros locais.

BIBLIOGRAFIA

1. Albert DM, Jakobiec FA: Principles and Practice of Ophthalmology, vol 3. Philadelphia, W.B. Saunders, 1994, pp, 1713-1812.
2. American Academy of Ophthalmology Basic and Clinical Science Course on Orbit, Eyelids, and Lacrimal System.
3. Cullum RD, Chang B: The Wills Eye Manual, 2nd ed. Philadelphia, J.B. Lippincott, 1994.

VIII. Uveítes

41. UVEÍTE GRANULOMATOSA

Caroline R. Baumal, M.D., F.R.C.S.C.

1. Defina a uveíte granulomatosa.

A uveíte pode ser classificada com base nas características anatômicas, etiológicas, clínicas ou patológicas. Pela patologia, a uveíte pode ser classificada como granulomatosa ou não-granulomatosa. A uveíte granulomatosa é a inflamação intra-ocular caracterizada por coleções nodulares de células epitelióides e células gigantes circundadas por linfócitos. Em contraste, a uveíte não-granulomatosa consiste de infiltrados celulares de células plasmáticas e linfócitos.

2. Quais são os sintomas da uveíte granulomatosa?

Os sintomas podem incluir visão borrada, moscas volantes e escotoma. A presença e a intensidade da dor são variáveis, e o olho externo tem inflamação mínima.

3. Quais são as características clínicas da uveíte granulomatosa?

A uveíte granulomatosa é tipicamente crônica e pode envolver qualquer porção do trato uveal. Um exame do segmento anterior pode revelar um dos seguintes casos: precipitados ceráticos grandes, gordurosos *mutton-fat,* infiltração da íris com nódulos na borda pupilar (*nódulos de Koeppe*) ou sobre a superfície da íris (*nódulos de Busacca*), sinéquias posteriores densas (adesões entre a íris e a cápsula anterior do cristalino). O exame do segmento posterior pode revelar áreas focais de inflamação.

4. Diferencie as características da uveíte granulomatosa e da não-granulomatosa.

A distinção entre ambas nem sempre usada é clinicamente porque algumas formas de uveíte granulomatosa (por exemplo, sarcoidose) podem ocorrer, às vezes, como não-granulomatosas. As uveítes não-granulomatosas não se apresentam em padrão granulomatoso.

Características das Uveítes Granulomatosas e Não-Granulomatosa

Características	*Granulomatosa*	*Não-Granulomatosa*
Início	Geralmente insidioso	Agudo (geralmente)
Curso	Crônico	Agudo ou crônico
Segmento anterior:		
Injeção	+	+++ (geralmente)
Dor	+/−	+++ (geralmente)
Nódulos de íris	+++	−
Precipitados ceráticos	Grandes, *mutton-fat*	Pequenos, finos
Outros	Sinéquias posteriores densas	+/− sinéquias posteriores, hipópio

+ = presente, − = ausente

5. O que são os precipitados ceráticos *mutton-fat*?

Os precipitados ceráticos *mutton-fat* são coleções de células epitelióides mais linfócitos, macrófagos, células gigantes multinucleadas inflamatórias ou pigmentos na superfície posterior da córnea. Eles são maiores do que os precipitados ceráticos da uveíte não-granulomatosa e têm uma aparência gordurosa.

6. Os nódulos de íris podem ocorrer na uveíte não-granulomatosa?

Os nódulos de Koeppe são redondos, branco-acinzentados, localizam-se na borda da pupila e podem estar presentes tanto na doença granulomatosa como na não-granulomatosa. Os nódulos de Busacca no estroma da íris somente ocorrem na uveíte granulomatosa.

7. Liste as causas *infecciosas* da uveíte granulomatosa.

AGENTE INFECCIOSO	DOENÇA
Mycobacterium tuberculosis	Tuberculose
Mycobacterium leprae	Lepra
Treponema pallidum	Sífilis
Borrelia burgdorferi	Doença de Lyme
Brucella melitensis/abortus	Brucelose
Herpesviruses	Necrose aguda da retina
Toxoplasma gondii	Toxoplasmose
Propionibacterium acnes	Endoftalmite pós-operatória crônica
Infecções fúngicas	Múltipla (por exemplo, *cryptococcus, aspergillus*)

8. Quais são as causas *mediadas por imunidade* de uveíte granulomatosa?

Oculares

Oftalmia simpática

Oftalmia facoanafilática

Sistêmicas

Sarcoidose

Síndrome de Vogt-Koyanagi-Harada (VKH)

9. Que entidades devem ser consideradas no diagnóstico diferencial das uveítes?

Síndromes mascaradas são condições que simulam uveítes. São as seguintes:

Neoplasias – retinoblastoma, leucemia, melanoma maligno, sarcoma de células grandes, linfoma

Corpo estranho intra-ocular

Xantogranuloma juvenil

Descolamento periférico de retina

Esclerose múltipla

10. Denomine as causas mais comuns de uveíte granulomatosa.

Toxoplasmose e sarcoidose.

11. Que testes são úteis na condução da uveíte granulomatosa?

Todos os casos de uveíte granulomatosa devem ser pesquisados para achar-se a causa. O alvo dos testes diagnósticos deve ser baseado na história clínica e no exame ocular e físico.

Testes de pele – proteína purificada derivada (PPD) para tuberculose, *screen* para anergia para saber se o paciente pode ter resposta imune

Testes de sangue – títulos de anticorpos, cultura, reação de cadeia de polimerase, tipagem de HLA, teste de HIV

Avaliação radiológica – raio X de tórax, *scan* de gallium

Testes oculares – angiografia fluoresceínica, ultra-som

Procedimentos cirúrgicos – biópsia de pele, punção lombar

Amostras oculares do humor aquoso, fluido vítreo, conjuntiva, íris, retina, coróide

12. O que é toxoplasmose?

A toxoplasmose é causada por um parasita intracelular obrigatório, o *Toxoplasma gondii.* O gato é o hospedeiro definitivo, e os humanos são os hospedeiros acidentais. A infecção pode ser congênita ou adquirida pela ingestão de oocistos ou bradizoitos por contato com fezes de gatos ou por carne contaminada mal cozida. Essa infecção é raramente adquirida por transplante de órgão ou por transfusão de leucócitos.

13. Descreva as características oculares da toxoplasmose.

A toxoplasmose ocular manifesta-se por uma coriorretinite necrotizante focal circundada por edema de retina com inflamação vítrea acima. A lesão pode ser isolada ou adjacente a uma cicatriz retiniana pigmentada. Uma vitreíte difusa que obscureça os detalhes do fundo (referida como "luz no *fog*") pode ocorrer. As características adicionais podem incluir uveíte, a qual é granulomatosa ou não-granulomatosa, papilite, vasculite retiniana e PIO elevada.

14. Como o diagnóstico de toxoplasmose ocular é feito?

O diagnóstico é baseado na história clínica e no exame de fundo, e é certificado por evidência sorológica de exposição prévia ou aguda por *Toxoplasma gondii.* A interpretação dos resultados sorológicos pode ser confusa pela alta prevalência de títulos positivos na população. A sorologia positiva para o toxoplasma, mesmo em soro não-diluído, deve estar presente para corroborar o diagnóstico. Não há correlação entre os títulos de anticorpos antitoxoplasma e a atividade da toxoplasmose ocular recorrente.

15. Qual é o tratamento para a toxoplasmose ocular?

A terapia é baseada na localização das lesões da retina. A observação é recomendada para pequenas lesões periféricas, as quais geralmente cicatrizam espontaneamente. O tratamento é recomendado quando há diminuição da acuidade visual, quando há lesões inflamatórias que atinjam a mácula, o feixe papilomacular ou o nervo óptico, ou, ainda, quando há uma reação inflamatória vítrea de moderada a severa. A terapia antibiótica é direcionada contra a replicação de taquizoítos que ocorre durante a retinite ativa, mas é inefetiva contra os cistos que permanecem na retina. A terapia antibiótica combinada com sulfadiazina (2 mg de dose inicial oral, seguidos de 1 mg quatro vezes ao dia), pirimetamina (75 mg de dose inicial oral, seguidos por 25 mg diariamente) e ácido fólico (3 a 5 mg duas vezes por semana) é dada por quatro a seis semanas. Os regimes alternativos incluem clindamicina (300 mg quatro vezes ao dia) sozinha ou com sulfadiazina e/ou pirimetamina nas doses acima ou trimetropim/sulfametoxazol (160 mg/800 mg) sozinho ou com clindamicina. Os corticosteróides sistêmicos para limitar a destruição inflamatória da retina podem ser considerados para as lesões que atinjam a visão em pacientes imunocompetentes somente com terapia antibiótica concomitante. Os esteróides tópicos, os cicloplégicos e as medicações antiglaucoma são usados para tratar a uveíte anterior e a PIO elevada. A vitrectomia cirúrgica raramente é necessária para remover as opacidades vítreas persistentes.

16. Que efeitos colaterais potencialmente sérios podem ocorrer com a terapia antibiótica para toxoplasmose?

Clindamicina: colite pseudomembranosa associada

Pirimetamina: toxicidade hematológica induzida, a qual é combatida pela administração de ácido folínico

17. Defina a sarcoidose.

A sarcoidose é uma doença granulomatosa sistêmica de etiologia desconhecida que pode afetar os pulmões, a pele e os olhos. O olho é envolvido em mais de 30% dos casos. A uveíte é a manifestação ocular mais comum.

18. Quais são as características oculares da sarcoidose?

Uveíte: geralmente, mas não exclusivamente, bilateral e granulomatosa

Inflamação do segmento posterior: granulomas, vitreítes, vasculites, neovascularização

Nódulos conjuntivais e palpebrais

Aumento da glândula lacrimal

19. Que achados sistêmicos corroboram o diagnóstico de sarcoidose?

Anergia no teste de pele, raio X de tórax anormal, *scan* de *gallium* positivo, enzima conversora de angiotensina elevada e cálcio sérico.

20. Descreva as características da tuberculose ocular.

Mycobacterium tuberculosis, um bacilo aeróbio ácido, é o maior agente causador da toxoplasmose humana. O envolvimento ocular pode ocorrer sem sinais de envolvimento pulmonar ativo. Além de uveíte, a qual geralmente é granulomatosa e crônica, outras características podem incluir coroidite, granuloma de coróide, vasculite de retina, atrofia ou neurite óptica, nódulos de pálpebras, dacrioadenites, conjuntivites, esclerites, flictenulose, ceratite intersticial e doença orbitária.

21. Descreva o tratamento da tuberculose ocular.

A terapia antituberculose requer uma combinação de antibióticos sistêmicos por uma duração prolongada. Os regimes correntes incluem isoniazida, rifampicina e pirazinamida por seis a nove meses. Etambutol e estreptomicina podem ser adicionados se a resistência à droga é suspeitada. Uma neurite óptica tóxica é um efeito colateral potencial que pode ocorrer secundariamente à terapia com isoniazida, etambutol ou estreptomicina da tuberculose pulmonar ou extrapulmonar.

22. Em que estágio a uveíte ocorre na sífilis?

A uveíte por sífilis ocorre na fase secundária, latente ou terciária, podendo ser o único achado da sífilis.

23. Quais são as características oculares da sífilis?

Na sífilis congênita, os sinais oculares incluem coriorretinite com um fundo em sal e pimenta, vitreíte, uveíte e ceratite intersticial. A sífilis adquirida primária pode se manifestar com um cancro periocular ou conjuntival. Em estágios tardios, uma variedade de achados tem sido descrita, incluindo uveíte (granulomatosa ou não-granulomatosa), vitreíte, coroidite, retinite, vasculite, panoftalmite, edema macular, neovascularização de coróide, doença do nervo óptico, anormalidades pupilares, conjuntivite, esclerite, ceratite intersticial e envolvimento gomoso da conjuntiva e do nervo óptico.

24. Que testes diagnósticos são usados para acessar a uveíte sifilítica?

Treponema pallidum pode ser identificado por uma lesão cutânea, se presente, por técnica de microscopia de campo-escuro ou por imunofluorescência. Os dois testes não-treponêmicos geralmente usados são a Pesquisa Laboratorial de Doença Venérea (VDRL) e o Reagina Plasmática Rápida (RPR). Os títulos seguidos de VDRL são úteis para monitorar a resposta terapêutica, mas podem ser negativos nas fases tardias da sífilis. Os testes treponêmicos específicos incluem o teste de absorção de anticorpo treponêmico fluorescente (FTA-ABS) e o teste de micro-hemaglutinação (MHA-TP), os quais são mais sensíveis nos estágios tardios da sífilis. Pelo fato de a uveíte por sífilis poder ocorrer em estágios tardios e o *screening* VDRL poder ser negativo, é mandatório fazer um FTA-ABS ou uma MHA-TP na avaliação de sífilis ocular. O exame do fluido cérebro espinhal para proteínas elevadas, pleocitose linfocitária ou sorologia de VDRL pode revelar neurossífilis concomitante.

25. Como a uveíte sifilítica é tratada?

A sífilis ocular é tratada de modo similar à neurossífilis, com altas doses de penicilina intravenosa (12 a 24 milhões de unidades por dia de penicilina G por 14 dias) seguidas por administração intramuscular de penicilina G benzatina (2,4 milhões de unidades por semana durante três semanas). Doxicilina, tetraciclina ou eritromicina têm sido usados em pacientes com alergia a penicilina. Os pacientes com contato de risco para sífilis devem ser examinados e tratados adequadamente. Além disso, os pacientes e os contatos devem ser submetidos a pesquisa para outras doenças sexualmente transmissíveis.

26. O que é a síndrome de Vogt-Koyanagi-Harada?

É uma doença sistêmica, idiopática, que afeta primariamente os pacientes bastante pigmentados, e é associada com uma uveíte grave, geralmente bilateral e granulomatosa. As manifestações clínicas podem incluir:

Cutânea: alopecia, vitiligo, poliose

Neurológica: sintomas meníngeos, encefalopatia, disacusia, linfocitose no fluido cérebro-espinhal

Ocular: uveíte granulomatosa, descolamento exsudativo da retina

27. O que é a oftalmia simpática e por quais reações imunes é responsável?

Ela é uma uveíte bilateral, granulomatosa, difusa, mediada por células T, que se desenvolve de cinco dias até muitos anos após um trauma perfurante ou uma cirurgia ocular. Noventa por cento dos casos ocorrem dentro de duas semanas a um ano após o evento desencadeante. A oftalmia simpática é mediada por reação de hipersensibilidade retardada tipo 4 da úvea a antígenos localizados no EPR ou nos melanócitos uveais.

28. Denomine as características oculares da Doença de Lyme.

A doença de Lyme é causada pela espiroqueta *Borrelia burgdorferi*, a qual é transmitida para os seres humanos pela mordida de carrapatos infectados de cervos, pássaros ou ratos-do-mato infestados. O envolvimento ocular é geralmente bilateral. No estágio um, uma conjuntivite autolimitada não-específica pode ocorrer. Nos estágios dois e três, pode haver uma síndrome *pars-planite-like*, a qual é atípica, com a presença de precipitados ceráticos granulomatosos e sinéquias posteriores. Outros achados em potencial incluem uveíte, a qual pode ser granulomatosa, vitreíte, coroidite, neurorretinite, vasculite de retina, panoftalmite, oclusão de ramo de artéria da retina, pseudotumor cerebral, alterações do nervo óptico, paralisias de nervos cranianos, episclerite, conjuntivite e ceratite.

29. Como a doença de Lyme é diagnosticada?

1. História clínica de atividades ao ar livre em área endêmica no final da primavera ou no verão. Um *rash* migratório (eritema *migrans*) ou uma artrite podem ser descritos.

2. Sorologia positiva para anticorpos de *Borrelia burgdorferi*. A sorologia geralmente é feita por anticorpo de imunofluorescência indireta (AII) ou por ELISA. Os resultados falso-negativos podem ocorrer nos estágios iniciais da doença antes que a resposta de anticorpos ocorra ou devido ao tratamento antibiótico incompleto. A sorologia é mais fácil de ser positiva à medida que o tempo da doença aumenta. Pelo fato de somente um teste sorológico poder ser positivo, é recomendado fazer tanto o AII como o ELISA, e interpretá-los com base nos critérios laboratoriais. A espiroqueta pode ser identificada em biópsia de pele ou um fluído cérebro-espinhal.

30. Descreva a síndrome da necrose retiniana aguda (NRA).

A necrose retiniana aguda (NRA) é uma síndrome clínica causada por infecção pelo vírus do herpes (varicela zoster, herpes simples tipo 1 e 2). Embora inicialmente descrita em pacientes saudáveis, a NRA foi posteriomente relatada em imunocomprometidos. As características incluem uma retinite periférica rapidamente progressiva, vasculite, vitreíte, PIO elevada, uveíte granulomatosa, esclerite, neuropatia óptica, oclusão de veia ou de artéria da retina e edema macular. As complicações tardias incluem descolamento e neovascularização da retina, glaucoma, catarata e atrofia do nervo óptico.

31. Por que a avaliação por um longo tempo é recomendada em pacientes com NRA?

A NRA pode ocorrer no olho contralateral em aproximadamente um terço dos casos, em um intervalo médio de quatro semanas. Já foi relatada no olho contralateral com um intervalo de até 34 anos.

32. Quais são as opções disponíveis para o tratamento da NRA?

A terapia antiviral com aciclovir é efetiva para limitar a necrose retiniana, bem como a ocorrência de NRA no olho contralateral. Aciclovir intravenoso por 10-14 dias, seguido de três meses de terapia oral, é recomendado. Ganciclovir também é efetivo contra viroses por varicela zoster e herpes simples, podendo ser considerado em casos que não respondem ao aciclovir. Os corticosteróides sistêmicos podem ser usados para limitar a inflamação, mas somente com terapia antiviral concomitante. Esteróides e cicloplégicos tópicos são usados para inflamação do segmento anterior. A fotocoagulação profilática com *laser* aplicada na junção da retina sã e necrótica para formar uma adesão coriorretiniana é recomendada, se não for impedida pela vitreíte.

33. Quais são as dificuldades para interpretar uma sorologia para infecção causando uveíte granulomatosa?

Devido à sua natureza localizada, uma infecção ocular ativa nem sempre é acompanhada de um aumento nos títulos de anticorpos sistêmicos. A sorologia pode ser não-confiável em pacientes imunocomprometidos secundariamente à resposta alterada de anticorpos.

34. Qual é a indicação para as amostras cirúrgicas de fluidos ou tecidos intra-oculares com o propósito de diagnóstico?

A uveíte progressiva que comprometa a visão e que não responda ao tratamento é uma indicação para a amostragem cirúrgica. Os resultados devem ser esperados para a modificação da terapia clínica. Outra indicação é a doença não-responsiva grave em um olho e inicial no outro.

35. Como é tratada a uveíte granulomatosa?

O diagnóstico e a terapia no tempo certo são imperativa para prevenir um dano ocular irreversível.

Princípios do tratamento

1. Trate a causa básica se a mesma for identificada

2. Previna as complicações que alterem a visão, as quais podem ser secundárias ao processo da doença ou à medicação usada para a terapia

Tratamento medicamentoso disponível

1. Colírios tópicos: colírio de esteróide para combater a inflamação ocular; colírio dilatador da pupila para prevenir a formação de sinéquias e aliviar o espasmo ciliar

2. Injeção periocular de esteróides

3. Agentes sistêmicos: antibióticos, antivirais, esteróides, agentes imunossupressores

BIBLIOGRAFIA

1. Aaberg TM: The expanding ophthalmologic spectrum of Lyme disease. Am J Ophthalmol 107:77-80, 1989.
2. Blumenkranz MS, Duker JS, D'Amico DJ: Acute retinal necrosis. In Albert DM, Jakobiec FA (eds): Principles and Practice of Ophthalmology: Clinical Practice. Philadelphia, W.B. Saunders, 1994, pp 945-962.
3. Duker JS, Blumenkranz MS: Diagnosis and management of the acute retinal necrosis (ARN) syndrome. Surv Ophthalmol 35:327-343, 1991.
4. Engstrom RE Jr, Holland GN, Nussenblatt RB, Jabs DA: Current practices in the management of ocular toxoplasmosis. Am J Ophthalmol 111:601-610, 1991.
5. Helm CJ, Holland GN: Ocular tuberculosis. Surv Ophthalmol 38:229-256, 1993.
6. Holland GN, and the Executive Commitee of the American Uveitis Society: Standard diagnosis for the acute retinal necrosis syndrome. Am J Ophthalmol 117:663-667, 1994.
7. Margo CE, Hamed LH: Ocular syphilis. Surv Ophthalmol 37:203-220, 1992.
8. Martin DF, Chan C, de Smet MD, et al: The role of chorioretinal biopsy in the management of posterior uveitis. Ophthalmology 100:705-714, 1993.
9. Opremcak EM, Scales DK, Sharpe MR: Trimethoprim-sulfamethoxazole therapy for ocular toxoplasmosis. Ophthalmology 99:920-925, 1992.
10. Silveira C, Belfort R Jr, Burnier M Jr, Nussenblatt R: Acquired toxoplasmosis infection as the cause of toxoplasmic retinochoroiditis in families. Am J Ophthalmol 106:362-364, 1988.
11. Tabbara KF: Ocular toxoplasmosis: Toxoplasmic retinochoroiditis. Int Ophthalmol Clin 35:15-29, 1995.
12. Tamesis RR, Foster CS: Toxoplasmosis. In Albert DM, Jakobiec FA (eds): Principles and Pratice of Ophthalmology: Clinical Practice. Philadelphia, W.B. Saunders, 1994, pp 929-934.

13. Tamesis RR, Foster CS: Ocular syphilis. Ophthalmology 97:1281-1287, 1990.
14. Weiss MJ, Velazquez N, Hofeldt AJ: Serologic tests in the diagnosis of presumed toxoplasmic retinochoroiditis. Am J Ophthalmol 109:407-411, 1990.
15. Zaidman GW: The ocular manifestations of Lyme disease. Int Ophthalmol Clin 33:9-22, 1993.

42. SÍNDROMES MASCARADAS

Vinay N. Desai, M.D., e *Jay S. Duker*, M.D.

1. Defina a síndrome mascarada.

O termo síndrome mascarada refere-se a uma alteração oftálmica que não é primariamente inflamatória, mas que se apresenta clinicamente como uma uveíte anterior ou posterior. Essas entidades podem ser confundidas com as uveítes primárias, levando a um tratamento inapropriado e a uma possível morbidade ocular e à mortalidade sistêmica.

2. Denomine as síndromes mais comuns que mimetizam as uveítes dos segmentos posterior e anterior.

Síndromes Mascaradas

Segmento	*Idade em Anos*	*Sinais de Inflamação*	*Estudos Diagnósticos*
Segmento anterior			
Retinoblastoma	<15 anos	*Flare*, células, pseudo-hipópio	Amostra do aquoso para nível de LDH e citologia
Leucemia	<15 anos	*Flare*, células, heterocromia	Esfregaço de medula óssea, sangue periférico, citologia do aquoso
Corpo estranho intra-ocular	Qualquer idade	*Flare*, células	Raio X, ultra-som
Melanoma maligno	Qualquer idade	*Flare*, células	Fluoresceína, ultra-som
Xantogranuloma juvenil	<15 anos	*Flare*, células, hifema	Exame da pele, biópsia de íris
Descolamento periférico de retina	Qualquer idade	*Flare*, células	Oftalmoscopia
Segmento posterior			
Retinose pigmentar	Qualquer idade	Células no vítreo	ERG, EOG, campo visual
Sarcoma de células reticulares	15+	Exsudato vítreo, hemorragias e exsudatos retinianos, infiltrados no epitélio pigmentar da retina	Estudo citológico do aquoso e vítreo
Linfoma	15+	Hemorragias e exsudatos retinianos, células vítreas	Biópsia de linfonodo, medula óssea, exame físico

(continua)

(continuação)

		Síndromes Mascaradas	
Segmento	*Idade em Anos*	*Sinais de Inflamação*	*Estudos Diagnósticos*
Segmento inferior			
Retinoblastoma	<15 anos	Células vítreas, exsudatos de retina	Ultra-som, exploração do aquoso
Melanoma maligno	15+	Células vítreas	Fluoresceína, ultra-som
Esclerose múltipla	15+	Periflebite	Exame neurológico

LDH = desidrogenase láctica, ERG = eletrorretinograma, EOG = eletroculograma.
De American Academy of Ophthalmology: Ophthalmology Basic and Clinical Science Course, Sect. 6, San Francisco, American Academy of Ophthalmology, 1997.

3. **Descreva as características clínicas do retinoblastoma.**

O retinoblastoma é o tumor maligno intra-ocular primário mais comum, geralmente se apresentando antes dos dois anos. Os sintomas mais comuns presentes no retinoblastoma são a leucocoria (reflexo pupilar branco) e o estrabismo. Ocasionalmente, a necrose do tumor pode levar a inflamação significante dos segmentos anterior e posterior. As células tumorais podem se empilhar na câmara anterior produzindo um "pseudo-hipópio". As células do retinoblastoma podem ganhar acesso ao vítreo, onde aparecem como semeaduras vítreas, simulando vitreíte inflamatória. Outros exemplos de uveíte posterior verdadeira que se apresentam com inflamação significante incluem a toxoplasmose, a toxocaríase, a cisticercose e a *pars planite*. A ultra-sonografia pode ajudar a diferenciar retinoblastoma destas entidades. A calcificação pode ser vista no retinoblastoma, mas não em outras doenças.

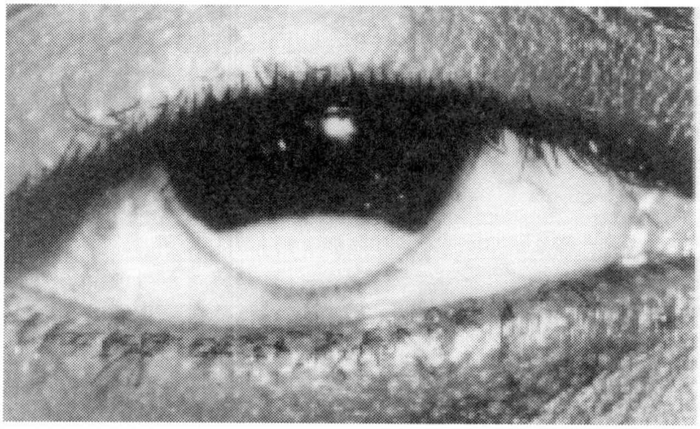

Pseudo-hipópio devido à semeadura de células de retinoblastoma na câmara anterior. (De Shields JA, Shields CL: Intraocular Tumors – A Text and Atlas. Philadelphia, W.B. Saunders, 1992, p. 310, com permissão.)

4. **Que entidade clínica pode se apresentar como inflamação intra-ocular crônica, refratária a corticóides, em pacientes com mais de 50 anos?**

O linfoma intra-ocular primário ou o sarcoma de células reticulares, como foi chamado anteriormente, podem se apresentar com esse padrão. A maioria dos pacientes se apresenta com envolvimento bilateral associado com células vítreas, com reação de câmara anterior e com infiltrados retinianos e coroidais. Os infiltrados retinianos podem ser desiguais e associados com hemorragias e exsudatos. Contudo, uma vitreíte densa pode ser o único sinal presente. A maioria dos pacientes eventualmente desenvolve alguma forma de envolvimento do SNC. A TC ou a RNM podem demonstrar tumores do SNC. Em quase todos os casos, uma aspiração vítrea estabelece o diagnóstico. O tratamento corrente inclui irradiação ocular e SNC combinado com quimioterapia intratecal.

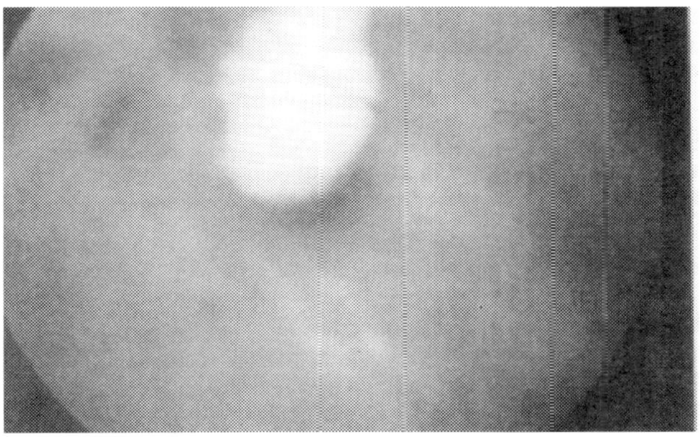

Infiltrados coriorretinianos branco-amarelados em linfoma intra-ocular. (De Shields JA, Shields CL: Intraocular Tumors – A Text and e atlas. Philadelphia, W.B. Saunders, 1992, p. 499, com permissão.)

5. **Que tecido ocular é mais comumente afetado clinicamente pela leucemia?**

A retina. O envolvimento da retina inclui dilatação, tortuosidade vascular, hemorragias, manchas algodonosas e neovascularização periférica. As hemorragias de retina podem ter centros brancos consistindo de células leucêmicas ou de agregados plaquetas-fibrina (manchas de Roth). Ao contrário, a coróide é mais comumente afetada na histopatologia. Contudo, o envolvimento da coróide é raramente detectado clinicamente, mas pode produzir descolamento seroso da retina. A angiografia fluoresceínica desses descolamentos demonstra múltiplas áreas de hiperfluorescência ao nível do epitélio pigmentar da retina (EPR) similares às achadas na síndro-me de Vogt-Koyanagi-Harada. O envolvimento leucêmico do segmento anterior pode se apresentar com massas conjuntivais, heterocromia de íris, células e *flare* na câmara anterior, pseudo-hipópio, hifema espontâneo e PIO elevada. A infiltração do nervo óptico e o envolvimento orbitário são comuns.

6. **Por meio de que mecanismos o melanoma maligno pode produzir sinais inflamatórios?**

Os tumores necróticos podem levantar uma resposta inflamatória intensa associada com a semeadura de células tumorais na cavidade vítrea e no segmento anterior. Ocasionalmente, os melanófagos ou as células tumorais contendo melanina produzem um pseudo-hipópio marrom. O bloqueio da malha trabecular por células tumorais pode resultar em aumento da PIO (glaucoma melanocítico). A necrose do tumor pode resultar em hemorragia vítrea espontânea. Outros achados clínicos incluem heterocromia de íris e descolamento seroso da retina com fluido sub-retiniano. O exame de ultra-som e a angiografia fluoresceínica ajudam a estabelecer o diagnóstico.

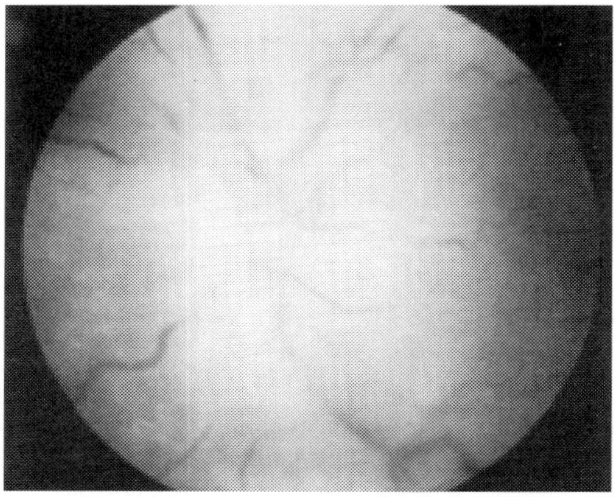

Infiltração leucêmica da cabeça do nervo óptico, da retina e da coróide em uma criança de oito anos. (De Shields JA, Shields CL: Intraocular Tumors – A Text and Atlas. Philadelphia, W.B. Saunders, 1992, p. 506, com permissão.)

7. Que condição pode produzir hifema espontâneo em uma criança?

O xantogranuloma juvenil é uma condição sistêmica consistindo de um ou mais tumores benignos. O envolvimento ocular pode se apresentar com reação de câmara anterior recorrente e com hifema espontâneo (ver figura, página seguinte). O xantogranuloma tem pequenos tumores carnosos na íris. O diagnóstico é feito por biópsia de íris ou por achado de lesão similar na pele. Se o paciente desenvolve um hifema recorrente e um glaucoma secundário, o tratamento com corticóides tópicos e sistêmicos é aconselhado.

8. Descreva as outras entidades que podem simular uveíte anterior e posterior.

1. *Descolamento de retina periférica antigo* pode desenvolver uma reação de câmara anterior intensa e sinéquias posteriores. A oftalmoscopia e a ultra-sonografia cuidadosas ajudam a detectar descolamento de retina.

2. *Corpos estranhos intra-oculares retidos* associados com trauma podem causar inflamação persistente dos segmentos anterior e posterior. O exame com TC e ultra-som deve demonstrar a anomalia.

3. Pacientes com *esclerose múltipla* podem se apresentar com uveíte periférica consistindo de células na cavidade vítrea e periflebite. Ocasionalmente, os pacientes com esclerose múltipla se apresentam com uveíte anterior granulomatosa.

4. *Retinose pigmentar* pode se apresentar com células vítreas e com catarata subcapsular posterior. Contudo, a deposição de pigmentos na retina em grumos, gerando um padrão de "espículas ósseas", a atenuação dos vasos retinianos, a atrofia e o mosqueamento do EPR, e a palidez do nervo óptico ajudam a distinguir essa doença de outras verdadeiramente inflamatórias. O diagnóstico pode ser confirmado com um ERG e um EOG extintos e com um escotoma em anel no teste de campo visual.

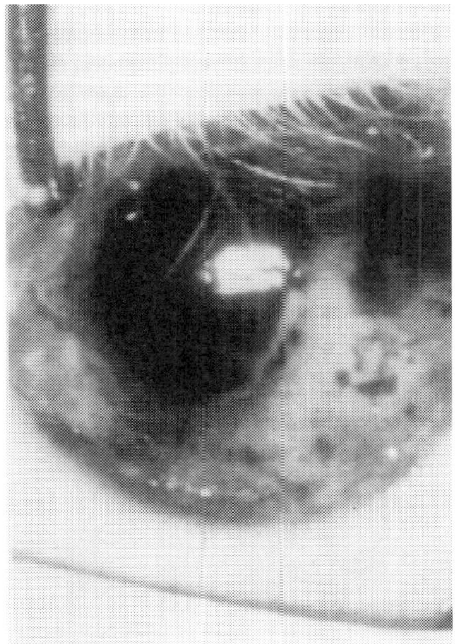

Xantogranuloma juvenil solitário grande que deu origem a um hifema espontâneo em uma criança de sete meses de idade. (De Shields JA, Shields CL: Intraocular Tumors – A Text and Atlas. Philadelphia, W.B. Saunders, 1992, p. 296, com permissão.)

BIBLIOGRAFIA

1. Char DH: Clinical Ocular Oncology. New York, Churchill Livingstone, 1989.
2. Char DH, Ljung BM, Miller T, et al: Primary intraocular lymphoma (ocular reticulum cell sarcoma): Diagnosis and management. Ophthalmology 95:625-630, 1988.
3. Clements DB: Juvenile xanthogranuloma treated with local steroids. Br J Ophthalmol 50:663-665, 1966.
4. Fraser DJ Jr, Font RL: Ocular inflammation and hemorrhage as initial manifestations of uveal malignant melanoma: Incidence and prognosis. Arch Ophthalmol 97: 1311-1314, 1979.
5. Heckenlively Jr (ed): Retinitis Pigmentosa. Philadelphia, J.B. Lippincott, 1988.
6. Kincaid MC, Green WR: Ocular and orbital involvement in leukemia. Surv Ophthalmol 27:211-232, 1983.
7. Lim J, Tessler HH, Goodwin JA: Anterior granulomatous uveitis in patients with multiple sclerosis. Ophthalmology 98: 142-145, 1991.
8. Rao NA, Forster DJ, Spalton DJ: Masquerade syndromes and AIDS. In Podos SM, Yanoff M (eds): Textbooks of Ophthalmology, 1992, pp 9.1-9.8.
9. Shields JA, Augsburger JJ: Current approaches to the diagnosis and management of retinoblastoma. Surv Ophthalmol 25:347-372, 1981.
10. Shields JA, Shields CL: Intraocular Tumors – A Text and Atlas. Philadelphia, W.B. Saunders, 1992.
11. Zimmerman LE: Ocular lesions of juvenile xanthogranuloma. Nevoxanthoendothelioma. Trans Am Acad Ophthalmol Otolaryngol 69:412-439, 1965.

43. MANIFESTAÇÕES OCULARES DA AIDS

Tamara R. Vrabec, M.D., e *Vincent F. Baldassano*, M.D.

1. **Quem tem maior risco de desenvolver doença ocular ligada à AIDS?**
Os pacientes com a contagem de linfócitos T $CD4^+$, intensamente reduzida.

2. **Qual é a manifestação ocular mais comum da AIDS?**
A microvasculopatia de retina, que se manifesta clinicamente como manchas algodonosas (MA). A maioria dos pacientes é assintomática. MAs são mais comuns à medida que a contagem de linfócitos T $CD4^+$ diminui, atingindo uma prevalência de 45% em pacientes com contagem <50 células/ml.

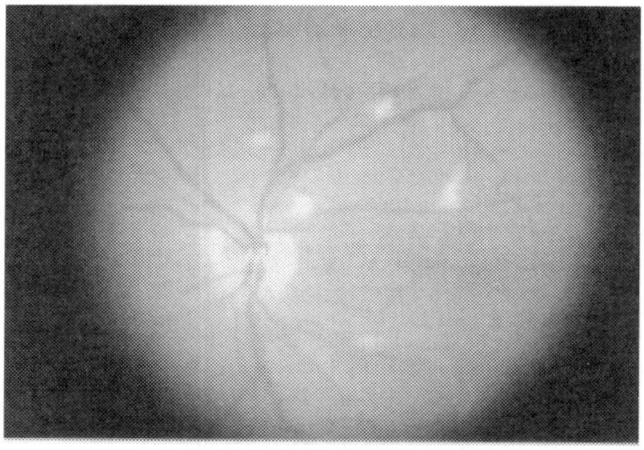

Manchas algodonosas são infartos da camada de fibras nervosas. O diferente dos infiltrados precoces da retinite por CMV é que eles não aumentam, não têm hemorragias associadas e podem resolver em algumas semanas.

3. **Qual é a infecção oportunista ocular mais comum da AIDS?**
A citomegalovírus (CMV) é, com certeza, a causa mais comum de infecção oportunista ocular e aquela que com mais freqüência resulta em retinite necrotizante. Outras infecções oculares oportunistas menos comuns em pacientes com AIDS incluem o herpes zoster, a toxoplasmose e a criptococose.

4. **Qual é a incidência da retinite por CMV?**
Entre os pacientes com contagem de $CD4^+$ menor do que 50 células/ml, 20% por ano desenvolvem retinite por CMV.

5. **Descreva os sintomas iniciais da retinite por CMV.**
As moscas volantes e a perda de campo visual (visão de túnel ou manchas cegas) podem ser os sintomas precoces da retinite por CMV.

6. Como a retinite por CMV se apresenta clinicamente?

Os achados oftalmológicos clássicos incluem áreas brancas de necrose retiniana com hemorragias e reação vítrea mínima associadas (ver figura, página seguinte).

7. Quais são as drogas mais comumente usadas para tratar a retinite por CMV?

O ganciclovir, o foscarnet e o cidofovir são as medicações antivirais mais comumente usadas para o tratamento da retinite por CMV. Elas agem inibindo a DNA polimerase viral. É importante notar que todas são virostáticas, não virocidas.

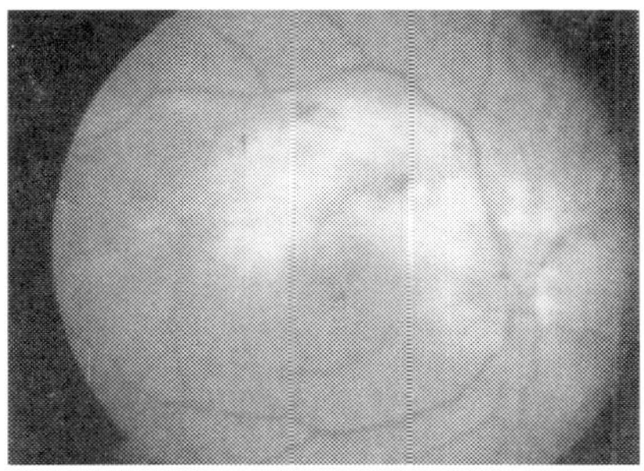

A retinite por CMV é caracterizada por áreas de infiltrado retiniano com hemorragia associada. Note o envolvimento do nervo óptico. (Ver Figura 14 do encarte.)

8. Por quanto tempo o tratamento para retinite por CMV deve ser mantido?

Por toda a vida do paciente, pela natureza virostática das medicações e pela supressão do sistema imune do hospedeiro. A manutenção por toda a vida do tratamento com medicação antiviral é necessária para controlar a retinite.

9. Qual é a estratégia de tratamento para a retinite por CMV?

O tratamento para a retinite por CMV inclui uma terapia inicial de duas semanas com ganciclovir ou foscarnet, seguida pela manutenção da terapia intravenosa, oral ou intra-ocular. O cidofovir é administrado uma vez por semana para a indução e, depois, uma semana sim e uma semana não para a manutenção. Apesar da terapia de manutenção, a retinite recidivará na maioria dos pacientes (o período médio para a recidiva varia de dois a oito meses, dependendo da droga e/ou da via de administração), e o intervalo para a recidiva diminui conforme a duração do tratamento se estende. Quando a recidiva ocorre, a reindução (dois a três semanas de medicação IV ou da injeções intra-oculares mínimas) é indicada. Se ocorre resistência (sem resposta clínica durante oito semanas de reindução), a troca de medicação ou de via de administração é indicada. A terapia combinada com ganciclovir e foscarnet é mais efetiva do que as altas doses de monoterapia para a retinite por CMV recorrente; contudo, somente 23% dos pacientes podem tolerar o tratamento pela toxicidade (57%) e pela inconveniência (20%).

10. Denomine a principal toxicidade do ganciclovir.

A principal toxicidade do ganciclovir é a toxicidade na medula óssea com neutrope-nia e/ou trombocitopenia. A trombocitopenia pode ser limitada pelo uso concorrente de fatores estimuladores de colônias dos granulócitos. Os implantes de ganciclovir intra-ocular liberam medicação somente para o espaço intra-ocular e não causam toxicidade sistêmica.

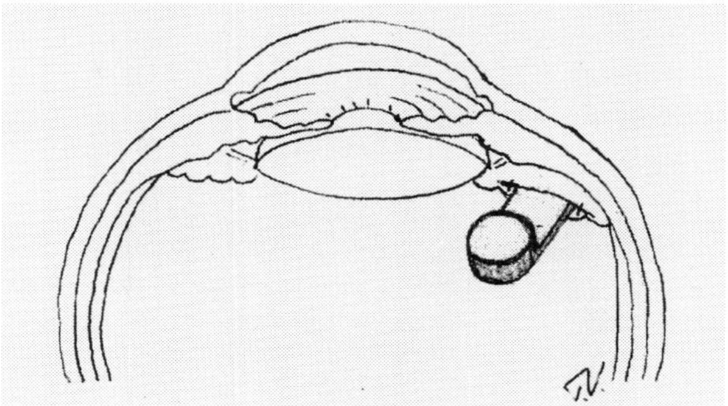

O implante de ganciclovir intra-ocular é suturado na esclera e se estende para dentro da cavidade vítrea. O sistema de liberação da droga libera o ganciclovir lentamente por oito meses. Ele pode ser trocado quando o suprimento da droga terminar. Embora não seja associado com toxicidade sistêmica vista com medicação oral ou terapia intravenosa, o sistema não provê profilaxia contra CMV sistêmico ou retinite por CMV no outro olho.

11. Denomine a toxicidade do foscarnet e do cidoforvir.

A principal toxicidade de foscarnet é a toxicidade renal, a qual ocorre em aproximadamente 30% dos pacientes. Outras toxicidades incluem a alteração no balanço eletrolítico, a anemia e, com menos freqüência, a neutropenia. A principal toxicidade associada com o cidofovir é a nefrotoxicidade.

12. O que é a HAART e como está afetando o tratamento da retinite por CMV?

HAART (*highly active antiretroviral therapy* – terapia anti-retroviral altamente ativa) usa uma combinação de inibidores da protease mais outros agentes anti-retrovírus. A HAART resultou em um aumento significante da contagem de CD4 e na remissão da retinite por CMV, seguindo a descontinuação do tratamento de manutenção.

13. O que é a necrose progressiva de retina externa (NPRE)?

A NPRE é uma forma extremamente agressiva de retinite na população com AIDS. Causada pelo vírus do herpes simples, é temporariamente associada com lesões de pele por herpes zoster, as quais podem ou não estar na região periocular. A cegueira se desenvolve em >80% dos pacientes devido à progressão da infecção, mesmo com a terapia ou com o descolamento secundário de retina. O exame de fundo de olho dilatado e o seguimento periódico para procurar NPER são indicados em pacientes com AIDS que desenvolvem retinite por herpes zoster.

14. Por que o descolamento de retina ocorre em casos de retinite infecciosa? Quão freqüente eles ocorrem?

As infecções da retina podem causar múltiplos buracos de necrose retiniana que levam, após algum tempo, ao descolamento de retina, o qual ocorre em 34% dos pacientes com retinite por CMV em 50% dos pacientes com NPRE.

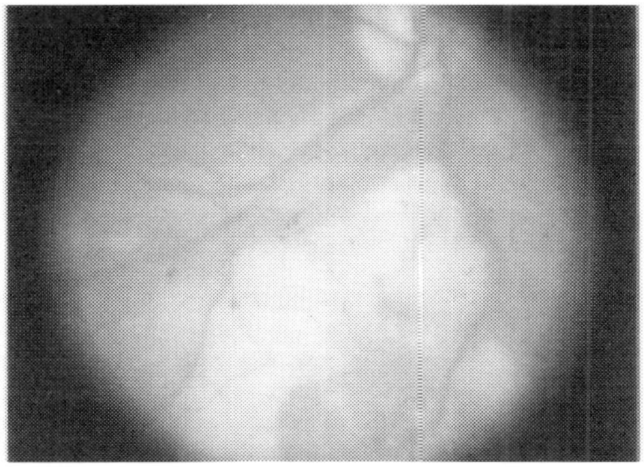

A NPRE tipicamente afeta a retina periférica, poupando os vasos retinianos. Note as áreas de clareamento perivascular e a ausência de hemorragia associada.

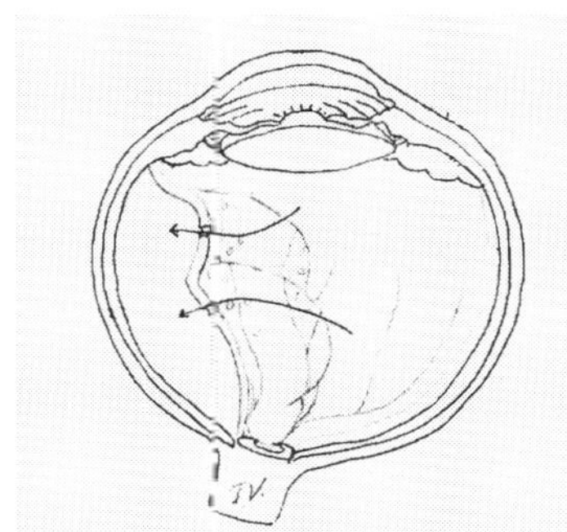

O descolamento de retina associado com CMV é causado por múltiplos buracos necróticos da retina que se desenvolvem em áreas de retinite infecciosa. O vítreo líquido passa através dos buracos no espaço potencial abaixo da retina e resulta em descolamento da retina.

15. Como a maioria dos descolamentos de retina associados à AIDS são tratados?

Laser pode ser usado para demarcar ou cercar um descolamento periférico pequeno da retina, especialmente em pacientes que não estão em bom estado geral de saúde para tolerar a cirurgia. Como o descolamento é por múltiplos buracos necróticos finos, o tratamento padrão com *buckle* escleral não é efetivo, sendo geralmente indicada a vitrectomia com injeção de óleo de silicone. O óleo de silicone toma o lugar do vítreo e tampona os múltiplos buracos para prevenir o redescolamento.

16. Explique como a sífilis ocular se apresenta em um paciente com AIDS.

Os achados oculares são muitos e podem variar de irites a retinite necrotizante, a qual simula a retinite por CMV. A sífilis não é uma doença oportunista por definição, porque muitos pacientes que a desenvolvem têm contagem de $CD4^+$ >250 células/ml. A sífilis no SNC concomitante está presente em 85% dos pacientes HIV+ com sífilis ocular. Por isso, a avaliação do líquido cérebro-espinhal é necessária em todos os pacientes HIV+ com sífilis ocular. Essa doença pode ser soronegativa (teste da reagina plasmática rápida negativo mesmo com infecção ativa) na população HIV+. Independente dos achados clínicos, a sífilis em pacientes com AIDS deve ser tratada como terciária com um curso de dez dias de antibiótico intravenoso.

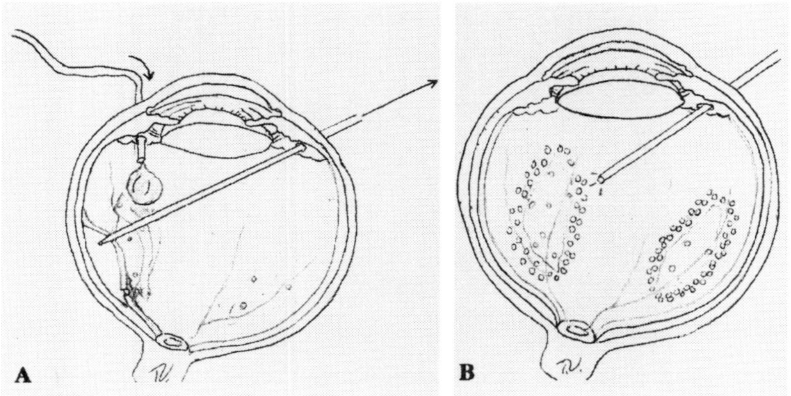

Reparo cirúrgico de descolamento de retina associado com CMV. *A*, O fluido é aspirado do espaço sub-retiniano enquanto o óleo de silicone é injetado ao mesmo tempo na cavidade vítrea. *B*, *Endolaser* é aplicado para cercar áreas de retina necrótica. O óleo de silicone toma o lugar do vítreo e age como um tampão permanente que previne o fluido se acumule novamente no espaço sub-retiniano.

17. Como a neurite óptica deve ser diagnosticada e conduzida em pacientes com AIDS?

A neurite óptica retrobulbar é uma neuropatia inflamatória óptica idiopática geralmente associada com doença desmielinizante em pacientes jovens. A aparência do disco óptico (porção intraocular do nervo óptico) é normal, mesmo com a perda de visão. A neurite óptica inflamatória retrobulbar idiopática deve ser considerada como o diagnóstico de exclusão em pacientes com AIDS, e o esteróides intravenosos não devem ser usados até que a infecção seja descartada.

18. Que diagnósticos devem ser considerados em casos de neurite óptica retrobulbar em pacientes com AIDS?

Infecção por criptococos e sífilis. A criptococose pode causar neuropatia óptica aguda intensa por invasão direta do nervo óptico. O prognóstico visual é pobre, apesar do tratamento. A conduta nas neuropatias ópticas deve incluir a revisão da medicação. O etambutol, uma droga antimicobacteriana geralmente usada em pacientes HIV+, pode causar neuropatia óptica tóxica. A neuropatia óptica relacionada à infecção direta do HIV no nervo óptico é controversa.

19. O que é papilite?

A papilite é uma infecção direta do disco óptico, a porção intra-ocular visível do nervo óptico, o qual aparece branco e necrótico, com comprometimento intenso da visão. O CMV pode causar a papilite, geralmente com retinite adjacente. A visão pode responder ao tratamento com medicação antiviral.

20. Quais são as causas de papiledema em pacientes com AIDS?

O papiledema é definido como o edema de disco secundário ao aumento da pressão intracraniana. A disfunção inicial do disco óptico é mínima, e a visão geralmente é preservada. As causas mais comuns em pacientes com AIDS incluem infecção do SNC (criptococos, toxoplasmose) ou neoplasia (linfoma).

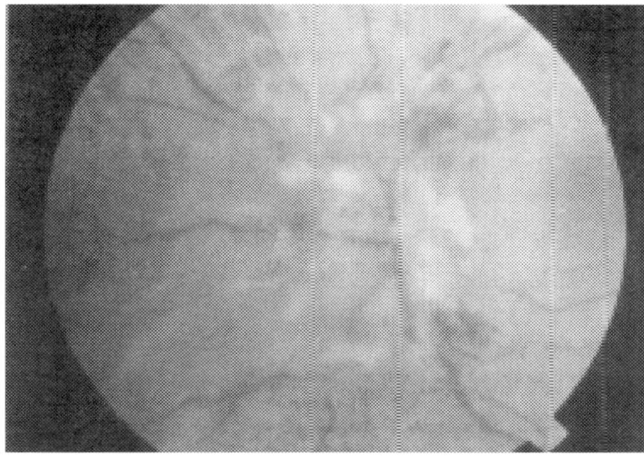

Note a aparência branca, necrótica, e a hemorragia associada de todo o disco óptico neste exemplo de papilite secundária a CMV.

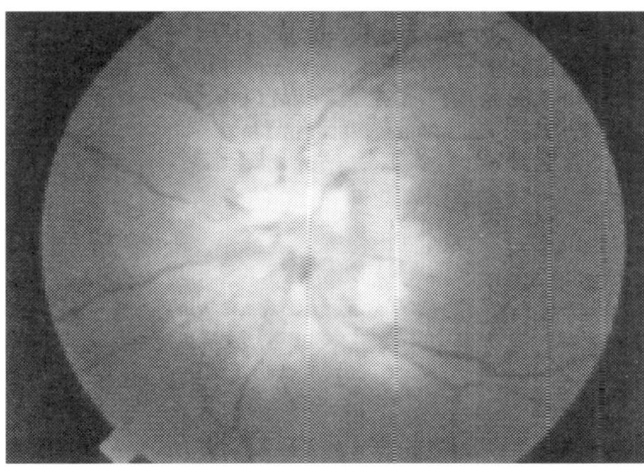

O papiledema, causado por meningite por criptococo, é caracterizado por edema do disco óptico e por borramento das margens do disco. (Ver Figura 15 do encarte.)

21. Qual é a neoplasia mais comum na região periocular de pacientes com AIDS?

O sarcoma de Kaposi é a neoplasia periocular mais comum (ver figura na página seguinte). Esse tumor agressivo de células endoteliais afeta 35% dos homens bissexuais HIV+ e tem disseminação visceral em 70% dos casos. Os achados oculares são observados em 20% dos pacientes com doença visceral. As lesões de pele são mais comuns do que as conjuntivais. Já os tumores orbitários são raros.

22. Como deve ser a conduta de tratamento no sarcoma de Kaposi?

O tratamento só é indicado em pacientes com problemas cosméticos ou funcionais (isto é, se a pálpebra não fecha pelo tumor). Como muitos pacientes são tratados inicialmente para doenças sistêmicas, o tratamento ocular local é reservado até que o sistêmico seja completo. Se persistirem, as lesões conjuntivais devem ser retiradas, e as lesões de pele podem ser tratadas com crioterapia (lesões planas) ou com feixe de radiação externa (lesões nodulares).

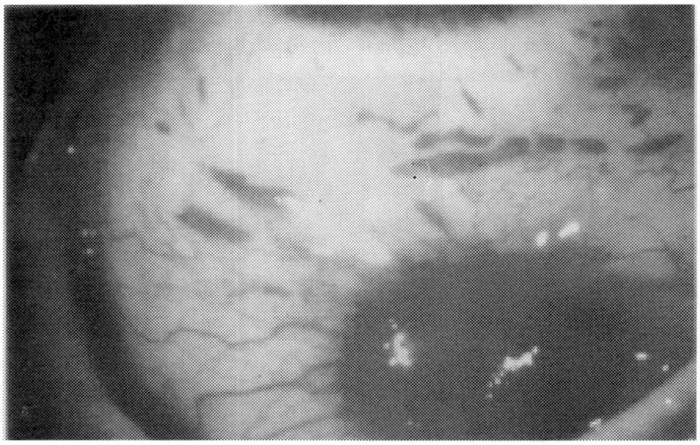

O sarcoma de Kaposi da conjuntiva ocorre mais freqüentemente no fundo de saco inferior. As lesões planas podem ser facilmente confundidas com hemorragia subconjuntival. (Cortesia dos Drs. Carol e Jerry Shields, Philadelphia.) (Ver Figura 16 do encarte.)

23. Que outros tumores perioculares podem se desenvolver?

O carcinoma de células escamosas da conjuntiva tem sido relatado com freqüência aumentada em pacientes com AIDS. As lesões podem simular papilomas ou podem ser massas mais características com leucoplacas associadas. Os pacientes jovens, com carcinoma de células escamosas, devem ser testados para HIV.

24. Que medicações podem ser associadas com toxicidade ocular?

Rifabutim, quando associado com claritromicina e fluconazol, tem sido relatado como causador de irite hipópia grave e, em casos raros, endoftalmite estéril. Etambutol pode causar neuropatia óptica.

BIBLIOGRAFIA

1. Arevalo JF, Gonzales C, et al: Intravitreous and plasma concentrations of ganciclovir and foscarnet after intravenous therapy in patients with AIDS and cytomegalovirus retinitis. J Infect Dis 172:951-956, 1995.
2. Deeks SG, Smith M, Holodniy M, Kahn JO: HIV-1 protease inhibitors. A review for clinicians. JAMA 227:145-153, 1997.
3. Dugel PU, Gill PS, Frangieh GT, et al: Ocular adnexal Kaposi's sarcoma in AIDS. Am J Ophthalmol 110:500-503, 1990.
4. Dugel PU, Gill PS, Frangieh GT, et al: Treatment of ocular adnexal Kaposi's sarcoma in AIDS. Ophthalmology 99:1127-1132, 1992.
5. Engstrom RE Jr, Holland GN, Margolis TP, et al: Progressive outer retinal necrosis syndrome. Ophthalmology 101:1488-1452, 1994.
6. Freeman WR, Chen A, Henderly DE, et al: Prevalence and significance of acquired immunodeficiency-related retinal microvasculopathy. Am J Ophthalmol 107:229-235, 1989.
7. Holland GN, Sidikaro Y, Kreiger AE, et al: Treatment of cytomegalovirus retinopathy with ganciclovir. Ophthalmology 94:815-823, 1987.

8. Jabs DA, Enger C, Bartlett JG: Cytomegalovirus retinitis and acquired immunodeficiency syndrome. Arch Ophthalmol 107:75-80, 1989.
9. Karp CL, Scott IU, Chang TS, Pflugfelder SC: Conjunctival intraepihelial neoplasia. A possible marker for HIV infection? Arch Ophthalmol 114:257-261, 1996.
10. Lim JI, Enger C, Haller JA, et al: Improved visual results after surgical repair of cytomegalovirus-related retinal detachments. Ophthalmol 101:264-269, 1994.
11. Martin DF, et al: Treatment of CMV retinitis with a sustained release intraocular implant. A randomized, controlled clinical trial. Arch Ophthalmol 112:1530-1539, 1994.
12. Passo MS, Rosenbaum JT: Ocular syphilis in patients with human immunodeficiency virus infection. Am J Ophthalmol 106:1-6, 1988.
13. Saran BR, Maguire AM, Nichols C, et al: Hypopyon uveitis in patients with AIDS treated for systemic *Mycobacterium avium* complex infection with rifabutin. Arch Ophthalmol 112:1159-1165, 1994.
14. Spector SA, Busch DF, Follansbee S, et al: Pharmacokinetic, safety, and antiviral profiles of oral ganciclovir in persons infected with the human immune deficiency virus: A phase I/II study. J Infect Dis 171:1431-1437, 1995.
15. Stenson SM, Freidberg DN: AIDS and the Eye. New Orleans, Contact Lens Association of Ophthalmologists, 1995.
16. Studies of Ocular Complications of AIDS Research Group: Mortality in patients with the adquired immunodeficiency syndrome treated with either foscarnet or ganciclovir for cytomegalovirus retinitis. N Engl J Med 326:213-220, 1992.

IX. *Retina*

44. RETINOPATIAS TÓXICAS

Philip G. Hykin, FRCS, FRCOphth

1. **Descreva os achados clínicos da retinopatia por cloroquina.**

O paciente nota escotomas paracentrais, nictalopia, defeito da visão de cores e visão embaçada. Nos estágios iniciais da toxicidade, observa-se leve pontilhado no EPR perifoveal em conjunto com um reflexo foveal reduzido. As alterações pigmentares da periferia freqüentemente ocorrem nesse estágio, mas podem passar despercebidas. Já as alterações pigmentares da mácula progridem para a maculopatia *bull's eye* clássica. Nos estágios tardios, as alterações pigmentares generalizadas ocorrem em conjunto com a atenuação vascular e com a palidez do disco óptico.

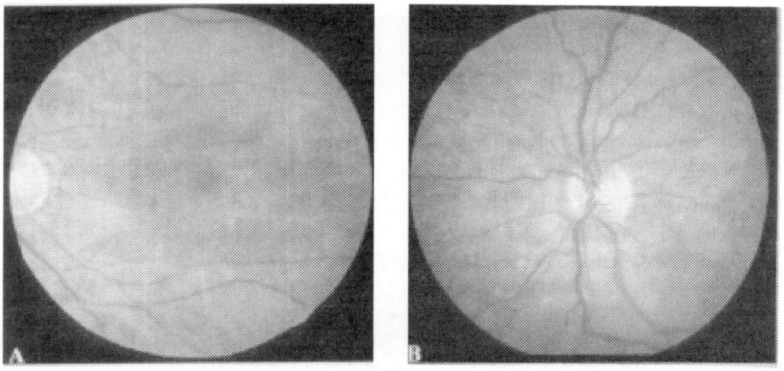

Maculopatia *bull's eye* da retinopatia por cloroquina (*A*). Maculopatia por cloroquina avançada (*B*).

2. **Que doses de cloroquina e de hidroxicloroquina causam retinopatia?**

A retinopatia é extremamente rara com uma dose total menor que 100 gramas de cloroquina ou menor que 300 gramas de hidroxicloroquina e rara com uma dose menor que 300 gramas ou 700 gramas respectivamente. Talvez o mais importante seja que a retinopatia é improvável com uma dose menor que 4,4 mg/kg/dia de cloroquina ou 7,7 mg/kg ao dia de hidroxicloroquina. Uma dose diária maior que 8 mg/kg/dia de hidroxicloroquina produz retinopatia em 80% dos casos.

3. **Como os pacientes que tomam cloroquina e hidroxicloroquina devem ser monitorados?**

Antes de iniciar a terapia, uma investigação de base deve incluir um exame clínico detalhado, com especial atenção às alterações pigmentares na área macular. A perimetria estática de limiar com luz vermelha em condições escotópicas pode demonstrar escotoma parafoveal indicativo de dano retiniano antes que haja evidências de alterações clínicas ou na angiografia fluoresceínica. Podem ser encontradas anormalidades em eletrorretinografia (ERG), eletroculografia (EOG) e testes de adaptação ao escuro, mas esses geralmente indicam dano retiniano generalizado. Novos exames devem ser indicados até que a dose se aproxime de 700 gramas, quando exames mais regulares podem ser necessários, ou até que se desenvolvam sintomas.

4. Que tratamento é recomendado para a retinopatia por cloroquina?

Se a toxicidade retiniana se apresentar, a cloroquina ou a hidroxicloroquina devem ser suspensas imediatamente. Pode ser notada a melhora clínica, mas tipicamente ocorre progressão devido à excreção lenta das drogas. Os estudos em animais de laboratório sugerem que o NH_4Cl e o dimercapol aumentam a excreção renal de cloroquina, mas isso não foi comprovado em ensaios clínicos.

5. A patogênese da retinopatia por cloroquina ou hidroxicloroquina é compreendida?

As alterações histopatológicas mais precoces da retinopatia por cloroquina incluem os corpos citoplasmáticos membranosos nas células ganglionares e as alterações degenerativas nos segmentos externos dos fotorreceptores. Entretanto, a cloroquina tem uma afinidade seletiva pela melanina, e tem sido sugerido que essa afinidade reduz a capacidade da melanina em combinar-se a radicais livres e em proteger as células visuais da luz e da toxicidade da radiação. Outros autores acreditam que há dano direto aos fotorreceptores.

6. Como a tioridazina pode afetar a retina?

A tioridazina (Mellaril®) pode gerar queixas de nictalopia, de discromatopsia e de baixa visão. As alterações retinianas mais precoces são um fino salpicado puntiforme ou granular no EPR posterior ao equador, o qual pode progredir para atrofia pigmentar mais evidente e para placas pigmentares hipertróficas. Pode seguir-se atenuação de vasos e atrofia óptica. A toxicidade é tida como incomum com doses diárias menores que 800 mg ao dia, mas pode desenvolver-se rapidamente com doses maiores que 1.200 mg ao dia.

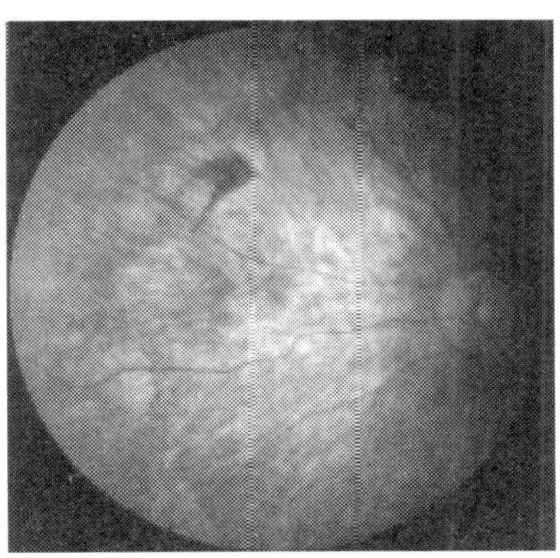

Perda e acúmulos marcados do EPR devido à toxicidade por tioridazina.

7. Que outras fenotiazinas causam retinopatia?

A toxicidade retiniana tem sido relatada com outras fenotiazinas, incluindo a clorpromazina. Contudo, esses compostos parecem causar menos retinopatia, provavelmente por não possuírem o grupamento lateral piperdietil da tioridazina. Acredita-se que sejam necessários 1.200-2.400 gramas por dia de clorpromazina por, pelo menos, 12 meses para que a toxicidade ocorra.

8. Como o sulfato de quinino pode causar retinopatia?

O sulfato de quinino é utilizado para cãibras noturnas e para a profilaxia da malária. Ele pode causar toxicidade retiniana após uma única grande ingestão (4 gramas). A janela terapêutica é estreita, com alguns pacientes tomando doses diárias de 2 gramas. Os pacientes desenvolvem visão embaçada, nictalopia, náusea, *tinnitus*, disacusia e até coma entre duas a quatro horas após a ingestão. Os achados da fase aguda incluem pupilas dilatadas, perda da transparência retiniana, devido à toxicidade das células ganglionares, e vasos retinianos dilatados. Na resolução da fase aguda, nota-se atenuação vascular e palidez de disco óptico. A acuidade visual melhora após a fase aguda.

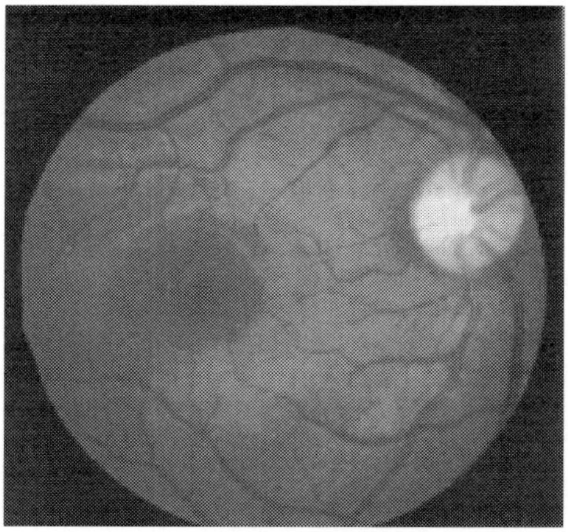

Perda moderada da transparência retiniana devida à retinopatia por sulfato de quinino.

9. Quais são as semelhanças e as diferenças nos testes eletrofisiológicos entre as retinopatias por cloroquina e por fenotiazina?

O ERG na toxicidade por cloroquina pode mostrar uma onda *A* aumentada e uma onda *B* diminuída, enquanto é deprimido generalizadamente na toxicidade por fenotiazina. O EOG é diminuído em ambas, mas apenas uma doença progressiva é significativa na retinopatia por cloroquina, pois alguma diminuição é comum logo após a instituição da terapia com cloroquina. A adaptação ao escuro pode permanecer normal na toxicidade por cloroquina, mesmo em casos avançados, enquanto é demorada na toxicidade por fenotiazina.

10. O que é incomum no Edema Macular Cistóide (EMC) devido ao ácido nicotínico?

O ácido nicotínico é utilizado juntamente com a restrição dietética de gorduras no tratamento de hiperlipidemias, em doses de 1-3 gramas ao dia. Embora um EMC típico seja visto clinicamente, a

AFG não mostra borramento (*leakage*) tardio, sugerindo que o quadro se deve a edema intracelular em células de Müller.

11. Cite as substâncias que podem causar retinopatia cristalina.

1. Tamoxifen
2. Cantoxantine
3. Talco (freqüente em abuso de drogas endovenosas)
4. Drogas que causam oxalose secundária
   - Anestesia com metoxifluorano
   - Etilenoglicol
   - Ingestão de salicilato em presença de falência renal.

12. Qual é o mecanismo da retinopatia causada por talco?

O talco é utilizado como excipiente nas pílulas de hidrocloreto de metilfenilidato (Ritalin[R]) que os drogaditos podem quebrar e injetar endovenosamente. No início, as partículas embolizam para os pulmões, mas, após abuso prolongado (> 12.000 pílulas) *shunts* arteriovenosos permitem a passagem do talco para a circulação sistêmica. A embolização para as arteríolas retinianas pode levar a obstrução periférica e de pólo posterior importante (ver figuras, página seguinte), resultando em neovascularização retiniana, hemorragia vítrea e maculopatia isquêmica.

13. Como deve ser tratada a retinopatia por talco?

A parada imediata do abuso da droga é essencial. Se estiverem presentes a neovascularização e a hemorragia vítrea, a panfotocoagulação periférica deve ser considerada. Não há tratamento eficiente para a maculopatia isquêmica.

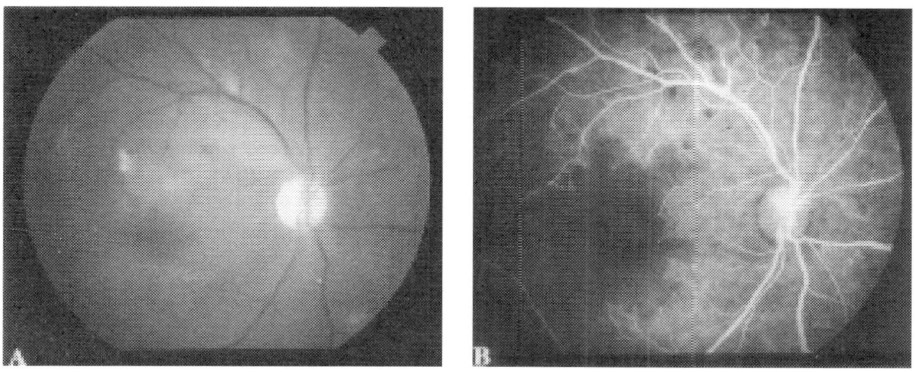

Retinopatia por talco mostrando finas partículas de talco perifoveais (*A*) e a importante obstrução vascular retiniana do pólo posterior resultante na AFG (*B*).

14. O que é a xantopsia? Que droga pode causá-la?

A xantopsia é um sintoma incomum de visão amarelada. Juntamente com a hemeralopia (acuidade visual reduzida na presença de iluminação de fundo aumentada), a visão embaçada, a visão para cores alterada e os escotomas paracentrais, ela ocorre devido à toxicidade por digitais.

15. Quais são as manifestações clínicas da retinopatia por tamoxifen? Qual é a quantidade de droga que é necessária para causar os sintomas?

Os pacientes são tipicamente assintomáticos, embora tenha sido relatada diminuição significativa da acuidade visual. Pequenos cristais são vistos depositados na retina interna, na área macular. Alterações punctatas no EPR, além de EMC, podem ocorrer. A toxicidade tem sido relatada em pacientes tomando entre 20-320 mg ao dia.

16. A prata é apontada como causa de retinopatia?

A argirose é uma descoloração da pele causada por prata. Ocorre tipicamente em radiologistas e em pacientes que usam gargarejos de nitrato de prata para amigdalite estreptocócica recorrente. A prata provavelmente deposita-se no nível da membrana de Bruch/coriocapilares e bloqueia a fluorescência dos vasos da coróide em luz vermelha. A AFG demonstra coróide escura.

17. A injeção intra-ocular de antibióticos pode causar retinopatia?

A injeção inadvertida IO de gentamicina pode resultar em instalação rápida de palidez retiniana na área macular. A atrofia óptica e as alterações do EPR se desenvolvem posteriormente. O prognóstico visual é pobre, e pode desenvolver-se glaucoma neovascular. O infarto macular tem sido relatado após injeção intravítrea de 400 mg, embora 200 mg sejam provavelmente seguros. Alguns problemas similares podem ocorrer com a tobramicina e com outros aminoglicosídeos.

18. Em que circunstâncias a terapia com oxigênio pode ser tóxica para a retina?

Fibroplasia retrolental é o nome originalmente dado para a neovascularização maciça e para o descolamento de retina em bebês prematuros que tinham recebido uma terapia pós-natal com oxigênio. Atualmente, acredita-se que as alterações retinianas são primariamente devidas à imaturidade, a qual pode deter o desenvolvimento normal da neovascularização retiniana, e que uma agressão posterior à retina, tal qual a terapia pós-natal com oxigênio ou a sepse sistêmica, possa precipitar a retinopatia da prematuridade.

19. O que é a retinopatia por interferon?

O interferon pode causar alterações retinianas que incluem exsudatos algodonosos, hemorragias retinianas, edema macular, hipoperfusão capilar e oclusão capilar. O mecanismo pode ser o depósito de complexos imunes na vasculatura retiniana seguido de infiltração leucocitária e de obstrução vascular. O alfa-interferon pode agravar a tireoidite e a poliartropatia auto-imunes em 10% dos casos pelo estímulo da produção de anticorpos.

20. Que efeitos a sobredosagem de ferro pode ter sobre a retina?

Um corpo estranho intra-ocular retido de ferro pode levar ao escurecimento da íris, aos depósitos de cor laranja na subcapsular anterior do cristalino, à vitreíte anterior e posterior, à retinopatia pigmentar e à perda progressiva de campo visual. O corpo estranho intra-ocular deve ser removido assim que possível.

21. Que drogas causam os fenômenos tromboembólicos na retina?

Os anticoncepcionais orais têm sido associados com as oclusões arteriais centrais, de ramo, ciliorretiniana e OVCR. Há controvérsias sobre o papel dos anticoncepcionais orais como causa desses eventos, mas a suspensão da pílula contraceptiva é recomendável. A embolia na retinopatia por talco foi discutida na Questão 12. A injeção periorbital de esteróides com punção arterial inadvertida pode resultar em embolia maciça da circulação retiniana.

22. Que agentes quelantes podem causar maculopatia?

A desferrioxamina, um agente quelante usado no tratamento da sobredosagem de ferro, particularmente na talassemia *major*, pode causar turvação visual, nictalopia e escotoma em anel. O FO pode apresentar desarranjo difuso do EPR.

BIBLIOGRAFIA

1. Cohen SV, Quertel G, Egasse D, et al: The dark choroid in systemic aggrosis. Retina 13:312-316, 1993.
2. Gass JDM: Toxic diseases affecting the pigment epithelium and retina. In Gass JDM (ed): Stereoscopic Atlas of Macular Diseases, 4th ed. St. Louis, Mosby, 1997.
3. Swartz M: Other diseases: Drug toxicity, metabolic and nutritional conditions. In Ryan SJ (ed): Retina, 2nd ed. St. Louis, Mosby, 1994.
4. Weiner A, Sandberg MA, Raudie AR, et al: Hydroxychloroquine retinopathy. Am J Ophthalmol 106:286-292, 1988.

45. DOENÇA DE COATS

William Tasman, M.D.

1. O que é a doença de Coats?

A exsudação e as telangiectasias retinianas são as maiores marcas dessa desordem, que foi nomeada pelo oftalmologista inglês que primeiro a descreveu em 1908. Ela é indolor, podendo ser lenta e insidiosa em seu desenvolvimento. Em muitos casos, ela não é diagnosticada até estar bem avançada.

2. Liste as características clínicas da doença de Coats.

1. Ocorre mais freqüentemente em jovens do sexo masculino
2. É geralmente unilateral
3. Não é familiar e desconhecem-se associações com doenças sistêmicas
4. As lesões vasculares retinianas características são aneurismas telangiectásicos em forma de bulbo de lâmpada, os quais são associados com perda capilar e, algumas vezes, com embainhamento vascular, usualmente na periferia retiniana (ver Figuras B e F, pág. 330)
5. Exsudação, um achado proeminente, acumula-se predominantemente no pólo posterior (ver Figura A, pág. 330); contém colesterol
6. Pode levar a DR, catarata, glaucoma e *phthisis bulbae;*

3. Qual é a incidência em mulheres?

Embora alguns autores questionem a ocorrência da doença de Coats em mulheres, elas representam entre 8 e 10% dos casos.

4. Em que idade a doença de Coats torna-se mais aparente?

Entre oito e 10 anos de idade. Contudo, pode ser notada na infância, e geralmente é muito mais grave se notada precocemente.

5. Qual é a porcentagem de casos uni e bilaterais?

Cerca de 80 a 90% dos casos são unilaterais. Quando há desenvolvimento de casos bilaterais, são usualmente assimétricos, com um olho sendo muito mais envolvido do que o outro.

6. As alterações vasculares retinianas são fáceis de serem detectadas?

Geralmente, em pacientes colaborativos, não é difícil diagnosticar as telangiectasias da periferia da retina. Em pacientes mais jovens, entretanto, essas alterações podem ser sutis. Sob anestesia, é possível realizar AFG, a qual geralmente ajuda a confirmar o diagnóstico.

7. Como essa condição pode ser diferenciada dos aneurismas miliares de Leber?

Leber descreveu os aneurismas miliares da retina em anos próximos a Coats. Ele sugeriu que as duas condições eram únicas e similares, conceito que é geralmente aceito na atualidade.

8. A etiologia da doença de Coats é conhecida?

A etiologia precisa da doença de Coats ainda não foi determinada. Alguns estudos sugerem que as alterações retinianas não são de natureza predominantemente inflamatória. Temos poucos subsídios adicionais para a compreendê-la, e pode-se dizer que a etiologia permanece obscura.

9. Existem situações em que a doença de Coats pode ser confundida?

Quando há exsudação na mácula e telangiectasias retinianas periféricas, mas sem DR, a doença pode ser adequadamente diagnosticada. Em estágios avançados, a doença de Coats pode simular outras patologias, notadamente o retinoblastoma, um tumor maligno intra-ocular da infância. Estima-se que 3,9% dos casos em que se diagnostica inicialmente um retinoblastoma são posteriormente diagnosticados como doença de Coats.

10. Existem outras condições, além do retinoblastoma, que podem simular a doença de Coats?

Angiomatose retiniana (síndrome de von Hippel-Lindau), uma facomatose que pode gerar exsudação na mácula. Essa condição é de herança autossômica dominante e apresenta hemangioblastomas viscerais e no SNC como parte da síndrome. Além desses, cistos e tumores viscerais podem ocorrer, incluindo o carcinoma de células renais. No início do quadro, os achados fundoscópicos da doença de Coats diferem-se da angiomatose retiniana por essa apresentar uma arteríola aferente dilatada e tortuosa e uma vênula de drenagem eferente entrando e saindo da massa avermelhada em forma de balão na periferia retiniana. Outra condição a ser considerada no diagnóstico é o vítreo primário hiperplásico, o qual é geralmente unilateral e ocorre em um olho microftálmico. A retinopatia da prematuridade pode apresentar-se com DR, mas geralmente há história de prematuridade significativa nos pacientes afetados por essa desordem.

11. Além da AFG, o que mais pode ajudar a confirmar o diagnóstico?

A US pode ajudar a diferenciar entre retinoblastoma e doença de Coats pela detecção da presença ou ausência de calcificações sub-retinianas. A calcificação é encontrada no retinoblastoma, mas é extremamente rara na doença de Coats.

12. A realização de TC é recomendável?

A TC é provavelmente o exame isolado de maior valor pela sua habilidade em delinear a morfologia ocular, qualificar a densidade retiniana e detectar as anormalidades orbitárias ou intracranianas associadas. Entretanto, ela expõe o paciente jovem a níveis baixos de radiação se o exame é repetido periodicamente.

13. A aspiração do exsudato sub-retiniano ajuda no diagnóstico?

As chaves diagnósticas para a análise do aspirado sub-retiniano são a presença de cristais de colesterol e de macrófagos contendo pigmentos, e a ausência de células tumorais. Reserve essa técnica para os pacientes em que o retinoblastoma foi descartado por todos os outros meios não-invasivos, pois pode ocorrer semeadura do tumor.

14. Como a doença de Coats é abordada?

É desejável que o tratamento seja feito antes de os exsudatos se acumularem na área macular. Ele é dirigido para as anormalidades vasculares telangiectásicas periféricas. A fotocoagulação pode ser usada para eliminar esses vasos anormais. Em pacientes com exsudação sob as telangiectasias, a crioterapia é preferível (ver Figura D, pág 330). A ablação do vaso defeituoso previne o vazamento (*leakage*), e é seguida pela reabsorção do exsudato.

15. Quanto tempo leva para o exsudato desaparecer?

Pode levar um ano ou mais antes da sua reabsorção completa.

16. O tratamento pode ser necessário por mais de uma vez?

Se mais de dois quadrantes possuem telangiectasias, duas ou três sessões podem ser necessárias.

17. Quando os vasos anormais são tratados, o paciente é considerado curado?

A recorrência, marcada pelo reaparecimento do exsudato e quase sempre associada a novas anormalidades vasculares, pode ocorrer muitos anos depois. É recomendável seguir o paciente com intervalos de seis meses.

18. A condição pode ser tratada após o aparecimento de DR?

A drenagem do fluido do exsudato sub-retiniano e a colocação de um explante escleral (*buckle*) em alguns casos ajuda a recolar a retina. Menos freqüentemente, a vitrectomia e a drenagem interna do fluido e do colesterol podem ser realizadas por meio de retinotomia. Ao mesmo tempo, é necessário tratar os vasos anormais com fotocoagulação ou crioterapia. A visão nesses olhos é geralmente bem limitada e, às vezes, apesar de a retina reaplicar-se, não há percepção de luz.

19. Se não for tratada, qual o desenrolar da doença?

A doença de Coats não-tratada não leva invariavelmente a glaucoma intratável. Contudo, o DR e o glaucoma neovascular são as complicações finais que levam à perda do globo.

20. Quando o olho com doença de Coats deve ser enucleado?

Quando o retinoblastoma não pode ser excluído ou em olhos cegos e dolorosos com glaucoma neovascular.

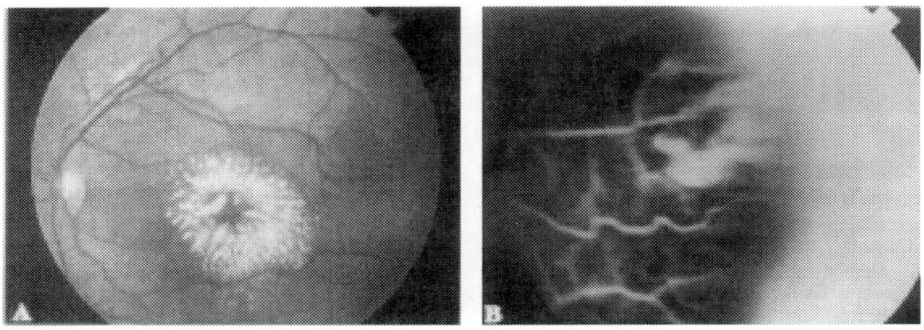

A, Exsudatos em pólo posterior de uma menina de nove meses antes do tratamento. *B*, Telangiectasias da periferia da retina vistas na AFG na periferia temporal da mesma paciente.

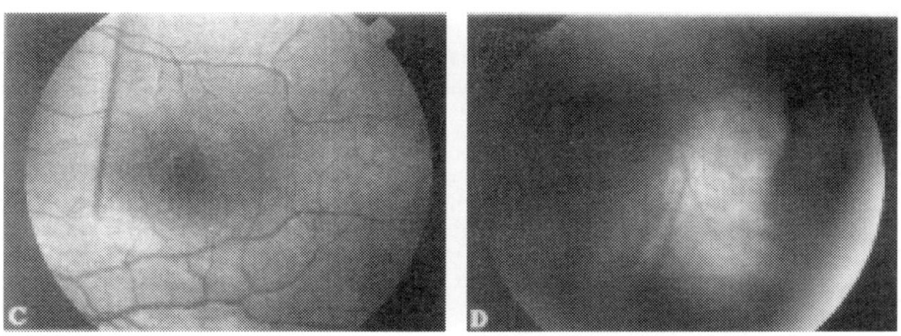

C, Dois anos após o tratamento, os exsudatos foram reabsorvidos. *D*, A área da crioterapia, dois anos depois.

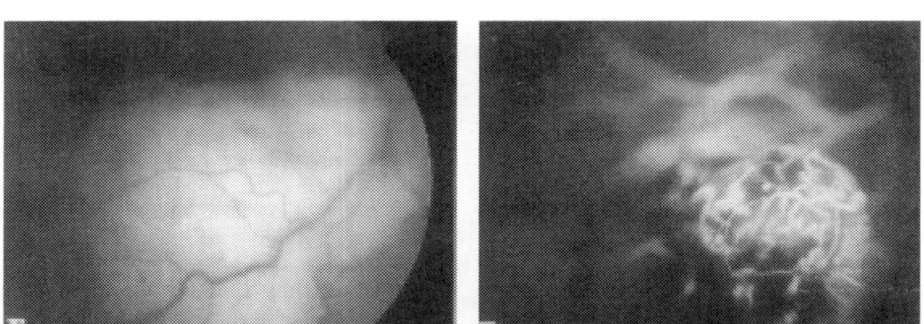

E, Exsudação no pólo posterior de um paciente de 16 anos com doença de Coats. *F*, Telangiectasia periférica vista na AFG na periferia retiniana temporal do mesmo paciente.

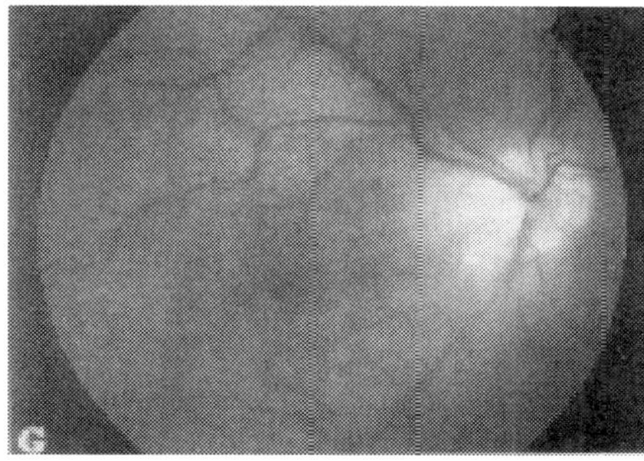

G, Dois anos após o tratamento, o exsudato do pólo posterior foi reabsorvido.

BIBLIOGRAFIA

1. Coats G: Forms of retinal disease with massive exudation. R Lond Ophthalmol Hosp Rep 17:440-525, 1908.
2. Coats G: Über retinitis exsudativa (retinitis haemorrhagica externa). Albrecht von Graefes Arch Klin Exp Ophthalmol 18:275-327, 1912.
3. Egerer I, Tasman W, Tomer TL: Coats' disease. Arch Ophthalmol 92:109-112, 1974.
4. Haik BG, Saint Louis L, Smith ME, et al: Computed tomography of the nonhegmatogenous retinal detachment in the pediatric patient. Ophthalmology 92:1133-1142, 1985.
5. Howard GM, Ellsworth RM: Differential diagnosis of retinoblastoma: A statistical survey of 500 children: I. Relative frequency of the lesions wich simulate retinoblastoma. Am J Ophthalmol 60:610-617, 1965.
6. Leber T: Über eine durch Vorkommen multipler Miliaraneurysmen charakterisierte Form von Retinal degeneration. Arch Ophthalmol 81:1-14, 1912.
7. Ridley ME, Shields JA, Brown GC, et al: Coat's disease. Evaluation of management. Ophthalmology 898:1381-1387, 1982.
8. Tarkkanen A, Laatikainen L: Coats' disease: Clinical, angiographic, histopathological findings and clinical management. Br J Ophthalmol 67:766-776, 1983.

46. TRAUMA DO PÓLO POSTERIOR

Jeffrey P. Blice, M.D.

1. Quais são os mecanismos de lesão do pólo posterior no trauma contuso?

O trauma contuso da esclera pode produzir um efeito direto na coróide e na retina subjacentes. Além disso, o efeito concussivo da força transmitido através do vítreo pode ser visto longe de ponto de impacto inicial. A repentina deformação do globo pode causar uma tração da retina, do EPR e tração na base vítrea. As forças de cisalhamento geradas por essa tração podem rasgar a retina na área da base vítrea ou resultar em avulsão dessa.

2. Que entidade clínica é causada pelo mecanismo de contragolpe?

O efeito concussivo da injúria pode um causar um trauma indireto nas interfaces de tecido com grandes diferenças de densidade, mais comumente nas interfaces cristalino-vítrea e vítreo-retiniana posterior. A transmissão de força pode causar a fragmentação dos segmentos externos dos fotorreceptores e alguns danos nos corpos das células receptoras. Clinicamente, essas áreas aparecem como retina opacificada denominada comoção retiniana (*commotio retinae*). Embora essa palidez retiniana seja apenas temporária, resolvendo-se em três ou quatro semanas, pode ocorrer dano permanente. A baixa visual depende da quantidade e da localização da perda inicial de fotorreceptores. O EPR subjacente à área de comoção pode desenvolver hiperpigmentação granular ou atrofia e levar à baixa visual. Essa condição é denominada edema de Berlin; entretanto, não há edema intra ou extracelular verdadeiro e não se observa vazamento de fluoresceína (*leakage*).

3. Cite os cinco tipos de roturas retinianas vistos no trauma do pólo posterior.

1. Diálise retiniana
2. Buracos em ferradura
3. Buracos operculados
4. Buracos maculares
5. Dissolução necrótica da retina

4. Quais são as diálises retinianas mais comumente vistas?

As diálises são geralmente situadas nos quadrantes súpero-nasal ou ínfero-temporal. O trauma é mais claramente ligado à diálise súpero-nasal do que à ínfero-temporal. Ela pode estar associada com avulsão da base vítrea. Como elas podem levar a DR, um exame cuidadoso de todos os pacientes com história de trauma deve ser feito. O tratamento profilático das diálises com fotocoagulação ou criopexia é recomendado na expectativa de diminuir a progressão para DR.

5. Quando o DR ocorre com a diálise?

O DR pode apresentar-se com intervalos variáveis de tempo após a lesão; contudo, a diálise é geralmente detectada precocemente ou imediatamente após o trauma. Aproximadamente 10% dos descolamentos relacionados com diálises ocorrem imediatamente, 30% dentro de um mês, 50% dentro de oito meses e 80% dentro de dois anos. A maioria das vítimas de trauma é jovem, com o vítreo formado tamponando o buraco ou a diálise, mas o vítreo eventualmente liquefaz-se, o fluido passa pela rotura, causando DR. O estado do vítreo pode, em tais casos, explicar a demora da apresentação do DR.

6. Além da diálise retiniana, outras roturas retinianas relacionadas a trauma devem ser tratadas?

Os buracos em ferradura e os operculados são geralmente tratados por criopexia ou fotocoagulação. Os buracos maculares necessitam de vitrectomia via *pars plana* com troca gasosa para o tratamento; entretanto, os buracos maculares geralmente não progridem para DR. A cirurgia não é realizada por propósitos de fechamento profilático. O trauma que resulte em necrose retiniana é geralmente associado com injúria da coróide subjacente e adesões espontâneas podem ocorrer entre essas estruturas. Contudo, na presença de fluido sub-retiniano ou de tração na retina danificada, o tratamento deve ser considerado.

7. Qual é o prognóstico do reparo do DR associado com diálise?

O DR, nesses casos, é geralmente plano, fino e transparente. Cistos intra-retinianos são comuns, e metade deles tem linhas de demarcação. A PVR é rara. As características sugerem um DR de natureza crônica e de instalação insidiosa; contudo, o prognóstico do reparo com técnica convencional de introflexão escleral é bom.

8. Descreva os comemorativos clínicos da rotura de coróide.

A retina é relativamente elástica, e a esclera é mecanicamente forte. A membrana de Bruch, a estrutura que se situa entre o EPR e os coriocapilares, não apresenta essas características, sendo conseqüentemente suscetível às forças de cisalhamento exercidas no globo no trauma contuso. A membrana pode romper-se em conjunto com EPR ou coriocapilares. A rotura pode ser encontrada no ponto de contato do trauma no globo ou no pólo posterior, devido a forças indiretas. Clinicamente, apresenta-se como uma área única ou múltipla de hemorragia sub-retiniana, concêntrica e temporal ao nervo óptico. A hemorragia pode dissecar-se para o vítreo. Quando ocorre resolução da hemorragia, nota-se uma área esbranquiçada linear ou crescente onde houve a ruptura, e, com o tempo, pode haver hiperplasia ou atrofia do EPR circundante.

9. Existem complicações tardias da rotura de coróide?

As conseqüências visuais de uma rotura de coróide dependem da sua localização. Os pacientes com rotura próxima à mácula podem ter boa visão, mas a quebra da membrana de Bruch pode predispor ao desenvolvimento de membrana neovascular da coróide, levando à perda visual tardiamente. Portanto, os pacientes com risco devem ser seguidos regularmente e avisados das possíveis complicações.

10. O trauma dos anexos orbitários pode resultar em anormalidade no globo?

A injúria causada por projéteis de alta velocidade pode causar um trauma concussivo indireto ao globo, resultando em uma rotura retiniana ou da membrana de Bruch que se assemelha a arranhaduras. Uma cicatriz fibroglial com proliferação pigmentar é formada, mas o DR é raro, possivelmente pela firme adesão desenvolvida, que atua como retinopexia. Essa condição denomina-se coriorretinite *sclopetaria*.

11. Quais são os sinais de rotura escleral?

Quando a laceração ou a deformação do globo não estão visíveis, outros achados podem levantar suspeita sobre essa grave hipótese. A presença de um defeito pupilar aferente, de motilidade diminuída, de quemose ou de HV indica suspeita de globo aberto. Outros achados úteis são a profundidade excessiva da CA e a PIO baixa. No olho com rotura posterior, mas com encarceramento de úvea, a PIO pode ser normal.

12. Por que o exame inicial de olhos gravemente traumatizados é importante?

O prognóstico ruim é geralmente associado com AV baixa, uma presença de defeito pupilar aferente, com feridas extensas (>10 mm), e que se estendam posteriormente aos músculos retos e com HV. A primeira pessoa a examinar o olho pode ser a única a verificar a acuidade visual potencial. A demora freqüentemente associada com referência para outras instituições ou cuidados com complicações sistêmicas pode levar à difusão da HV e a complicações de segmento anterior que impeçam a avaliação do segmento posterior. O primeiro exame de um olho com trauma muitas vezes pode ser o único.

13. Qual é a região mais propícia para a rotura do globo?

Dependendo da natureza do trauma, ela pode ocorrer em qualquer lugar, mas geralmente ocorre no limbo, abaixo dos músculos retos, ou numa cicatriz cirúrgica prévia, por serem essas as regiões de fragilidade da esclera.

14. Defina os objetivos do tratamento do globo com rotura.

1. Defina a extensão do trauma. Faça a peritomia em 360° e a inspeção de todos os quadrantes. Se necessário, desinsira o músculo para a avaliação da extensão.

2. Descarte CEIO. Em casos com trauma com projéteis, com laceração de bordos lisos e com história incerta ou questionável, considere uma TC para afastar a possibilidade.

3. Feche a ferida limitando a reconstrução ao mínimo possível. Feche a esclera com um fio de sutura espesso (náilon 8-0 ou 9-0) e reduza a úvea protrusa. Se houver protrusão vítrea, resseque com os tecidos da coróide, usando tesoura fina e esponja de celulose ou vitreófago automático.

4. Proteja de infecções. O tratamento profilático com antibióticos EV deve incluir um aminoglicosídeo em combinação com cefalosporina ou vancomicina. Clindamicina pode ser adicionada se a cobertura for estendida para *Bacillus* sp.

5. Proteja o olho remanescente. Uma concha de proteção deve ser usada enquanto o outro olho é reparado, para evitar danos acidentais. Assim que posssível, o paciente deve ser orientado para procedimentos adequados de proteção ao olho que está intacto.

15. Discuta o papel da TC e da RNM na detecção de corpos estranhos intra-oculares.

O melhor método de detecção de corpos estranhos intra-oculares é a oftalmoscopia indireta. Se a visualização do pólo posterior for impossível, a TC torna-se a melhor alternativa, sendo excelente para a detecção de corpos metálicos, e também de vidro e, em algumas circunstâncias, plástico. Quando a suspeita for de CEIO orgânico, a RNM oferece a vantagem de melhor discriminação de tecidos moles e complementa a TC. A suspeita de CEIO metálico contra-indica a RNM. A US complementa os dados da TC, detectando objetos radioluscentes e informando sobre as condições da retina e do vítreo. A radiografia simples de órbita pode ajudar quando a TC não estiver disponível, mas a sua capacidade de localizar corpos não-metálicos é limitada.

16. Todos os CEIOs precisam ser removidos imediatamente? Quais requerem remoção por vitrectomia imediata?

Nenhum CEIO requer remoção imediata. A decisão de removê-los na abordagem inicial depende do cirurgião e das circunstâncias. Em casos de endoftalmite traumática aguda ou de CEIO tóxico ou reativo, a vitrectomia, em primeiro tempo ou logo após, deve ser considerada.

17. Quais são os metais tóxicos para o olho?

A toxicidade do metal é relacionada com o seu poder de oxirredução. O cobre e o ferro têm baixo potencial de oxidorredução e tendem a dissociar-se em suas respectivas formas iônicas, se tornando mais tóxicos. As formas puras são mais reativas do que as ligas. A toxicidade causada pelo ferro é chamada siderose. Quando o cobre é o agente agressor, diz-se calcose. Outros metais, como o ouro, a platina, a prata e o alumínio são relativamente inertes. Substâncias não-metálicas como o vidro, o plástico, a porcelana e a borracha, também são relativamente inertes e não oferecem risco tóxico por suas composições químicas.

18. Liste os achados clínicos da siderose ocular.

O ferro tende a depositar-se em tecidos epiteliais. Observa-se heterocromia hipercrômica (da íris) e uma pupila em média midríase e pouco reativa. Pontos marrons são vistos no cristalino pela deposição epitelial e observa-se um tom amarelado generalizado no córtex. Os efeitos sobre a retina podem ser acompanhados pelo ERG. As partículas de ferro podem achatar o ERG em 100 dias. Clinicamente, ocorre degeneração pigmentar com esclerose de vasos, afilamento retiniano e atrofia da periferia que progride posteriormente. Se não ocorrer a remoção inicial de um CEIOs, os seus efeitos tóxicos podem ser monitorados por exame clínico e por ERG seriado. Nesses casos, geralmente ocorre perda progressiva da visão até a remoção do corpo estranho.

19. Todos os CEIOs de cobre causam calcose?

Se o conteúdo de cobre puro for inferior a 85%, ocorre calcose; além de 85%, ocorre endoftalmite estéril. Os íons de cobre depositam-se em membranas basais. Na córnea, pode haver comprometimento da Descemet gerando anéis de Kaiser Fleischer, uma pigmentação marrom da periferia corneana. O RFM pode estar diminuído e a íris fica esverdeada. O depósito de cobre na cápsula anterior resulta em catarata *sunflower*, e pode haver turvação vítrea. Os achados de ERG são similares, mas podem melhorar após a remoção do CEIO.

20. Quais são os organismos que geralmente causam a endoftalmite pós-traumática?

O organismo mais comum é o *S. aureus*. A flora da pele é a fonte de contaminação da ferida. As infecções por *Bacillus cereus*, embora menos comuns (de 8 a 25%), são importantes pela gravidade e pelos danos gerados. Nos ferimentos contaminados pelo solo, a possibilidade de infecção deve ser considerada na escolha da profilaxia antibiótica.

21. Comente o papel da profilaxia antibiótica.

A endoftalmite pós-trauma é uma complicação relativamente rara do trauma ocular penetrante, ocorrendo em 7% dos casos, mas as conseqüências devastadoras para o olho justificam a profilaxia. Em casos de endoftalmite constatada, ferida ou CEIO sabidamente contaminados, a injeção intravítrea de antibióticos deve ser considerada. No pós-operatório, todos os olhos com roturas ou lacerações devem ser tratados com drogas sistêmicas e tópicas por três a cinco dias. Embora o *Endophthalmitis Vitrectomy Study* (Estudo de Vitrectomia em Endoftalmite) não tenha encontrado benefício no uso de antibióticos sistêmicos em endoftalmite pós-operatória, a profilaxia em trauma não foi abordada.

22. Que regime antibiótico deve ser usado na endoftalmite pós-trauma?

A escolha por injeção intravítrea objetiva cobrir largo espectro de organismos. Um esquema típico é vancomicina 1 mg/0,1 cc, ou clindamicina 1 mg/0,1 cc, em combinação com amicacina 0,2-0,4 mg/0,1 cc ou gentamicina 0,1 mg/0,1 cc. A instilação freqüente de colírios fortificados de aminoglicosídeo e vancomicina deve ser iniciada no pós-operatório, além das drogas sistêmicas.

23. O trauma de um olho coloca o outro em risco de perda visual?

Pode ocorrer inflamação granulomatosa em qualquer dos olhos semanas ou até anos após o ferimento penetrante. A Oftalmia Simpática (OS) é uma uveíte granulomatosa bilateral na qual há inflamação do segmento anterior e lesões branco-amareladas múltiplas na periferia da retina. As complicações incluem catarata, GLC, atrofia óptica, DR exsudativo e fibrose sub-retiniana. A causa provável do fenômeno é a exposição ao sistema imune de antígenos previamente isolados na úvea. Oitenta por cento dos casos ocorrem dentro de três meses, e 90% dentro de um ano. Podem ocorrer casos após cirurgia ocular. O tratamento busca imunossupressão com esteróides, ciclosporina ou agentes citotóxicos. A maioria mantém visão de 20/60 ou mais, mas as complicações são limitantes em muitos casos.

24. Como o olho traumatizado pode ser protegido das seqüelas tardias?

A incidência de OS é extremamente rara (<0,5% dos traumas penetrantes). A única forma conhecida de prevenção é a enucleação entre 10-14 dias após o trauma. As técnicas atuais de reparo permitem um razoável potencial de visão em olhos severamente danificados; dessa forma, a enucleação profilática como tratamento deve ser reservada apenas para os casos de *olhos sem potencial visual*. A remoção do olho incitante após a instalação do quadro inflamatório pode melhorar a AV final no olho simpatizante, mas, em alguns casos, o olho incitante é que retém a melhor acuidade visual final. O tratamento por enucleação reserva-se a olhos incitantes sem potencial visual.

25. O trauma em outras partes do corpo pode levar a complicações oculares?

Há descrições de exsudatos algodonosos, geralmente periféricos, de hemorragias retinianas e de edema do disco óptico após trauma intenso do crânio ou compressivo do tórax. A retinopatia de Purtscher, nome dado a essa condição, é provavelmente causada por um mecanismo embólico e a oclusão microvascular, mas a patogênese não é totalmente definida. A aparência assemelha-se a outras condições, como pancreatite aguda, doenças vasculares do colágeno, diálise renal e eclampsia, sugerindo um processo sistêmico com oclusão vascular retiniana secundária. As manifestações do PP no trauma podem ser creditadas mais às condições do paciente do que ao trauma *per se*. Hemorragias vítreas, pré-retinianas e retinianas podem ser vistas no trauma de parto, mas, se forem observadas em outras condições, como na leucemia ou na diástese hemorrágica, deve-se suspeitar de trauma provocado. As manifestações oculares estão presentes em 40% dos casos de violência infantil, e o oftalmologista é responsável pelo reconhecimento inicial de 6% dos casos. As lesões suspeitas devem ser relatadas para proteger a criança de violência futura.

BIBLIOGRAFIA

1. Cox MS, Schepens CL, Freeman HM: Retinal detachment due to ocular contusion. Arch Ophthalmol 76:678-685, 1966.
2. Delori F, Pomerantzeff O, Cox MS: Deformation of the globe under high-speed impact: Its relation to contusion injuries. Invest Ophthalmol 8:290-301, 1969.
3. Tasman W: Peripheral retinal changes following blunt trauma. Trans Am Ophthalmol Soc 70:190-198, 1972.
4. Federman JL, Gouras P: Retina and vitreous. In Podos SM, Yanoff M (eds): Textbook of Ophthalmology, vol 9. St. Louis, Mosby, 1994, pp 15.1-15.12.
5. Kelley JS, Dhaliwal RS: Traumatic choroidopathies. In Ryan SJ (ed): Retina, vol 2. St. Louis, Mosby, 1994, pp 1783-1796.

47. DEGENERAÇÃO SENIL DA MÁCULA

Joseph J. Maguire, M.D., F.A.C.S.

1. O que é a Degeneração Senil da Mácula (DSM)?

A DSM é a principal causa de perda visual central significante e irreversível no mundo ocidental. Ela é caracterizada por alterações idade-dependentes da retina sensorial, do EPR e do complexo cório-capilar na retina central (mácula). A mácula é definida clinicamente como a região compreendida entre as arcadas vasculares temporais; é responsável pela visão mais aguçada e discriminativa. A incidência é idade-dependente e a prevalência cresce após os 55 anos. Uma classificação internacional comum tem sido tentada, mas a maioria dos clínicos ainda divide a DSM em forma exsudativa (ou úmida) e não-exsudativa (ou seca).

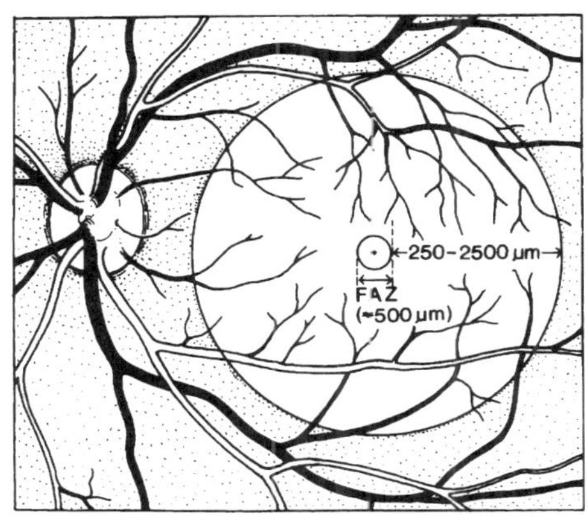

A mácula clínica corresponde à área entre as arcadas temporais. FAZ = zona avascular da fóvea.

2. Quem apresenta DSM?

Qualquer um. A grande associação estatística é o aumento da idade. Todos os estudos de longo prazo indicam a prevalência de ambas as formas de DSM e de perda visual com o envelhecimento. Os relatos apontam para uma maior incidência da forma exsudativa em mulheres. Além disso, a cor da pele também parece ser significativa, ao menos na forma exsudativa. Os afro-americanos têm incidência significativamente menor de neovascularização de coróide do que os brancos.

3. Quais são os fatores epidemiológicos envolvidos na patogênese da DSM?

A causa da doença é desconhecida. Os fatores de risco apontados são a idade, o sexo feminino, a hereditariedade, a raça branca, o fumo, a nutrição, a rigidez escleral, a exposição à luz e a hipertensão.

4. Quais são os sinais clínicos da DSM?

1. Drusas
2. Alterações pigmentares
3. Alterações exsudativas
   - Hemorragias
   - Exsudatos duros
   - Fluido sub-retiniano, sub-EPR e intra-retiniano
4. Atrofia
   - Incipiente
   - Geográfica

5. Quais são os sintomas da DSM?

1. Visão borrada
2. Escotomas centrais
3. Metamorfopsia

Metamorfopsia é distorção visual. As imagens podem parecer menores (micropsia) ou maiores (macropsia) do que o normal. Os pacientes relatam que os objetos com linhas retas (portas e batentes, postes, etc.) parecem curvos. A tela de Amsler é um teste que examina os 20º centrais da visão e é eficiente para o teste doméstico de pacientes de risco para DSM exsudativa.

6. O que é a DSM seca ou não-exsudativa?

É aquela caracterizada por drusas, alterações pigmentares e atrofia. As drusas são o achado mais comum e precoce na DSM seca. Elas representam os bioprodutos do metabolismo do EPR. Elas variam em forma, tamanho e cor. As drusas duras são nódulos pequenos, discretos e branco-amarelados, enquanto as drusas moles são maiores e mais amorfas. As drusas moles podem coalescer com as vizinhas e são freqüentemente associadas com alterações pigmentares de disfunção de fotorreceptores ou do EPR. A ruptura progressiva do EPR eventualmente causa perda da retina sensorial sobrejacente ou do cório-capilar subjacente. Isso resulta em regiões atróficas localizadas que se estendem e que coalescem perto da fóvea, por vezes, na própria fóvea.

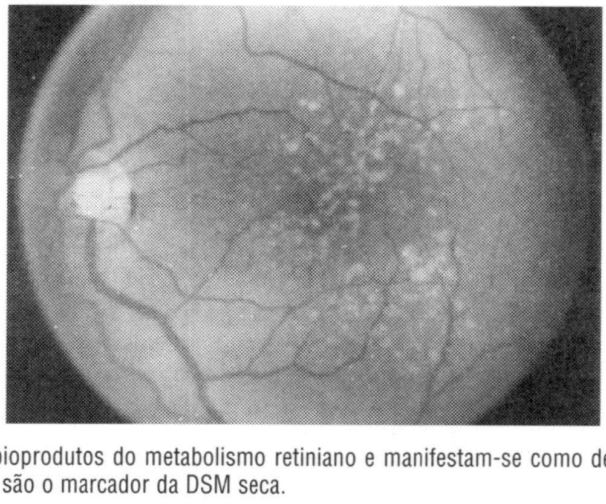

As drusas representam os bioprodutos do metabolismo retiniano e manifestam-se como depósitos focais branco-amarelados abaixo do EPR. Elas são o marcador da DSM seca.

7. O que é DSM úmida ou exsudativa?

É aquela caracterizada pelo desenvolvimento de alterações vasculares ou de fluido sob a retina sensorial e o EPR. As membranas neovasculares e o descolamento do EPR progredindo para o estágio final de cicatriz macular disciforme são a apresentação clássica da doença. À oftalmoscopia, as membranas neovasculares são lesões sub-retinianas esverdeadas associadas com exsudatos duros, hemorragias ou fluido. Esses vasos se originam da cório-capilar normal e alcançam o espaço subretiniano através de defeitos na membrana de Bruch – uma camada colágena que separa a circulação da coróide da retina. Os descolamentos de EPR são elevações arredondadas límpidas, turvas ou repletas de sangue abaixo do EPR. Eles podem ou não estar associados com neovasos de coróide.

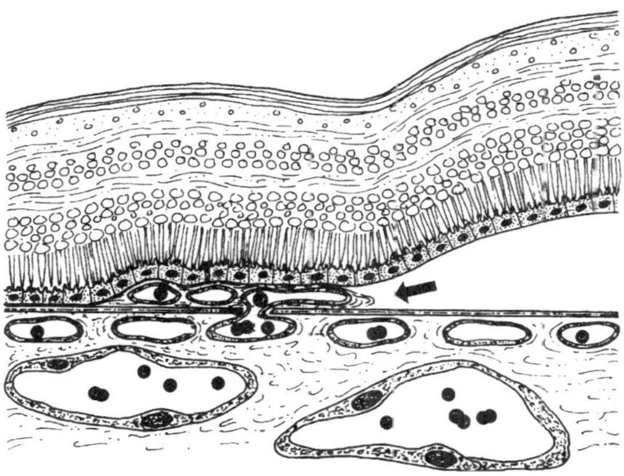

Os neovasos de coróide alcançam o espaço sub-retiniano através de defeitos na membrana de Bruch (seta). Uma vez estando lá, eles causam sangramento e cicatrizes disciformes, resultando em disfunção da retina acima.

8. Como a DSM causa perda visual?

Por meio de alterações permanentes na retina sensorial, no EPR e na coróide da região macular. Essas mudanças originam-se do desenvolvimento de cicatrizes disciformes secundárias à neovascularização de coróide ou de atrofia nas áreas onde a retina deixa de existir.

9. O que é a angiofluoresceinografia (AFG)?

A AFG é um exame fotográfico usado no diagnóstico e no tratamento da DSM. Injeta-se contraste de fluoresceína por veia antecubital enquanto se fotografa a mácula com uma câmera retiniana. A fluoresceína apresenta fluorescência quando estimulada com luz no espectro do azul visível. Essa propriedade é aliada às características anatômicas das circulações retiniana e da coróide e permite a localização de processos vasculares anormais, tais como membranas neovasculares comumente encontradas na DSM.

10. O que é a videoangiografia com indocianina verde (ICV)?

É uma técnica fotográfica estilisticamente parecida com a AFG. A maior diferença é o uso do contraste de ICV, o qual tem um pico de absorção e de emissão na faixa do infravermelho, enquanto as qualidades espectrais da fluoresceína estão na faixa da luz visível. A vantagem da ICV é que ela permite a visualização através de pigmentos e de sangue em pouca espessura, o que melhora a visualização da coróide e da neovascularização de coróide oculta. Os relatos atuais mostram que as áreas de neovascularização de coróide são localizadas em mais 25-35% dos olhos usando ICV mais AFG em comparação com a AFG sozinha.

11. **Qual a diferença entre a neovascularização de coróide oculta e clássica?**

A neovascularização de coróide clássica (figura de cima) é clinicamente bem definida com uma tonalidade cinza-esverdeada. A AFG mostra uma lesão hiperfluorescente bem-definida em roda de carroça, a qual aumenta de intensidade no decorrer do exame.

A neovascularização de coróide oculta (figura de baixo) geralmente apresenta uma aparência de pontilhado pigmentar pouco definido e afilamento retiniano. Ela não é bem localizada com a AFG, exibindo uma hiperfluorescência puntata difusa.

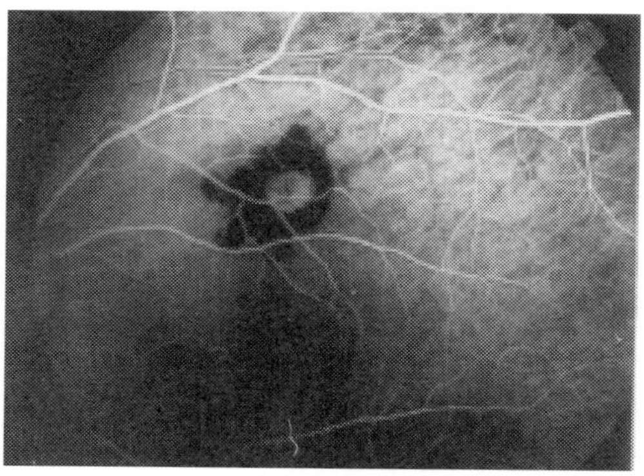

Angiograficamente, a membrana de neovascularização coroidal clássica apresenta-se como lesão hiperfluorescente profunda à retina. Esse exemplo mostra uma coroa de hipofluorescência que representa hemorragia associada.

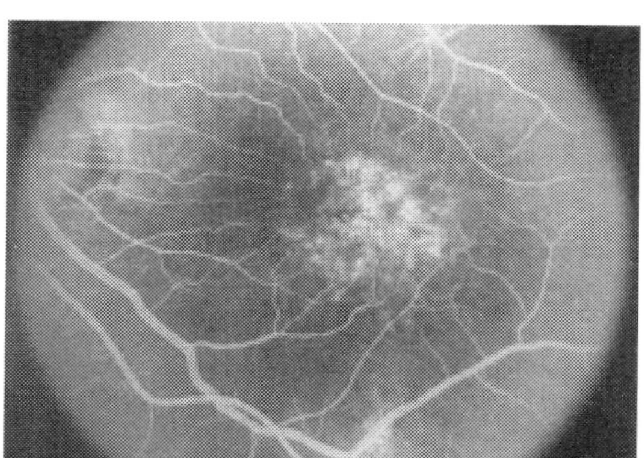

Infelizmente, a maioria das neovascularizações de coróide é de caráter oculto ou indefinido. Essa forma não é totalmente localizada com a AFG e apresenta um padrão puntacto hiperfluorescente com bordos indefinidos.

12. Qual é o único tratamento comprovado para DSM?

A única terapia estatisticamente comprovada como efetiva para a DSM é a fotocoagulação a *laser*. Seu uso comprovado é limitado a olhos selecionados com doença exsudativa.

13. O que é o Estudo de Fotocoagulação Macular (*Macular Photocoagulation Study*, MPS)?

O MPS é um estudo multicêntrico dirigido pelo NIH (EUA) para avaliar a eficácia do *laser* no tratamento da DSM justafoveal exsudativa, da histoplasmose ocular e das dmembranas neovasculares idiopáticas de coróide. Ele também investigou os benefícios do *laser* na neovascularização justafoveal e subfoveal.

14. Como o tratamento a *laser* afeta a DSM?

Ele, teoricamente, funciona causando uma queimadura térmica e coagulando a vasculatura anormal. Contudo, fatores locais como estimulação e hiperoxigenação do EPR podem desempenhar um papel crucial.

15. Qual a porcentagem de pacientes com DSM exsudativa que pode ser tratada efetivamente com a fotocoagulação a *laser*?

De acordo com o MPS, não mais de 25% dos pacientes com DSM são candidatos à fotocoagulação. Como mais de 1/3 dos olhos tratáveis possuem lesões subfoveais e mais de 50% das lesões tratadas recorrem dentro de três anos, a capacidade do *laser* em tratar e preservar a visão é ainda mais limitada.

16. Por que o tratamento da DSM exsudativa com *laser* é freqüentemente frustrante?

Por dois motivos principais:

1. Para a maioria dos pacientes não pode ser oferecido um tratamento que preserve a visão central devido à localização foveal dos vasos ou à sua indefinição característica.

2. Mesmo os olhos tratados com sucesso apresentam recorrência maior do que 50% dentro de três anos.

17. Qual é o papel da nutrição no tratamento e na profilaxia da DSM?

Até o momento, este papel é desconhecido. Vários estudos de curta duração são contraditórios ou inconclusivos em seus esforços para estabelecer uma ligação terapêutica. A ingestão de certas vitaminas e oligoelementos envolvidos com enzimas que depuram radicais livres pode teoricamente ter papel na modulação do processo de envelhecimento.

18. Qual é o papel da atenção médica no tratamento da DSM?

Atualmente, ela envolve a investigação de compostos com propriedades antiangiogênicas, incluindo o alfa-interferon e a talidomida. Esses agentes têm causado a regressão efetiva de alterações neovasculares em determinados neoplasmas vasculares em modelos animais.

19. O que é a terapia fotodinâmica? Como ela se diferencia da fotocoagulação a *laser*?

A fotodinâmica é uma terapia investigativa no tratamento da DSM. Ela utiliza uma droga que é ativada por luz de baixa potência em um comprimento de onda específico. Quando injetada endovenosamente, ela alcança o olho pela circulação, onde é excitada por uma luz não-térmica externa, gerando radicais livres e, por meio desses, dano localizado ao processo neovascular da coróide, poupando a retina neurossensorial sobrejacente, ao passo que o *laser* causa queimaduras de espessura total na retina e na coróide. Como muitas das alterações exsudativas da DSM são subfoveais, a fotodinâmica eliminaria as alterações preservando a retina.

20. Quais são os tratamentos atualmente sob investigação para DSM?

1. Terapia por radiação
   - Feixe externo
   - Placa radioativa
   - Aplicação por sonda externa
2. Cirurgia submacular
   - Remoção das membranas neovasculares
   - Remoção das hemorragias submaculares
3. Tratamento a *laser* de drusas em DSM não-exsudativa

21. Qual é o papel da cirurgia na remoção de membranas neovasculares de coróide na DSM?

Os benefícios da cirurgia submacular ainda não foram estabelecidos. Casos selecionados com membranas pré-retinianas têm sido reportados, mas em pequeno número. O Estudo de Cirurgia Submacular (*Submacular Surgery Trial*, SST) está atualmente investigando os benefícios da cirurgia *versus laser* em membranas neovasculares de coróide submaculares na DSM.

22. O que são os auxílios de visão subnormal?

Os auxílios envolvem o uso de equipamentos que otimizam a função visual pela magnificação da imagem, pela iluminação e pelo treinamento dos pacientes para a utilização da visão periférica. Os auxílios podem incluir óculos especiais, lentes, circuitos de televisão, câmeras com aumento digital e visores. Em pessoa com perda visual intratável bilateral, a avaliação para o suporte de visão subnormal é imprescindível.

BIBLIOGRAFIA

1. Chakravarthy U, Houston RF, Archer DB: Treatment of age-related subfoveal neovascular membranes by teletherapy: A pilot study. Br J Ophthalmol 77:265-273, 1993.
2. D'Amato RJ, Adamis AP: Angiogenesis inhibition in age-related macular degeneration. Ophthalmology 102:1261-1262, 1995.
3. Eye Disease Case-Control Study Group: Antioxidant status and neovascular age-related macular degeneration. Arch Ophthalmology 111:104-109, 1993.
4. The Framingham Study: VI. Macular degeneration. Surv Ophthalmol 24:428-435, 1980.
5. The International ARM Epidemiological Study Group: An international classification and grading system for age-related maculopathy and age-related macular degeneration. Surv Ophthalmol 39:367-374, 1995.
6. Gass JDM: Drusen and disciform macular detachment and degeneration. Arch Ophthalmol 90:206-217, 1973.
7. Macular Photocoagulation Study Group: Argon *laser* photocoagulation for neovascular maculopathy: Three year results from randomized clinical trials. Arch Ophthalmol 104:694-701, 1986.

8. Moisseiev J, Alhalel A, Masuri R, Treister G: The impact of the Macular Photocoagulation Study results on the treatment of exsudative age-related macular degeneration. Arch Ophthalmol 113:185-189, 1995.
9. Pieramici DJ, Bressler NM, Bressler SB, Schachat AP: Choroidal neovascularization in black patients. Arch Ophthalmol 112:1043-1046, 1992.
10. Thomas MA, Grand MG, Williams DF, et al: Surgical management of subfoveal choroidal neovascularization. Ophthalmology 99:952-968, 1992.
11. Yannuzzi LA, Slakter JS, Sorenson JA, et al: Digital indocyanine green videoangiography and choroidal neovascularization. Retina 12:191-223, 1992.
12. Young R: Pathophysiology of age-related macular degeneration. Surv Ophthalmol 31:291-306, 1987.

48. RETINOPATIA DA PREMATURIDADE

J. Arch McNamara, M.D.

1. O que é a retinopatia da prematuridade (RP)?

É uma doença vasoproliferativa da retina que afeta bebês prematuros. Possui duas fases. Na fase aguda, o crescimento vascular normal é distorcido pelo desenvolvimento de vasos anormais que proliferam, ocasionalmente, com proliferação fibrosa associada. Na fase crônica ou de proliferação tardia, podem ocorrer DR, ectopia macular e perda visual grave. Mais de 90% dos casos apresentam involução espontânea.

2. Quem tem RP?

Bebês com menos de 1.500 g no nascimento e bebês com 32 ou menos semanas de gestação são de risco. A moléstia parece atingir os menores e os mais prematuros. A incidência de RP aguda em bebês com menos de 1 kg é três vezes maior do que nos que pesam entre 1 e 1,5 kg. Aqueles nascidos entre as semanas 23 e 27 têm chance aumentada de desenvolver RP.

3. Quem deve ser triado para RP?

O *American College of Obstetrics and Ginecology* e a *American Academy of Pediatrics* recomendam que todas as crianças pesando menos de 1.250 g ao nascer e as que requerem oxigênio em excesso nos primeiros sete dias devam ser examinadas. Aquelas com menos de 1.000 g ou nascidas com 27 ou menos semanas são de alto risco. O primeiro exame deve ser feito entre quatro e seis semanas de vida, e, então, determina-se o seguimento pelo estado da retina. Os exames devem ser repetidos cada uma ou duas semanas até que haja vascularização completa da retina ou até que dois exames consecutivos em 15 dias mostrem estágio 2 da RP na zona III (mais em estágios anteriores). Os bebês devem, então, ser examinados a cada quatro ou seis semanas até que a retina esteja toda vascularizada. Se houver doença pré-padrão (ver a seguir), os exames devem ser repetidos toda semana até que a doença padrão ocorra (quando deve ser feito o tratamento) ou até que haja remissão.

4. Como a RP é classificada?

Utiliza-se a classificação internacional (International Classification of Retinopathy of Prematurity – ICROP), a qual define a localização da doença e a extensão de envolvimento da vasculatura. Ela também especifica o estágio de envolvimento em níveis de intensidade que variam de 1 (menos afetada) até 5 (doença grave).

Para definir a localização, a retina foi dividida em três zonas com o NO como centro, por ser daí que a vascularização caminha para a periferia (ver figura). A zona I consiste de um círculo com raio de 30° ou duas vezes a distância NO-centro da mácula. A zona II vai do limite periférico da zona I ao ponto que tangencia a *ora serrata* e passa próximo ao equador anatômico temporal. A zona III é o crescente temporal residual da retina anterior à zona II.

O estadiamento depende do grau de resposta vascular anormal e é medido pela alteração mais intensa encontrada. O estágio 1 (linha de demarcação) é caracterizado por uma estrutura fina; porém bem definida, que separa a retina avascular (anterior) da retina vascular. Ramos de vasos anormais podem ser vistos indo para a linha, que é fina, branca e está no plano da retina. No estágio 2 (cume), a linha do estágio 1 ganha extensão e espessura e avoluma-se para fora do plano da retina, tendo cor rosa ou branca.

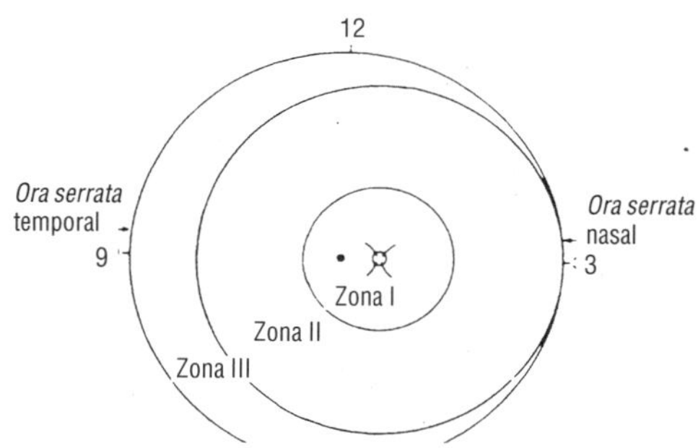

As zonas da RP mostradas esquematicamente.

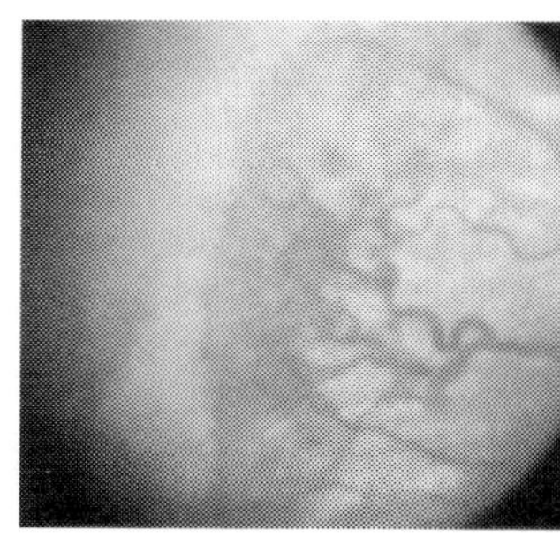

PR estágio 3.

Os vasos podem deixar o plano retiniano e penetrar a linha. Pequenos tufos de neovasos podem ser vistos na superfície posterior ao cume. Esses vasos não constituem crescimento fibrovascular. O estágio 3 (cume com proliferação fibrovascular extra-retiniana) ocorre quando há proliferação fibrovascular, além do cume do estágio 2 (ver figura acima à direita). O estágio 4 é marcado por DR subtotal, que é côncavo e tracional. No estágio 4A, a mácula não está descolada, o DR é temporal nas zonas II e III. No estágio 4B, o DR envolve o centro da mácula. Finalmente, o estágio 5 é o DR total, em funil, que pode ser aberto ou fechado. A velha denominação de fibroplasia retrolental para a RP vem da forma mais intensa, na qual toda a retina está descolada e é puxada como uma massa fibrosa para trás do cristalino.

5. O que é a doença *plus*?

É aquela indicativa da incompetência vascular progressiva e que indica maior risco de desenvolvimento de forma grave de RP. Anteriormente, ela se manifesta por engurgitamento vascular da íris e por rigidez pupilar. Posteriormente, por dilatação venosa e por tortuosidade arterial. Gradua-se em leve, moderada e grave (ver figura adiante). Quando a doença estiver presente no pólo posterior, um sinal de mais é adicionado ao número do estágio da doença (3+, por exemplo).

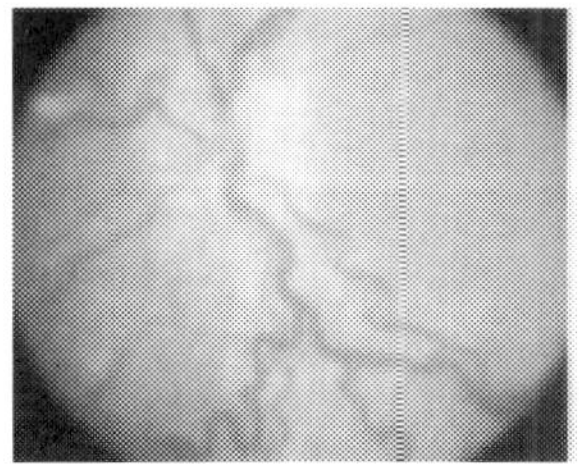

Doença *plus* moderadamente grave.

6. **Quando a RP deve ser tratada?**

Já que a RP pode levar a cegueira por DR, o tratamento para evitá-la é necessário. Mas 90% das crianças com RP aguda apresentam remissão espontânea. O tratamento só deve ser feito em crianças com alto risco de DR. O Estudo para Crioterapia em Retinopatia da Prematuridade (Cryo-ROP) estabeleceu até onde o tratamento pode ou não levar a resultados ruins. Para efeito de estudo, escolheu-se um nível de doença (chamado *doença padrão*) no qual 50% das crianças não-tratadas ficariam cegas. Esse corte foi apropriado para o estudo e permanece como o nível clínico em que se indica tratamento.

Esse nível é definido pela presença de, pelo menos, cinco setores de 30° (equivale a uma hora de relógio) contíguos ou oito cumulativos com estágio 3 nas zonas I ou II, na presença de doença *plus*. A RP na zona I pode levar à evolução desastrosa da doença e, portanto, o tratamento em níveis mais brandos pode ser apropriado nessa zona posterior A doença "pré-padrão" é definida como zona I – qualquer estágio; zona II – estágio 2+; ou zona II com proliferação fibrovascular menor do que a padrão. Quando a RP atinge esse ponto, os exames devem ser semanais.

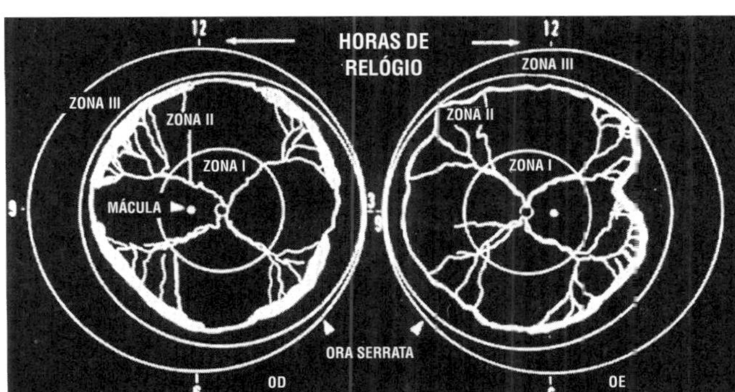

A definição de doença padrão pelo Cryo-RPO, esquematicamente.

7. **Como se trata a RP aguda?**

A crioterapia era o tratamento padrão. Mais recentemente, mostrou-se a eficácia do tratamento por fotocoagulação com *laser* liberado pelo oftalmoscópio indireto. Esse método, então, tem se tornado o mais rotineiro.

O *laser* pode ser aplicado na sala do berçário, sem levar a criança a centro cirúrgico. Um quarto de isolamento é desejável para proteger os outros da emissão de raios. O neonatologista administra sedação EV e deve estar disponível para manejar quaisquer complicações sistêmicas. A pupila é dilatada, e coloca-se um blefarostato. Aplica-se então diodo ou argônio em toda a periferia avascular. Usa-se um depressor escleral apropriado (tipo Flynn). A marca desejada é branco fraco ou cinza, e o espaçamento é de 1-1,5 marcas (ver figura). Com o *laser* da IRIS Medical (*Inc. de Mountain View,* Califórnia), inicia-se com potência de 200 miliwatts e duração de 200 milissegundos. É essencial focar na retina. Se a marca não ficar boa, a potência deve ser elevada de 50 em 50 miliwatts até se obter resultado.

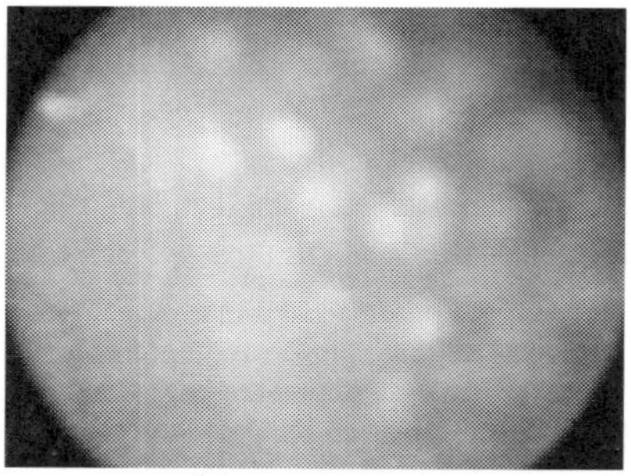

Aparência da periferia do fundo imediatamente após o tratamento com *laser*.

8. Como a crioterapia é aplicada?

A crioterapia ainda é preferida por alguns para o manejo da RP. Como no *laser*, o neonatologista seda a criança. Alguns oftalmologistas preferem a anestesia geral pelo estresse maior e pelo risco de complicações cardiopulmonares maiores desse procedimento. As pupilas são dilatadas, e coloca-se o blefarostato. Aplica-se crio em toda a periferia avascular, usando-se a caneta do crio como depressor escleral. As marcas ideais são brancas, contíguas e aparecem em um ou dois segundos. As lesões são colocadas em seqüência.

9. A RP posterior responde ao tratamento?

A doença nas zonas I e II é de pior prognóstico do que a anterior. O Cryo-ROP demonstrou que o efeito do tratamento para RP padrão na zona I limitou-se à redução dos resultados anatômicos desfavoráveis de 92% para 75% em seguimentos de três meses. Estudos têm demonstrado que 100% dos olhos com qualquer quantidade de proliferação fibrovascular extra-retiniana (PFER) na zona I e 70% dos olhos com vascularização limitada à zona I ou à zona II posterior e RP estágio 1 ou 2 progredirão para a doença padrão. As investigações mostram que a FC na doença posterior pode limitar os resultados desfavoráveis a 20%.

10. Qual é o resultado esperado após o *laser* para RP?

Vários relatos mostraram uma taxa de regressão de 90% após a FC para a RP padrão. Se ocorrer regressão, nota-se diminuição do *plus* nas primeiras semanas. A redução na PFER geralmente começa a ser notada a partir da segunda semana.

11. Quando você deve considerar a repetição do tratamento?

O tratamento com FC é eficiente em 90% dos casos. Ocasionalmente é necessário tratar novamente o paciente para induzir regressão (os outros 10%). O reinício do tratamento deve ser considerado se a doença piorar (critérios *plus* ou PFER) após uma semana ou se a doença ativa persistir (PFER com *plus*) e se houver a presença de lesões esparsas (com aparência de não-tratadas). Ainda, se houver marcas de *laser* muito espaçadas após duas semanas. O tratamento adicional deve ser aplicado nas áreas sem tratamento prévio (e não por cima das marcas prévias). De maneira similar, pode ser aplicada crioterapia quando não há sucesso inicial.

12. O que pode ser feito pelos estágios mais tardios de RP?

Os estágios 4B e 4A progressivo podem ser tratados por cirurgia de retinopexia com introflexão escleral. A taxa de retina colada após a cirurgia é de 60%, com 35% desses casos possuindo visão útil. A vitrectomia pode ser tentada no estágio 5, mas com sucesso anatômico e visual pobre.

13. Quais são as complicações tardias da RP?

Miopia, pigmentação da retina, retina repuxada (ver figura), degeneração vítreo-retiniana tipo *lattice*, buraco de retina, DR e glaucoma de ângulo estreito. As crianças devem ser seguidas pelo retinólogo e pelo oftalmopediatra. São comuns a ambliopia e o estrabismo.

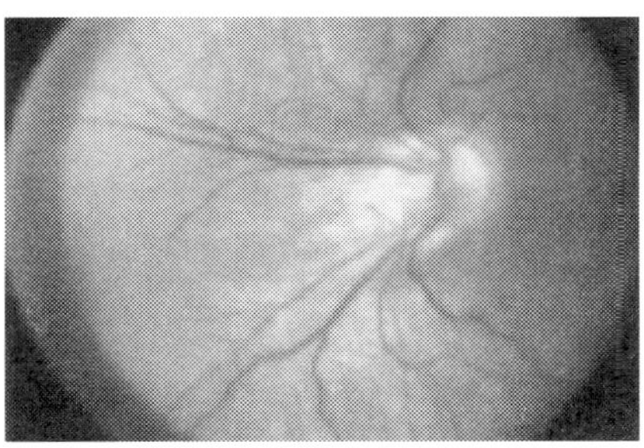

Repuxamento temporal moderado da mácula devido à RP regredida.

14. Quais são os diagnósticos diferenciais?

Depende da extensão da doença. Quando essa for menos grave, deve-se considerar as condições que levam à alteração vascular periférica e ao repuxamento da retina. Nas situações mais graves, deve-se considerar o diagnóstico diferencial da leucocoria.

Diagnósticos Diferenciais da RP

Doença Menos Grave	*Doença Grave*
Vitreorretinopatia familiar exsudativa	Catarata congênita
Incontinentia pigmenti (Síndrome de Bloch-Sulzberger)	Persistência do vítreo primário hiperplásico
Retinosquise ligada ao X	Retinoblastoma
	Toxocaríase
	Uveíte intermediária
	Doença de Coats
	Retinosquise ligada ao X, forma avançada
	Hemorragia vítrea

BIBLIOGRAFIA

1. Capone AJ, Diaz-Rohena R, Sternberg PJ, et al: Diode *laser* photocoagulation for zone I threshold retionopathy of prematurity. Am J Ophthalmol 116:444-450, 1993.
2. Cryotherapy for Retinopathy of Prematurity Cooperative Group: Multicenter trial of cryotherapy for retinopathy of prematurity: Preliminary results. Arch Ophthalmol 106:471-479, 1988.
3. Cryotherapy for Retinopathy of Prematurity Cooperative Group: Multicenter trial of cryotherapy for retinopathy of prematurity: Three month outcome. Arch Ophthalmol 108:195-204, 1990.
4. Cryotherapy for Retinopathy of Prematurity Cooperative Group: Multicenter trial of cryotherapy for retinopathy of prematurity: One-year outcome – structure and function. Arch Ophthalmol 108:1408-1416, 1990.
5. Cryotherapy for Retinopathy of Prematurity Cooperative Group: Multicenter trial of cryotherapy for retinopathy of prematurity: 3-1/2 year outcome – structure and function. Arch Ophthalmol 111:339-344, 1993.
6. Cryotherapy for Retinopathy of Prematurity Cooperative Group: The natural ocular outcome of premature birth and retinopathy: Status at one year Arch Ophthalmol 112:903-912, 1994.
7. Cryotherapy for Retinopathy of Prematurity Cooperative Group: Multicenter trial of cryotherapy for retinopathy of prematurity: Snellen visual acuity and structural outcome at 5-1/2 years after randomization. Arch Ophthalmol 114:417-424, 1996.
8. Fleming T, Runge P, Charles S: Diode *laser* photocoagulation for prethreshold, posterior retinopathy of prematurity. Arch J Ophthalmol 114:589-592, 1992.
9. Flynn J, Tasman W: Retinopathy of Prematury: A Clinician's Guide. New York, Springer-Verlag, 1992.
10. Goggin M, O'Keefe M: Diode *laser* for retinopathy of prematurity: Early outcome. Br J Ophthalmol 77:559-562, 1993.
11. Iverson D, Trese M, Orgel I, Williams G: *Laser* photocoagulation for threshold retinopathy of prematurity. Arch Ophthalmol 108:1342-1343, 1991.
12. Landers M, Toth C, Semple H, Morse L: Treatment of retinopathy of prematurity with argon *laser* photocoagulation. Arch Ophthalmol 110:44-47, 1992.
13. McNamara J, Tasman W: retinopathy of prematurity. Ophthalmol Clin North Am 3:413-427, 1990.
14. McNamara J, Tasman W, Brow G, Federman J: *Laser* photocoagulation for stage 3+ retinopathy of prematurity. Arch Ophthalmol 98:576-580, 1991.
15. McNamara J, Tasman W, Vander J Brown G: Diode *laser* photocoagulation for retinopathy of prematurity: Preliminary results. Arch Ophthalmol 110:1714-1716, 1992.
16. McNamara J: *Laser* treatment for retinopathy of prematurity. Curr Opin Ophthalmol 4:76-80, 1993.
17. Quinn G, Dobson V, Barr C, et al: Visual acuity in infants after vitrectomy for severe retinopathy of prematurity. Ophthalmology 98:5-13, 1991.
18. Quinn G, Dobson V, Barr C, et al: Visual acuity of eye after vitrectomy for ROP. Follow-up at 5-1/2 years. Ophthalmology 103:595-600, 1996.
19. Schaffer D, Palmer E, Plotsky D, et al: Prognostic factors in the natural course of retinopathy of prematurity. Ophthalmology 100:230-236, 1993.
20. Seiberth V, Linderkamp O, Vardarli I, et al: Diode *laser* photocoagulation for stage 3+ retinopathy of prematurity. Graefs Arch Clin Exp Ophthalmol 233:489-493, 1995.
21. The Committee for the Classification of Retinopathy of Prematurity: An international classification of retinopathy of prematurity. Arch Ophthalmol 102:1130-1134, 1984.
22. The International Committee for the Classification of the Late Stages of Retinopathy of Prematurity: An international classification of retinopathy of prematurity. Part II: The classification of retinal detachment. Arch Ophthalmol 105:906-912, 1987.
23. Vander J, Handa J, McNamara J, et al: Early *laser* photocoagulation for posterior retinopath of prematurity: A randomized controlled clinical trial. Ophthalmology 104:1731-1734, 1997.

49. RETINOPATIA DIABÉTICA

James F. Vander, M.D.

1. Cite os três tipos de retinopatia diabética (RD) e as suas características.

1. *RD inicial ou de fundo (background).* As alterações fundoscópicas devem-se à perda da integridade vascular – especificamente microaneurismas, hemorragias em ponto ou chama-de-vela, exsudatos amarelos duros e edema macular.

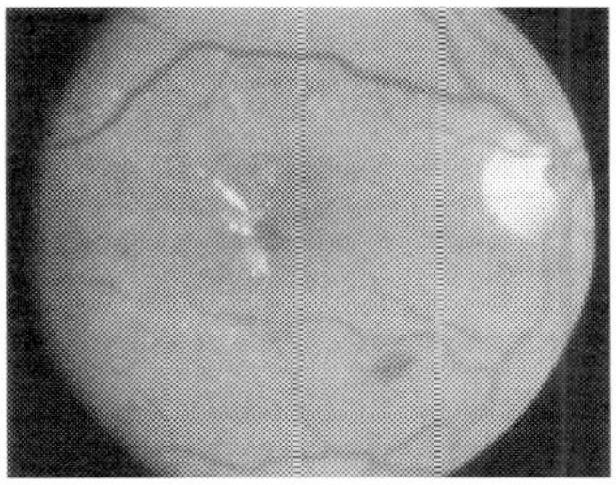

RD *background* com exsudatos, hemorragias e edema macular. (Ver Figura 17 do encarte.)

2. *RD pré-proliferativa.* Os achados refletem a oclusão vascular inicial. Somam-se aos achados anteriores exsudatos algodonosos, hemorragias intra-retinianas extensas, engurgitamento venoso e anormalidades microvasculares intra-retinianas (IRMA).

3. *RD proliferativa.* Os achados refletem a má perfusão capilar. Além do já citado, encontram-se neovascularização de disco (NVD), de retina (NVE)*, hemorragia vítrea ou pré-retiniana e tração vitreorretiniana com DR tracional.

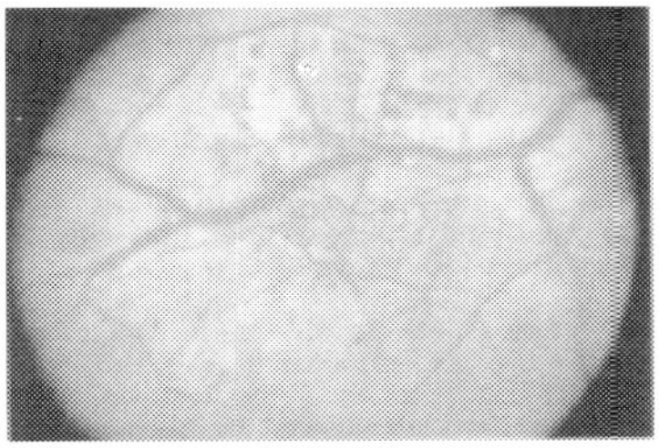

Retinopatia pré-proliferativa com engurgitamento venoso e IRMA.

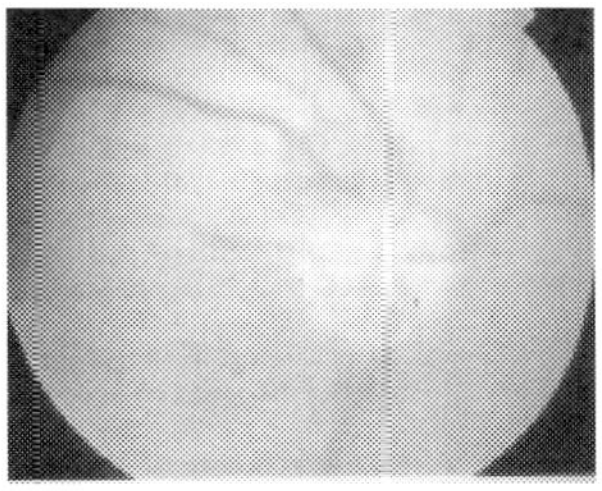

Neovascularização do disco na retinopatia proliferativa.

2. Qual é a causa mais comum de perda visual na retinopatia diabética?

O edema macular.

---

* N.de T. "E" de *elsewhere*, palavra inglesa cujo significado é "qualquer lugar".

3. **Quem apresenta risco de desenvolver RD?**

Todos os pacientes diabéticos são de risco. Os fatores de risco relativo incluem:

1. Duração da doença. Quanto mais tempo, pior. Aos 10-15 anos de doença, mais de 75% dos pacientes mostram sinais de RD.

2. Idade. A RD é incomum antes da puberdade, mesmo em pacientes com diagnóstico logo após o nascimento. A RD *background* aparece mais rápido em pacientes com diagnóstico após os 40 anos. Isso deve estar relacionado com a doença não-diagnosticada.

3. Controle da doença. O Estudo de Controle e Complicações do Diabete (DCCT) demonstrou a clara correlação entre o mau controle e o desenvolvimento de RD e outras complicações.

4. Doença renal. A proteinúria é um bom marcador da RD. Essa associação pode não ser causal, mas o paciente com doença renal deve ser melhor acompanhado.

5. Hipertensão sistêmica. A natureza causal não é clara.

6. Gravidez. A RD pode progredir rapidamente em pacientes grávidas. Nos casos de RD prévia, há maior risco.

4. **Qual é o significado da hemoglobina A_1C? Qual é a sua correlação com o desenvolvimento de RD?**

A hemoglobina A_1C mede a hemoglobina sérica glicosilada, que é um indicador da glicose sérica média nos últimos três meses, proporcionando informação sobre o controle glicêmico no período sem as flutuações diárias. A hemoglobina A_1C tem boa correlação com o desenvolvimento de RD. Os pacientes não-diabéticos têm nível de 6 ou menos. O DCCT demonstrou que os níveis de hemoglobina A_1C inferiores a 8 são significativamente de risco reduzido em relação aos superiores a 8.

5. **Qual é a recomendação de triagem em pacientes com DM?**

Os pacientes com DM juvenil insulino-dependente devem ser examinados com dilatação após cinco anos de diagnóstico. Já os pacientes com DM tipo II, de início na adultícia, devem ser examinados ao diagnóstico. A avaliação deve ser anual ou mais freqüente, dependendo dos achados, utilizando o método da dilatação.

6. **Quais são os achados na AFG em cada um dos três tipos de RD?**

1. *Retinopatia inicial.* Os vasos calibrosos enchem-se normalmente. Os pontos de hiperfluorescência precoce correspondem a microaneurismas, enquanto as hemorragias mostram hipofluorescência. Os microaneurismas vazam nas fases tardias com borramento das margens e com difusão do contraste, enquanto as hemorragias permanecem hipofluorescentes. As telangiectasias mostram hiperfluorescência com vazamento tardio (*leakage*). Os exsudatos duros não aparecem, a não ser que sejam muito espessos, mostrando hipofluorescência. O edema macular apresenta-se por vazamento de contraste na retina na progressão do exame (ver figuras na próxima página, no alto, à direita e à esquerda).

2. *Retinopatia pré-proliferativa.* Além dos achados já mencionados, há perda de capilares. Os exsudatos algodonosos são hipofluorescentes com hiperfluorescência tardia ao longo das margens. As áreas de oclusão capilar têm aspecto de "vidro irregular*" hipofluorescente, com vazamento (*staining*) tardio nas margens. A IRMA é preenchida na fase arterial e não vaza significativamente (ver figura na próxima página, abaixo, à esquerda).

---

* N. de T. Vidro de banheiro.

3. *Retinopatia proliferativa*. Observam-se áreas de oclusão capilar extensas nas fases iniciais com vazamento (*leakage*) difuso tardio nos bordos. As NVD e NVE mostram hiperfluorescência precoce intensa com vazamento marcante de aumento rápido (ver figura a seguir, abaixo, à esquerda).

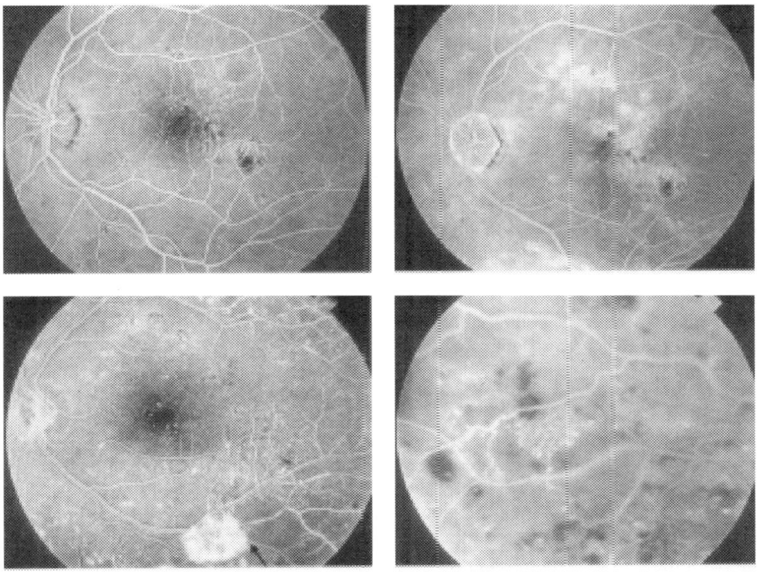

Alto, *à esquerda*, hiperfluorescência precoce puntiforme correspondente a microaneurismas.
Alto, *à direita*, a fase tardia mostra vazamento com borramento dos aneurismas.
Abaixo, *à direita*, NVE com hiperfluorescência precoce importante na borda entre as áreas com e sem perfusão.
Abaixo, *à esquerda*, a IRMA não mostra vazamento.

7. Qual é a definição de edema macular clinicamente significativo (EMS)?

Foi definido pelo *Estudo para Tratamento Precoce da RD* (ETDRS) como EMS quando o paciente apresentar qualquer um dos seguintes sintomas:

1. Edema de retina a 500 micras do centro da fóvea
2. Exsudatos duros a 500 micras do centro da fóvea com edema de retina adjacente (ver figura à esquerda, na página a seguir).
3. Área de edema de um diâmetro papilar que diste até um diâmetro papilar do centro da fóvea

O EMS descreve o achado biomicroscópico da mácula. A AV não importa, o paciente com 20/20 pode ter EMS. A AFG não é relevante na definição. Exames com oftalmoscópio direto, indireto ou fotográfico não são suficientes para o diagnóstico.

8. Quais são os resultados do ETDRS sobre o tratamento do edema macular?

O estudo mostrou que o tratamento a *laser* da mácula reduz o risco de dobrar o ângulo visual (extraído de 20/40 para 20/80, por exemplo) de 24 para 12% em um período de três anos, sendo tal benefício constatado para todos os níveis de AV. A melhora da AV é incomum. O objetivo é prevenir a piora futura. O tratamento das áreas de vazamento difuso é feito em pontilhado (*grid*), e as áreas de vazamento focal são tratadas especificamente. A resolução do edema pode levar meses e ocasionalmente é necessário reiniciar o tratamento (ver figura à direita).

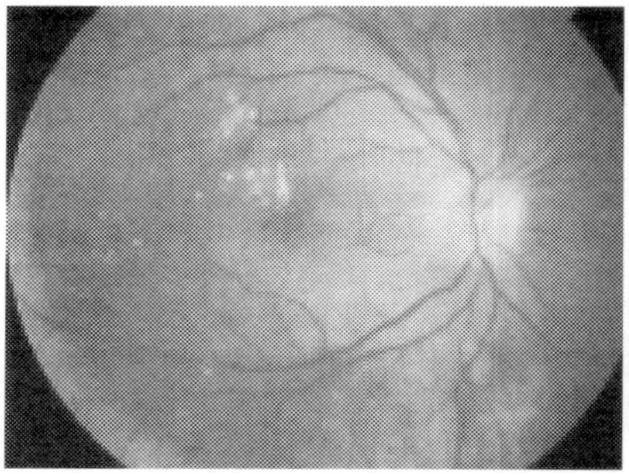

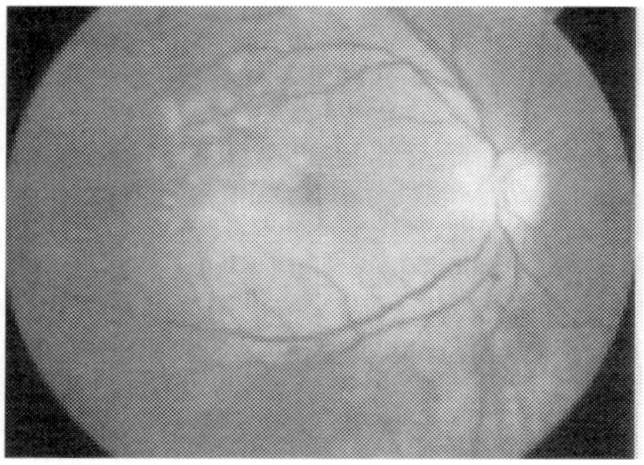

Esquerda, EMS com edema e exsudatos a 500 micras do centro da fóvea.
Direita, quatro meses após a fotocoagulação, o edema e os exsudatos desapareceram.

9. Que outros achados o ETDRS relatou?

Foi relatado que o uso de aspirina não melhora nem piora a evolução. O estudo também avaliou a panfotocoagulação precoce na doença proliferativa.

10. Qual é a definição das características de alto risco (CAR)?

O termo foi usado para descrever os pacientes com risco de perda intensa de visão por RD proliferativa. Também mostrou que os pacientes com (1) NVE e HV, (2) NVD leve e HV ou (3) NVD grave ou moderada com ou sem HV são de risco para o período de três anos. A panfotocoagulação (panfoto) reduz em muito o risco de perda visual em pacientes com CAR. Além disso, foi constatado que, nos casos de RD pré-proliferativa ou proliferativa precoce sem CAR, não há benefício na panfoto precoce. Estes últimos pacientes podem ser apenas observados.

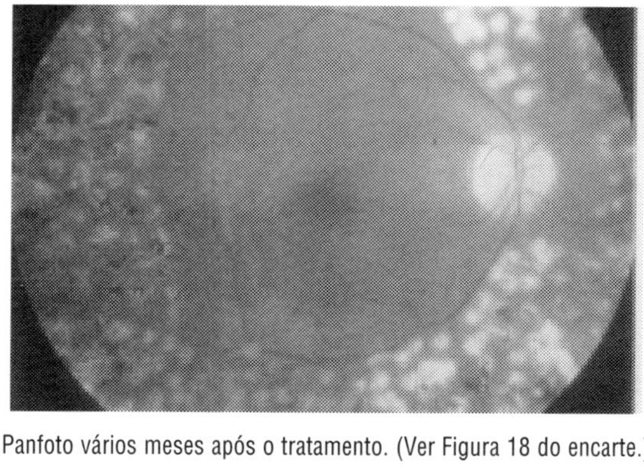

Panfoto vários meses após o tratamento. (Ver Figura 18 do encarte.)

11. Quais são os efeitos colaterais da panfoto?

Ela não melhora a visão, mas previne as complicações que levam à cegueira. A perda da visão periférica e da visão noturna são os principais. Pode haver perda da visão central por piora do edema, devendo-se fazer o tratamento da fóvea antes da panfoto se ambos forem indicados. Outras complicações incluem a perda da acomodação, a dilatação pupilar e a queimadura macular inadvertida.

12. Todos os pacientes tratados com panfoto mostram resolução das CAR?

Não. Um terço dos pacientes não mostra resolução da NVD ou da NVE e, em alguns casos, não há nenhuma melhora aparente.

13. Qual é o papel da panfoto complementar?

O estudo avaliou a realização de 2.000 disparos. Para os pacientes que não apresentam regressão das CAR, ou com HV persistente, não foi estabelecido se a panfoto complementar melhora o prognóstico visual de longo prazo. Há casos de pacientes com 7.000 disparos e com persistência da HV.

14. Quais são as indicações de AFG em RD?

A AFG não faz parte da definição nem de EMS em pacientes com RD inicial, nem de CAR em pacientes com RD proliferativa. As indicações para o tratamento baseiam-se mais na avaliação clínica do que na AFG, embora essa seja importante principalmente na maculopatia. Os pacientes com edema de mácula devem ter uma AFG que determine as áreas de vazamento focal e difuso para orientar a aplicação do *laser*. As áreas de não-perfusão capilar, as quais são tratadas com um padrão de *grid*, também podem ser determinadas na AFG, bem como a localização de vazamentos próximos à FAZ (zona avascular da fóvea). O tratamento muito próximo à FAZ pode diminuir a visão e, portanto, deve ser feito com cuidado. Em pacientes com baixa AV inexplicável, pode estar ocorrendo isquemia, a qual pode ser demonstrada na AFG; em pacientes com opacidade de meios, pode ser evidenciada neovascularização de retina inaparente à clínica.

15. Quais são os diagnósticos diferenciais da RD?

Incluem-se OVCR ou ORVR, síndrome ocular isquêmica, retinopatia por radiação, retinopatia hipertensiva, outras retinopatias proliferativas, como sarcoidose, além de outras menos comuns. Os pacientes com achados maculares típicos de RD, como microaneurismas e edema macular, mas sem diabete, são diagnosticados como tendo telangiectasia idiopática justafoveal.

16. Qual é o significado da neovascularização de íris (NVI) no diabete?

A NVI é um sinal de proliferação intensa e requer tratamento urgente. Pode evoluir com oclusão do trabeculado em curto período de tempo, levando a um glaucoma neovascular intenso. Essa complicação gravíssima pode ser evitada se uma panfoto agressiva for feita antes da oclusão do ângulo.

17. Quais são as indicações de vitrectomia em RD?

1. *Hemorragia vítrea.* A HV que obstrua o eixo pode causar grande baixa da AV. Embora ela geralmente se resolva espontaneamente, em casos de HV extensa, pode ser realizada a vitrectomia. O

Estudo de Vitrectomia em Retinopatia Diabética (DRVS) estudou olhos com HV que reduzia a visão para 5/200 ou menos. O estudo mostrou grandes benefícios em pacientes com DM tipo I, provavelmente pela proliferação fibrovascular. A conduta varia, mas a maioria dos cirurgiões espera pelo menos três meses para a reabsorção espontânea, a menos que as necessidades pessoais ou ocupacionais demandem uma intervenção precoce ou que haja proliferação fibrovascular intensa. O aparecimento de NVI também indica cirurgia precoce.

2. *DR tracional.* Há consenso de que o DR tracional que atinja a mácula é indicativo de vitrectomia. Se a tração vitreorretiniana for removida em semanas ou poucos meses da instalação, o resultado visual é excelente. O DR de longa data não responde bem em termos visuais. O DR tracional extramacular progressivo que se move em direção à fóvea é de indicação controversa.

3. *DR combinado tracional-regmatogênico.* O desenvolvimento de um buraco retiniano associado é indicação de vitrectomia. Essa condição é de resolução difícil e geralmente é operada logo após o diagnóstico.

4. *Edema macular* refratária. Pacientes com tensão na hialóide posterior levando à edema macular crônico sem resposta à fotocoagulação podem ser operados, às vezes, com boa melhora da AV. Acredita-se que a tração crônica da face vítrea na mácula produza vazamento persistente e que esse só se resolve com alívio da tração.

18. Quais são as complicações da vitrectomia para RD?

1. *Progressão da catarata.* A esclerose nuclear progressiva ou a catarata subcapsular posterior são freqüentes após a vitrectomia. O risco de glaucoma neovascular secundário pode ser maior em pacientes que tenham o cristalino removido na cirurgia.

2. *Defeito epitelial corneano de difícil cicatrização.* O edema corneano pode levar a roturas superficiais durante a cirurgia, o que, em diabéticos, pode ser de difícil cicatrização.

3. *Descolamento de retina.* O DR pode ocorrer por rasgo periférico próximo a uma esclerotomia ou posteriormente por tração vitreorretiniana persistente ou recorrente.

4. *Hemorragia vítrea.* Algum grau de HV geralmente está presente após a cirurgia, geralmente com reabsorção rápida.

BIBLIOGRAFIA

1. Benson We, Brown GC, Tasman W: Diabetes and Its Ocular Complications. Philadelphia, W.B. Saunders, 1988.
2. Diabetic Control and Complications Trial Research Group: The effect of intensive diabetes treatment on the progression of diabetic retinopathy in insulin dependent diabetes mellitus. Arch Ophthalmol 113:36-51, 1995.
3. Diabetic Retinopathy Study Research Group: Photocoagulation treatment of proliferative diabetic retinopathy. Clinical application of Diabetic Retinopathy Study (DSR) findings, DSR report number 8. Ophthalmology 88:583-600, 1981.
4. Diabetic Retinopathy Vitrectomy Study Research Group: Early vitrectomy for severe vitreous hemorrhage in diabetic retinopathy: Two years results of a randomized trial. Diabetic Retinopathy Vitrectomy Study report 2. Arch Ophthalmol 103:1644-1652, 1985.
5. Early Treatment for Diabetic Retinopathy Study Research Group: Photocoagulation for diabetic macular edema: Early Treatment for Diabetic Retinopathy Study report number 1. Arch Ophthalmol 103:1796-1806, 1985.

50. OBSTRUÇÃO ARTERIAL DA RETINA

Jay S. Ducker, M.D.

1. **Que tipos de obstrução arterial da retina podem ocorrer?**

Elas são divididas em obstrução de ramo e da artéria central. A obstrução de ramo arterial da retina (ORAR) tem seu sítio de bloqueio distal à lâmina cribosa do NO, ou seja, na vasculatura visível, podendo envolver grandes áreas, como 3/4 da retina, ou áreas pequenas. A obstrução da artéria central da retina (OACR) ocorre no interior do NO, e o sítio de obstrução não é visível, e a maior parte da retina ou toda ela está envolvida.

Obstruções proximais à artéria central da retina, como na artéria oftálmica ou na carótida interna, podem causar perda visual e ser difíceis de diferenciar da OACR pela clínica.

2. **O que causa a obstrução na artéria retiniana?**

As causas diferem para ORAR e OACR. Como o sítio de obstrução não é visível, e a artéria central da retina é muito pequena para ser vista com a maioria das técnicas, a causa precisa da OACR é difícil de ser determinada. Acredita-se que, na maioria dos casos, ocorra formação de trombo. Os danos localizados na íntima em forma de arterosclerose são provavelmente o *gatilho* da formação. Em 20% dos casos, um êmbolo pode ser observado na artéria central da retina ou em seus ramos, sugerindo causa embólica (ver figura). A compressão mecânica extrínseca por tumor de NO ou a órbita, por hemorragia ou por inflamação é rara. A inflamação por vasculite, neurite óptica ou doença da órbita (mucormicose, por exemplo) pode causar OACR, bem como o trauma com dano direto ao NO ou aos vasos; as coagulopatias sistêmicas podem levar à OACR ou à ORAR.

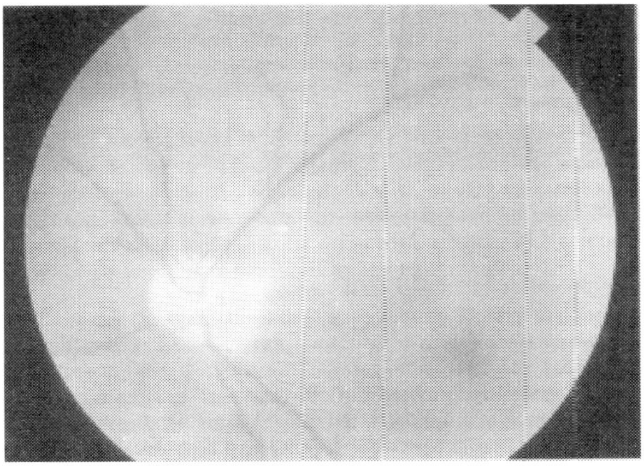

Uma OACR causada por êmbolo. Note as partículas refrativas na artéria central da retina, no centro do disco óptico, bem como nos dois ramos arteriais superiores ao mesmo.

Mais de 90% das ORAR são resultado de embolia. Estão implicados, conjunta ou exclusivamente: colesterol, cálcio, fibrina e plaquetas. O êmbolo geralmente é visível nos ramos. Em idosos, a fonte mais comum de êmbolos é a artéria carótida interna. Em jovens, prevalece a origem cardíaca. Raramente as inflamações intra-oculares, como a toxoplasmose ou a retinite herpética (síndrome de necrose retiniana aguda), podem levar à ORAR.

3. Descreva os sintomas típicos da obstrução arterial da retina.

Ocorre perda aguda e indolor da visão no campo correspondente ao território da artéria obstruída. Na OACR, ocorre em todo o campo visual. Em alguns pacientes, uma artéria derivada da circulação da coróide, chamada artéria ciliorretiniana, pode perfundir uma pequena parte da retina central. Ela está presente em 20% da população e permanece patente quando o sítio da obstrução for a artéria central da retina, podendo poupar o campo visual por ela irrigado em alguns pacientes. Nesse caso, pode até haver AV 20/20, mas com um CV muito restrito (ver figura).

Ocasionalmente os pacientes relatam ciclos de perda visual ou episódios de amaurose fugaz antes da obstrução arterial. A dor é infreqüente se não houver associação com outras causas (arterite de células gigantes ou isquemia ocular, por exemplo).

Na ORAR, a perda do campo pode atingir de poucos graus até 3/4 do CV, dependendo do território envolvido. Com freqüência, a AV central é 20/20, pois a mácula pode ser poupada.

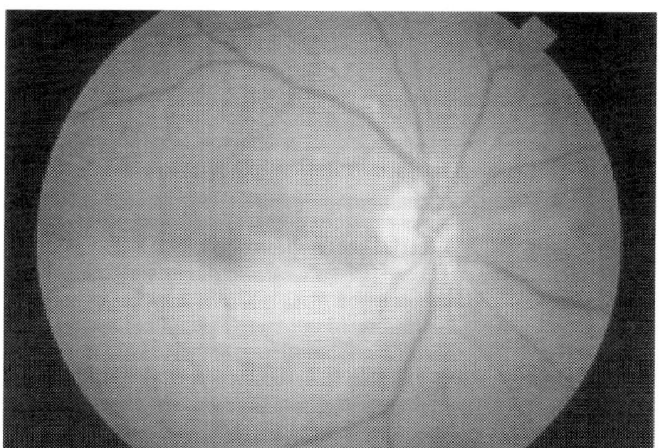

ORAR no hemisfério inferior. A AV é 20/20, mas há grande defeito do CV superior.

4. O que você vê no exame da obstrução arterial da retina?

O fluxo sangüíneo diminuído causa palidez isquêmica do território envolvido (ver figura adiante). Como a vasculatura retiniana só supre a retina internamente (a parte externa é suprida pela coróide), a isquemia é limitada a essa parte. A palidez é maior no pólo posterior, onde a camada de fibras nervosas é mais grossa.

Na obstrução arterial da retina, as artérias distais ao bloqueio ficam finas e atenuadas. A coluna de sangue pode estar interrompida nessas artérias e em suas veias correspondentes, fenômeno denominado *box-carring*. As hemorragias em chama de vela no NO são comuns. O êmbolo pode ser visto na emergência da artéria central da retina ou em seus ramos. Pode ser observada a mácula em cereja.

Os sítios mais comuns de obstrução na ORAR são as bifurcações. Sendo essas mais comuns na retina temporal, as ORAR temporais são mais comuns.

Na OACR, a visão é baixa, geralmente MM ou CD a alguns metros. Muitos episódios de ORAR resultam em perda de CV sem baixa da AV central.

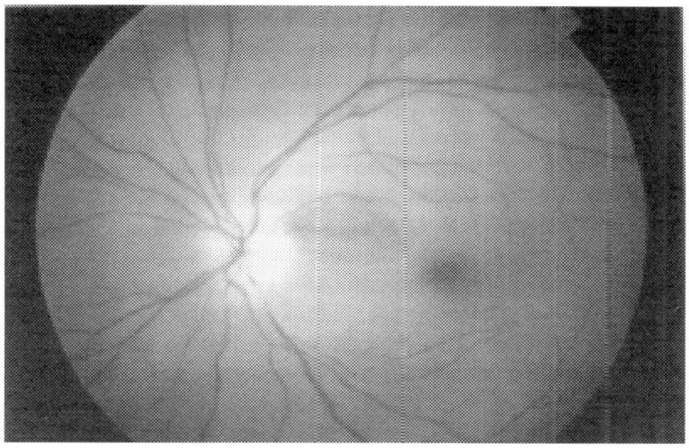

Aparência típica da OACR. Note a palidez isquêmica da retina com a mácula em cereja. Há uma artéria ciliorretiniana patente temporal ao NO, resultando em área de aparência normal da retina. (Ver Figura 19 do encarte.)

5. **O que é a mácula em cereja?**

É um aspecto patológico da mácula. Há duas causas principais: isquemia e deposição anormal. Ela ocorre na OACR pela palidez da retina adjacente. A fóvea não possui fibras nervosas e sua aparência não muda. Esse efeito produz a mácula em cereja.

6. **Que outras condições resultam em mácula em cereja e como diferenciá-las da OACR?**

Ela pode ocorrer na deposição anormal nas células da camada de fibras nervosas. O exemplo clássico é a doença de Tay-Sachs, uma esfingolipidose. Também pode ocorrer em outras esfingolipidoses, como nas síndromes de Farber, de Sandoff, de Niemann-Pick, de Goldberg, na Gaucher e na gangliosidase GM1-tipo 2. Também foi reportada na síndrome de Hurler (MPS I-H), na deficiência de b-galactosidase (MPS-VII) e nas doenças Hallevorden-Spatz e Batten-Mayou-Vogt-Spielmeyer.

A mácula em cereja isquêmica pode ser diferenciada pela história da perda visual, pelos achados sistêmicos, pela idade e pela aparência dos vasos retinianos.

7. **Há algum teste para a confirmação diagnóstica?**

Na maioria dos casos, a OACR e a ORAR podem ser vistas clinicamente. Nos casos de dúvida, a AFG pode ser feita. Ela mostrará a diminuição do fluxo sangüíneo pelo vaso obstruído. A circulação orbitária pode ser estudada por US-doppler para diferenciar a obstrução de artéria oftálmica da OACR.

8. Que doenças sistêmicas estão associadas com a obstrução arterial da retina?

Embora muitas doenças estejam associadas, mais de 50% dos pacientes não apresentam causa aparente. A associação mais comum é com a doença da carótida interna ipsilateral, em 1/3 dos pacientes. Cerca de 10% estão associadas à arterite de células gigantes, devendo ser averiguadas pela possibilidade de baixa da AV no outro olho e pela necessidade de administração precoce de corticóides EV para prevenção.

Em OACR e ORAR, os pacientes devem ser avaliados para fontes embólicas da artéria carótida ou do coração por método não-invasivo (doppler de carótidas) e por ecocardiograma. Em alguns casos, é necessária a ecocardiografia esofágica para detectar as fontes embólicas. O Holter, para detectar a arritmia, pode ser útil.

9. Você sempre deve pesquisar arterite de células gigantes?

É imprescindível que essa condição seja afastada em pacientes com mais de 50 anos e OACR. O VHS deve ser feito e, se estiver alto ou houver suspeita clínica, a biópsia deve ser considerada. A ORAR associada com a arterite de células gigantes é muito incomum.

10. Quais são os pacientes de risco para a obstrução arterial da retina?

Aqueles com obstrução em um olho são de risco para o outro olho. O risco de bilateralidade é de 10%. Os pacientes com doença da artéria carótida, com válvulas cardíacas doentes ou com arritmias cardíacas também são de risco. Além dessas, as condições com parâmetros reológicos alterados, como pancreatite, lúpus, gravidez e embolia de líquido amniótico, podem resultar em obstrução arterial.

11. Existe tratamento profilático?

Com exceção de corticóides para a arterite de células gigantes, a profilaxia não é realizada. A utilidade da anticoagulação nas doenças da carótida não foi comprovada. A extrapolação dos estudos que mostram benefícios no risco de AVC, nessa situação, sugere que a anticoagulação pode baixar o risco de obstrução arterial da retina. A mesma extrapolação pode ser feita para estudos que comprovam os benefícios da endarterectomia de carótida em alguns pacientes.

12. Qual a incidência de obstrução arterial da retina bilateral?

Dez por cento.

13. Há algum tratamento comprovado para a obstrução arterial da retina?

Não. Os investigadores acham que nenhum tratamento atual resulta em melhora. Como as camadas internas da retina são muito sensíveis à hipoxia, o tratamento raramente é tentado após 72 horas da instalação.

Os tratamentos propostos são:

1. Deslocar distalmente o êmbolo
2. Dissolver o êmbolo
3. Aumentar a oxigenação da retina
4. Proteger as células do dano isquêmico

A abordagem tradicional inclui paracentese, massagem ocular e medicação para baixar a PIO. Todas essas são tentativas de desalojar o êmbolo. A paracentese é a remoção de pequena quantidade de humor aquoso por uma agulha fina (27 ou 30), podendo ser feita em consultório. Embora seja simples e segura, há relatos raros de endoftalmite.

O aumento de oxigenação é tentado pela inalação da mistura de oxigênio a 95% e dióxido de carbono a 5% por 10 minutos a cada duas horas por 24 ou 48 horas. O propósito do dióxido de carbono é contrabalançar a vasoconstrição retiniana que ocorre na inalação de O_2 puro. Isso teoricamente aumenta a oxigenação da retina; mas não há comprovação clínica de melhora. O CO_2 não deve ser usado em pacientes com doença pulmonar obstrutiva crônica.

Recentemente a infusão sistêmica (EV) ou local (na artéria oftálmica via cateter) de medicações de lise (estreptoquinase, ativador do plasminogênio tecidual, uroquinase, heparina) tem sido usada para a obstrução arterial da retina. Embora os resultados iniciais sejam encorajadores, essas terapias são de risco e devem ser reservadas para as obstruções com menos de 48 horas de evolução, devendo ser utilizadas por pessoal treinado e sob supervisão. Como a ORAR geralmente não diminui a AV, essas técnicas não devem ser utilizadas nesse caso.

Atualmente, não há como salvar o tecido retiniano isquêmico. Essa área está em pesquisa e pode ter futuro promissor.

14. Por que a retina é tão sensível a problemas de fluxo arterial?

Ela tem alto metabolismo, sendo muito sujeita à isquemia. A artéria central da retina é um vaso terminal, sem anastomoses. Como parte do SNC, a retina é incapaz de regenerar-se caso seja lesada.

15. Como você diferencia as obstruções arterial e venosa da retina?

Simples – branco *versus* vermelho. A marca da obstrução arterial é a palidez da retina. A marca da obstrução venosa é a hemorragia no território do vaso obstruído. As veias estarão dilatadas e tortuosas ao invés de finas e atenuadas.

Cuidado: raramente um paciente pode apresentar obstrução combinada. Já foram relatadas OACR e ORAR juntamente com OVCR, produzindo um quadro misto (palidez isquêmica com rubor da hemorragia).

16. A obstrução aguda arterial da retina constitui uma emergência?

A OACR é uma emergência oftalmológica, mesmo sem tratamento comprovado. Como a retina é muito sensível à isquemia, se o tratamento for considerado, ele deve ser feito o mais rápido possível. Embora modelos animais comprovem a morte celular retiniana com 90 minutos de isquemia, a experiência clínica sugere que alguns olhos toleram isquemia por 72 horas e ainda assim reajam.

Se uma intervenção de risco com anticoagulação for considerada, a obstrução deve ter menos de 48 horas para melhorar as chances de sucesso e a relação risco/benefício. O tempo ideal para a anticoagulação é entre seis e oito horas de instalação.

17. Qual é o aspecto da retina meses ou anos após a obstrução?

Os vasos estão atenuados e o NO mostra palidez compatível com a perda de fibras. Como a retina é transparente, e o EPR e a coróide subjacentes não são afetados, a retina parece normal.

18. Existem outras complicações tardias da obstrução arterial da retina?

Em 15% dos olhos com OACR, ocorre NVI, geralmente observada três meses após ocorrência, podendo resultar em glaucoma neovascular grave. Se a NVI for detectada, o tratamento com fotocoagulação da retina isquêmica deve ser realizado. A neovascularização é rara após a ORAR.

BIBLIOGRAFIA

1. Arruga J, Sanders MD: Ophthalmologic findings in 70 patients with evidence of retinal embolism. Ophthalmology 89:1336-1347, 1982.
2. Atebara NH, Brown GC, Cater J: Efficacy of anterior chamber paracentesis and carbogen in treating acute nonarteritic central retinal artery obstruction. Ophthalmology 102:2029-2035, 1995.
3. Brown GC, Magargal LE: Central retinal artery obstruction and visual acuity. Ophthalmology 89:14-19, 1982.
4. Brown GC, Magargal LE, Sergott R: Acute obstruction of the retinal and choroidal circulations. Ophthalmology 93:1373-1382, 1986.
5. Duker JS, Brown GC: Recovery following acute obstruction of the retinal and choroidal circulations. Retina, 8:257-260, 1988.
6. Duker JS, Sivalingham A, Brown GC, Reber R: A prospective study of acute central retinal artery obstruction, Arch Ophthalmol 109:339-342, 1991.
7. Greven CM, Slusher MM, Weaver RG: Retinal arterial occlusions in young adults. Am J Ophthalmol 120:776-783, 1993.
8. Hayreh SS, Podhajsky P: Ocular neovascularization with retinal vascular occlusion. II. Ocurrence in central and branch retinal artery obstruction. Arch Ophthalmol 100:1585-1596, 1982.
9. Schmidt D, Schumaker M, Wakhloo AK: Microcatheter urokinase infusion in central retinal artery occlusion. Am J Ophthalmol 113:429-434, 1992.

51. DOENÇA OCLUSIVA VENOSA DA RETINA

Vernon K. W. Wong, M.D.

OCLUSÃO DE RAMO VENOSO DA RETINA (ORVR)

1. Quais são os sintomas da ORVR?

O paciente nota uma perda aguda e indolor da visão se houver edema macular, maculopatia isquêmica ou hemorragia intra-retiniana envolvendo a fóvea. A ORVR no quadrante nasal pode ser assintomática. A ORVR antiga pode levar a *floaters* ou a perda súbita da visão por HV.

2. Quais são os sinais clínicos da ORVR?

A oftalmoscopia pode mostrar hemorragias intra-retinianas com padrão segmentar, exsudatos algodonosos e edema macular nos casos recentes. Nos casos tardios, pode haver vasos optociliares colaterais (vasos muito tortuosos e dilatados), alterações no EPR macular e neovascularização de retina ou de disco.

3. Os pacientes com ORVR apresentam alguma associação sistêmica?

A HAS é um fator de risco. Cerca de 10% dos pacientes com ORVR desenvolvem oclusão venosa no outro olho.

4. Onde é mais freqüente a sua ocorrência?
No quadrante súpero-temporal.

5. Quais são os diferentes tipos de ORVR?
Elas podem ser divididas em dois grupos: isquêmicas e não-isquêmicas. A não-isquêmica é caracterizada por menos de cinco diâmetros papilares de área de não-perfusão, conforme estudo de AFG. A isquêmica possui mais de cinco diâmetros papilares de área de não-perfusão.

6. Quais são as complicações da ORVR?
A forma não-isquêmica pode baixar a AV por edema de mácula, por maculopatia isquêmica, por HV, por DR tracional (DRT) ou por DR regmatogênico (DRr). Se o paciente apresenta isquemia de mácula, ele pode reclamar de perda da visão central, e a oftalmoscopia pode não revelar a lesão. A AFG pode mostrar uma FAZ aumentada e irregular. Cerca de 40% dos pacientes com ORVR isquêmica desenvolvem NVD ou NVE. Nesses aproximadamente 60% evoluem com HV e com queda da visão. Raramente a tração nos neovasos pode gerar DRt ou um buraco de retina que evolua com DRr.

7. Qual é o tratamento para a ORVR não-complicada?
Esses pacientes (forma não-isquêmica) podem ser acompanhados clinicamente para aparecimento de edema macular e para a progressão para a forma isquêmica e suas complicações, as quais incluem isquemia da mácula, NVD, NVE, HV, DRt e DRr.

8. Existe tratamento para o paciente com ORVR e edema macular?
O *Estudo de Oclusão de Ramo Venoso* foi um estudo multicêntrico, randomizado, com protocolo de controle clínico dirigido para responder se a fotocoagulação com *laser* de argônio é útil para a melhora da AV em olhos com ORVR e edema macular que diminua a visão para 20/40 ou menos. O estudo mostrou que 65% dos olhos tratados com argônio contra 37% do grupo controle ganharam duas ou mais linhas de visão, diferença estatisticamente significativa. Os investigadores recomendam fotocoagulação para pacientes com ORVR com pelo menos três meses de duração e AV 20/40 ou pior pelo edema macular.

9. Existe algum tipo de tratamento para o paciente com ORVR isquêmica?
O mesmo estudo também tentou responder se a fotocoagulação periférica previne a neovascularização retiniana ou a HV em pacientes que já apresentam neovascularização. Encontrou-se que nos pacientes tratados com *laser* houve desenvolvimento de neovascularização significativamente menor do que nos pacientes-controle; o desenvolvimento da HV nos pacientes com neovascularização tratados com *laser* também foi significativamente menor que no grupo controle. Embora o estudo não tenha sido concebido para esse fim, também constatou-se que o risco de perda visual diminui se o tratamento for realizado após o aparecimento da neovascularização. Os investigadores recomendam fotocoagulação periférica para os pacientes com ORVR no momento em que se nota a neovascularização.

OCLUSÃO DA VEIA CENTRAL DA RETINA (OVCR)

10. Quais são os sintomas da OVCR?

Há uma perda súbita e indolor da visão. Às vezes, os pacientes reclamam de olho vermelho e doloroso por terem desenvolvido glaucoma neovascular secundário à OVCR isquêmica.

11. Quais são os sinais clínicos da OVCR?

A OVCR aguda mostra hemorragias intra-retinianas nos quatro quadrantes, dilatação e tortuosidade das veias retinianas. Pode haver edema do disco, exsudatos algodonosos e EMC. Os pacientes com a forma isquêmica podem apresentar neovasos nos segmentos anterior ou posterior (íris, ângulo, disco ou retina). Na OVCR de longa instalação, podem ser encontrados colaterais venosos optociliares, EMC, alterações do EPR macular e colaterais venosos retinianos.

12. Quais são os fatores de risco para a OVCR?

Hipertensão, diabete melito, síndrome de hiperviscosidade e aumento da PIO.

13. Quais são os diferentes tipos de OVCR?

Elas podem ser divididas em dois grupos: isquêmicas e não-isquêmicas. As não-isquêmicas são caracterizadas por menos de 10 diâmetros papilares de área de não-perfusão, conforme estudo de AFG. As isquêmicas possuem mais de 10 diâmetros papilares de área de não-perfusão. Clinicamente, os pacientes com forma isquêmica apresentam baixa visão, defeito pupilar aferente e hemorragias retinianas extensas.

14. Quais são as complicações da OVCR?

As formas não-isquêmicas podem baixar a AV por edema de mácula. As formas isquêmicas podem baixar a AV por edema de mácula, maculopatia isquêmica, glaucoma neovascular (GNV), HV, DR tracional (DRT) ou DR regmatogênico (DRr). Se o paciente apresenta isquemia da mácula, ele pode reclamar de perda da visão central, e a oftalmoscopia pode não revelar a lesão. A AFG pode mostrar uma FAZ aumentada e irregular. A complicação mais temida da OVCR é a neovascularização de segmento anterior, a qual pode gerar GNV. Cerca de 15% dos pacientes com OVCR isquêmica desenvolvem NVD ou NVE. A tração nos neovasos pode gerar HV e baixar a visão, raramente gerando DRt ou um buraco de retina que evolua com DRr.

15. Qual é o tratamento para a OVCR não-complicada?

Esses pacientes (forma não-isquêmica, sem edema macular) podem ser seguidos clinicamente para o aparecimento de edema macular e a progressão para a forma isquêmica e suas complicações, que incluem isquemia da mácula, NVD, NVE, HV, DRt e DRr.

16. Existe tratamento para o paciente com OVCR e edema macular?

O *Estudo de Oclusão da Veia Central* foi um estudo multicêntrico, randomizado, com protocolo de controle clínico dirigido para responder se a fotocoagulação com *laser* de argônio é útil para a melhora da AV em olhos com OVCR e edema macular que diminua a visão para 20/50 ou menos. Os pacientes foram randomizados para receber tratamento com *grid* macular ou nenhum tratamento. O estudo não encontrou diferença estatisticamente significativa da AV entre pacientes tratados ou não. Os investigadores não recomendam a fotocoagulação tipo *grid* macular para os pacientes que preencham os critérios do estudo.

17. Qual é o tratamento recomendado para os pacientes com OVCR isquêmica?

O mesmo estudo também tentou responder se a panfotocoagulação previne a vascularização do segmento anterior e do GNV. Os pacientes com a forma isquêmica, caracterizada por mais que 10 diâmetros papilares de área de não-perfusão, conforme estudo de AFG, foram randomizados para a panfotocoagulação com argônio profilática ou apenas no momento em que já apresentassem neovascularização. Embora a panfoto profilática tenha diminuído a incidência de neovascularização, o *laser* aplicado apenas no momento em que se notou a neovascularização foi efetivo em prevenir o GNV. Os investigadores recomendam o seguimento cuidadoso e a panfotocoagulação para os pacientes que desenvolverem neovascularização da íris ou qualquer neovascularização de ângulo em um setor de duas horas.

BIBLIOGRAFIA

1. Branch Vein Occlusion Study Group: Argon *laser* photocoagulation for macular edema in branch vein occlusion. Am J Ophthalmol 98:271-282, 1984.
2. Branch Vein Occlusion Study Group: Argon *laser* photocoagulation for macular edema in branch vein occlusion (letter). Am J Ophthalmol 99:218-219, 1985.
3. Branch Vein Occlusion Study Group: Argon *laser* scatter photocoagulation for prevention of neovascularization and vitreous homorrhage in branch vein occlusion. Arch Ophthalmol 104:34-41, 1996.
4. Brown GC: Retinal vascular disease. In Tasman W, Jaeger EA (eds): The Wills Eye Hospital Atlas of Clinical Ophthalmology. Philadelphia, Lippincott-Raven, 1996, pp 168-173.
5. Central Vein Occlusion Study Group: A randomized clinical trial of early panretinal photocoagulation for ischemic central vein occlusion: The Central Occlusion Study Group N report. Ophthalmology 102:1434-1444, 1995.
6. Central Occlusion Study Group: Baseline and early natural history report: the central occlusion study. Arch Ophthalmol 111:1087-1095, 1993.
7. Central Vein Occlusion Study Group: Evaluation of grid pattern photocoagulation for macular edema in central vein occlusion: The central vein occlusion study group M report. Ophthalmology 102:1425-1433, 1995.
8. Clarkson JC: Central retinal vein occlusion. In Ryan SJ (ed): Retina, 2nd ed. St. Louis, CV Mosby, 1994, pp 1379-1386.
9. Clarkson JG, Coscas G, Finkelstein D, et al: The CVOS group M and N reports (letter). Ophthalmology 103:350-354, 1996.
10. Finkelstein D: Retinal branch vein occlusion. In Ryan SJ (ed): Retina, 2nd ed. St Louis, CV Mosby, 1994, pp 1386-1392.
11. Gass JDM: Stereoscopic Atlas of Macular Disease Diagnosis and Treatment, 4th ed. St. Louis, CV Mosby, 1997, pp 546-563.

52. DESCOLAMENTO DE RETINA

Michael J. Borne, M.D.

1. O que é descolamento de retina (DR)?

É a separação da retina neurossensorial do EPR com acúmulo de fluido no espaço virtual entre essas duas camadas. Os tipos de DR incluem o regmatogênico (DRr), o tracional (DRt) e o exsudativo (DRe).

- No DRr, há uma perda de continuidade da retina, o que permite que o fluido da cavidade vítrea se desloque para o espaço virtual entre as camadas.
- O DRt ocorre quando há formação de tecido epirretiniano, o qual se contrai e puxa a retina do EPR. Ocasionalmente, a tração pode formar um buraco na retina, formando um tipo combinado com o regmatogênico.
- Os DRe são produzidos por condições da coróide ou da retina, as quais danificam a barreira hematorretiniana e permitem o acúmulo de fluido no espaço virtual.

2. Quais são as maiores características de cada tipo de DR?

1. O DRr tem uma aparência corrugada típica, causada por edema da retina (ver figura). Obviamente, há um buraco de retina, mas, muitas vezes, é difícil identificá-lo. Há associação com PIO baixa, células pigmentares na cavidade vítrea e HV. As dobras fixas e outros sinais de PVR são muito sugestivos de DRr.

2. O DRt é caracterizado por uma superfície retiniana aveludada e "engomada". Na maioria dos casos, o tecido epirretiniano, o qual causa a tração, pode ser observado biomicroscopicamente. O DR é côncavo para a frente do olho. A localização mais comum é posteriormente ao equador; raramente há extensão para a *ora serrata.*

3. Os DRe são caracterizados por fluido sub-retiniano, que se desloca segundo a gravidade, descolando a retina onde ele se acumula. Assim, o fluido parece deslocar-se conforme o decúbito. A retina tem um aspecto aveludado, em contrapartida ao aspecto enrugado do DRr. Ocasional-

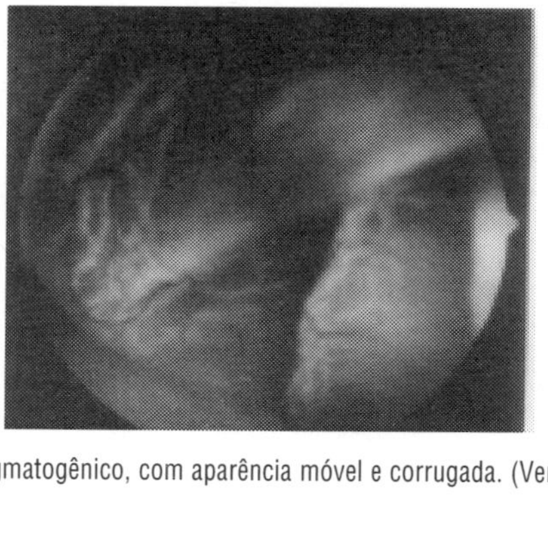

Descolamento de retina regmatogênico, com aparência móvel e corrugada. (Ver Figura 20 do encarte.)

mente, a retina pode ser vista logo atrás do cristalino, o que só ocorre no DRr se hou-ver PVR intenso.

3. Quais são as causas de DR exsudativo?

Os tumores intra-oculares, as doenças inflamatórias e as anomalias congênitas. Os tumores, como o melanoma, o hemangioma ou as metástases para a coróide, produzem mais facilmente DR seroso, enquanto as inflamações, como as esclerites posteriores, a doença de Harada, a uveíte posterior e a coróido-retinopatia serosa, apenas ocasionalmente o fazem. As anomalias congênitas incluem *pits* do nervo óptico, nanoftalmo e síndrome do disco em *morning glory*.

4. Como a retina se mantém colada?

Os fotorreceptores e as células do EPR estão orientados com os ápices de cada célula em aposição. A matriz interfotorreceptora forma uma "cola" entre as mesmas, ajudando a manter a aposição celular. Também é postulado que o EPR bombeie íons e água para fora da matriz, fazendo força de sucção, o que manteria a retina colada.

5. Quais são os maiores fatores predisponentes para o DR regmatogênico?

A cirurgia prévia de catarata, a degeneração *lattice* e a miopia. A incidência pós-facectomia é de dois em mil, subindo muito na cirurgia complicada, com rotura da CP, perda vítrea e retenção de fragmento da lente. Alguns estudos mostram que a incidência de DR, nesses casos, pode ser de 15%. Metade dos DRr ocorrem em pacientes já operados de catarata.

A degeneração *lattice* é uma alteração da periferia retiniana caracterizada por um afilamento da retina e pela liquefação do vítreo adjacente, resultando em risco de rasgos e buracos na retina. A *lattice* é encontrada em 6 a 7% da população, e geralmente, é bilateral. Ela é a causa direta do DR em cerca de 25% dos casos.

Os altos míopes possuem risco elevado de DR por vários motivos. Possuem uma incidência aumentada de *lattice*, de DVP e de buracos na retina na periferia afilada; essa última característica é mais comum quanto maior a miopia.

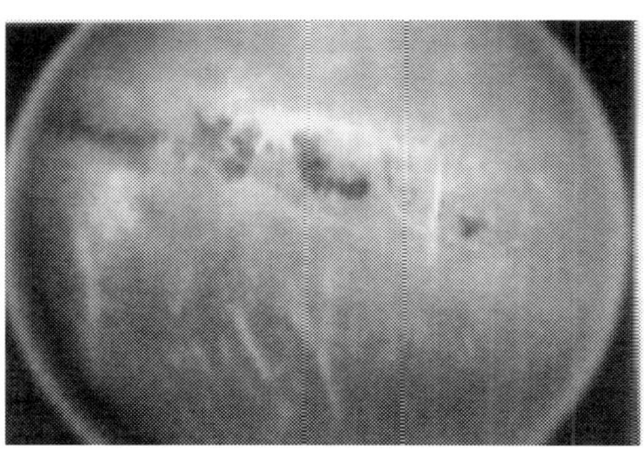

Degeneração *lattice*.

6. Quais são os sinais e os sintomas do buraco retiniano?

Flashes e *floaters*. As células pigmentares ou o sangue no vítreo podem ser indicativos também.

7. Quais são os tipos de buraco retiniano?

1. *Em ferradura* (ver figura). Um *flap* de retina criado por tração vítrea dá a aparência de ferradura. A extremidade aberta tem direção anterior. Um vaso pode fazer ponte por cima da descontinuidade de tecido. O risco de DR é grande, especificamente em buracos agudos.

2. *Operculado*. Quando um pedaço de retina é completamente arrancado pela tração e o fragmento é visto boiando sobre o defeito. O risco de DR é mais baixo do que no buraco em ferradura.

3. *Atrófico*. Buraco redondo sem evidência de tração vítrea, geralmente associado com *lattice*. O risco de DR é baixo.

4. *Diálise*. Uma desinserção da retina na *ora serrata*, mais comum no quadrante ínfero-temporal, seguido pelo súpero-nasal. E freqüente ter um trauma como causa.

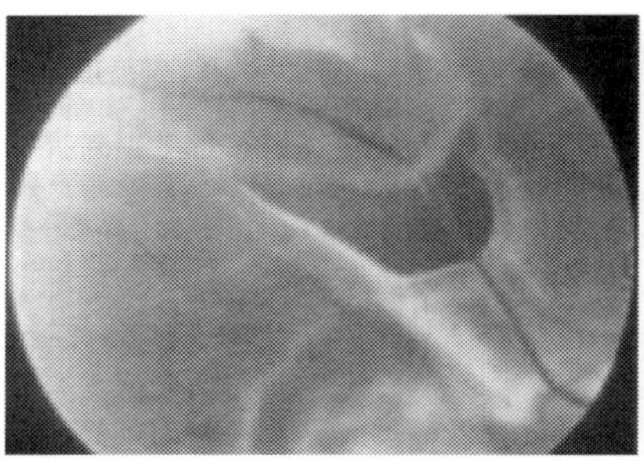

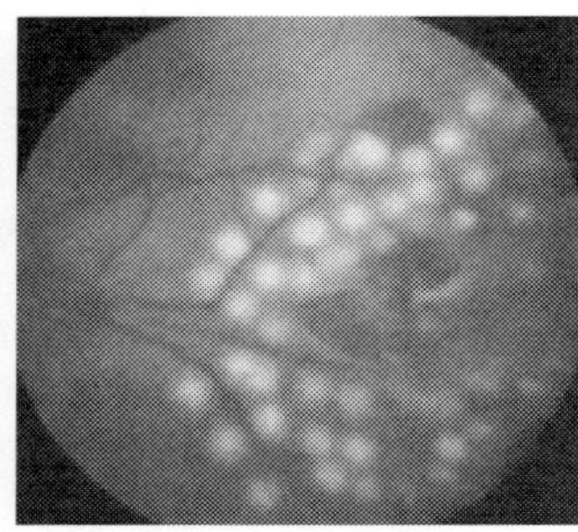

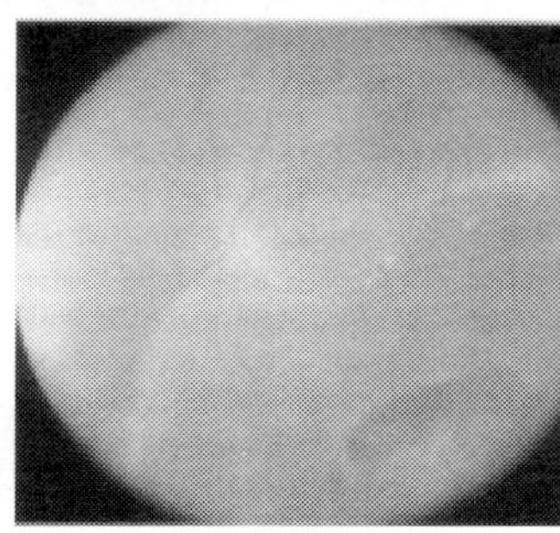

Esquerda, Buraco em ferradura com vaso em ponte. (Ver Figura 21 do encarte.)
Alto, à direita, Buraco em ferradura após fotocoagulação.
Abaixo, à direita, DR por diálise ínfero-temporal.

8. Quais são as opções de reparo de um DR?

O tipo de buraco determina a modalidade de tratamento. O DR exsudativo é tratado de maneira diferente dos demais, inicialmente tratando-se a causa da exsudação. Por exemplo, em casos de melanoma, o tratamento realizado é dirigido ao tumor (radiação, termoterapia ou ressecção). Os casos de doença inflamatória são tratados com regime agressivo de antiinflamatórios. É raro um DR exsudativo precisar de reparo cirúrgico.

Por outro lado, os DR regmatogênico e tracional são cirúrgicos. O DRt deve ter toda sua tração aliviada para que a retina cole.

O DRr pequeno e localizado é tratado por crioterapia ou a barreira de fotocoagulação. Raramente pode ser apenas observado. Se houver tração vítrea na rasgadura, especialmente nas superiores, ou se houver muito FSR, indica-se um tratamento mais definitivo. As opções são retinopexia pneumática, balão de Lincoff, introflexão escleral e vitrectomia via *pars plana*. A introflexão escleral é a preferida atualmente, sendo realizada desde 1950. A vitrectomia iniciou-se na década de 60 e é preferida por alguns cirurgiões. A retinopexia pneumática ganhou impulso após a década de 80.

9. Que pacientes são bons candidatos para a retinopexia pneumática?

Ela é feita pela injeção de gás inerte ou ar estéril na cavidade vítrea, posicionando-se o paciente para que a bolha fique em contato com o buraco; se esse estiver tamponado, o FSR pode ser absorvido, permitindo o assentamento da retina. O buraco é selado por criopexia concomitante à injeção de gás ou por fotocoagulação quando a retina assenta. O candidato ideal possui um buraco único superior (de oito até quatro horas) ou mais de um buraco, distando uma a duas horas um do outro. O paciente deve estar apto para ficar na posição apropriada. Os pacientes fácicos respondem melhor do que os facectomizados.

10. Que pacientes são maus candidatos para a retinopexia pneumática?

Aqueles com buracos múltiplos e distantes entre si, bem como aqueles com buraco único mas com outros buracos na área de retina ainda colada. A PVR, especialmente com dobras fixas, diminui o sucesso cirúrgico. Os pacientes com anormalidades que impeçam o decúbito adequado são maus candidatos também.

11. Quais são as vantagens da introflexão escleral e da vitrectomia?

Ambas reduzem mecanicamente a tração vítrea. Na introflexão, coloca-se uma banda ou uma esponja de silicone sobre ou na espessura da esclera. A tração vítrea é aliviada na introflexão. O FSR pode ser drenado por esclerotomia externa, podendo-se injetar gás na cavidade vítrea para favorecer o tamponamento. A introflexão é boa para tratar buracos anteriores, tipicamente presentes após cirurgia de catarata. Outra vantagem é o conserto ser feito por via externa, sem invasão do globo.

Na vitrectomia, a tração é diretamente abordada. A técnica é muito útil para os buracos posteriores, sendo vantajosa em casos de HV ou de opacidade. O cirurgião pode também remover membranas epirretinianas se houver PVR. A cavidade deve ser preenchida com gás para recolar a retina, aumentando a chance de catarata em pacientes fácicos.

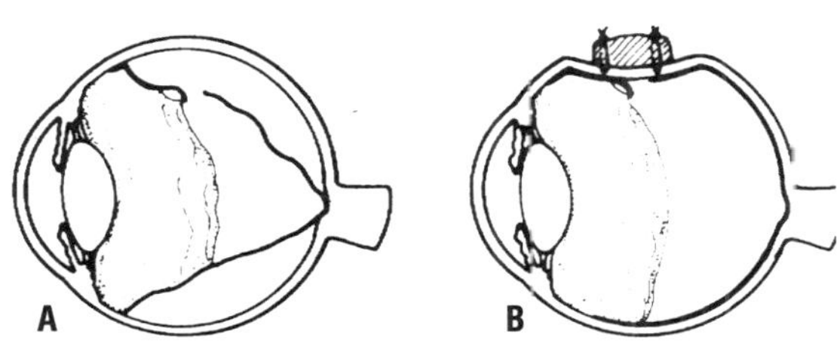

Colocação de *buckle* escleral.

12. Quais são os maiores riscos dessas cirurgias?

Os riscos de infecção e de hemorragia estão presentes em todas as cirurgias oculares invasivas. O risco de infecção da introflexão é menor do que 3%; seus outros riscos são o glaucoma de ângulo fechado, o glaucoma agudo por gás, a hemorragia por perfuração na hora da drenagem externa, a necrose e a isquemia do segmento anterior. Os explantes podem extrudir ou intrudir com o tempo, e também gerar estrabismo. Os riscos da vitrectomia são a endoftalmite, os buracos iatrogênicos, o encarceramento do vítreo ou da retina nas esclerotomias e o glaucoma por gás.

13. Que achados intra-operatórios devem ser confirmados na hora de colocar o explante?

O aspecto mais importante da cirurgia é localizar e tratar todos os buracos, colocando o explante e tamponando a todos. Após a colocação temporária do explante, deve-se confirmar que os buracos estão cobertos; caso contrário, deve ser realocado. Se os buracos não se assentarem, verifique com um depressor escleral. Se após o posicionamento houver muito FSR, deve-se avaliar a realização de drenagem ou de injeção de gás. Nos DR inferiores, é preferível que só se termine a cirurgia com retina aplicada. Nos DR superiores, pode-se optar por gás e por posicionamento; a decisão de drenar adiciona riscos à cirurgia.

14. Quais são os três fatores que devem ser confirmados ao término da cirurgia?

O posicionamento do explante, o sítio de drenagem e a ausência de pulsação da artéria central da retina. Se houver pulsação, significa que a pressão é alta o suficiente para causar obstrução, devendo-se baixá-la.

15. Como abordar o DR regmatogênico com a vitrectomia?

A colocação da cânula deve ser verificada para evitar injeção subrretiniana. A tração vítrea dos buracos é aliviada, tomando-se cuidado com os vasos que, porventura, cruzem a lesão. A pressão deve ser mantida baixa e deve-se evitar a passagem exagerada de instrumental pelas esclerotomias para não gerar encarceramento. O vítreo posterior deve ser descolado totalmente. Ao término, deve-se verificar as esclerotomias para a procura de buracos. Todos os buracos devem ser tratados com *laser* ou crioterapia. A PIO deve ser verificada se houve uso de gás.

16. Que gases podem ser usados no olho?

Os mais comuns são o hexafluoreto de enxofre (SF_6), o perfluoropropano (C_3F_8) e o ar estéril. A misturas inertes são compostas de aproximadamente 20% de SF_6 e 14% de C_3F_8. Essas concentrações são as preferidas para a vitrectomia. A injeção de gás 100% resulta numa bolha grande a partir de pouco volume, sendo vantajosa para a retinopexia pneumática e para a introflexão. O SF_6 expande em duas ou três vezes o seu volume, e o C_3F_8 em quatro vezes. Assim, 0,4 cc de gás puro pode produzir uma bolha intravítrea de 20-40%.

17. Quais são as causas de insucesso?

Além dos casos de PVR com tração retiniana, o insucesso ocorre por buraco destamponado. Na retinopexia pneumática, contribuem a não-colaboração do paciente no decúbito, os buracos não-identificados e os novos buracos causados por tração pela injeção de gás. Na introflexão, contribuem os buracos não-detectados; manutenção da tração vítrea mantendo o buraco aberto, aumentando-o ou gerando novos buracos; ou a colocação inadequada/deslocamento do explante. Na vitrectomia, contribuem a crioterapia ou a fotocoagulação inadequadas, a manutenção da tração vítrea e os buracos novos ou não-identificados. Em 10% dos casos, há PVR, mas só 10-25% dos casos progridem e necessitam de tratamento.

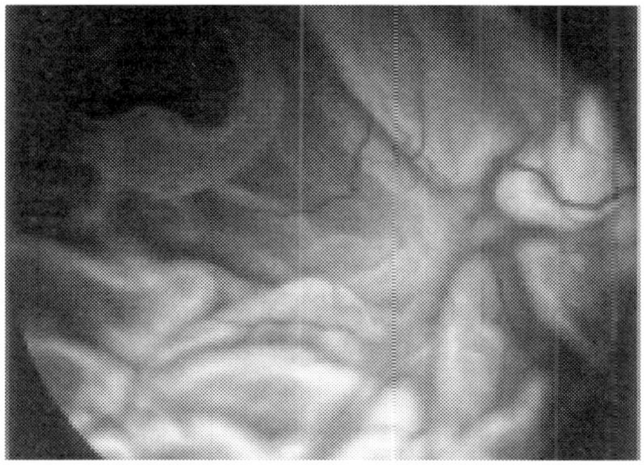

PVR grave com DR total. (Ver figura 22 do encarte.)

18. Quais são os objetivos de se reparar o DR tracional?

Nos casos de RPD, busca-se soltar as trações ântero-posteriores. O vítreo posterior deve ser destacado para a remoção das trações. A remoção das membranas também é feita para o alívio das mesmas. As membranas devem ser delaminadas e separadas no plano entre o tecido epirretiniano e a retina, cuidadosamente. Nos casos de PVR avançado, pode ser necessário cortar a retina para o alívio da tração; em tais casos, deve-se usar óleo de silicone como tampão de longa duração, com remoção após três ou seis meses. Se a retina parecer instável, ele pode ser deixado por mais tempo.

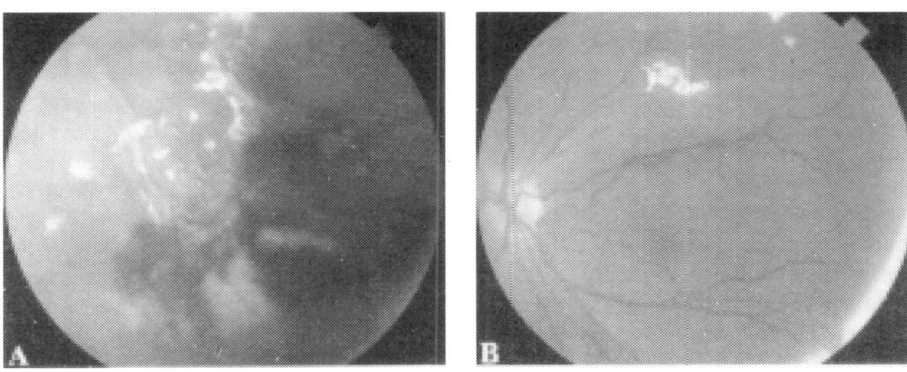

A, RD proliferativa gerando DR tracional localizado. *B*, Assentamento da retina após a remoção das membranas.

19. Descreva o sistema de classificação para a PVR.

A *Retina Society* publicou uma classificação em 1983, revista em 1991. Divide-se em graus A, B e C, conforme a gravidade aumenta. Leva-se em consideração a localização anterior ou posterior do PVR e a área de abrangência. Foram descritos cinco tipos de contração, usando-se os termos focal, difusa, sub-retiniana, circunferencial e deslocamento anterior para quantificar seus tipos.

BIBLIOGRAFIA

1. Benson WE: Retinal Detachment: Diagnosis and Management, 2nd ed. Philadelphia, J.B. Lippincott, 1988.
2. Davis MD: Natural history of retinal breaks without detachment. Arch Ophthalmol 92:183-194, 1974.
3. Hilton GF, McLean EB, Chuang EL: Retinal Detachment: Ophthalmology Monograph Series. San Francisco, American Academy of Ophthalmology, 1989.
4. Machemer R, Aaberg TM, Freeman HM, et al: An updated classification of retinal detachment with proliferative vitreoretinopathy. Am J Ophthalmol 112:159-165, 1991.
5. Prophylactic therapy of retinal breaks. Surv Ophthalmol 22:41-47, 1977.

53. RETINOBLASTOMA

Carol L. Shields, M.D.

1. O que é o retinoblastoma?

O retinoblastoma é o câncer ocular mais comum em crianças. Acredita-se que é oriundo de retinoblastos primitivos.

2. Quão comum é o retinoblastoma?

O retinoblastoma ocorre com uma freqüência de um em 14.000 nascidos vivos. Aproximadamente em 250 a 300 crianças nos Estados Unidos, a cada ano, é diagnosticado o retinoblastoma.

3. O que causa o retinoblastoma?

Não há causas determinadas para o câncer. A idade paterna avançada e o câncer em parentes têm sido relatados em associação com o retinoblastoma.

4. Em que cromossomo está a mutação genética relacionada com a retinoblastoma?

A mutação genética está no cromossomo 13 na região 13q14. Acredita-se que esse simples *locus* existe para todas as formas de retinoblastoma. O gene da esterase D é ligado a esse sítio.

5. Que síndrome é associada ao retinoblastoma?

A síndrome de deleção 13q. Os achados característicos incluem microcefalia, ponte nasal proeminente e larga, hipertelorismo, microftalmo, epicanto, incisivos superiores protrusos, ptose, micrognatia, pescoço curto com pregas laterais, orelhas grandes de implantação baixa, assimetria facial, ânus imperfurado, malformação genital, fístula perineal, polegares hipoplásicos ou ausentes, anormalidades nos dedos do pé e retardo psicomotor e mental.

6. Qual é a lateralidade do retinoblastoma?

O retinoblastoma é unilateral em aproximadamente 67% dos casos e bilateral em 33% dos casos.

7. Quais são os achados mais comuns no retinoblastoma?

Nos Estados Unidos, a leucocoria é o achado característico em 50% dos casos, e o estrabismo em 20%. Outros achados menos comuns incluem a diminuição de visão, o olho vermelho, o glaucoma e a celulite orbitária.

8. Quais são as lesões mais comuns que simulam retinoblastoma?

De todos os pacientes enviados ao centro de oncologia ocular com o diagnóstico de provável retinoblastoma, em aproximadamente 50% foi provado retinoblastoma e em 50% foi encontrado pseudo-retinoblastoma. O pseudo-retinoblastoma mais comum foi a persistência de vítreo primário hiperplásico, em 28% dos pacientes. A doença de Coats em 16%, e a toxocaríase ocular em 16%.

9. Em que idade tipicamente o retinoblastoma se apresenta?

O retinoblastoma é diagnosticado em uma idade média de 18 meses. Os casos bilaterais são reconhecidos em uma média de 12 meses e os unilaterais aos 23 meses. Em 8% dos casos, o tumor é diagnosticado após os cinco anos.

10. O que é o retinoblastoma trilateral?

O retinoblastoma trilateral é a associação de retinoblastoma bilateral com tumores da linha média do cérebro. A doença trilateral representa 3% de todos os casos de retinoblastoma e ocorre tipicamente antes da idade de cinco anos.

11. Que neoplasias secundárias são associadas com o retinoblastoma?

As neoplasias secundárias mais comumente associadas com o retinoblastoma incluem o os-teossarcoma (especialmente do fêmur), o melanoma cutâneo e outros sarcomas. O pico de incidência para o segundo câncer é aos 13 anos, mas esses tumores podem ocorrer em qualquer fase na vida do paciente. As neoplasias secundárias podem ser devidas a mutações no cromossomo 13.

12. Com que freqüência os olhos com retinoblastoma se apresentam com glaucoma?

De um ponto de vista clínico, 17% dos olhos com retinoblastoma têm glaucoma, mais freqüentemente glaucoma neovascular ou de ângulo fechado. De um ponto de vista patológico, o glaucoma está presente em 40% dos olhos encaminhados para enucleação.

13. Com que freqüência o retinoblastoma invade o nervo óptico?

A invasão do nervo óptico pelo retinoblastoma ocorre em 29% dos olhos que vão para enucleação. Geralmente ocorre na área pré-laminar. Os riscos de invasão do nervo óptico pelo retinoblastoma incluem um tumor grande exofítico, medindo mais de 15 mm, e o glaucoma secundário.

14. Qual é a média de sobrevivência para o retinoblastoma?

Nos Estados Unidos, nos anos 90, 90-95% das crianças com retinoblastoma sobreviveram. Os riscos para doença metastática incluem invasão substancial por tumores de nervo óptico, de coróide e de órbita.

15. Quais são os padrões de crescimento do retinoblastoma?

Os padrões de crescimento são o endofítico e o exofítico. O retinoblastoma endofítico provém da retina interna e semeia o vítreo. Já o retinoblastoma exofítico provém da retina externa e causa o descolamento sólido da retina. Uma variante do retinoblastoma endofítico é o retinoblastoma infiltrante difuso. Esses padrões não diferem no prognóstico de vida do paciente.

16. Quais são os diagnósticos diferenciais do retinoblastoma endofítico?

Os diagnósticos diferenciais do retinoblastoma endofítico incluem vários processos inflamatórios e infecciosos do olho da criança, como a toxocaríase, a endoftalmite e a uveíte avançada.

17. Quais são os diagnósticos diferenciais do retinoblastoma exofítico?

Os diagnósticos diferenciais do retinoblastoma exofítico incluem a doença de Coats, a hemangioma capilar de retina e outras causas de descolamento regmatogênico e não-regmatogênico da retina.

18. O retinoblastoma pode regredir espontaneamente?

Sim. Aproximadamente 3% dos casos de retinoblastoma são classificados como regressão espontânea. Esses tumores, contudo, carregam o risco de recorrência e as mesmas implicações genéticas que os outros retinoblastomas.

19. Quais são as características patológicas do retinoblastoma bem-diferenciado?

Rosetas de Flexner-Wintersteiner e floretes representam retinoblastoma bem-diferenciado.

20. Liste as opções para conduzir um olho com retinoblastoma intra-ocular.

Enucleação	Termoterapia
Radioterapia de feixe externo	Quimioterapia
Radioterapia em placa	Crioterapia
Fotocoagulação a *laser*	Quimiorredução

21. Quais são as opções conservadoras para conduzir um retinoblastoma pequeno (<3 mm) posterior ao equador do olho?

Fotocoagulação a *laser*, termoterapia, quimiotermoterapia e radioterapia em placa são as opções mais conservadoras. A crioterapia geralmente é limitada a tumores pequenos anteriores ao equador do olho.

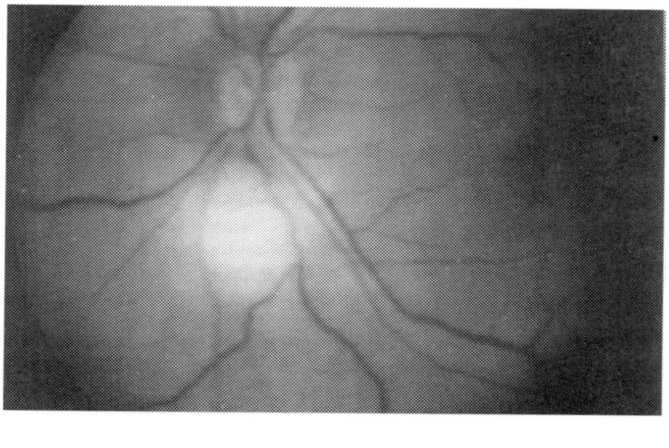

Retinoblastoma pequeno adjacente ao nervo óptico que é propício para tratamento conservador com fotocoagulação a *laser*, termoterapia, quimioterapia e radioterapia em placa.

22. Quais são as opções conservadoras para um retinoblastoma pequeno (<3 mm) anterior ao equador do olho?

Crioterapia, fotocoagulação a *laser* e radioterapia em placa são as opções mais conservadoras. É difícil aplicar termoterapia ou quimiotermoterapia à retina periférica.

23. Quais são os riscos da radioterapia de feixe externo?

A radioterapia de feixe externo pode causar efeitos de longo e curto prazo. Os efeitos de curto prazo incluem olho seco, perda de cílios e eritema cutâneo. Os efeitos de longo prazo incluem olho seco persistente, catarata, retinopatia, papilopatia, atrofia de gordura orbitária, mau-desenvolvimento dos ossos da órbita e, com importância, neoplasias secundárias no campo da radiação.

24. Quais são as chances de uma criança com retinoblastoma bilateral ter, no futuro, um bebê com retinoblastoma?

O risco citado é de 40%.

Chance de Ter uma Criança com Retinoblastoma

	*Pais**	*Criança Afetada*	*Irmão Normal*
A. Sem história familiar			
Retinoblastoma bilateral	6%	40%	1%
Retinoblastoma unilateral	1%	8%	1%
B. História familiar positiva			
Retinoblastoma bilateral	40%	40%	7%
Retinoblastoma unilateral	40%	40%	7%

* Chance de ter outro bebê com retinoblastoma.

25. Qual é a classificação mais freqüentemente usada para o retinoblastoma?

A classificação de Reese Ellsworth foi feita em 1950 para prever a sobrevivência do olho com retinoblastoma, não-sobrevivência do paciente. Naquela época, a radioterapia de feixe externo era a única modalidade conservadora disponível para salvar o olho.

Sistema de Classificação de Reese Ellsworth

Grupo I: Muito favoráveis
- A. Tumores solitários menores que 4 discos de diâmetro (DD) de tamanho, no equador ou atrás dele
- B. Tumores múltiplos, nenhum maior que 4 DD de tamanho, todos no equador ou atrás dele

Grupo II: Favoráveis
- A. Tumores solitários 4-10 DD de tamanho, no equador ou atrás dele
- B. Tumores múltiplos, 4-10 DD de tamanho, atrás do equador

Grupo III: Duvidosos
- A. Qualquer tumor anterior ao equador
- B. Tumores solitários, maiores que 10 DD, atrás do equador

Grupo IV: Desfavoráveis
- A. Tumores múltiplos, alguns maiores que 10 DD de tamanho
- B. Qualquer lesão que se estenda anteriormente à *ora serrata*

Grupo V: Muito desfavoráveis
- A. Tumores massivos envolvendo mais de metade da retina
- B. Semeadura vítrea

26. Como o retinoblastoma se apresenta ao ultra-som?

No ultra-som, o retinoblastoma aparece como uma massa que se origina da retina com solidez acústica e refletividade interna alta. Os focos de calcificação podem ser vistos como ecos densos.

27. Como o retinoblastoma aparece na TC?

Na TC, o retinoblastoma aparece como uma massa sólida dentro do globo com focos de densidade óssea, representando cálcio. Geralmente o descolamento de retina pode ser detectado.

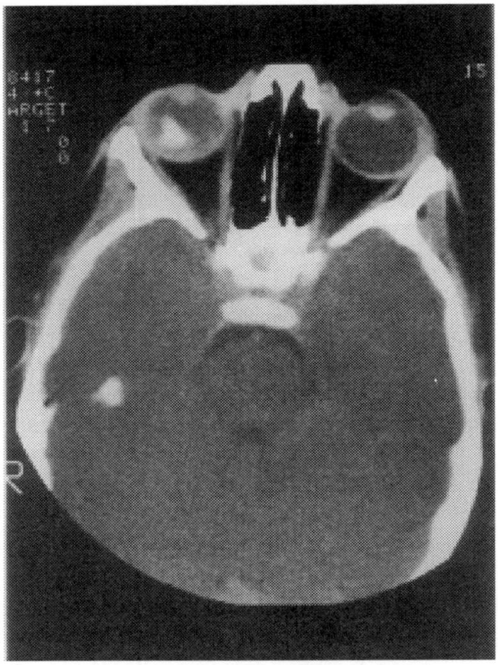

Tomografia computadorizada de olho com retinoblastoma mostrando a massa calcificada dentro do olho direito.

28. Como o retinoblastoma aparece na RNM?

Na RNM, o retinoblastoma mostra um sinal hiperintenso ao vítreo nas imagenes T1-pesadas e um sinal hipointenso em T2. O aumento de contraste pode ser visto. Os focos de cálcio permanecem hipointensos em T1 e T2, sem aumento. As áreas de necrose aparecem similares ao cálcio, exceto que podem demonstrar aumento.

BIBLIOGRAFIA

1. Murphree AL, Munier FL: Retinoblastoma. In Ryan SJ (ed): Retina. St. Louis, Mosby, 1994, pp 571-626.

2. Shields CL, Shields JA, De Potter P: Newer treatment modalities for retinoblastoma. Curr Opin Ophthalmol 7:20-26, 1996.
3. Shields JA (ed): Update on Malignant Ocular Tumors. International Ophthalmology Clinics, Boston, Little Brown, 1993.
4. Shields JA, Shields CL: Intraocular Tumors: A Text and Atlas. Philadelphia, W.B. Saunders, 1992, pp 305-392.
5. Shields JA, Shields CL: Surgical management of retinoblastoma. In Tasman WS, Jaeger EA (eds): Duane's Clinical Ophthalmology. Foundations of Clinical Ophthalmology, vol. 6. Philadelphia, J.B. Lippincott, 1996, pp 1-13.

54. LESÕES PIGMENTADAS DO FUNDO DO OLHO

Jerry A. Schields, M.D.

1. Quais são os principais diagnósticos diferenciais de uma lesão pigmentada relativamente plana no FO?

1. *Nevus* de coróide (NC) (ver figura)
2. Hipertrofia congênita do EPR (HCEPR)

2. Que achados oftalmoscópicos ajudam a diferenciar o NC da HCEPR?

O NC geralmente é uma lesão cinza-ardósia com bordos ligeiramente mal-definidos. Pode haver drusas na superfície da lesão. A HCEPR é negra e tem bordos bem delimitados e precisos, podendo ter lacunas despigmentadas através das quais a coróide pode ser vista.

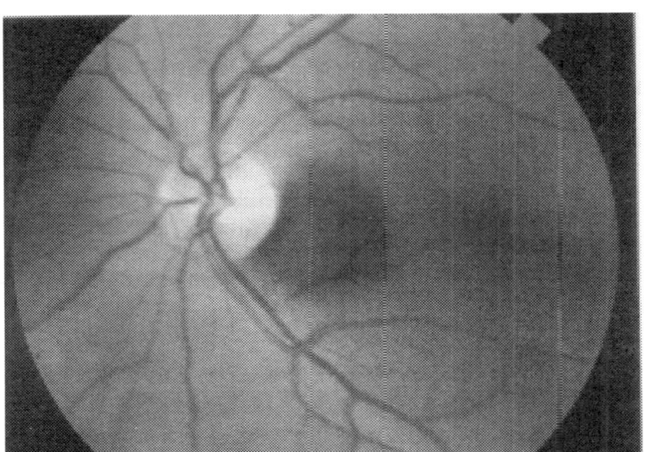

NC típico, adjacente ao disco óptico.

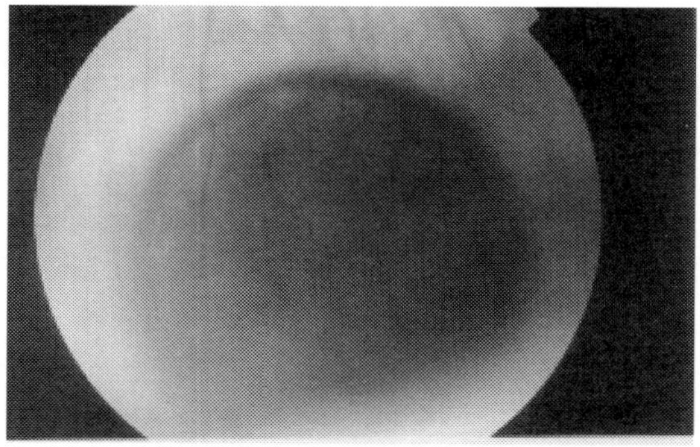

Hipertrofia congênita do EPR

3. **Qual é a diferença de evolução do NC e da HCEPR?**
Embora ambas sejam lesões benignas e geralmente estacionárias, a HCEPR não tem potencial de malignidade. Em contraste, o NC ocasionalmente evolui para melanoma.

4. **Quais são os diagnósticos diferenciais para uma lesão pigmentada elevada do FO?**
Melanoma de coróide
Hemorragia sub-retiniana
Tumor do EPR

5. **Que achados oftalmoscópicos ajudam a diferenciar um melanoma de coróide de uma hemorragia sub-retiniana?**
Geralmente o melanoma de coróide é uma lesão mais homogênea, preto-acastanhada, com superfície aveludada. A hemorragia sub-retiniana na área macular (DSM) ou na periferia (degeneração disciforme da periferia) tem inicialmente uma coloração vermelho-azulada; com o passar do tempo, ela se torna heterogênea, com áreas de sangue fresco vermelho e de sangue reabsorvido amarelado.

6. **Qual é o teste mais prático para diferenciar o melanoma de sangue sub-retiniano?**
A AFG. O melanoma geralmente é hiperfluorescente, e a hemorragia é hipofluorescente.

7. **Qual é o significado de uma lesão de FO com aspecto de cogumelo?**
Ela é praticamente patognomônica de melanoma de coróide, mesmo que não seja pigmentada. É muito incomum que qualquer outra lesão assuma essa forma.

8. **Qual é a melhor forma de diagnosticar um melanoma de coróide?**
A oftalmoscopia indireta realizada por pessoa experiente, muitas vezes é o necessário para o diagnóstico.

O uso de oftalmoscopia binocular indireta por um oftalmologista experiente e familiarizado com as características do melanoma de coróide e de outras doenças semelhantes. A maioria dos melanomas pode ser prontamente diagnosticada por oftalmoscopia indireta.

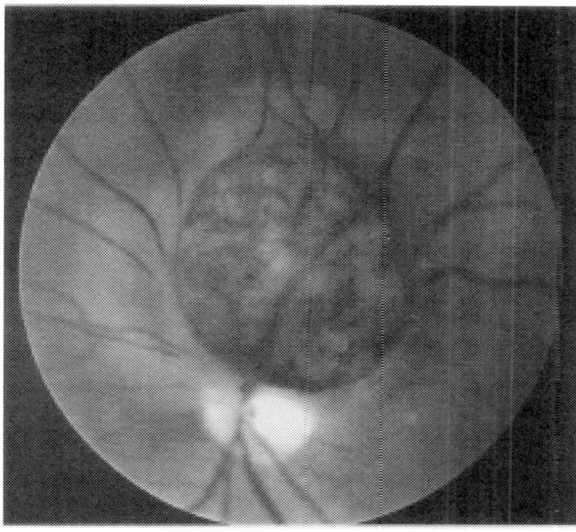

Melanoma em forma de cogumelo.

9. **Em casos atípicos, nos quais o diagnóstico não é evidente, quais são os quatro exames que ajudam a defini-lo?**
   - Transiluminação
   - AFG
   - US
   - Punção aspirativa por agulha fina

A maioria dos melanomas produz sombra na transiluminação, é hiperfluorescente e tem baixa refletividade interna. As lesões diferenciais apresentam outros padrões. A biópsia de agulha fina é o método mais acurado, mas necessita de pessoal muito especializado e é um procedimento invasivo.

10. **Que sinais clínicos sugerem que um *nevus* possa crescer ou evoluir para melanoma?**
    - Elevação da lesão
    - Proximidade do NO
    - Pigmentos laranja na superfície da lesão
    - DR secundário
    - Presença de sintomas visuais

11. **Que sinais indicam que uma lesão pequena e suspeita do FO possa metastatizar?**
    - Elevação da lesão maior do que 2 mm
    - Proximidade do NO
    - Documentação de crescimento
    - Presença de sintomas visuais

12. Que condições oculares congênitas estão associadas com o aumento da incidência de melanoma?

A melanocitose ocular congênita e a melanocitose oculodérmica (*nevus* de Ota), talvez pelo excesso de melanócitos no trato uveal.

13. O melanoma de úvea tem predileção por sexo, idade ou raça?

Não há predileção por sexo. Ocorre em pacientes entre 40-70 anos de idade, sendo muito incomum abaixo dos 20 anos. Há predileção por brancos; apenas 1-2% dos casos ocorre entre negros e asiáticos.

14. Que sinais externos sugerem a presença de melanoma no corpo ciliar ou na coróide periférica?

Vasos episclerais dilatados e tortuosos na região do corpo ciliar (vaso sentinela).

15. Qual é a via de disseminação à distância do melanoma?

Hematogênica, para o fígado; disseminação para a pele, para os pulmões e para os outros órgãos ocorre com menor freqüência. Como não há linfáticos no olho, não há disseminação por essa via.

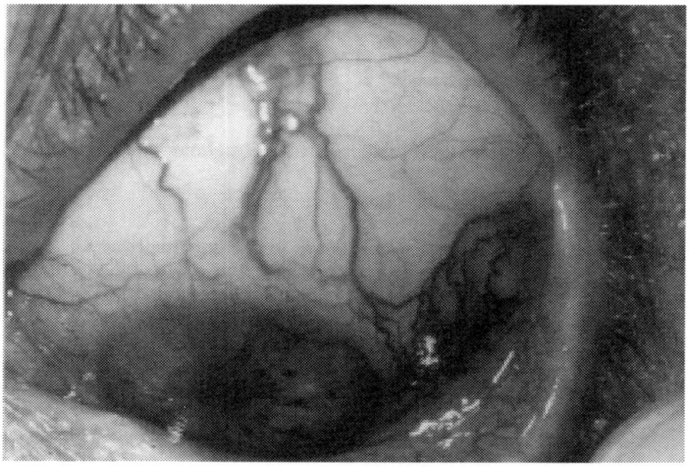

Vaso sentinela sobre um melanoma de corpo ciliar.

16. O que é um melanocitoma?

É uma variante benigna do *nevus* que se diferencia por achados clínicos e histopatológicos. Ele é detectado sobre e ao redor do NO como lesão muito pigmentada que pode apresentar bordos irregulares pelo envolvimento da camada de fibras nervosas. Ele também pode ocorrer como lesão de coróide muito pigmentada (e não no nervo). Histologicamente, são observadas células redondo-ovaladas com muitos melanossomos citoplasmáticos, núcleo pequeno e uniforme e poucos nucléolos proeminentes. Como os outros *nevus*, ele só raramente origina melanomas.

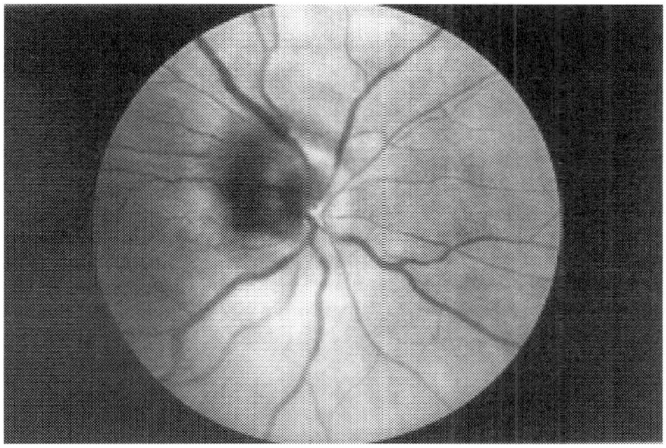

Melanocitoma do NO.

17. **Qual é a melhor forma de tratamento do melanoma que ocupa metade do olho e que gerou grande baixa visual?**
Enucleação.

18. **Qual é a alternativa à enucleação para um melanoma médio localizado posteriormente ao equador?**
Braquiterapia com placa.

19. **Qual é o tratamento mais comum para um melanoma que ocupa duas horas do corpo ciliar?**
Ressecção por iridociclectomia.

20. **Qual é a melhor conduta para uma lesão pigmentada assintomática medindo 3 x 3 mm, 1 mm de espessura e com drusas finas na superfície?**
Retinografia de controle e exame a cada seis e 12 meses. Essas lesões costumam ser *nevus* benignos, os quais permanecem estacionários.

BIBLIOGRAFIA

1. Shields CL, Shields JA, Kiratli H, et al: Risk factors for metastasis of small choroidal melanocytic lesions. Ophthalmology 102: 1351-1361, 1995.
2. Shields JA, Shields CL: Differential diagnosis of posterior uveal melanoma. In Shields JA, Shields CL: Intraocular Tumors: A Text and Atlas. Philadelphia, W.B. Saunders, 1992, pp 137-153.
3. Shields JA, Shields CL: Diagnostic approaches to posterior uveal melanoma. In Shields JA, Shields CL: Intraocular Tumors: A Text and Atlas. Philadelphia, W.B. Saunders, 1992, pp 155-159.
4. Shields JA, Shields CL: Posterior uveal melanoma. Clinical and pathologic features. In Shields JA, Shields CL: Intraocular Tumors: A Text and Atlas. Philadelphia, W.B. Saunders, 1992, pp 117-136.

5. Shields JA, Shields CL: Introduction to melanocytic tumors of the uvea. In Shields JA, Shields CL: Differential diagnosis of posterior uveal melanoma. In Shields JA, Shields CL: Intraocular Tumors: A Text and Atlas. Philadelphia, W.B. Saunders, 1992, pp 45-49.
6. Shields JA, Shields CL: Melanocytoma. In Shields JA, Shields CL: Intraocular Tumors: A Text and Atlas. Philadelphia, W.B. Saunders, 1992, pp 101-105.
7. Shields JA, Shields CL: Management of posterior uveal melanoma. In Shields JA, Shields CL: Intraocular Tumors: A Text and Atlas. Philadelphia, W.B. Saunders, 1992, pp 171-205.
8. Shields JA, Shields CL, DePotter P, et al: Plaque radiotherapy for uveal melanoma. Ophthalmol Clin 33:129-135, 1993.
9. Shields JA, Shields CL, Ehya H, et al: Fine needle aspiration biopsy of suspected intraocular tumors. The 1992 Urwick Lecture. Ophthalmology 100:1677-1684, 1993.
10. Shields JA, Shields CL, Shah P, Sivalingam V: Partial lamellar sclerouvectomy for ciliary body and choroidal tumors. Ophthalmology 98:971-983, 1991.
11. Territo C, Shields CL, Shields JA, Schroeder RP: Natural course of melanocytic tumors of the iris. Ophthalmology 95: 1251-1255, 1988..

X. Neoplasias

55. NEOPLASIAS OCULARES

Ralph C. Eagle, Jr., M.D.

1. **Qual é o tumor intra-ocular mais comum?**

A metástase uveal, geralmente de um carcinoma primário distante. Há uma estimativa de que 66.000 pacientes desenvolvem metástase uveal a cada ano. Entretanto, a maioria desses tumores ocorre em pacientes terminais, e poucos são avaliados por um oftalmologista ou patologista. Em contraste, somente 1.500 melanomas malignos da úvea e 250 retinoblastomas ocorrem nos Estados Unidos por ano.

O melanoma maligno da úvea é tido como o tumor intra-ocular primário mais freqüente, mas isso se aplica atualmente só nos Estados Unidos e na Europa, porque o melanoma uveal tem uma propensão para pessoas de pele clara e olhos azuis. Na África, na Ásia e na América do Sul, o retinoblastoma provavelmente é o tumor intra-ocular primário mais comum.

2. **Qual é a forma característica do melanoma maligno da coróide?**

Aproximadamente 60% dos melanomas de coróide têm uma configuração em cogumelo ou colarinho. O melanomas têm um formato discóide ou de "amêndoa" quando começam a crescer na coróide. O formato de cogumelo ou colarinho se desenvolve após a ruptura ou erosão do tumor através da membrana de Bruch, invadindo o espaço sub-retiniano, onde se forma um nódulo redondo ou ovóide.

3. **Uma configuração em cogumelo é patognomônica de melanoma de coróide?**

Um tumor de coróide que tenha uma configuração de cogumelo ou colarinho é quase sempre um melanoma maligno. Entretanto, poucas coisas em medicina são patognomônicas. Raras metástases coroidais em forma de cogumelo têm sido relatadas.

4. **Que características dos melanomas uveais são mais importantes para um prognóstico?**

O tipo de célula e o tamanho do tumor. Os tumores grandes e os tumores que contêm células epitelióides têm um prognóstico mais pobre. O tamanho do tumor geralmente é expresso em milímetros como o maior diâmetro do tumor. Outras características prognósticas incluem a idade do paciente (idosos têm pior), a atividade mitótica, a presença de extensão extra-escleral, certos parâmetros nucleolares determinados citomorfometricamente (chamados ISDNA e MLN) e a presença de padrões vasculares chamados *loops* e redes.

5. **Descreva os tipos celulares encontrados no melanoma uveal.**

Em 1931, George Callender identificou dois tipos de células fusiformes, chamadas fusiformes A e B, menos diferenciadas do que as células epitelióides nos melanomas uveais. Em 1978, Ian

McLean, no Instituto de Patologia das Forças Armadas, modificou a classificação de Callender para somar células fusiformes A e B juntas como melanoma fusiforme. Os tumores epitelióides compostos largamente por células epitelióides são relativamente raros e têm o pior prognóstico. A maioria dos melanomas a que têm acesso os laboratórios de patologia em oftalmologia são tumores compostos por uma mistura de células epitelióides e *spindle*. A classificação original de Callender também incluía variantes necróticas e fasciculares, as quais foram retiradas da classificação modificada.

6. **Como os tipos de células do melanoma são distinguidos histopatologicamente?**

As células do melanoma são rapidamente distinguidas pelas características do seu núcleo. As células fusiformes *A* têm núcleos longos, em forma de um charuto afilado, um nucléolo indistinto ou ausente e uma prega característica longitudinal causada por uma dobra na membrana nuclear. Os núcleos das células fusiformes *B* são ovais e roliços, têm menos cromatina, finamente dispersa, e um nucléolo evidente (ver figura adiante, à esquerda). O núcleo das células epitelióides é tipicamente redondo e vesicular; têm um nucléolo proeminente e arroxeado (ver figura, à direita). A cromatina é grosseira e geralmente presa na parte interna da membrana nuclear (marginação periférica da cromatina).

As células fusiformes do melanoma crescem como um sincício. Por isso, é em geral difícil distinguir as margens citoplasmáticas das células bipolares fusiformes. As células epitelióides são fracamente coesivas e suas margens citoplasmáticas são rapidamente discerníveis.

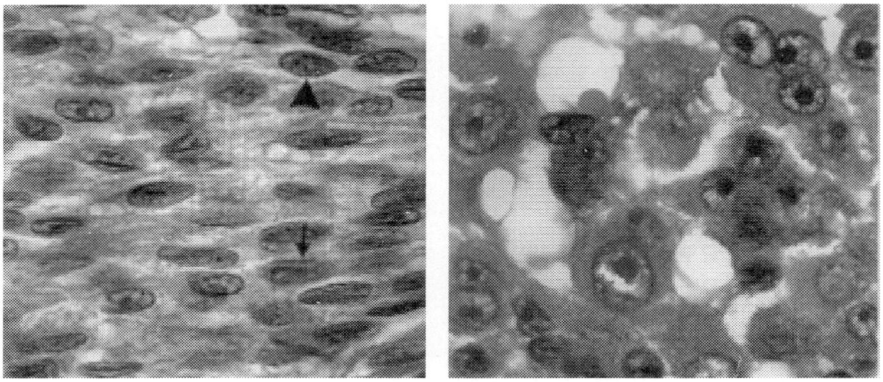

Esquerda, Melanoma de células fusiformes. Este campo contém uma mistura de células fusiformes *A* e poucas *B*. As células fusiformes *A* são reconhecidas por seu núcleo em forma de charuto e pela dobra longitudinal (*seta*). Os núcleos das células fusiformes *B* são mais ovais e com nucléolo distinto (*cabeça da seta*). As margens das células individuais são indistintas. (H&E, aumento original 250X.) *Direita,*Melanoma de células epitelióides. As células pouco coesivas são poligonais e têm um núcleo redondo e um nucléolo bem proeminente. (H&E, aumento original 250X.)

7. **Que tipo de célula tem o pior prognóstico?**

A presença ou a ausência de células epitelióides no melanoma uveal tem um efeito importante no prognóstico. Se não há células epitelióides, a expectativa de vida em 15 anos é de 72%. Se células epitelióides estão presentes (células do tipo mistas, epitelióides ou necróticas), a expectativa de vida cai para 37%. Um tumor composto inteiramente de células fusiformes é, agora, considerado um *nevus* benigno, o qual é incapaz de produzir metastases. Os tumores compostos inteiramente de células epitelióides têm o pior prognóstico. Aproximadamente 50% dos pacientes com melanoma uveal irão morrer de seus tumores.

8. Qual o sítio mais comum de melanoma uveal metastático?

O fígado. As metástases em fígado ocorrem em 92% dos pacientes que desenvolvem melanoma uveal metastático. O fígado é afetado inicialmente em 85%.

9. Qual o melhor tratamento para o melanoma maligno uveal?

Correntemente, há alguma controvérsia sobre a melhor terapia para o melanoma uveal. Hoje, a maioria dos melanomas pequenos e médios é tratada com aplicação focal de placas de radioterapia (braquioterapia em placas). A maioria das placas é feita de iodo (^{125}I) radioativo. A irradiação com feixes de partículas com carga (prótons ou íons de hélio) é disponível em vários centros. Os tumores grandes são ainda enucleados. Outras modalidades de tratamento que são usadas ocasionalmente incluem a ressecção local, a fotocoagulação, a crioterapia e a fototermoterapia.

Dados não-prospectivos sugerem similaridade na sobrevivência após a terapia com placas e com enucleação. Embora a terapia com placa preserve o olho, a visão útil geralmente é perdida.

10. O que é a hipótese de Zimmerman?

Em 1978, o patologista ocular Lorenz E. Zimmerman questionou se as células do melanoma não eram dispersadas sistemicamente durante a enucleação. A hipótese de Zimmerman era baseada na mortalidade por melanoma uveal aumentar em 8% dois anos após a enucleação. Essa informação é contrastada com uma estimativa de 1% por ano em pacientes com tumores não-tratados. A hipótese de Zimmerman nunca foi provada ou refutada. A publicação da hipótese estimulou o interesse em terapias alternativas, como as placas de braquiterapia.

11. O comportamento dos melanomas de íris é diferente?

O prognóstico do melanoma de íris geralmente é excelente (4-10% de mortalidade). A maioria dos tumores pigmentados da íris são *nevus* benignos de células fusiformes. Somente 6,5% vão crescer durante um período de cinco anos de observação. Embora os tumores contendo células epitelióides sejam ocasionalmente encontrados, a maioria dos melanomas de íris são tumores de baixo grau de células fusiformes.

As características clínicas sugestivas de que um tumor pigmentado de íris é um melanoma incluem crescimento documentado, PIO elevada, hifema, tumor de tamanho grande e vascularização do tumor. Embora eles possam ocorrer em qualquer lugar, os melanomas crescem mais freqüentemente na porção inferior exposta ao sol da íris.

12. Quais são as características clínicas das metástases uveais?

As metástases uveais são geralmente tumores amelanóticos amarelo-creme que têm uma configuração placóide ou numular. O acúmulo de pigmento pode ocorrer no ápice do tumor. As metástases são geralmente múltiplas, mas podem ser solitárias. Elas geralmente causam um descolamento não-regmatogênico da retina, com acúmulo de fluido sub-retiniano.

13. Qual é o sítio mais comum das metástases uveais?

A metástase uveal envolve a coróide em 81% das vezes. Elas são tipicamente encontradas na região da mácula, onde o suprimento de sangue coróideo é rico.

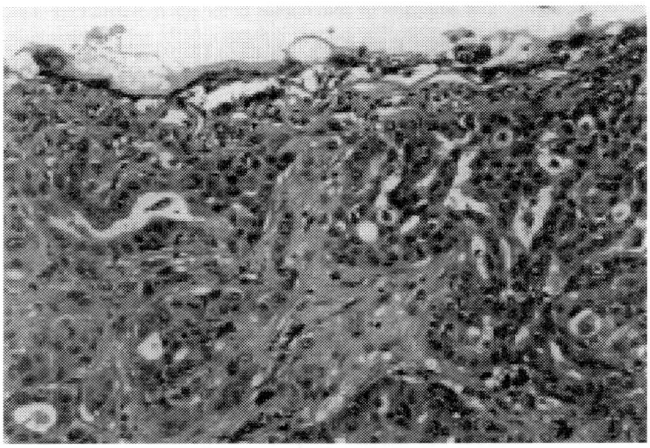

Adenocarcinoma metastático na coróide. O tumor forma estruturas como glândulas na coróide. A retina é descolada. O paciente teve um carcinoma primário oculto de pulmão quando se apresentou com perda de visão. (H&E, aumento original 250X.)

14. Quais são os tumores primários que mais freqüentemente metastatizam para o olho?

O carcinoma de pulmão em homens e de mama em mulheres. Os tumores de mama geram mais de metade de todas as metástases oculares. Aproximadamente 1/4 são causados por câncer de pulmão. A maioria das mulheres com metástase uveal de mama tem uma história de mastectomia. Em contraste, as metástases uveais geralmente sinalizam a presença de um tumor oculto pulmonar. A incidência de metástases oculares multifocais em pacientes com carcinoma metastático de mama e de pulmão é de 32% e 22%, respectivamente.

15. Que tipos de hemangiomas ocorrem na coróide?

Os hemangiomas cavernosos (ver figura na página seguinte.). As lsões esporádicas tendem a ser discretas elevações tumorais localizadas de cor vermelho-alaranjados. Os hemangiomas de coróide que ocorrem em pacientes com síndrome de Sturge-Weber são tipicamente difusos, com margens indistintas. Eles obscurecem a arquitetura da coróide abaixo e dão uma aparência de *ketchup* para o fundo de olho.

16. Como os melanomas uveais, as metástases e os hemangiomas são diferenciados clinicamente pelo uso do ultra-som *scan*-B?

Os melanomas uveais tipicamente mostram uma sombra acústica e uma escavação de coróide na ultra-sonografia *scan*-B. Em contraste, as metástases mostram uma solidez acústica moderada a alta e sem escavação de coróide ou sombra em órbita apreciável. Os hemangiomas também mostram refletividade interna relativamente alta sem sombra orbitária. A refletividade interna alta ou a solidez acústica refletem a presença de muitas interfaces acústicas no tumor. As cordas e as ilhas de células carcinomatosas nas metástases e nos canais vasculares indivi-duais nos hemangiomas agem como uma interface acústica.

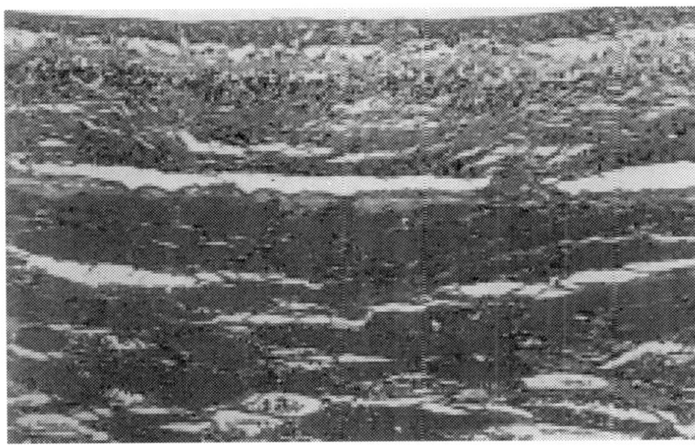

Hemangioma cavernoso da coróide. A coróide está espessada por canais vasculares grandes e ovais circundados por células endoteliais. (H&E, aumento original 25X.)

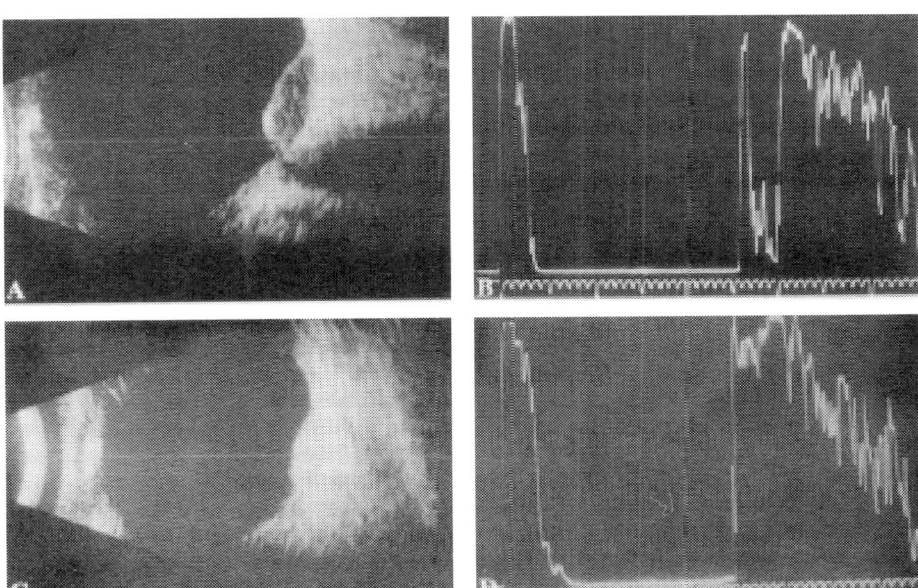

Melanoma maligno de coróide. *A*, O ultra-som *scan*-B mostra a sombra acústica do tumor e a escavação de coróide. *B*, O ultra-som *scan*-A mostra baixa refletividade interna característica. *C*, O ultra-som *scan*-B mostra solidez acústica alta do tumor sem escavação de coróide. *D*, O ultra-som *scan*-A mostra a característica refletividade interna alta. (De American Academy of Ophthalmology: Basic and Science Course, Section 4. San Francisco, American Academy of Ophthalmology, 1992, com permissão.)

17. Como o melanoma maligno se apresenta usualmente nos Estados Unidos?

Nos Estados Unidos e na Europa, o retinoblastoma se apresenta geralmente com leucocoria (reflexo pupilar branco). Os tumores menores que envolvem a mácula podem se apresentar inicialmente com estrabismo. Todas as crianças com estrabismo devem ter um exame de fundo de olho detalhado para excluir o retinoblastoma e as outras patologias maculares significantes.

Nos países pouco desenvolvidos, as crianças se apresentam em estágios avançados da doença, os quais são marcados por tumores orbitários grandes secundários à extensão extra-ocular.

18. Qual a idade dos pacientes quando o retinoblastoma é diagnosticado?

Uma idade média de 18 meses. Os pacientes que têm a forma familiar da doença (isto é, aquela com mutações) são diagnosticados mais cedo (idade média de 12 meses), provavelmente porque somente uma inativação de gene é necessária. Casos esporádicos somáticos são diagnosticados em uma idade média de 24 meses.

19. Com que o retinoblastoma grosseiramente se parece?

O retinoblastoma cresce da retina e a destrói. Grosseiramente, ele tem uma aparência encefalóide, a qual não é surpreendente, porque a retina é uma colônia periférica das células cerebrais. Os focos de calcificação distrófica ocorrem em muitos retinoblastomas. Esses focos de calcificação são grosseiramente evidentes como cristalizações.

20. Descreva o padrão de crescimento dos retinoblastomas.

Os retinoblastomas exofíticos nascem da retina externa e crescem no espaço sub-retiniano, causando descolamento de retina. Os retinoblastomas endofíticos nascem das camadas internas da retina, as quais permanecem coladas. Os tumores endofíticos invadem o vítreo e podem semear a câmara anterior, formando um pseudo-hipópio de células tumorais. A maioria dos retinoblastomas grandes exibe um padrão de crescimento combinado endofítico/exofítico. O raro padrão de crescimento infiltrativo difuso "infiltra" e aumenta a espessura da retina sem formar uma tumoração distinta.

21. Por que os retinoblastomas aparecem em azul, rosa e roxo sob microscopia eletrônica de pouco aumento?

As áreas azuis, rosas e roxas evidenciadas em microscopia eletrônica de pouco aumento representam as áreas de tumor viável, necrótico e calcificado, respectivamente. As áreas de tumor viável aparecem em azul porque são compostas de células neuroblásticas pouco diferenciadas, as quais têm um núcleo intensamente basofílico e um citoplasma escasso. As células do retinoblastoma tendem a superar rapidamente o seu suprimento de sangue e a produzir necrose espontânea. A perda de DNA nuclear basofílico é responsável pela aparência eosinofílica das porções necróticas do tumor. A calcificação distrófica ocorre nas partes necróticas do tumor. O cálcio tem uma cor roxa em cortes corados com hematoxilina e eosina.

22. Qual é o significado das rosetas no retinoblastoma?

As rosetas são marcos histológicos de diferenciação tumoral no retinoblastoma.

As rosetas de Homer Wright refletem o baixo grau de diferenciação neuroblástica. O núcleo das mesmas circunda um emaranhado central de filamentos neurais. Não há lume presente. Elas são inespecíficas e ocorrem em outros tumores, como o neuroblastoma.

As rosetas de Flexner-Wintersteiner representam a diferenciação precoce da retina e têm um lume central que corresponde ao espaço sub-retiniano. As células que cercam o lume são unidas por uma cinta de conexões intercelulares apicais análogas à membrana limitante externa da retina. Os cílios, os precursores dos fotorreceptores, projetam-se no lume das rosetas As rosetas de Flexner-Wintersteiner são altamente características de retinoblastoma, mas não são patognomônicas. Também são achadas em alguns meduloepiteliomas.

Os floretes são agregações de fotorreceptores neoplásicos. A diferenciação dos fotorreceptores é o maior grau de diferenciação encontrado no retinoblastoma. Eles são compostos de grupos de processos celulares bolhosos eosinofílicos, que correspondem aos segmentos internos dos fotorreceptores. Eles estão geralmente alinhados ao longo de um segmento da membrana limitante externa neoplásica em um arranjo tipo buquê.

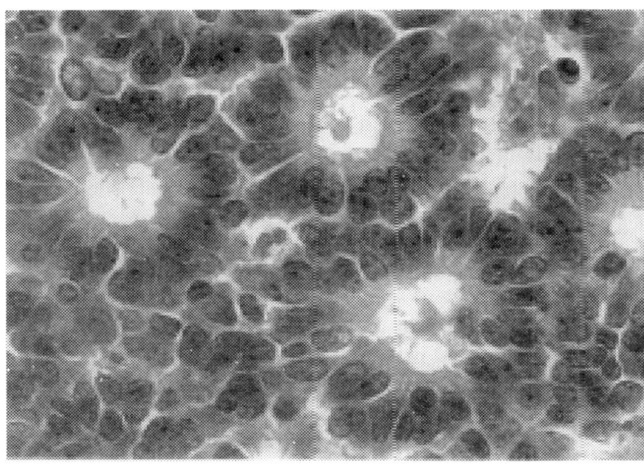

Rosetas de Flexner-Wintersteiner, retinoblastoma. As células do tumor cercam o lume. (H&E, aumento original 250X.)

23. Quais são as características prognósticas mais importantes do retinoblastoma?

As mais importantes características prognósticas do retinoblastoma que podem ser acessadas pela histopatologia incluem a presença ou a ausência de invasão do nervo óptico e a invasão uveal e/ ou extensão extra-escleral. Ao contrário do melanoma uveal, o tamanho do tumor não parece ser importante.

A mortalidade aumenta conforme a profundidade da invasão tumoral no nervo óptico aumentar. Em uma série, a mortalidade foi de 8% sem invasão do nervo óptico, e de 15% o tumor invadindo a lâmina crivosa. A mortalidade aumentou para 44% quando a invasão retrolaminar esteve presente, e para 65% quando o retinoblastoma se estendeu para a margem cirúrgica ou para o ponto de saída dos vasos centrais da retina.

24. Como o retinoblastoma mata?

Muitas crianças que morrem de retinoblastoma têm algum grau de envolvimento intracraniano. Isso é causado pela extensão direta das células tumorais ao longo do nervo óptico, do espaço subaracnóide ou do forame orbitário. As metástases hematogênicas distantes para os ossos e para as vísceras podem se desenvolver após o tumor invadir a úvea ricamente vascularizada. A extensão extra-escleral anterior provê o acesso aos linfáticos conjuntivais e pode ser associada com as metástases regionais em linfonodos.

25. O gene do retinoblastoma é localizado em que cromossomo?

No cromossomo 13. É encontrado na parte longa, o braço "q", designada como banda 1-4 (13q1-4).

26. Como o gene do retinoblastoma é classificado?

O gene do retinoblastoma (Rb) é um exemplo paradigmático de oncogene recessivo. O gene Rb é denominado oncogene recessivo, pois as suas cópias devem ser perdidas ou inativadas antes de o tumor se desenvolver. Os indivíduos normais têm duas cópias funcionais do gene do retinoblastoma, embora somente uma seja necessária para o funcionamento normal. O produto do gene da proteína, chamado de proteína Rb, é encontrado no núcleo, onde interage com outros fatores de transcrição para controlar o ciclo celular. A falta da proteína Rb permite a continuação da divisão celular e a perda da diferenciação terminal.

27. Se o gene do retinoblastoma é recessivo, por que casos familiares de retinoblastoma parecem ser herdados num padrão autossômico dominante?

Os portadores de retinoblastoma hereditário são hemizigotos para o gene do retinoblastoma (Rbrb). O genótipo dos portadores inclui um gene funcional tipo agressivo. A segunda cópia do gene Rb foi perdida, inativada ou produziu um produto do gene defectivo. Um retinoblastoma pode nascer quando uma célula retiniana perde sua cópia funcional restante do gene Rb. Um cruzamento entre um indivíduo normal (RbRb) e um portador hemizigoto (Rbrb) gera 50% de indivíduos normais e 50% de portadores hemizigotos – uma proporção 50/50 que simula perfeitamente uma transmissão autossômica dominante.

28. O que o retinoblastoma bilateral significa clinicamente?

O paciente afetado carrega uma mutação no gene do retinoblastoma e é capaz de transmitir o tumor para os seus descendentes.

29. Pode uma criança com tumor unilateral ter uma doença hereditária?

Sim. Infelizmente, a presença de um tumor unilateral não exclui uma mutação gênica e uma doença transmissível. Aproximadamente 60% dos pacientes com retinoblastoma familial desenvolvem tumores bilaterais.

30. A maioria dos retinoblastomas é familial ou temporária?

A maioria ocorre esporadicamente em crianças que não têm história familiar de doença. Aproximadamente 3/4 desses casos esporádicos são causados por mutações somáticas nas células da retina e não podem ser passados para descendentes. Esses tumores esporádicos somáticos são invariavelmente unilaterais e unifocais. Aproximadamente 1/4 deles representam novas mutações germinais (isto é, novos casos familiares). Os últimos podem ser bilaterais e podem ser passados para descendentes, nos quais a transmissão parece ser autossômica dominante. Apenas 5 a 10% dos retinoblastomas ocorrem em pacientes com história familiar de tumor.

31. Por que os retinoblastomas somáticos esporádicos são sempre unilaterais e unifocais?

Um retinoblastoma esporádico somático é causado por inativação de ambos os genes Rb numa única célula da retina. A média de mutação espontânea do gene do retinoblastoma é muito baixa. Por isso, a chance de ocorrência em mais de uma célula da retina é muito pequena. Em contraste, é muito provável que uma ou mais inativações de genes ocorram em ambas as retinas de um portador hemizigoto, porque a média de mutação é substancialmente menor do que o número de mitoses envolvidas no desenvolvimento da retina. Os genes geralmente são perdidos durante a divisão celular.

32. Os pacientes com retinoblastomas hereditários têm risco de desenvolver outros tumores não-oculares?

Sim. Entre 20 e 50% dos pacientes que têm uma mutação gênica no gene do retinoblastoma desenvolvem um segundo tumor maligno dentro de 20 anos. Um dos tumores mais interessantes e característicos secundários é um tumor tipo retinoblastoma da glândula pineal, chamado pineoblastoma. A associação de pineoblastoma e retinoblastoma hereditário tem sido denominada *retinoblastoma trilateral*. Há um aumento de 500 vezes na incidência de sarcoma osteogênico nos portadores de gene do retinoblastoma. Os pacientes também estão sob risco de desenvolver sarcomas orbitários induzidos por radiação (isto é, sarcomas osteogênicos) após a radioterapia para retinoblastoma.

33. Quais são as três doenças mais freqüentemente confundidas clinicamente com retinoblastoma?

A persistência de vítreo primário hiperplásico, a doença de Coats e a toxocaríase ocular.

34. Como a doença de Coats difere do retinoblastoma?

A doença de Coats é causada por anomalias vasculares congênitas na retina que vazam, causando um descolamento exsudativo da mesma. O fluido sub-retiniano é rico em macrófagos carregados de gordura e de cristais de colesterol, os quais aparecem como fendas vazias em cortes microscópicos. Na histopatologia, a retina contém vasos telangiectásicos anormais e suas camadas externas são espessadas por exsudatos duros. Um descolamento bolhoso da retina pode alcançar o cristalino, deslocando-o anteriormente e causando glaucoma por bloqueio pupilar. A doença de Coats geralmente ocorre unilateralmente em meninos de quatro a 10 anos. É geralmente confundida com retinoblastoma exofítico.

35. Quais são as características clínicas da persistência de vítreo primário hiperplásico?

A persistência de vítreo primário hiperplásico (PVPH) é uma doença congênita que está presente ao nascimento. A PVPH é quase sempre unilateral e classicamente é encontrada em olhos microftálmicos. A leucocoria é causada por uma placa fibrovascular de vítreo primário que se adere à superfície posterior do cristalino. Inseridos na margem da placa e puxados centralmente, os processos ciliares se tornam visíveis quando a pupila é dilatada. Embora os retroblastomas congênitos tenham sido relatados, na média, o tumor é diagnosticado aos 18 meses.

36. Qual é o segundo tumor primário intra-ocular mais freqüente na infância?

O meduloepitelioma. Os meduloepiteliomas provavelmente derivam do epitélio medular embrionário, o qual alinha o cérebro e a vesícula óptica. A maioria desses tumores raros se torna sintomática por volta dos 4 anos de idade e é diagnosticada aos cinco anos.

37. Onde a maioria dos meduloepiteliomas se localiza?

No corpo ciliar. Entretanto, raros meduloepiteliomas do nervo óptico têm sido relatados.

38. O que é um meduloepitelioma teratóide?

Além das cordas, das bandas e das rosetas de neuroepitélio neoplásico, o meduloepitelioma teratóide também contém focos de tecido heteroplástico, incluindo cartilagem hialina, rabdomioblastos, músculo estriado e/ou cérebro. Mais de 1/3 dos meduloepiteliomas são teratóides. Os meduloepiteliomas não-teratóides perdem elementos heteroplásticos. Ambas as variedades, benigna e maligna, dos tumores teratóides e não-teratóides podem ocorrer.

BIBLIOGRAFIA

1. Gamel JW, McLean IW: Modern developments in histopathologic assessment of uveal melanomas. Ophthalmology 91:679-684, 1984.
2. Jakobiec FA, Silbert G: Are most iris "melanomas"really nevi? Arch Ophthalmol 99: 2117-2132, 1981.
3. McLean IW, Burnier MN, Zimmerman LE, Jakobiec FA: Tumors of the eye and ocular adnexa. In Atlas of Tumor Pathology, Third Series, Fascicle 12. Washington, DC, Armed Forces institute of Pathology, Washington, DC, 1994.
4. McLean IW, Foster WD, Zimmerman LE: Modifications of Callender's classification of uveal melanoma at the Armed Forces Institute of Pathology. Am J Ophthalmol 96:502-509, 1983.
5. McLean IW, Foster WD, Zimmerman LE: Prognostic factors in small malignant melanomas of the choroid and ciliary body. Arch Ophthalmol 95:48-58, 1977.
6. Mc Lean IW: Retinoblastomas, retinocytomas and pseudoretinoblastomas. In Spencer WH (ed): Ophthalmic Pathology: An Atlas and Textbook, vol 2, 4th ed. Philadelphia, W.B. Saunders, 1996, pp 1332-1380.
7. McLean IW: Uveal nevi and malignant melanomas. In Spencer WH (ed): Ophthalmic Pathology: An Atlas and Textbook, vol. 23, 4th ed. Philadelphia, W.B. Saunders, 1996, pp 2121-2168.
8. Murphree AL: Molecular genetics of retinoblastoma. In Grossniklaus HE, Margo CE (eds): Advances in Ophthalmic Pathology. Ophthalmol Clin North Am 8:155-166, 1995.
9. Roarty JD, McLean IW, Zimmerman LE: Incidence of second neoplasms in patients with bilateral retinoblastoma. Ophthalmology 95:1583-1587, 1988.
10. Shields JA, Shields CL: Current management of posterior uveal melanoma. Mayo Clin Proc 68:1196-1200, 1993.
11. Shields JA, Shields CL: Intraocular Tumors: A Text and Atlas. Philadelphia, W.B. Saunders, 1992.
12. Shields JA, Shields CL, Parsons HM: Differential diagnosis of retinoblastoma. Retina 11:232-243,1991.
13. Tso MON, Fine BS, Zimmerman LE: The Flexner-Wintersteiner rosettes in retinoblastoma. Arch Pathol 88:665-671, 1969.
14. Zimmerman LE, McLean IW: The Montgomery Lecture, 1975. Changing concepts of the prognosis and management of small malignant melanomas of the choroids. Trans Ophthalmol Soc UK 95:487-494, 1975.

56. TUMORES ORBITÁRIOS

Jurij R. Bilyk, M.D.

1. **Todos os hemangiomas capilares da órbita devem ser retirados?**
Não. Os hemangiomas capilares da órbita (hemangioma da infância) devem ser tratados somente se houver evidência de ambliopia causada por erro refrativo (miopia ou astigmatismo induzido) ou ptose visualmente significante. O tratamento geralmente se inicia com injeções de corticóides ou com terapia sistêmica; nenhuma terapia é completamente sem risco. Estudos recentes mostram que o hemangioma capilar é bastante responsivo à terapia com interferon alfa-2. A retirada é geralmente reservada para casos não-responsivos a terapias mais conservadoras.

2. **Qual é o diagnóstico diferencial do hemangioma capilar?**
A causa mais comum de proptose em criança é a celulite orbitária. Isso geralmente não é confundido com o hemangioma capilar, o qual se apresenta em um padrão mais indolente. TC ou RNM mostrará uma lesão bem circunscrita em casos de hemangioma capilar. A biópsia é reservada para os casos com dilema no diagnóstico. Os cistos dermóides de órbita geralmente se apresentam na órbita anterior, na rima orbitária súpero-temporal ou súpero-medial. Diferentemente do hemangioma capilar, os cistos dermóides exibem a mesma radiodensidade de gordura na TC e de muco na RNM. O *rabdomiossarcoma* pode ser considerado, especialmente se a proptose é rapidamente progressiva. Contudo, em muitos casos, os hemangiomas cutâneos são encontrados no exame, e a revisão cuidadosa das fotografias prévias revela que a proptose tem, de fato, mais tempo do que o suposto pelos pais da criança. Além disso, pelo fato de o hemangioma capilar ser uma doença congênita, ele invariavelmente se apresenta aos dois anos de idade, usualmente aos seis meses. Embora o rabdomiossarcoma possa se apresentar em qualquer idade, a média está em torno dos sete anos. Os estudos têm mostrado que o hemangioma capilar é altamente proliferativo, o que explica seu rápido crescimento numa idade precoce. De outra forma, o *linfangioma,* outra lesão vascular considerada congênita, é estático, tipicamente se manifestando na adolescência como proptose por hemorragia espontânea. É geralmente presente como uma massa pouco definida na TC e na RNM, com cistos de "chocolate" se houver sangramento. Outras considerações incluem qualquer lesão orbitária que se apresente como massa bem encapsulada.

3. **Quando e como o hemangioma cavernoso se apresenta?**
O hemangioma cavernoso é o tumor vascular de órbita mais comum em adultos, tipicamente se apresentando na quarta e na quinta décadas. É bem circunscrito nas imagens, tal como o histiocitoma fibroso, o hemangiopericitoma e o schwanoma, entre outros. A maioria dos tumores de órbita, incluindo o hemangioma cavernoso, é hipointensa (escuros) nas imagens de RM T1-pesadas, com poucas exceções notadas. O hemangioma cavernoso *não* é o equivalente adulto do hemangioma capilar. As lesões não são somente distintas na histopatologia, mas o hemangioma cavernoso é uma entidade lentamente proliferativa. Pelo seu crescimento lento, é uma lesão bem

tolerada, causando poucos sintomas. A perda visual, se houver alguma, é lenta e limitada a lesões no ápice da órbita. A retirada é curativa.

4. **Sobre o histiocitoma fibroso ou o hemangiopericitoma, quais das situações são falsas:**

(1) Devido ao fato de ambos serem tumores de células fusiformes, o diagnóstico histopatológico pode ser difícil.

(2) O histiocitoma fibroso é o tumor mesenquimal mais comum no adulto.

(3) A aparência histopatológica tem correlação com o comportamento clínico do hemangiopericitoma.

(4) O hemangiopericitoma é um tumor de pericitos.

A situação (3) é falsa. Uma das características mais frustrantes do hemangiopericitoma é que a sua aparência histológica tem pouca correlação com o seu comportamento clínico. Em outras palavras, uma lesão histologicamente benigna pode se comportar agressivamente e pode recorrer após a excisão, enquanto um tumor com características agressivas à microscopia pode nunca recorrer. Como o histiocitoma fibroso e o hemangiopericitoma são agrupados como tumores de células fusiformes da órbita, a confusão diagnóstica pode ocorrer. O histiocitoma fibroso é, certamente, a lesão orbitária mesenquimal mais comum em adultos. Além disso, o rabdomiossarcoma é a lesão mesenquimal orbitária mais comum.

5. **A fonte mais comum de *schwanoma* da órbita é a meninge do nervo óptico. Verdadeiro ou falso?**

Falso. O *schwanoma* é um tumor das células de Schwan, as quais formam o forro dos nervos periféricos. Dentro da órbita, a maioria dos *schwanomas* nasce de bainhas de nervos sensitivos, o que pode explicar a sua predileção para a órbita superior. O nervo óptico é essencialmente uma extensão do sistema nervoso central, circundado por meninges e banhado por fluido cérebroespinhal. As meninges consistem de oligodendritos, não de células de Schwan; o tumor equivalente para o nervo óptico é, então, um meningioma de nervo óptico.

6. **Quais são os achados histológicos clássicos dos *schwanomas*?**

Os padrões Antoni *A* e *B* são os achados histológicos característicos do *schwanoma*. O padrão *A* é caracterizado por células fusiformes abundantes, firmemente aderidas, enquanto o padrão *B* exibe menos células dentro de uma matriz mixóide.

7. **Quais das seguintes situações sobre RNM orbitária são verdadeiras?**

(1) Gadolinium e supressão de gordura são altamente efetivos para imagens T2-pesadas.

(2) A maioria dos tumores orbitários é iso ou hiperintensa para circundar gordura orbitária em imagens T1 pesadas.

(3) A TC é mais efetiva que a RNM para determinar a presença de hemorragia dentro da órbita.

(4) A RNM é mais efetiva do que a TC para a imagem de ossos da órbita e é a modalidade de escolha para o trauma de órbita.

Nenhuma – todas essas situações são falsas. Várias regras básicas devem ser lembradas na interpretação de RMN de órbita. Primeiro, em imagens T1, o vítreo é escuro e a gordura é brilhante, enquanto em T2 o contrário é verdadeiro. Como a gordura é sempre escura em T2, não há razão para suprimi-la; a situação (1), portanto, é falsa. O gadolinium causa, em qualquer tecido, um comportamento como gordura, isto é, torna-se brilhante em T1. Então, se a gordura não for suprimida em T1, o gadolinium pode fazer o tumor de órbita desaparecer na gordura ao redor. É por isso que as injeções de gadolinium devem ser sempre acompanhadas de supressão da gordura em imagens T1 da órbita. Segundo, a maioria dos tumores de órbita é hipointensa à gordura em T1. Algumas exceções notadas devem ser memorizadas, porque ajudam no diagnóstico diferencial. A primeira questão para o radiologista é saber se gadolinium foi infundido. Se a resposta é sim, as exceções seguintes não se aplicam, porque a maioria das lesões orbitárias, de fato, aumenta com o gadolinium. Se a resposta é não, e se o tumor orbitário é brilhante em T1, suspeite de:

1. Lesão mucinosa, embora sua aparência dependa da viscosidade, bem como do conteúdo protéico e aquoso. Os cistos dermóides de órbita e as mucoceles que se estendem dos seios paranasais podem, contudo, parecer brilhantes em T1 sem aumento por gadolinium.

2. As lesões contendo gordura (lipomas, lipossarcomas) se comportam como gordura, isto é, brilham em T1.

3. Tumores contendo melanina (melanoma).

4. Hemorragia subaguda (dois a cinco dias). Isso é extremamente útil em consideração ao linfangioma, as varizes de órbita, a hemorragia de órbita e o cisto hemático. Note, contudo, que a hemorragia aguda (menos de dois ou três dias) é escura em T1.

Baseado no exposto, a situação (3) é incorreta: a RNM é muito mais efetiva que o CT para distinguir o sangue na órbita. A situação (4) não somente é incorreta, mas também potencialmente danosa ao paciente. Uma desvantagem da RNM de órbita é que o osso não tem uma imagem tão visível quanto na TC. Além disso, como a RNM utiliza um campo magnético poderoso, os corpos estranhos metálicos podem variar durante a imagem. Por exemplo, em um relato, um corpo estranho intra-ocular metálico girou durante o exame de RNM, resultando em hemorragia vítrea e em descolamento de retina. RNM *nunca* deve ser usada como primeiro exame em trauma de órbita até que um corpo estranho metálico seja descartado por planigrafia ou TC.

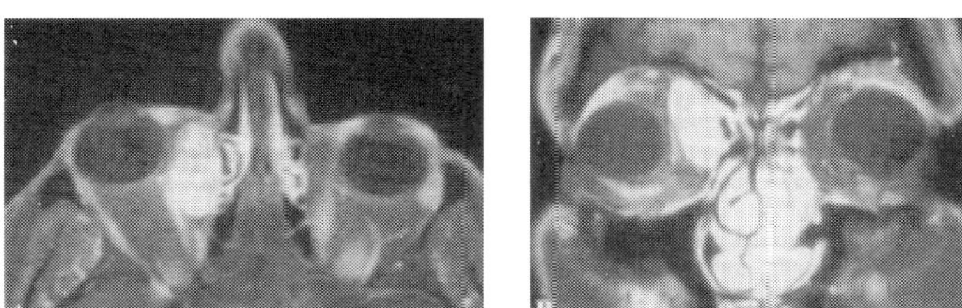

Imagens de RNM T_1 – pesada da órbita com supressão da gordura.

8. **Qual é o diagnóstico menos provável da lesão demonstrada na imagem de RNM da figura?**
   (1) Hemangiopericitoma
   (2) Histiocitoma fibroso
   (3) *Schwanoma*
   (4) Linfangioma
   (5) Hemangioma cavernoso

A lesão é bem circunscrita na RNM, o que é a apresentação usual de todas as lesões, exceto o linfangioma, o qual tipicamente se apresenta em um padrão mais infiltrativo com margens indistintas. Na exploração cirúrgica, nenhum plano de dissecção é encontrado, porque o linfangioma cresce em um padrão descrito por Jakobiec como "caranguejo".

9. **Discuta a classificação histológica do rabdomiossarcoma.**
O rabdomiossarcoma de órbita (RMS) é histologicamente dividido em três grupos: embrionário, alveolar e pleomórfico. O grupo embrionário é depois subdividido em clássico, botrióide, células fusiformes e anaplásico. A forma embrionária é a mais comum em crianças, enquanto a pleomórfica tem predileção para adultos mais velhos. O subtipo botrióide é definido como um RMS embrionário em superfície mucosa (por exemplo, conjuntiva). A forma alveolar parece afetar a órbita inferior mais freqüentemente e tem o pior prognóstico. Felizmente, os achados recentes do *Estudo Intergrupo de Rabdomiossarcoma* indicam que, com uma terapia agressiva, o prognóstico do RMS alveolar se aproxima do embrionário.

10. **De que tecido o RMS orbitário cresce?**
O RMS cresce do tecido mesenquimal pleuripotencial dentro da órbita e não dos músculos extra-oculares. Embora as características de diferenciação do músculo esquelético sejam típicas de RMS, elas não correspondem a uma transformação maligna dos músculos extra-oculares preexistentes.

11. **O RMS é a causa mais comum de proptose em crianças?**
Não. A causa mais comum de proptose em crianças é a celulite orbitária, e como qualquer atraso no tratamento pode ser catastrófico, a celulite deve ser excluída em todas as crianças que apresentem proptose rapidamente progressiva pela obtenção de exames de imagens da órbita.

12. **A confirmação de RMS por biópsia de congelação é uma indicação para a exenteração de órbita?**
Não. Mesmo com a suspeita etiológica, nenhum paciente deve ser submetido à exenteração de órbita com base na interpretação da biópsia de congelação: cortes permanentes com coloração especial devem ser feitos antes. Com os avanços expressivos na radioterapia e na quimioterapia nos últimos 20 anos, a exenteração raramente é necessária para controlar efetivamente um RMS de órbita.

13. **Como o RMS de órbita é melhor tratado? Qual é o prognóstico?**
Muito do que se sabe a respeito do tratamento de RMS de órbita provém dos três *Estudos Intergrupos de Rabdomiossarcoma* (EIR). O tratamento do RMS consiste de combinação de rádio e quimioterapia. Com base em achados recentes de EIR-III, ciclofosfamida e doxorrubicina podem ser usadas como quimioterapia de escolha em muitos casos de RMS, deixando vincristina e dactinomicina. A radioterapia em doses de 4.000-6.000 cGy gera morbidade significante ao olho, mas o EIR-III concluiu que ainda é necessária para o tratamento adequado. Os relatos de sucesso com quimioterapia somente para lesões de órbita são intrigantes, mas ainda pouco conclusivos. As pequenas doses de radiação ainda estão sob estudo. Os RMS de órbita e TGU têm o melhor prognóstico por razões ainda não esclarecidas. Contudo, a extensão local para os seios paranasais e para a caixa craniana diminui a média de sobrevivência.

14. O que é a "regra dos 50"?

A "regra dos 50" sumariza a incidência de tumores de glândulas lacrimais em estabelecimento de referência em órbita. Cinqüenta por cento das lesões de glândulas lacrimais são não-epitelióides, consistindo de lesões inflamatórias e linfoproliferativas, e 50% são de origem epitelial. Além disso, 50% dos tumores epiteliais são adenomas pleomórficos benignos, 50% dos tumores malignos são carcinomas adenóides císticos, e 50% dos carcinomas adenóides císticos são da variedade basalóide. A regra final é clinicamente importante, porque uma histopatologia basalóide para carcinoma adenóide cístico carrega o pior prognóstico.

Na prática da oftalmologia geral, a "regra dos 50" não se aplica. A incidência de dacrioadenite inflamatória infecciosa e não-infecciosa é, muitas vezes, maior do que em um estabelecimento de referência de órbita.

15. Que fatores ajudam a diferenciar os tumores epiteliais de glândulas lacrimais benignos e malignos?

1. Lesões presentes há mais de um ano (possivelmente mais de seis meses) são propensas a serem benignas. Lesões presentes há menos de três meses são inflamatórias ou malignas.

2. A presença de sintomas, especialmente dor em uma lesão causando destruição óssea, é ameaçadora, porque direciona para a invasão perineural de nervos sensitivos característica do carcinoma adenóide cístico. As lesões inflamatórias também se apresentam com dor, mas não causam erosão óssea.

3. O formato do tumor na TC e na RNM pode ajudar. Os linfomas têm a característica de se moldarem à anatomia original da órbita, enquanto as lesões epiteliais são mais esféricas e tendem a distorcer o formato do globo. Além disso, as lesões linfoproliferativas afetam tipicamente os lobos palpebrais e orbitais da glândula lacrimal. Os tumores epiteliais, de outro modo, geralmente começam no lobo orbital e preservam o lobo palpebral.

4. Os tumores epiteliais benignos das glândulas lacrimais (por exemplo, o adenoma pleomórfico) não causam tipicamente lise ou destruição óssea; sua cronicidade, ao invés disso, resulta em "formação de fossa" induzida pela pressão. Inversamente, os tumores epiteliais malignos, tipificados pelo carcinoma adenóide cístico, podem causar erosão óssea irregular ou lise dentro da fossa da glândula lacrimal.

16. Quais das seguintes situações sobre a suspeita de tumores epiteliais das glândulas lacrimais são verdadeiros?

(1) O adenoma pleomórfico é histologicamente diferente de um tumor misto benigno.

(2) O tratamento do adenoma pleomórfico consiste de biópsia incisional seguida de terapia com baixas doses de radiação.

(3) A exenteração radical cranio-orbitária diminui significativamente a mortalidade nos carcinomas adenóides císticos.

(4) Um adenoma pleomórfico parcialmente excisado pode sofrer transformação maligna em um adenocarcinoma pleomórfico.

(5) Um adenoma pleomórfico parcialmente excisado pode sofrer transformação maligna em um carcinoma adenóide cístico.

A situação (4) é verdadeira. O ponto principal dessa questão é diferenciar o manejamento cirúrgico inicial de tumores epitelióides benignos e malignos da glândula lacrimal. Como o adenoma pleomórfico pode recidivar e sofrer transformação maligna, a biópsia excisional completa é indicada em casos suspeitos. Note que o adenoma pleomórfico pode se transformar em seu parceiro maligno, o adenocarcinoma pleomórfico, e não em carcinoma adenóide cístico. Se a lesão é claramente maligna pela história e pela imagem da órbita, então a biópsia incisional é indicada. Em casos não-conclusivos, a biópsia excisional é a melhor opção no caso de a lesão de fato se revelar como um adenoma pleomórfico. A ressecção radical cranio-orbital de carcinoma adenóide cístico não tem mostrado com conclusão melhorar o prognóstico a longo prazo. Esse procedimento é evitado por muitos especialistas de órbita pelo resultado estético deformante.

Os tumores mistos benignos são simplesmente um outro nome do adenoma pleomórfico. Ambos os termos derivam da histopatologia da lesão, a qual consiste de dois elementos presentes em várias quantidades: unidades epiteliais (glandular) e componente mesenquimal (estromal).

17. Qual é o tumor metastático mais comum para os tecidos moles da órbita em mulheres e em homens?

Os carcinomas de mama e pulmão, respectivamente. Note que a questão pergunta especificamente sobre tecidos moles orbitários. De outra forma, o carcinoma de próstata poderia ser uma alternativa aceitável em homens, dependendo das séries clínicas. O carcinoma metastático de próstata tem propensão para o osso da órbita. Já o carcinoma de mama permanece como a principal causa de tumor metastático para a órbita em mulheres, embora com o aumento da freqüência de câncer de pulmão em mulheres isso possa mudar em um futuro próximo. De interesse, as lesões metastáticas são dez vezes mais comuns na úvea do que na órbita em estudos de autópsia. Isso deve ser a causa do alto fluxo sangüíneo através da coróide, o qual pode permitir uma maior facilidade para semear a metástase no tecido uveal.

18. Qual é a conduta apropriada para o linfoma de órbita e para a hiperplasia linfóide?

Sem considerar a histopatologia, qualquer lesão linfoproliferativa da órbita e dos anexos oculares requer uma exploração sistêmica, consistindo de, ao menos, um hemograma completo, uma eletroforese de proteínas e um estudo por imagem de pescoço, tórax e abdômen, que deve ser repetido a cada seis meses por, pelo menos, dois anos. Note que Knowles e Jakobiec não incluem o pseudotumor inflamatório de órbita como uma doença linfoproliferativa, porque, na histopatologia, a reação não é limitada aos linfócitos. A maioria dos linfomas de órbita é originada de células-B, como confirmado por imunohistoquímica, usualmente do tipo chamado MALT (tecido linfóide associado a mucosa). Com base na sua revisão, Knowles e Jacobiec concluíram que a localização do tumor, não a histopatologia, é o fator mais importante na determinação de envolvimento sistêmico. Os linfomas das pálpebras têm a maior incidência de doença sistêmica (67%), seguidos, em ordem decrescente, pela órbita (35%) e pelas lesões de conjuntiva (20%). Os estudos mais recentes de Medeiros e Harris, indicam que a aparência histopatológica também pode ter um papel importante na determinação da freqüência das doenças sistêmicas. A grande maioria das lesões linfóides, se poli (hiperplasia linfóide) ou monoclonais (hiperplasia linfóide), é altamente radiossensível.

19. Qual das seguintes situações sobre os cistos dermóides da região periocular é verdadeira?

(1) A localização mais comum dessas lesões é ínfero-nasal.

(2) Elas podem às vezes ser confundidas com celulite orbitária.

(3) Pelo seu alto conteúdo mucoso, os cistos dermóides aparecem escuros em imagens T1 pesadas.

(4) As lesões em adultos são geralmente pré-septais, enquanto as lesões em crianças são pós-septais.

(5) Os cistos dermóides são considerados lesões adquiridas.

A situação (2) é verdadeira. Se o conteúdo de um cisto dermóide vaza no tecido mole ao redor, a reação inflamatória resultante pode ser tão severa que simula uma celulite orbitária. Os cistos dermóides são lesões congênitas formadas por uma pitada de tecido ectodérmico envolto por duas ondas da crista neural. Uma onda migra sobre o topo da cabeça por cima da órbita, enquanto a outra se aproxima da órbita pela face média. As duas ondas se encontram na sutura frontozigomática (súpero-lateral) e na sutura frontoetmoidal (súpero-medial). Essas duas áreas são, portanto, os locais mais comuns de localização dos cistos dermóides, com a área lateral predominando. Os tumores pediátricos, em sua maioria, são pré-septais, simplesmente porque eles aparecem e são removidos mais cedo. As lesões pós-septais tendem a se esconder na órbita, causando pouco, se algum, sintoma pelo seu crescimento lento por anos e seu predomínio em adultos. O muco é um dos poucos casos em que ocorre a exceção de que a maioria dos tumores de órbita são escuros em imagens T1. De fato, a relativa hiperintensidade das lesões na órbita súpero-temporal é altamente suspeita de cisto dermóide.

20. **Um homem de 37 anos se apresenta com uma história de três semanas de proptose progressiva à direita. De sua história médica são significantes apenas as alergias em períneo e a sinusite crônica. Não há história de uso de tabaco. Ele nega febre, descarga ou congestão nasal, dor ou alteração visual, embora note recentemente diplopia vertical. No exame, o paciente tem uma hipertropia esquerda, mas motilidade extra-ocular normal, com uma massa firme, palpável, notada na rima orbitária súpero-medial, e 4 mm de proptose à direita na exoftalmometria. Não há eritema ou sensibilidade sobre as pálpebras. O resto do exame oftalmológico e físico geral não apresenta alterações. Uma TC obtida de um médico de família mostra uma massa ocupando a órbita súpero-medial com extensão para o seio frontal. Qual é o próximo passo?**

Uma RNM com interconsulta com um otorrino seria útil. Embora a sinusite crônica aumente a possibilidade de um abscesso bacteriano de órbita, esse diagnóstico geralmente não é dado pela pobreza de achados oftalmológicos e sistêmicos Ainda que seja possível uma etiologia fúngica, a aspergilose de órbita geralmente segue um curso indolente, não necessitando de uma intervenção cirúrgica de emergência. Mucormicose é muito menos provável pela ausência de doença sistêmica (por exemplo, diabete) e falta de dor. Cisto dermóide também é uma possibilidade, mas nunca deve ser tratado com aspiração por agulha; o vazamento pode gerar uma reação inflamatória grave. Além disso, a erosão para um seio adjacente, embora não se descarte, não é típica. Um carcinoma de seio paranasal também é uma consideração, mesmo sem história de uso de tabaco. Contudo, essa lesão é melhor diagnosticada por endoscopia transnasal, a qual evita destruição de planos anatômicos úteis para retardar a disseminação do tumor. O diagnóstico mais provável, nesse caso, é uma mucocele do espaço paranasal erodindo na órbita. Note que lesões císticas como mucocele ou cistos dermóides não são necessariamente flutuantes ao exame clínico. A RMN pode ser particularmente útil se o muco pode ser identificado em imagens T1 pesadas. Lembre-se de que o cisto dermóide também pode aparecer brilhante em imagens T1, bem como o muco retido por um seio bloqueado por um carcinoma. A RNM é indicada nesses casos não para olhar a anatomia óssea, mas para o dignóstico diferencial. Além disso, a RNM é mais sensitiva em determinar a disseminação saber intracraniana do que a TC. A interconsulta com otorrino é certamente indicada, porque a lesão em todas as possibilidades, pode ser conduzida por cirurgia endoscópica do seio.

21. Uma criança de oito meses se apresenta com proptose à esquerda. A mãe relata que "o olho saltado" está presente há duas semanas e progrediu rapidamente. A avó não notou nada. A criança não está febril, tem comido e brincado normalmente, e está saudável. O exame mostra as pálpebras e as conjuntivas calmas. Três milímetros de proptose esquerda estão presentes, sem massas palpáveis. A motilidade extra-ocular parece estar completa. Há uma questão de olhar preferencial para o olho direito. A retinoscopia revela uma anisometria de 4 dioptrias. São notadas lesões vasculares no couro cabeludo e no antebraço direito, presentes desde o nascimento. Qual é o próximo passo?

Atenção para obter a história de outros familiares e pedir fotografias anteriores da criança. A falta de sintomas sistêmicos (por exemplo, febre) e locais (eritema e sensibilidade nas pálpebras) fala contra a celulite orbitária como etiologia, embora pacientes muito jovens possam não apresentar uma reação febril muito acentuada. No caso de suspeita de celulite orbitária, a TC é indicada. Devido ao fato de o paciente ter oito meses e apresentar um hemangioma também, um hemangioma capilar de órbita é mais comum do que o rabdomiossarcoma. A discussão da duração da proptose com outros membros da família, bem como o exame cuidadoso das fotografias, pode demonstrar, de fato, que a proptose está presente há mais de duas semanas. Como o paciente parece estar desenvolvendo ambliopia anisometrópica, o tratamento é indicado. Contudo, o estudo com imagens deve ser obtido primeiro para documentar a localização e a extensão da lesão. A injeção de corticóide é geralmente feita sob anestesia, embora alguns médicos realizem em seu consultório se a criança for contida. Certamente, os pais devem ser avisados dos riscos da injeção, os quais incluem a ruptura do globo, a necrose da pálpebra e a oclusão da artéria central da retina, entre outros. Os corticóides sistêmicos têm outros riscos, incluindo a imunossupressão. Se os corticosteróides falham, a maioria dos especialistas recomenda a retirada cirúrgica ou a terapia com interferon. A retirada pode ser perigosa em uma idade precoce pelo alto risco de sangramento. O interferon deve ser injetado de modo intramuscular diariamente por semanas ou meses e pode ainda resultar em febre, em sintomas de gripe e em hemorragias de retina transitórios. A braquiterapia não é mais uma modalidade de tratamento aceitável.

BIBLIOGRAFIA

1. Alvarez Silván AM, Cantón G, Cuevas P. Gutiérrez A: Successful treatment of orbital rhabdomyosarcoma in two infants using chemotherapy alone. Med Pediatr Oncol 26:186-189, 1996.
2. Ashton N: Epithelial tumors of the lacrimal gland. mod Probl Ophthalmol 14:306-311, 1975.
3. Avery G, Tang RA, Close LG: Ophthalmic manifestations of mucoceles. Ann Ophthalmol 15:734-737, 1983.
4. Bilyk JR, Adamis AP, Mulliken JB: Treatment options for periorbital hemangioma of infancy. Int Ophthalmol Clin 32(3):95-109, 1992.
5. Bullock JD, Yanes B: Ophthalmic manifestations of metastatic breast cancer. Ophthalmology 87:961-973, 1980.
6. Crist W, Gehan EA, Ragab AH, et al: The Third Intergroup Rhabdomyosarcoma Study. J Clin Oncol 13:610-630, 1995

7. Croxatto JO, Font RL: Hemangiopericytoma of the orbit: A clinicopathologic study of 30 cases. Hum Pathol 13:210-218, 1982.
8. Ezekowitz RAB, Mulliken JB, Folkman J:Interferon alfa 2a therapy for life-threatening hemangiomas of infancy. N Engl J Med 326:1456-1463, 1992.
9. Font RL, Ferry AP: Carcinoma metastatic to the eye and orbit III. A clinicopathologic study of 28 cases metastatic to the orbit. Cancer 38:1326-1335, 1976.
10. Font RL, Gamel JW: Ephitelial tumors of the lacrimal gland: An analysis of 265 cases. In Jakobiec FA (ed): Ocular and Adnexal Tumors. Birmingham, AL, Aesculapius Publishing, 1978, pp 787-805.
11. Font RL, Gamel JW: Adenoid cystic carcinoma of the lacrimal gland: A clinicopathologic study of 79 cases. In Nicholson DH (ed): Ocular Pathology Update. New York, Masson Publishing, 1980, pp 277-283.
12. Font RL, Hidayat AA: Fibrous histiocytoma of the orbit: A clinicopathologic study of 150 cases. Hum Pathol 13:199-209, 1982.
13. Goldberg RA, Rootman J: Clinical characteristics of metastatic orbital tumors. Ophthalmology 97:620-624, 1990.
14. Harris GJ, Jakobiec FA: Cavernous hemangioma of the orbit: An analysis of 66 cases. J Neurosurg 51:219-228. 1979.
15. Harris NL: Extranodal lymphoid infiltrates and mucosa-associated lymphoid tissue (MALT). A unifying concept [editorial]. Am J Surg Pathol 15:879-884, 1991.
16. Henderson JW: Adenoid cystic carcinoma of the lacrimal gland, is there a cure? Trans Am Ophthal Soc 85:312-319, 1987.
17. Iliff CE: Mucoceles in the orbit. Arch Ophthalmol 89:392-395, 1973.
18. Jacomb-Hood J, Moseley IF: Orbital fibrous histiocytoma: Computed tomography in 10 cases and a review of radiological findings. Clin Radiol 43:117-120, 1991.
19. Jakobiec FA: Rhabdomyosarcoma of the orbit. In Fraunfelder F (ed): Current Ocular Therapy. Sr Louis, CV Mosby, 1980, pp 267-270.
20. Jakobiec FA, Bilyk JR, Font RL: The orbit. In Spencer WH (ed): Ophthalmic Pathology: An Atlas and Textbook, vol 4. Philadelphia, W.B. Saunders, 1996, pp 2438-2934.
21. Jakobiec FA, Howard G, Jones IS, Tannenbaum M: Fibrous histiocytoma of the orbit. Am J Ophthalmol 77:333-345, 1974.
22. Jakobiec FA, Howard G, Jones IS, Wolff M: Hemangiopericytoma of the orbit. Am J Ophthalmol 78:816-834, 1974.
23. Jakobiec FA, Knowles DM: An overview of ocular adnexal lymphoid tumors. Trans Am Ophthalmol Soc 87:420-444, 1989.
24. Jones IS, Reese AB, Krout J: Orbital rhabdomyosarcoma: An analysis of 62 cases. Am Ophthalmol 61:721-736, 1966.
25. Knowles DM, Jakobiec FA: Orbital lymphoid neoplasms: Clinical, pathologic and immunohistochemical characteristics. In Jakobiec FA (ed): Ocular and Adnexal Tumors. Birmingham, AL, Aesculapius Publishing, 1978, pp 806-838.
26. Knowles DM, Jakobiec FA: Orbital lymphoid neoplasms: A clinicopathologic study of 60 cases. Cancer 46:576-589, 1980.
27. Knowles DM, Jakobiec FA: Ocular adnexal lymphoid neoplasms: Clinical, histopathologic, electron microscopic, and immunologic characteristics. Hum Pathol 13:148-162, 1982.
28. Kolawole TM, Patel PJ, Boshra Y, Ur-Rahman N: Orbital and intracranial hemangiopericytoma: Case report with a short review. Europ J Radiol 8:106-108, 1988.
29. Loughnan MS, Elder J, Kemp A: Treatment of massive orbital-capillary hemangioma with interferon alfa-2b: Short-term results. Arch Ophthalmol 110:1366-1367, 1992.
30. Maurer HM, Beltangady M, Gehan EA, et al: The Intergroup Rhabdomyosarcoma Study-I: A final report. Cancer 61:209-220, 1988.
31. Maurer HM, Gehan EA, Beltangady M, et al: The Intergroup Rhabdomyosarcoma Study-II: Cancer 71:1904-1922, 1993.
32. McNab AA, Wright JE: Cavernous hemangioma of the orbit. Austr N Z J Ophthalmol 17:337-345, 1989.
33. Medeiros LJ, Andrade RE, Harris NL, Cossman J: Lymphoid infiltrates of the orbit and conjunctiva: Comparison of immunologic and gene rearrangement data [abstract]. Lab Invest 60:61a, 1989.

34. Medeiros LJ, Harmon DC, Linggood RM, Harris NL: Immunohistologic features predict clinical behavior of orbital and conjunctival lymphoid infiltrates. Blood 74:2121-2129, 1989.
35. Medeiros LJ, Harris NL: Lymphoid infiltrates of the orbit and conjunctiva: A morphologic and imunophenotypic study of 99 cases. Am J Surg Pathol 13:459-471, 1989.
36. Mulliken JB, Glowacki J: Hemangiomas and vascular malformations in infants and children: A classification based on endothelial characteristics. Plast Reconstr Surg 69:412-420, 1982.
37. Mulliken JB, Young AE: Vascular Birthmarks: Hemangiomas and Malformations. Philadelphia, W.B. Saunders, 1988.
38. Mulliken JB: A plea for a biologic approach to hemangiomas of infancy [editorial]. Arch Dermatol 127:243-244, 1991.
39. Newton TH, Bilaniuk LT: Radiology of the Eye and Orbit. New York, Raven Press, 1990.
40. Orchard PJ, Smith CM, Woods WG, et al: Treatment of hemangioendotheliomas with alpha interferon. Lancet 21:565-567, 1987.
41. Quesada JR, Talpaz M, Rios A, et al: Clinical toxicity of interferons cancer patients: A review. J Clin Oncol 4:234-243, 1986.
42. Regine WF, Fontanese J, Kumar P, et al: Local tumor control in rhabdomyosarcoma following low-dose irradiation: Comparison of group II and select group III patients. Int J Rad Oncol Biol Phys 31:485-491, 1995.
43. Rootman J, Goldberg C, Robertson W: Primary orbital schwannomas. Br J Ophthalmol 66:194-204, 1982.
44. Rose GE, Wright JE: Pleomorphic adenoma of the lacrimal gland. Br J Ophthalmol 76:395-400, 1992.
45. Schmitt E, Spoerri O: Shwannomas of the orbit. Acta Neurochirur 53:79-85, 1980.
46. Shields CL, Shields JA, Peggs M: Tumors metastatic to the orbit. Ophthal Plast Reconstr Surg 4:73-80, 1988.
47. Shorr N, Seiff SR: Central retinal artery occlusion associated with periocular corticosteroid injection for juvenile hemangioma. Ophthalmic Surg 17:229-231, 1986.
48. Sutula FC, Glover AT: Eyelid necrosis following intralesional corticosteroid injection for capillary hemangioma. Ophthalmic Surg 18:103-105, 1987.
49. Van Tassel P, Lee Y, Jing B, De Pena CA: Mucoseles of the paranasal sinuses: MR imaging with CT correlation. Am J Neuro Radiol 10:607-612, 1989.
50. White CW, Wolf SJ, Korones DN, et al: Treatment of childhood angiomatous diseases with recombinant interferon alfa-2a. J Pediatr 118:59-66, 1991.
51. Wirtschafter JD, Berman EL, McDonald CS: Magnetic Resonance Imaging and Computed Tomography. San Francisco, American Academy of Ophthalmology, 1992.
52. Wright JE: Factors affecting the survival of patients with lacrimal gland tumours. Can J Ophthalmol 17:3-9, 1982.

Índice

Os números de página em negrito indicam capítulos completos

Aberração cromática de lentes grossas, 36
Aberração esférica, 36
Abetalipoproteinemia, 236
Abscesso
  do saco nasolacrimal, 106
  orbitário/orbital, 281, 289, 290
  subconjuntival, 241
Abscesso do saco lacrimal, 106
Academia Americana de Oftalmologia, 219-222
Acanthamoeba, culturas de, 90
Acanthamoeba, infecções por, corneanas, 92, 94, 95
  em usuários de lente de contato, 90-91
Acetazolamida, 173, 176, 179, 195
ACG, 255, 265-266, 289
Aciclovir, 99, 100
Ácido aminocapróico, efeitos adversos do, 195
Ácido nicotínico no EMC, 324
Acne rosácea, 75, 77
Acomodação
  amplitude de, 30, 43
  faixa de, 30
Acromatopsia, 55, 56-57, 244
Acuidade visual
  em crianças, 23-24
  na ambliopia, 217, 221-222
  na neurite óptica, 260, 261
  na obstrução arterial da retina, 357
  na retinopatia diabética, 351-352
  no nistagmo, 246
Adaptação ao escuro, 53, 59
Adaptômetro de Goldmann-Weekers, 59
Adenocarcinoma, 296, 384
Adenoma pleomórfico, 394
Adenovírus, como causa de uveíte, 87-88
Adesivos de cianoacrilato, 119
Adolescentes
  insuficiência de convergência em, 231, 232
  miopia em, 134
  nistagmo idiopático em, 246
Adução, déficit de, relacionados com a síndrome de Duane, 231, 232
Afacia, 210
Agentes antifibrinolíticos, como tratamento para o glaucoma, 194
Agentes antifúngicos, como tratamento de úlcera de córnea, 93
Agentes cicloplégicos
  causa de intoxicação sistêmica, 41
  duração do efeito, 41
  no tratamento da úlcera corneana, 93
  tratamento do glaucoma maligno, 164
Agentes quelantes, como causa de maculopatia, 326-327
Agonistas adrenérgicos, 173, 174, 175, 176
Albinismo, 242-247
Álcool, uso de, como causa de hifema, 190, 194
Amaurose (sis)
  congênita de Leber, 55, 57, 127, 243
  fugaz (fugax), 355
Ambliopia, **217-223**
  anisometropia, 217, 219
  associada a astigmatismo, em criança, 41
  associada com esotropia congênita, 225
  associada com síndrome de fibrose congênita, 235
  classificação da, 218
  definição de, 218
  fenômeno de *crowding* ou saturação, 222
  tratamento da, 220-222
    prévio à cirurgia em esotropia congênita, 226
Aminoglicosídeos, 107
  ação sinérgica de, 108
  como causa de olho vermelho, 73
  como causa de retinopatia, 326
  efeito na produção de lágrimas, 115
Amplitude de acomodação, 30-44
Anel de Fleischer, 128-129, 130, 132
Anemia como causa de hifema, 190
Anemia falciforme, 193, 194, 195-196, 200
Anestesia para cirurgia de catarata, 205-207
  injeção retrobulbar na, 19, 205, 207
Aneurisma
  associado com a paralisia de III par (ou NC), 251, 254
  como causa de defeito de CV quiasmático, 263
  como causa de neuropatia dos pares cranianos, 255
  intracavernoso, 237
  miliar de Leber, 327
Angiografia
  de carótida, carotídea, 276
  fluoresceínica (angiofluoresceinografia), 339
    na avaliação da doença de Coats, 327
    na avaliação da DSM, 339-340
    na avaliação da RPD, 353
    para visualização de coróide, 23-24
    para visualização de artéria ciliorretiniana, 23-24
  RNM, 276
Angiomatose retiniana, 329
Ângulo crítico, 32
Anidrose, 251
Aniridia, 172
Aniseiconia, 37-39, 254
Anisocoria, 250
Anisometropia
  como causa de ambliopia, 218, 219, 220
  sem ambliopia, 222
  regra de Prentice, 34
  relacionada à síndrome de Duane, 232
Anoftalmo, 293
Anomalia de Axenfeld, 172
Anomalia de Peter, 23-24
Anomalia de Rieger, 172
Anormalidades congênitas. *Ver também* anormalidades congênitas específicas
  como causa de DR exsudativo, 365
Antibióticos
  injeção intra-ocular de, como causa de retinopatia, 326
  tópicos, **104-113**
Antidepressivos, efeito na produção de lágrimas, 115
Antimetabólicos, uso em trabeculectomias, 181, 186-188
Ânulo de Zinn, 19, 37
Apoplexia pituitária, 237, 263
Apraclonidina, 73, 173-174, 179
Apraxia motora congênita, 237
Aracnodactilia, 261
"Areia nos olhos", 75-77
Argirose, 326
Arritmia, 358
Artéria central da retina
  estrutura da, 24
  no glaucoma de ângulo agudo, 157
Artéria oftálmica
  no glaucoma agudo de ângulo fechado, 157
  obstrução, 56, 355
Artéria temporal, pontos de referência na cirurgia, 28

Artéria temporal superficial, pontos de referência na cirurgia, 28
Artérias ciliorretinianas, 23-24, 326-327
Arteríolas da retina, estrutura das, 24
Arteríolas, retinianas, oclusão relacionada ao talco, 324-325, 326
Artrite, relacionada com conjuntivite neonatal, 103-104
Artrite reumatóide, 75, 84, 89-90
Asma, associação com ceratocone, 127-128
Aspergilose, da órbita, 289
Aspirina, 181, 191, 194
Astenopia, 41, 230-231, 232
Astigmatismo
  adquirido, 42, 43
  após a cirurgia de catarata, 35, 42, 43
  após o transplante de córnea, 141
  círculo de menor confusão, 35
  como causa de ambliopia, 220
  como causa de diplopia, 254-255
  corneano, 134
  de ângulo oblíquo, 36
  de incidência oblíqua, 36
  definição de, 134
  lenticular, 134
  na regra *versus* contra a regra, 35
  relacionado ao ceratocone, 131-132
Astrocitoma juvenil pilocítico, 280-281
Atopia, 69, 127-128
Atrofia girata, da retina e coróide, 54-55
Atropina, 41, 43-44, 73
Ausculta, uso na avaliação da inflamação da órbita, 287
Auxílios visuais, 39
Avaliação da dor orbitária, 287
Avaliação eletrofisiológica, de retinopatias tóxicas, 322, 324-325

Bacillus cereus, como causa de endoftalmite pós-trauma, 335
Bacitracina, 106, 109-110
Barreira hemato-retiniana, 22
Beta-bloqueadores, 115
  como causa de síndrome de olho seco, 75
  contra-indicação em pacientes de trabeculectomia, 189
  efeitos colaterais, 177
  mecanismo de ação dos, 174-175
  no tratamento da úlcera de córnea, 93
  no tratamento do glaucoma, 173-175, 177
  no tratamento do hifema, 194
Betaxolol, no tratamento do glaucoma, 173-174, 175
Bifocais, 34, 246
Biometria, 61
Biomicroscopia ultra-sônica, 68-68
Biópsia
  da artéria temporal, 28
  corneana, 95
  incisional, para avaliação de carcinoma cístico da adenóide, 395-396
  para avaliação de carcinoma de células sebáceas, 300-301
  para avaliação de lesão de pálpebra, 299
  secção por congelamento, para avaliação de rabdomiossarcoma de órbita, 393-394
Blefarite, 75-77, 95, 106, 116-117
Blefaroconjuntivite crônica, 300
Blefarotomia transversa, 28
Bloqueio pupilar, 155-156
  como causa de câmara anterior plana, 187-188
  como causa de glaucoma de ângulo fechado, 200
  relativo. *Ver* Glaucoma primário de ângulo fechado
Boca seca, 115, 289
Bolhas, 183-184, 185, 186
Bolsa de gordura, 20, 28
Bomba lacrimal, 270-271
Braquiterapia, 378-379
Brimonidina, 159, 173-174
Brucelose, 303-304
Buraco (*pit*) do nervo óptico, no descolamento de retina exsudativo, 173-174

Cal, 80-81
Calázio, 42, 43, 254-255
Calcificação
  aparência ao US, 62, 67
  da órbita, 275, 276
  do retinoblastoma, 310-311, 385
  no DR, 65-66
Calcose, 172, 335
Camada de fibras de Henle, 22
Câmara anterior
  ângulo da, 21
    central, na íris em platô, 163
    classificação da abertura (fechamento), 155-157
    dilatação da, 155
    pontos de referência, 152
    recessão da, 201, 202
    visualização gonioscópica de, 21, 149, 153-156
  células da, 89
  efeito da pilocarpina na, 178
  flare, 89
  inflamação da, relacionada com úlcera de córnea, 88
  na infecção herpética, 74
  no glaucoma primário de ângulo fechado, 161-162
  profundidade da, relação com a refração, 134
  rasa, 185, 187-189
  sangue na. *Ver* hifema
Campo de visão, perda do, relacionada com sobrecarga de ferro, 326-327
Campo visual, **69-72**
  defeitos, 69, 260, 263
  restrito, 265
Campo visual de Goldmann, 69-71
Canal de Schlemm, 152
Canalículo-dacriocistorinostomia (ou simplesmente dacriocistorinostomia), 273
Câncer como contra-indicação do ácido aminocapróico, 195-196
Câncer de pele metastático, 237
Câncer de pulmão, metastático, 396
Cantoxantina como causa de retinopatia, 324-325
Cápsula de Tenon
  na cirurgia de estrabismo, 239, 241
  na trabeculectomia, 181, 183-184
Capsulotomia, 209, 214, 215
Carbacol, 173-174, 181
Carcinoma basocelular da pálpebra, 297-298, 300
Carcinoma cístico da adenóide, 394, 395
Carcinoma de células escamosas, 320
Carcinoma de células sebáceas, da pálpebra, 300-301
Carcinoma de glândulas sebáceas, 300
Carcinoma de mama, metastático, 384, 396
Carcinoma da nasofaringe, 238
Catarata, **203-205**
  avaliação pré-operatória, 63
  como causa de diplopia, 254-255
  congênita, 203, 220
  dos sopradores de vidro, 204
  esclerose nuclear, 203
  exacerbação na TREC, 181
  manejo não-cirúrgico, 206
  morganiana, 204
  na radioterapia, 300
  na vitrectomia, 354
  pigmentação da, 203
  relacionada a esteróides tópicos, 109-111
  subcapsular posterior, 203
  sunflower, no depósito de cobre, 335
  traumática, 193, 204
Cautério, como técnica de oclusão do ponto (*lacrimal*), 119
Cavidade vítrea, injeção de antibióticos na, como tratamento para edoftalmia, 92-93
Caxumba, como causa de uveíte, 87-88
Cefalosporina, 107-108
Cefazolina, 92, 94
Cefotaxime, 103-104
Ceftriaxone, 103-104
Cegueira. *Ver também* perda visual
  causa da dissociação luz-perto, 253
  na inflamação da órbita, 289-290
  na retinopatia da prematuridade, 345
  no glaucoma, 145, 149-151
  no pseudotumor inflamatório da órbita, 289
  relação com a conjuntivite neonatal, 101
Cegueira da neve, 75-77
Cegueira noturna, 53, 54, 55
Células de melanoma, diferenciação histopatológica das, 381-382
Células epitelióides, em melanoma, 381-383
Células fusiformes, 381, 333
Celulite
  na cirurgia de estrabismo, 241-242
  orbitária, 279, 280, 288-289, 396
    em crianças, 397-398
  pré-septal, 288-289
Centro cilioespinal de Budge, 248
Ceratectomia
  fotorrefrativa, 137-139, 140, 142-143, 144
  lamelar, 121
Ceratite
  acantamoeba, 90-91
  disciforme estromal, 99
  filamentar, 116-117
  fúngica, 89-90
  herpética, 74, 97
    diferenciada do herpes zoster oftálmico, 99

exacerbação relacionada com esteróides, 110-111
recorrência da, 110-112
relacionada com distrofia da membrana corneana, 123
intersticial, 303, 306
límbica superior, 300
relacionada com doença de Lyme, 307
superficial *puntata*, 119
Ceratoacantoma, 297-298
Ceratocone, **126-133**
como causa de diplopia, 254
como causa de miopia adquirida, 42, 43
Ceratoconjuntivite
atópica, associada com ceratocone, 127-128
límbica superior, 83, 287
vernal, 131
Ceratoconjuntivite *sicca*, 75-77, **113-119**, 289
como causa de úlcera corneana, 89
lacrimejamento associado com, 271
relacionada com medicamentos tópicos, 179
relacionada com radioterapia, 300
Ceratometria, 36
Ceratômetro, 40
Ceratopatia
de exposição, relacionada a proptose, 278
neurotrofílica, 89
puntata superficial, 75-77, 80-81
relacionada com distrofia da membrana corneal, 123
Ceratoplastia, penetrante, 132, 133
Ceratose, 296
Ceratotomia
astigmática, 141
foto-astigmata por *excimer laser*, 141
radial, 135-136, 140, 142-143
Ceratouveíte, 110-112
Cerebral, pseudotumor, 266-268
Céu, cor do, 50
Charles Kellman, 208
Cianolabe, 46
Ciclocrio-destruição, 165-166
Ciclodestruição, 165-166
Ciclodiálise, 191-192, 193
Cicloplégico, 41
5-fluoracil, 186, 187-188
Ciprofloxacin, 93, 107-108, 109
Círculo de menor confusão, 35
Cirurgia de Anderson, 245
Cirurgia de catarata
astigmatismo pós-operatório, 35, 42, 43
com cirurgia de drenagem prévia, 187-188
como causa de DR, 365
complicações, 35, 42, 43, 171, **212-216**
indicações de, 204-205
técnicas de, **205-211**
Cirurgia de músculo, como tratamento de oftalmologia relacionada à tireóide, 285-286
Cirurgia de transposição, no estrabismo, 240
Cirurgia extracapsular de catarata, 206-208
Cirurgia intra-ocular
como causa de ptose, 293
Cirurgia refrativa, **134-144**
como tratamento para astigmatismo, 134, 141
como tratamento para hiperopia, 142-143
como tratamento para miopia, 135-140, 141-143
indicações e contra-indicações, 127-128, 134
Cirurgia submacular, 341
Cisticercose, 289, 310-311
Cistinose, 122
Cisto
dermóide, 275-276, 396-397-398
hemorrágico, 392
intrarretiniano, 65-66, 333
Cisto de Tenon, 189, 189
Clindamicina, 335
Clorolabe, 46
Cloroquina, 57-58, 322-324
Clorpromazina, na retinopatia, 323-324
Coçar os olhos, 75-77, 127-128, 132
Cola tecidual, para úlceras corneanas, 93
Colírio, 104-105. *Ver também* Medicação tópica
regras gerais para prescrição de, 177
segurança dos, 149
Colírio de nitrato de prata, 83, 101
Coloboma, 217, 232-233
Coloração para avaliação de úlcera corneana, 93-94
Coma, 36
Comoção da retina, 332
Condição guttata, relacionada com distrofia de membrana corneana, 123
Cones, 45-46
induzidos por lente de contato, 126
Conjuntiva
carcinoma de células escamóides, em pacientes com AIDS, 320
cicatrização, no olho seco, 75, 116-117
cirurgia de trabeculoplastia, 183-184
corpos estranhos na, 78-79
exame em lâmpada de fenda, 287
folículos tarsais, 73
linfoma, 396
no glaucoma agudo de ângulo fechado, 157
neoplasia intra-epitelial, 79
sarcoma de Kaposi, 319-320
Conjuntivite
bacteriana hiperaguda, 106
clamídia, 80-81, 82
crônica, 80, 82
folicular, 80-81, 97-98, 102-103
gonocócica, 73-75, 96-98
herpes simples, 99, 103-104
na doença de Lyme, 307
na turberculose, 303-304
neonatal. *Ver* Oftalmia neonatal
no olho seco, 116-117
no olho vermelho, 73
óculo-glandular de Parinaud, 80-81, 82
papilar gigante, 77
sifilítica, 306
vernal, 127-128
viral, 106
Conjuntivo-dacriocistorrinostomia, 273
Contraceptivos orais, 75, 326
Convergência
acomodativa. *Ver também* relação convergência acomodativa/acomodação (CA/A)
efeito no nistagmo, 246
fusional, no nistagmo, 246
Corante de Jones, teste do, 272-273
Corectopia, 123
Cores, atributos e propriedades, 46-47
Coriorretinite esclopetária, 333
Coriorretinite por sífilis, 306
Córnea
abrasão, 78, 102-103
células endoteliais/dendritos, 99, 111
efeito da cirurgia refrativa em, 142-143
células epiteliais
avaliação pré-facectomia, 206
defeitos não-cicatrizados, pacientes diabéticos, 354
cicatrização
na ceratite herpética, 99
na OT, 284-285
na úlcera de córnea, 94-95
tratamento esteróide tópico, 108-109, 110-111
corpos estranhos, 78-79
distrofias, **119-125**, 127-128, 142-143
edema, 160-161
erosão, 279
filamentos, ceratoconjuntivite límbica superior, 83
função refrativa, 134
infecções, **88-100**
condições predisponentes, 89-90
diferenciação, 89-122
gonocócicas, 96-98
herpes simples, 99-100
herpética, 97-100
inervação, 23-24
irradiação, causa de lacrimejamento, 271
medidas ceratométricas, 40
no glaucoma de ângulo estreito, 157, 161-162
opacidade neonatal, 23-24
superfície irregular, efeito no PAM, 41
pannus, simulando carcinoma de glândula sebácea, 300
topografia, em pacientes de cirurgia refrativa, 135-136
trauma, como causa de olho vermelho, 73
úlcera, **88-100**, 107-108, 109
Córnea gutata, 123, 124-125
Coróide
descolamento da, 187-188
efusão, 21, 156
hemangioma, 384, 385
infiltrados, no sarcoma intra-ocular primário, 310-311
neovascularização, 306, 337, 338-339
nevus, 64, 375
osteoma, 60-61
rotura, 193
sítio de metástase uveal, 383
tumores, 60-61
tumores metastáticos, 384
visualização na AFG, 23-24
Coroideremia, 54-55

Coroidite, 70-71, 303-304
Coroidorretinopatia serosa central, 365
Corpo ciliar
  anterior, recessão de ângulo, 191-192
    melanoma, 377-378
  causa de bloqueio do sítio da TREC, 187-188
  edema ou rotação anterior do, 146, 155-156
  relação com os vasos sentinelas, 377-378
Corpo estranho, intra-ocular
  associado com hifema traumático, 193
  cobre, 334
  como causa de ceratopatia superficial puntata, 75-77
  como causa de conjuntivite neonatal, 102-103
  como causa de esclerite, 84
  como causa de glaucoma de ângulo aberto, 172
  como causa de olho vermelho, 78-79
  como síndrome mascarada de uveíte, 87-88, 303-304, 309, 313
  detecção por imagem de, 334
  detecção por ultra-som, 60-61, 63, 66-67
  ferro, 326-327, 334-335
  orbitário, 79, 275-276, 392-393
  remoção de, 334
  retina, 63
Corticosteróide
  injeção de, no tratamento da proptose neonatal, 397-398-399
  tópico
    fator de risco para glaucoma, 147-148
    tratamento da ceratite por herpes simples, 99
    tratamento da úlcera corneana, 95-96
  tratamento da neurite óptica, 260-262
Couching, 206-207
Craniofaringioma, 263
Credê, profilaxia na conjuntivite neonatal, 102-103
Crianças
  agentes cicloplégicos, 41
  astigmatismo, prescrição de óculos, 41
  celulite orbitária, 288-289
  com retardo de desenvolvimento, retrocesso de músculo reto, 19
  conjuntivite, 80-81
  craniofaringioma, 263
  deformidade de órbita por radioterapia, 300
  efeitos adversos de colírios em, 149-150
  glioma do nervo óptico, 280-281
  hifema espontâneo, 311-312
  meduloepitelioma, 388-389
  paralisia de III par, 251-252
  proptose, 394
  triagem para ambliopia, 218-219
  rabdomiossarcoma, 280-281
  retinoblastoma. *Ver* retinoblastoma
Crianças. *Ver também* Neonatos
  acuidade visual, 23-24
  avaliação de proptose em, 397-398-399
  cataratas em, 203
  doença de Coats em, 327
  exames para ambliopia, 218-219
  glaucoma em, 151
  infecções por herpes simples em, 97
  miopia em, 134
  nistagmo, 243
  prematuras
    toxicidade da terapia com oxigênio em, 326
    retinopatia em, 235
  retinoblastoma em, 370, 385
Criopexia, 332
Crioterapia
  tratamento da doença de Coats, 329, 330
  tratamento da RP, 345
  tratamento do melanoma maligno de pálpebra, 382-383
  tratamento do retinoblastoma, 371-373
Crise glaucomatociclítica, 87-88
Cristalino
  cápsula do
    opacidade, 254
    vazamento, 169-170
  descentração de NO, como causa de diplopia, 254
  deslocado, 204
  extração do, no tratamento da síndrome do redirecionamento aquoso, 165
  função refrativa do, 134
  Hruby, 40
  inervação do, 23-24
  no glaucoma primário de ângulo estreito, 157, 161-162
  região anterior subescapular do, depósitos de cor de laranja em, 326
  subluxação do, 155-156, 193
Cultura de Nocardia, 93
Culturas para *Neisseria*, 91
Curativo compressivo, 78
Curvas de luminosidade relativa, 48-49

Dacrioadenite, 289, 303-304, 395
Dacriocistite, 80-81, 82, 102-103, 106, 273
Dacriocistorinostomia, 273, 274
Defeito arqueado, 261
Defeitos altitudinais, 261
Deficiência/déficit de abdução, 232, 257
Deficiência de b-galactosidase, 357
Deficiência de galactosidase, 357
Deficiência de vitamina A, 70-71, 74-75
Degeneração *lattice* (vitreorretiniana), relacionada com retinopatia da prematuridade, 346
Degeneração senil da mácula, **337-343**
  avaliação da, por ERG, 54-55
  efeito nas leituras de medida de acuidade visual, 41
Degeneração periférica, periferia, 377
Degeneração transináptica, 57-58
Dendritos, córnea, 99, 111
Dermatite, relacionada com terapia com radiação, 300
Descolamento da retina, **364-369**
  avaliação por ultra-som, 64-65
  como causa de ângulo fechado, 157
  crônico, 65
  definição de, 364
  em pacientes com AIDS, 316, 317
  exsudativo, 165, 364, 366
  hemorrágico, diferenciado de melanoma coroidal, 274-275
  iatrogênico, 368
  periférico, como síndrome mascarada de uveíte, 303-304, 309
  regmatogênico, 364
    fatores predisponentes, 365
    reparo, 366
    relacionado com oclusão venosa da retina, 360, 362
  relacionado com capsulotomia por *laser*, 214
  relacionado com catarata por trauma, 204
  relacionado com cirurgia de catarata, 214
  relacionado com diálise, 333
  relacionado com doença de Coats, 329
  relacionado com perda vítrea, 214
  relacionado com retinitite por CMV, 316, 317
  relacionado com retinoblastoma, 374
  relacionado com retinopatia da prematuridade, 343, 344-345
  reparo do, 366
    falência do, 368-369
  total, achados de ERG, 57-58
  tração, 360, 364
    combinada com descolamento regmatogênico da retina, 354
    relacionada com oclusão venosa da retina, 362, 363
    relacionada com retinopatia diabética, 354
    relacionada com vitreorretinopatia proliferativa, 368-369
    reparo, 366-367
  vitrectomia, em pacientes diabéticos, 354
Descompressão, órbita, 285
Desferrioxamine, como causa de maculopatia, 326-327
Deslocamento de imagem, 34
Desvio vertical dissociado (DVD), 227
Desvios oculares
  miscelânea, **230-239**
  na esotropia congênita, 224
Deuteranopia, 50-51
Diabete melito, 42, 156, 297-298, 362. *Veja também* Retinopatia diabética
Diafragma cristalino-íris, deslocamento anterior do, 146
Diálise
  ciclo, 191-192, 193, 200-201
  renal, 336
  retiniana, 191-192, 332
Diâmetro do pinhole, 41
Diclorfenamida, 173-174
Dicromatismo, congênito, 50
Dicumarínicos, 181, 191
Digitais, 176, 326
Dilatação, para visualização do ângulo da câmara anterior, 155-156
Dilatação pupilar, 206
Dioptrias, 30-31, 33, 34, 40
Diplopia, 254-259, 260
  avaliação de, 287
  intermitente, 254
  monocular, 41, 254
  relacionada com esotropia adquirida aguda comitante, 229
  relacionada com exotropia intermitente, 230-231

relacionada com oftalmopatia tireóidia, 285
relacionada com proptose, 277
relacionada com pseudotumor inflamatório de órbita, 289
Disco. *Ver* Disco óptico
Disco óptico
edema, 336
hipoplasia, 243
neovascularização, 349, 350-351, 353
nevus de coróide, 375
oblíquo, simulando defeito de campo temporal, 263
papilite, 317-319
Discromatopsia, 323-324
Disproteinemia, 122
Dissociação luz-perto, 253
Distância do reflexo marginal medida da, em pacientes com ptose, 294
Distância vértice, 41
Distrofia
cone, 54-55, 56-57, 58
corneana, 78, **119-125**, 127-128, 142-143
endotelial, 23-24, 127-128
oculofaringeal, 236, 293
macular viteliforme, 59
miotônica, 57
muscular, 293
Distrofias musculares, 293
Distropia miotônica, 58
Distúrbio de coagulação, 191
Distúrbios auto-imunes, como causa de úlcera de córnea, 88-89
Distúrbios da junção neuromuscular, como causa de diplopia, 254
Distúrbios do tecido conectivo, 84, 127-128
Distúrbios neurológicos, miscelânea, **263-269**
Divisões do V par, 26
Dobras de Descemet, 161-162
Doença da órbita, na OACR, 355
Doença de Batten-Mayou-Vogt-Spielmeyer, 357
Doença de Behçet, 86-87
Doença de Best, 59
Doença de Buerger, 289
Doença de células ganglionares, retina, 54-55
Doença de Coats, **327-331**
diferenciação do retinoblastoma, 275, 370
Doença de Graves, 119, 279-280
Doença de Gaucher, 357
Doença de Hallevorden-Spatz, 357
Doença de Harada, 365
Doença de Niemann-Pick, 375
Doença de Oguchi, 57
Doença de Tay-Sachs, 357
Doença do colágeno, 75, 83, 115
Doença do SNC, disseminada, 103-104
Doença ganglionar GM1-tipo 20, 357
Doença hepática, 195-196
Doença inflamatória intestinal, 87-88
Doença oclusiva carotídea, 156, 355, 357
Doença oclusiva venosa da retina, **360-363**
central, 361-363
achados de ERG, 56-57, 58
isquêmica, 363
diferenciada da obstrução arterial da retina, 359
induzida por drogas, 326
ramificada, 23, 360-361
relacionada com necrose retiniana aguda, 307
Doença *plus*, 344
Doença renal, 100, 195-196
Doença vascular isquêmica, 238
Doenças linfoproliferativas, 275-276
Dor uretral, relacionada com uveíte, 86-87
Dorzolamida, como tratamento do glaucoma, 173-174, 175-176, 178-179
Doxiciclina, 75-77, 95-96
Drogas,
reações alérgicas, 73, 108-109, 179
Drogas anti-hipertensivas, efeito na produção de lágrimas, 75
Drogas antiinflamatórias não-esteróides, 85, 142
Drusas, 66-67, 265, 337, 338, 341
Ducção forçada, 239
Dupla paralisia do elevador, 234

Eclâmpsia, 336
Ectopia, macular, 343
Ectrópio
como causa de ceratopatia superficial puntacta, 75-77
como causa de infecção corneana, 89-90
definição de, 272
relacionado com cirurgia de ptose, 295
reparo de, 272
Eczema, 127-128
Edema
de Berlin, 332
do canto interno, 102-103
corneano, 88
relacionado com cirurgia de catarata, 213-214
relacionado com distrofia da mem brana corneana, 123
relacionado com glaucoma maligno, 187-188
relacionado com hidropsia aguda, 130
como fator de risco para úlcera de córnea, 89-90, 90-91
macular
cistóide, 214, 324-325, 326
clinicamente significante, 351
diabético, 349, 350, 351-353
do disco óptico, 336
efeito na leitura do PAM, 41
polimorfo posterior, 172
por sífilis, 306
refratário, como indicação de vitrectomia, 354
relacionado com interferon, 326
relacionado com necrose aguda de retina, 307
relacionado com oclusão venosa da retina, 360-362, 362
retiniano, relacionado com hifema traumático, 193
das pálpebras, 279-280
Efeito de Abney, 48
Eixo astigmático, 43-44
Elementos raros, no tratamento da degeneração senil da mácula, 341
Elementos refrativos do olho, 134
Eletroculograma (EOG), 58-59, 322, 324-325
Eletrorretinograma (ERG), 52-58
avaliação para toxicidade do ferro, 334-335
para avaliação de retinopatia tóxica, 322, 324-325
relação com eletroculograma, 59
relacionado com
Embolismo
da artéria carótida, 355
líquido amniótico, 358
retiniano, 326-327, 355-356
Emetropia, 30, 31
Endoftalmite
diagnóstico diferencial de, 371-372
estéril, relacionada com rifabutim, 320
pós-operatória, 213-214, 241-242, 303-304
pós-traumática, 335
relacionada com ceratite, 93
relacionada com cirurgia de catarata, 169-170, 214
relacionada com paracentese, 358
relacionada com trabeculotomia, 181
relacionada com vitrectomia, 368
Enoftalmo, 272, 279,293
Entrópio, 28, 75-77, 89-90, 272, 300
Enucleação
como tratamento para doença de Coats, 330
como tratamento para melanoma de coróide, 378-379
como tratamento de melanoma uveal, 382-383
como tratamento de retinoblastoma, 371-372
EOG. *Ver* Eletroculograma
Epiceratofacia, 132
Epífora. *Ver* Lacrimejamento
Epinefrina, 73, 173-174, 176, 195-196
Episclera, em glaucoma primário de ângulo aberto, 157
Episclerite, 73, 83-85, 307
Epitélio pigmentar da retina, 365
em rupturas da coróide, 333
congênito, 375
mudanças relacionadas com degeneração senil da mácula, 337, 338
mudanças relacionadas com desferrioxamina, 326
mudanças relacionadas com tioridazina, 323-324
em trauma contuso da esclera, 332
relacionado com tamoxifen, 326
Equivalente esférico, 35
ERG. *Ver* Eletroculograma
Eritema, relacionado com acne rosácea, 75-77
Eritro abe, 46
Eritromicina, 102, 103-104, 106, 109-110
Erosão recorrente, 89-90
Erros de refração
associados com esotropia congênita, 224-225
lentes corretivas para, 30-31
Escaras, orbitais, 289

Escavação de coróide, 64
Escherichia coli, como causa de conjuntivite neonatal, 101
Esclera
área mais fina, 21
em rupturas oculares, 21
ruptura da, 193
trauma contuso da, 332
Esclerite
como causa de olho vermelho, 73, 84-85
diferenciada da episclerite, 83
necrotizante, 84, 85
nodular anterior, 84
posterior, 84, 365
relacionada com necrose retiniana aguda, 307
relacionada com tuberculose, 304-305
sifilítica, 306
Esclerocórnea, 23-24
Escleroderma, 115
Escleromalácia, 85
Esclerose
nuclear, 42, 43
sistêmica, 115
Esclerose múltipla
associada com uveíte, 313
como causa de diplopia, 254-255
como causa de oftalmoplegia internuclear, 238
como causa de ptose, 293
como fator de risco para reunite óptica, 260-263
como síndrome mascarada de uveíte, 303-304
Escopolamina, 41, 115
Escorregamento muscular, 241-242
Escotoma
anel, 70-71, 326
central, 261, 263
definição, 69
juncional, 263
macular, potencial de leituras falso-positivas, 41
paracentral, 326
parafoveal, 322
relacionada com uveíte granulomatosa, 302
Esfingolipidoses, 357
Esodesvio, **223-230**
Esoforia, 223
Esotropia, 219, 221
acomodativa, 224-225
como causa de ambliopia, 221
início precoce, 226
não-refrativa, 228-229
parcial ou descompensada, 228-229
refrativa, 227-228
relacionada com exotropia congênita, 228-229
aguda adquirida comitante, 229
como insuficiência de convergência, 232
congênita, 221, 223-227
cíclica, 228-229
definição de, 223
diagnóstico diferencial, 224-225, 226
em pacientes com perda neurológica, 226
infantil, 224
relacionada com síndrome de Duane, 232
sensorial, 226
Espaço subaracnóide, invasão do retinoblastoma, 337
Espasmo de acomodação, 43, 254
Espectro eletromagnético, 45
Espelhos
convexos, vergência dos, 39
poder de reflexão dos, 40
Espirais, 70-71
Espondilite anquilosante, 84
Esporão escleral, 152
Esteróides. *Ver também* Corticosteróides
como tratamento para oftalmopatia da tireóide, 284-285
efeitos adversos, por uso prolongado, 75-77
injeções subconjuntivais, contra-indicação na esclerite, 85
tópicos, **104-113**
como tratamento para glaucoma de ângulo fechado, 159
uso pós-trabeculectomia, 185
Estrabismo
associada com astigmatismo, na infância, 41
com cirurgia de reparo do descolamento de retina, 368
com mistenia grave, 237
como causa de ambliopia, 217, 222
como causa de diplopia monocular, 41
como indicação para refração ciclopegiada, 41
cíclico, 228-229
cirurgia, **239-242**
desvio pequeno, 239
em pacientes com ambliopia, 222
medida do, regra de Prentice, 34
neonatal, 112
paralítica, 240
relacionado com retinoblastoma, 309, 385
Estreptomicina, toxicidade da, 304-306
Estria de Vogt, 128-129
Estrógenos, efeitos na produção de lágrima, 115
Estroma, com ceratocone, afilamento e cicatrizes do, 128-129, 130
Estudos de Doppler, 288-289,357
Etambutol, 294-306, 317-318
Exenteração
crânio-orbitária, carcinoma adenóide cístico, 395, 396
de tumores orbitários de pálpebra, 300
orbitária, cortes de congelação como indicação para, 394
Exercícios para ponto próximo, 231
Exoforia, 230-231, 232
Exoftalmo, 68, 289
Exoftalmômetro, Hernel, 287
Exotropia,
binocular relacionada ao cristalino, 39
congênita, 230-231
constante, como causa de ambliopia, 221
diagnóstico diferencial de, 230-231
intermitente, 221, 230-231
neonatal, 224
pós-ressecção de reto, 19
relacionada com síndrome de Duane, 232
Exsudatos algodonosos, 314, 326, 336
Extração de cristalino claro, 142-143
Exame por lâmpada de fenda, 128-129

Facodonese, 204
Facoemulsificação, 142-143, 208-209
Faixa do corpo ciliar, 152
Farsightedness. *Ver* Hipermetropia
Fator estimulante de colônia de granulócito, 315
Febre, 97
Febre do feno, 116-117
Fenda de ciclodiálise, 201
Fenômeno de Bell, 295
Fenômeno de Bezold-Brucke, 48-49
Fenômeno de *crowding*, 222
Fenômeno do *box-carring*, 356
Fenotiazinas, 57, 75, 324-325
Ferida melanótica de Hutchinson, 301
Feridas inativas, 75, 97-98
Ferradura, lágrimas de, 193
Ferro, toxicidade do, 334-335
Fibroplasia, retrolental, 326
Fibrose congênita, síndrome da, 235
Fígado, como local de metástase de melanoma uveal, 382
Filme lacrimal
anormalidade, como fator de risco para úlcera corneana, 89-90
camadas do, 23-24, 271
com debris, 74
no olho seco, 116-117
Filtros
densidade neutra, 221-222
preexistente, em cirurgia de catarata, 187-188
translucente, 220
Fissura orbital superior, 19, 26-27
síndrome da, 258
Fissura palpebral, medida da, na ptose, 294
Fístula
arteriovenosa, 237
carótido-cavernosa, 279, 287
Flap escleral, 181-183
Flashes, relacionados com buraco de retina, 365
Flictenulose, 75-77, 303
Floretes, relacionados com retinoblastoma, 371-372, 386
Fluorquinolonas, 92, 107-108
Forâmens orbitais, invasão por retinoblastoma, 387-388
Fórmula de magnificação, para telescópios, 37-39
Foscarnet, 315, 316
Fotocoagulação. *Ver também Laser*, usado na
como tratamento para melanoma uveal maligno, 382
doença de Coats, 329
panretinal, 303-353
Fotofobia
ceratoconjuntivite límbica superior, 83
distrofia corneana, 119
em crianças, 151, 246
herpes simples, 74
nistagmo idiopático infantil, 246

olho seco, 115
úlcera de córnea, 88-89
uveíte, 85
Fótons, 45
Fotorreceptor, 53
Fototermoterapia, como tratamento do melanoma uveal maligno, 382
Fóvea
anatomia da, 23-24
como centro do campo visual, 69
Fratura *blowout*, 19, 25-26, 235, 293
Fuchs, iridociclite heterocromática de, 171
Fumo, como causa de retinopatia da tireóide, 282-283
Fundo de olho
exame de, em estrabismo pediátrico, 385
lesão traumática no, **331-336**
na retinopatia diabética, 349
pigmentação/lesão pigmentada de, **375-380**

Gás, intra-ocular, 368
Ganciclovir, 307, 314, 315
Gentamicina, 104-105, 335
Gel de pilocarpina oftálmica HS, 178
Glândulas de Kraus, 23-24, 25
Glândulas de meibômio, 24, 114
infecções da, 95-96, 115
Glândulas de Wolfring, 23-24, 25
Glândulas lacrimais
acessórias, 23-24
estenose das, relacionada com radioterapia, 300
infiltração por sarcoidose, 74
inflamação das. *Ver* Dacrioadenite,
remoção das, ausência de deficiência lacrimal após, 23-24
tumores das, 395-396
Glaucoma, **145-151**
achados de campo visual, 70-71
ângulo aberto, 145
secundário, **167-173**
ângulo estreito, 162-163
agudo primário de ângulo estreito, 145
associado com hifema, 196-197, 200, 201
avaliação de, 149
baixa-tensão, 145
bloqueio ciliar. *Ver* Glaucoma, maligno/bloqueio ciliar
congênito, 102-103, 145
como causa de escotoma em anel, 70-71
como causa de olho vermelho, 73
células-fantasma, 172, 200
de ângulo estreito, **152-166**
agudo, 73, 157-158
crônico, 157, 158
intermitente, 157-158
íris em platô, presente como, 162-163
primário, 157-163
relacionado com inflamação, 165-166
relacionado com introflexão escleral, 368
relacionado com nanoftalmo, 166
relacionado com retinopatia da prematuridade, 346-347
secundário, 200
síndrome de desvio do aquoso asso ciada com, 164-166
sinéquia como fator de risco para, 85
tratamento com pilocarpina do, 178
definição de, 145
em pacientes com catarata, 215
facoanafilático, 169-170
facolítico, 204-205
facomórfico, 204-205
fatores predisponentes do, 145-146
focal, 145
hemolítico, 172, 200
hemossiderótico, 200
maligno/bloqueio ciliar, 155-156, 160-162, 164-166, 171
"melhor" tratamento para, 149
metas de tratamento, 148-149
neovascular, 157, 165, 330, 359
partículas de cristalino, 169-170
patogênese do, 147-149
perda da visão periférica associada ao, 146-147
pós-operatório, 171
primário de ângulo aberto, 201
referências para evolução de, 151
relacionado com distrofia de membrana corneana, 123
relacionado com esteróide, 109-111
relacionado com herpes zoster oftálmico, 97
relacionado com retinoblastoma, 371-372
resseção angular, 167, 201-202
secundário, associado com hifema, 311-312
trabeculectomia para, 160, **180-190**
tratamento medicamentoso do, **173-180**
tratamento, relacionado com estabilização, 149-151
vasoespástico, 147-149
Glaukomflecken, 157, 157-158, 161-162
Glicerina, como tratamento para glaucoma, 159, 173-174
Glicoletileno, 324-325
Glioma, 263, 275-276
Globo
avaliação por ultra-som, 60-61, 62
deslocamento vertical, 235
laceração, 335
ruptura de, 21, 78-79, 193
como causa de hifema, 190
relacionado com sutura de esclera, 241-242
síndrome de Duane, relacionada com retração, 232, 233
Goniolente, 153-155
Gonioscopia, 86, 149, 178
indentação, 1123
para avaliação de glaucoma primário de ângulo estreito, 161-162
para avaliação de glaucoma secundário de ângulo aberto, 167, 168, 169-170
para avaliação de hifema, 200
para avaliação de hifema traumático, 193
para visualização de câmara anterior, 21, 153
técnica de, 154-155
Gonioscopia de Goldmann, 154-155
Goniossinequiálise, 160
Gota, 83, 84
Granuloma
coroidal, 303-304
eosinofílico, 275-276
Granulomatose de Wegener, 84, 115, 279
Gravidez
como contra-indicação para aciclovir, 100
como contra-indicação para ácido aminocapróico, 195-196
como contra-indicação para doxiciclina, 75-77
como fator de risco para obstrução arterial da retina, 358
como fator de risco para retinopatia diabética, 350
como contra-indicação para tetraciclina, 75-77
Gripe, como causa de uveíte, 87-88
Gumma, 306

Haze corneano, 142-143
Haze estromal, pós-cirúrgico, 139
Haemophilus, culturas de, 90-91
Haemophilus influenzae, infecção, 81, 101, 279-280
Hemangioma
avaliação por ultra-som de, 385
capilar, 275-276
capilar orbital, 391, 397-398
cavernoso, 275-276, 280-281, 391
como causa de astigmatismo adquirido, 42
coroidal, 64, 365, 383
Hemangiopericitoma, 281, 391
Hemianopia, 69, 70-71
Hemoglobina A_1C, correlação com retinopatia periférica, 350
Hemorragia
coroidal, 213-214
da bainha do disco óptico, 212
da órbita, 392
do disco óptico, 319
pós-operatória, 191, 212, 213-214
pré-retiniana, 336, 349
recorrente, relacionada com hifema, 196-197, 198
relacionada com cirurgia de catarata, 212
retiniana
na leucemia, 311-312
relacionada com interferon, 311-312
relacionada com obstrução arterial da retina, 356, 362
relacionada com obstrução venosa da retina, 359
retinite relacionada com CMV, 314, 315
trauma do pólo posterior, 336
retrobulbar, 212, 279, 295
subcoroidal, 156
subconjuntival, 79, 82
sub-retiniana, diferenciada do melanoma coroidal, 377
supracoroidal, 156
vítrea, 336
avaliação por ultra-som, 65
associada com retinopatia por talco, 324-325
como causa de ambliopia, 217, 220
estudos contrastados de RNM da, 275-276
relacionada com hifema traumático, 193

relacionada com oclusão de ramo venoso da retina, 360, 362, 362
relacionada com retinopatia diabética, 172, 349, 352-354
relacionada com ruptura escleral, 333
Heneralopia, 326
Herpes oftálmico (ocular), 98
Herpes simples, infecções, 74
como causa de ceratite, 89-90
como causa de conjuntivite, 103-104
como causa de conjuntivite neonatal, 101
como causa de infecções corneanas, 93, 109-110
como causa de necrose retiniana aguda, 307
como causa de uveíte, 87-88
recorrência de, 97
Herpesvírus, infecções por
como causa de *opthalmia neonatorum*, 101, 103-104
como causa de uveíte granulomatosa, 303-304
Herpes zoster, infecções por, 21
como causa de episclerite, 83
como causa de esclerite, 84
como causa de infecção corneana, 93, 109-110
como causa de paralisia ocular múltipla, 238
em pacientes com AIDS, 314
Herring, lei de, 295
Hexafluorido, enxofre, 368
Hialose asteróide, 66, 67
Hidátide, doença orbital, 289
Hidrocloreto de carteolol, 173-174, 175
Hidrocloreto de dipivefrin, 173-174, 176
Hidrocloreto de metilfenidato, componente do talco de, 324-325
Hidropsia aguda, 130-131
Hidroxicloroquina, como causa de retinopatia, 322, 323-324
Hifema, **190-202**
em "bola-oito", 197
definição, 190
espontâneo, em crianças, 311-312
hemorragia recorrente associada com, 196-239
relacionado com cirurgia de catarata, 213-214
traumático, 191-194, 201
Hipercolesterolemia, 297-298
Hiperemia, conjuntival, 106
Hiperextensão de articulações associada a ceratocone, 127-128
Hipermetropia, 220
absoluta, 43-44
acomodativa, associada com esotropia, 224-225
adquirida, 42
associada com nanoftalmo, 166
como indicação de refração cicloplegiada, 41
correção insuficiente, 43-44
definição de, 134
facultativa, 43-44
oftalmoscópio direto, tamanho da imagem, em, 39
latente, 43-44
lentes de leitura *ultex* vs. *flap-top* para, 34
manifesta, 43-44
necessidade acomodativa na, 37
ponto focal secundário em, 30
4D, amplitude de acomodação em, 30-31
Hiperosmóticos, agentes
como tratamento da hidropsia aguda, 131
como tratamento da síndrome do desvio do aquoso, 164
contra-indicações na anemia falciforme, 195-196
mecanismo de ação dos, 173-174, 175
no tratamento do glaucoma, 159, 164
Hiperplasia linfóide, exploração da, 396
Hipersensibilidade estafilocócica, 75-77, 89, 95-96
Hipertensão, 350, 360, 362
Hipertireoidismo, 282-283
Hipertropia
diagnóstico diferencial, 232-233
"ponto remoto" na, 30-31
relacionada com paralisia de OSD, 255-256
relacionada com síndrome de Brown, 240
Hiperviscosidade, síndromes de, 362
Hipópio, 92
Hipótese de Zimmerman, 382-384
Hipotireoidismo, 282-283
Hipotonia, 212
Hipotropia, 293
Hipoxia, 95-97
Histeria, 70-71, 265
Histiocitoma fibroso, 275-276, 281, 391, 393
HLA-B27, teste, 87
Homatropina, 41
Homer-Wright, rosetas de, 386
Homocistinúria, 155-156, 185
Homônimos, defeitos de campos visuais, 69
Humor aquoso, obstrução do, 146
Hutchinson, ferida melanótica de, 301
sinal de, 21, 97

Ian McLean, 381
ICE, síndrome, 124, 172
Imagem da órbita. *Ver também* RNM; ultra-sonografia
para avaliação de oftalmologia da tireóide, 283
Imunocomprometidas, condições. *Ver também* AIDS, manifestações oculares da
como fator de risco para úlcera corneana, 89-90
Imunossupressão, como causa de recorrência de infecção por herpes simples, 97
Incandescente, luz, 50
Incontimentia pigmenti, 347
Indocianina verde, videoangiografia (ICV), 275
Índice refrativo, 31-32
Infarto, isquêmico, 254
Infecção
como causa de defeito de CV quiasmático, 263
orbital, 288-289, 290
relacionada com cirurgia de estrabismo, 241-242
Infecção por clamídia, 80-81, 82, 101
Infecção por CMV em pacientes com AIDS, 314-316
Infecção criptocócica em pacientes com AIDS, 314, 317-318
Infecção fúngica
como causa de conjuntivite granulomatosa, 303-304
corneana, 90-91-93
orbitária, 289
Infecção gonocócica, 73-75, 68-69, 101, 103-104
Infecções estafilocócicas
como causa de celulite orbitária, 279-280
como causa de conjuntivite, 81, 101
como causa de endoftalmia pós-traumática, 335
Infecções estreptocócicas, 80, 90-91, 279-280
Infecções por *Neisseria gonorrhoeae*, 73-74
Infiltração leucêmica, orbital, 275-276
Infiltrado
coroidal, 310-311
corneal, 95-96
retinal, 310-311
Inflamação
como causa de ângulo estreito, 165
como causa de DR exsudativo, 365
como causa de obstrução arterial da retina, 356
definição de, 287
do nervo óptico. *Ver* Neurite óptica
granulomatosa, 335
refratária a corticosteróides, 310-311
relacionada com lentes intra-oculares, 215
relacionada com melanoma, 311-312
orbital, **287-291**
idiopática, 275-276
pós-operatória, 213-214
Inflamações da órbita associadas a vasculites, 289
Infratroclear nervo, no sinal de Hutchinson, 21
Inibição lateral, na percepção de cores, 48-49
Inibidores da anidrase carbônica
contra-indicação na anemia falciforme, 195-196
descontinuação prévia à TREC, 181
mecanismo de ação, 174-175
no tratamento do glaucoma, 159, 173-174
no tratamento do hifema, 194
no tratamento de úlcera de córnea, 93
Injeção conjuntival, na proptose, 279
Insuficiência de acomodação, 232
Insuficiência de convergência, 43-44, 259-260
Insuficiência de divergência, 232
Inserção óssea do ligamento suspensório superior de Whitnall, 28
Interferência, princípio da, 41
Interferon, 326-327
Intoxicações por quinino, 57-58
Intracapsular, cirurgia de catarata, 206-207
Intracorneal, anel, 140
Introflexão escleral, 367, 368

como causa de descolamento da retina, 333
como causa de miopia adquirida, 42, 43
falência da, 368-369
em pacientes com AIDS, 317-318
Iodeto de ecotiofato, 173-174, 181
Iopidine, 178-180
Iridectomia
a *laser*, 191
durante trabeculectomia, 181
Iridociclectomia, 378-379
Iridodiálise, 191, 204
Iridotomia
a *laser*, 161-162, 164
periférica, 159-160
Íris
aderência à rede trabecular, como fator de risco para glaucoma, 147
atrofia, da, como causa de diplopia, 254
atrofia progressiva da, 157
bloqueio do sítio da trabeculectomia, 187-188
como estruturas características do ângulo da câmara anterior, 152
configuração periférica da, 155-156
escurecimento da, 327
glaucoma primário de ângulo estreito, 157, 161-162
inserção da raiz da, 155-156
lesão à, como causa de pupila dilatada (unilateral) e pouco reativa, 251-252
melanoma da, 56
microemangioma, 191
neovascularização da, 86-87, 191
nódulos da, 302
proplapso da, relacionado com cirurgia de catarata, 212
rasgão de esfíncter, 191-192, 193
Íris bombé, 165
Irite, 320
Irritação
crônica, 79
relacionada com medicação tópica, 180
Ishiahara, placas coloridas de, 287
Isoniazida, toxicidade da, 303-304-306
Isosorbida, para tratamento do glaucoma, 173-174
Isquemia
do nervo óptico, 148-149
do segmento anterior, 241-242
microvascular, como causa de paralisia do III NC, 251-252
relacionada com obstrução arterial da retina, 356, 357

Jackson, cruz, de, 43-44
Joelho de Willebrand, 23, 263

Kaiser-Fleischer, anel de, 335
Kaposi, sarcoma de, 319
Kawasaki, doença de, 289
Kearns-Sayre, síndrome de, 235
Kestenbaum, procedimento de, 245
Knapp, procedimento de, 234
Knapp, regras de, 257-258
Koeppe, nódulos de, 302
Kollner, regra de 51
Krukenberg, fuso de, 167, 168

Lacrimejamento
causas, 270
relacionado com lagoftalmo, 22-24
Lacrisert, 117-118
Lagoftalmo, 22-24
Lágrima
artificial, 115, 117-119
composição inadequada, 271-272
volume adequado, 271
Lágrimas artificiais, 83, 115, 117-119
Lágrimas de crocodilo, 232-233
Lâmina crivosa, invasão de retinoblastoma, 386
Laser de argônio, 22, 164, 167, 170-171, 181, 361, 363
Lasers (ampliação da luz por emissão estimulada de radiação), 42, 43
como técnica de oclusão do ponto lacrimal, 119
como tratamento para distrofia corneana, 120
como tratamento para erosão corneana, 78
no agulhamento do estroma anterior, 121
uso da ceratectomia fotorreativa, 137-138
uso da hialoidotomia, 164
uso de capsulotomia, 214, 215
uso de cirurgia de catarata, 209
uso na ciclodestruição, 165
uso na cirurgia de trabeculectomia, 180, 183
uso na fotocoagulação
como profilaxia de diálise retinal, 332
como tratamento para degeneração senil da mácula, 340-341
como tratamento para deslocamento da retina, 367
como tratamento para retinoblastoma, 371-372, 373
como tratamento da retinopatia da prematuridade, 345-347
em fundos muito pigmentados, 22
panretinal, 359
uso na iridectomia, 191
uso na iridoplastia, 164
uso na iridotomia, 159-160, 161-162
Latanaprost, 173-174, 176-177
Lattice, degeneração de, 365, 366
Leber, amaurose congênita de, 54-55, 56-57, 127-128
Leber, aneurisma miliar de, 327
Leber, atrofia áptica de, 69, 269
Lei de Snell, 32
Lensômetro, 40
Lente apertada, síndrome da, 78
Lente de Hruby, 40
Lente de Posner, gonioscopia, 153
Lente de quatro espelhos de Sussman, gonioscopia, 153
Lente de relógio de Geneva, 40, 42
Lente de três espelhos de Goldmann, 153
Lente de Zeiss, 153-155
Lentes de contato
alívio do efeito prismático com, 34
associação com infiltrados corneanos, 95-96
como causa de ceratocone, 126
como causa de infecção corneana, 78, 89-91
como causa de olho vermelho, 77-78
de Koeppe, 153
descentrada, como causa de diplopia monocular, 41
efeito no nistagmo, 246
na aniseiconia, 37-39
no tratamento do ceratocone, 132, 133
poder da, 30-31
teste de adaptação, 42-44
Lentes intra-oculares, implantes de 210-211
cálculo do poder para, 36-37
complicações, 215
inserção das, 206
Lentigo maligno, 301
Lepra, 303-304
Lesão cecocentral, 69
Lesão disciforme, avaliação ultra-sonográfica de, 64
Lesão pigmentada, do fundo ocular, **375-380**
Lesão do trato óptico como defeito pupilar aferente, 250
Lesões da pele por herpes zoster, 97
Lester Jones, 28
Leucemia
como causa de hifema, 190
como síndrome mascarada de uveíte, 309
envolvimento da retina, 311-312
Leucocoria, 388-389
relacionada a retinoblastoma, 275, 309, 370
Levobunolol, 173-174, 176
Limbo, cirúrgico, 21
Lincoff, balão de, 367
Linfadenopatia pré-auricular, 97
Linfangioma, 275-276, 391
Linfáticos, ausência de, da órbita, 396
Linfoma
como síndrome mascarada de uveíte, 303-304, 309
orbitário, 279, 396
primário intra-ocular, 310-311
Linha de Schwalbe, 21, 152
Lipossarcoma, 392
Lupas, como auxílio visual, 39
Lúpus eritematoso sistêmico, 84, 260
Luz
espectro de, 45
percepção visual da, 45
transmissão ao cérebro, 46
Luz fluorescente, aparência da cor sob, 50
Lyme, doença de, 83, 86-87, 303-304

Má nutrição, como fator de risco para glaucoma, 145
Má perfusão capilar, relacionada ao interferon, 326
Macorha, 115
Macroglobulinemia de Waldenstrom, 122
Mácula
anatomia da, 23-24
buracos na, 332
cicatrizes na, como causa de ambliopia, 217
clínica, 337
deslocamento vertical da, 235

ectopia da, 343
em cereja, 357
edema da, efeito no potencial de acuidade, 41
representação no córtex visual, 24
retinoblastoma da, 385
Maculopatia
isquêmica, 360, 361
olho de búfalo, 322
relacionada a agente quelador, 326
Magnificação, 37
Magnificação angular, 37
Magnificação transversa, 37
Magnificadores portáteis, 39
Malha trabecular
bloqueio por células inflamatórias, 168
lesões/rupturas da, 191-192, 201-202
obstruções da, 200
ponto de referência na câmara de ângulo anterior, 152
MALT, (tecido linfóide associado à mucosa), 396
Mancha cega fisiológica, 69
Mancha (ou mácula) vermelho-cereja (ou em cereja), 357
Manchas de Roth, 311-312
Manitol, como tratamento para o glaucoma, 173-174
Manobra de Valsalva, 78, 287
Marcus-Gunn, síndrome de, 293
Marfan, síndrome de, 155-156
Mecanismo de bomba lacrimal, envolvimento do músculo óculo-orbicular, no, 28
Mecanismo de contragolpe, 332
Medicação tópica, **104-113**
antibióticos, **104-113**
como causa de ceratopatia puntata superficial, 75-77
como causa de irritação ocular, 179
como causa de olho seco, 115, 179
como fator de risco para úlceras corneanas, 89-90
esteróides, **104-113**
uso em procedimentos refrativos, 142-143
Medicações anticolinérgicas, contra-indicação no glaucoma de ângulo estreito, 162-163
Medicações antiglaucomatosas, como causa de síndrome do olho seco, 93
Medicações com sulfa, como causa de olho vermelho, 73
Medida de AV, leitura falso-positiva com, 41
Meduloepitelioma, 388-389
Meibomite, 75-77
Melanocitoma, 378-379
Melanoma
como causa de hifema, 190
como síndrome mascarada de uveíte, 87-88, 303-304
coroidal, 365, 366
avaliação por ultra-som do, 63-64
diferenciado do deslocamento de re tina, 275-276
em forma de cogumelo, 377
maligno, 377-378
periférico, 377-378
células fusiformes, 381
cutâneo, 371-372
da íris, 383
da pálpebra, 296, 301
de corpos ciliares, 377-378
imagem do, 392
resposta inflamatória associada com, 311-312
uveal, 381, 382, 385
Melleral (tioridazina), como causa de retinopatia, 323-324
Membrana de Bowman, distrofias corneanas da, 120, 121, 124-125
Membrana de Bruch, 22, 333
Membrana de Descemet, 21, 128-129, 130, 335
Membrana pós-catarata, 214
Membrana secundária, 214
Meningioma, 238
Meningite, 80-81, 103-104
Menisco
lacrimal, como causa de olhos vermelhos, 74-75
normal, 74-75
Meretoja, síndrome de, 122
Metais, toxicidade de, 334
Metalose, achados de ERG em, 58
Metamorfopsia, 254-255
Metapranolol, como tratamento de glaucoma, 174-175
Metástase
avaliação de ultra-som, 64
como causa de hifema, 190
de tecido mole orbital, 396
orbital, 275-276
uveal, 381
Metazolamida, como tratamento para glaucoma, 173-174, 179
em pacientes cirúrgicos, 176
Metoxifluorano, anestesia, como causa de retinopatia, 324-325
Metros, relação com dioptrias, 33
Miastenia grave, 259
como causa de diplopia, 254-255, 256, 257-258
como causa de hipertropia, 232-233
como causa de ptose, 237, 258
mimetização, 237
similar a paralisia do III nervo cranial, 238
sinais e sintomas, 294
Micobactérias, culturas de, 90-91
Microaneurismas relacionados com retinopatia diabética, 349
Microemangioma, da íris, 191
Microftalmo, 293
Micropannus, corneal, superior, 83
Mieloma múltiplo, 122
Millard-Gruber, 258
Miopatia, como causa de diplopia, 254-255
Miopia
adquirida, 42, 43
associada à retinopatia prematuridade, 346-347
axial, 146
como fator de risco associado com cirurgia de perda vítrea, 185
como fator de risco de descolamento retomagnético da retina, 365
definição de, 134
esclerose nuclear de cristalino, 203
lentes corretivas para, refração da, 36
lentes de leitura *ultex* vs. *flap-top* para, 35
oftalmoscopia direta em, 39
ponto remoto na, 30-31
ponto focal secundário, 30
prevenção de ultracorreção, 36
4D, amplitude de acomodação em, 31
relacionada a defeitos na membrana de Bruchs, 22
relacionada com catarata, 206
relacionada com catarata esclerótica nuclear, 203
refrativa, 31
tratamento cirúrgico para, 134, 135-140
residual, cirurgia pós-retrativa, 141-143
Miose, associada com síndrome de Horner, 251-252, 253
Miosite, 289-290
Mióticos, 173-174
como tratamento de esotropia acomodativa refrativa, 227-228
como tratamento do platô da íris, 163
implicação na cirurgia de catarata, 215
mecanismos de ação dos, 173-174
no tratamento do glaucoma, 159, 177
tópicos contra-indicação no glaucoma de ângulo agudo, 162-163
Mitomicina C, 186, 187-188
Mobius, síndrome de, 226, 235
Mohs, ressecção lamelar de, 299
Molusco contagioso, 80-81, 82
Monocromatismo, bastonetes. *Ver* Acromatopsia
Morfina, efeitos na produção de lágrima, 115
Morning glory, síndrome do disco em, 365
Moscas volantes, 87-88, 302, 314
Mucina, como componente do filme lacrimal, 271
Mucocele, 235, 238
Mucormicose, 289-290, 397-398
Muletas de pálpebra, 295
Mulheres
incidência da doença de Coats em, 327
olhos secos em, 115
Munson, sinal de, 128-129
Músculo dilatador da íris, 248
Músculo esfíncter da íris, 248
Músculo elevador
deiscência, 237
mau desenvolvimento congênito, 293
medidas de função, em paciente com ptose, 294-295
Músculo orbicular, três porções, 28
Músculos retos
aprisionamento inferior dos, 235
deslizamento ou perda medial, 235
na cirurgia de estrabismo, 239, 240
na oftalmopatologia da tireóide, 277, 283
recessão, 234
retrocesso, 19, 245
Mutton-fat, precipitados ceráticos, 302

Nanoftalmo, 365
Natamicina, 93
Necrose progressiva da retina externa, 316
Necrose retiniana, 317, 316

Neomicina, 109
Neonatos
esotropia, 223
estrabismo, 223
glaucoma, 143
ortotropia, 223
triagem para ambliopia, 218
Neoplasias oculares, **381-390**
Nervo frontal, localização do, 26-27
Nervo lacrimal, localização do, 26-27
Nervo maxilar, 28
Nervo oftálmico, 28
Nervo óptico
compressão, 278, 284-285
edema bilateral, 266
glaucoma, 147, 149-150, 157-158
glioma, 263, 280-281
infecção por HIV do, 317
invasão por retinoblastoma, 371-372, 386
lesão, do
causa de OACR, 355
no hifema traumático, 193
lesões
causa de defeito pupilar aferente, 250
diferença com lesão da bainha do nervo óptico, 276
melanocitoma, 378-379
meninges, 392
na doença de Lyme, 307
papilite, 317-319
retinite por CMV, 315
sífilis, 306
Nervo trigêmeo, lesões por herpes zoster no, 21
Nervo troclear, localização, 26-27
Nervos da córnea, no ceratocone, 128-129
Neuralgia pós-herpética, 130
Neurilemoma da órbita, 276
Neurite (neuropatia) óptica, **260-263**
definição, 261
na AIDS, 317
na OVCR, 355
prognóstico visual, 260-262
retrobulbar na AIDS, 317
risco de esclerose múltipla, 260-263
Neurofibroma, 172, 281
Neuromiotomia, como causa de diplopia, 254
Neuropatia isolada de pares cranianos, 255
Neuropatia óptica, **263-269**
com necrose retiniana, 307
como causa de diplopia, 254
hereditária de Leber, 268
isquêmica, 265
na catarata traumática, 204
na radioterapia, 300
tóxico-nutricional, 304-306
Neurorretinite, 46, 307
Nevus
de coróide, 64, 376
de Ota, 377
de úvea, 378
Nictalopia, 323
Nistagmo, **242-247**
de convergência-retração, 254
na esotopia congênita, 227
Nódulos
de Busacca, 302
de Koeppe, 302
pré-auriculares, 73, 80
Nódulos de Busacca, 302
Nódulos pré-auriculares, 73, 80
Núcleo de Edinger-Westphal, 248
Nutrição no tratamento da DSM, 341

Obesidade, como fator de risco para glaucoma, 145
Oblíquo inferior, hiperfunção, 227
Obstrução arterial da retina, **355-360**
bilateral, 358
central, 326, 355
achados de ERG, 57-58
aparência, 357
como causa de estreitamento de ângulo, 157
na artéria cilioretinal, 22
sintomas, 356
tratamento de emergência, 359
combinada, 359
complicações tardias, 359
diferenciada da obstrução venosa da retina, 359
induzida por drogas, 326
profilaxia, 358
ramificada, 326, 355
relacionada com doença de Lyme, 307
sintomas, 356
relacionada com necrose retiniana aguda, 307
tratamento, 358-359
Obstrução capilar da retina, 336
Obstrução do ducto nasolacrimal, 272
congênita, 102, 273
Oclusão vascular da retina. *Ver também* Oclusão arterial da retina; Oclusão venosa da retina
por drogas, 277
Óculos
aniseiconia com, 37-39
determinação da curva-base, 40
insatisfação pós-operatória do paciente com, 42, 43
lentes
binocular de visão simples de alto poder, 39
coberturas anti-reflexo em, 41
desvio esférico, 36
espessas, aberrações, 36
medida do desvio de estrabismo, 34
medida da distância vértice, 41
negativas, efeito na medida do desvio de estrabismo, 34
positivas, 34-36, 39
ultex e *flap-top*, 34-36
novas, insatisfação do paciente com, 42-43
para corrigir proptose, 295
para pacientes com catarata, 206
para tratamento de ceratocone, 131
poder
ceratômetro, medida com, 40
em comparação com lentes de contato, 30-31
Ofloxacina, 92
Oftalmia neonatal, **101-104**
Oftalmia simpática, 87-88, 303, 306
Oftalmopatia da tireóide. *Ver também* Exoftalmo; Doença de Graves
associada com mistenia grave, 237
avaliação por ultra-som, 67
como causa de diplopia, 254-255, 257-258
como causa de inflamação da órbita, 287
como causa de proptose bilateral, 279
como causa de tumor da órbita, 284-285
diferenciada da síndrome de Brown, 235
na cirurgia de estrabismo, 240
Oftalmoplegia
externa crônica progressiva, 293
internuclear, 238, 365
Oftalmoplegia externa crônica progressiva, 235-236, 237, 238
Oftalmoscópio/oftalmoscopia, 149
direta, 37, 38, 39, 40
indireta, 334, 368
na avaliação da inflamação de órbita, 287
Olho
anatomia clínica do, **19-25**
esquemático, 33
habilidade de percepção de cor, 47
Olho de boneca, 257-258
Olho rosado, *pink eye*, 73
Olho seco. *Ver* Ceratoconjuntivite *sicca*
Olho vermelho, **73-88**
relacionado a conjuntivite, 79-82
relacionado a corpo estranho, 78-79
relacionado a oclusão venosa central da retina, 362
relacionado com úlcera corneana, 88-89
seco, 75
em usuários de lentes, 77-78
Olhos "vesgos", 230-231
Opsinas, 46
Óptica, **29-44** *Ver também* Refração
Órbita
anatomia, 25-26, 27
ausência de vasos e nódulos linfáticos, 20
celulite, 396
corpo estranho, 79
corte esquemático, 20
condições inflamatórias, **287-291**
distúrbios estruturais, 287
distúrbios vasculares, 287
doença degenerativa da, 287
exame completo da, 287
exame de imagem, **274-277**
na avaliação da oftalmopatia da tireóide, 283
gordura, bolsa de gordura, 20
infecções da, 288-290
invasão por retinoblastoma, 371-372
lesões, simulando paralisia de múltiplos pares cranianos, 238
linfoma, 280-281
oftalmopatia da tireóide, 284-285
ossos, 19, 25-26
septo, 20
trauma, 232-233
trauma anexial, 333
tumor/câncer, **391-400**
avaliação por RNM, 275-276
oftalmopatia da tireóide, 284-285

Ortoforia, 230-231, 232-233
Ortotropia, 224
Osso etmóide, 19
Osso lacrimal, 19
Osso palatino, 19
Osso zigomático, 19
Osteogênese imperfeita, 127-128
Osteoma de coróide, 60-61
Osteossarcoma, no retinoblastoma, 371-372
Otite média, 80-81
Oxalose, 324-325
Ondas de rádio, 45

Pacientes cirúrgicos, tratamento para glaucoma em, 176
Pálpebra de Cogan, 294
Pálpebras
  anatomia da, 26-28
  corte esquemático, 20
  crostas, relacionada com blefarite, 75-77
  da papila, 83
  deformidades, 75
  edema de, 279-280
  fissura de, em pacientes com ptose, 294
  "frouxa", 75-77, 127-128
  inferior, frouxidão da, 270-271
  inflamação de, 115
  laceração de espessura total de pálpebra inferior, 27
  queda da, 293, 295
  retardo da, 282-283
  retração da, relacionada com oftalmopatia da tireóide, 279-280, 282-283
  suprimento de nervos sensitivos, 28
  teleangiectasias, 75-77
  tumores da, 254, **296-301**
PAM, potencial de acuidade, 41
Pancreatite, 336, 358
Panoftalmite, 306, 307
Papila na pálpebra superior, 83
Papiledema, 266, 271, 319
Papilite na AIDS, 317-319
Pápulas na acne rosácea, 75-77
Paquímetro, 40
III par. *Ver* Paralisias de nervos cranianos, III
Paracentese, 181-182, 187-188, 198
Paralisia
  de divergência, 259-260
  farmacológica como causa de dilatação pupilar pouco reativa unilateral, 251-252
Paralisia de Bell, 75
Paralisia de OS, 255- 257
Paralisia do nervo abducente, 224, 257
Paralisia do nervo oculomotor. *Ver* Paralisia do III par
Paralisia do nervo troclear, 255, 257-258
Paralisia do oblíquo inferior, 234
Paralisia dos pares cranianos
  V, 237
  múltipla, 237-238
  na doença de Lyme, 307
  IV, 232-233, 255
  VI, 225, 255
    congênita, 226
  III, 237, 251-252, 254-255-258
Paralisia supranuclear progressiva, 238, 259-260
Paresia de divergência, 259-260
Parkinson, 259-260
Pars planite, 87-88, 310-311
Penalização no tratamento da ambliopia, 220
Penicilina, resposta alérgica, 108-109
Perda de campo temporal superior, 263
Perda de visão
  congênita, 56-57
  relacionada com degeneração senil da mácula, 337, 339
  relacionada com glaucoma de ângulo fechado, 157
  relacionada com inflamação da órbita, 287, 289
  relacionada com neurite óptica, 260
  relacionada com oclusão arterial da retina, 356, 357
  relacionada com oclusão venosa da retina, 360-361
  relacionada com oftalmopatia da tireóide, 284-285
  relacionada com retinopatia da prematuridade, 343
  relacionada com retinopatia diabética, 349
  relacionada com trabeculectomia, 181
  relacionada com úlcera corneana, 94
Perfluoropropano, 368
Perimetria, 71
Perimetria automática com comprimentos de ondas curtas (PACOC), 71
Phithisis bulbi, 67
Pie in the sky, lesões, 69, 271-272
Pigmentação da pele, relacionada com degeneração senil da mácula, 337
Pigmento, 46, 50
Pigmentos de tinta, 50
Pigmentos visuais, 46
Pilocarpina, 117-118
  como tratamento do glaucoma, 173-174, 175-176
  descontinuação antes da trabeculectomia, 181-182
  efeitos colaterais da, 42, 43, 73, 177
Pinealoblastoma, 370
Pinguécula, 79
Placa de braquirradioterapia, 371-372, 373
Plano principal, 33
Pneumonia, 80
Pneumonite, 102-103
Poder (P) do olho, esquemático, 33
Poliarterite nodosa, 84, 289
Poliartropatia, 326
Policoria, 254-255
Polimixina B, 106, 109-110
Polineuropatia familiar amilóide tipo IV, 122
Polisporina, 106
Ponto focal primário, 29
Ponto focal secundário, 29
Ponto de imagem, 25 cm à esquerda em lentes +5.00, 33
Ponto lacrimal, 117-119
Ponto nodal, 33
Ponto nulo (neutro) no nistagmo periódico alternante, 245
Ponto próximo, 30-31
Ponto remoto, 30-31
Pontos focais, 29, 30-31, 33
Pós-imagens, 49
Prata, como causa de retinopatia, 326
Precipitados ceráticos, 89
Prednisolona, 110-111, 112
Prednisona
  como tratamento da neurite óptica, 260-262
  contra-indicação na neurite óptica, 261-262
Prentice, 34
Presbiopia, 134, 135-136
Pressão intra-ocular
  elevada, 146
    ângulo estreito relacionado com glaucoma, 157-158, 159
    controle da, com trabeculectomia, **180-190**
    como fator de risco para glaucoma, 145, 147-148
    relacionada a trabeculectomia, 189
    relacionada com esteróides, 112
    relacionada com iridectomia periférica a *laser*, 160
    relacionada com necrose retiniana aguda, 307
  medidas da, 149
  "não-controlada", 195-196
  normal, 147-148
  pós-trabeculectomia, 189, 189
Pressão venosa episcleral, 171
Prismas, 33-34, 45
Procedimento de filtração. *Ver* Trabeculectomia
Procedimento de Harada-Ito, 257-258
Prolactinoma, 263
Prolapso da válvula mitral, 127-128
Propionebacterium acnes, 303-304
Proptose, **277-282**
  avaliação da, 287
  bilateral, 279-280
  classificação da, 287
  estudos de RNM de contraste, 275-276
  pediátrica, 393, 399-399
  relacionada a hemangioma cavernoso, 280-281
  relacionada com mucocele do seio paranasal, 397-398
  relacionada com oftalmopatia de Graves, 279-280
  relacionada com oftalmopatia da tireóide, 282-283, 283
  RNM, 275
  unilateral, 279-280
Prostaglandinas, 173-174
Pseudo-estrabismo,230-231
Pseudo-exfoliação, 155-156, 167
Pseudo-exotropia, 226
Pseudoguttata, 123
Pseudo-hipertropia, 232-233
Pseudo-hipópio, 309-310-311
Pseudomonas, infecções por
  como causa de conjuntivite, 101, 103-104
  como causa de infecção corneana, 94
  como causa de olho vermelho, 103-104
  em usuários de lentes, 89-91
Pseudopapiledema, 271

Pseudoproptose, 279
Pseudoptose, 234
Pseudo-retinoblastoma, 370
Pseudo-síndrome de Foster-Kennedy, 269
Pseudotumor, 279, 289
Pseudotumor inflamatório, 232-233, 237
Pseudoxantoma elástico, 22
Pterígio, 79
Ptose, 294 **291-295**
adquirida, 291
aponeurótica, 292
associada com miastenia grave, 237
associada com oftalmoplegia externa progressiva crônica, 235
associada com paralisia do III nervo óptico, 255
associada com síndrome da fibrose congênita, 235
associada com síndrome de Horner, 251, 252-253
classificação da, 292
como causa de astigmatismo adquirido, 42, 43
como causa de ambliopia, 219-220
congênita, 291-293
correção cirúrgica da, 295
correção não-cirúrgica da, 295
dificuldade de fechar os olhos após, 74-75
inflamação orbitária, 289
paralisia dupla dos elevadores, 234
Pulo de imagem, 34
Punção de câmara anterior, 92-93
Punção vítrea, para avaliação de endoftalmia, 92-93
Pupila, **248-254**
aneurisma da, 254-255
anormalidades da, na sífilis, 306
Argyle-Robertson, 253
controle muscular da, 248
defeito aferente, 221-222, 248, 250-251
dilatada (unilateral) pouco reativa, 251-252
inervação da, 248
não-reativa, como causa de diplopia, 254-255
tônico de Adie, 251-252
Pupila de Argyle-Robertson, 253
Pústulas, 75-77
PVC com elevação do queixo, 221, 234

Quadrantanopia, 70-71
Quarto de exame, transmissão de olho vermelho no, 73
Queimadura ácida, 80
Queimaduras
como causa de ceratoacantoma, 297-298
conjuntival, 116-117
por ácido, 80-81
ultravioleta, 75-77
Quemose, 106, 279
Quiasma óptico
fibras decussadas e não-decussadas, 23
lesões do, 329, 263
Químicos (compostos)
como causa de ceratopatia puntata superficial, 75-77
como causa de conjuntivite neonatal, 101, 102-103
como causa de glaucoma de ângulo aberto, 172
como causa de oftalmia neonatal, 102-103
Quimiorredução, como tratamento do retinoblastoma, 371-372
Quimioterapia, 393-395

Rabdomiossarcoma, 275, 280-281, 391, 393-395
Radiação
como causa de sarcoma da órbita, 388-389
como tratamento de oftalmopatia da tireóide, 284-285
como tratamento de rabdomiossarcoma, 393-395
como tratamento de retinoblastoma, 371-372, 388-389
como tratamento para carcinoma de células basais, 300
complicações da, 300
Radiação ultravioleta, 75-77, 79
Radioterapia de feixe externo, 373
Raios de luz verde, refração de, 36
Raios de luz, vergência dos, 33
Raios de luz vermelhos, 36
Raios X, 45
Raspado corneano, 90-91
Razão de Arden, 58
Reações alérgicas a drogas específicas, 73, 108
Referências, 82, 151
Reflexão, 32
Reflexão interna total, 32
Reflexo pupilar à luz, 248, 250
Refração, **29-44**
ângulo crítico de, 32
cicloplégica
em neonatos, 230-231
indicações para, 41
na incorreção da hiperopia, 43-44
na insuficiência acomodativa, 232
na miopia adquirida, 42, 43
contra a regra, 35
de raios de luz verde, 36
esquivalentes esféricos, 35
forma de conversão de cilindro positivo em cilindro negativo, 35
Refsum, doença de, 236
"Regra dos 50", 395
Regeneração aberrante do III par, 255
Regra de Prince, 44
Relação CA/A. *Ver* relação convergência acomodativa/acomodação
Relação convergência acomodativa/acomodação (CA/A), 227-228, 245
Resposta ao fotorreceptor, 45, 365
Ressecção, 239
Ressonância magnética (RNM)
de cisto dermóide, 396
de hemangiona cavernoso, 391
de inflamação orbital, 288-289
de proptose, 279-280
de retinoblastoma, 374
de sinusite, 397-398
de supressão de gordura, 392, 393
orbital, 274-276, 288-289
para avaliação do nistagmo idiopático infantil, 244
para detecção intra-ocular de corpo estranho, 334
para predição de esclerose múltipla, 261-262
Retardo do desenvolvimento visual, 243
Retina
buraco, 365-366
buracos na, 332
em ferradura, 193, 332
condições degenerativas da, 54-55
distúrbios da, avaliação por ERG, 53
envolvimento leucêmico da, 311-312
fotorreceptores da, 45, 365
herpética, como causa de obstrução arterial da retina, 356
infiltrados da, relacionados com sarcoma intra-ocular primário, 310-311
lesões da
como causa de defeito pupilar aferente, 250
como causa de diplopia monocular, 41
mecanismos para colar a, 365
necrose da, 303-304, 332
neovascularização da
relacionada com oclusão venosa da retina, 360, 362
relacionada com retinopatia diabética, 349, 350-351, 352
relacionada com retinopatia por talco, 324-325
relacionada com terapia com oxigênio, 326
no glaucoma de ângulo fechado, 157-158
no glaucoma primário de ângulo fechado, 162-163
Retinite
periférica progressiva, relacionada com necrose retiniana aguda, 307
relacionada com CMV, em pacientes com AIDS, 314-316
repuxamento da, relacionado com retinopatia da prematuridade, 346-347
sifilítica, 306
Retinite pigmentar, 54-55, 127-128
achados eletroculográficos, 59
achados eletrorretinográficos, 56-57
aspectos clínicos da, 54-56
como causa de escotoma em anel, 70-71
como síndrome de uveíte mascarada, 309
condições que simulam a, 55
ligado ao X, portadoras de, 56
setorial, similar a defeito de campo temporal, 263
Retinite pigmentar sem pigmento, 55
Retinite puntacta albescente, 55
Retinoblastoma, **370-375**, 387-388
associado com neoplasias secundárias, 371
avaliação por ultra-som, 60-61
bilateral, 387-388
classificação de, 373-374
como causa de hifema, 191
como causa de mortalidade, 387-388
como causa mais comum de tumor intra-ocular primário, 381

como síndrome de uveíte mascarada, 87-88, 303-304, 309-311
definição de, 370
diferenciado de doença da doença de Coat, 274, 327-329
esporádico, 385, 387-388
familiar, 373, 387-388, 389
gene do, 370, 388-389
imagem de, 275
na microscopia luminosa de magnitude pequena, 386
prognóstico, 386
sinais e sintomas de, 385
trilateral, 370
unilateral, 387-388
Retinopatia
associada com câncer, 57
cristalina, 324-325
da prematuridade, 230-231, 235, **343-348**
de Purtscher, 336
descompressão, 162-163
diabética, **349-354**
avaliação por ultra-som, 65
hipertensiva, 353
proliferativa, 368-369
relacionada com cirurgia de catarata, exacerbação da, 215
pigmentar, relacionada com sobredosagem de ferro, 326
relacionada com radiação, 300
tóxica, **322-327**
Retinoplexia, pneumática, 367, 368-369
Retinoscopia, com movimento "a favor", 40
Retinosquise, ligada ao X, 55, 56, 57-58, 347
Retratores da pálpebra superior, 28
Retrobulbar, injeção, anestesia, 19, 206
Rifabutina, 320
Rima orbitária, áreas de fragilidade, 25-26
Rimexolona, 112
Rinofima, 75-77
Ritalina, componente talco da, 324-325
Rodopsina, 46
Rosetas de Flexner-Wintersteiner, 371-372, 386
Rosetas, no retinoblastoma, 386
Rubéola, síndrome congênita da, 56, 172

Salicilatos, como causa de retinopatia, 324-325
Sandoff, doença de, 357
Sarampo, como causa de uveíte, 87-88
Sarcóide, como causa de uveíte, 87-88
Sarcoidose, 168
associada com neurite óptica, 261
como causa de esclerite, 289
como causa de uveíte granulomatosa, 303-304
definição de, 304
diferenciada de retinopatia diabética, 353
orbital, 289
Sarcoma, 371-372, 388-389
Sarcoma de células gigantes, como síndrome mascarada de uveíte, 303-304
Sarcoma de células reticulares, 309, 310-311
Schwanoma, 281, 392
Segmento anterior
isquemia, 368
necrose, 368
neovascularização, 361-363
Segunda visão, 203, 206
Seios paranasais, mucocele e carcinoma dos, 397-398
Sensação de corpo estranho
relacionada com acne rosácea, 75-77
relacionada com condição de olho seco, 75, 115
Sepse, neonatal, relacionada com conjuntivite, 103-104
Shunt optociliar, 266
Simpatomiméticos, contra-indicação no glaucoma de ângulo estreito, 162-163
Simulação, 70-71
Siderose, 172
Siderose ocular, 334-335
Sífilis
testes diagnósticos para, 306
manifestações oculares, 306
da órbita, 289
em pacientes com AIDS, 317
episclerite, 83
esclerite, 84
fator de risco para perda vítrea relacionado com cirurgia, 185
neurite óptica, 260
uveíte, 87-88, 306
uveíte granulomatosa, 303
Síndrome da artéria cerebelar ântero-inferior, 258
Síndrome da blefarofimose, 294
Síndrome da imunodeficiência adquirida (AIDS), manifestações oculares da, **315-321**
aspergilose ou infecção por *aspergillus*, 289
descolamento de retina, 316
mais comuns, 314
microvasculopatia retiniana, 314
necrose retiniana externa progressiva, 316
neurite óptica, 317
NO retrobulbar, 318
papilite, 314-316
relação com a contagem de linfócitos T CD4$^+$, 314
relacionadas com sífilis, 317
retinite por CMV, 314-316
sarcoma de Kaposi, 319, 320
toxicidade relacionada a drogas, 320
tumores malignos, 319, 320
Síndrome da íris em platô, 146, 155-156
Síndrome da lente de contato apertada, 126
Síndrome da necrose retiniana aguda, 356
Síndrome da pálpebra frouxa, 75-77, 127-128
Síndrome de aderência, 242
Síndrome de Bassen-Kornzweig, 236
Síndrome de Benedickt, 258
Síndrome de Bloch-Sulzberger, 347
Síndrome de bloqueio do nistagmo, 225, 243
Síndrome de Brown, 192-235, 240
Síndrome de Chandler, 123, 146, 156
Síndrome de Cogan-Reese, 146, 156
Síndrome de deleção 13q, 370
Síndrome de desvio de fluxo do humor aquoso. *Ver* Glaucoma maligno/bloqueio ciliar
Síndrome de dispersão pigmentar, 148-149, 149-150
Síndrome de Donw, 127, 130-132
Síndrome de Eaton-Lambert, 237
Síndrome de Ehlers-Danlos, 248
Síndrome de exfoliação, 148-149, 150, 204
Síndrome de Farber, 357
Síndrome de fibrose congênita, 235
Síndrome de Foville, 258
Síndrome de Goldberg, 357
Síndrome de Goldenhar, 232-233
Síndrome de Golden-Favre, 54-55
Síndrome de Gradenico, 257-258
Síndrome de Guillain-Barré, 238
Síndrome de Horner, 40-28, 253, 252, 293
Síndrome de Hurler, 357
Síndrome de Sjögren, 75, 115
Síndrome de Parinaud, 238, 252-253, 259-260
Síndrome de Posner-Schloss, 169-171
Síndrome de Reiter, 86-87
Síndrome de retração de Duane, 226, 232-233
Síndrome de Steven-Johnson, 116-117
Síndrome de Sturge-Weber, 170-171, 172, 383
Síndrome de Tolosa-Hunt, 238
Síndrome UGH (uveíte-glaucoma-hifema), 87-88
Síndrome de Vogt-Koyanagi-Harada, 306
Síndrome de Von Hippel-Lindau, 329
Síndrome de Weber, 258
Síndrome de Wegener, 289
Síndrome do fio dental, 178-179
Síndrome do seio cavernoso, 258
Síndrome dorsal do mesencéfalo. *Ver* Síndrome de Parinaud
Síndrome do nevus basocelular, 300
Síndrome iridocorneal endotelial (ICE), 124, 172
Síndromes mascaradas, **309-313**
Síndrome oculocerebrorrenal, 172
Sinéquia
como fator de risco para glaucoma de ângulo fechado, 85, 86-87
periférica
anterior, 157, 157-158, 159, 161-162
relacionado com distrofia da membrana, 123
posterior, 93
relacionado com úlcera corneana, 93
relacionado com uveíte granulomatosa, 302
Sinusite, 279-280, 397-398
Sistema de drenagem de lágrimas, anatomia do, 270
Sistema lacrimal, **270-274**
anatomia do, 270
obstrução do, 272-273
Sistema de Reese-Elseworth de classificação do retinoblastoma, 373-374
Skew deviation, 232-233
Soluções de lente de contato, 95-97
Solumedrol, como tratamento para neurite óptica, 260-263
Sopros, 287

SRK, fórmula, para cálculo de lentes intra-oculares, 37-38
Sulfacetamida, 106, 109-110
Sulfato de quinino, como causa de retinopatia, 323-324
Sulfonamidas, como causa de miopia adquirida, 42, 43
Supressores (inibidores de produção do aquoso), 164
Surdez, relacionada com síndrome de Duane, 232-233
Sutura frontomaxilar, 25-26
Sutura zigomaticomaxilar, 25-26
em glaucoma primário de ângulo estreito, 161-162
rasgões, 191-192

TAAA (Terapia altamente ativa anti-retroviral), 316
Talassemia *major*, 326
Talco, como causa de retinopatia, 324-325, 326
Talidomida, 341
Tamoxifen, como causa de retinopatia, 324-325, 326
Tampão
pressão, contra-indicação na abrasão corneana, 78
riscos, 220
tratamento da distrofia corneana, 121
tratamento de ambliopia, 220
tratamento do hifema, 194
Tarsorrafia, 99, 118-119
Tecido isquêmico, retiniano, salvamento do, 359
Técnica de Van Herrick, 154
Teleangiectasias, 327, 350, 353
Telescópios, 37-39
Tempo de rotura do filme lacrimal, 116-117, 227-272
Terapia fotodinâmica na DSM, 341
Terapia de reposição lacrimal, 117
Termoceratoplastia, 132-133
Termografia, 373
Termoterapia, como tratamento para retinoblastoma, 371-372
Teste da cocaína, 253
Teste da neosinefrina, 295
Teste de campo visual, 71
Teste de preferência de fixação, 218-219, 226
Teste de reflexão da luz, 230-231, 235
Teste de Schirmer, 116-118
Teste de sensibilidade de contraste, 206
Teste de sensibilidade ao contraste, 206, 261
Teste de Snellen de acuidade visual, 43-44, 206
Teste de tensilona, 237, 259
Teste do estímulo luminoso alternado, 248, 250
Teste dos três passos, 255-256
Teste duocromo, 36
Teste limiar completo, 69
Teste supralimiar, 69
Tetraciclina, 75-77, 102-103
Timolol, como tratamento para glaucoma, 149-150, 173-174, 175
Timoma, 237
Tioridazina (Mellaril), como causa de retinopatia, 323
Tireoidite auto-imune, 326
Tobramicina, 64, 93, 94, 108-109
Tonometria, 148-149
Toxicidade por Cidofovir, 316
Toxicidade ocular, diferenciada de conjuntivite, 80-81
Toxinas, como causa de retinopatia, **322-327**
Toxocaríase, 264
como causa de desvio vertical da mácula, 235
como causa de pseudo-exotropia, 230-231
diagnóstico diferencial, 371-372
similar a retinoblastoma, 370, 388-389
Toxoplasmose, 258, 264
como causa de obstrução arterial da retina, 356
como causa de uveíte granulomatosa, 258-304
diagnóstico de, 258-304
em pacientes com AIDS, 314, 319
tratamento, 303-304
Trabeculectomia, **180-190**
base fórnix vs. base límbica na, 180-182
como tratamento de glaucoma neovascular, 165-166
cuidados pós-operatórios, 185
efeitos na pressão intra-ocular, 188-189
falha, 181
flaps na, 181, 183-184
indicações para, 180
preexistente, 187-188
secreção na ferida associada com, 185, 189
uso de antimetabólitos, 186, 187-188
Trabeculoplastia, com *laser* de argônio, 22, 181
Tracoma, 80-81, 82
Transplante de córnea, 130-131, 132, 133, 141
Transplante de medula óssea, 116-117
Transposição do ducto parotídeo, 118-119
Trauma
avaliação por ultra-som, 66-67
como causa de catarata, 204
como causa de defeito de campo visual no quiasma, 263
como causa de glaucoma por recessão angular, 167
como causa de hifema, 191-192, 194, 196-197
como causa de recorrência de infecção por herpes simples, 97
como causa de oftalmoplegia internuclear, 238
como causa de paralisia do III nervo craniano, 251-252
como causa de úlcera corneana, 89-90
do pólo posterior, **331-336**
Tricromatismo, 50, 51
Trifluorotimidina, como causa de olho vermelho, 73
Triquíase, 75-77, 89-90
Triquinose da órbita, 289
Trombose do seio cavernoso, 237, 288-289
Tropicamida, 41
TSH, hormônio estimulante da tireóide, 283
Tuberculose
manifestações oculares, 303-304
da órbita, 289
esclerite, 84
uveíte, 87-88
uveíte granulomatosa, 303
tratamento, 303-306
Tubos de *shunt* do aquoso, 166
Tumor de pituitária, 263
Tumores epitelióides, 381, 395-396
Tumores oculares, **381-390**
avaliação por ultra-som, 63
como causa de descolamento da retina esxudativo, 365
como causa de hifema, 191
como causa de paralisia do III nervo, 251-252
da órbita, **391-400**
da pálpebra, **296-301**
esclerosantes, 253, 299
mais comuns, 381
nodulares, 253-299
Tumores do SNC, 238
Tumor de ângulo ponto-cerebelar, 258

Úlceras
corneanas, **95-100**
biópsia, 95
colorações e culturas, 90-92, 93-95
definição, 88
infecciosas *versus* estéreis, 88, 89-90
relacionadas com lentes de contato, 77
tratamento com corticosteróides tópicos, 95
dendríticas, 74
denteada, 253
genital, relacionada com uveíte, 86-87
oral, relacionada com uveíte, 86-87
Ultra-som/ultra-sonografia, **60-68**
para avaliação das características da fratura, 62-63
para avaliação de calcificações, 66-67
para avaliação de melanoma de coróide, 63
para avaliação de retinoblastoma, 275, 374
para avaliação de tumor/neoplasma, 275, 385
para detecção de corpos estranhos, 334
para avaliação do descolamento de retina, 65-66
da órbita, 67-68
Úvea
adesão à esclera, efeito de efusões de coróide, 21
efusões, 165-166
invasão do retinoblastoma, 386
Uveíte, 85, 86-87
anterior, 85-87
classificação, 302
como causa de ângulo fechado, 157
como causa de exacerbação de insuficiência de convergência, 230-231
crônica, relacionada a lentes intra-oculares, 215
diagnóstico diferencial, 371-372
granulomatosa, **302-308**
induzida por lentes, 87-88
posterior, grave, 173-174
por sífilis, 306

relacionada com doença de Lyme, 307
relacionada a herpes zoster oftálmico, 97
síndromes mascaradas que imitam a, **309-313**

Vancomicina, 108-109, 335
Varicela zoster, infecções por, 97-98, 307
Varizes de órbita, 279, 392
Vasculatura hialóide fetal, 22
Vasculites
da órbita, 279
da retina, 303-304, 307
Vasoconstritores, como causa de olho vermelho, 84
Vasossentinela, 377-378
Vergência, 33, 39
Videoceratotopografia, por computador, 135-136
Visão amarelada, 326
Visão binocular, na esotropia congênita, 224-225
Visão borrada
na distrofia corneana, 119
na DSM, 338
na uveíte granulomatosa, 302
relacionada à desferrioxamina, 326-327
relacionada aos digitais, 326
Visão de cores, **44-51**
avaliação, 287
defeitos de
herança, 51
na inflamação orbitária, 287
na neurite óptica, 260
relacionados com ambliopia, 221
relacionados com digitais, 218-219
Visão noturna, 45
Visão periférica, na perda por glaucoma, 147-148
Vitaminas, como tratamento da degeneração senil da mácula, 341
Vitrectomia, 367, 368
com óleo de silicone, no tratamento de descolamento de retina por AIDS, 317
como tratamento para endoftalmia, 92-93
como tratamento para retinopatia diabética, 353-354
falência, 368-369
para remoção de corpo estranho, 334
pars plana, 165-166, 367, 368
Vitreíte
por sífilis, 306
relacionada com doença de Lyme, 307
relacionada com sarcoma intra-ocular primário, 264
relacionada com sobredosagem de ferro, 326
Vítreo
hemorragia do. *Ver* Hemorragia vítrea
perda, relacionada com trabeculectomia, 185
perda, relacionada com cirurgia de catarata, 214
persistente hiperplásica, 370, 388-389
Vitreorretinopatia
proliferativa, 347
familiar exsudativa, 368, 369

Xantelasma, 253
Xantogranuloma
como causa de hifema, 191
juvenil, 258, 309
Xantopsia, 326
Xerostomia, 115, 289

Zona avascular foveal, 353
Zona nula (neutra) no nistagmo idiopático infantil, 243, 244
Zônulas
em glaucoma primário de ângulo estreito, 161-162
rasgões na, 191-192
Zovirax, pomada, 99

edelbra

Impressão e acabamento:
E-mail: edelbragr@edelbra.com.br
Fone/Fax: (54) 321-1744